『詳説世界史』(世探704) 準拠

JN107482

世界史

総合 テスト

世界史総合テスト編集委員会 編

山川出版社

本書の特長と使い方

　本書は、世界史探究『詳説世界史』(世探704)(山川出版社刊)に準拠し、日々の世界史学習の整理・復習だけではなく、そこから一歩進んで大学の入試問題にも対応できるよう編集しています。

　『詳説世界史』の配列にあわせたⅣ部・19章による計60のテーマを設定し、1つのテーマに対して1〜6ページの分量となっています。教科書をよく読んで問題を解き、教科書の内容が定着しているか確認しましょう。また、『詳説世界史』にない用語でも、『世界史用語集』で立項されている用語、大学入試などで出題された用語は適宜問題にしています。

　各部には、史料問題と記述・論述からなる「総合問題」を設けています。発展的な内容になりますが、チャレンジしてみましょう。

　別冊「解答・解説」には丁寧な解説を付しています。世界史のさらなる知識習得や理解に役立ててください。

問題文

『詳説世界史』の内容を要約し、重要な用語を穴埋めにした問題文です。

教科書、別冊「解答・解説」の対応ページです。

取り組んだ日付などを記録するチェック欄です。

「問」では、地図・図版問題や小論述問題など、教科書の内容をさらに深めることができる発展的な問題を中心に出題しています。

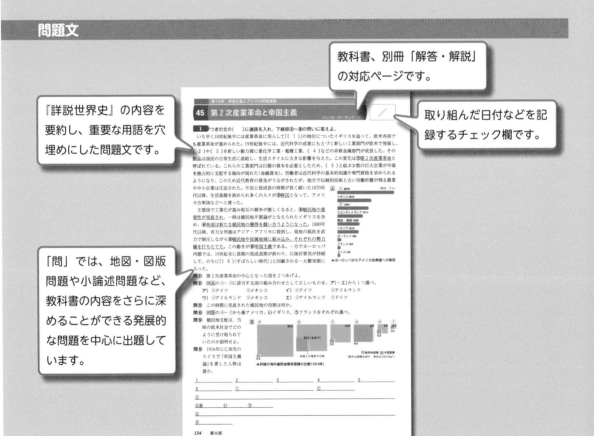

第Ⅰ部、第Ⅱ部、第Ⅲ部①②、第Ⅳ部に「総合問題」を設けています。史料問題や論述問題、共通テスト対策問題など、様々な問題にチャレンジして実力をアップさせましょう。

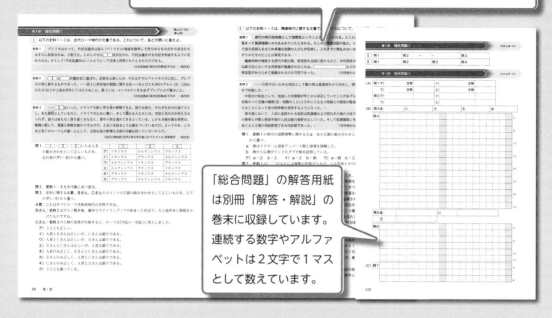

「総合問題」の解答用紙は別冊「解答・解説」の巻末に収録しています。連続する数字やアルファベットは2文字で1マスとして数えています。

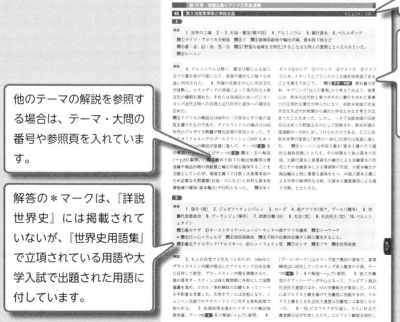

本文の対応ページです。

知識以外に、背景や因果関係など、思考力や判断力を有する問題には「思考・判断」のマークを付しています。

他のテーマの解説を参照する場合は、テーマ・大問の番号や参照頁を入れています。

解答の＊マークは、『詳説世界史』には掲載されていないが、『世界史用語集』で立項されている用語や大学入試で出題された用語に付しています。

目　次

1　自然環境と人類の進化、文明の誕生

（教 p.4〜7、p.18〜19／解 p.2）

1　つぎの文の（　）に適語を入れ、下線部①〜⑥の問いに答えよ。

　人類がはじめて誕生したのは、今から約700万年前の（　1　）大陸であったと考えられる。人類をほかの動物から区別する最大の特徴は（　2　）である。それによって大きな脳を支え、手を発達させ、知能を発達させて、地球が寒冷な氷期と比較的温暖な間氷期を繰り返すなかで①猿人・原人・旧人・新人と進化の道をたどった。われわれと同じ現生人類に属する新人は、②鮮やかな洞穴壁画を残した。やがて世界各地に拡散した人類はそれぞれの環境に適応していくなかで、③多様な集団にわかれていった。④人類は永い歴史のなかで多くの自然環境の変化の試練にさらされてきたが、これらは同時に人類がつぎの時代への新たなステップを踏み出すきっかけを与えてきた。

　約1万年前、氷期が終わると地球は温暖化し、人類は地域ごとの多様な環境に適応していった。そのなかでもっとも重要だったできごとは、約9000年前の西アジアで麦の栽培とヤギ・羊・牛などの飼育が始まったことである。人類史は、狩猟・採集を中心にした（　3　）経済から、農耕・牧畜による（　4　）経済に移るという重大な変革をとげた。人口は飛躍的に増え、文明誕生の基礎が築かれた。⑤新石器時代の始まりである。初期農耕は収穫が少なかったが、西アジアのティグリス川とユーフラテス川にはさまれた（　5　）をはじめとする地域で（　6　）が始まると、食料生産が発達してより多くの人口をやしなうことが可能になり、多数の人間を統一的に支配する国家という仕組みが生まれた。こうして⑥様々な大河の流域に文明が誕生した。こうした文明においては、宗教や交易の中心である都市が生まれ、支配する人とされる人とのあいだに階級が生じた。彼らは金属器を使用し、（　7　）を発明して政治や商業の記録を残した。ここに「歴史」時代が始まる。

問①　以下の語群[A]・[B]の語を、それぞれ、猿人・原人・旧人・新人に分類せよ。

　　[A] **あ**.サヘラントロプス　　　　　　**い**.ネアンデルタール人

　　　　う.ホモ＝エレクトゥス　　　　　**え**.クロマニョン人

　　[B] **お**.骨角器の使用を開始した　　　　**か**.簡単な礫石器を用いるものも現れた

　　　　き.剝片石器の使用、また毛皮を身につけるようになった

　　　　く.ハンドアックスを使用し、火の使用を開始した

問②　右図Aの洞穴壁画が残されたフランス西南部の地域はどこか。

問③　言語・宗教・習慣などの文化的特徴によってわけられる集団を何というか。

問④　現在、地球の自然環境はどのような危機に直面しているか、2行程度で説明せよ。

問⑤　新石器時代を特徴づける、右図Bのような砂や砥石で磨いた石器を何というか。

問⑥　北アフリカにエジプト文明を誕生させた大河を何というか。

1　　　　　2　　　　　3　　　　　4　　　　　5

6　　　　　7

①猿人　・　原人　　　旧人　・　新人　・　②

③

④

⑤　　　　　⑥

2 古代オリエント文明とその周辺

(教 p.20〜28／解 p.2〜4)

1 つぎの文の( )に適語を入れ、下線部①〜④の問いに答えよ。

①オリエントとは、西アジアからエジプトにかけての地域を指す。ティグリス川・ユーフラテス川、ナイル川など大河の流域では、定期的な増水を利用して早くから小麦・大麦・豆類・オリーヴ・ナツメヤシなどを栽培する灌漑農業がおこなわれた。大河を利用した治水・灌漑をおこなうために、早くから宗教の権威によって統治する強力な(1)政治が出現し、独自の信仰生活と文化を生み出した高度な文明が発達した。ティグリス川・ユーフラテス川流域のメソポタミア南部では、前3500年頃から人口が急激に増え、(2)を中心に数多くの大村落が成立した。やがて文字が発明され、銅器・青銅器などの金属器が普及しはじめた。前2700年頃までに(3)人の②ウル・ウルクなど都市国家が数多く形成された。これらの都市国家では、王を中心に神官・役人・戦士などが人々を支配する階級社会が成立した。

前24世紀には、メソポタミア南部はセム語系の(4)人によって征服された。その統一国家は前22世紀に崩壊した。その後、前19世紀初めにセム語系の(5)人が③バビロン第1王朝をおこし、全メソポタミアを支配し、法典を整備し法にもとづく強力な統治をしいた。

前17世紀半ば頃、早くから(6)器を使用していたインド＝ヨーロッパ語系の(7)人は、アナトリア高原に強力な国家を建設し、バビロン第1王朝を滅ぼし、シリアにも進出してエジプトと戦った。また、(8)人はザグロス山脈方面から南メソポタミアに侵入し、バビロン第1王朝滅亡後のバビロニアを支配した。さらに北メソポタミアにおこった(9)王国も西方のシリアへと領土を広げ、(7)に服属するまで強大な国力を保った。こうしてオリエントでは前15〜前14世紀以降、諸王国が並立する複雑な状況が生まれた。

メソポタミアは多神教の世界であり、民族が交替するごとに信仰される最高神もかわった。(3)人が創始した(10)文字は、言語の違いをこえて多くの民族に広まり、粘土板に刻まれて用いられた。また、時間に関する(11)法や太陰暦が使用されるとともに、太陰暦に閏月を設けて実際の季節とのずれを補正した(12)暦も生み出され、④天文・暦法・数学・農学などの実用の学問も発達した。

問① オリエントとはラテン語で何という意味か。

問②あ ウルにつくられた右図Aの聖塔を何と呼ぶか。

　　⊙ ウルクの王を主人公とした「ノアの方舟（はこぶね）」説話の原型とされる洪水伝説が含まれる物語は何か。

問③あ この最盛期の王は誰か。

　　⊙ 右図Bの法典の特徴を2つ記せ。

問④ これらの学問が発達した理由を簡潔に説明せよ。

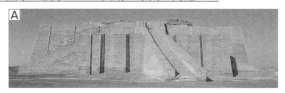

1	2	3	4	5
6	7	8	9	10
11	12	①		②あ
⊙		③あ	⊙	
④				

2 つぎの文の（　　）に適語を入れ、下線部①～⑥の問いに答えよ。

　①ナイル川のめぐみを受ける豊かなエジプトは、砂漠と海に囲まれているため、エジプト語系の人々が長期にわたって高度で安定した文明を営んだ。ナイル川の増減水を利用して豊かな農業がおこなわれた。また、ナイル川の治水には、住民の共同労働と、彼らを統率する強力な指導者が必要であったため、全国を統一的に支配する仕組みが早くから発達した。

　前3000年頃、エジプトではメソポタミアより早く、（　1　）と呼ばれる王による統一国家がつくられた。以後、一時的に周辺民族の侵入や支配を受けながらも、国内の統一を保つ時代が長く続いた。この間に約30の王朝が交替したが、そのなかでも古王国・中王国・②新王国の3時代に繁栄した。

　エジプトの（　1　）は生ける神であり、神官や役人を使って専制的な神権政治をおこなった。ナイル川下流域の（　2　）を中心に栄えた古王国では、（　3　）王らが巨大な（　4　）を築かせた。これは神である王の絶大な権力を示している。中王国時代には、中心は上エジプトの（　5　）に移ったが、その末期にシリア方面から遊牧民の（　6　）が流入し、国内は一時混乱した。しかし、前16世紀に（　6　）を撃退して新王国が成立し、さらにシリアへと進出した。前14世紀には（　7　）が中部エジプトの（　8　）に都を定め、従来の神々の崇拝を禁じて③一つの神だけを信仰する改革をおこなったが、この一連の改革は王の死で終わった。

　エジプト人の宗教は太陽神（　9　）を中心とする多神教で、新王国時代には首都（　5　）の守護神アメンの信仰と結びついた信仰が盛んになった。④エジプト人は霊魂の不滅を信じてミイラをつくった。⑤エジプト文字には、碑文や墓室・石棺などに刻まれた象形文字の（　10　）と、（　11　）に書かれた民用文字（デモティック）とがあった。また、エジプトで発達した（　12　）術は、ギリシアの幾何学の基になり、太陰暦とならんで⑥太陽暦が用いられた。

問①　古代ギリシアの歴史家ヘロドトスは、このようなエジプトの状況を何と表現したか。

問②あ　第18王朝の王でシリアに進出し最大版図を築いたのは誰か。

　　　　い　第19王朝の王でシリアの支配権をめぐってヒッタイトと戦った王は誰か。

問③あ　この神を何というか。**い**　従来の信仰が復活したときの王は誰か。

問④　古代エジプト人の宗教観を表す下図Ａの文書を何というか。

問⑤あ　ナポレオンがエジプト遠征中に発見された下図Ｂを何というか。

　　　　い　Ｂをもとにエジプト文字を解読したフランス人は誰か。

問⑥あ　この暦をローマで採用したのは誰か。**い**　ローマでは何と呼ばれたか。

1	2	3	4	5
6	7	8	9	10
11	12	①		②あ
い	③あ		い	
④	⑤あ		い	
⑥あ	い			

3 つぎの文の（　　　）に適語を入れ、波線部ア）〜エ）に該当する場所を地図から記号ⓐ〜ⓘで選べ。また、下線部①〜⑤の問いに答えよ。

　東地中海沿岸のシリア・パレスチナ地方は、エジプトとメソポタミアを結ぶ、「肥沃な三日月地帯」を形成した。また地中海への出入り口として、海陸交通の要地であった。古くは前1500年頃からセム語系の（　１　）人が交易で活躍した。前13世紀頃にギリシア・エーゲ海方面から「（　２　）」と呼ばれる人々が進出し、この地方を支配していたエジプト・ヒッタイトの勢力が後退すると、それにかわってセム語系諸民族が地中海や内陸部での交易で活躍した。

　（　３　）人は、前1200年頃からシリアのア）ダマスクスを中心に内陸都市を結ぶ中継貿易で活躍した。そのため（　３　）語が国際商業語として広まり、（　３　）文字は楔形文字にかわってオリエント世界で広く用いられるようになった。

　（　４　）人は、東地中海に面したシドン・イ）ティルスなどを拠点として地中海交易を独占し、北アフリカの（　５　）をはじめとする多くの植民都市を建設した。また、（　１　）人の表音文字から（　４　）文字をつくり、これはのちにギリシア人に伝わり（　６　）の起源となった。

　遊牧民であった（　７　）人は、前1500年頃パレスチナに定住し、その一部はエジプトに移住した。しかし、エジプトでは新王国による圧政に苦しみ、①前13世紀頃にパレスチナへ脱出した（「出エジプト」）。（　７　）人はパレスチナに統一王国を建て、②王国は前10世紀頃に繁栄したが、のち北のイスラエル王国と南のユダ王国に分裂した。その後、前722年にイスラエル王国は（　８　）に滅ぼされ、前586年にはユダ王国もウ）バビロンを都とする新バビロニアに征服され、③住民の多くは都につれ去られた。（　７　）人は④唯一の神と契約した（　９　）思想や（　10　）の出現を待望する、神への信仰を固く守る信仰を生み出した。彼らは約50年後にバビロンから解放されて帰国すると、エ）イェルサレムに神殿を再興し、⑤ユダヤ教を確立した。そこからのちに生まれたのがキリスト教であり、のちのヨーロッパ人による思想・芸術活動の大きな源泉となった。

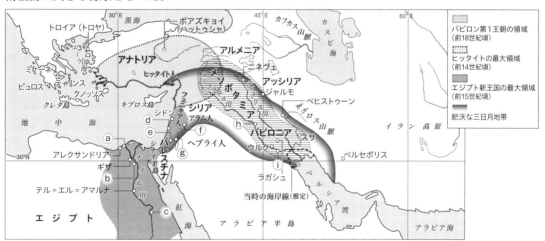

問① 「出エジプト」の指導者は誰か。

問② 統一王国の最盛期の王でイェルサレムに神殿を建設した王は誰か。

問③ この事件を何というか。

問④ この唯一神を何というか。

問⑤ ユダヤ教の教典を何というか。

1	2	3	4	5

6	7	8	9	10

ア）	イ）	ウ）	エ）	①	②

③	④	⑤

つぎの文の（　　）に適語を入れ、下線部①〜⑤の問いに答えよ。

　地中海は、重要な交通路として早くからその周辺に１つの文化的なまとまりを形成し、沿岸部の都市を中心に文明が発達した。他方、陸地は山がちで、夏は暑く乾燥し冬に少量の雨がふり、大河や肥沃な大平野にはめぐまれなかった。穀物生産に適したエジプト・黒海沿岸などと違い、①土壌はやせた石灰岩質である。ギリシアの東地中海沿岸では、オリエントからの影響のもとにヨーロッパではじめての（　１　）器文明が誕生した。これをエーゲ文明という。

　エーゲ文明は、まずクレタ島で栄えた。前2000年頃に始まる②クレタ文明は、壮大で複雑な構造をもつ（　２　）に代表される宮殿建築が特徴である。宮殿は、宗教的権威を背景に巨大な権力を握った王の住居であった。この文明を築いた人々の民族系統は不明であるが、彼らは外部勢力への警戒心が薄く、宮殿は城壁をもたなかった。

　一方、ギリシア本土では、前2000年頃に北方から移住したインド＝ヨーロッパ語系のギリシア人が、クレタやオリエントの影響を受けて前16世紀から③ミケーネ文明を築きはじめた。ミケーネ文明のギリシア人は、（　３　）などに巨石でできた城塞王宮とそれを中心にした小王国を建てた。クレタ文明の人々に比べ、戦闘的で軍事に関心が高かったのが彼らの特徴である。彼らは前15世紀にはクレタ島にも侵入して支配下におき、さらにその勢力はアナトリアの④トロイア（トロヤ）にまでおよんだ。粘土板に残された⑤線文字Ｂ文書の解読により、これらの小王国では、王が役人組織を使って地方の村々から農産物・家畜や武器などの手工業製品を王宮に集め、それらを需要に応じて再び各地に分配していたことが明らかにされている。

　ミケーネ文明の諸王国は前1200年頃に突然滅亡した。王宮による支配体制の行き詰まりや気候変動、（　４　）の侵入など複数の原因によるものらしいが、滅亡のはっきりした事情は不明である。

問①　この地域の主要な農産物を１つあげよ。

問②ⓐ　クレタ文明の発掘調査によって、その存在を確認したのは誰か。

　　　ⓑ　この文明を代表する遺跡として正しいものを、下図のＡ〜Ｄから１つ選べ。

問③　ミケーネ文明の発掘調査によって、その存在を確認したのは誰か。

問④ⓐ　トロイア（トロヤ）戦争を題材に叙事詩を書き上げた古代ギリシアの詩人は誰か。

　　　ⓑ　その叙事詩を何というか。

問⑤　解読の中心となったのは誰か。

| 1 _____ | 2 _____ | 3 _____ | 4 _____ |

| ① _____ | ②ⓐ _____ | ⓑ記号 _____ | |

| ③ _____ | ④ⓐ _____ | ⓑ _____ | ⑤ _____ |

5 つぎの文の（　　）に適語を入れ、下線部①〜③の問いに答えよ。

　前2千年紀初めに北メソポタミアにおこった（　1　）王国は、（　2　）方面との中継貿易によって栄えたが、前15世紀には一時（　3　）王国に服属した。しかし、その後に独立を回復し、鉄製の武器と戦車・騎兵隊などの強大な軍事力を用いて、①前7世紀前半にはじめて全オリエントを統一した。なお、前11世紀に新王国が滅亡した後のエジプトには、ナイル川上流に成立した（　4　）王国が前8世紀から進出していたが、（　1　）の侵攻を受けてエジプトの南方へと退いた。

　（　1　）王は、政治・軍事・宗教など様々な面で強大な権力をもつ専制君主であり、国内を（　5　）にわけ、（　6　）制を設け、各地に（　7　）をおいて統治した。しかし、この大帝国も、②服属民の反抗をまねいて前612年には崩壊した。その結果、オリエントには③エジプト・リディア・新バビロニア（カルデア）・メディアの4王国が分立することになった。一方、南方へ退いた（　4　）王国は（　8　）に都をうつして製鉄と商業によって栄え、（　8　）文字（未解読）を用いた。この王国は、のち4世紀にエチオピアの（　9　）王国によって滅ぼされた。

問① あ　全盛期の王で右図Ａに描かれたのは誰か。
　　 い　あの王が建設した大図書館がおかれた首都はどこか。
問② 服属民が反発した政策を1つあげよ。
問③ あリディア、い新バビロニア（カルデア）、うメディアの場所を下の地図Ｂのイ〜ニから選べ。
　　 えリディアの首都、おエジプトの首都、かメディアの首都を下の地図Ｂのⓐ〜ⓗから選び、その名称を記せ。
　　 きリディアで前7世紀前半に世界ではじめてつくられたものは何か。
　　 く新バビロニア（カルデア）の全盛期の王は誰か。

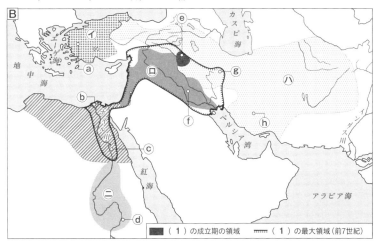

■（　1　）の成立期の領域　　〜〜〜（　1　）の最大領域（前7世紀）

1		2		3		4		5	

6		7		8		9	

①あ＿＿＿＿＿＿　　　い＿＿＿＿＿＿　　　②＿＿＿＿＿＿

③あ＿＿＿　い＿＿＿　う＿＿＿　　え記号＿＿＿　名称＿＿＿

お記号＿＿＿　名称＿＿＿　　　か記号＿＿＿　名称＿＿＿

き＿＿＿＿＿＿　　　く＿＿＿＿＿＿

1 つぎの文の（　）に適語を入れ、下線部①〜⑤の問いに答えよ。

　南アジアは、世界最高峰の山々や砂漠、大平原、大河を含む多様な地域である。（　1　）の影響を強く受けて雨季と乾季の差が明確であり、夏と冬とで激しい寒暖差のある北部地域と、年間を通じて気温の高い南部地域とに大きく二分される。

　南アジア最古の（　2　）文明は、前2600年頃におこった青銅器時代の文明で、（　3　）系と考えられている。①代表的な遺跡としてモエンジョ＝ダーロやハラッパーがあり、遺跡からは、②印章やろくろでつくられた（　4　）土器が発見されている。文明は前1800年頃までに衰退した。

　前1500年頃、中央アジアから（　5　）峠をこえて、インド＝ヨーロッパ語系の牧畜民である（　6　）人が、（　7　）地方に進入しはじめた。（　6　）人は部族を単位として活動し、この頃には大きな富や地位の差は生まれていなかった。③彼らの宗教的な知識をおさめた文献群は（　8　）と呼ばれ、各種（　8　）が編まれた前1500年〜前600年頃までの時代は（　8　）時代と呼ばれている。

　前1000年を過ぎると、（　6　）人はより肥沃な（　9　）川上流域へ移動を開始し、定住の農耕社会を形成した。④農耕社会への移行は当地の社会を変化させた。社会の変化の過程で、バラモン：司祭、（　10　）：武士、（　11　）：農民・牧畜民・商人、シュードラ：隷属民という、4つの身分が誕生した。バラモンたちは、神々への複雑な祭祀をとりおこなう自身を最高の身分とした。⑤このようにして誕生した身分的上下観念を　**A**　と呼ぶ。一方で、特定の信仰や職業と結びついたり、ほかの集団の者との結婚や食事などを制限することで結合をはかる　**B**　が多数生まれた。　**A**　と様々な　**B**　とが組み合わさった社会制度は南アジア社会の基層となり、のちに　**C**　として展開することになった。

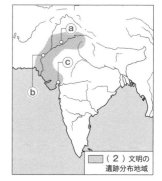

（　2　）文明の
遺跡分布地域

問①　ⓐモエンジョ＝ダーロ、ⓘハラッパーの場所を地図中のⓐ〜ⓒから選べ。

問②　これについて述べたa・bの正誤の組み合わせとして正しいものを、ア）〜エ）から選べ。
　　a　印章に記されているインダス文字は解読され、当時の都市生活の様相を知ることができる。
　　b　印章には牛や架空の一角獣などをモチーフにしたものが多く存在する。
　　　ア）a−正　b−正　イ）a−正　b−誤　ウ）a−誤　b−正　エ）a−誤　b−誤

問③　このような文献群のうち、神々への賛歌を集めた最古の聖典の名称を答えよ。

問④　農耕社会の進展が身分差を生じさせた背景を2行程度で説明せよ。

問⑤　下線部中の　**A**　〜　**C**　にあてはまる制度や集団の名称を答え、それぞれの名称の由来にあてはまるものを、以下のア）〜ウ）からそれぞれ選び、記号で答えよ。
　　ア）もとの意味は「色」を意味する言葉であり、先住民との肌の色の違いに由来している。
　　イ）「血統」を意味するポルトガル語に由来している。
　　ウ）もとの意味は「生まれ」を意味する言葉である。

1	2	3	4	5
6	7	8	9	10
11	①ⓐ	ⓘ	②	③

④ _____

⑤A 名称　　　　記号　　B 名称　　　　　記号　　C 名称　　　　記号

4 中国の古代文明

(教 p.30〜34／解 p.5〜6)

1 つぎの文の（　）に適語を入れ、下線部①〜⑦の問いに答えよ。

　東アジアとは、長江・黄河流域の農耕地帯を中心とするユーラシア大陸東部と沿海の諸島をいう。前6000年頃までに、黄河流域ではアワなどの（　1　）を中心とした農耕が始まり、長江流域でも（　2　）が栽培されるようになった。前5千年紀になると、黄河中流域において①彩文土器（彩陶）で知られる文化が開花し、長江流域では、人工的な水田施設をともなう集落遺跡が発見されている。前3千年紀には地域間の交流が進み、黄河流域に西方から（　3　）・羊がもたらされ、中・下流域では②黒陶に代表される文化が広がった。交流にともなう集団相互の争いは地域の政治的統合をうながし、黄河中・下流域には城壁で囲まれた都市（邑）が発達し、やがてそれらを統合する③広域的な王朝が成立した。

　前2千年紀になると、各地域を結ぶ交通の要地であった黄河中流域では、政治権力の集中が進んで、殷王朝が誕生した。王都の遺跡④殷墟の発掘からは、西域産の材料を加工した玉器や南方の海で産出されたタカラガイも発見されている。殷は豊かな経済力を背景に盛大な祭祀を実施し、宗教的権威によって多くの邑を従え、また、祭祀には複雑な文様をもつ（　4　）器の酒器や食器が用いられた。殷では、国の重大な事柄はすべて神意を占って決定され、その⑤占いの結果を記録するための文字が使われた。この文字は漢字のもとになっている。

　西方の（　5　）流域におこった周は、⑥武力よりも徳を重視し、徳の高い者は天からの命令で支配者となる資格が与えられると考えた。前11世紀に殷を滅ぼした周は、⑦一族や功臣などに封土（領地）を与え、世襲の（　6　）として国を建てさせる体制で統治した。このような統治制度のもとでは、同姓の父系親族集団のまとまりが重要であり、親族関係にもとづいた規範である（　7　）が重んじられた。また、周王と諸侯の関係など、社会の上下関係を律する行動規範は（　8　）と総称され、今日まで東アジアの社会に強い影響をおよぼしている。

問①あ　この文化を何というか。

　　い　この文化の名を示す遺跡の場所を右の地図Ａのⓐ〜ⓕから選べ。

問②あ　この文化を何というか。

　　い　この文化の名を示す代表的な遺跡の場所を右の地図Ａのⓐ〜ⓕから選べ。

問③　伝説上の中国最初の王朝は何か。

問④あ　現在の地名を答えよ。

　　い　その場所を地図Ａのⓐ〜ⓕから選べ。

問⑤　右図Ｂの文字を何というか。

問⑥　儒家思想における政権交替の理論は何か。

問⑦　これを何というか。

1	2	3	4	5
6	7	8	①あ	い
②あ	い	③	④あ	い
⑤	⑥	⑦		

2 つぎの文の（　）に適語を入れ、下線部①～⑥の問いに答えよ。

　前8世紀に周の王都が（　1　）から東方の（　2　）（現在の洛陽）に移ると、周王の威光は衰え、諸侯が競い合うようになった。はじめは武力で他国を威圧した有力諸侯である（　3　）が盟主となり、周王を支えて秩序を維持したが、やがて小国の併合や大国の分裂がおこり、①前5世紀後半に諸国間の秩序は失われた。②これより前の時代を春秋時代、後の時代を戦国時代と呼ぶ。

　戦国時代には、③各地の社会・文化の特徴を反映した個性ある国づくりがおこなわれた。とくに有力な7つの国は（　4　）と呼ばれる。一方、各国のあいだには、官僚を地方に派遣して中央との関係を強化したり、法制度を整備するなど、共通する動きもみられた。また、この頃には、諸侯がおさめた範囲を「中国」とみなす考え方が現れた。この「中国」意識は、みずからを文化の中心とし、生活習慣の異なる他者を「夷狄」とさげすむ（　5　）思想と結びついていた。

　春秋時代に出現し、戦国時代に広まった鉄器により、④農地面積が増加し、農業生産力が向上するなど、中国の社会は大きく変化した。また、文字を記録するための（　6　）・竹簡が登場し、文書による命令・情報の伝達が容易になった。

　⑤農業や手工業の発展に応じて、青銅貨幣が普及し、豊かな商人も現れた。個人の能力が重んじられる風潮のなかで、（　7　）と総称される⑥多くの思想家や学派が登場した。

問①　諸侯がおさめた国のうちあ秦といち楚はどこか。右の地図のⓐ～ⓖから選べ。

問②　春秋時代の語源となった歴史書『春秋』を編纂した人物は誰か。

問③あ　塩業で栄えた黄河下流域の国を何というか。また、その場所を右の地図のⓐ～ⓖから選べ。

　　　ⓘ　採集を生業とした東北の文化圏を代表する国を何というか。また、その場所を右の地図ⓐ～ⓖから選べ。

問④　この一方で、華北の環境はどのように変化したか。

問⑤　右図のA～Cの貨幣はそれぞれ何というか。

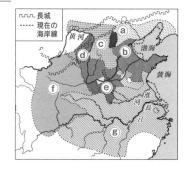

問⑥　この思想家たちについて、つぎのア）～オ）の波線部が正しければ○、誤っていれば正しい語句を記せ。

　ア） 孔子は、魯の出身で、家族道徳を社会秩序の基本においた儒家思想の祖である。

　イ） 儒家の孟子は、性悪説を説き、武力による覇道を否定して徳による王道政治を主張した。

　ウ） 墨家の鄒衍は、血縁をこえた無差別の愛（兼愛）や戦争を否定する非攻を説いた。

　エ） 老子・荘子の道家は、人為を否定して天の道に従うことをとなえ、黄老の思想に影響を与えた。

　オ） 商鞅・韓非らの兵家は、法による信賞必罰を励行し人民を統治する法治主義をとなえた。

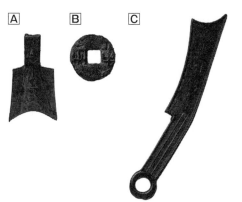

A	B	C

1＿＿＿＿＿　2＿＿＿＿＿　3＿＿＿＿＿　4＿＿＿＿＿　5＿＿＿＿＿

6＿＿＿＿＿　7＿＿＿＿＿

①あ＿＿＿＿　ⓘ＿＿＿＿　②＿＿＿＿　③あ国名＿＿＿＿　位置＿＿＿

ⓘ国名＿＿＿＿　位置＿＿＿＿　④＿＿＿＿＿

＿＿＿＿＿＿＿＿＿＿＿＿＿＿＿＿＿　⑤A＿＿＿　B＿＿＿　C＿＿＿

⑥ア）＿＿＿　イ）＿＿＿　ウ）＿＿＿　エ）＿＿＿　オ）＿＿＿

5 南北アメリカ文明

(教 p.35〜36／解 p.6)

1 つぎの文の（ ）に適語を入れ、下線部①〜③の問いに答えよ。

アメリカ大陸には、（ 1 ）海峡がアジア大陸と陸続きであった氷期に、（ 2 ）系と思われる人々が渡来し定着した。のちに①ヨーロッパ人によってインディオ（インディアン）と呼ばれることになるこの②先住民は、南北に長く広がる大陸の各地で、それぞれの地域の環境に適応した文化を発展させた。

北米地域は温暖で広大な平原に恵まれ、先住民は狩猟・採集を中心とする文化を築いたが、人口は希薄で高度な文明も発達しなかった。

一方、中南米地域では、北方のメキシコ南部と中央アメリカでは（ 3 ）を主食とする農耕文化が、また南方のアンデス地帯では（ 3 ）に加えて（ 4 ）も主食とする農耕文化が、ともに前2千年紀から発達し、やがて都市文明が成立した。

メキシコ南部と中央アメリカの先住民の原型となったのが、前1200年頃までに成立した（ 5 ）文明である。その衰退後にユカタン半島で③マヤ文明が成立し、メキシコ南部に（ 6 ）文明が、その後14世紀に（ 7 ）を首都とするアステカ王国が成立した。

他方、アンデスの高地では前1000年頃に北部に（ 8 ）文化が成立して以降様々な王国が現れたが、15世紀半ばに現在のコロンビア南部からチリにおよぶ広大なインカ帝国が（ 9 ）を中心に成立した。

問① なぜ彼らは「インディオ（インディアン）」と呼ばれることになったのか。その理由を説明せよ。

問② 先住民の文化について述べた文として**誤っているもの**を、ア）〜エ）から1つ選べ。

ア） マヤ文明はピラミッド状の建造物、二十進法による数の表記法、精密な暦法、独自の文字を残した。

イ） アステカ王国はピラミッド状の神殿を建造し、道路網でメキシコ各地と結ばれた巨大都市や複雑な身分制度をもつ国家を築いた。

ウ） インカ帝国は文字をもたなかったが、縄の結び方で情報を伝えるキープと呼ばれる方法で記録を残した。インカの皇帝は太陽の子として崇拝された。

エ） 南北アメリカ文明は金・銀・青銅を用い、鉄器で巨石を切り出して巨石建造物を残し、また車輪のほか、馬などの大型の家畜を使用した。

問③ 下図の囚〜Dからマヤ文明の遺跡を選べ。

| 1 ___ | 2 ___ | 3 ___ | 4 ___ | 5 ___ |

| 6 ___ | 7 ___ | 8 ___ | 9 ___ |

① _____

② _____ ③ _____

6 中央ユーラシア──草原とオアシスの世界

（教 p.37～40／解 p.6～7）

1 つぎの文の（　）に適語を入れ、下線部①～⑥の問いに答えよ。

　中央ユーラシアは、（ 1 ）の東西にのびる大山脈が高温多湿のアジアの（ 2 ）をさえぎるために乾燥、寒暖の差が大きい大陸性気候を特徴とする。東の（ 3 ）高原から西の（ 4 ）北岸にかけて草原が連なり、その南にはいくつもの砂漠が広がっている。砂漠のあいだには高山地帯の雪解け水を水源とする（ 5 ）が点在する。このような、きびしい環境に適応して、人々は生活を営んできた。

　草原地帯では、羊・ヤギ・馬・牛・ラクダなどの①家畜を主要な財産とする遊牧民が、季節的に移動し、遊牧と狩猟による生活を営んでいた。彼らのおもな食料は（ 6 ）や肉類であり、衣服は毛皮が中心で、住居も、移動に適した組み立て式であった。彼らのあいだに（ 7 ）製の馬具や武器をもった（ 8 ）遊牧民が登場するのは、前9世紀～前8世紀頃のことである。馬上から矢を射る遊牧民の集団は、機動性にすぐれた軍事力を備え、それは（ 9 ）製の武器を得るとさらに向上した。

　（ 8 ）遊牧民は血縁的なつながりをもつ氏族や、それを束ねた部族を単位として活動し、ときに統率力のある君主のもとで部族連合を組み、強大な②遊牧国家を形成した。君主は忠実な親衛隊を従え、十進法に従って編制された軍団を率いて略奪や征服をおこなうなど、騎馬軍団の威力は周辺の諸勢力に大きくまさった。しかし、統率が失われると部族連合の再編がおこり、遊牧国家は興亡を繰り返した。また彼らは、③ユーラシアの東西を結ぶ交易や文化交流にも貢献した。

　文献上で知られる最初の遊牧国家は、前7世紀頃に（ 4 ）北岸の草原地帯を支配した④スキタイである。その軍事活動はアッシリアなど古代オリエントにもおよび、（ 4 ）北岸のギリシア人植民市とも交流した。中央ユーラシア東部では、前3世紀後半から統合の動きが始まり、タリム盆地東部には月氏、（ 3 ）高原に匈奴などが現れた。匈奴は単于と呼ばれる君主のもとで強力な遊牧国家をつくり、とくに前3世紀末に即位した（ 10 ）は、西では中継貿易で利益をあげていた（ 11 ）を攻撃して中央アジアのオアシス地域を支配下におさめ、⑤東では成立まもない漢を圧迫した。しかし、匈奴はやがて漢の攻勢を受けて前1世紀半ばに東西に、後1世紀半ばには南北に分裂した。南匈奴は後漢にくだり、北匈奴は遠く西方に移動した。

　その後、⑥西部ではフン人の大規模な西進が始まり、大変動をもたらした。

問①　遊牧民はなぜ移動するのか、理由を2行程度で説明せよ。
問②　遊牧国家の特徴を2行程度で説明せよ。
問③　彼らが利用したルートは何と呼ばれるか。
問④　スキタイ文化の特徴をあげよ。
問⑤　匈奴の漢への優位を決定づけた戦いは何か。
問⑥　西進によって引きおこされた大変動とは何か。

1	2	3	4	5
6	7	8	9	10

11 _____

① _____

② _____

_____

③ _____　④ _____　⑤ _____

⑥ _____

2 つぎの文の（　　）に適語を入れ、波線部ア）〜エ）に該当する場所を地図から記号ⓐ〜ⓕで選べ。また、下線部①〜④の問いに答えよ。

　乾燥した砂漠・草原地帯のなかでも、雪解け水による河川や地下水を利用できる中央アジアのオアシスでは、古くから定住民の生活が営まれていた。オアシスは、防御施設を備えて市場や寺院をもつ都市部と、①灌漑による集約的な農業を営む周辺の農村部からなる独立した生活・経済圏であり、手工業生産や（　1　）交易の拠点としても重要であった。ア）パミールの東部ではイ）タリム盆地周縁部、西部ではウ）ソグディアナやエ）フェルガナなどに多数のオアシス都市が点在し、ラクダに荷を載せた（　1　）がユーラシアの東西を往来する②「オアシスの道」を形づくった。これは「草原の道」とあわせて、一般に「絹の道」（「シルク＝ロード」）とも呼ばれる。オアシス都市は連合して大きな国家をつくることはなく、③周辺の大国の支配下に入ることが多かった。オアシス都市の資源や東西交易の利益は、北方の草原地帯の遊牧国家にとっても重要であり、たとえば、④匈奴はオアシス都市の支配をめぐり漢と争奪戦を繰り広げた。

　中央アジアのオアシス民は、しばしば遊牧国家による略奪や支配を受けたが、両者の関係はつねに敵対的であったわけではなかった。オアシス民の生み出す（　2　）や織物は、遊牧民のもたらす（　3　）と日常的に交換されたほか、遊牧国家が保障した（　1　）路の安全は双方に経済的な利益をもたらした。このように遊牧民とオアシス民との関係は、緊張をはらみつつも（　4　）であり、それは中央ユーラシアにとどまらず、東アジアの歴史の展開にも重要な役割を果たした。

問①　オアシス都市で、水の蒸発を防ぐためにつくられた人工の地下水路を何というか。

問②　下の地図の あ 〜 う のルートをそれぞれ答えよ。

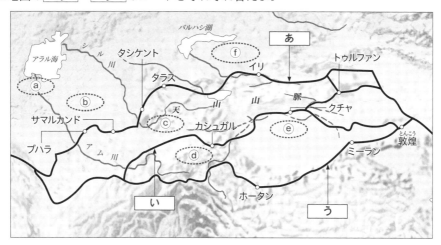

問③ⓐ　後漢時代にオアシス都市を支配下においた人物は誰か。

　　　ⓘ　彼に与えられた官職は何か。

問④　衛青・霍去病を派遣し匈奴との戦いをおこなった前漢の皇帝は誰か。

1	2	3	4

ア）	イ）	ウ）	エ）

①	②あ	い	う

③あ	ⓘ	④

7 秦・漢帝国

（教 p.40〜44／解 p.7〜8）

1 つぎの文の（　）に適語を入れ、下線部①〜⑥の問いに答えよ。

　前4世紀、「戦国の七雄」の一国であった西方の秦が、①新しい政治制度や技術を取り入れて強大化した。東方の諸国は、②他国と同盟を結んで自国の防衛をはかったが、前221年、秦王の（　1　）に征服された。彼は国内を（　2　）にわけて（　3　）を派遣する体制を導入して集権化をはかるとともに、新たな君主の称号として皇帝を採用し、③思想の統制や、度量衡・文字の統一をおこなった。④秦の時代に用いられた円形・方孔の銅銭は、始皇帝の征服活動によって東方に広まり、漢に受け継がれて東アジアの貨幣の基本形となった。一方彼は、北方では戦国時代以来の長城を修築して（　4　）と戦い、⑤南方では華南に進出した。

　しかし、あいつぐ軍事行動や土木工事の負担に人々は苦しんだ。始皇帝が死去すると、⑥各地で反乱がおこり、秦は滅亡した。その後の混乱のなかで、（　5　）の名門出身の（　6　）を破った農民出身の（　7　）が、諸勢力から皇帝に推戴され、漢王朝を開いた。

問①　前4世紀の秦の改革について述べた文について、波線部ア）〜エ）から**誤っているもの**を1つ選べ。

　　秦のア）孝公は前350年に都をイ）咸陽に定めた。彼に仕えたウ）李斯は、エ）法家思想にもとづく一連の国政改革をおこない、秦を強国にする基礎をつくった。

問②あ　諸子百家の思想家の一人で、燕に仕えて秦への対抗策をとなえた人物は誰か。
　　い　その政策を示すものを図Ⅹの@⑥から選べ。

問③　秦の時代の思想の統制に関連して、図Ⓨに描かれているできごと©ⓓを答えよ。

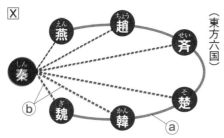

問④　下のＡ〜Ｄから秦で用いられた貨幣を1つ選び、その名称を答えよ。

問⑤　華南を制圧したのち、広東に設置された郡の名称を答えよ。

問⑥あ　このとき生じた中国最初の農民反乱といわれる反乱を何というか。
　　い　この反乱の際に指導者が発したとされる言葉は、戦国時代以来の実力主義を表すといわれる。この言葉を答えよ。

1	2	3	4	5
6	7	①	②あ	い
③©	ⓓ	④記号　名称		⑤
⑥あ		い		

2 つぎの文の（　　）に適語を入れ、波線部**ア）・イ）**に該当する都市を地図から記号ⓐ〜ⓓで選べ。また、下線部①〜⑥の問いに答えよ。

　漢は秦の制度の多くを引き継いだ。高祖は新都**ア）**長安を建設し、統一以前の秦の領域を郡県制によって直接支配する一方、功臣や一族を王に任じて、かつての東方諸国の領域の支配をゆだねた。対外的には、（　1　）のもとで強大化した匈奴に敗れ、こののち漢は匈奴に屈服して和平をはかった。

　高祖の死後、①皇帝と諸王の対立が深まり、やがて軍事衝突に発展した。これに勝利した皇帝は、諸王国の統治に干渉するようになった。前2世紀後半に即位した武帝は、匈奴を撃退するとともに、諸王の実権を奪い、②周辺諸国を征服し漢の支配下に入れた。また、（　2　）を大月氏に派遣したことをきっかけに、中央アジアの交通路をおさえて、（　3　）盆地一帯に勢力をのばした。また武帝は、③地方長官の推薦で官吏を選任する人事制度をおこなった。経済面では、（　4　）の専売や④物価調整策などを進めたが、これらはあいつぐ外征による社会不安や財政難への対応でもあった。しかししだいに、行き過ぎた集権的な政策を改め、実情の異なる各地域に配慮した政治を求める動きが高まり、前1世紀末には、外戚の（　5　）が儒学の理想にもとづく新たな体制を築いた。

　（　5　）は（　6　）をおこし、さらに踏みこんだ改革を進めたが、反発をまねいて支持を失った。匈奴との抗争や（　7　）などの反乱によって（　6　）は滅亡し、豪族を率いた漢の一族の（　8　）が、光武帝となって漢を復興した（後漢）。光武帝は**イ）**洛陽に都をおき、前漢末の体制を継承したが、その後後漢では外戚・宦官の対立が繰り返された。2世紀後半には、こうした状況を批判した⑤官僚・学者が宦官によって大弾圧され、中央政府への信頼は失われた。2世紀末、⑥宗教結社の太平道が反乱をおこすと、各地に軍事政権が割拠して、220年に後漢は滅んだ。

地図凡例：
- 匈奴の最大領土
- 前漢の領域（武帝時代）
- 万里の長城

問①　この反乱を何というか。
問②あ　秦末に広東・広西・ベトナム北部を支配したが、武帝によって滅ぼされた国は何か。
　　い　衛氏朝鮮を滅ぼして武帝が設置した郡を1つ答えよ。
問③あ　この制度を何というか。
　　い　この制度が社会におよぼした影響を説明せよ。
問④あ　各地の特産品を国家がほかの地方に輸送して物価を均一にする政策を何というか。
　　い　物価の上下の変化にあわせて、貯蔵産物の売買をおこなう物価安定策を何というか。
問⑤　このできごとを何というか。
問⑥　以下の文の波線部**ア）〜オ）**から誤っているものを1つ選べ。
　　　太平道の創始者である**ア）**張角は、神仙思想などの影響を受け、呪文による治療などにより貧困に苦しむ民衆の支持を得た。また、**イ）**陰陽五行説にもとづいて漢の火徳にかわる土徳を旗印に**ウ）**紅巾の乱をおこした。反乱は鎮圧されたが、彼の思想は同時期に張陵が創始した**エ）**五斗米道とともに、のちの**オ）**道教の源流となった。

1	2	3	4	5
6	7	8	ア）	イ）

①	②あ	い	

③あ	い		

④あ	い	⑤	⑥

3 つぎの文の（　）に適語を入れ、下線部①〜⑥の問いに答えよ。

　戦国時代以降、小家族による戸が社会の基本単位となり、華北を中心に鉄製農具や牛耕が広まった。しかし、自然災害や労役の負担などで人々は困窮し、土地を買い集めた（　1　）の奴隷や小作人となるものも多かった。（　1　）の大土地所有を制限しようとする動きもあったが効果はあがらなかった。

　漢代の初めは、秦で尊ばれた法家にかわり、ゆるやかに体制に適合する（　2　）の政治思想が重んじられた。武帝の時代には、①儒学の影響力が高まり、前漢末までに国家の学問としての地位を確立し、②経典も整理された。後漢時代には郷挙里選で儒学が重視されたため、儒学の研究・教育が盛んになり、③経典の字句の解釈をおこなう学問が発展した。漢代には儒学のほかにも統一国家を支える思想や技術が現れ、（　3　）の『史記』が④中国の歴史書の基本的な記述形式をつくったほか、官吏の業務に必要な数学や公的な暦をつくる天文学の研究も進み、また宦官の蔡倫により記録用の素材としての（　4　）が改良された。文学では、華北の古い詩歌を集めた『（　5　）』が儒学の経典の1つとして重視されたほか、長江流域の戦国時代以来の詩歌が『（　6　）』にまとめられた。

　前漢末に儒学にもとづいた体制が定まると、以後これが中国の理想的な国家像となった。中国外部の世界との交流も盛んになり、⑤中央アジアに派遣された前漢の張騫・後漢の班超らによって西方の事情が伝えられたほか、インドから仏教も伝来した。2世紀半ばには、⑥大秦王安敦の使節が来航した。こうした状況を受けて、皇帝を中心に多様な地域が統合されるという理念のもと、漢は近隣地域の首長を臣下として封建するようになった。

問① 武帝に儒学の官学化を献策した儒学者は誰か。

問② 経典の整理にともない、五経それぞれの学者が官職に登用されたが、この官職を何と呼ぶか。

問③あ このような学問を何と呼ぶか。

　　　い 後漢時代、この学問を大成させた儒学者は誰か。

問④あ 中国正史の基本的な記述形式について説明せよ。

　　　い この形式を定着させたという、後漢時代の歴史書とその著者の名称を答えよ。

問⑤ ア）〜エ)の文のうち、張騫に関連するものにa、班超に関連するものにbを記せ。

　ア）大宛（フェルガナ）について、汗血馬という名馬の産地であると報告した。

　イ）西域都護に任命され、亀慈（クチャ）を拠点に西域経営にあたった。

　ウ）大月氏との同盟締結に失敗したのち、烏孫に派遣された。

　エ）安息国の西に大秦という国があることを知り、部下の甘英を派遣した。

問⑥あ 「大秦王安敦」は誰を示すと考えられているか。

　　　い この使節が到達した場所を、右の地図の@〜dから選べ。

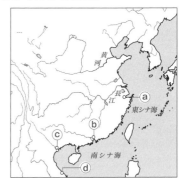

1	2	3	4	5

6 ＿＿＿＿＿＿＿

①	②	③あ	い

④あ ＿＿＿＿＿＿＿＿＿＿＿＿＿＿＿＿＿＿＿＿＿＿＿＿＿＿＿＿＿＿＿＿＿＿

い 歴史書：	著書：	⑤ア）	イ）	ウ）	エ）

⑥あ ＿＿＿＿＿＿＿＿＿＿＿＿＿＿＿　い ＿＿＿＿＿＿＿

8 中国の動乱と変容

(教 p.44〜47／解 p.8〜9)

1 つぎの文の( )に適語を入れ、下線部①〜⑨の問いに答えよ。

3世紀前半に後漢が滅亡すると、華北の①魏、四川の(1)、長江中下流域の(2)が並び立ち、近隣の異族を引き入れながら抗争を繰り返した（三国時代）。その後、魏の将軍(3)（武帝）が帝位を奪って建てた晋（西晋）が中国を統一するが、まもなく皇帝の一族の抗争である(4)の乱によって混乱におちいった。こうしたなか、4世紀初め、華北への移住を進めていた遊牧諸民族（②五胡）が蜂起し、洛陽・長安を攻略された晋は滅んだ。しかし、江南に逃れた晋の皇族の(5)は、③建康（現在の南京）で即位して晋を復興した（東晋）。

こののち華北では多くの国々が興亡し（④五胡十六国）、5世紀前半、鮮卑の(6)氏が建てた⑤北魏が華北を統一した。同じ頃、鮮卑が南下した後のモンゴル高原では、遊牧国家の(7)が強大となったため、北魏は北の脅威に対抗する一方、南の農耕民社会の安定につとめるようになり、(8)帝は都を⑥平城から洛陽に移して、⑦鮮卑の制度や習俗を中国的なものに改めた。しかしその後、こうした⑧政策に反発した人々がおこした反乱をきっかけに、北魏は分裂して滅亡した。6世紀半ば、モンゴル高原では(9)が急速に勢力をのばし、これと結んだ北周が華北を再統一した。北魏から北周に至る華北の諸王朝を北朝という。

一方、江南では、5世紀前半に東晋の皇帝が帝位を奪われてから、長江流域では⑨4つの王朝がつぎつぎに交替した（南朝）。こうした三国時代から南朝・北朝までの動乱期は、(10)時代と称される。

問①あ この王朝の支配領域を右の地図[A]の@〜©から選べ。
　　い この王朝で実施された土地制度を何というか。
問② 一般に「五胡」とされる民族に**含まれないもの**を、ア）〜カ）から1つ選べ。
　　ア）匈奴　イ）羯　ウ）鮮卑　エ）羌　オ）高句麗　カ）氐
問③ この位置を右の地図[B]の@〜ⓗから選べ。
問④ 五胡十六国の1つである「前秦」の侵攻を東晋が撃退した383年の戦いを何というか。
問⑤ この国の皇帝で、華北を統一したのち道教を国教として仏教を弾圧した人物は誰か。
問⑥ この位置を右の地図[B]の@〜ⓗから選べ。
問⑦ この政策を何というか。
問⑧ この反乱を何というか。
問⑨ この王朝を年代順にあげよ。

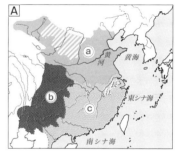

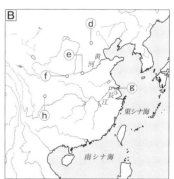

1	2	3	4	5
6	7	8	9	10

①あ＿＿＿＿＿　い＿＿＿＿＿　②＿＿＿＿＿　③＿＿＿＿＿

④＿＿＿＿＿　⑤＿＿＿＿＿　⑥＿＿＿＿＿　⑦＿＿＿＿＿

⑧＿＿＿＿＿　⑨＿＿＿→＿＿＿→＿＿＿→＿＿＿

2 つぎの文の（　　）に適語を入れ、下線部①〜⑧の問いに答えよ。

　三国時代の魏で始まった①九品中正は、有力な豪族による高級官職の独占をまねき、同時に全国的な家柄の序列も固定化していった。こうして形成された名門を貴族と呼ぶ。貴族の影響力の高まりに対し、北魏で創始された（　1　）制のように、国家が農民に土地をわけ与えて、貴族の力をおさえる動きもあったが、効果は限定的であった。文化も社会の動向に連動しながら展開した。魏・晋の時代には、②道家思想や仏教の影響を受けながら、世俗を超越した自由な議論が流行した。4世紀以降には仏教が盛んになり、華北を訪れて布教につとめた（　2　）や、仏典の翻訳に活躍した（　3　）のほか、中国からも③法顕のように仏の教えを求めてインドにおもむくものが現れ、華北では多くの④石窟寺院が造営された。北魏の時代には神仙思想に道家の説を取り入れた道教も成立し、（　4　）は教団をつくって仏教に対抗した。

　南朝では、仏教・道教が儒学と並ぶ貴族の重要な教養となった。貴族たちは、南方の自然や田園に美を見出し、文学や美術の題材とした。（　5　）の詩はその代表である。文体は対句を多用して技巧をこらした四六駢儷体が主流となり、古今の名文を集めた『（　6　）』が編纂された。絵画では⑤「女史箴図」の作者とされる顧愷之、書では王羲之が有名で、後世まで尊ばれた。

　朝鮮半島の動向としては、中国東北地方の南部におこった⑥高句麗が、4世紀初めに半島北部へ進出した。同じ頃、半島南部でも、東に（　7　）、西に（　8　）が成立し、南端は加耶（加羅）諸国となった。これらの国家による戦乱は、さらに朝鮮半島から⑦日本への人や文化の流れを引きおこした。朝鮮半島の諸国は中国王朝の権威を借りてみずからの力を高めようとし、盛んに（　9　）をおこなった。⑧中国王朝も積極的に近隣の勢力に官位や称号を与えて、自国の影響下に取り込んだ。

問①　この内容を1行で説明せよ。

問②　このような議論のことを何というか。

問③　この僧が著した旅行記の名称を答えよ。

問④あ　石窟寺院のうち、北魏の都である平城付近につくられたものの場所はどこか。

　　い　同じく、洛陽付近につくられたものの場所はどこか。

問⑤　この作品を下図のA〜Dから1つ選べ。

   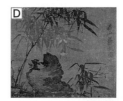

問⑥　この国の最盛期の王の事績を記した右の碑を何というか。

問⑦　当時の日本の状況について述べた文のうち、**誤っているものをア）〜エ）**から
　　　1つ選べ

　　ア）　3世紀頃、邪馬台国の女王卑弥呼が三国の魏に使節を送った。

　　イ）　小国が争う状況を、4世紀以降にヤマト政権が統一した。

　　ウ）　5世紀、倭の五王と呼ばれる倭国の王たちがたびたび北朝に使節を送った。

　　エ）　朝鮮半島や中国から日本に移り住んだ人たちは、渡来人と呼ばれた。

問⑧　このようにしてできた中国王朝を中心とした東アジアの秩序を何というか。

1	2	3	4	5
6	7	8	9	

① _____

② _____ ③ _____ ④あ _____ い _____ ⑤ _____

⑥ _____ ⑦ _____ ⑧ _____

9 東アジア文化圏の形成

(教 p.47〜53／解 p.9〜11)

1 つぎの文の（　　）に適語を入れ、下線部①〜⑪の問いに答えよ。

　6世紀末、北周の武将（ 1 ）が隋を建て、文帝となった。彼は北方の遊牧諸民族の動きをおさえる一方で、①九品中正にかわる新しい人材登用制度である科挙を始めた。さらに南朝の（ 2 ）を滅ぼし、南北朝の諸制度をあわせて体制を固めつつ、②大運河の建設に着手した。大運河の整備は文帝の子（ 3 ）の時代に完成したが、大土木事業は民衆を疲弊させ、（ 4 ）遠征の失敗をきっかけに各地で反乱がおこり、やがて混乱のなかで自立した武将の（ 5 ）が③隋を倒して唐を建て、高祖となった。

　高祖は隋の都（ 6 ）を長安と改めて都とした。ついで子の（ 7 ）が第2代太宗となって、④国内の諸制度を整えた。⑤遊牧諸民族も太宗の支配を受け入れた。続く（ 8 ）の代には西域のオアシス諸都市に進出し、また百済・（ 4 ）を滅ぼして東方にも勢力圏を広げ、⑥唐の最大版図を実現した。

　魏晋南北朝時代にはすでに法令の体系化が進んでいたが、⑦隋・唐の時代には律・令・格・式に従った統治制度が打ちたてられた。中央政府には⑧三省・六部を中心とした分業体制が確立し、地方行政も州県制に整理された。土地制度は北朝の（ 9 ）制を受け継ぎ、⑨租・調・庸を税制の基本とした。

　唐代には、諸国の様々な人々が都の長安に集まった。長安には⑩外来宗教の寺院もつくられた。海路で中国を訪れるムスリム商人も増え、港町が発展した。⑪有能な外国人は官僚として取り立てられ、とくにソグド人は軍事や経済など多方面で活躍した。この時期に花開いた国際的な文化は、やがて中国社会に浸透し、人々の生活や意識をかえていった。

問①　科挙とは、どのような登用制度であったか。

問②　㋐大運河建設の目的を説明し、㋑黄河流域の汴州（開封）と淮河を結ぶ運河の名称を答えよ。

問③　北魏を建国した鮮卑の流れをくむ、北朝から隋・唐に至る諸王朝を総称して何というか。

問④　国力がよく充実したとされたことから、太宗の治世は後世何と呼ばれたか。

問⑤　遊牧諸民族は太宗を天から権力を授かった存在として何という称号を贈ったのか。

問⑥　㋐周辺地域を統括するためにおかれた機関、㋑異民族を間接的に統治する政策を何というか。

問⑦　このなかで行政法を指すものはどれか。

問⑧㋐　三省のなかで「封駁の権」をもち、貴族の牙城となっていたのはどこか。

　　㋑　六部のなかで財政を担当していたのはどこか。

問⑨　このうち庸とはどのような負担であったか説明せよ。

問⑩㋐　唐代に西域を経て伝わったゾロアスター教・マニ教・ネストリウス派キリスト教を総称して何というか。

　　㋑　ネストリウス派キリスト教が唐代の中国に伝播したことを伝える石碑の名称を答えよ。

問⑪　8世紀に日本から留学し、李白とも交際し官吏に登用されて安南節度使となったのは誰か。

1	2	3	4	5
6	7	8	9	

① _____

②㋐ _____

㋑	③	④	⑤	⑥㋐
㋑	⑦	⑧㋐	㋑	
⑨		⑩㋐	㋑	

⑪ _____

2 つぎの文の（　）に適語を入れ、下線部①〜⑤の問いに答えよ。

　唐の文化は外交関係を介して近隣諸国にも広がり、唐を中心とする東アジア文化圏が形成された。

　チベットでは7世紀に①吐蕃が建てられた。また8世紀半ばには雲南で（　1　）が勢力を広げ、仏教を重んじて漢字など唐の文化を受け入れた。

　朝鮮半島では、②唐と結んで百済・高句麗を滅ぼした新羅が、唐の勢力を追い払って朝鮮半島の大部分を支配下におさめた。新羅も唐の官僚制を受容したが、その基盤は血縁的な身分制度である（　2　）制を基盤としていた。新羅では仏教が保護され、都（　3　）を中心に仏教文化が栄えた。また、高句麗滅亡後に中国東北地方から朝鮮半島北部をおさえた（　4　）は唐の諸制度を積極的に取り入れ、日本とも通交した。

　トルコ系の突厥は6世紀半ばにモンゴル高原の（　5　）を倒して中央ユーラシアに領土を拡大した。西方では③ササン朝と結んでエフタルを滅ぼしてソグディアナを支配下においたが、隋代に東西に分裂した。8世紀半ばに突厥を倒したトルコ系のウイグルは遊牧諸部族の再編につとめ、唐でおきた（　6　）の鎮圧に貢献して④利益を得た。他方、ウイグルの支配層は、西方から伝わった（　7　）教を受容して国教とした。このように中央ユーラシアの遊牧国家では、社会・宗教面での大きな変化がおこりはじめていた。

　840年、ウイグルは同じトルコ系の遊牧集団（　8　）の攻撃で滅亡した。四散したウイグル人の一部は唐の領内に移住し、また、西の天山山脈方面に移住した。彼らのあいだには仏教やネストリウス派キリスト教も広まり、ウイグル語訳・ウイグル文字の仏教経典や壁画など多彩な文化遺産が残されている。

　突厥やウイグルのような遊牧国家の発展に大きな役割を果たしたのは、（　9　）人であった。彼らはブハラやサマルカンドなどのオアシス地域に住むイラン系の民族で、個別の都市国家を営み、早くから隊商交易に乗り出して中央ユーラシア一帯におよぶ通商ネットワークをつくりあげ、北朝から隋・唐の時代にかけて中国にも進出・居住した。

　日本も遣隋使・遣唐使を通して中国文化を摂取した。⑤均田制を模倣した土地分配制度が施行され、中国と同じ円形・方孔の銅銭も発行された。また、遣唐使は仏教の経典やイラン・インドなどの工芸品をもち帰り、唐の国際的な文化の影響を受けた（　10　）文化が開花した。

問①　これについて述べた**a・b**の正誤の組み合わせとして正しいものを、**ア）〜エ）**から選べ。

　　a　ソンツェン゠ガンポが建国した吐蕃は、唐の制度を取り入れつつインドの影響も受けてチベット仏教を生み出した。

　　b　チベット文字は中央ユーラシアの遊牧民としてはじめてつくられた独自の文字である。

　　ア）a−正　**b**−正　　**イ）a**−正　**b**−誤　　**ウ）a**−誤　**b**−正　　**エ）a**−誤　**b**−誤

問②　この時日本は百済復興のため軍勢を送ったが、唐と新羅の連合軍に大敗した。この戦いを何というか。

問③　この時のササン朝最盛期の君主は誰か。

問④　この時にウイグルが唐に強要した貿易形態を何というか。

問⑤　この日本でおこなわれた制度を何というか。

1	2	3	4	5
6	7	8	9	10
①	②	③	④	⑤

3 つぎの文の（　　）に適語を入れ、下線部①～⑤の問いに答えよ。

　唐で形成された整然とした統治体制の実現や維持には、実際には多くの困難があった。全国で一律に土地を配分することは不可能であり、貴族を中心とする高位の官僚は大土地所有を認められて広大な荘園を経営するなど、人々のあいだに大きな格差を生み出した。こうしたなかで7世紀末に中国史上唯一の女帝となった（　1　）が（　2　）を登用したことから、政治の担い手が貴族から彼らへと移りはじめた。8世紀初めに登場した玄宗は①傭兵を用いる新しい兵制を採用して、その指揮官である節度使に軍団を指揮させた。しかし玄宗は晩年、（　3　）を寵愛してその一族を重用したので、これへの反発から強力な力をもつようになっていた②節度使が安史の乱をおこした。この乱はウイグルの援軍によってようやく鎮圧されたものの、これをきっかけに唐の国家や社会は性格をかえることになった。

　中央政府の統制力は弱まり、有力な節度使が地方の行政・財政の権限を握って自立の勢いを示した。唐は財政再建のため、780年、③両税法を採用した。また（　4　）の専売も重要な財源となり、こうした新税制により唐はこののちも国力を維持した。しかし9世紀後半、（　4　）の密売商人がおこした④農民反乱が全国に広がるなか、節度使の（　5　）が大運河と黄河の接する汴州（開封）を拠点に力をのばし、10世紀初め、唐の帝位を奪って（　6　）を建てた。以後黄河中流域で交替した5つの王朝と、そのほかの地域で興亡した10余りの国をあわせて、五代十国という。

　唐代には東アジア文化圏が形成され、外国との交流が活発になった。⑤玄奘や義浄が、インドから大量の仏典をもって帰国し、大翻訳事業をおこなって中国の仏教学の水準を飛躍的に高めた。科挙の導入によって儒学も盛んになり、とくに漢代以来の訓詁学が重視されて、（　7　）らにより『五経正義』が編纂された。文学では、「詩仙」（　8　）や、「詩聖」とされた（　9　）らの詩人が独創性あふれる名作を生み出した。しかし唐代中期以降は、形式化した貴族趣味を離れた個性的な技法を追求する動きも現れた。文学では平易な表現をめざした（　10　）が「長恨歌」を残し、（　11　）・柳宗元の古文復興の主張や呉道玄の山水画、（　12　）の力強い書法などが、その例である。

問① この新しい兵制を何というか。

問② 安史の乱をおこした節度使は誰か。

問③ これについて述べたa・bの正誤の組み合わせとして正しいものを、ア)～エ)から選べ。

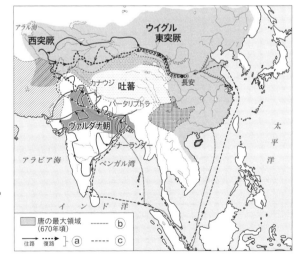

　a　現住地で所有する資産額に応じて土地所有者に夏・秋2回の課税をおこなうものであった。

　b　麦作の普及や貨幣経済の普及にあわせて原則として銭納を求めるものであった。

ア) a−正　b−正　イ) a−正　b−誤
ウ) a−誤　b−正　エ) a−誤　b−誤

問④ この農民反乱を何というか。

問⑤あ 玄奘のインド旅行の記録を何というか。

　　 い 右図の@～©から玄奘の経路を選べ。

1	2	3	4	5
6	7	8	9	10
11	12	①	②	
③	④	⑤あ	い	

10 仏教の成立と南アジアの統一国家、インド古典文化とヒンドゥー教の定着

(教 p.54〜59／解 p.11〜13)

1 つぎの文の（　）に適語を入れ、下線部①〜④の問いに答えよ。

　南アジアでは、前6世紀頃に政治・経済の中心がガンジス川上流域から中・下流域へと移動して、城壁で囲まれた都市国家がいくつも生まれた。そのなかからコーサラ国、つづいて（　1　）国が有力となった。またこれらの都市国家では、豊かな農業生産を背景に各地との交易が発展して、社会が大きく変化した。

　こうした変化のもとで、新たな思想や宗教が生まれた。まず現れたのが（　2　）哲学であり、バラモン教の（　3　）至上主義から転換して内面の思索を重視し、（　4　）という迷いの道から、人はいかに脱却するかという（　5　）について説いた。

　一方、クシャトリヤやヴァイシャが勢力をのばすなか、（　6　）が開いた①仏教や、また、（　7　）が開いた②ジャイナ教が生まれた。両宗教はバラモン教の権威やヴァルナ制を否定した宗教であったため、バラモン教は民間信仰を吸収して信仰の幅を広げ、ヴェーダの神々にかわってシヴァ神やヴィシュヌ神が主神となるヒンドゥー教も芽ばえはじめた。

　前4世紀、西方から（　8　）大王が西北インドにまで進出した。大王はインダス川流域を転戦し、各地にギリシア系の政権が誕生した。この混乱から、前4世紀末に登場した南アジアで最初の統一王朝が、③マウリヤ朝であった。その創始者の（　9　）王は、ガンジス川流域を支配していた（　1　）国のナンダ朝を倒して、首都を（　10　）においた。つづいてインダス川流域のギリシア勢力を一掃し、さらに西南インドとデカン地方を征服した。

　マウリヤ朝の最盛期は（　11　）王の時代であった。王は、征服活動で多くの犠牲者を出したことを悔い、仏教への帰依を深めた。そして、④ダルマを理念とした統治と平穏な社会をめざした。しかし官僚組織と軍隊の維持が財政難をまねいたことや、王家に対するバラモン階層の反発もあり、マウリヤ朝は王の死後に衰退した。

問①　これについて述べた文として正しいものを、ア）〜エ）から1つ選べ。

　　ア）絶対的な神に帰依することを説いた。　　イ）八正道の実践を説いた。
　　ウ）不殺生と禁欲主義を説いた。　　エ）救済を求めて托鉢をおこなった。

問②　その教義の特徴を記せ。

問③　マウリヤ朝の最大領域として正しいものを、下図のA〜Dから1つ選べ。

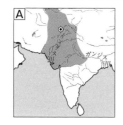

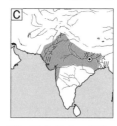
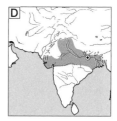

問④　このために国王がおこなった事業として**誤っている**ものを、ア）〜エ）から1つ選べ。

　　ア）磨崖碑や石柱碑を各地につくった。　　イ）仏典の結集をおこなった。
　　ウ）東南アジアのスマトラ島に仏教を伝えた。　　エ）釈迦の遺骨をおさめた仏塔を建立した。

1	2	3	4
5	6	7	8
9	10	11	
①	②		
③	④		

2 つぎの文の（　　）に適語を入れ、下線部①〜⑤の問いに答えよ。

　マウリヤ朝の衰退に乗じて、前2世紀に（ 1 ）人勢力がバクトリア地方から西北インドに進出し、つづいてイラン系遊牧民も同地に進出した。さらに紀元後1世紀にはバクトリア地方からクシャーン人が進出し、（ 2 ）朝を建てた。王朝は2世紀半ばの（ 3 ）王の時代が最盛期であり、中央アジアからガンジス川中流域に至る地域を支配した。この王朝は交通路の要衝にあり、国際的な交易が活発におこなわれた。とくに①ローマとの交易が盛んであった。この王朝のもとで、紀元前後には、②仏教のなかから新しい運動が生まれ、（ 4 ）信仰が広まった。この運動は、（ 5 ）と自称するとともに、自身のみの悟りを目的として出家者がきびしい修行をおこなう旧来の仏教を、利己的であると批判して（ 6 ）と呼んだ。また、③ヘレニズム文化の影響を受け、仏像が生み出された。王朝の保護を受け、（ 7 ）を中心とする仏教美術とともに各地に伝えられ、中央アジアから中国・日本にまで影響を与えた。さらに、すべてのものは存在せず、ただその名称だけがあると説いた（ 8 ）の「空」の思想は、その後の仏教思想に大きな影響を与えた。しかし、3世紀になると、この王朝は西はイランのササン朝に領土を奪われ、東は地方勢力の台頭を受けて滅亡した。

　南インドは（ 9 ）系の人々が居住した地域であり、紀元前後から（ 10 ）語を使用した文芸活動が盛んにおこなわれ、その後の（ 11 ）運動のなかでも多くの吟遊詩人が生まれるなど、独自の世界が形成された。

　また、南インドは古くからインド洋を通じてローマ帝国と交易関係をもち、ローマの貨幣も各地で大量に発見されている。西方との交易は、ローマの発展に呼応して④ギリシア系商人が活動を始める1世紀頃から盛んであった。同じ頃、東方の中国と結ぶ航路もひらけていた。ローマ帝国の衰退後は東南アジアや中国との交易の重要性が増し、（ 12 ）海峡・インドシナ半島南部が航海上の要衝となり、セイロン島・扶南・チャンパー・シュリーヴィジャヤなどが、（ 13 ）や絹・茶・陶磁器などの交易によって栄えた。こうして、⑤地中海から紅海やペルシア湾を通り、アラビア海を渡って南アジアの各地に達し、さらに東南アジアや中国に至る交易路がひらけ、交易が活発におこなわれた。南インドは（ 14 ）など交易での重要商品を産出した。

　マウリヤ朝の衰退後、デカン高原からインド洋沿岸にかけての広い領域で勢力をもったのが、（ 15 ）朝であった。この王朝のもとでは、仏教やジャイナ教が盛んに活動をおこなうとともに、北インドから多くのバラモンがまねかれたため、北インドと南インドとの文化交流が進んだ。さらにインド半島南端には、初期の（ 16 ）朝やパーンディヤ朝などの諸王朝が、インド洋交易を盛んにおこなった。

問①　ローマとの交易で、どのようなことがおこったか。
問②　この運動の内容について説明せよ。
問③　なぜそれまで仏像がつくられていなかったのか説明せよ。
問④　ギリシア人がインド洋貿易について記した記録を何というか。
問⑤　この交易路を何と呼ぶか。

1	2	3	4	5
6	7	8	9	10
11	12	13	14	15
16	①			

②

③

④　　　　　　　　　　　　　　　　⑤

3 つぎの文の（　　）に適語を入れ、下線部①〜⑤の問いに答えよ。

　北インドでは4世紀に入ると（　1　）朝がおこり、（　2　）の時に最盛期を迎え、北インド全域を統治する大王国となった。①王朝は分権的な統治体制をとった。王朝下では仏教やジャイナ教が盛んとなり、中国から②法顕が訪れた。一方、村落からの租税収入が与えられるなど、影響力を失いかけていたバラモンが再び重んじられるようになった。また、バラモンの言葉である（　3　）語が公用語化された。この王朝の時代には、民間の信仰や慣習を吸収して徐々に形成されていた（　4　）教が、社会に定着するようになり、現在に至っている。

　さらにこの頃には、『（　5　）法典』や、③二大叙事詩などが長い期間をかけて完成した。また、宮廷詩人（　6　）によって戯曲『シャクンタラー』がつくられた。天文学や文法学・数学なども発達し、十進法による数字の表記法や（　7　）の概念も生み出され、のちにイスラーム圏に伝えられて自然科学を発展させる基礎となった。美術では、ガンダーラ美術の影響から抜け出て、④純インド的な表情をもつ様式が成立し、インド古典文化の黄金期が出現した。都市での経済活動も活発であり、王の像が描かれた金貨やタカラガイなど様々な貨幣が発行された。やがて、中央アジアの遊牧民（　8　）の進出により西方との交易が打撃を受けたことや、地方勢力が台頭したことで衰退し、6世紀半ばに滅亡した。その後、（　9　）王が（　10　）朝をおこして北インドを支配したが、王の死後王朝は急速に衰退した。

　当時の支配者の多くは（　4　）教の熱心な信者であったが、王は仏教やジャイナ教にも保護を与えた。唐からインドに旅した（　11　）は、王の厚い保護をうけながら（　12　）僧院で仏教を学び、帰国して『大唐西域記』を著した。また、7紀後半には（　13　）がインドを訪れ、帰国の途上に『（　14　）』を著した。しかし、仏教は（　1　）朝衰退後の商業活動の不振によって商人からの支援を失い、また、仏教やジャイナ教を攻撃する⑤バクティ運動が6世紀半ばから盛んになって、衰退に向かった。

　8世紀からイスラーム勢力が進出してくる10世紀頃までの南アジアは、統一的な中央政権が存在せず、多数の地方王権からなる時代となり、北インドでは（　15　）と総称される諸勢力の抗争が続いた。諸勢力は支配の正当性を示すために巨大な寺院を建立し、井戸や貯水池の建設などもおこなった。また、ベンガル地方の（　16　）朝は、（　12　）を仏教の中心地として復興させ、他地域で衰退していた仏教に最後の繁栄期をもたらしたが、王朝の衰退とともに仏教は再び勢力を失っていった。

　一方、南インドの代表的な王朝のチョーラ朝は、灌漑施設の建設によって安定した農業生産を実現し、さらに「海の道」の交易活動も活発におこなった。最盛期の10〜11世紀には、セイロン島（スリランカ）や東南アジアへ軍事遠征をおこなったり、（　17　）代の中国に商人使節を派遣するなどした。

問①　分権的な統治体制について具体的に説明せよ。
問②　彼は中国の何王朝時代の僧か。
問③　この二大叙事詩の名称をそれぞれ答えよ。
問④　この純インド様式を何というか。
問⑤　この宗教運動の特徴を簡潔に説明せよ。

1	2	3	4	5
6	7	8	9	10
11	12	13	14	15
16	17			

①_____

②_____ ③_____・_____ ④_____

⑤_____

1 つぎの文の（　）に適語を入れ、波線部ア）〜カ）に該当する領域を地図から記号ⓐ〜ⓕで選び、
　　i 　〜　iv 　にあてはまる宗教を、ヒンドゥー教、大乗仏教、上座部仏教からそれぞれ選べ。また、
下線部①〜④の問いに答えよ。

　東南アジアは、インドシナ半島を中心とした大陸部と、マレー半島から現在のインドネシアやフィリ
ピンを含む島々からなる諸島部から構成される。香辛料をはじめとする資源の豊かさのゆえに、周辺地
域との海上交易が盛んにおこなわれ、多くの（ 1 ）国家が誕生した。

　前4世紀になると、中国の影響下に、ベトナム北部を中心に独特な青銅器や鉄製農具を生み出した
（ 2 ）文化が発達した。紀元前後から南アジアや中国との交流が盛んになると、1世紀末に（ 3 ）がメ
コン川下流域に建国された。①この国の港の遺跡からは盛んな交易を裏付ける物品が出土している。

　4世紀末から5世紀になると、各地に南アジアの影響が強くみられるようになった。大陸部では、6
世紀にメコン川中流域に（ 4 ）人によってヒンドゥー教の影響の強い**ア）カンボジア**がおこり、12世紀
には②独自の様式をもつ寺院を造営した。エーヤワディー川下流域では、9世紀までビルマ（ミャンマ
ー）系の**イ）ピュー人の国**があった。11世紀には、（ 5 ）朝がおこり、インドやセイロン島とも交流をも
ち、　i 　が広まった。チャオプラヤ川下流域では、7世紀から11世紀にかけて（ 6 ）人による**ウ）ド
ヴァーラヴァティー王国**が発展した。さらに13世紀半ばには、タイ北部に（ 7 ）朝がおこった。これら
の国家はいずれも　ii 　を信仰した。ベトナムでは、前漢時代以来、北部地域が中国に服属していたが、

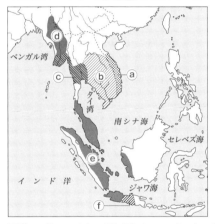

11世紀初めに（ 8 ）朝が成立し、国名を（ 9 ）と称した。
（ 8 ）朝と、つづく③陳朝の統治は、いずれも広域支配にはな
らず、中部から南部にかけて長期にわたって勢力を保持した
エ）チャンパーと対立を続けた。

　諸島部では、7世紀半ばには、スマトラ島の（ 10 ）を中心に
オ）シュリーヴィジャヤが成立した。中部ジャワでは、　iii 　
国の**カ）シャイレンドラ朝**や　iv 　国の（ 11 ）朝が生まれた。
シャイレンドラ朝のもとでは、④仏教寺院が建造されたが、そ
の後ヒンドゥー教の勢力が強くなっていった。

問①　ⓐこの国の貿易港を1つあげ、ⓘこの港からの出土品を1つあげよ。

問②　この寺院の説明として正しいものを下の**ア）〜ウ）**から1つ選び、その名称を答えよ。

　ア）　この寺院は当初ヒンドゥー教寺院として建設されたが、のちに仏教寺院として利用された。

　イ）　この仏教寺院群には、中央の仏塔を中心として曼荼羅を立体的に表現した遺跡がある。

　ウ）　この寺院群には、数多くのパゴダと呼ばれる仏塔や、上座部仏教の寺院が建立された。

問③　この王朝の時代に成立した、漢字を利用してベトナム語を書く文字を何というか。

問④　この寺院の説明として正しいものを、**問②のア）〜ウ）**から1つ選び、その名称を答えよ。

1	2	3	4	5
6	7	8	9	10

11	ア）	イ）	ウ）	エ）	オ）	カ）

i	ii	iii	iv

①ⓐ	ⓘ

②記号　　名称	③	④記号　　名称

12 イラン諸国家の興亡とイラン文明

(教 p.63〜65／解 p.13〜14)

1 つぎの文の（　）に適語を入れ、下線部①〜⑧の問いに答えよ。

　アッシリア王国崩壊後のオリエントでは、前6世紀半ば、イラン人（ペルシア人）の（ 1 ）がアケメネス朝をおこし、メディアとリディアを征服したのち、前539年には（ 2 ）を占領して、翌年、この地に囚われていたユダヤ人を解放した。第3代の（ 3 ）は、エーゲ海北岸からインダス川に至る大帝国を建設し、①強力な中央集権体制を確立した。また、金貨・銀貨を発行し、海上ではフェニキア人の交易を保護して、財政の基礎を固めた。陸上では全国の要地を結ぶ②国道をつくり、都③スサを中心に（ 4 ）制を整備した。アケメネス朝は、④200年以上にわたって強勢を誇ったが、前5世紀前半にギリシア人と戦って敗れ、ついに前330年、ギリシア北方の（ 5 ）に現れたアレクサンドロス大王によって滅ぼされた。

　アケメネス朝はオリエントの諸民族の文化を統合し、また、⑤楔形文字を表音化してペルシア文字をつくった。イラン人の民族的宗教である⑥ゾロアスター教（拝火教）は、この世を善（光明）の神（ 6 ）と、悪（暗黒）の神アンラ゠マンユ（アーリマン）との闘争と説き、最後には光明神の勝利によって人間に幸福がもたらされるとした。

　前334年、ギリシアから東方遠征に出発したアレクサンドロス大王は、エジプトとアケメネス朝を征服後、さらにインド西北部にまで進出して、一時的に東西にまたがる大帝国をつくりあげた。大王が征服した西アジアの領土は、彼の死後、ギリシア系の（ 7 ）朝に受け継がれた。しかし、前3世紀半ばに⑦アム川上流域のギリシア人が独立して国を建てると、まもなく遊牧イラン人の族長（ 8 ）もカスピ海東南部に⑧パルティアを建国した。

問① この統治の内容をつぎの語句を用いて説明せよ。

【州　サトラップ　「王の目」「王の耳」】

問② これを何と呼んだか。

問③あ この場所を右の地図のⓐ〜ⓔから選べ。

　　い このほかに、おもに祭儀のための都としてつくられた都市を答えよ。

問④ アケメネス朝が長期間統治を維持できた理由を答えよ。

問⑤ この文字の解読に用いられた碑文を何というか。

問⑥ 中国では何と呼ばれたか。

問⑦ 国名を答えよ。

問⑧ 中国では何と呼ばれたか。

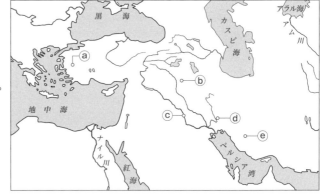

1	2	3	4	5
6	7	8		

①＿＿＿

②＿＿＿＿＿＿　③あ＿＿＿＿＿＿　い＿＿＿＿＿＿＿＿＿＿＿＿

④＿＿＿＿＿＿＿＿＿＿＿＿＿＿＿＿＿＿＿＿＿＿＿＿＿＿＿＿＿＿＿

⑤＿＿＿＿＿＿　⑥＿＿＿＿＿＿　⑦＿＿＿＿＿＿　⑧＿＿＿＿＿＿

2 つぎの文の（　）に適語を入れ、下線部①～⑦の問いに答えよ。

　パルティアは、前2世紀半ばにメソポタミアを併合してティグリス川東岸の①クテシフォンに都を定め、「絹の道」（「シルク＝ロード」）による東西交易で大いに栄えた。パルティアを倒して建国したのが、農耕イラン人のササン朝である。建国の祖（　1　）は同じくクテシフォンに都をおき、ゾロアスター教を国教とした。第2代皇帝（　2　）はシリアに侵入してローマ軍を破り、皇帝（　3　）を捕虜とした。また、東方ではインダス川西岸に至る広大な地域を統合し、中央集権的な体制を確立した。

　ササン朝は5世紀後半、②ホスロー1世の時代に最盛期を迎えた。また、東ローマ帝国（ビザンツ帝国）との戦いも優勢に進め、和平を結んだ。しかし、ホスロー1世の没後はしだいに衰え、③7世紀半ばにイスラーム教徒のアラブ人に征服されて滅んだ。

　初期のパルティアの文化は、ヘレニズム文化の影響が強かった。しかし1世紀頃、イランの伝統文化が復活しはじめると、ギリシアとイランの神々がともに信仰されるようになり、公用語も（　4　）語になった。

　ササン朝の時代になると、④ゾロアスター教の教典が編集された。また、3世紀には、ゾロアスター教や仏教・キリスト教を融合して新しく（　5　）教がおこった。この宗教は、国内では異端とされたが、⑤北アフリカや中央ユーラシアに広まり、唐代の中国にも伝えられた。

　ササン朝時代には、建築・美術・工芸が大いに発達した。⑥精巧な銀器・ガラス器・毛織物・彩釉陶器の技術や様式は、イスラーム時代へと受け継がれるとともに、西方ではビザンツ帝国を経て地中海世界に、東方では中国を経て日本にまで伝えられ、（　6　）文化に影響を与えた。

　⑦パルティアとササン朝は文化史上も東西の文明に大きな影響をおよぼしている。

問① 　この位置を右の地図の@～@から選べ。

問② 　この王が、突厥と結んで滅ぼした中央アジアの遊牧民を何というか。

問③ 　642年におこなわれたこの戦いを何というか。

問④ 　この教典は何か。

問⑤ 　北アフリカのカルタゴ在住時代に（　5　）教の影響を受けた、キリスト教の教父は誰か。

問⑥ 　法隆寺におさめられている、イラン文化の影響がみられる文化財は何か。

問⑦ 　このことについて簡潔に説明せよ。

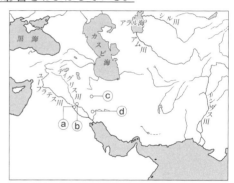

1＿＿＿＿＿＿　2＿＿＿＿＿＿＿　3＿＿＿＿＿＿　4＿＿＿＿＿＿　5＿＿＿＿＿＿

6＿＿＿＿＿＿

①＿＿＿＿＿＿　②＿＿＿＿＿＿＿　③＿＿＿＿＿＿　④＿＿＿＿＿＿

⑤＿＿＿＿＿＿　⑥＿＿＿＿＿＿＿

⑦＿＿＿＿＿＿＿＿＿＿＿＿＿＿＿＿＿＿＿＿＿＿＿＿

1 つぎの文の( )に適語を入れ、下線部①〜④の問いに答えよ。

　地中海沿岸では、オリエントの影響を受けながらも独自の都市文明が栄え、そこで大きな役割を果たしたのはインド＝ヨーロッパ語系のギリシア人と古代イタリア人であった。ミケーネ文明の崩壊後、ギリシアは(1)と呼ばれる混乱した時代に入ったが、紀元前8世紀には各地で①ポリスがつくられ、社会は安定した。

　ギリシア人は人口増加にともない、前8世紀半ばから地中海・黒海沿岸に多くの②植民市を建設した。また、同じ頃にフェニキア文字をもとにつくられた(2)が、商業活動などで用いられた。

　各ポリスは分裂した国家であり、統一国家がつくられることはなかったが、文化的には共通の言語など、③同一民族の意識をもち続けた。彼らは自分たちを(3)、異民族を(4)と呼んだ。ポリスの住民は自由民の市民とこれに隷属する奴隷からなり、④市民には貴族と平民の区別があった。

　領土の広いスパルタは、1万人足らずのスパルタ市民がはるかに数の多い奴隷を農業に従事させた。彼らは(5)と呼ばれ、商工業に従事する(6)と同様にスパルタ市民に隷属していた。スパルタ市民は(5)の反乱を防ぐために(7)の国制と呼ばれる特殊な体制を築き、ギリシア最強の陸軍国をつくりあげた。

問①⑥　右図Ａはポリスの市街図を表している。Ｘの広場とＹの城山をギリシア語でそれぞれ何というか。

　　⑥　ポリス形成時に人々が軍事的・経済的要地に集まり暮らしたことを何というか。

　　⑤　「人間はポリス的動物である」という言葉で知られる哲学者は誰か。

問②　以下の都市のうち、ギリシア人が建設したものを原型とするものを3つ選び、その場所を右の地図Ｂの⑧〜①から選び、記号で答えよ。

　ア）ナポリ　　　**イ）**イスタンブル
　ウ）ダマスクス　**エ）**マルセイユ
　オ）ローマ

問③　古代ギリシア人が共通してもっていた文化を、言語以外で1つあげよ。

問④　貴族政ポリスにおいて貴族だけが政治を担っていた理由は何か。貴族が政治以外に担っていた役割に触れ簡潔に説明せよ。

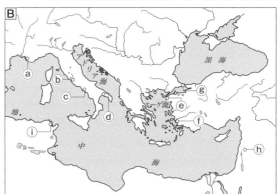

1		2		3		4		5	

6		7	

①⑥ X		Y		⑥		⑤	

② 都市名	場所	都市名	場所	都市名	場所

③

④

2 つぎの文の（　　）に適語を入れ、下線部①〜④の問いに答えよ。

　交易活動が盛んになると、平民のなかにも、農産物を売って富裕になる者が現れた。また、金属の輸入で武器が安くなると、富裕な平民は①武具を買って参戦できるようになった。これにより、平民も多数参加して（　1　）と呼ばれる密集隊形を組んで戦う部隊が軍隊の主力となった。こうして国防において大きな役割を果たすようになった平民は、参政権を主張して貴族と対立しはじめ、各ポリスで民主政への歩みが始まった。典型的な民主政が出現したのは②アテネであり、前7世紀に（　2　）によって法律が成文化され、法による秩序の維持がはかられたのち、様々な改革がおこなわれた。

　この頃、全オリエントを統一した（　3　）朝（ペルシア）の支配に対し、（　4　）を中心としたギリシア人諸都市が反乱をおこした。これをきっかけに始まったのが、③ペルシア戦争である。ペルシアは反乱を支援したアテネに遠征軍をさしむけたが、民主政によって団結を強めたアテネ軍は、前490年の（　5　）の戦いでペルシア軍を打ち破った。その後、アテネは（　6　）の政策により海軍を拡充し、前480年の（　7　）の海戦では、ギリシア連合軍が彼の指揮のもとでペルシアの大軍を再び大敗させた。翌年のプラタイアの戦いで、ギリシア側の勝利は決定的となった。

　ペルシア戦争勝利後、エーゲ海周辺の多くのポリスはペルシアの再侵攻に備えて（　8　）同盟を結び、アテネはその盟主となった。④アテネの民主政は、将軍（　9　）のもとで完成され、（　8　）同盟諸国を中心としたポリスに広まった。ギリシア民主政は現代の民主政とは異なっていたが、民主主義という考え方をはじめて生み出した点で、ギリシア民主政の世界史的意義は大きい。

問① 　右図Ａのような盾と槍で武装した兵士たちを何というか。

問②ⓐ 　財産額により市民の参政権を定めることを何というか。
　ⓘ 　平民の支持により非合法で政権を奪う政治を何というか。
　ⓤ 　右図Ｂはある制度のために使われたものである。この制度を何というか。

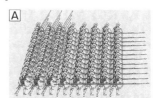

　ⓔ 　アテネにおいて国家の政策を決定していた成年男性市民の全体集会を何というか。

　ⓞ 　以下のアテネの民主政の発展に寄与した人物たちを年代の古い順から並べたものとして正しいものを、ア）〜ウ）から選べ。

　ア）ソロン→ペイシストラトス→クレイステネス
　イ）クレイステネス→ソロン→ペイシストラトス
　ウ）ペイシストラトス→ソロン→クレイステネス

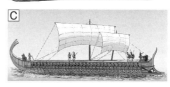

問③ⓐ 　この戦争がアテネの民主政に与えた影響について、上図Ｃの名前をあげて簡潔に説明せよ。
　ⓘ 　この戦争についてのちに『歴史』で言及した古代ギリシアの歴史家は誰か。

問④ⓐ 　アテネ民主政の最盛期を象徴する、アテネの城山に立つ代表的なギリシア建築とは何か。
　ⓘ 　古代ギリシアにおけるアテネ民主政の特徴を、参政権と政治参加の仕方に着目して簡潔に記せ。

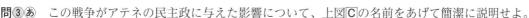

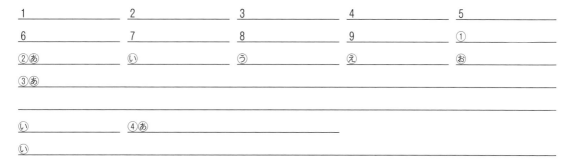

3 つぎの文の（　）に適語を入れ、下線部①～④の問いに答えよ。

　デロス同盟によって急速に勢力を広げたアテネに、（　1　）同盟の盟主スパルタは脅威を感じ、やがて対立する両者は前431年（　1　）戦争に突入した。はじめ優勢であったアテネは、疫病の流行で政治が混乱し、有能な戦争指導者を見出せないまま、ついにペルシアと結んだスパルタに敗れた。その後、前4世紀半ばにはスパルタにかわり（　2　）が一時主導権を握るが、敗戦後も民主政を守り続けたアテネは勢力を回復し、さらにペルシアがギリシア人同士をたがいに争うようにしむけたので、これら有力ポリス間の争いはやまなかった。

　戦争と疫病の影響で、ポリスでは市民の人口が減り、貧富の差が広がってポリス社会は変容しはじめた。その後、前4世紀後半、ポリスをつくらなかったギリシア人の一派である北方の（　3　）が（　4　）のもとで軍事力を強め、前338年（　5　）の戦いで（　2　）とアテネの連合軍を破った。彼はスパルタを除く全ギリシアのポリスを（　6　）同盟に集め、それらを支配下においた。

　（　4　）の子である①<u>アレクサンドロス大王</u>は、ギリシア諸国の争いにたびたび干渉してきたペルシアを討つため、（　3　）とギリシアの連合軍を率いて前334年、（　7　）に出発した。大王は②<u>イッソスの戦い</u>でペルシア王を破ったのち、エジプトを征服した。ついで（　8　）の戦いに勝利してペルシアを滅ぼし、さらに軍を進めてインド西北部まで至り、東西にまたがる大帝国を築いた。③<u>大王はまもなく急死したが、その領土は後継者と呼ばれる部下の将軍たちによって争われ</u>、やがて④<u>諸国に分裂した。</u>大王の東方遠征からエジプトの滅亡（前30年）までの約300年間を、（　9　）時代と呼ぶ。

問①　彼の家庭教師としても知られる哲学者は誰か。

問②　右図Aで表されているイッソスの戦いで敗れたペルシア王は誰か。

問③　ⓐ「後継者」を意味するギリシア語は何か。ⓘアレクサンドロス大王が病死した都市とⓤこの当時のエジプトの経済・文化の中心都市の都市名を書き、それぞれの場所を地図Bのⓐ～ⓔから選べ。

問④　地図Bの分裂した3国　ア　～　ウ　の名称を答えよ。

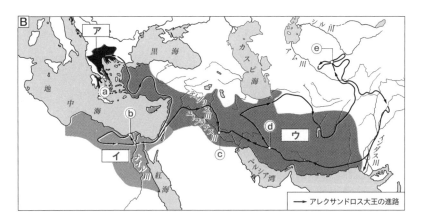

→ アレクサンドロス大王の進路

1	2	3	4	5

6	7	8	9

①	②	③ⓐ	ⓘ都市名	場所

ⓤ都市名	場所	④ア

イ	ウ

4 つぎの文の（　）に適語を入れ、下線部①〜⑦の問いに答えよ。

　ギリシア人が信仰した①オリンポス12神らの神々は、人間と同じ姿や感情をもつとされ、②ギリシアの文学は、神々と人間との関わりをうたった叙事詩から始まった。その一方で、③自然現象を神話でなく合理的根拠で説明する科学的態度を育て、前6世紀にはイオニア地方の（　1　）を中心にイオニア自然哲学が発達した。万物の根源を水と考えた（　2　）や、数と考えた（　3　）、「万物は流転する」の言葉でも知られる（　4　）、歴史の父と呼ばれる（　5　）らが有名である。

　弁論が市民生活にとって重要になってくると、相手をいかに説得するかを教える（　6　）と呼ばれる職業教師が現れた。「万物の尺度は人間」とした（　7　）はその代表者である。これに対して（　8　）は真理の絶対性を説き、知を愛する営み、すなわち（　9　）（哲学）を創始した。彼の哲学を受け継いだ（　10　）は、イデアこそ永遠不変の実在であるとした。彼の弟子アリストテレスは、経験と観察を重んじ、あらゆる方面に思索をおよぼし、「（　11　）」と呼ばれた。④建築・美術では、調和と均整の美しさが追求され、パルテノン神殿のアテナ女神像で知られる（　12　）は、理想的な人間の肉体美を表現した。

　ヘレニズム時代に入るとギリシア文化は東方にも波及し、各地域の文化からも影響を受けて独自の文化が生まれた。これをヘレニズム文化という。この時代には⑤ポリスの枠にとらわれない生き方を理想とする思想が知識人のあいだに生まれ、⑥哲学も政治からの逃避と個人の内面的幸福の追求を説くようになった。⑦自然科学では、（　13　）が平面幾何学を集大成し、（　14　）は浮力やてこの原理などの数学・物理学の諸原理を発見した。また（　15　）と呼ばれるギリシア語が共通語となり、エジプトには（　16　）と呼ばれる王立研究所がつくられて自然科学や人文科学が研究された。

問①　オリンポス12神のうち、主神とされる神は何か。

問②あ　つぎの文学作品Ⅰ〜Ⅳの作者を語群ア）〜オ）から選び、
　　　記号で答えよ。
　　　Ⅰ『イリアス』　　　　　Ⅱ『女の平和』
　　　Ⅲ『オイディプス王』　　Ⅳ『労働と日々』
　　　ア）ホメロス　イ）ヘシオドス　ウ）アイスキュロス
　　　エ）ソフォクレス　オ）アリストファネス
　　い　レスボス島出身の叙情詩で知られる女性作家は誰か。

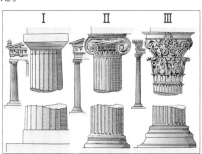

問③　西洋医学の祖とされる医師は誰か。

問④あ　右上図のⅠ〜Ⅲは古代ギリシアの柱の3様式を表している。これらの説明文として正しいものをア）〜ウ）から1つ選び、記号で答えよ。
　　　ア）Ⅰの図はイオニア式と呼ばれ、優美であるとされる。
　　　イ）Ⅱの図はドーリア式と呼ばれ、荘厳で力強いとされる。
　　　ウ）Ⅲの図はコリント式と呼ばれ、華麗であるとされる。
　　い　パルテノン神殿で使われている柱の様式は何か。

問⑤　このような考え方を何というか。

問⑥　この時代の哲学のなかで、ゼノンによる禁欲を重視する学派を何というか。

問⑦あ　地球の自転と公転を説いたヘレニズム期の科学者は誰か。
　　い　子午線の長さを測定したヘレニズム期の科学者は誰か。

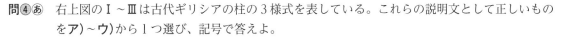

1	2	3	4	5
6	7	8	9	10
11	12	13	14	15
16	①	②あ Ⅰ　　　Ⅱ　　　Ⅲ　　　Ⅳ		
い	③	④あ　　　　い		⑤
⑥	⑦あ　　　　い			

(教 p.75〜82／解 p.17〜19)

1 ▶つぎの文の（　）に適語を入れ、下線部❶〜❻の問いに答えよ。

　前1000年頃、古代イタリア人が北方からイタリア半島に南下し、定住した。そのなかの（ 1 ）人の一派によって、（ 2 ）川のほとりに建設された都市国家がローマである。ローマは、はじめ先住民の（ 3 ）人の王に支配され、その文化に大きな影響を受けていたが、前6世紀末に王を追放して❶共和政となった。ローマ市民では貴族（パトリキ）と、おもに中小農民である平民（プレブス）の身分差があり、最高官職である任期1年・2名の（ 4 ）は貴族から選ばれていた。そして、貴族の会議である（ 5 ）が実質的な支配権を握る、貴族寡頭政であった。

　しかし、（ 6 ）として国防を担うようになった平民は、しだいに貴族の支配に対して不満をもち、平民と貴族との身分闘争がおこった。まず前5世紀前半に、平民の権利を守るために平民出身の❷護民官と、平民だけの民会である（ 7 ）が設けられた。ついで前5世紀半ばには、最初の成文法である（ 8 ）が制定され、前367年には（ 9 ）法により（ 4 ）のうち一人は平民から選ばれるようになった。そして前287年には（ 10 ）法により、（ 7 ）の決議が（ 5 ）の認可なしに全ローマ人の国法となることが定められ、ここに平民と貴族との法律上の権利は同等となった。

　しかし、従来の貴族に一部の富裕な平民が加わって❸新しい支配階層が成立すると、彼らが引き続き政権を独占した。また、実質的には（ 5 ）が指導権をもち続けた。これらの点においてローマ共和政は、ギリシアの民主政と大きく異なっていた。

　ローマは中小農民の（ 6 ）を軍事力の中核にして、周辺の都市国家をつぎつぎに征服し、前3世紀前半には全イタリア半島を支配した。❹征服された諸都市は個別にローマと同盟を結ばされ、それぞれ異なる権利と義務を与えられるという、分割統治がおこなわれた。

　半島統一後ローマは、地中海西方を支配していたフェニキア人植民市の❺カルタゴと衝突し、3回にわたる（ 11 ）戦争がおこった。カルタゴの将軍（ 12 ）がイタリア半島に侵入してローマは一時危機におちいったが、将軍（ 13 ）の活躍などで戦局を挽回し、ついに勝利をおさめた。ローマはその後、東方のヘレニズム地域にも進出して、前2世紀半ばに（ 14 ）とギリシア諸ポリスを支配するようになり、❻地中海全体をほぼ制覇した。

問❶　共和政期において、非常事態にのみおかれた、任期半年の官職を何というか。

問❷　護民官のもつ権限について簡潔に説明せよ。

問❸　この新しい支配層は何と呼ばれたか。

問❹　この方法をローマが採用した理由を説明せよ。

問❺　この位置を右の地図のⓐ〜ⓓから選べ。

問❻あ　ローマが獲得した最初の属州（プロヴィンキア）はどこか。

　　ⓘ　その場所を地図の　イ　〜　ハ　から選べ。

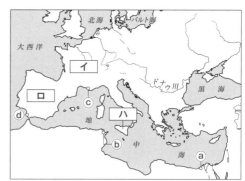

1	2	3	4	5
6	7	8	9	
10	11	12	13	14
①	②			
③	④			
⑤	⑥あ	ⓘ		

2 つぎの文の( )に適語を入れ、下線部①〜⑥の問いに答えよ。

　①ローマの中小農民は長期の征服戦争に出征するうちに没落し、彼らの多くは都市ローマに流入した。こうした②無産市民たちは、ローマ支配の恩恵をこうむったため、いっそうの征服戦争を望んだ。一方、属州統治の任務を負った(1)議員や、属州の(2)請負をおこなう(3)階層は、征服によって莫大な富を手に入れた。彼らは、イタリア半島で農民が手放した土地を買い集めたり、征服でローマのものとなった公有地を手に入れるなどして、戦争捕虜である(4)を多数使った(5)によって大規模な農業経営をおこなった。こうして貧富双方の市民に望まれた征服戦争はますます拡大し、それとともに市民のあいだの経済的格差もいよいよ広がった。その結果、前2世紀後半から、市民の平等を原則としたローマの都市国家としての性格は大きく変質しはじめ、共和政の土台はゆらぎだした。貧富の対立が激化すると、政治家は、元老院の伝統的支配を守ろうとする(6)派と、無産市民や(3)が支持する(7)派にわかれて争った。

　農民の没落による軍事力低下に危機感をいだいた③グラックス兄弟は、前2世紀後半にあいついで護民官に選ばれると、改革に取り組んだが、失敗した。以後有力政治家はたがいに暴力で争うようになり、ローマは④「内乱の1世紀」に突入した。前1世紀に入ると、内乱は頂点に達した。

　この混乱をしずめたのが、実力者のポンペイウス・カエサル・(8)であった。彼らは前60年、私的な政治同盟を結んで元老院と(6)派に対抗し、⑤政権を握った。その後、カエサルは(9)遠征の成功によって指導権を獲得し、対立したポンペイウスを倒して前46年に全土を平定した。彼は連続して(10)に就任して社会の安定化につとめたが、前44年、元老院議員の(11)らに⑥暗殺された。

　前43年、カエサルの部下アントニウスと(12)、カエサルの養子(13)が再び政治同盟を結んで政権を握った。やがて(13)は、プトレマイオス朝の女王(14)と結んだアントニウスを前31年に(15)の海戦で破り、プトレマイオス朝は滅ぼされてローマの属州となった。ここに地中海は平定され、「内乱の1世紀」は終わりを告げた。

問① 中小農民が没落していった理由を2つあげよ。

問② この恩恵を風刺して何というか。

問③ 改革の内容について簡潔に説明せよ。

問④ これについて述べた文として**誤っているもの**を、ア)〜エ)から1つ選べ。
　　ア) イタリア半島の同盟市がローマから独立を求めた反乱を、同盟市戦争という。
　　イ) スラは、終身の独裁官(ディクタトル)となり、反対派を弾圧した。
　　ウ) マリウスは、従来の徴兵制から市民の志願制による軍制改革をおこなった。
　　エ) 剣闘士(剣奴)のスパルタクスに率いられた大反乱が鎮圧された。

問⑤ この政権を何というか。

問⑥ 暗殺の理由を簡潔に説明せよ。

1	2	3	4	5
6	7	8	9	10
11	12	13	14	15

①

② ③

④ ⑤ ⑥

3 つぎの文の（　　）に適語を入れ、下線部①〜⑨の問いに答えよ。

　権力の頂点へと登りつめたオクタウィアヌスは、前27年に元老院から（　1　）の称号を与えられた。ここから①帝政時代が始まった。これより約200年間の時代は（　2　）と呼ばれ、空前の繁栄と平和が続いた。とくに②五賢帝の時代はローマの最盛期で、領土は最大となった。ローマ風の都市が国境近辺にまで建設され、のちに③近代都市となったものも多い。ローマは都市を通して属州を支配し、都市の上層市民は（　3　）を与えられるかわりに帝国支配に貢献した。やがて（　3　）の拡大は徹底し、ついに212年、（　4　）帝の時には帝国の全自由人に与えられた。商業活動も盛んとなり、（　5　）貿易によって中国・東南アジア・南アジアからは絹や香辛料がもたらされた。

　ローマ帝国は、五賢帝時代末期頃から、帝国財政の行き詰まりや経済の不振がしだいにあらわになってきた。3世紀には各属州の（　6　）が独自に皇帝を立てて元老院と争い、短期間に多数の皇帝が即位する軍人皇帝の時代になった。また、北の（　7　）人や東の（　8　）朝なども国境に侵入し、帝国は分裂の危機におちいった。内乱と異民族の侵入に対する軍事力が増強されると、軍隊の維持のため都市は重税を課されて経済的に弱まり、とくに西方の諸都市は衰退しはじめた。④重税を逃れるため都市の上層市民のなかには、都市を去って従来の大土地所有制（ラティフンディア）にかわり、田園に大所領を経営するものが現れた。284年に即位した⑤ディオクレティアヌス帝は、軍の兵員を増やし、徴税の仕組みを新しくするなどの諸改革を断行して、分裂の危機を回避して政治的秩序を回復した。

　ディオクレティアヌス帝の政策を引き継いだ⑥コンスタンティヌス帝は、帝国の統一をはかるとともに、軍隊をさらに増強して帝国支配を安定させようとした。330年、彼は新たな首都を建設して⑦コンスタンティノープルと改称し、巨大な官僚体制を築いた。官吏の力は強大となり、皇帝が官吏を使って帝国を専制支配する体制ができあがった。

　しかし、膨大な数の軍隊と官僚を支えるための重税は、あいつぐ属州の反乱をまねいた。さらに375年に始まる⑧ゲルマン人の大移動によって帝国内部は混乱したため、帝国の分裂を防ぐことは困難になった。そこで395年、⑨テオドシウス帝は帝国を東西に分割して2子にわけ与えた。

問①　オクタウィアヌスは、元老院など共和政の制度を尊重したが、要職を兼任して、全政治権力を手中におさめて事実上の皇帝独裁体制を築いた。こうした状況下、⑧彼は何と自称したか。⑪このような政治体制を何というか。

問②　五賢帝のうち、⑧最大版図を築いたのは誰か、⑪拡大政策を終わらせたのは誰か、⑨『自省録』を著し、哲人皇帝と呼ばれたのは誰か。

問③　ア）ロンドン、イ）パリ、ウ）ウィーンのローマ時代の名称をそれぞれ記せ。

問④　この大所領経営を何と呼ぶか。

問⑤⑧　この皇帝によって確立した皇帝崇拝をともなう支配体制を何と呼ぶか。
　　　⑪　帝国統治の仕組みについて具体的に説明せよ。

問⑥⑧　公認した宗教は何か。　⑪　租税収入の安定をはかって332年に出した法令は何か。
　　　⑨　下層民に世襲化させたものを2つあげよ。

問⑦　この新首都の旧名は何か。　**問⑧**　大移動のきっかけは何か。

問⑨⑧　西ローマ帝国を滅ぼしたのは誰か。　⑪　彼の役職は何か。

1	2	3	4	5
6	7	8	①⑧	
⑪	②⑧	⑪	⑨	
③ア）	イ）	ウ）	④	
⑤⑧	⑪			
⑥⑧	⑪	⑨		
⑦	⑧	⑨⑧	⑪	

4 つぎの文の（　　）に適語を入れ、下線部①～⑥の問いに答えよ。

　ローマ人は、ギリシアから学んだ知識を帝国支配に応用する①実用的文化において、すぐれた能力をみせた。ローマ帝国の文化的意義は、その支配を通して地中海世界のすみずみにギリシア・ローマの文化を広めたことにある。たとえば、ローマ字は今日ヨーロッパの大多数の言語で用いられ、またローマ人の話した（　1　）語は、近代に至るまで教会や学術の国際的な公用語であった。

　ローマの実用的文化が典型的に現れるのは、土木・建築技術である。都市には浴場・凱旋門・闘技場が建設され、道路や水道橋もつくられ、今日に残る遺物も多い。「パンと見世物」を楽しみに生きる都市下層民は、有力政治家が恩恵として配給する穀物をあてに生活し、闘技場での見世物に歓声をあげた。

　後世にもっとも大きな影響を与えたローマの文化遺産は、②ローマ法である。ローマが世界帝国に成長すると、普遍的な法律が必要とされた。十二表法を起源とするローマ法は、はじめローマ市民だけに適用されていたが、やがてヘレニズム思想の影響を受けて、③帝国に住むすべての人民に適用される万民法に成長した。ローマ法は近代へと受け継がれ、④日本の民法にも深い影響をおよぼしている。また、現在用いられている（　2　）暦は、カエサルが制定したユリウス暦からつくられたものである。

　アウグストゥス時代は⑤ラテン文学の黄金期といわれるが、作品にはギリシア文学の影響が強い。歴史記述の分野では、『ローマ建国史』を著した（　3　）や、『ゲルマニア』を著した（　4　）らが有名であるが、政体循環史観の（　5　）、ギリシア・ローマの英雄的人物の生涯を描いた（　6　）、当時知られていた全世界の地誌を記述した（　7　）のようなギリシア人による歴史書・地理誌も重要である。

　哲学の分野では、とくに⑥ストア派哲学の影響が強く、その代表者である（　8　）らが説いた道徳哲学は上流階層に広まった。自然科学では、（　9　）が百科全書的な知識の集大成である『博物誌』を書いた。また、（　10　）のとなえた天動説は、のちイスラーム圏を経て中世ヨーロッパに伝わり、長く西欧人の宇宙観を支配した。

問①　ローマ文化に関係のないものを、下図の Ａ ～ Ｄ から１つ選べ。

問②　6世紀に東ローマ帝国のユスティニアヌス大帝の命で『ローマ法大全』を編纂したのは誰か。

問③　このきっかけとなった、ローマ市民権を帝国全域の全自由民に拡大した3世紀初めの勅令を何というか。

問④　この理由を簡潔に説明せよ。

問⑤　これについて述べた文として**誤っているもの**を、ア）～エ）から１つ選べ。

　ア）『叙情詩集』で有名なオウィディウスは、近代の詩や文学にも大きな影響を与えた。

　イ）ウェルギリウスの『アエネイス』は、ローマの建国叙事詩として名高い。

　ウ）カエサルの『ガリア戦記』は簡潔な名文で書かれ、ラテン文学の傑作とされる。

　エ）キケロの代表作は『国家論』であり、その文体はラテン語散文の模範とされた。

問⑥　ギリシア人奴隷出身で、ローマ時代の代表的なストア派哲学者は誰か。

1	2	3	4	5
6	7	8	9	10

①	②	③

④

	⑤	⑥

1 つぎの文の( )に適語を入れ、下線部①〜④の問いに答えよ。

キリスト教は1世紀にローマ支配下の(1)で生まれた。当時ユダヤ教を指導していた祭司や、律法の実行を重んじた(2)派は、ローマ支配を受け入れ、貧困に苦しみ救済を求める民衆の声にこたえようとしなかった。

こうしたなか、イエスは祭司や(2)派を形式主義として批判し、貧富の区別なくおよぼされる神の絶対愛と(3)愛を説き、神の国の到来を約束した。民衆はイエスを①救世主と信じて彼の教えに従うようになった。祭司や(2)派はイエスをローマに対する反逆者として総督(4)に訴えたため、彼は十字架にかけられて処刑された(30年頃)。そののちに弟子たちは、イエスが復活し、その死は人間の罪をあがなう行為であったと信じるに至った。この信仰を中心にキリスト教が成立した。

その後まもなく②使徒によって、伝道活動が始まった。使徒の1人である(5)は、神の愛は異邦人(ユダヤ人以外の民族)にもおよぶとして、ローマ帝国各地に布教し、キリスト教を広げた。信徒の団体である(6)も、アナトリア・シリア・ギリシア、そして首都ローマにつくられた。その結果、3世紀頃までに、③キリスト教は帝国全土に広がり、やがて上層市民にも信徒がみられるようになった。このあいだに④『新約聖書』がギリシア語で記され、『旧約聖書』とともにキリスト教の教典となった。

問①⑥ ヘブライ語で「油を注がれた者」を意味する、救世主を示す語は何か。

⑥ ⑥をギリシア語で何と呼ぶか。

問②⑥ 第一の使徒と呼ばれ、ネロ帝の迫害で殉教した人物は誰か。

⑥ 下図の A 〜 D の教会のうち、名称が使徒に由来しないものを1つ選べ。

問③ 当時、キリスト教をおもに信仰していた者はどのような人たちであったか。

問④⑥ 「マタイ」「マルコ」「ルカ」「ヨハネ」によるイエスの言行録を総称して何と呼ぶか。

⑥ ヘレニズム世界で共通に使用されていた、このギリシア語を何と呼ぶか。

1	2	3	4	5
6	①⑥	⑥	②⑥	⑥

③ _____

④⑥ _____ ⑥ _____

2 つぎの文の（　　　）に適語を入れ、下線部①〜⑥の問いに答えよ。

①キリスト教が生まれた頃のローマでは、キリスト教徒は反社会集団とみなされるようになり、②民衆や国家から激しく迫害された。それにもかかわらずキリスト教は帝国全土に拡大を続けたので、帝国の統一を維持するために（　1　）帝は313年の（　2　）勅令でキリスト教を公認した。

キリスト教会では教義をめぐって論争がしばしば生じた。325年に（　1　）帝が開催した（　3　）公会議においては、③キリストを神と同一視する一派が正統教義とされた。また、『教会史』を著した（　4　）や、『神の国』でキリスト教の神の国が永遠であると主張した（　5　）らの（　6　）と呼ばれるキリスト教思想家たちは、正統教義の確立につとめ、のちの神学の発展に貢献した。

4世紀後半には、「背教者」と呼ばれた（　7　）帝が古来の多神教の復活を企てたが成功せず、ついに392年、（　8　）帝がキリスト教を国教とし、ほかの宗教を厳禁した。それとともに、④一般信徒を指導・監督する聖職者身分が成立し、教会の組織化が進んだ。ローマ帝国末期には⑤五本山と呼ばれる教会がとくに重要となり、5つの管区にわけられた信徒たちを、それぞれが指導した。

また⑥431年の（　9　）公会議では、キリストの神性と人性とを分離して考える一派が異端と宣告された。

問① 当時のローマ帝国で、キリスト教が反社会的集団とみなされた理由を簡潔に説明せよ。

問②あ 64年、ローマの大火をキリスト教徒の放火であるとして迫害をおこなった皇帝は誰か。

　　　い 303年、最大規模のキリスト教徒大迫害をおこなった皇帝は誰か。

問③ 325年の公会議での教義をめぐる論争について述べた**a・b**の正誤の組み合わせとして正しいものを、**ア）〜エ）**から選べ。

　　a この会議で正統とされたアタナシウス派の教説は、のちに三位一体説として確立していった。

　　b この会議で異端とされたアリウス派は、ゲルマン人に広まっていった。

　　ア）a−正　b−正　イ）a−正　b−誤　ウ）a−誤　b−正　エ）a−誤　b−誤

問④ ローマ＝カトリック教会において、もっとも民衆生活に近い地域の教会で、一般信徒にミサや洗礼をおこなう聖職者を何と呼ぶか。

問⑤ 五本山と呼ばれる教会のうち、7世紀にイスラーム勢力下に入った場所を、右の地図の@〜eからすべて選び、その名称を答えよ。

問⑥ 431年の公会議とそれ以降の教義をめぐる論争に関する、以下の**a・b**の正誤の組み合わせとして正しいものを、**ア）〜エ）**から選べ。

　　a この公会議で異端とされたネストリウス派は、唐で祆教として伝わった。

　　b この公会議後も教義をめぐる論争は続き、451年のカルケドン公会議で異端となった単性論は、エジプトやエチオピアでは引き続き信仰された。

　　ア）a−正　b−正　イ）a−正　b−誤　ウ）a−誤　b−正　エ）a−誤　b−誤

1	2	3	4	5
6	7	8	9	

① _____

②あ _____　い _____　③ _____　④ _____

⑤ 場所 ___ 名称 ___　場所 ___ 名称 ___　場所 ___ 名称 ___

⑥ _____

16 アラブの大征服とイスラーム政権の成立

(教 p.85〜90／解 p.20〜22)

1 つぎの文の（　）に適語を入れ、下線部①〜⑥の問いに答えよ。

　6世紀の西アジアでは、サザン朝とビザンツ帝国（東ローマ帝国）が勢力を競っていた。そうしたなか、砂漠の広がる（ 1 ）半島で、点在する（ 2 ）を中心に遊牧や農業、隊商交易に従事していたアラブ諸部族が、半島外に急速に拡大し、広大な領域の新たな支配者となった。そのきっかけとなったのが、7世紀前半にアラブ人の諸部族のあいだに広まったイスラーム教である。イスラーム教は、①ユダヤ教やキリスト教の系譜のうえに生まれた宗教で、②メッカの名家（ 3 ）族に生まれたムハンマドによってとなえられた。

　ムハンマドは、610年頃、みずからを唯一神（ 4 ）の言葉を預けられた預言者であると考え、周囲の人々に唯一神への絶対的帰依（イスラーム）を説いた。しかし、彼はメッカの有力者たちによる迫害にあい、メッカの北にある（ 5 ）に③622年に移住した。ムハンマドは、（ 5 ）で④イスラーム教徒による大きな勢力をつくりあげ、630年にはメッカを征服して支配権を固めると、その権威に多くのアラブ諸部族が従った。こうして、彼の率いるイスラーム教徒の共同体である（ 6 ）は、有力な政治的・軍事的勢力となった。

　ムハンマドの死後、⑤アブー＝バクルがムハンマドの後継者を意味する（ 7 ）に選出された。しかし、その地位や共同体の統治をめぐってアラブ諸部族内に対立が生まれると、彼は人々の関心を対外戦争に向けるため、アラビア半島外への征服活動を開始した。イスラーム教を旗印とするアラブ＝ムスリム軍は、第2代（ 7 ）のウマルの時代にサザン朝を滅ぼしてイラク・イランを獲得し、またビザンツ帝国からシリア・エジプトを奪った。

　⑥アラブ諸部族による大征服が成功し、多くのアラブ人は、家族とともに支配地につくられた（ 8 ）と呼ばれる軍営都市に移住し、イラク・シリア・エジプトなどの新たな支配層となった。

問①　こうしたことからイスラーム教徒は、ユダヤ教徒とキリスト教徒を何と呼んだか。

問②あ　この都市を右の地図の@〜@から選べ。

　　い　この都市にあるイスラームの聖殿を何というか。

問③　このできごとを何と呼ぶか。

問④　アラビア語で「神に帰依するもの」を意味するイスラーム教徒の呼称を答えよ。

問⑤　この人物からアリーに至る4人の後継者を何と呼ぶか。

問⑥　その理由として考えられるものをあげよ。

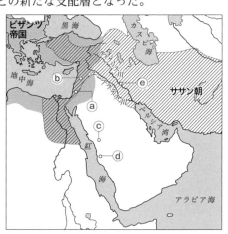

1		2		3		4		5	
6		7		8					

① _____　②あ _____　い _____　③ _____

④ _____　⑤ _____

⑥ _____

2 つぎの文の（　　）に適語を入れ、波線部ア）〜ウ）に該当する場所を地図から記号ⓐ〜ⓖで選べ。また、下線部①〜⑦の問いに答えよ。

　7世紀半ば、アラブ諸部族内でカリフ位をめぐって対立が深まり、その争いのなかで第4代カリフのアリーが暗殺された。アリーと対立してすでにカリフを名乗っていたシリア総督の（　1　）は、ア）ダマスクスを首都に①ウマイヤ朝を開き、それまでの慣習を破ってカリフ位の世襲を開始した。一方、アリーの血統を支持する人々は（　2　）派と呼ばれ、ウマイヤ朝の支配に反対した。

　ウマイヤ朝のもとで、アラブ＝ムスリム軍による征服活動は続いた。東では、中央アジアとインド西北部、西では北アフリカを征服し、さらにイベリア半島に進出して711年には、ゲルマン人が建てた（　3　）王国を滅ぼした。その後、フランク王国内にも進出したが、②732年の戦いに敗れ、その拡大はイベリア半島にとどまった。ウマイヤ朝は広大な領域を支配するにあたり、被征服地の人々から、③人頭税と土地税を徴収した。

　イラン人など異民族のあいだにイスラーム教を受け入れる（　4　）と呼ばれる新改宗者が増えると、彼らと特権的なアラブ人支配層とのあいだに軋轢が生まれた。こうした社会の対立に乗じて、ムハンマドの叔父の子孫であるアッバース家が750年に反旗をひるがえし、ウマイヤ朝を滅ぼして④アッバース朝を開いた。アッバース朝は、国家の中心をシリアからイラン・イラクに移して新都イ）バグダードを造営した。アッバース朝は、第5代のカリフである（　5　）の時代に最盛期を迎えた。

　シリアのウマイヤ朝が滅亡すると、その一族がイベリア半島に逃れ、ウ）コルドバを都に（　6　）朝を開いた。この王朝のもとでイベリア半島にイスラーム教が広がった。また、これによりアラブ＝ムスリム軍の征服でつくられた⑤イスラーム政権の分裂が始まった。10世紀後半には、北アフリカにおこった⑥ファーティマ朝がエジプトを征服した。ファーティマ朝の君主はカリフを名乗ったため、分裂は決定的なものとなった。10世紀のアッバース朝では、（　7　）と呼ばれるトルコ系の奴隷軍人の台頭などによってカリフの権力が弱まっていたが、イラン系の軍事政権⑦ブワイフ朝がバグダードに入城した。ブワイフ朝は、アッバース朝カリフを意のままにあやつり、946年に（　8　）の称号を得て実質的な統治をおこなった。こうして各地に政権が並び立つことにより、アッバース朝の支配は名目的なものとなっていった。

問① ウマイヤ朝を支持したイスラームの多数派を何というか。

問② この戦いの名称を答えよ。

問③ⓐ 人頭税を何というか。
　　ⓘ 土地税を何というか。
　　ⓤ 本来の税の対象となったのはどのような人たちか。

問④ バグダードを造営したアッバース朝第2代のカリフは誰か。

問⑤ⓐ エジプトに成立した王朝を答えよ。
　　ⓘ 中央アジアに成立した王朝を答えよ。

問⑥ この王朝時代に建設された新しい都はどこか。

問⑦ ファーティマ朝とこの王朝は何派の立場をとったか。

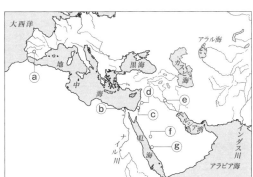

1_____	2_____	3_____	4_____	5_____
6_____	7_____	8_____	ア）___ イ）___	ウ）___
①_____	②_____	③ⓐ_____	ⓘ_____	
ⓤ_____		④_____		
⑤ⓐ_____	ⓘ_____	⑥_____	⑦_____	

3 つぎの文の（　　）に適語を入れ、下線部①〜⑦の問いに答えよ。

　アッバース朝のもとでは、インド・イラン・ギリシアなどの文化的な伝統が融合し、多様な学問が興隆した。①インドの数学がもたらされ、また、バグダードの「（　１　）」（バイト＝アルヒクマ）を中心に、ギリシア語による医学・天文学・幾何学・倫理学・哲学の文献が盛んにアラビア語に翻訳された。とくに②アリストテレスの哲学はイスラーム神学の形成に重要な役割を果たした。数学では（　２　）、医学では中央アジア出身の（　３　）らが知られる。

　その一方、③イスラーム教の信仰に対する関心も高まり、聖典『（　４　）』やムハンマドの言行についての伝承（ハディース）を扱う学問が発達した。ハディースの収集で知られる（　５　）は、さらに年代記『預言者たちと諸王の歴史』を編纂した。こうした営みを通して、ムハンマドが示した生き方を理想とし、それを基準に現実の問題に対応する法の体系が④イスラーム法としてまとめられ、（　６　）と呼ばれるイスラーム法学者たちが司法や政治で活躍するようになった。また、文学も発達し、イラン・アラビア・ギリシアなどに起源をもつ説話が集成され、それらはのちに『（　７　）』にまとめられた。

　美術・建築では、ビザンツ帝国の伝統を引き継ぐ職人・技術者がウマイヤ朝やアッバース朝のもとで活躍した。イスラーム教は偶像を禁止していたため、⑤モスクなどで用いられる装飾では植物や文字を文様化した（　８　）が発達した。また、中国から⑥製紙法が伝わり、その技術がアッバース朝期の文化を支えた。このようにして、西アジアならびに周辺地域の文化とイスラーム教、そしてアラビア語が融合した新しい文化が生まれた。これを⑦イスラーム文化という。その後、イスラーム教が各地に伝播するにつれて、地域ごとの言語・文化的な特色が加わって、イラン＝イスラーム文化、トルコ＝イスラーム文化、インド＝イスラーム文化などが成立した。

問①　これに関してインドから取り入れたものを１つ記せ。

問②　ラテン語の名がアヴェロエスで知られるコルドバ出身の哲学者は誰か。

問③　イスラーム教徒（ムスリム）の信仰と実践すべき行為をまとめて何というか。

問④　これをアラビア語で何というか。

問⑤　モスクの運営などの目的のためにおこなわれた、イスラーム教の特徴的な財産寄進制度を何というか。

問⑥　西アジアに製紙法が伝わる契機となった751年の戦いを何というか。

問⑦あ　チュニス出身の歴史学者で『世界史序説』を著した人物は誰か。

　　　⑥　モロッコ出身の旅行家で『大旅行記』を著した人物は誰か。

　　　⑤　イスラーム文化が中世ヨーロッパ世界に与えた文化面での影響を説明せよ。

| 1 _____ | 2 _____ | 3 _____ | 4 _____ | 5 _____ |

6 _____　7 _____　8 _____　① _____

② _____　③ _____　④ _____　⑤ _____

⑥ _____　⑦あ _____　⑥ _____

⑤ _____

17 ヨーロッパ世界の形成

（教 p.91〜101／解 p.22〜24）

つぎの文の（　　）に適語を入れ、下線部①〜②の問いに答えよ。

　①ヨーロッパには、前6世紀頃から（　1　）人が広く住み着いていた。バルト海沿岸を原住地とするゲルマン人は、（　1　）人を西に圧迫しながら勢力を拡大し、紀元前後頃にはローマ帝国と境を接するようになった。一方で農耕の開始は人口の増加と土地不足を招き、ローマ帝政後期になると、平和的に帝国内に移住する者も多くなった。

　4世紀後半、アジア系の（　2　）人がドン川をこえて西に進み、ゲルマン人の一派（　3　）人を征服した。そこで西ゴート人は375年に南下を始め、翌年にはドナウ川を渡ってローマ帝国領内に移住した。またほかのゲルマン諸部族も大規模な移動を開始し、約200年におよぶ②ゲルマン人の大移動が始まった。

　一方、（　2　）人は、5世紀前半に（　4　）王がパンノニア（現在のハンガリー）を中心に大帝国を建てた。しかし、（　5　）の戦いで西ローマ帝国とゲルマンの連合軍に敗れ、（　4　）王の死後に大帝国は崩壊した。この混乱のなかで、西ローマ帝国は476年にゲルマン人傭兵隊長（　6　）によって滅ぼされた。また、（　7　）大王率いる（　3　）人は、ビザンツ（東ローマ）皇帝の命令を受けて、イタリア半島に移動して（　6　）の王国を倒し、ここに建国した。他方、アラビア半島から急速に広がったイスラーム勢力は、（　8　）朝時代にイベリア半島に渡って西ゴート王国を滅ぼした。

問①　右の地図Aの@〜①の山脈・河川・湖・海の名称を答えよ。

問②あ　移動前のゲルマン社会について述べた文として正しいものを、ア）〜エ）から1つ選べ。

　　ア）全構成民による直接民主政が維持されていた。

　　イ）成年男女によって構成された民会が最高決議機関であった。

　　ウ）ローマでは異端となっていたアリウス派が浸透していた。

　　エ）きびしい身分階層があり、職業や出身地などで細分化されていた。

　　い　ゲルマン社会について述べた史料に関して、**ア）**カエサルと　**イ）**タキトゥスが記したものは何か。

　　う　下記のゲルマン人の移動経路を示したものを、右図Bの ア 〜 カ から選べ。

　　　1）アングロ＝サクソン　2）ブルグンド　3）西ゴート

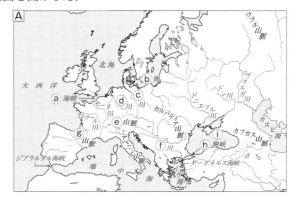

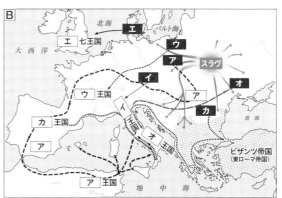

1	2	3	4	5
6	7	8	①@	ⓑ
©	@	@	①	⑧
ⓗ	①	②あ		
いア	イ	う1）	2）	3）

第5章　イスラーム教の成立とヨーロッパ世界の形成　**45**

2 つぎの文の( )に適語を入れ、下線部①～④の問いに答えよ。

西ローマ帝国が滅びた頃、東ヨーロッパでは①ビザンツ帝国（東ローマ帝国）がギリシア正教とギリシア古典文化を融合した独自の文化を築き、首都（ 1 ）（旧名ビザンティウム）は、ヨーロッパ世界最大の貿易都市として中世を通じて繁栄した。②ユスティニアヌス大帝は地中海帝国の復興をはかり、一時的に地中海のほぼ全域における支配を復活させた。内政においてはトリボニアヌスに命じて『（ 2 ）』を編纂させたほか、③聖堂の建立などの事業に力を注いだ。

④ゲルマン諸国家の大半が短命だったのに対し、その後着実に領土を広げ、最有力国として西ヨーロッパ世界の形成に大きな役割を果たしたのは、フランク王国であった。

481年にクローヴィスがフランク王に即位して（ 3 ）朝を開き、その後に全フランクを統一して、ガリア中部を支配下においた。6世紀半ば、フランク王国は（ 4 ）王国などを滅ぼして全ガリアを統一したが、8世紀には（ 3 ）朝の権力は衰え、王家の行政・財政の長官である（ 5 ）（マヨル＝ドムス）が実権を掌握するようになった。

この頃、（ 6 ）王国を滅ぼしたイスラム国家（ 7 ）朝が、さらにピレネー山脈をこえてガリアに侵攻しようとした。（ 3 ）朝の（ 5 ）であった（ 8 ）は、732年に（ 9 ）の戦いでイスラーム軍を撃退し、西方キリスト教世界を外部勢力から守った。その子（ 10 ）は、751年に（ 3 ）朝を廃して王位につき、（ 11 ）朝を開いた。

フランク王国と協同して西ヨーロッパ世界の形成に貢献したのが、ローマ＝カトリック教会である。ローマ帝政末期、五本山のなかで（ 12 ）教会と（ 1 ）教会が最有力であったが、西ローマ帝国の滅亡後、（ 12 ）教会はビザンツ皇帝が支配する（ 1 ）教会から分離する傾向をみせはじめた。6世紀末の教皇（ 13 ）以来、ローマ教会はゲルマン人への布教を熱心におこなった。また、6世紀から広がる修道院運動は、学問・教育や農業技術の発展に貢献した。こうして（ 12 ）教会は西ヨーロッパに勢力を拡大し、とくに（ 14 ）の後継者を自任したローマの司教は、教皇（法王）として権威を高めるようになった。

問① 右図は古代ローマ帝国のコンスタンティヌス帝の時代に製造され、ビザンツ帝国でも使用された貨幣である。この貨幣を何というか。

問② この人物について述べた**ア）～エ）**のうち、**誤っているもの**を1つ選べ。

　ア） 中国の養蚕技術を取り入れ、絹織物産業発展の基礎を築いた。

　イ） イタリアにあるゲルマン人国家であるランゴバルドを滅ぼした。

　ウ） アテネにある研究機関であるアカデミアを閉鎖した。

　エ） ギリシア正教会を支配する立場にあり、政治と宗教両面での最高指導者だった。

問③あ 首都に建造した聖堂を何というか。

　　い ビザンツ式の大聖堂の特徴を記せ。

問④ フランク王国が発展した理由を宗教的側面から説明せよ。

1	2	3	4	5
6	7	8	9	10
11	12	13	14	

① ＿＿＿＿＿＿＿＿　② ＿＿＿＿＿＿＿＿　③あ ＿＿＿＿＿＿＿＿

い ＿＿＿＿＿＿＿＿＿＿＿＿＿＿＿＿＿＿＿＿＿

④ ＿＿＿＿＿＿＿＿＿＿＿＿＿＿＿＿＿＿＿＿＿＿＿＿＿＿＿＿＿＿＿

3 つぎの文の（　　）に適語を入れ、下線部①〜④の問いに答えよ。

　キリスト教徒は以前からキリスト・聖母・聖人の聖像を礼拝していたため、726年にビザンツ皇帝（　1　）が①聖像禁止令を発布すると、ローマ教会はこれに反発した。この結果東西の両教会は対立と分裂を強めることになり、これ以後ローマ教会は、ビザンツ皇帝に対抗できる強力な政治勢力を保護者として求めねばならなくなった。

　ちょうどこの時、フランク王国の（　2　）がイスラーム軍を破って西方キリスト教世界を守った。そこでローマ教皇はフランク王国に接近をはかり、（　2　）の子ピピンがフランク王位を継承することを認めた。その返礼にピピンはイタリアの（　3　）王国を攻め、②奪った土地を教皇に寄進した。これが（　4　）の始まりである。利害が合致したローマ教会とフランク王国は、さらに結びつきを強めていった。

　ピピンの子③カール大帝（シャルルマーニュ）は、様々な業績を成し遂げ、ビザンツ帝国に並ぶ強大国となった。また、カールは宮廷に（　5　）らの学者を多数まねき、そこからラテン語による文芸復興がおこった。これを（　6　）という。アルファベットの（　7　）が発明されたのもこの時期である。

　ここにおいてローマ教会は、カールがビザンツ皇帝に対抗しうる政治的保護者であると認めた。800年のクリスマスの日に、教皇（　8　）はカールにローマ皇帝の帝冠を与え、「西ローマ帝国」の復活を宣言した。西ヨーロッパ中世世界が、ここに誕生した。④このカールの戴冠は、重要な歴史的意義をもつ。

　ローマ教会はビザンツ皇帝への従属から独立し、のち1054年にキリスト教世界は、教皇を首長とするローマ＝カトリック教会と、ビザンツ皇帝を首長とするギリシア正教会の2つがたがいに正統性を主張して、完全に分裂した。このようにローマ帝国以来存続した地中海世界は、西ヨーロッパ世界・東ヨーロッパ世界、そしてイスラーム世界の3つにわかれ、以後それぞれ独自の歴史を歩むことになった。

問①あ　ビザンツ皇帝が聖像禁止令を出した理由を簡潔に説明せよ。

　　い　ローマ教会がこれに反対した理由を簡潔に説明せよ。

問②あ　これを何というか。

　　い　寄進した場所を右の地図の　X　〜　Z　から選べ。

問③あ　カール大帝がおこなった業績として**誤っているもの**を、ア）〜エ）から1つ選べ。

　　ア）地方の有力豪族を各州の長官である伯に任命し、巡察使を派遣して伯を監督させた。

　　イ）モンゴル系のマジャール人を撃退した。

　　ウ）北ドイツのザクセン人を服従させた。

　　エ）ピレネー山脈以南に辺境伯領を設置した。

　　い　カール大帝が王宮を建設した町はどこか。都市名を答え、場所を地図の@〜@から選べ。

問④　カールの戴冠の歴史的意義を簡潔に説明せよ。

---

1 _____　2 _____　3 _____　4 _____　5 _____

6 _____　7 _____　8 _____

①あ _____

_____

い _____

②あ _____　い _____　③あ _____　い都市名 _____　場所 _____

④ _____

4 つぎの文の（　　）に適語を入れ、下線部①〜⑥の問いに答えよ。

　カールの帝国は一見中央集権的であったが、実態はカールと（　1　）との個人的な結びつきのうえに成り立つものにすぎなかった。そのため彼の死後に内紛がおこり、843年の（　2　）条約と870年の（　3　）条約によって、帝国は東・西フランクとイタリアの3つに分裂した。

　イタリアではまもなくカロリング家の血筋が断絶した。東フランク（ドイツ）でも、10世紀初めにカロリング家の血筋がとだえ、各部族を支配する諸侯の選挙で王が選ばれるようになった。（　4　）家の王（　5　）は、ウラル語系の①マジャール人やスラヴ人の侵入を退けるとともに、北イタリアを制圧して、962年に②教皇からローマ皇帝の位を与えられた。これが（　6　）の始まりである。皇帝位はドイツ王が兼ねたが、皇帝は③イタリア政策に注力した。

　西フランク（フランス）でも、10世紀末にカロリング家の血筋が断絶し、（　7　）伯の（　8　）が王位についてカペー朝を開いた。しかし、王権はパリ周辺など狭い領域を支配するのみできわめて弱く、王に匹敵する大諸侯が国内に数多く分立していた。

　スカンディナヴィア半島やユトランド半島には、ゲルマン人の一派（北ゲルマン）に属するノルマン人が住んでいた。彼らの一部は8世紀後半から、商業や海賊・略奪行為を目的として、ヨーロッパ各地に本格的に④海上遠征をおこなうようになった。10世紀初め、（　9　）が率いる一派は、北フランスに上陸して（　10　）公国を建てた。ここからさらにわかれた一派は、12世紀前半、南イタリアとシチリア島に侵入し、（　11　）王国（ノルマン＝シチリア王国）を建国した。また、大ブリテン島のイングランド（イギリス）に成立していた（　12　）王国もノルマン人の侵入に悩まされ、9世紀末に（　13　）大王が一時これを撃退したものの、1016年には（　14　）人（デンマーク地方のノルマン人）の王（　15　）に征服された。その後、アングロ＝サクソン系の王家が復活したが、1066年に（　10　）公ウィリアムが王位を主張してイングランドへ攻め込み（⑤ノルマン＝コンクェスト）、ウィリアム1世として即位してノルマン朝を開いた。

　一方、（　16　）を首領とするノルマン人の一派（ルーシ）はドニエプル川流域のスラヴ人地域に進出して、9世紀に（　17　）国を、ついで（　18　）公国を建設し、これがロシアの起源となった。彼らがキリスト教化されると、ようやく⑥ノルマン人の移動も終わり、北欧は西ヨーロッパ世界に組み込まれた。

問①　マジャール人を破った戦いは何か。
問②　このローマ教皇は誰か。
問③　イタリア政策によって国内におこった影響は何か簡潔に説明せよ。
問④　海上遠征をおこなった人々を、「入り江の民」という意味の言葉で何というか。
問⑤　この時にアングロ＝サクソン王国を破った戦いは何か。
問⑥　このできごとが西ヨーロッパ世界において果たした歴史的意義を簡潔に説明せよ。

1	2	3	4	5
6	7	8	9	10
11	12	13	14	15
16	17	18	①	②

③ _____

④ _____　⑤ _____

⑥ _____

5 つぎの文の（　　）に適語を入れ、下線部①～③の問いに答えよ。

　民族大移動後の長い混乱期に、西ヨーロッパの商業と都市は衰え、社会は農業と土地に大きく頼るようになった。また、たびかさなる外部勢力の侵入から生命・財産を守るため、弱者は身近な強者に保護を求めた。ここから生まれた西ヨーロッパ中世世界に特有の仕組みが、土地を媒介とした①封建的主従関係と②荘園であり、この2つの仕組みのうえに成り立つ社会を封建社会という。

　封建的主従関係は、ローマやゲルマンの社会にみられた、主君から貸与される形で土地の使用権を与えられる（　1　）と、有力者に忠誠を誓ってその従者になる（　2　）に起源がある。（　3　）人など外部勢力の侵入から地域社会を守るための仕組みとして、とくに（　4　）王国の分裂以後、本格的に出現した。一般にこの仕組みにもとづく支配体制は（　5　）的で、多くの騎士を家臣として従えた大諸侯は、国王に並ぶ権力をもって自立し、国王は実質的に大諸侯の一人にすぎなかった。

　封建的主従関係を取り結ぶこれらの有力者たちは、それぞれが大小の領地を所有し、農民を支配する領主であった。領主の個々の所有地を荘園といい、農民の多くは③農奴と呼ばれる不自由身分であった。領主は国王の役人が荘園に立ち入ったり課税したりするのを拒む（　6　）権（インムニテート）をもち、荘園と農民を自由に支配することができた。

　このように封建社会は、荘園を経済的基盤とし、そのうえに封建的主従関係による複雑な階層組織をもつ社会であった。封建社会は11～12世紀に成立し、西ヨーロッパ中世世界の基本的な骨組みとなった。

問①　古代中国の周の封建制と比較し、この特徴を説明せよ。

問②⑥　右図のように耕地をわける農法を何というか。
　　　⑥　領主への使用料支払いが生じるのは何か。右図の⑧～⑧からすべて選べ。
　　　⑤　領民が教会におさめていた全収入の10%程度の負担は何か。
　　　⑥　領民が結婚税を課された理由を説明せよ。
　　　⑥　荘園について正しいものを、ア）～エ）からすべて選べ。
　　　　　ア） 農奴は領主直営地での生産物をおさめる賦役の義務を負った。
　　　　　イ） 手工業者も住んでおり、自給自足的な生活が支配的であった。
　　　　　ウ） 裁判は神の名のもとに聖職者によっておこなわれた。
　　　　　エ） 重量有輪犂を使うために耕地は細長かった。

問③⑥　これの起源とされる、ローマ末期の小作人を何というか。
　　　⑥　農民への制限について述べたa・bの正誤の組み合わせとして正しいものを、ア）～エ）から選べ。
　　　　a　家族・住居・農具の所有権を認められていた。
　　　　b　移動や職業選択の自由を認められていた。
　　　　ア） a－正　b－正　**イ）** a－正　b－誤　**ウ）** a－誤　b－正　**エ）** a－誤　b－誤

1 ＿＿＿＿＿　2 ＿＿＿＿＿　3 ＿＿＿＿＿　4 ＿＿＿＿＿　5 ＿＿＿＿＿

6 ＿＿＿＿＿

① ＿＿＿＿＿

②⑥ ＿＿＿＿＿　⑥ ＿＿＿＿＿　⑤ ＿＿＿＿＿

⑥ ＿＿＿＿＿

⑥ ＿＿＿＿＿　③⑥ ＿＿＿＿＿　⑥ ＿＿＿＿＿

(教 p.15〜101／
解 p.25)

1 以下の史料1〜3は、古代ローマ時代の文書である。これについて、あとの問いに答えよ。

史料1　パトリキはかつて、平民会議決は彼ら(パトリキ)の権威を除外して作られたものだから自分たちはそれに拘束されぬ、と唱えた。しかしのちに　**1**　法が出され、平民会議決が全市民を拘束するように定められた。かくして(平民会議決は)このようにして法律と同等のものとされたのである。

(吉村忠典訳『西洋史料集成』平凡社　一部改変)

史料2　　**2**　と　　　　が護民官に選ばれ、法案を公表したが、それはすでにパトリキの力に抗し、プレブスの利に資するものであった。……第2に所有地の制限に関する法——なんびとも500ユゲルム (注：125haの広さ)以上の土地を所有してはならぬこと。第3には…コンスルの1名を必ずプレブスより選ぶこと。

(吉村忠典訳『西洋史料集成』平凡社　一部改変)

史料3　……　**3**　はいった。イタリアの野に草を食む野獣でさえ、洞穴を持ち、それぞれ自分の寝ぐらとし、また隠処としているのに、イタリアのために戦い、そして斃れる人たちには、空気と光のほか何も与えられず、彼らは家もなく落ち着く先もなく、妻も子供を連れてさまよっている。しかも全権を握る将軍は、戦闘に際して、墳墓と神殿を敵から守るのだ、と兵士を励ましては嘘をついているのだ。というのも、これほど多くのローマ人の誰一人として、父祖伝来の祭壇も先祖の宗廟も持っていないからだ。

(長谷川博隆訳『世界古典文学全集(23)プルタコス』筑摩書房　一部改変)

問1. 　**1**　・　**2**　・　**3**　に入る人名の組み合わせとして正しいものを、右の表の**ア)〜カ)**から選べ。

	1	2	3
ア)	リキニウス	ホルテンシウス	グラックス
イ)	リキニウス	グラックス	ホルテンシウス
ウ)	ホルテンシウス	リキニウス	グラックス
エ)	ホルテンシウス	グラックス	リキニウス
オ)	グラックス	リキニウス	ホルテンシウス
カ)	グラックス	ホルテンシウス	リキニウス

問2. 史料1〜3を年代順に並べ直せ。

問3. 史料に関するA君、Bさん、Cさんのコメントの正誤の組み合わせとして正しいものを、以下のア)〜ク)から選べ。

A君：これはすべてローマ共和政時代の史料ですね。

Bさん：史料2はポエニ戦争後、属州でラティフンディアが始まった状況下、大土地所有に制限をかけたものですね。

Cさん：史料3の人物の改革が失敗すると、ローマは「内乱の一世紀」に突入しました。

　　ア) 3人とも正しい。

　　イ) A君とBさんは正しいが、Cさんは誤りである。

　　ウ) A君とCさんは正しいが、Bさんは誤りである。

　　エ) BさんとCさんは正しいが、A君は誤りである。

　　オ) A君のみ正しく、BさんとCさんは誤りである。

　　カ) Bさんのみ正しく、A君とCさんは誤りである。

　　キ) Cさんのみ正しく、A君とBさんは誤りである。

　　ク) 3人とも誤っている。

2 以下の史料1〜2は、隋唐時代に関する文書である。これについて、あとの問いに答えよ。

史料1　唐代の時代的特徴として国際性ということがよくいわれる。とくに都城長安はさまざまな民族が集まって異国情緒にみちあふれていたとされる。たしかに羈縻支配の拡大、シルクロードの活況などによって西方系胡人をはじめ多様な民族の人びとが往来し、これまでに例をみないほどの国際色豊かな時代的背景がうみだされたことは事実である。…

　羈縻体制が破綻する唐代中期以降、節度使を辺境に配するなど、対外関係が守勢にまわるようになると、伝統文化にたいする再評価が強調されはじめる。▢▢▢▢▢▢▢▢▢▢▢▢▢▢▢▢などの自立と攻勢が強まるなか、中華思想があらためて強調されるのは当然であった。　　　　　　（『世界歴史大系中国史2』山川出版社　一部改変）

史料2　……中国ではいわゆる刑法として黎の律は秦漢時代から存在し、唐律をひとつの頂点として清朝まで存続した。…

　中国史の特色として、発達した官僚制が早くから存在していたことがあげられる。ことに隋唐時代には、官僚のつく官職の階梯（注：段階のこと）とそれにともなう特権との関係が緊密となり、従来の貴族も官職をえることによって身分的特権を保持するようになった。…

　律令制において、人民に直接かかる負担は租調庸および府兵その他の力役であり、生産物の徴収と労働力の徴発とが隋と唐前半期の人民支配の根幹をなしていた。そして租調庸制に対応すると考えられるのが、国家による土地の班給制度である均田制であった。…　　　　　　（『世界歴史大系中国史2』山川出版社　一部改変）

問1．史料1の時代の国際情勢に関する文**a・b**の正誤の組み合わせとして正しいものを、**ア）〜エ）**から選べ。
　　a　唐はイスラーム国家アッバース朝と国境を接触した。
　　b　唐から仏僧がインドのグプタ朝を訪問している。
　　ア） a−正　b−正　　**イ）** a−正　b−誤　　**ウ）** a−誤　b−正　　**エ）** a−誤　b−誤

問2．史料1の▢▢▢のなかには複数の民族が入るが、入る民族とその説明の組み合わせが適当なものを、**ア）〜エ）**から1つ選べ。
　　ア） 吐蕃　中国東北地方をおさえ、唐の諸制度を積極的に取り入れ、日本とも通交した。
　　イ） 渤海　血縁的な身分制度である骨品制を基盤として唐の官僚制を受容した。
　　ウ） 突厥　チベットに王国を建設し、インド文化の影響も受けてチベット仏教を生み出した。
　　エ） 回紇　唐の安史の乱鎮圧に軍事力で貢献し、見返りに絹馬貿易などの利益を得た。

問3．史料1では対外関係の変化のなか「中華思想があらためて強調される」とあるが、文化面の変化として、唐中期以降、形式化した貴族趣味を離れた個性的な技法を追求する動きが登場する。この時期の文化の説明として**誤っているもの**を、**ア）〜エ）**から1つ選べ。
　　ア） 韓愈や柳宗元はより自由な表現を可能にする、として「古文復古」運動を提唱した。
　　イ） 陶淵明は自然や田園に美を見出して生き生きと表現し、後世「田園詩人」と称された。
　　ウ） 安史の乱鎮定で活躍した顔真卿は王羲之以来の優雅な書風の流行に対し個性的で力強い書を残した。
　　エ） 玄宗に仕えた呉道玄は六朝時代の画風を脱して躍動感や立体感あふれる山水画を残した。

問4．史料2から読み取れる内容として正しいものを、**ア）〜エ）**から1つ選べ。
　　ア） 隋唐時代に始まる律令体制は、実際には清代に至ってようやく完成した。
　　イ） 隋で始まった官吏登用試験制度である科挙制によらなければ、貴族も官職についたり特権を得ることはできなくなった。
　　ウ） 唐代前半は生産物と労働力が、律令制下における人民の直接の負担となった。
　　エ） 確実に人民に税を負担させるために、唐では新しく奴婢や耕牛にも土地を分配し、その所有者に税を負担させた。

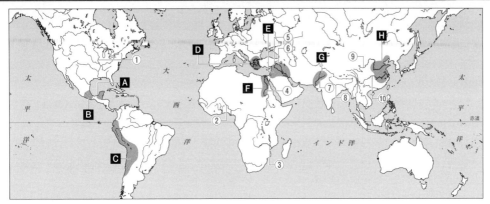

〈A〉上記の地図はおもな古代文明とその遺跡を記したものである。この地図を参考に、あとの問いに答えよ。

　問1．大河の水を利用して耕地に供給する灌漑農業の開始によって、文明が誕生した。以下の古代文明の説明に該当する文明の名を記し、上記地図上の該当する位置を記号**A**〜**H**から選べ。

　　ア）前2600年頃におこった青銅器時代の都市文明で、未解読の文字が刻まれた印章や彩文土器が発見されている。

　　イ）石造建築の技術に優れ、発達した道路網をもち、文字はなかったが縄の結び方で情報を伝えるという方法で記録を残した。

　　ウ）「2つの河の中心」に現れた古代文明は、河の増水を利用して早くから灌漑農業がおこなわれたが、開放的な地形であり、絶えず周辺の民が侵入し、興亡を繰り返した。

　　エ）ヨーロッパではじめての青銅器文明は海洋民族の文明であり、壁画にも海の生物が生き生きと描かれている。まず島で文明が発生し、やがて本土でも文明が開化した。

　問2．大河もまた、歴史のなかで大きな役割を果たしてきた。以下の説明に該当する大河の名を記し、上記地図上の該当する位置を記号①〜⑩から選べ。

　　ア）古代文明の発祥となった河であり、かつて河のほとりにあった王朝が古代ローマに征服されたことで、ローマが地中海世界の統一を完成させた。

　　イ）前1000年を過ぎた頃、近隣の大河で文明を誇っていた人々がより肥沃なこの河の上流域に移動し、この頃から鉄器の使用や稲の栽培も始まった。

　　ウ）アメリカの先住民が強制労働によって激減すると、労働力としてこの河の河口地域から黒人が奴隷として運び出された。

　　エ）2つの大河からなる文明だが、北の河の流域は降水量が比較的少なくアワなどの雑穀を中心とした畑作が始まった。

〈B〉古代の各地域の思想や宗教について、あとの問いに答えよ。

　問3．古代の思想家について述べた以下の文章あ〜おに該当する人物を記せ。

　　あ　老子を受けて、人為を否定して天の道に従うこと、すなわち無為自然をとなえて君主が社会に干渉しないことを理想とする黄老の政治思想に影響を与えた人物。

　　い　解脱のために苦行と不殺生をとくに強調し、ジャイナ教をひらいた人物。

　　う　ミレトスを中心に発達したイオニア自然哲学者の1人で、万物の根源を水と考えた人物。

　　え　経験と観察を重んじ、自然・人文・社会のあらゆる方面に思索をおよぼし、「万学の祖」と呼ばれた人物。

　　お　キリストを神と同一視する説をとなえてニケーア公会議で正統とされた人物。彼の思想はのち、三位一体説として確立されて正統教義の根本となった。

問4．1世紀後半から4世紀末頃に至るまでの、ローマ帝国におけるキリスト教の発展について、帝国との関係を踏まえつつ、つぎの語を用いて300字以内で説明せよ。語句には下線を施すこと。

【コンスタンティヌス帝　ディオクレティアヌス帝　テオドシウス帝　ネロ帝　ユリアヌス帝】

問5．古代の宗教や思想について述べた以下の文章ⓐ～ⓒの下線部ⓐ～ⓒには**それぞれ誤りが1つ**ある。誤っている下線部を指摘し、正しい語を記せ。

ⓐ　ガウタマ＝シッダールタが開いた仏教はマウリヤ朝のⓐ<u>アショーカ王</u>の時代に仏典結集や各地への布教がおこなわれ、その後南アジアでは衰退したが、中国には漢代に仏教が伝わり、南北朝期に中国を訪れたⓑ<u>鳩摩羅什</u>による仏典の翻訳もあって拡大、その後ⓒ<u>義浄</u>がヴァルダナ朝を訪れて仏教を学び、帰国後、『大唐西域記』を著した。

ⓘ　春秋時代の孔子を祖とする儒家はⓐ<u>徳治主義</u>をとり、秦では法家を採用されたものの、漢代のⓑ<u>董仲舒</u>の活躍で政治への影響力が高まり、以後の王朝で重視されることが多かった。唐代になると字句解釈をおこなう訓詁学が重視され、孔穎達らによりⓒ<u>『五経大全』</u>が編纂された。

ⓤ　7世紀にムハンマドがおこしたイスラーム教は「信徒の神の前での平等」を説いてたちまち勢力を拡大し、ⓐ<u>スルタン</u>と呼ばれる後継者たちによって7世紀のうちにⓑ<u>サウン朝</u>を滅ぼしてイランを征服した。その後、西ヨーロッパにも侵攻したが、ⓒ<u>トゥール・ポワティエ間の戦い</u>に敗れ、拡大はイベリア半島にとどまった。

問6．唐代の中国には「三夷教」と呼ばれる、西方から伝わった3つの宗教も隆盛した。この3つの宗教をすべて記し、その伝わった経緯と唐での展開を、あわせて120字以内で説明せよ。

〈C〉古代世界において世界の諸地域は様々な要因から独自の支配体制をつくりあげていったが、一方で諸地域は周辺地域と密接にネットワークをつなげることで、多様な文化を生み出していった。そのことについて、以下の問いに答えよ。

問7．オリエント世界を最初に統一したアッシリアと、つぎに統一したアケメネス朝の統治の共通点と相違点をあげ、相違点が帝国の支配にどのような影響を与えたのかを含めて、150字以内で説明せよ。

問8．前7～前5世紀にかけてのアテネの政体の変化について、つぎの語句を使い400字以内で説明せよ。語句には下線を施すこと。

【スパルタ　ソロン　ペリクレス　ドラコン　陶片追放】

問9．地中海に登場した都市国家ローマはやがて、**紀元前後の頃**にはローマ「帝国」として地中海世界全域を支配におくほど大きく成長した。この時期のできごととして適当なものを、ア)～エ)から1つ選べ。

ア)インドではデカン高原からインド洋沿岸にかけての広い領域で勢力をもったサータヴァーハナ朝が、ローマとのあいだにおこなわれた季節風貿易で繁栄した。

イ)メキシコでは、ピラミッド状の神殿を造営し絵文字を用いた、アステカ文明が成立した。

ウ)中国では、鉄製農具の使用や犂を牛に牽かせる牛耕も始まり、農業や手工業の発展にあわせて青銅貨幣が普及した。

エ)日本では、邪馬台国の女王卑弥呼が、後漢の洪武帝から金印を授与された。

問10．東アジアとインドのあいだに位置した東南アジアは、東西間のネットワークの形成に大きな役割を果たした。この東南アジアの文化に関連しないものを、下の$\boxed{A}$～$\boxed{D}$から1つ選べ。

問11．フランク王カール1世の戴冠の歴史的意義を、200字以内で説明せよ。

18　イスラーム教の諸地域への伝播、西アジアの動向
（教 p.106〜116／解 p.27〜29）

1　つぎの文の（　　）に適語を入れ、下線部①〜③の問いに答えよ。

　8世紀初め、イスラーム勢力が中央アジアのオアシス地域を征服すると、①この地の人々はしだいにイスラーム教を受容するようになった。さらに、アッバース朝は751年に（　1　）の戦いで唐軍を破り、その勢力を後退させた。9世紀に入ると中央アジアとイラン東北部には、アッバース朝の地方政権としてイラン系の（　2　）朝が成立し、アラビア文字で表記される（　3　）語などイラン＝イスラーム文化の基礎が生まれた。また（　2　）朝は、すぐれた騎馬戦士であった草原地帯のトルコ人をカリフの親衛隊に（　4　）として供給した。

　一方、9世紀半ばに（　5　）が滅亡したあと、中央ユーラシアではトルコ系遊牧集団の西進が活発化した。彼らが建てた（　6　）朝は、10世紀半ばにイスラーム教を受容したのち、（　2　）朝を倒して中央アジアのオアシス地域にも進出した。こうして②中央アジアにはトルコ語を話す人々が、この地域の中心となった。また、11世紀にはアラビア文字を用いたトルコ語の文学作品も生まれた。

　ヴァルダナ朝の滅亡後、南アジア各地に様々な勢力が割拠するなかで、10世紀末から中央アジアのイスラーム王朝が北インドへの軍事進出を開始し、アフガニスタンを拠点とする（　7　）朝と、この王朝から独立した（　8　）朝が侵攻を繰り返した。（　9　）と呼ばれたヒンドゥーの諸勢力は一致して対抗することができず、13世紀初めに南アジアで最初のイスラーム王朝が誕生した。

　その王朝は、（　8　）朝の遠征に同行し、支配地を任された将軍（　10　）が（　11　）に創始した。この王朝は彼の出自から、（　12　）王朝と呼ぶ。また、この王朝を含め、その後に（　11　）を本拠としたイスラーム諸王朝を、総称として（　13　）朝と呼ぶ。そのうち、（　14　）朝は地租の金納化をはじめとする経済改革を実施し、のちに（　15　）帝国の統治に受け継がれた。また、この王朝は南インドにも侵攻して、支配地域を拡大した。

　イスラーム勢力の進出により、初期にはヒンドゥー教寺院が破壊されることもあったが、現実の統治でイスラーム教が強制されることはなかった。イスラーム信仰は、神への献身を求める（　16　）や、苦行を通じて神との合体を求める（　17　）などの旧来の信仰とも共通性があったために、都市住民やカースト差別に苦しむ人々のあいだに広まった。ヒンドゥー教とイスラーム教の要素を融合した壮大な都市が建設されるとともに、サンスクリット語の作品が（　3　）語へ翻訳されるなど、③インド＝イスラーム文化が誕生した。

問①　イスラーム教への新改宗者を何と呼ぶか。

問②　このためこの地は何と呼ばれるようになったか。

問③　下図のA〜Dから代表するものを、1つ選べ。

1	2	3	4	5
6	7	8	9	10
11	12	13	14	15
16	17	①	②	③

2 つぎの文の（　　）に適語を入れ、下線部①〜③の問いに答えよ。

　8世紀頃になると、①イラン人やアラブ人のムスリム商人が東南アジアから中国沿岸にまで進出しはじめた。しかし、彼らが拠点としていた（ 1 ）が黄巣の乱で破壊されたために、（ 2 ）半島まで撤退することになった。他方、唐の朝貢貿易が不振になったことから、中国商人が交易に②ジャンク船で直接参加するようになり、東南アジアには様々な地域からの商人が進出することになった。

　10世紀後半になると、チャンパーや（ 3 ）などが宋に対して朝貢し、また、ムスリム商人が（ 1 ）や泉州などに居留地をつくる一方で、中国商人も東南アジア各地に進出し、活発な交易がみられた。つづく13世紀後半、南宋を征服した（ 4 ）は、アジアの海域へ進出した。この軍事侵攻に対し、ベトナムの（ 5 ）朝はこれを退けたが、ビルマの（ 6 ）朝は滅亡した。他方、ジャワでは朝貢を求めて侵攻してきた（ 4 ）の干渉を排し、ヒンドゥー王朝の（ 7 ）王国が成立した。（ 4 ）は海上交易に積極的であり、軍事遠征の終了後も、中国商人やムスリム商人とともにこの地域での交易活動を進めた。

　このような交易ネットワークの広がりにともなって、東南アジアにもイスラーム教が広まっていった。13世紀、諸島部を中心にムスリム商人やスーフィーなどを中心とする神秘主義教団が活動し、同世紀末には③スマトラ島に東南アジアで最初のイスラーム王朝が成立した。

　（ 8 ）王国は、明が15世紀に（ 9 ）を数回にわたってインド洋地域へ遠征させた際に重要な拠点となったことから、国際交易都市として大きく発展した。この王国は当初タイの（ 10 ）朝に従属していたが、明の後ろ盾を得てそれから脱し、明と朝貢関係を結んだ。その後、明は対外活動を縮小する方向に転じたため、15世紀半ばにアユタヤ朝が（ 8 ）支配の回復を試みた。しかし、（ 8 ）の王はイスラーム教を旗印にし、西方のムスリム商人の勢力との関係を強化することでそれを阻止した。その結果、同世紀後半には（ 8 ）王国は東南アジアで有力となり、（ 8 ）を拠点にイスラーム教はジャワやフィリピンへと広まった。イスラーム王朝として、スマトラでは（ 11 ）王国が成立し、ジャワでは（ 7 ）王国の滅亡後、（ 12 ）王国が成立した。

問①　こうしたムスリム商人のインド洋における活躍は、『船乗りシンドバッドの物語』としてイスラーム世界に伝わるが、この物語などが収録され編纂された代表的なアラビア語の物語集は何か。

問②　ジャンク船を下図の Ａ〜Ｃ から記号で選べ。

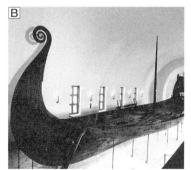

問③　東南アジア最初のイスラーム国家は何か。

1	2	3	4	5
6	7	8	9	10
11	12	①	②	③

つぎの文の（　　）に適語を入れ、波線部ア）～カ）に該当する場所を地図から記号㋑～㋩、ⓐ～
ⓖで選べ。また、下線部①～②の問いに答えよ。

　イスラーム教の成立以前、エチオピア高原では、（　1　）教徒の王が支配する（　2　）王国が、ナイル川
流域と（　3　）方面を結んで金や奴隷、（　4　）を扱う交易で栄えていた。これより南のアフリカ東岸の海
港では、古くからアラビア半島やイラン方面との海上交易がおこなわれていたが、この交易は8世紀以
降、（　5　）朝やファーティマ朝の繁栄とともに活発化し、金や香料、（　4　）などが東アフリカから輸出
された。海港に住みついたアラブ系やイラン系のムスリム商人は、季節風（モンスーン）を利用して
（　6　）船を操り、広大なインド洋海域を結ぶ交易ネットワークに参加していった。やがて**ア）**モガディ
シュ・**イ）**マリンディ・**ウ）**キルワなどの海港が連なる海岸地方では、アラビア語の影響を受けた①スワ
ヒリ語が共通語として用いられるようになった。さらに、その南方の**エ）**ザンベジ川以南では、14世紀
頃から（　7　）王国などの国々が栄えたが、交易には、ムスリム商人が大きく関わっていた。この地域の
繁栄ぶりは**オ）**ジンバブエの大ジンバブエの遺跡にもよく示されている。

　西アフリカでは、（　8　）王国がラクダを用いてサハラ北部の（　9　）と自国の金を交換する隊商交易で
栄えていた。北アフリカのイスラーム化後、ファーティマ朝などで金の需要が増したため、ムスリム商
人による（　10　）交易は大きく発展した。11世紀後半に（　11　）朝の攻撃を受けて（　8　）王国が衰退すると、
西アフリカのイスラーム化が進み、その後におこった②「黄金の国」と呼ばれたマリ王国や、それに続く
（　12　）王国の支配階級はイスラーム教徒であった。（　12　）王国は西アフリカの隊商都市の大部分を支配
し、北アフリカとの交易で栄えた。とくに**カ）**ニジェール川中流の交易都市（　13　）は、アフリカ内陸部
におけるイスラームの学問の中心地として発展した。

問①　スワヒリ語とはどのように形成された言語
　　　か説明せよ。

問②　この王国の全盛期の王は誰か。

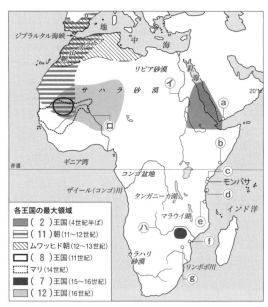

各王国の最大領域
- （　2　）王国(4世紀半ば)
- （　11　）朝(11～12世紀)
- ムワッヒド朝(12～13世紀)
- （　8　）王国(11世紀)
- マリ(14世紀)
- （　7　）王国(15～16世紀)
- （　12　）王国(16世紀)

1	2	3	4	5
6	7	8	9	10
11	12	13	ア） ㋑） ウ） エ）	
オ） カ） ①				

②

4 つぎの文の（　）に適語を入れ、下線部①〜③の問いに答えよ。

　西アジアへのトルコ人の進出は、（ 1 ）朝カリフらによる9世紀初めのトルコ系（ 2 ）の登用に始まり、親衛隊などとして活用する手法は、まもなく各地のイスラーム政権に広まった。11世紀には、トルコ系の遊牧部族が中央アジアから集団で西進し、①スンナ派を掲げて1038年にセルジューク朝を建て、彼らは名目的な存在となっていたカリフからイラン・イラク・シリアの支配権を認められた。セルジューク朝は、軍事面では遊牧部族軍と並んで同じトルコ系の（ 2 ）を重用し、統治面ではイラン系の官僚を登用した。なかでもイラン人の宰相②ニザーム＝アルムルクは多くの功績を残した。彼がつくったマドラサで学んだ者のなかでは、③ガザーリーが名高い。彼はイスラーム諸学の完成者として知られ、スンナ派思想の展開に大きな影響を与えた。また、セルジューク朝の庇護を受けた数学者・天文学者の（ 3 ）は、すぐれたペルシア語による（ 4 ）も残し、新たなペルシア語文学の世界を開拓した。

　セルジューク朝では、（ 5 ）制と呼ばれる軍事封土制度が広くおこなわれた。軍事奉仕の代償として軍人に農村などからの（ 6 ）権を付与するもので、こののち西アジアの諸政権で継承された。

　また、セルジューク朝は11世紀後半にアナトリア東部でビザンツ帝国軍を破り、配下の遊牧部族軍をアナトリアの西方へ送り込んで、その大半を支配下に入れた。しかし、こうしたセルジューク朝の伸張に対抗するために西ヨーロッパで（ 7 ）が組織され、（ 8 ）に侵入してイェルサレムなどを奪った。セルジューク朝は（ 7 ）の襲来に対して有効に対抗できず、こののちおよそ200年にわたって（ 7 ）国家が存続した。

　（ 7 ）国家の成立は、西アジア情勢を複雑化させた。セルジューク朝から自立した（ 8 ）の（ 9 ）朝や、クルド系軍人の（ 10 ）がファーティマ朝を廃してエジプトにおこした（ 11 ）朝は、（ 7 ）やその他のイスラーム諸政権と抗争した。さらに、（ 10 ）は1187年に（ 7 ）からイェルサレムを奪回した。

　（ 7 ）は、西アジア社会にとって突然の侵入者であり、以前からこの地に住んでいたイスラーム教徒とキリスト教徒のあいだにも対立をもたらした。しかし、（ 7 ）国家が長く存続したことにともなって、西ヨーロッパと西アジアとの文化的・経済的な接触や交流もうながされた。

　（ 11 ）朝は、ファーティマ朝時代のシーア派にかわってエジプトでスンナ派の支配を回復させるとともに、（ 5 ）制を採用し、トルコ系の（ 2 ）を重用し、そのなかから、つぎの（ 2 ）朝が生まれた。

問①あ　セルジューク朝の創始者は誰か。
　　い　1055年にバクダード入城の際に追放したイラン系の軍事政権は何か。
　　う　カリフから与えられた称号は何か。
問②あ　彼がペルシア語で著した、正しい君主のあり方を説いた書は何か。
　　い　彼はイスラーム諸学を振興し、マドラサ（学院）を各地につくったが、これらは何と呼ばれるか。
問③あ　彼はイスラーム法に従いつつ神への愛を説いたが、それに影響を与えた思想は何か。
　　い　あの思想の特徴を説明せよ。

1	2	3	4	5
6	7	8	9	10
11	①あ	い		う
②あ	い		③あ	
い				

5 つぎの文の（　　）に適語を入れ、下線部①〜④の問いに答えよ。

　13世紀半ば、東方からモンゴル勢力が西アジアに襲来した。（　1　）の率いるモンゴル軍は、1258年にバグダードを攻略してアッバース朝のカリフを殺害し、500年余り続いたアッバース朝は滅亡した。

　（　1　）の建てた（　2　）は、（　3　）を都にイラン・イラクを支配しながら①当初はイスラーム教を軽視したが、第7代（　4　）がイスラーム教に改宗し、ムスリム社会からの支持を得た。また支配にあたっては、イラン系の官僚を重用して財政制度を整えた。経済的には、モンゴルによるユーラシア大陸や海域の交通網の整備を背景に、東西交易が活発になった。文化面では、東アジアの影響を受けて、（　5　）絵画や陶器製造などの芸術が発展し、ユーラシア世界史である『集史』を著した宰相の（　6　）らのすぐれた歴史家や、（　7　）らの詩人も活躍し、イラン＝イスラーム文化が花開いた。

　13世紀半ば、エジプト・シリアの支配権は、（　8　）朝からマムルーク朝へとかわった。これは、（　8　）朝君主によるマムルークの重用の結果、彼らのなかの有力者が②スルタンの地位を引き継ぎ、それを継承していったためである。第5代スルタンの（　9　）は地中海沿岸の十字軍勢力を破り、まもなく十字軍国家は消滅した。また、彼はシリア方面への進出を試みたモンゴル勢力も破り、その西進を阻止した。14世紀前半には、（　2　）とマムルーク朝のあいだに和約が結ばれ、それぞれの統治が安定した。

　マムルーク朝の軍人らは都市に居住したが、イクター制により農村の徴税権を与えられ、農民と農業生産を管理した。また、マムルーク朝のもとでナイル川の治水管理が進み、農業生産力は向上した。

　首都（　10　）は商業・手工業の中心として栄えた。（　10　）を拠点とする③カーリミー商人たちと、歴代のスルタンは結んで利潤を独占した。また、スルタンや有力な軍人は、イスラーム教にそった善行として、（　10　）市内にモスク、マドラサ、病院、④聖者の廟や自身の廟などを建設し、それに土地や（　11　）の商業施設などを寄進して安定的な運営をはかった。ただし、14世紀半ば以後、たびかさなる（　12　）の流行が都市の繁栄に打撃を与えた。

　マムルーク朝のもとでは、都市的な文化が花開いた。百科事典や伝記集が編纂され、それまで蓄積されてきた学問の体系化が進んだ。さらに、（　13　）の『世界史序説』のように、為政者の腐敗や社会の動きに批判的な目を向ける著作が数多く生み出された。また、各地のイスラーム教徒のあいだには、神秘主義（スーフィズム）が広がった。エジプトやシリアの都市や農村では多数の神秘主義教団が活発に活動し、聖者廟への参詣が信仰や娯楽のために広くおこなわれた。

問① 支配者は何教を信仰していたのか。
問② スルタンの地位を与えたのは誰か。
問③ 彼らが扱った主要な商品は何か。
問④ 何の目的で造営したのか、簡潔に説明せよ。

1 _____	2 _____	3 _____	4 _____	5 _____
6 _____	7 _____	8 _____	9 _____	10 _____
11 _____	12 _____	13 _____		

① _____

② _____　③ _____

④ _____

6 つぎの文の（　　）に適語を入れ、波線部ア）～エ）に該当する位置を地図から記号ⓐ～ⓚで選べ。また、下線部①～③の問いに答えよ。

　11世紀半ばの北アフリカの①マグリブでは、先住民（　1　）人のあいだに熱狂的な宗教運動がおこり、イスラーム教への改宗が急速に進んだ。この宗教運動は、モロッコのア）マラケシュを中心とする国家建設に結び付き、（　2　）朝、つづいて（　3　）朝が勢力を誇った。

　イベリア半島では、（　4　）朝の滅亡後に小国家が乱立していたが、北部のキリスト教徒による（　5　）が始まると、それに対抗するため、（　2　）朝や（　3　）朝が半島に進出した。政治的な混乱の一方で、半島南部ではしだいにイスラーム教とアラビア語の受容が進み、12世紀には住民の大半がイスラーム教徒となった。しかし、社会的にはアラブ人や（　1　）人が優位な地位を占めた。また、イ）トレドやウ）コルドバなどの諸都市が、（　6　）業や北アフリカ・エジプトなどとの交易で栄えた。

　文化面では、イベリア半島や北アフリカから、（　7　）の著作への注釈で知られる哲学者の（　8　）や、『大旅行記』で知られる（　9　）らのイスラーム文化を代表する文人が生まれた。

　キリスト教徒勢力による（　5　）は、イベリア半島最後のイスラーム教徒の王朝となった（　10　）朝の滅亡により、1492年に完成した。（　10　）朝は、エ）グラナダの②アルハンブラ宮殿などのすぐれた建造物を残した。（　5　）の進行にともない、③イスラーム教徒の一部は北アフリカに移住したが、半島に残った多くの者はキリスト教に改宗する道を選んだ。

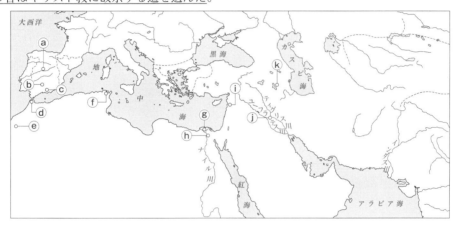

問①ⓐ　アラビア語で何という意味か。
　　ⓘ　その範囲は北アフリカのどの地域か、現在の国名で記せ。
問②　下図のＡ～Ｄからアルハンブラ宮殿を選べ。

 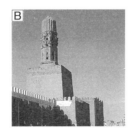  

問③　イスラーム教徒同様の立場に追い詰められたのは何教徒か。

1	2	3	4	5
6	7	8	9	10

ア）　　　イ）　　　ウ）　　　エ）

①ⓐ　　　　　　　　　　　　　　　　ⓘ

②　　　　③

19　西ヨーロッパの封建社会とその展開、東ヨーロッパ世界の展開

(教 p.117〜125／解 p.29〜32)

1　つぎの文の(　　)に適語を入れ、下線部①〜⑥の問いに答えよ。

　中世の西ヨーロッパでは、王権が統一的権力になれなかった一方、ローマ＝カトリック教会は西ヨーロッパ世界全体に普遍的な権威をおよぼした。教皇を頂点とした大司教・司教・司祭・修道院長などのピラミッド型の階層制組織がつくられ、教会は農民から(　1　)を取り立て、独自の裁判権をもっていた。一方、皇帝や国王などの世俗勢力は、本来は聖職者ではない人物を聖職者に任命することで、教会に介入してきた。教会が世俗権力の影響を受けると聖職売買などの弊害も生じた。これに対して10世紀以降、フランス中東部の(　2　)修道院を中心に改革運動が生じた。教皇(　3　)は①この改革をさらに推し進めたが、②聖職者を任命する権利をめぐり、ドイツ国王(のちに神聖ローマ皇帝)(　4　)がこれに反発し、両者の対立は1077年に③国王が教皇に謝罪する事件を引きおこした。教皇と皇帝の対立は1122年の(　5　)協約で妥協をみた。教皇権は13世紀初頭の(　6　)の時に絶頂に達した。

　11〜13世紀の西ヨーロッパは気候が温暖で、(　7　)の普及や犂・水車の改良など土地利用法や農業技術の進歩により農業生産は増大し、人口も飛躍的に増えた。それにともない④西ヨーロッパ世界は、しだいに内外に向けて拡大しはじめた。なかでも大規模な西ヨーロッパの拡大が、十字軍であった。11世紀に東地中海沿岸に進出した(　8　)朝が聖地イェルサレムを支配し、これに対してビザンツ皇帝はローマ教皇に救援を要請した。教皇(　9　)は1095年に(　10　)を招集し、聖地回復の聖戦の実施を提唱した。翌96年第1回十字軍が出発し、99年(　11　)をはじめとする十字軍国家が建てられた。

　その後、勢いを盛り返したイスラーム勢力に対して第2回十字軍が、ついで、(　12　)朝の(　13　)によって再び奪われた聖地を回復するため⑤第3回十字軍がおこされたが、いずれも成功しなかった。つづく第4回十字軍は、(　14　)商人の要求により、聖地回復の目的を捨てて商業上のライバルである(　15　)を占領してラテン帝国を建てた。その後も第7回まで十字軍がおこされたが、聖地回復の目的は達成されなかった。この間、聖地への巡礼の保護を目的として⑥宗教騎士団が結成された。十字軍は結局失敗したが、その後の西ヨーロッパ世界に重要な影響を与えた。

問①　この改革の内容に**当てはまらないもの**を、ア)〜エ)から1つ選べ。
　　ア) 聖職売買の禁止　　　**イ)** 世俗勢力による司教などの高位聖職者の任命禁止
　　ウ) 聖職者の妻帯の禁止　**エ)** 徹底した清貧主義のもと人里離れた地での修行の実施
問②　聖職者を任命する権利のことを何と呼ぶか。
問③あ　このできごとを何というか。
　　　い　国王が教皇に謝罪した理由を説明せよ。
問④　この時期における西ヨーロッパ世界の拡大の事例を、十字軍以外に1つ答えよ。
問⑤　第3回十字軍に従軍したイギリスとフランスの国王は誰か。
問⑥　発達した金融システムで有名であったが、のちにフランス国王が解散させた宗教騎士団は何か。

1	2	3	4	5
6	7	8	9	10
11	12	13	14	15

①　　　　　　②　　　　　　③あ

い

④　　　　　　　　　　⑤イギリス　　　　　　フランス

⑥

2 つぎの文の（　　）に適語を入れ、波線部ア）〜エ）に該当する場所を地図から記号ⓐ〜ⓞで選べ。また、下線部①〜⑦の問いに答えよ。

　11〜12世紀には、貨幣経済の広がりや遠隔地貿易の展開などにより都市や商業が急速に発展した。

　地中海商業圏では、**ア）**ヴェネツィア・（　1　）・ピサなどイタリアの港市で、（　2　）商人を通じた①地中海東岸地域との貿易が発達した。**イ）**ミラノ・（　3　）などの内陸都市は、毛織物産業や金融業で栄えた。②高度な灌漑技術をともなう作物の栽培が西アジアからイベリア半島に伝わったのも、地中海を結ぶ交流の結果であった。北海・バルト海を中心とした③北ヨーロッパ商業圏では、（　4　）・**ウ）**ハンブルク・ブレーメンなど北ドイツの諸都市が繁栄し、ガン（ヘント）・（　5　）など（　6　）地方の都市は毛織物生産で繁栄した。2つの大商業圏を結ぶ内陸の通商路にも都市が発達し、フランスの（　7　）地方は定期市で繁栄し、イタリアとドイツを結ぶ南ドイツでは、ニュルンベルクや**エ）**アウクスブルクなどの都市が発展した。

　中世都市は、はじめは封建領主の保護と支配を受けていたが、11〜12世紀以降自治都市になった。④北イタリア都市は、大商人や貴族の指導のもとで自治都市となり、周辺の農村を併合して都市国家を形成した。ドイツの諸都市は、⑤皇帝から特許状を得て自治権を獲得し、皇帝直属の自由都市として諸侯と同じ地位に立った。これらの有力都市は、北イタリアの（　8　）同盟や北ドイツ諸都市の（　9　）同盟のように都市同盟を結成し、とくに（　4　）を盟主とする（　9　）同盟は大きな政治勢力となった。イギリスやフランスの諸都市は国王との結びつきが強く、国王の行政の中心地として成長した。

　各自治都市の自治運営の基礎が⑥ギルドと呼ばれる同業組合である。はじめ市政を独占していたのは、遠隔地貿易に従事する大商人を中心とした（　10　）であったが、⑦これに不満をもった手工業者が職種別の（　11　）をつくって分離し、（　10　）と争いながら市政への参加を実現していった。（　11　）の組合員は、独立した手工業経営者である親方であった。親方は職人や徒弟を指導して労働させ、彼らのあいだには厳格な身分序列があった。

　都市の上層市民のなかには、アウクスブルクの（　12　）家のように神聖ローマ皇帝に融資してその地位を左右したり、フィレンツェの（　13　）家のように一族から教皇を出す富豪も現れた。

問①　このような貿易を何と呼ぶか。
問②　このような作物の例を1つあげよ。
問③　地中海商業圏と比較した、北ヨーロッパ商業圏の交易の特徴を説明せよ。
問④　このようにしてイタリアで形成された自治都市のことを何と呼ぶか。
問⑤　このような都市のことを何と呼ぶか。
問⑥　ギルド的規制の長所と短所について説明せよ。
問⑦　このような運動を何と呼ぶか。

1	2	3	4	5
6	7	8	9	10
11	12	13	ア）　イ）	ウ）　エ）

①＿＿＿＿　②＿＿＿＿

③＿＿＿＿

④＿＿＿＿　⑤＿＿＿＿

⑥＿＿＿＿

⑦＿＿＿＿

3 つぎの文の（　）に適語を入れ、｜　A　｜～｜　C　｜に該当する語句をあとの語群からア）～オ）で選べ。また、下線部①～④の問いに答えよ。

　ビザンツ帝国は6世紀のユスティニアヌス大帝の死後、イタリアを（　1　）王国やフランク王国に奪われ、また7世紀にはイスラーム勢力の進出でシリア・エジプトを失った。さらに、多くの（　2　）人がバルカン半島に移住し、中央ユーラシアからはトルコ系の（　3　）人も進出するなどして、帝国はしだいに支配権を縮小させていった。

　7世紀以降、ビザンツ帝国はこうした異民族の侵入に対処するため、帝国領をいくつかの｜　A　｜にわけ、その司令官に軍事と行政双方の権限を与える｜　A　｜制をしいた。｜　A　｜では、①農民に土地を与えるかわりに兵役義務を課す｜　B　｜制がおこなわれた。

　10世紀～11世紀前半にかけてビザンツ帝国はいったん勢力を回復したが、11世紀後半には（　4　）朝の侵入を受けた。国内では11世紀末以降、②軍役奉仕と引きかえに貴族に領地を与える｜　C　｜制がおこなわれるようになった。さらに13世紀前半には、第4回十字軍がコンスタンティノープルを奪って（　5　）帝国を建てるなど国内は混乱した。帝国は1453年に（　6　）によって滅ぼされた。

　ビザンツ文化は、（　7　）古典文化の遺産と（　7　）正教の融合に特色があり、西ヨーロッパのラテン的・ローマ＝カトリック的文化とは異なる独自性をもっていた。ビザンツ帝国では、7世紀以降（　7　）語が公用語として用いられ、古典が盛んに研究された。学問の中心はキリスト教神学で、③聖像崇拝をめぐる論争などがおこなわれた。美術では、④ビザンツ様式の教会建築が有名で、ハギア＝ソフィア聖堂やユスティニアヌス大帝のモザイク壁画で有名な（　8　）聖堂がその代表である。また、聖母子像などを描いた（　9　）美術も、ビザンツ帝国に特徴的な美術である。

　ビザンツ文化の世界史的意義は（　2　）人をその文化圏に取り込んだことと、古代ギリシアの文化遺産を受け継いで（　10　）に影響を与えたことである。

【ア）イクター　イ）軍管区(テマ)　ウ）アター　エ）プロノイア　オ）屯田兵】

問①　この制度が農民におよぼした影響について述べた**a・b**の正誤の組み合わせとして正しいものを、ア）～エ）から選べ。
　　a　小土地を保有した農民たちは、租税負担者であると同時に兵力ともなり、帝国を支える存在になった。
　　b　農民の生産力は向上し、西ヨーロッパ向けの穀物生産が大規模におこなわれるようになった。
　　ア）a－正　b－正　イ）a－正　b－誤　ウ）a－誤　b－正　エ）a－誤　b－誤
問②　この制度が社会におよぼした影響を簡単に説明せよ。
問③　このきっかけとなった聖像禁止令を726年に発布した皇帝は誰か。
問④　ビザンツ様式の教会建築の特徴を簡単に説明せよ。

1 _____	2 _____	3 _____	4 _____	5 _____
6 _____	7 _____	8 _____	9 _____	10 _____
A _____	B _____	C _____	① _____	

② _____

③ _____　　④ _____

4 つぎの文の（　）に適語を入れ、波線部ア）～カ）に該当する場所を地図から記号ⓐ～ⓕで選べ。また、 A ～ F にギリシア正教・ローマ＝カトリックのいずれかを記し、下線部①～③の問いに答えよ。

カルパティア山脈の北方にいたスラヴ人は、6世紀にはビザンツ帝国の北方に急速に広がった。

ドニエプル川中流域に展開した東スラヴ人が住むロシアでは、9世紀にスウェーデン系ノルマン人が（ 1 ）国、ついでア）キエフ公国を建国し、まもなくスラヴ人に同化した。10世紀末（ 2 ）は領土を広げ、キエフ公国に最盛期をもたらした。彼は A に改宗してこれを国教とし、ビザンツ風の専制君主制を取り入れた。しかしその後農民の農奴化と貴族の大土地所有が進み、国内は分裂した。13世紀に（ 3 ）率いるモンゴル軍が侵入し、キプチャク＝ハン国（ジョチ＝ウルス）を建てると、①以後約240年間にわたるモンゴルの支配に服した。15世紀、（ 4 ）大公国は、②イヴァン3世の時代に急速に勢力をのばし、その孫（ 5 ）も中央集権化を進めていった。

バルカン半島に南下した南スラヴ人のなかで最大勢力であった（ 6 ）人は、はじめビザンツ帝国に服属して B に改宗したが、12世紀に独立し、14世紀前半にはバルカン半島北部を支配する強国になった。同じ南スラヴ人のイ）クロアティア王国は、西方のフランク王国の影響下で C を受け入れた。南スラヴ人の大半は、14世紀末以降オスマン帝国の支配下におかれるようになった。

西スラヴ人は、西ヨーロッパの影響を受けて D に改宗した。10世紀頃ウ）ポーランド王国が建国され、14世紀前半に（ 7 ）のもとで繁栄した。その北方にいたバルト語系の（ 8 ）人は、東方植民を進めていたドイツ騎士団に対抗するため、14世紀後半にポーランドと③同君連合を結んで（ 9 ）朝（ 8 ）＝ポーランド王国をつくり、16世紀にもっとも強大になった。（ 10 ）人は、10世紀にエ）ベーメン（ボヘミア）王国を統一したが、11世紀には神聖ローマ帝国に編入された。

東ヨーロッパの非スラヴ系諸民族も自立の道を歩んだ。（ 11 ）人は、7世紀にバルカン半島北部でオ）ブルガリア帝国を建国し、その後スラヴ人の影響を受けて E に改宗した。ブルガリア帝国はビザンツ帝国に併合されたのち、14世紀にはオスマン帝国に征服された。（ 12 ）人は、黒海北岸からドナウ川中流の（ 13 ）平原に移動し、10世紀末にカ）ハンガリー王国を建国して F を受け入れた。16世紀にはオスマン帝国の支配下に入った。

問① このできごとをロシアでは何と呼ぶか。

問② イヴァン3世について述べたものとして**誤っている**ものを1つ選べ。

ア）1480年に、キプチャク＝ハン国（ジョチ＝ウルス）の支配から脱した。

イ）ビザンツ最後の皇帝の姪ソフィアを皇妃とし、はじめてツァーリ（皇帝）を名乗った。

ウ）農奴制を強化し、専制的な支配をおこない、雷帝として恐れられた。

問③ⓐ 同君連合とは何か。

ⓘ 同君連合の形態をとった国をほかに1つ答えよ。

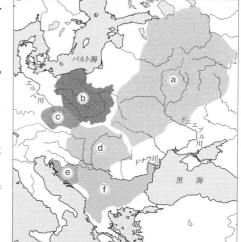

1	2	3	4	5
6	7	8	9	10
11	12	13	ア）	イ）　　　ウ）
エ）　　オ）　　カ）		A	B	C
D	E	F	①	②
③ⓐ			ⓘ	

1 ▶つぎの文の（　）に適語を入れ、下線部①〜⑦の問いに答えよ。

　14世紀に入ると、西ヨーロッパの封建社会の仕組みはしだいに衰退に向かった。またこの頃から気候が寒冷化し、凶作や飢饉、①伝染病の流行、あいつぐ戦乱などで農業人口が減少した。このため領主は荘園での労働力を確保するために農民の待遇を向上させなければならず、農民の身分的束縛はますますゆるめられた。こうして荘園にもとづく経済体制は崩れはじめた。イギリス・フランス・西南ドイツなどでは、農奴身分の束縛から解放され、社会的地位を向上させた農民が、②独立した自営農民に成長していった。やがて③経済的に困窮した領主が再び農民への束縛を強めようとすると、農民たちは農奴制の廃止などを要求して各地で大規模な④農民一揆をおこした。14世紀後半のフランスの（　1　）の乱などがそれである。一方、都市の市民たちは市場を統一する中央集権的な政治権力の出現を望んだ。そこで国王は彼らと協力して諸侯をおさえ、権力集中をはかるようになった。力を失った諸侯や騎士は国王の宮廷に仕える（　2　）になり、領地では農民から地代を取り立てるだけの地主となった。

　教皇の権威は、十字軍の失敗から傾きはじめ、各国で王権が成長するとさらに衰えをみせるようになった。13世紀末に教皇となった（　3　）は教皇権の絶対性を主張し、⑤イギリス・フランス国王と争った。しかし、1303年に教皇はフランス国王フィリップ4世によって捕らえられ、まもなく釈放されたが屈辱のうちに死んだ。このできごとを（　4　）事件という。

　その後、教皇庁はローマから南フランスの都市（　5　）に移され、⑥以後約70年間この地にとどまった。のちに教皇がローマに戻ると、（　5　）にもフランスのあと押しを受けて別の教皇が立ち、両教皇がともに正統性を主張して対立した。これを（　6　）と呼び、教皇と教会の権威の失墜は決定的となった。それとともに教会の堕落や腐敗を批判する運動が各地でおこったが、教会はこれらの動きを、異端審問や魔女裁判によって容赦なく罰しようとした。

　14世紀後半、イギリスの（　7　）は、⑦聖書こそ信仰の最高の権威であって、教会はその教えから離れていると批判して自説の普及につとめた。ベーメンの（　8　）は（　7　）の説に共鳴し、教皇からの破門にもひるまず教会を批判した。神聖ローマ皇帝の提唱によって開かれた（　9　）公会議（1414〜18年）は、彼ら2人を異端と宣告して（　8　）を火刑に処するとともに、ローマの教皇を正統と認めて（　6　）を終わらせた。

問①　この伝染病は当時何と呼ばれたか。

問②　イギリスでは彼らを何と呼んだか。

問③　この動きを何と呼んだか。

問④あ　1381年にイギリスで発生した農民反乱は何か。

　　い　この農民反乱の指導者が身分制度を批判してとなえた言葉を記せ。

問⑤　教皇は何に反対して争ったか。

問⑥　このできごとを旧約聖書の故事にならって何と呼ぶか。

問⑦　このために彼がおこなったことは何か。

1	2	3	4	5
6	7	8	9	
①	②	③	④あ	
い			⑤	
⑥	⑦			

2 つぎの文の（　　）に適語を入れ、下線部①〜⑧の問いに答えよ。

　13〜14世紀以後ヨーロッパ各国の王は、課税などを要請するため、貴族・聖職者および都市の代表が出席する①身分制議会を開き、話し合いを通して国内統一をはかった。イギリスは、（　１　）朝がウィリアム１世の征服によって建てられたことから、例外的に最初から王権が強かった。つぎの（　２　）朝初代の王ヘンリ２世は、フランス西半部をも領有して大勢力を築いていた。ところがその子（　３　）王は、フランス国王（　４　）と争ってフランスにおける領地の大半を失い、さらに教皇とも争って破門された。そのうえ財政困難におちいって重税を課したため、貴族は結束して王に反抗し、1215年に②大憲章（マグナ＝カルタ）を王に認めさせた。

　つぎの王である（　５　）は大憲章を無視したため、1265年、（　６　）は貴族を率いて反乱をおこして王を破り、従来からの高位聖職者・大貴族の会議に③州や都市の代表を加えて国政を協議した（イギリス議会の起源）。1295年には④高位聖職者・大貴族のほかに騎士・市民・下級聖職者による議会が招集され、さらに14世紀半ば、議会は上院と下院とにわかれ法律の制定や新課税には下院の承認が必要になった。

　フランスのカペー朝のもとでは、はじめ王権はきわめて弱い勢力で、大諸侯の勢力が強かった。しかし、12世紀末に即位した国王（　４　）は、（　３　）王と戦って国内のイギリス領の大半を奪い、また⑤ルイ９世は、王権を南フランスにも広げた。さらに国王（　７　）は、ローマ教皇ボニファティウス８世との争いに際して、1302年にフランス最初の議会を開き、その支持を得て教皇をおさえ、王権をさらに強化した。

　フランスでカペー朝が断絶して（　８　）朝がたつと、イギリス国王（　９　）は、母がカペー家出身であることからフランス王位継承権を主張し、これをきっかけに両国のあいだに⑥百年戦争が始まった。

　はじめは⑦長弓兵を駆使したイギリス軍が、（　10　）の戦いでフランス騎士軍を破るなど優勢で、フランスは国王（　11　）の時には崩壊寸前の危機にあった。この時、神の託宣を信じた農民の娘（　12　）が現れてフランス軍を率い、（　13　）の包囲を破ってイギリス軍を大敗させた。

　戦後のイギリスでは⑧王位継承の内乱がおこったが、これを収めて1485年に即位したヘンリ７世が（　14　）朝を開き、王権に反抗する者を処罰して絶対王政に道を開いた。

問① フランスの身分制議会の名称を答えよ。
問② おもに何について定めてあったか。簡潔に説明せよ。
問③ 州の代表者となったのは地方の実力者層であった。彼らを何と呼ぶか。
問④ この議会を何と呼ぶか。
問⑤ 彼が征服した南フランスの異端派を何というか。
問⑥あ 戦争の原因となった毛織物産地はどこか。
　　い 百年戦争によって、イギリスとフランスはどのように変容したか。
問⑦ 国王エドワード３世とともにイギリス軍を率いて活躍した人物は誰か。
問⑧ この内乱を何と呼ぶか。

1	2	3	4	5
6	7	8	9	10
11	12	13	14	①

② _____

③ _____ ④ _____ ⑤ _____ ⑥あ _____

い _____

⑦ _____ ⑧ _____

3 つぎの文の（　）に適語を入れ、波線部ア）～ウ）の地域を地図から記号ⓐ～ⓘで選べ。また、下線部①～⑥の問いに答えよ。

　イベリア半島では、8世紀半ばにイスラーム教徒が南部に後ウマイヤ朝を建てた。これに対して北部のキリスト教徒は、以後約800年にわたって（　1　）の戦いを続け、1479年に成立した①スペイン（イスパニア）王国が、1492年にイスラーム勢力最後の拠点である（　2　）を陥落させて国土統一を果たした。ポルトガルは、15世紀後半に国王（　3　）が貴族の反乱をしずめて王権を強化した。

　ドイツ（神聖ローマ帝国）ではシュタウフェン朝が断絶したあと、政治的混乱は事実上の皇帝不在の「（　4　）」の時に頂点に達した。その後、皇帝（　5　）は、こうした混乱を避けるため1356年に②「金印勅書」を発布して、神聖ローマ皇帝選挙の手続きを定めた。15世紀前半以降、皇帝は（　6　）家から出されるようになり、帝国統一と中央集権化に失敗した。国内には大小の諸侯や自由都市など、あわせて300ほどの領邦が分立するようになり、統一はますます難しくなった。

　一方、かつてスラヴ人やマジャール人が住んでいたエルベ川以東の地には、12～14世紀にかけて③ドイツ人による大規模な植民がおこなわれ、（　7　）領やア）ドイツ騎士団領などの諸侯国がつくられた。これらの地方では④15世紀以降、西ヨーロッパ向けの穀物生産が大規模におこなわれるようになった。スイス地方の農民は、13世紀末に（　6　）家の支配に反抗して⑤独立闘争を始め、今日のスイス連邦の母体をつくった。

　イタリアは、南部では両シチリア王国がシチリア王国とイ）ナポリ王国に分裂し、中部の教皇領を挟んで、北部ではウ）ヴェネツィア共和国・（　8　）共和国のほかフィレンツェ・ミラノなどの都市国家が分立していた。神聖ローマ皇帝がイタリア政策によって介入してくると、諸都市の内部では⑥教皇党と皇帝党がたがいに争い、国内統一をさらに困難なものとした。

　北欧では、14世紀末にデンマークの摂政（　9　）が主導して、デンマーク・スウェーデン・ノルウェーの3国のあいだに（　10　）同盟が結ばれ、同君連合の王国が成立して一大勢力となった。

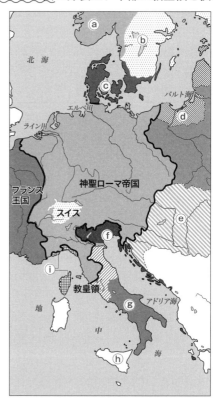

問①　この王国はⓐアラゴン王子とⓘカスティリャ王女の結婚で成立した。彼らの名前を答えよ。

問②ⓐ　この文書で皇帝選出権を認められた7人の聖俗諸侯を何と呼ぶか。

　　　ⓘ　神聖ローマ帝国で中央集権が進まなかった理由を説明せよ。

問③　このことを何と呼ぶか。

問④　このため東ヨーロッパでは領主による農奴制が強化された。このことを何というか。

問⑤　スイスの独立を承認した1648年の条約を何というか。

問⑥　ⓐ教皇党、ⓘ皇帝党をそれぞれ何というか。

1	2	3	4	5
6	7	8	9	10

ア）　　　　　　　イ）　　　　　　　ウ）

①ⓐ　　　　　　　ⓘ　　　　　　　②ⓐ　　　　　　　ⓘ

③　　　　　④　　　　　⑤　　　　　⑥ⓐ　　　　　ⓘ

21 西ヨーロッパの中世文化

(教 p.134〜136／解 p.33〜34)

1 つぎの文の（　　）に適語を入れ、下線部①〜④の問いに答えよ。

中世西ヨーロッパはキリスト教の時代であり、人々の日常生活全般にローマ＝カトリック教会の絶大な権威がいきわたっていた。出生・結婚・臨終など人生の重要な節目に際して秘蹟の儀式を授けることは、教会の重要な仕事であった。魂の救済ができるのは教会のみであるとされ、教会の外に追放される（ 1 ）はきわめて重い罰であった。

①6世紀にイタリアのモンテ＝カシノに開かれた修道院も、大きな文化的役割を果たした。この修道院の「祈り、働け」のモットーは、生産労働を奴隷の仕事と考えていた古典古代以来の労働に対する考え方を大きくかえた。12〜13世紀は、森林を切りひらいて耕地を広げる大開墾時代であったが、その先頭に立ったのも②修道院であった。

学問もまたキリスト教の影響下にあった。③神学が最高の学問とされ、哲学や自然科学はその下におかれた。当時の学者・知識人は聖職者や修道士であり、彼らは学問の国際的共通語である（ 2 ）語を用いていた。教会の権威の理論的確立のために、信仰を論理的に体系化しようとするスコラ学は中世西ヨーロッパに特有の学問で、④実在論と唯名論とのあいだでは永く論争が続けられた。「理解せんがために我れ信ず」という立場をとる実在論は（ 3 ）、「信ぜんがために理解す」という立場をとる唯名論は（ 4 ）や（ 5 ）によって代表され、とくに（ 5 ）は近代合理思想の基礎を築いたとされる。

12世紀になると、ビザンツ帝国やイスラーム圏からもたらされたギリシアの古典がイベリア半島の（ 6 ）やシチリア島のパレルモなどで本格的に翻訳されるようになり、それに刺激されて学問や文芸も大いに発展した。これを12世紀ルネサンスという。スコラ学は（ 7 ）哲学の影響を受けて壮大な体系となり、『神学大全』を著した（ 8 ）により大成されて教皇権の理論的支柱となった。イスラーム科学の影響も大きく、実験を重視する（ 9 ）の自然科学はのちの近代科学を準備するものであった。

問① この修道院を開いた人物は誰か。

問②あ 11世紀にフランスに設立され、大開墾時代の先頭に立った修道会はどこか。

　　い 13世紀に設立され、財産をもたず清貧を貫いて民衆の教化に努めた修道会を総称して何というか。

　　う いの修道会を1つあげよ。

問③ これを象徴する、当時の言葉は何か。

問④ この論争を何というか。

1 _____	2 _____	3 _____	4 _____
5 _____		6 _____	7 _____	8 _____
9 _____			
① _____	②あ _____	い _____	う _____
③ _____	④ _____		

2 つぎの文の（　）に適語を入れ、下線部①〜⑤の問いに答えよ。

　中世西ヨーロッパにおいて①大学が誕生するのも12世紀頃からである。おもな大学には②神学・法学・医学の３学部があり、また基礎的な教養科目として（　１　）も教育された。

　中世はキリスト教の時代であり、美術を代表するものもキリスト教の教会建築であった。③初期にはビザンツ様式の模倣にすぎなかったが、11世紀にはロマネスク様式が生み出され、つづく12世紀にはゴシック様式が現れた。

　学問にラテン語が用いられたのに対し、口語（俗語）で表現された中世文学の代表が④騎士道物語である。騎士は中世西ヨーロッパの人間の理想像で、⑤騎士道という道徳に従って行動した騎士の武勲や恋愛をテーマにした文学作品が知られている。騎士道物語は宮廷では（　２　）たちが騎士の恋愛を叙情詩にうたい、それをまとめたものであった。

問①　大学という組織はどのように生まれ、どのような形態をとったのか説明せよ。

問②あ　ローマ法の専門学校から発展し、法学で有名なヨーロッパ最古の大学はどこか。

　　い　医学校に始まり、アラビア医学が伝えられて医学で有名になった大学はどこか。

　　う　教師の組合に端を発する、神学で有名な大学はどこか。

問③　**あ**ロマネスク様式、**い**ゴシック様式について説明した文をそれぞれ**ア）**〜**ウ）**から選び、代表例を右および下の図からそれぞれ選べ。さらに図の聖堂の名称を答えよ。

　　ア）　尖頭アーチと高い尖塔、そしてステンドグラスで飾られた広い窓をもつ。シャルトル大聖堂やケルン大聖堂が代表例。

　　イ）　厚い石壁と小さい窓が特徴で全体的に重厚感をもつ。シュパイアー大聖堂やピサ大聖堂などが代表例。

　　ウ）　円屋根とモザイク壁画を特色とする。聖マルコ大聖堂などが代表例。

問④　代表的な作品を１つ記せ。

問⑤　騎士道とはどのような道徳か。具体的に説明せよ。

A

B

D

C

1 ＿＿＿＿＿＿＿＿　2 ＿＿＿＿＿＿＿＿

① ＿＿

＿＿

②あ ＿＿＿＿＿＿＿　い ＿＿＿＿＿＿＿　う ＿＿＿＿＿＿＿

③あ文 ＿＿　図 ＿＿　名称 ＿＿＿＿＿＿　い文 ＿＿　図 ＿＿　名称 ＿＿＿＿＿＿

④ ＿＿＿＿＿＿＿＿＿＿＿＿　⑤ ＿＿＿＿＿＿＿＿＿＿＿＿＿＿＿

22 アジア諸地域の自立化と宋

(教 p.137〜143／解 p.34〜36)

1 ▶つぎの文の（　　）に適語を入れ、下線部①〜⑥の問いに答えよ。

　8世紀半ばの（ 1 ）によって唐を中心とした国際秩序がゆるむと、国家主体の（ 2 ）貿易は衰え、かわって民間交易が盛んになった。

　唐が滅亡した10世紀前半には、近隣諸地域においても政権の交替や動揺があいついだ。中央ユーラシアでは、9世紀半ばに（ 3 ）が崩壊したのち、モンゴル系のキタイ（契丹）が勢力をのばした。10世紀初めには（ 4 ）（太祖）がモンゴル高原東部を中心に①強力な国家をつくり、東は（ 5 ）を滅ぼし、西はモンゴル高原全域をおさえた。その後、キタイは華北の政変に介入して、②長城以南の漢民族が居住する農耕地域を獲得し、③二重統治体制をしいた。朝鮮半島では、王建の建てた（ 6 ）が新羅にとってかわり、雲南でも南詔が滅んで（ 7 ）がおこった。

　中国では、五代の武将から身をおこした（ 8 ）（太祖）は、960年に宋（北宋）を建て、つぎの太宗は中国の主要部を統一した。④宋は皇帝権力を強化し、科挙によって選ばれた文人官僚が政治をとりおこなうようにした。

　中央集権や文治主義が財政上の負担となるなか、11世紀後半に宰相となった（ 9 ）は、財政再建と富国強兵をめざして、⑤新法を実施したが、地主や大商人の反発を受けた。のち官僚たちは新法党と新法に反対する⑥旧法党にわかれて激しく対立し、政治の混乱を引きおこした。

問①あ　この国の中国風の国号は何か。

　　い　この国について述べた**ア）〜エ）**から、正しいものを1つ選べ。

　　ア）漢字をもとにしてウイグル文字の影響も受けた契丹文字を生み出した。

　　イ）北宋とのあいだに慶暦の和約を結び、毎年銀などを受け取ることとなった。

　　ウ）漢民族の住む中国の一部を支配し、積極的に漢化されていった。

　　エ）土着の民間宗教が信仰され、仏教は受容されなかった。

問②あ　この地域は何か。

　　い　この地域をキタイに割譲した国はどこか。

問③　この体制はどのようなものか説明せよ。

問④あ　このような武力によらず文官優位により社会の安定を維持しようとする政治を何というか。

　　い　この国について述べた**ア）〜エ）**から、正しいものを1つ選べ。

　　ア）中央政府の力を高めたが、すぐに節度使にとってかわられた。

　　イ）科挙が廃止され、皇帝みずからが試験官をおこなう殿試が開始された。

　　ウ）文人官僚が政治をとりまとめるようになり、中央政府の軍事力が削減された。

　　エ）多くの官僚や皇帝直属の軍隊を維持するための経費が、国家の財政を圧迫した。

問⑤　これについて、以下の**あ〜う**で説明する新法の名称をそれぞれ答えよ。

　　あ　農民組織をつくり、治安維持や民兵の訓練をおこなわせる。

　　い　貧しい農民に金銭や穀物を貸し付ける。　　**う**　物流の円滑化と物価安定をはかる。

問⑥　『資治通鑑』を編纂したことで知られる、旧法党の政治家は誰か。

1	2	3	4	5
6	7	8	9	
①あ	い	②あ	い	
③				
④あ	い	⑤あ	い	う
⑥				

2 つぎの文の（　）に適語を入れ、波線部ア）～ウ）に該当する場所を地図から記号ⓐ～ⓗで選べ。
また、下線部①～⑤の問いに答えよ。

　12世紀初め、キタイの勢力圏の東部にいた狩猟・農耕を生業とするツングース系の（　1　）から（　2　）（太祖）が現れ、キタイから自立して①金を建てた。金がキタイを滅ぼしたのち、宋と金とのあいだで争いがおこり、宋は都のア）開封を占領され、②上皇の徽宗と皇帝の欽宗は捕虜となった。宋は江南に逃れた皇帝の弟(高宗)によって存続し(南宋)、イ）臨安に都を定めた。南宋は、その後の③主戦派と和平派との対立の末、金と和議を結び、（　3　）を国境とした。金は女真人を（　4　）という部族制にもとづく軍事・社会制度によっておさめつつ、華北を征服したのちには中国式の統治制度も採用した。

　安史の乱ののちも唐がもちこたえたのは、江南の経済力に支えられていたためであった。江南は南朝の頃から開発が進み、塩や（　5　）の産地であったことに加えて、海上交易でも栄えていた。一方、唐代後期になっても政治の中心は華北にあったので、華北と江南を結ぶ（　6　）の役割は、いっそう重要になっていった。また、唐代における生産力の高まりを受けて、商業活動や商品流通が盛んになり、唐末には都市のなかだけでなく、城外や交通の要地にも（　7　）・鎮などと呼ばれる商業の拠点ができた。唐末以降の経済の発展によって富裕になった人々は、農地を開墾したり買い集めたりして地主となり、収穫物の半分ほどの小作料をとって（　8　）(小作人)に耕作させた。このような新興地主層は（　9　）と呼ばれる。

　開封に都を定めた北宋は、大規模になった民間の商業活動をおもな財源とした。専売とされた塩・（　5　）のほか、米や絹などを扱う大商人が現れ、（　10　）と呼ばれる商人・（　11　）と呼ばれる手工業者などの同業組合も生まれた。宋は④市舶司をウ）広州・泉州・明州(現在の寧波)などの港に広くおいて、海上交易の管理につとめた。江南の開発は臨安を本拠とした南宋の時代にさらに進み、低湿地の干拓やひでりに強い（　12　）の導入などによって稲の生産量が増大したことで、⑤長江下流域は穀倉地帯となった。

　宋代には商業の活性化にともない、（　13　）が大量に発行され、価値の高い金・銀も地金のまま決済に使われた。遠距離間の取引に便利な手形は唐代に現れていたが、宋ではこれが紙幣としても利用されるようになった。これを（　14　）と呼ぶ。（　13　）は日宋貿易を介して日本にももちだされ、日本の貨幣経済の進展をうながした。

問① この国について述べたア）～エ）から、正しいものを1つ選べ。

　ア）金が遼を滅ぼしたことで、耶律阿保機によりカラキタイ(西遼)が建国された。

　イ）漢字や契丹文字の影響を受けた文字がつくられた。

　ウ）欧陽脩により全真教がおこされた。

　エ）南宋を兄、金を弟とする和議を結んだ。

問② このできごとを何というか

問③ あ主戦派の代表と○和平派の代表をそれぞれあげよ。

問④ 唐代の頃より市舶司がおかれていた都市はどこか。

問⑤ このような状況を表現した諺は何か。

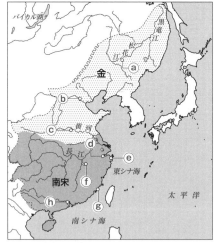
▲12世紀頃のアジア

1	2	3	4	5
6	7	8	9	10
11	12	13	14	
ア）	イ）	ウ）	①	②
③あ	○	④	⑤	

　唐が滅亡した10世紀前半には、近隣諸地域においても政権の交替や動揺があいつぎ、それにともない、東アジアの諸国では、中国から受け継いだ文化や制度を独自のものに発展させる動きがおこった。キタイは二重統治体制をしき、契丹文字を生み出した。高麗でも、仏教経典を集成した『（　1　）』の印刷や高麗（　2　）の製作が始まった。現在の中国西北部でチベット系のタングートが建てた西夏は、①西夏文字をつくり、仏典などの翻訳を進めた。

　②宋代の文化は、精神的・理知的な傾向が強まった。単色で簡素な造形の③白磁や（　2　）、水墨あるいは淡い色彩で描かれた（　3　）、（　4　）・蘇軾に代表される詩文の作風などは、こうした時代性を代表している。一方で、技巧をこらした緻密さや装飾性のなかに趣を見出す風潮もあり、④院体画などがその例である。また金の時代の華北でも、北宋からの流れを受け継ぎつつ、独自の文化がはぐくまれた。

　儒学では、経典全体を哲学的に読みこんで、宇宙万物の正しい本質（理）に至ろうとする⑤宋学がおこった。儒学の発展は、社会秩序を正そうとする士大夫の実践的意欲とも結びつき、君臣・父子などの区別が強調されるようになった。北宋の司馬光が編んだ『⑥資治通鑑』にも、君臣関係を重視する立場が反映されている。宋学を大成し、正統としての地位を得た南宋の（　5　）（朱子）の学問（朱子学）は、のちに朝鮮や日本にも多大な影響を与えた。宋学が礼の実践や細かな字句の解釈を離れ、大きな思想の体系をつくりだすに至った背景には、みずからの内面をきびしくかえりみる仏教の一派である（　6　）の教えや、中国古来の（　7　）の神秘的な宇宙論との関わりがあった。

　一方、経済の発展は、新しい庶民的な文化や革新的な技術を生み出した。都市では講釈師によって語られる物語（小説）や歌と踊りをまじえた雑劇が人々を楽しませ、音楽にあわせてうたう（　8　）が盛んにつくられた。唐代頃に始まった木版印刷は宋代に広まり、活版印刷術も発明された。火薬や（　9　）も宋代に実用化され、やがてヨーロッパにまで伝えられた。

問①　この文字として正しいものを、下図の A 〜 C から1つ選べ。

A

B

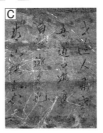
C

X

問②　唐代の文化と宋代の文化の違いを、担い手と特色を交えて説明せよ。

問③　分業が導入されるなどして、白磁の製造の一大拠点となった都市はどこか。

問④　図 X の作品でも知られる、北宋の皇帝は誰か。

問⑤あ　宋学の基礎をつくり、『太極図説』でも知られる儒学者は誰か。

　　　い　これについて述べた a・b の正誤の組み合わせとして正しいものを、ア）〜エ）から選べ。

　　　　a　中央の中華とその周辺の四夷を区別し、中央に文化的な優位があるとした。

　　　　b　朱子は『資治通鑑綱目』により大義名分論を強調した。

　　　　ア） a −正　b −正　　**イ）** a −正　b −誤　　**ウ）** a −誤　b −正　　**エ）** a −誤　b −誤

問⑥　これと同様に編年体で書かれている、『五経』の歴史書は何か。

1	2	3	4	5
6	7	8	9	①
②				
③	④	⑤あ	い	⑥

1 ▶つぎの文の(　)に適語を入れ、下線部①～⑧の問いに答えよ。

　12世紀初めに中央ユーラシア東部で(　1　)が滅亡し、その一族が西方の中央アジアに逃れて(　2　)を建国すると、遊牧諸勢力のあいだに再編の動きが強まった。やがてモンゴル高原東北部で頭角を現した(　3　)は、1206年の①有力者の集会でチンギス＝カン(ハン)として即位し、モンゴル系・トルコ系の諸部族を統一して②大モンゴル国を建てた。チンギス＝カンは、ムスリム商人らの協力を得て西方遠征に出発し、中央アジア・イラン方面の新興国家③ホラズム＝シャー朝を倒した。彼は遠征帰還後に、中国西北部の(　4　)を滅ぼした。彼の死後、その子孫も征服戦争を継続した。④カアンを称した⑤オゴデイは(　5　)を滅ぼして華北を領有した。一方、(　6　)は西進して⑥ロシアや東ヨーロッパを制圧し、⑦キプチャク＝ハン国を建てた。西アジアに遠征した(　7　)は(　8　)朝を滅ぼして⑧イル＝ハン国を建てた。華北に拠点をおいた(　9　)は、カアンを称したのちに(　10　)を滅ぼし、中国全土を支配した。

　13世紀後半には、中央ユーラシアとその東西各地に、モンゴル人の政権が並び立った。各政権は高い自立性をもちながらもカアンのもとにゆるやかに連合したので(　11　)帝国と呼ばれた。

問①　この集会を何と呼ぶか。

問②　チンギス＝カンが、大モンゴル国の軍事・行政組織として編制した制度の名称を答えよ。

問③　これに関連して述べた文として**誤っているもの**を**ア)～ウ)**から１つ選べ。

　ア) ホラズムはアム川下流域を示す言葉で、アラビア語ではフワーリズムと呼ばれた。９世紀の代数学者フワーリズミーは、この地出身である。

　イ) ホラズム＝シャー朝は13世紀初めに急速に勢力を拡大し、ガズナ朝を滅ぼしてアフガニスタンを獲得し、イランにも進出した。

　ウ) ホラズム＝シャー朝滅亡後、その領域の多くはチャガタイ＝ハン国が支配したが、イラン地方はイル＝ハン国が支配した。

問④　「カアン」について簡潔に説明せよ。

問⑤　オゴデイの時の大モンゴル国の首都はどこか。

問⑥　モンゴル軍が1241年にドイツ・ポーランド連合軍を破った戦いの名称を答えよ。

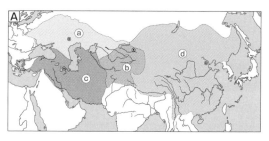

問⑦あ　この国の領域を地図**A**の@～dから選べ。

　い　この国の別名を、系図**B**を参考に**ア)～エ)**から選べ。

　ア) イェケ＝モンゴル＝ウルス

　イ) ジョチ＝ウルス

　ウ) フレグ＝ウルス

　エ) チャガタイ＝ウルス

問⑧あ　この国の領域を地図**A**の@～dから選べ。

　い　その首都名を答えよ。

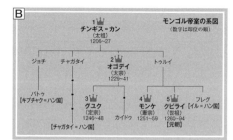

1	2	3	4	5
6	7	8	9	10

11	①	②	③

④ _____ ⑤ _____

⑥ _____ ⑦あ _____ い _____ ⑧あ _____ い _____

2 つぎの文の（　　）に適語を入れ、下線部①～⑨の問いに答えよ。

　1271年、クビライは国名を中国風に元（大元）と定め、①モンゴル高原と華北の境界に新たな都を築いた。都はモンゴル帝国全土をおおう②駅伝制と連結され、運河により渤海湾とも結ばれた。南宋を滅ぼすと、③杭州・泉州・広州などが支配下に入り、豊かな江南も商業圏に組み込まれ、都を結節点とした陸路と海路の交易・情報ネットワークが結合された。④クビライが日本や東南アジアなどに送った遠征軍は、各地の政治や経済・文化に大きな影響を与えた一方、商業圏の拡大にも寄与した。

　モンゴル帝国における陸と海の交易を担ったのはおもに（　1　）商人で、ユーラシアで広くおこなわれていた（　2　）決済が中国におよんだ。元は塩の専売や取引税の徴収などで莫大な（　2　）を集める一方で、流通量の不足分は（　3　）の発行でおぎなった。この時期日本とは⑤日元貿易をおこなっている。

　元の統治は中国的な官僚制度によってなされた。中枢はモンゴル人が握り、（　4　）と総称される中央アジア・西アジア出身者は、経済面で力をふるった。金支配下の華北の人々は（　5　）、南宋支配下の人々は（　6　）と呼ばれた。商業に力を入れた元は支配地域の社会や文化をさほど重視せず、儒学や科挙の役割は大きく後退したが、⑥郭守敬のように、実用的な能力のある者には登用の道が開かれていた。支配層のモンゴル人は（　7　）教を重んじた。⑦都市の庶民のあいだでは戯曲が流行した。

　ユーラシア東西の統合が実現すると、ヒトやモノ、情報の移動・流通が活発化した。⑧当時十字軍をおこしていたヨーロッパ人は、東方の巨大な帝国に関心をいだいて使節を派遣した。モンゴル帝国によるユーラシア東西の統合は、学術や技術、思想面の交流を促進し、その成果は広い分野におよんだ。（　8　）は各地の情報を収集し、モンゴル史をはじめとするユーラシア世界史『集史』を（　9　）語で著した。また、中国から西アジアに絵画の技法が伝えられ、イランで発達した写本絵画に大きな影響を与えた。景徳鎮では⑨西方伝来の顔料を利用した陶磁器が生まれ、「海の道」を通して世界各地へ大量に輸出された。帝国内では多様な言語が用いられ、文字を統一する試みもなされた。チベット仏教僧の（　10　）はモンゴル語や漢語などを音写する（　10　）文字をつくった。

問①　都の名称を答えよ。

問②　この駅伝制を何と呼ぶか。

問③　マルコ＝ポーロが世界一の港市ザイトンとして紹介した港市を、下線部③中から1つ選べ。

問④　これに関連して、ア）～ウ）の波線部の正誤を答えよ。

　　ア） ビルマ（ミャンマー）のタウングー朝は元軍の侵入を受けて滅亡した。

　　イ） 元軍の侵攻を機に、ジャワ東部にヒンドゥー教国家のシンガサリ朝が成立した。

　　ウ） 元軍は、高麗軍を動員して2度にわたり日本の鎌倉幕府を攻撃した。

問⑤　日元貿易で多くの宋銭が日本に輸出された理由を説明せよ。

問⑥　あ郭守敬が作成した暦の名称と、いこの暦をもとに日本で作成された暦の名称を答えよ。

問⑦　戯曲として**誤っているもの**を、ア）～エ）から1つ選べ。

　　ア）『西廂記』　**イ）**『琵琶記』　**ウ）**『漢宮秋』　**エ）**『水滸伝』

問⑧　これに関して、**誤っているもの**をつぎのア）～ウ）から1つ選べ。

　　ア） ローマ教皇は、プラノ＝カルピニをカラコルムに派遣した。

　　イ） フランス王フィリップ4世は、ルブルックをカラコルムに派遣し、十字軍の協力を求めた。

　　ウ） ローマ教皇が派遣したモンテ＝コルヴィノは、元の都の大司教として布教活動をおこなった。

問⑨　白色の素地にイスラーム世界からのコバルト顔料を使用して焼かれた陶磁器を何と呼ぶか。

1	2	3	4	5
6	7	8	9	10

①	②	③	④ア）　　イ）　　ウ）

⑤

⑥あ	い	⑦	⑧	⑨

3 つぎの文の（　　）に適語を入れ、下線部①～⑦の問いに答えよ。

　モンゴル帝国のもとでヒト・モノの移動が活発化したが、14世紀には疫病の流行や気候変動による天災が重なり、各地で飢饉や内紛が頻発し、モンゴル諸政権の分裂・衰退が進んだ。

　キプチャク＝ハン国は、14世紀末に①ティムールの攻撃を受けて弱体化し、15世紀に入るとヴォルガ中流域に成立した（ 1 ）国やクリミア半島の（ 2 ）国などに分裂した。中国では、②元朝によっておこなわれた経済政策が、黄河の決壊などによる飢饉とあいまって民衆を苦しめた。こうしたなか、③14世紀半ばに反乱が各地でおこり、元は1368年に明軍に大都を奪われ、④モンゴル高原に退いた。

　14世紀半ば、中央アジアのチャガタイ＝ハン国は東西に分裂し、諸勢力の抗争のなかからティムールが頭角を現した。ティムールは中央アジアにティムール朝を建てたのち、キプチャク＝ハン国に打撃を与える一方、イル＝ハン国滅亡後のイラン・イラク地域を征服し、1402年の（ 3 ）の戦いでは⑤オスマン軍を破った。彼はチンギス家の権威を尊重しつつ、トルコ系・モンゴル系遊牧民の軍事力とイラン系定住民の経済力や行政能力をたくみに結合した。さらに、彼はモンゴル帝国の再興をめざして明討伐の東方遠征に出発したが、その途中で病没した。ティムールの死後、王朝は分裂と内紛を重ね、やがてトルコ系の（ 4 ）によって滅ぼされた。

　ティムール朝の時代には、イル＝ハン国で成熟した（ 5 ）文化と中央アジアの（ 6 ）文化とがまじわり、文芸や建築などの分野で高度な文化が生まれた。⑥首都には壮大なモスクやマドラサが建設され、君主による文芸保護のもと、ペルシア語文学や写本絵画の傑作と並んで、（ 7 ）語の文学作品が現れた。また自然科学でも、⑦ティムール朝の君主が建設した天文台を中心に、天文学や暦法が発達した。

問①　ティムールの侵攻について述べたa・bの正誤の組み合わせとして正しいものを、ア）～エ）から選べ。

　　a　ティムールは中央アジアを拠点に各地に侵攻し、キプチャク＝ハン国の都であったサライやイル＝ハン国の都であったイスファハーン、シリアのダマスクスなどを支配下においた。

　　b　ティムールはインド方面に侵攻してトゥグルク朝のデリーを襲撃した。その際、多くの職人を連行し、都のモスク造営などを担わせた。

　　　ア）a－正　b－正　イ）a－正　b－誤　ウ）a－誤　b－正　エ）a－誤　b－誤

問②　このような経済政策の例をあげよ。

問③⑥　1351年に生じた、のちに各地で反乱が生じるきっかけとなった反乱の名称を答えよ。

　　⑥　この反乱を引きおこした信徒が信仰した宗教の名称を答えよ。

問④　1368年にモンゴル高原に退いた後の元を何というか。

問⑤　この戦いで捕虜となったオスマン帝国のスルタンは誰か。

問⑥　ティムール朝の首都を答えよ。

問⑦　この天文台を建設した君主は誰か。

1	2	3	4	5
6	7			
①	②		③⑥	⑥
④	⑤	⑥	⑦	

24 アジア交易世界の興隆

（教 p.150〜157／解 p.38〜39）

1 つぎの文の（　　）に適語を入れ、下線部①〜⑤の問いに答えよ。

　14世紀になると、ユーラシア全域で飢饉や疫病、およびそれにともなう政治変動が広がり、モンゴル帝国は解体していった。14世紀後半のアジアでは、チャガタイ＝ハン国の分裂抗争のなかから力をのばした（　1　）朝と、その西方では（　2　）帝国が勢力を拡大しつつあり、明朝の北方では中国本土から退いたモンゴルが勢力を保っていた。

　日本では鎌倉幕府が倒れて南北朝が対立し、政治の混乱とともに（　3　）の活動が活発化していたが、14世紀末に南北朝の合一が果たされた。元に服属していた朝鮮半島の高麗でも、親元派と反元派の対立が続いたが、（　3　）を破って名声を高めた（　4　）が、高麗を倒して①朝鮮王朝を建てた。こうして14世紀末の東アジア諸地域では、新しい政治秩序が一応の安定に至った。

　元末の中国では、1351年に始まる紅巾の乱をきっかけに群雄が蜂起した。反乱のなかで頭角を現した江南の貧農出身の（　5　）は、儒学の素養をもつ知識人の協力を得て勢力をのばした。1368年に（　6　）で皇帝の座についた彼は、②洪武帝を名乗り、明朝を建てた。

　洪武帝は、皇帝に権力を集中させるため、農村では人口調査を全国的におこなって③租税や土地の台帳を整備したほか、110戸を目安に1里を構成する村落制度の（　7　）制を実施し、また、（　8　）と呼ばれる民衆教化のため6カ条の教訓を定め、農村の末端にまで統制をおよぼして民生の安定をはかった。

　洪武帝の死後、位を継いだ2代目の（　9　）帝は諸王勢力の削減をはかったが、（　10　）を本拠とした④燕王はこれに対抗して挙兵し、帝位についた。彼は（　10　）に都を移し、みずから軍を率いてモンゴル高原に遠征するなど積極的な対外政策をとった。また、ムスリムの宦官（　11　）に命じ、大艦隊を率いてインド洋から⑤アフリカ沿岸まで数回の遠征をおこなわせた。

問①⑧　この王朝の都はどこか。

　　⑩　その都市は現在のどこにあたるか。

問②　洪武帝の業績について述べた文として正しいものを、ア）〜エ)から1つ選べ。

　　ア）元代に政治の中枢を握っていた門下省を廃止した。

　　イ）宋代に成立した訓詁学を官学にし、科挙を整備した。

　　ウ）唐の律・令にならって明律・明令を制定した。

　　エ）軍政の面では、周辺防備のための都護府を各所においた。

問③⑧租税台帳、⑩土地台帳をそれぞれ何というか。

問④⑧　この事件を何というか。

　　⑩　燕王は皇帝として何と呼ばれたか。

問⑤　遠征隊が到達したアフリカ東岸の都市はどこか。ア）〜エ)から1つ選べ。

　　ア）ホルムズ　　イ）マリンディ　　ウ）アデン　　エ）パレンバン

1	2	3	4	5
6	7	8	9	10
11				
①⑧	⑩	②		
③⑧	⑩	④⑧	⑩	⑤

2 つぎの文の（　）に適語を入れ、下線部①〜⑤の問いに答えよ。

　明朝は、国内統治と同様、対外関係においても強い統制政策をとり、①民間人の海上交易を許さず、周辺諸地域とのあいだで朝貢関係を結んで、政府の管理する朝貢貿易を推進した。15世紀初めに（　1　）王によって統一された（　2　）（現在の沖縄）は、明との朝貢貿易で得た物資を用いて東シナ海と南シナ海を結ぶ交易の要となった。14世紀末頃マレー半島南西部に成立した（　3　）王国も、鄭和の遠征をきっかけに急成長し、インド洋と東南アジアを中継する位置を利用して、マジャパヒト王国にかわる東南アジア最大の交易拠点となった。

　明の重要な朝貢国であった②朝鮮は、明の制度にならった改革をおこなった。15世紀前半の（　4　）の時代には、（　5　）による出版や③文字の制定などの文化事業もおこなわれた。日本では、遣唐使の停止以来とだえていた中国への正式な使節派遣が復活し、室町幕府の（　6　）は明から「日本国王」に封ぜられて（　7　）貿易を始めた。ベトナムの（　8　）朝も、明と朝貢関係を結び、明の制度を取り入れ、朱子学を振興した。

　北方では、明の物産を求めていたモンゴル諸集団が、朝貢貿易における使節派遣の回数や規模の制限を不満として、しばしば中国に侵入した。15世紀半ばには、（　9　）が強大となり、④1449年に土木の変がおこった。この頃から明は対外的に守勢に転じ、長城を改修して北方民族の侵入に備えた。

　16世紀に入ると、東南アジアではコショウなど香辛料の輸出が急激に増大した。その一因はアジアの富を求めるヨーロッパ勢力の進出であり、これによりアジア諸地域は、大陸をこえた大規模な交易・交流の舞台となった。なかでも（　10　）は、大砲や鉄砲などの強力な火器を備え、16世紀初めに（　3　）を占領した。明の朝貢体制のもとでは、領土の小さな国も中継貿易で栄えることができたが、競争の激化とともに、特産品を生み出す広い後背地と強い軍事力をもつ国が交易の主役となっていった。

　⑤16世紀半ばに中国の周辺では、北方のモンゴルや東南沿岸の倭寇の活動が激化して明を苦しめたが、それは交易の利益を求める人々が明の統制政策を打破しようとする動きであった。その動きには、モンゴル人や日本人のみならず、多くの中国人が加わっており、日本の五島列島などを拠点に活動した中国出身の（　11　）は、倭寇の有名な頭目の一人であった。

　このような状況に直面して、明は従来の交易統制政策を緩和し、モンゴルとのあいだに交易場を設けるとともに、民間人の海上交易を許した。その結果、当時急速に生産をのばした日本およびアメリカ大陸のスペイン植民地で採掘された（　12　）が大量に中国に流入した。民間交易の活発化とともに、東アジア・東南アジアにおける明の権威は弱まって朝貢体制は崩壊に向かい、貿易の利益を求める勢力がその軍事力を背景に競争する実力抗争の時代となった。

問① この政策を何と呼ぶか。
問② どんな改革をおこなったか、簡潔に説明せよ。
問③ 朝鮮の民族文字である右図の文字を何というか。
問④ これはどのようなできごとか、簡潔に説明せよ。
問⑤あ この状態を漢字4字で何というか。
　　い 1550年に北京を包囲したモンゴルの君主は誰か。

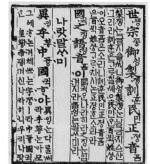

1	2	3	4	5
6	7	8	9	10
11	12			
①	②			
③	④			
⑤あ	い			

3 つぎの文の（　）に適語を入れ、下線部①〜⑧の問いに答えよ。

　国際商業の活発化は、中国国内の商工業の発展をうながした。この時期に綿織物や（　1　）などの家内制手工業が発展した長江下流域では、人口に比べて穀物が不足するようになり、（　2　）地方（現在の湖北・湖南省）を中心とした①長江中流域が新たな穀倉地帯として成長した。さらに、江西省の（　3　）に代表される陶磁器も生産をのばし、（　1　）とともに、ヨーロッパやアメリカ大陸にまで販路を広げた。

　海外からの銀の流入により、中国では銀が主要な貨幣となり、16世紀には、税制として②一条鞭法が実施された。しかし、軍事費の増大により重税を課された農民の生活は苦しく、商工業発展の利益はもっぱら商人や官僚の手に流れ込んだ。そのため、明の政府と結びついて（　4　）の専売などで利益を得た③特権商人は、全国的に活動して巨大な富を築いた。また、大都市には、同郷出身者や同業者の互助・親睦をはかるための（　5　）や（　6　）もつくられた。富裕な商人や④郷紳は都市に居住し、庭園の建設や骨董の収集など文化生活を楽しんだ。

　商業の発展とともに、木版印刷による書物の出版も急増し、科挙の参考書や小説、商業・技術関係の実用書などが多数出版されて、書物の購買層は広がった。⑤小説が普及し、講談や芝居も都市を中心に庶民の人気を得た。また、儒学のなかでは、16世紀初めに王守仁（王陽明）が⑥陽明学を大成した。

　明末には、科学技術への関心も高まった。『（　7　）』（李時珍著）、『農政全書』（徐光啓編）などの⑦科学技術書がつくられ、日本など東アジア諸国にも影響を与えた。当時の科学技術の発展には、16世紀半ば以降東アジアに来航したキリスト教宣教師の活動も重要な役割を果たした。日本でのキリスト教普及の基礎を築いたイエズス会の（　8　）は、中国布教をめざしたが実現せず、その後、16世紀末以降に⑧マテオ゠リッチらが中国に入って布教をおこなった。

問①　このことをあらわした 諺（ことわざ） を記せ。
問②　どのような制度か、簡潔に説明せよ。
問③　おもな商人を2つあげよ。
問④　どのような人たちのことを指すか。簡潔に説明せよ。
問⑤　つぎのア）〜エ）のうち明代に普及した小説でないものを1つ選べ。
　　ア）『三国志演義』　イ）『紅楼夢』　ウ）『水滸伝』　エ）『西遊記』
問⑥　陽明学について述べたa・bの正誤の組み合わせとして正しいものを、ア）〜エ）から選べ。
　　a　陽明学では、無学な庶民や子どもでも本来その心の中に真正の道徳をもっているとした。
　　b　陽明学では、教典の字句解釈を重視し、『五経』をその教典とした。
　　ア）a−正　b−正　イ）a−正　b−誤
　　ウ）a−誤　b−正　エ）a−誤　b−誤
問⑦　右図Aの挿絵が用いられた書物の名称を答えよ。
問⑧　この人物が作製した右図Bの地図を何というか。

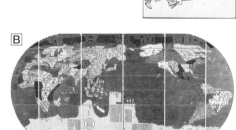

1	2	3	4	5
6	7	8	①	
②			③	
④				
⑤	⑥	⑦	⑧	

4 つぎの文の（　　）に適語を入れ、下線部①〜⑥の問いに答えよ。

　16世紀、ポルトガルに続き東南アジアに進出したスペインは、フィリピンを占領し、（　1　）を拠点として大型のガレオン船を用いてアメリカ大陸で採掘された銀をおもに中国に運ぶ交易をおこなった。

　一方、同時期の東南アジアには、交易の利益やヨーロッパから伝来した新式の火器など、外国との交流を利用して、強力な国家を建設した国々もあった。諸島部では、①アチェ王国やマタラム王国などの国家が、香辛料などの交易の利益を基盤に成長した。インドシナ半島では、タイの（　2　）朝やビルマの（　3　）朝など上座部仏教を奉ずる国々が、米や鹿皮の輸出で繁栄した。

　日本では、（　4　）や豊臣秀吉が②南蛮貿易の利益を得つつ、新式の鉄砲などの火器を活用して日本の統一を進めた。③豊臣秀吉はさらに領土の拡大をめざして朝鮮に侵攻した。しかし、明の援軍や朝鮮の水軍、民間の義兵などの抵抗を受け、秀吉の死とともに日本軍は撤退した。秀吉の死後、実権を握って江戸幕府を開いた徳川家康は、東南アジアに（　5　）船を派遣し、香木・鹿皮などの東南アジア物産や、中国の生糸・絹織物を輸入した。東南アジアの各地では、中国の貿易商人による華人街に加えて、日本人による（　6　）もつくられた。

　日本の銀と中国の生糸の交易は大きな利益をもたらすものであったが、倭寇を警戒する明は、海禁をゆるめたのちも日中間の直接交易を許さなかった。そのため、日中の密貿易商人に加えて、（　7　）を拠点としたポルトガルや（　8　）に拠点を築いたオランダなど、ヨーロッパ勢力が中継貿易の利益を得ようと争った。しかし江戸幕府は、幕府の統治の基礎を固めるため、キリスト教禁止や交易統制を強化し、④1630年代に日本人の海外渡航やポルトガル人の来航を禁じた。

　一方、中国の東北地方には、農牧・狩猟生活を営む（　9　）（ジュシェン、のち満洲と改称）が住み、明の支配を受けていたが、この地方でも薬用人参や毛皮の交易が盛んになり、その利益をめぐる諸集団の争いが激化した。そのなかで16世紀末、⑤ヌルハチ（太祖）が（　9　）の統一に成功した。第2代の（　10　）（太宗）は、支配下の満洲人・漢人・モンゴル人に推戴されて36年に皇帝と称し、国号を清と定めた。

　北虜南倭に続き、朝鮮半島や東北地方での戦争によって、明の財政難は深刻化した。万暦帝時代の初期、実権を握った（　11　）は中央集権の強化による財政の立て直しを試みたが、かえって地方出身の官僚たちの反発をまねき、⑥東林派と非東林派との党争によって政治は混乱した。重税と飢饉のために各地で農民反乱がおこり、明は（　12　）の反乱軍に北京を占領されて滅亡した（1644年）。

問① これらの国が信仰した宗教は何か。

問② 右図「南蛮屏風」には、どのような
　　 人々が描かれているか。

問③ このとき、水軍を率いて秀吉の軍
　　 を破った朝鮮の武将は誰か。

問④ この政策を何というか。

問⑤ つぎのア）〜エ）のうち、この人物
　　 がおこなったものではないものを1つ選べ。

　　 ア）国号をアイシン（満洲語で金の意）とした。　イ）八旗と呼ばれる軍を編制した。
　　 ウ）満洲文字を制作した。　　　　　　　　　　 エ）内モンゴルのチャハルを制圧した。

問⑥ この名の由来となった東林書院はどこにあるか。

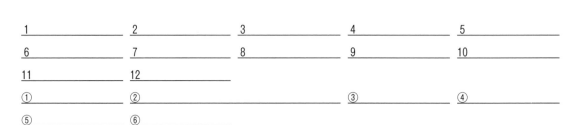

1	2	3	4	5
6	7	8	9	10
11	12			
①	②		③	④
⑤	⑥			

25 ヨーロッパの海洋進出とアメリカ大陸の変容

（教 p.158〜161／解 p.39〜41）

1 ▶つぎの文の（　）に適語を入れ、波線部ア）〜カ）に該当する場所を地図から記号ⓐ〜ⓙで選べ。
また、下線部①〜⑥の問いに答えよ。

　ヨーロッパでは十字軍以降、①アジアの富や文化に対する関心が高まっていた。13〜14世紀の地中海
では、イタリア諸都市の商人が活発に交易をおこない、②地中海からジブラルタル海峡を抜けてフラン
ドル地方と直接交易するまでに活動の場を広げるようになった。交易品ではとくにアジア産の（ 1 ）が
重宝されたが、東地中海に勢力を拡大していた（ 2 ）帝国を経由して輸入されたため高価であり、
（ 1 ）を直接手に入れる交易路の開拓は、魅力的な事業となった。とくに③イベリア半島のイスラーム
勢力を駆逐したポルトガル・スペイン両国は、いちはやく海外に進出した。

　ポルトガルは、15世紀に入るとムスリム支配下の北アフリカに進出し、また「航海王子」（ 3 ）のもと
でアフリカ西岸の探検をおこない、さらに、アジア航路の開拓を目的に南大西洋へ探検隊を派遣した。
1488年、（ 4 ）がア）喜望峰に、98年には（ 5 ）がインドのイ）カリカットに到達し、ヨーロッパとイン
ドを直結する航路がはじめて開かれた。ポルトガルはインドのウ）ゴアを根拠地に④様々なアジア物産
をもち帰った。さらに東アジアにも進出して、1557年にエ）マカオの居住権を得て中国との交易の拠点
としたほか、オ）平戸を拠点に日本とも交易した。交易網はアジアのほぼ全域におよび、拠点にはカト
リックの教会も設置され、カトリック改革の勢いに乗って布教もおこなわれた。

　ポルトガルに遅れをとったスペインでは女王（ 6 ）の後援を受けた⑤コロンブスが、1492年にカ）サ
ンサルバドル島に到着した。⑥この「発見」に刺激されて、各国の探検隊が同地に派遣された。他方スペ
インはアジア航路の探索も続け、（ 7 ）の計画を支援した結果、彼の船隊は南アメリカ南端を経て、初
の世界一周を達成した（1522年）。

問①　ヨーロッパ人の関心をかき立てた書と
　　　してマルコ＝ポーロの見聞をまとめた旅
　　　行記を何というか。

問②　どのような技術の実用化がこれを可能
　　　にしたのか。

問③　キリスト教徒によるイベリア半島の国
　　　土回復運動を何というか。

問④　16世紀のポルトガルの貿易形態はどの
　　　ようなものであったか説明せよ。

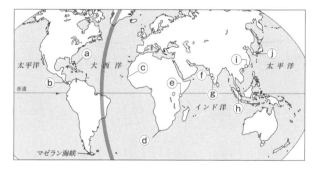

問⑤あ　コロンブスの計画の前提となった、地球球体説をとなえた人物は誰か。
　　ⓘ　コロンブスの「インド」到達を受けてスペイン・ポルトガル両国が1494年に勢力圏（上記地図上
　　　　の分界線）を定めた条約を何というか。

問⑥　探検家たちの活動について述べたア）〜ウ）の下線部が誤っているものを１つ選べ。
　　ア）アメリゴ＝ヴェスプッチはコロンブスの「インド」を未知の「新世界」ととなえた。
　　イ）ポルトガル人カボットはインドに向かう途中でブラジルに漂着した。
　　ウ）スペイン人バルボアは南北アメリカが陸続きであることを確認し太平洋に到達した。

1	2	3	4	5

6	7	ア）	イ）	ウ）	エ）	オ）	カ）

①	②	③	④

⑤あ	ⓘ	⑥

2 つぎの文の（　）に適語を入れ、下線部①〜⑦の問いに答えよ。

コロンブス以降に中南米へ上陸した①スペイン人の「征服者」たちは、先住民の文明の豊かな財宝を知ると、その略奪に熱中した。彼らは火器や騎兵を駆使して（　1　）がメキシコで（　2　）王国を、また（　3　）がペルーで（　4　）帝国を滅ぼした。

財宝を奪いつくすと、「征服者」たちは王室の認可を受けて、キリスト教布教の義務と引きかえに先住民を使役し、彼らに貢納・賦役を課した。これを（　5　）制という。②苛酷な労働によって先住民が激減すると、王室は（　5　）制を廃止し、入植者に土地を与えて農業開発を進めた。そしてその労働力として③アフリカから黒人が奴隷として運び込まれた。

このようにして、中南米はスペイン・ポルトガルの広大な植民地となり、そこでは副王（総督）をはじめとする本国から派遣された官僚と、「征服者」にかわって新たに入植して大農園を開発・経営する白人地主の2者を支配集団とする社会が確立されていった。スペインは④アメリカ大陸産の銀を交易に利用し、メキシコの（　6　）港とフィリピンの（　7　）を結んで大量の荷を積載できる（　8　）船を用いた太平洋横断の交易ルートを開き、これによってアメリカ産の銀と中国物産が交易されることになった。

ヨーロッパ人が海洋に進出したことで、世界の諸地域が交易を通じて結びつけられ、「世界の一体化」が始まった。ただし、その影響は、ヨーロッパ・アジア・中南米で異なっていた。ヨーロッパでは、国際商業が経済の柱の1つとなり、⑤その中心は地中海沿岸から大西洋沿岸地域に移動した。アジアでは、ヨーロッパ人が大量の銀と引きかえにアジア物産をもち帰るなど、ヨーロッパとアジアの経済を密接に結びつけたが、アジアの政治秩序や文化にただちに大きな影響を与えたわけではなかった。しかし⑥中南米では現地の社会そのものを根本的にかえてしまった。

さらにヨーロッパではアメリカ産の銀が大量に流入したことよって急激に物価が上昇した。これを「（　9　）」とも呼ぶ。一方で⑦中南米から様々な農作物がもちこまれてヨーロッパ社会に大きな影響をおよぼし、銀や砂糖などの中南米の産物がヨーロッパの産物と大規模に交易される関係も始まった。こうして、一体化しつつあった世界の一角に「大西洋世界」が出現した。

問① 彼らをスペイン語で何と呼ぶか。

問② スペインの蛮行を批判し先住民の救済を訴えたドミニコ会修道士は誰か。

問③ この結果アフリカではどのような事態がおこったか。

問④あ 南アメリカのボリビアで発見された銀鉱山を何というか。

　　　い 新大陸産の銀は総称して何と呼ばれたか。

問⑤ このことを何というか。

問⑥ 中南米世界における影響について説明せよ。

問⑦ 新大陸産の農作物を3つあげよ。

1	2	3	4	5
6	7	8	9	

① _____　② _____

③ _____

④あ _____　い _____　⑤ _____　⑥ _____

_____

⑦ _____

26 オスマン帝国とサファヴィー朝、ムガル帝国の興隆
_{（教 p.162～168／解 p.41～42）}

1 つぎの文の（　　）に適語を入れ、下線部①～④の問いに答えよ。

　14世紀初め頃、（ 1 ）国の支配から独立したトルコ系の諸政権とビザンツ帝国が攻防するアナトリア西部に、オスマンを始祖とする国家が誕生した。この国家は君主であるスルタンを中心にバルカン半島で勢力を広げ、①オスマン帝国へと発展した。オスマン帝国皇帝（ 2 ）は（ 3 ）年に（ 4 ）（のちのイスタンブル）を攻略し、ビザンツ帝国を滅ぼした。これ以後、オスマン帝国は長い歴史をもつこの都市を首都として、バルカン半島とアナトリアに中央集権的な支配をしいた。

　オスマン帝国初期の拡大を支えたのは、（ 5 ）と呼ばれるトルコ系の騎士だった。その一方で、帝国は支配地域のキリスト教徒から人材を登用し、「②スルタンの奴隷」として厚遇した。また、先進的なイランの書記技術を導入し、イスラーム法学者である（ 6 ）を司法や行政に活用する体制を整えた。

　16世紀に入ると、西アジアでは、エジプト・シリアをおさめるマムルーク朝、バルカン半島・アナトリア西部のオスマン帝国、イラン高原に台頭したサファヴィー朝が覇権を競ったが、オスマン帝国が大きく拡大し、その後の③スレイマン1世のもとでも積極的な拡大政策を推し進めた。

　17世紀になると、オスマン帝国の東西への拡大は終わり、領土は安定した。それにともなって、帝国の税制はティマール制から（ 7 ）制へと変化した。（ 7 ）は中央政府の官僚や（ 6 ）、さらに軍人たちによって担われた。しかし、18世紀になると（ 7 ）制下の周辺地域で富と権力の集中が進み、各地に（ 8 ）と呼ばれる有力者が台頭した。

　オスマン帝国の人々は、イスラーム法とそれを補完する（ 9 ）と呼ばれるスルタンの法のもとに暮らした。また、帝国支配下のキリスト教徒およびユダヤ教徒は、それぞれの④宗教共同体の法に従って暮らすことを保障され、イスラーム教徒と共存した。

問①　この国について述べた**ア）～エ）**のうち、**誤っているもの**を1つ選べ。

　ア） イスタンブルにおいてコーヒーハウスがつくられ、庶民から官僚まで大流行となった。

　イ） マムルーク朝を破り、メッカとイェルサレムの保護権を得たことで、権威を向上させた。

　ウ） セリム1世のもとでサファヴィー朝と争い、アナトリア東部を支配下に入れた。

　エ） バヤジット1世はティムールとのアンカラの戦いで敗れ、捕虜となった。

問②　この「奴隷」たちからなる常備軍のうち、火器で武装した歩兵部隊を何というか。

問③あ　この人物について述べた**ア）～エ）**のうち、**誤っているもの**を1つ選べ。

　ア） モハーチの戦いでハンガリーを破り、大部分を支配下においた。

　イ） 第1次ウィーン包囲をおこなった結果、カルロヴィッツ条約を結んだ。

　ウ） プレヴェザの海戦に勝利し、地中海の制海権を握った。

　エ） イスタンブルにスレイマン＝モスクを建造した。

　い　この人物から一般化したヨーロッパ諸国に対する通商上の恩恵的特権をのちに何と呼ぶか。

　う　この人物が連携をとったフランス王は誰か。

　え　この人物がフランスと連携をとった理由を説明せよ。

問④　オスマン帝国における非ムスリムの共同体を何というか。

1 _____	2 _____	3 _____	4 _____	5 _____
6 _____	7 _____	8 _____	9 _____	

① _____　② _____　③あ _____　い _____　う _____

え _____

④ _____

　15世紀後半、サファヴィー教団の教主（　1　）は騎馬軍団を率いてイラン高原全域に勢力を拡大し、16世紀初めにサファヴィー朝を建てた。サファヴィー朝は、アナトリア東部やイラクの支配をめぐってオスマン帝国と争った。しかし、王朝の騎馬軍団はオスマン軍に敗れ、アナトリア東部はオスマン帝国に帰属した。また皇帝（　2　）にはイラク地方を奪われた。

　（　3　）と呼ばれるサファヴィー朝の支配者は、トルコ系遊牧民と在地のイラン人の官僚も重用し、両者の協力を得て都市と農村を統治した。16世紀後半に即位した（　4　）は、サファヴィー朝の最盛期を現出させた。さらにイラン中部の①イスファハーンを新たな首都とした。

　宗教面では、サファヴィー朝の支配層は、建国当初の独自の信仰にかえてシーア派の穏健な一派である（　5　）の教えを受け入れ、シリアから宗教家をまねくなどしてシーア派信仰の整備につとめた。

　16世紀前半の南アジアでは、中央アジア出身でティムールの子孫である②バーブルが、カーブルを拠点にして北インドに進出した。彼は1526年の（　6　）の戦いにおいて、デリー＝スルタン朝最後の（　7　）朝に勝利をおさめ、イスラーム王朝であるムガル帝国の基礎を築いた。その後第3代皇帝③アクバルが中央集権的な統治機構を整え、ムガル帝国の実質的な建設者となった。

　15～16世紀には、イスラーム教とヒンドゥー教との融合をはかる信仰が生まれた。不可触民への差別を批判し、人類が根本的に1つであることを説いた（　8　）や、カーストの区別なく解脱できると説いて、（　9　）教の開祖となったナーナクが登場した。

　文化面ではヒンドゥー教とイスラームの融合への積極的な動きがみられた。ムガル宮廷にはイラン出身者や南アジア各地の画家がまねかれ、（　10　）画や、それを含む装飾写本が多数生み出された。各地の王の宮廷では、地方語による作品が生み出されるとともに、ペルシア語への翻訳が進んだ。公用語のペルシア語と地方語がまざった（　11　）語も誕生した。建築においても、インド様式とイスラーム様式が融合した④タージ＝マハルなどの壮大な建築物がつくられた。

　デカン高原には、14世紀にヒンドゥー王朝の（　12　）王国が誕生し、南インドにおいて支配を拡大した。しかし17世紀には衰退し、その後、南インド各地で地方勢力の自立化が進んだ。

　ムガル帝国は、第6代皇帝⑤アウラングゼーブの時代に最大の領土となった。しかし、その治世には支配の弱体化も進んだ。西インドではヒンドゥー国家の建設をめざす（　13　）王国が登場し、西北インドでは（　9　）教徒が強大化した。18世紀初めにアウラングゼーブが死去すると、ムガル帝国は解体に向かい、ベンガルやデカンなど、各地に独立政権が生まれた。

問①　この時代のイスファハーンの繁栄をたたえる言葉は何か。

問②　バーブルが「トルコ語（チャガタイ語）」で書いた日記風の回想録は何か。

問③　この人物について述べた**ア）～エ）**のうち、**誤っているもの**を1つ選べ。

　　ア）　支配層の組織化をはかり、マンサブダール制を導入した。

　　イ）　イスラーム教徒のインド支配の拠点であるデリーに都を移した。

　　ウ）　全国の土地を測量して徴税をおこなう制度を導入した。

　　エ）　ヒンドゥー教徒を味方につけるために非ムスリムへの人頭税を廃止した。

問④　これを造営した⑥皇帝と⑥その妃は誰か。

問⑤　この皇帝の時に支配が弱体化した理由を、宗教的側面から説明せよ。

1	2	3	4	5
6	7	8	9	10
11	12	13		
①	②	③	④⑥	⑥
⑤				

1 つぎの文の（　）に適語を入れ、下線部①～⑥の問いに答えよ。

　16世紀以降の動乱のなかで、①新式の火器が東アジア各地に広まり、強力な軍事力をもつ新興勢力が生まれてきた。その１つが清朝である。1644年、（　1　）が明を滅ぼすと、②東北国境で清軍の侵入を防いでいた明の武将（　2　）は清軍に降伏し、清軍は長城内に入って（　3　）を占領した。（　3　）を都とした清は中国全土を征服し、③南方の諸省に（　2　）ら３人の漢人武将を配置した。一方、東南沿海で清に抵抗していた④鄭成功とその一族は、台湾を占領してこれを拠点とした。

　清の皇帝は、中国歴代王朝の伝統を継ぐ皇帝であると同時に、満洲人やモンゴル人にとっては遊牧社会の君主でもあった。清の前半には、康熙帝・（　4　）帝・（　5　）帝と有能な皇帝が続いた。彼らは、平常は北京の（　6　）で政務をとり、夏の数カ月は北方の猟場や離宮で狩りなどをおこなって過ごした。

　17世紀末以降、清の支配領域は大きく広がった。康熙帝の時代には、当時（　7　）川沿いに南進していたロシアと戦い、⑤1689年に条約を結んで国境を定めた。また、チベットにも勢力をのばし、チベット仏教の守護者の地位をめぐって（　8　）と対立した。（　5　）帝の時代には（　8　）を滅ぼして東トルキスタン全域を占領し、これを「（　9　）」と名づけた。

　清の広大な領土のうち、直轄領とされたのは、中国内地・東北地方・台湾であり、モンゴル・青海・チベット・（　9　）は（　10　）として（　11　）に統轄された。モンゴルではモンゴル王侯が、チベットでは⑥黄帽派チベット仏教の指導者らが、（　9　）では（　12　）人の有力者である（　13　）が、現地の支配者として存続し、清朝の派遣する監督官とともに、それぞれの地方を支配した。清朝はこれらの地方の習慣や宗教にはほとんど干渉しなかったが、チベット仏教は手厚く保護した。

問① 明末から清初に活動した、大砲の製造や『崇禎暦書』の作成などで知られる宣教師は誰か。

問② 武将（　2　）が清と対峙していた、万里の長城の東端の地の名称を答えよ。

問③ これについて述べた**a・b**の正誤の組み合わせとして正しいものを、ア）～エ）から選べ。

　　a 封じられた漢人武将は、藩王として地域の行財政権を握り、強大な勢力を握った。

　　b 1673年の三藩の廃止の決定を期に大規模な反乱が生じたが、康熙帝は乱を鎮圧した。

　　ア）a－正　b－正　イ）a－正　b－誤　ウ）a－誤　b－正　エ）a－誤　b－誤

問④ 鄭成功と台湾について述べた文として**誤っているもの**を、ア）～ウ）から１つ選べ。

　　ア）鄭成功は、1661年にポルトガル人を駆逐して台湾を占拠し、ここを拠点とした。

　　イ）鄭成功は国姓爺とも呼ばれた。これは明の皇族から明室の姓を賜ったことに由来する。

　　ウ）康熙帝は海禁政策を強化することにより鄭氏の財源を断ち、1683年に台湾を征服した。

問⑤あ この条約の名称を答えよ。

　　い このとき国境となった山脈と河川の名称をそれぞれ答えよ。

問⑥あ チベット仏教の改革者で、黄帽派チベット仏教の始祖は誰か。

　　い この地の最高権威者で、黄帽派の指導者のことを何と呼ぶか。

　　う チベット仏教を信仰し、いの称号をはじめて与えた、16世紀のモンゴルの王は誰か。

1	2	3	4	5
6	7	8	9	10
11	12	13	①	②
③	④	⑤あ	⑥い山脈	川
⑥あ	い	う		

第10章

2 つぎの文の（　）に適語を入れ、下線部①〜④の問いに答えよ。

　清の最盛期には、東アジア・東南アジアの諸国が清に朝貢をおこない、清はこれら諸国を理念上、属国とみなしていた。しかし、各国の内部では、それぞれ独特の国家意識が成長していた。

　16世紀以降の朝鮮では、科挙制のなかで（　1　）といわれる有力な家柄が官僚の大部分を占め、政治上の実権をめぐって（　2　）を繰り返した。①清が成立すると、朝鮮こそ正統な中国文化の継承者だとする「小中華」の意識から、儒教の儀礼が中国以上に厳格に守られた。

　琉球は、17世紀初めに薩摩の大名（　3　）氏の攻撃を受けてこれに服属したが、中国への朝貢は続け、日本と中国に「両属」する状態となった。その結果、日本・中国双方の要素を含む独特の文化が、（　4　）城を中心に形成された。日本は、16世紀半ばに（　5　）貿易が途絶してからは、中国とのあいだに朝貢関係が復活することはなかった。また1630年代の「鎖国」の後、江戸幕府は対外関係をきびしく統制したが、②隣接諸地域との交流は江戸時代を通じて続いた。幕府や諸大名の保護を受けて、（　6　）学を中心とする儒学が広く学ばれた一方で、外来の儒学を排して日本古来の精神に戻ろうとする（　7　）が盛んになった。また、オランダを通じて流入した医学など西洋科学への関心も高まった。経済面では、従来は輸入に頼っていた（　8　）など手工業産品の国産化が進み、自立的な経済構造が形成されていった。

　東南アジアの諸島部では、17世紀末以降、現地政権が倒れて③オランダの支配が進んだ。一方、大陸部では、ビルマの（　9　）朝が南部の（　10　）人などの侵攻で倒れたのち、新たに（　11　）朝が成立したのをはじめとして、18世紀半ばから19世紀初めにかけて、タイの（　12　）朝、ベトナムの（　13　）朝など、新王朝がつぎつぎに成立した。これらの新王朝は、政治的基盤を固めるため名目的に清の冊封を受けたが、実際には中国と対等な自立した国であるという意識が強かった。18世紀の東南アジアでは、中国経済の活況とともに中国船による貿易が増大し、諸島部でも大陸部でも、④中国からの移住者が経済面で大きな力を握り、彼らは東南アジア各地の社会に根づいていった。

問①　この時期に「小中華」思想が生まれた背景を説明せよ。

問②　この時期の日本と隣接諸地域の交流について、交流の窓口となった地名を示して簡単に説明せよ。

問③　右の地図の@〜@から、オランダ東インド会社が支配の拠点とした都市を選び、その名称を答えよ。

問④　彼らが宿泊や集会などの相互扶助・親睦のために設けたものは何か。

1	2	3	4	5
6	7	8	9	10
11	12	13		

①_____

_____

②_____

_____

③記号_____　都市名_____　④_____

3 つぎの文の（　　）に適語を入れ、下線部①～④の問いに答えよ。

　人口や経済力で圧倒的な比重を占める漢人の居住地域の統治は、清朝にとって重要な課題であった。清朝は、科挙・官制などでは明の制度をほぼ受け継ぎ、儒学を振興して中国王朝の伝統を守る姿勢を示した。中央官制の要職の定員は（　1　）とし、皇帝直属の諮問機関の（　2　）を設置するなど、独自の制度も創設した。また、①大規模な編纂事業をおこして学者を優遇する一方、反清的言論に対しては（　3　）や禁書を通じ、きびしく弾圧した。軍制では、漢人で組織する（　4　）のほかに、満洲・モンゴル・漢で構成される（　5　）を要地に駐屯させた。漢人男性には満洲人の髪形である（　6　）を強制した。

　台湾の鄭氏の降伏後、清朝は（　7　）を解除し、海上貿易が活性化した。生糸や陶磁器・茶などの輸出によって中国には銀が流れ込み、東南アジアに移住して商業活動をおこなう華人も増えた。18世紀半ばに、治安上の理由から②ヨーロッパ船の貿易を制限したが、その後も貿易量は増え続けた。

　18世紀には政治の安定のもと、中国の人口は急増し、山地の開墾が進んだ。山地では商品作物がつくられ、また③山地でも栽培可能な自給作物が山地での人口増を支えた。税制では、18世紀初めの（　8　）により制度の簡略化がはかられた。

　精密さや繊細さが文化面での清代の特徴である。明清交替の動乱期を経験した（　9　）など清初の学者は、社会秩序回復のため現実を離れた空論でなく、事実にもとづく実証的な研究の必要を主張した。清代中期には、儒学の経典の校訂や言語学的研究を精密におこなう（　10　）が発達した。『（　11　）』や『儒林外史』などの長編小説は細密な筆致で、上流階級や士大夫たちの生活を描写している。

　清朝は、④イエズス会の宣教師を技術者として活用した。宣教師たちがヨーロッパに伝えた中国の思想・制度や造園術などの文化は、ヨーロッパ人のなかに中国に対する関心を呼びおこし、中国と西洋を比較する政治論が戦わされるとともに、芸術のうえでも（　12　）が流行した。

問①　これについて述べた**ア）～ウ）**の文中の波線部 a～e のうち、**誤っているもの**をすべて答えよ。

　　ア） a『康熙字典』は、4万2000をこえる漢字を部首・画数で配列した。

　　イ） b康熙帝の時代に完成した c『古今図書集成』は、1万巻からなる百科事典である。

　　ウ） d『四書大全』は、e乾隆帝が編纂させた中国最大の叢書である。当時の書籍を網羅し、4つの分野に分類編集したものは、約8万巻からなる。

問②あ　この制限をおこなった皇帝は誰か。

　　い　この内容について、具体的に1行程度で説明せよ。

問③　これらの作物のうちアメリカ大陸から伝来した作物を1つあげよ。

問④あ　イエズス会が、中国で多くの信者を獲得できた理由を1行で説明せよ。

　　い　カトリック諸派のあいだに生じた、中国での布教方法に関する論争を何というか。

　　う　彼らの活動業績を示す右の図と関わりのある人物は誰か。

1	2	3	4	5
6	7	8	9	10
11	12	①	②あ	

い _____

③ _____

④あ _____

い _____　　う _____

28　ルネサンス

(教 p.176〜179／解 p.44〜45)

1　つぎの文の( )に適語を入れ、下線部①〜④の問いに答えよ。

　中世末期のヨーロッパでは、黒死病(ペスト)の大流行の影響と、イスラーム圏から伝わった諸学問の影響を背景に、自然界に働きかける技術への関心が強まった。このため、自然とその一部である人間が肯定的なかたちで探究されるようになり、様々な発見がなされた。これらの動きをもとに、文芸・科学・芸術などの多様な方面で文化活動が展開されるようになり、これをルネサンス(「(1)」の意味)と総称する。ルネサンスを担った人々は、キリスト教は否定しなかったが、現世の文化を尊重し、そのもとでは①レオナルド゠ダ゠ヴィンチに象徴される文芸や自然諸学に通じた「(2)」が理想とされた。ルネサンスは(3)などのイタリア諸都市で14世紀に始まって、16世紀までに西ヨーロッパ各地へと広まった。ルネサンスを推進したのは、中世後期以来発展した都市に住む教養人であった。ただし、その多くは(4)家などの大富豪やフランス王・ローマ教皇などの権力者の保護下で活動したため、ルネサンスは既存の社会体制を直接的に批判する運動とはならなかった。

　②ルネサンス期の文芸や思想面における動きから、『叙情詩集』を著した(5)や『デカメロン』の著者の(6)らは、ギリシア語を学びつつ、さらに信仰と学問の言語として存続していたラテン語の知識を用いて、ヨーロッパ各地の修道院に死蔵されていた文献を解読し、③古代のいきいきとした人間の姿を復活させた。

　ルネサンスの探究は物質面にも向けられ、自然の隠された性質を解明しようとする動機のもと、中世以来の占星術や錬金術にもとづいてルネサンス期の科学が展開された。占星術は天文学の発達を導いて、宇宙の全体的秩序の一部をなすものとして天体の動きが観測された結果、トスカネリによって(7)説が、さらにコペルニクスによって(8)説がとなえられ、人々の世界観に大きな影響を与えた。この時期には、はじめて人体の解剖図も登場し、古代ギリシア以来の医学の権威がゆらぐとともに、④人体が理想化されて描かれるようになった。

問①　下の A 〜 C のうち、この人物の**作品ではないもの**を１つ選べ。

問②　このような動きを何と呼ぶか。

問③　再発見された、『イリアス』などの著作を残した古代ギリシア時代の文学者は誰か。

問④　彫刻「ダヴィデ像」を残したイタリアの芸術家は誰か。

1	2	3	4	5

6	7	8

①	②	③	④

2 つぎの文の（　　）に適語を入れ、下線部①～⑥の問いに答えよ。

　ルネサンスの精神のもと、その活動は様々な方面で展開された。①建築では、古代建築の要素を取り入れて、均整と調和を重視するルネサンス様式が成立し、建築はすべての学問を統合する最高の科学として称揚された。絵画では、油絵の技法が（　1　）法を用いて確立されて、近代絵画の基本である写実主義への道が開かれ、また②キリスト教以外の主題も描かれるようになった。

　ルネサンス期には、一連の重要な発明もなされた。中国伝来の火器が改良され、鉄砲や大砲が発明された。また、これは従来の戦術を一変させ、（　2　）の没落をもたらした（軍事革命）。中国から伝わった（　3　）も、天体観測に頼っていた航海術を大きくかえて、ヨーロッパ人の海洋進出を可能とした。さらに、（　4　）による活版印刷術の改良と紙の普及によって可能となった大量の印刷物が、③文芸の振興をあと押しし、その後の宗教改革の一助ともなった。

　人文主義のもとで、文芸でも豊かな成果が生み出された。（　5　）による『神曲』が先駆となったように、ルネサンス期の文芸作品の多くは、ギリシア・ローマを模範としつつも、ラテン語ではなく各国語で著され、のちの国民文化の形成に貢献した。人文主義者を代表する（　6　）は、④人間はおろかしくとも幸福に生きていけるとし、謹厳さを誇る聖職者や学者を揶揄した。その友人のモアは『（　7　）』を著して、キリスト教の天国とは別の理想郷の可能性を示した。この時代には、人間の感情や肉体的欲求も肯定されるようになった。⑤ラブレーはほら話と猥雑な記述で、笑いを人間の本性の1つとして復権させようとし、⑥シェークスピアは人間の情念を歴史劇で描き出した。また、（　8　）は『ドン＝キホーテ』で、中世の騎士道を風刺した。

問① あフィレンツェのサンタ＝マリア大聖堂ドームの設計者とⓘサン＝ピエトロ大聖堂の大改修の設計者の名をそれぞれ答えよ。

問② あ右図Aの作者を答えよ。ⓘ右図Bの作者を答えよ。

問③ ルネサンス期の文学について述べたa・bの正誤の組み合わせとして正しいものを、ア）～エ）から選べ。

　a　イギリスのチョーサーは『カンタベリ物語』で社会を風刺した。

　b　フランスのモンテーニュは『エセー（随想録）』で社会や人間を表現した。

　ア）a－正　b－正　　イ）a－正　b－誤

　ウ）a－誤　b－正　　エ）a－誤　b－誤

問④ 著作名を答えよ。

問⑤ 著作名を答えよ。

問⑥ つぎのア）～エ）のうち、彼の**作品ではないもの**を1つ選べ。

　ア）『ハムレット』　　イ）『ヘンリ5世』　　ウ）『ヴェニスの商人』　　エ）『オイディプス王』

A

B

第11章

1	2	3	4	5
6	7	8		

①あ　　　　　　　　ⓘ　　　　　　　　②あ　　　　　　　　ⓘ　　　　　　　　③

④　　　　　　　　⑤　　　　　　　　⑥

1 つぎの文の( )に適語を入れ、下線部①～⑧の問いに答えよ。

　西欧中世末期のカトリック圏では、教会の改革を求める声が続いていた。しかし教皇は①14～15世紀に生じた改革の動きを異端として処断することで、カトリック圏の一体性を保とうとした。

　16世紀初め、メディチ家出身の教皇(1)が②ドイツにおける贖宥状の販売を許可すると、ドイツの修道士で(2)大学教授でもあったマルティン＝ルターは1517年、「(3)」で異議をとなえた。ルターは、人は善行によらず信徒みずからが聖書をとおしてキリストの(4)を信じることを通してのみ神に救われるのであると主張した。そして彼は(5)主義をとなえて、特別な人間とされてきた聖職者と一般信徒との区別を廃し、聖職者は信徒によって選ばれ妻帯も許されるとした。

　ルターの主張はカトリック教会を根本的に否定するものだったため、彼は教皇によって破門された。しかし③ルターの思想がドイツ各地に伝えられると、④当時のドイツでは聖職者への不満とローマ教会への反感が高まっていたため、広範な社会層が彼を支持した。その影響のなか、ドイツでは騎士戦争や⑤農民戦争がおこった。

　神聖ローマ皇帝(6)はカトリック教会の守護者を自認していたが、フランスや⑥オスマン帝国との戦いに力を注がねばならず、ルター派諸侯に対してしばしば妥協を迫られた。そして1526年の(7)帝国議会でいったんは信教の自由を黙認したが、⑦1529年にはこれを取り消したためルター派諸侯はこれに抗議し、1530年に(8)同盟を結んで皇帝に対抗した。そしてルターの死後、同盟と皇帝のあいだで宗教内戦がおこったが、1555年の⑧アウクスブルクの和議で終結した。

問①　14世紀イギリスで「聖書こそ信仰の最高権威」として聖書の英訳などをおこなった人物は誰か。

問②　販売目的は何か。

問③　どのような技術改良がルターの思想をドイツ各地に伝えたのか。

問④　ドイツは経済的に豊かであった一方で政治的に分裂していたため、教皇による政治的干渉や財政上の搾取を受けやすかったことから、当時ローマからどのように呼ばれていたか。

問⑤　これについて述べた**a・b**の正誤の組み合わせとして正しいものを、**ア)～エ)**から選べ。

　　a　指導者である再洗礼派のミュンツァーは、農奴制の廃止なども主張した。

　　b　ルターはドイツにおける農奴の状況をみて同情し、諸侯に寛大な措置を求めた。

　　ア) a－正　b－正　　**イ)** a－正　b－誤　　**ウ)** a－誤　b－正　　**エ)** a－誤　b－誤

問⑥あ　1526年、オスマン帝国がハプスブルク家からハンガリーを奪った戦いを何というか。

　　　い　このハンガリー征服やウィーン包囲(1529)をおこなったオスマン帝国の君主は誰か。

問⑦　この時にルター派諸侯が「抗議文」を出したことから、新教徒は何と呼ばれるか。

問⑧　この和議の内容を、諸侯・領民の両者に対する決定をいれて2行程度で説明せよ。

1	2	3	4	5
6	7	8		
①	②			
③	④	⑤	⑥あ	い
⑦				
⑧				

2 つぎの文の（　　）に適語を入れ、下線部①〜⑨の問いに答えよ。

　スイスではルターの影響を受けた（　1　）がチューリヒで宗教改革をおこなったが、さらにフランス出身の神学者①カルヴァンが（　2　）で指導をおこない、②信仰のあつい信徒を選出して牧師と共同で教会を運営する教会制度を確立した。カルヴァンの教義は聖書を重視して、神に救われるかどうかはあらかじめ神によって定められているとする（　3　）説をとなえた。こうしたカルヴァンの教会制度と教義は③西ヨーロッパの商工業者や知識人の心をとらえ、（　2　）はプロテスタントの中心地となった。

　イギリスでは、国王ヘンリ8世が宗教改革を主導した。④王は王位継承問題で教皇と対立すると、1534年に（　4　）法を定めてカトリック圏を離脱し⑤イギリス国教会を成立させ、さらに修道院を廃止してその広大な領地を没収した。その後、教義面の改革が進められ、エドワード6世が一般祈禱書を発布し、ついでエリザベス1世が1559年、（　5　）法を制定して独自の教会体制を最終的に確立させた。

　同じ頃、⑥カトリック教会側でも独自の改革が始まっており、宗教改革への対応がその動きを強めた。1545年に始まる（　6　）公会議の場でラテン語聖書の正統性のほか、善行や儀式の意義、聖像の使用、聖母や聖人への崇敬など、旧来のカトリック教義が再確認された。他方で教会規律については、贖宥状の販売は禁じられ、聖職者の腐敗や怠慢への対策がたてられた。

　こうしたカトリック教会の自己改革の動きは、文化面では動的で豪華な表現を特徴とする⑦バロック様式を生み出す要因の1つとなったが、教会は禁書目録を定め宗教裁判を強化するなど、知の弾圧者となった側面もあった。この改革でもっとも影響力をもったのが、⑧イエズス会の活動であった。イエズス会士の活動によって南欧へのプロテスタントの浸透は阻止され、また南ドイツや東欧ではカトリックの復活もみられた。さらにヨーロッパの海外進出と連携して、中南米をはじめインドや中国、⑨日本などアジア諸地域でも布教をおこなった。こうした動きにほかの修道会もならったため、ヨーロッパ外へのキリスト教の浸透は18世紀まではおもにカトリックによって進められた。

　宗教改革の結果、西欧のキリスト教世界は分裂した。カトリック・プロテスタント両信徒の信仰心は強まり、16〜17世紀には双方のあいだに迫害や宗教による内戦といった対立が生じた。しかしこの社会的緊張の高まりのなか、ドイツなどのように「（　7　）」が盛んにおこなわれた地域もあった。

問①　彼の代表的な著作は何か。
問②　この制度を何というか。
問③　カルヴァン派は、⑧スコットランド、⑩フランス、⑨オランダではそれぞれ何と呼ばれたか。
問④　教皇と対立した直接の原因は何であったか。
問⑤　イギリス国教会の特徴について説明せよ。
問⑥　こうしたカトリック側の動きを何というか。
問⑦　右図を描いたバロック様式の代表的な画家は誰か。
問⑧　イエズス会を創立し初代総長となった人物は誰か。
問⑨⑧　アジアでの布教の拠点となった都市はどこか。
　　⑩　日本を1549年に訪問し、布教活動をおこなった人物は誰か。

1	2	3	4	5
6	7	①	②	
③⑧	⑩	⑨	④	
⑤				
⑥	⑦	⑧		
⑨⑧	⑩			

（教 p.184〜188／解 p.46〜48）

1 つぎの文の（　　）に適語を入れ、下線部①〜⑥の問いに答えよ。

　15世紀半ば以降の西ヨーロッパ諸国は、①東方のオスマン帝国に脅威を感じる一方で、海洋に進出したほか、ヨーロッパ内でもそれぞれの勢力拡大につとめた。その顕著な例が（　1　）戦争である。この戦争は、（　2　）国王が領土拡大をめざしてイタリアに侵入し、これに（　3　）皇帝が対抗したことで始まった。②この後もイタリアは、両国の勢力争いの場となって断続的に戦争に巻き込まれたため荒廃し、諸国家の分断状況が固定された。こうした激動の渦中にあって、（　4　）は③『君主論』を著して、統治においては人間の徳性に期待するのではなく、権力と利益を基本原理とすべきとして、政治学を刷新した。

　（　1　）戦争期のヨーロッパを主導したのが、（　3　）皇帝の④カール5世である。ハプスブルク家出身の彼は、相続によって当時の西ヨーロッパの約半分を領土とし、古代以来の単一のヨーロッパ帝国の再興をめざした。しかし、オスマン帝国との戦いが重い負担となり、さらに宗教改革によって（　3　）帝国内の領邦国家の自立傾向が強まったため、その構想は潰え、⑤彼は領土を長男と弟に二分して退位した。

　その後のヨーロッパでは、個々の国家をこえた権力が成立することはなく、様々な規模・政治体制の国家が、形式上は対等な立場で国際社会を形成した。そこでは各国が激しい勢力争いを繰り広げたため、戦争が頻発した。そのため各国は、国境を画定しながら、統治体制・機構を改編し中央に権力を集中させて住民への統制を強めるなど、国家としてのまとまりを追求した。こうした国家を、⑥主権国家、またそれが織りなす国際秩序を主権国家体制と呼び、これは16世紀半ばから17世紀半ばにかけて成立した。

　この時代の主権国家の典型例が、（　5　）である。近世ヨーロッパ各国の王権は、貴族をはじめとする諸身分の特権を抑制しつつ、地方の独立性を弱めて中央の統制下におき、さらに議会の活動を制限するなどして（　6　）化を進めた。その結果、国王が定住し、行政機能を集中させた（　7　）が各国に成立して、華やかな（　8　）文化も生まれた。また、（　9　）や、国王の任命により中央から地方へ派遣される（　10　）が、統治の新たな柱となった。

　主権国家体制は、原則上は諸国家の分立状態を意味したが、近世のヨーロッパにはいくつかの強国が現れて、他国に優越する覇権の立場を獲得した。すなわち16世紀後半のスペイン、17世紀半ばの（　11　）と同世紀末の（　2　）、18世紀後半の（　12　）である。

問①　このことを当時何と呼んだか。

問②　文化的にどのような状況になったか。

問③　この書を著すうえで、当時のイタリアで理想的な君主とされたのは誰か。

問④　スペイン国王としては何と呼ばれたか。

問⑤あ　ハプスブルク家スペイン系の祖は誰か。

　　　い　オーストリア系の祖は誰か。

問⑥　主権国家とはどのようなものか、簡潔に説明せよ。

1	2	3	4	5
6	7	8	9	10
11	12			

① _____

② _____

③ _____

④ _____

⑤あ _____

い _____

⑥ _____

2 つぎの文の( )に適語を入れ、下線部①〜⑧の問いに答えよ。

　スペインは、カール5世の長男(1)の時代に最盛期を迎えた。彼はネーデルラント・南イタリアも継承し、加えて王朝が断絶した(2)の王位も兼ねて、①広大な植民地を含む領土を手中にした。さらにフランスと講和してイタリア戦争を終結させる一方、1571年にオスマン帝国の海軍を(3)で破り、西地中海へのイスラーム勢力の浸透を阻止した。またカトリックの盟主を自任して、(4)を支持しつつ、(5)によってプロテスタントを弾圧した。

　しかし、イタリア戦争の講和によってフランスとのあいだの人の移動が自由になり、②スペイン領ネーデルラントにプロテスタントが広まると、彼らは(1)のカトリック化政策に反発した。さらに従来の自治特権を(1)に奪われた在地貴族の反抗が加わって、③反乱へと展開した。南部(のちのベルギー)は(1)との協調路線に転じたが、北部のオランダは(6)の指導のもと、スペインに敵対する諸国の援助を受けて抵抗を続け、1581年に独立を宣言した。④スペインは豊かなこの地の独立を承認しなかったため戦争は長期化したが、財政難もあって1609年の休戦で事実上の独立を認めた。つづいてスペインは(2)との同君連合も解消されたため、17世紀にその国力は急速に衰退した。

　オランダを支援した国の1つが、国王(7)率いるイギリスであった。オランダでの戦況の打開をはかった(1)は、イギリス侵攻をめざして1588年に(8)を派遣したが、⑤イギリス海軍はこれを撃退した。当時はイギリスも本格的な海外進出を始めており、⑥北米大陸への植民を試みたほか、国民的産業となっていた毛織物製品の販路拡大やアジア物産を求めて、(9)などの貿易特許会社を設立した。

　同じ頃、フランスはスペインに匹敵する大国であり、フランス王家とその周囲の諸国家に君臨したハプスブルク家との争いは、近世におけるヨーロッパ国際政治における基調の1つであった。一方、16世紀後半には、⑦プロテスタントの勢力拡大にともなって、国内各地でカトリックとの対立が深まり、宗教内戦へと至った。長期にわたったこの内戦では、国王が暗殺されるなど王国の分解も危惧された。こうしたなか、ブルボン家の(10)が即位してブルボン朝を開き、みずからカトリックに改宗する一方、⑧ナントの王令を発して宗教対立の解消に努めた。こうして、国内では信仰よりも平和と国家の安定を尊重する立場が主流となり、宗教対立には一応の終止符が打たれた。

問① このようなスペインの全盛時代を何と呼ぶか。
問②あ プロテスタントの何派か。
　　 い スペインから何と蔑称されたか。
問③ 反乱側の軍事同盟を何というか。
問④ この戦争を何と呼ぶか。
問⑤あ イギリス海軍の主力を構成したのは何か。
　　 い 指揮官の1人で、世界周航を成し遂げた人物は誰か。
問⑥ 最初の植民地はどこか。
問⑦ この宗教戦争を何と呼ぶか。
問⑧ この内容を簡潔に記せ。

1 _____	2 _____	3 _____	4 _____	5 _____
6 _____	7 _____	8 _____	9 _____	10 _____
① _____		②あ _____	い _____	③ _____
④ _____	⑤あ _____	い _____	⑥ _____	⑦ _____
⑧ _____				

3 つぎの文の（　）に適語を入れ、下線部①〜⑤の問いに答えよ。

　16世紀ヨーロッパのもう１つの大国が神聖ローマ帝国であったが、その内部事情は中央集権化を困難としていた。（　1　）の和議以降も宗派対立が続き、また帝国の諸侯は、和議の宗教面で認められていた領邦の主権を政治面でも拡大しようとして、皇帝と対立していた。こうした二重の対立を背景として、①ベーメン（ボヘミア）におけるプロテスタント貴族の反乱をきっかけに、②三十年戦争（1618〜48年）が勃発した。この戦争では、（　2　）海地域での覇権をめざした（　3　）など多くのプロテスタント国家に加えて、ハプスブルク家の勢力を削ごうとしたカトリック国家の（　4　）も、反皇帝側で参戦した。そのため、③戦争は当初の宗教対立から国家間の争いへと拡大した。また、火器など軍事革命の技術が駆使されたため、主戦場となったドイツは甚大な被害をこうむった。

　三十年戦争を終結させたのが、1648年の④ウェストファリア条約であった。この条約で神聖ローマ帝国で（　5　）派が公認され、各諸侯の領邦国家には独自の外交権が認められた。これにより⑤主権を拡大した領邦国家が絶対王政の確立に向かった一方で、帝国は国家としては形骸化した。こうして、多数の国が調印する国際条約というかたちで保障されたことで、主権国家体制が法的な裏付けを得て最終的に確立された。この体制のもと、17世紀後半に急速に台頭したのが（　6　）であった。

問①あ　当時のベーメン（ボヘミア）王でのちの神聖ローマ皇帝は誰か。
　　い　反乱の契機となった王の政策は何か、簡潔に説明せよ。

問②あ　この戦争を実見し、『戦争と平和の法』を著した人物は誰か。
　　い　この戦争をどのような宗教戦争と呼ぶか。

問③　これについて述べた文として**誤っているもの**を、ア）〜オ）からすべて選べ。

　　ア）　スペインとスウェーデンは、神聖ローマ皇帝側を一貫して支援した。
　　イ）　バルト海の覇権をめざすデンマーク国王グスタフ＝アドルフはカトリック側で参戦した。
　　ウ）　フランスのプロテスタント側での参戦を主導したのは、ルイ13世の宰相のリシュリューである。
　　エ）　イギリスのチャールズ１世はオランダとの戦費を徴収しようとしため、議会は権利の請願を提出した。
　　オ）　カトリック側では傭兵隊長のヴァレンシュタインが皇帝軍の司令官として活躍した。

問④あ　この条約が「神聖ローマ帝国の死亡診断書」と呼ばれる理由を簡潔に説明せよ。
　　い　この条約で独立が国際的に承認された国を２つ答えよ。

問⑤　北方の諸侯で三十年戦争の被害が比較的少なく、ホーエンツォレルン王家のもとで急速に台頭しはじめた国はどこか。

1 ＿＿＿＿＿＿　2 ＿＿＿＿＿＿　3 ＿＿＿＿＿＿　4 ＿＿＿＿＿＿　5 ＿＿＿＿＿＿
6 ＿＿＿＿＿＿
①あ ＿＿＿＿＿＿　い ＿＿＿＿＿＿＿＿＿＿＿＿＿＿＿＿＿
＿＿＿＿＿＿＿＿＿＿＿＿＿＿＿＿＿
②あ ＿＿＿＿＿＿　い ＿＿＿＿＿＿＿＿＿＿　③ ＿＿＿＿＿＿
④あ ＿＿＿＿＿＿＿＿＿＿＿＿＿＿＿＿＿＿＿＿＿＿＿＿＿
い ＿＿＿＿＿＿＿＿＿＿　⑤ ＿＿＿＿＿＿

31 オランダ・イギリス・フランスの台頭

(教 p.189～194／解 p.48～50)

1 つぎの文の（　）に適語を入れ、下線部①～③の問いに答えよ。

　ネーデルラントでは、16世紀後半にはすでに漁業や干拓農業の技術が発達し、（　1　）業はヨーロッパ最高の水準に達していた。国際商業でも、東欧の（　2　）沿岸地域から穀物を輸入し、かわりにヨーロッパ各地の産品を輸出する（　3　）で栄えた。北部のオランダは、独立後も首都（　4　）を中心に造船・貿易・金融でヨーロッパをリードした。こうした経済的繁栄により、17世紀のオランダはヨーロッパでももっとも都市化が進み、貴族や教会だけでなく都市のブルジョワ（市民）も文化の保護者となった。また宗教と思想に寛大な雰囲気が広がり、学問や出版でもヨーロッパの中心となった。

　オランダは、（　5　）などの貿易特許会社をおもな担い手として、カリブ海・アフリカ南部（ケープ植民地）・アジアなどに進出した。アジアではポルトガルの海上交易網を破壊し、①イギリスを東南アジアから駆逐して、ジャワ島の（　6　）（のちのジャカルタ）を拠点に香辛料交易を独占した。また日本との交易を維持し、大量の銀をもちだした。さらに北米大陸にも進出して、（　7　）を中心とする②植民地を建設した。

　しかし、オランダが海洋大国となると、イギリス・フランスから挑戦を受けた。両国は③オランダの自由貿易を妨害する経済政策をとるとともに、イギリスは17世紀後半の（　8　）戦争で（　7　）を奪い、フランスは侵略戦争によって一時はオランダ本土の半分を占領した。この危機は統領オラニエ公（　9　）の指導で乗り切ったが、フランスの脅威は続いたため、（　9　）はイギリスの革命によって同国国王ともなり、イギリス＝オランダ同君連合を築いて対抗した。（　9　）の死後に同君連合は解消されたが、18世紀にもオランダは、フランスとの対抗上、イギリスとの同盟関係を維持した。しかし、この同盟には自国の海軍力と貿易を制限する協定があったため、オランダの国力は衰退しはじめた。

問①　1623年におこった事件は何か。

問②　下図は17世紀半ばのヨーロッパ諸国の植民地と海外拠点を示している。ⓐ～ⓘの都市名を答えよ。

問③　イギリスが制定した、イギリスとその植民地に外国船を入れないことなどを規定し、オランダの排除をねらった法律は何か。

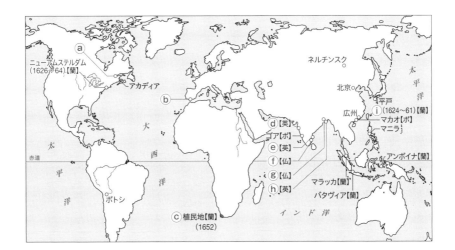

1	2	3	4	5
6	7	8	9	①
②ⓐ	ⓑ	ⓒ	ⓓ	ⓔ
ⓕ	ⓖ	ⓗ	ⓘ	③

2 つぎの文の（　　）に適語を入れ、下線部①～③の問いに答えよ。

　エリザベス1世死去後のイギリスは、スコットランドから国王（ 1 ）を迎え、両国は同君連合を形成した。この王朝は（ 2 ）朝と呼ばれる。イギリスでは中世以来、国王の統治に議会の同意が必要だった。しかし、つぎの国王（ 3 ）は、（ 4 ）説を奉じて絶対君主として統治したため、議会と対立した。議会は1628年、（ 5 ）を発して国王権力の縮小を要求したが、国王は議会を解散し、以後11年間にわたって議会を開かなかった。1640年、国王が課税のために再び議会を招集すると、議会は逆に国王の権力の制約を決議した。国王が強硬手段で議会をおさえ込もうとしたため、42年に内戦が始まった。この内戦は革命となったが、王党（宮廷）派に対峙した議会（地方）派のなかに、国王によって信仰を迫害されていたピューリタンが多かったため、①ピューリタン革命とも呼ばれる。

　議会派は、クロムウェルの指導のもとで裁判を経て1649年に国王を処刑して、（ 6 ）を開始した。また、国教会体制も大きく変更された。こうした動乱のさなか、思想家（ 7 ）は『リヴァイアサン』を著して、主権国家を王権神授説とは異なるかたちで論じた。この時期の重要な政策は、（ 8 ）主義にもとづいてオランダの経済的覇権に対抗するために制定された（ 9 ）であり、これが3次にわたる（ 10 ）戦争のきっかけとなり、さらにその後約2世紀にわたってイギリスの海外貿易の基本方針となった。しかし国民は彼の厳格な統治を嫌い、その没後に（ 3 ）の子を亡命先のフランスから国王チャールズ2世として迎えた。これを（ 11 ）という。

　②チャールズ2世およびつぎの王ジェームズ2世は、議会の立法権を無視して統治をおこなった。また王は、フランスでプロテスタントを迫害していたルイ14世と親密な関係にあったことから、国民のあいだには、フランスへの従属とカトリック化への危機感が高まった。そこで1688年に、王の娘婿のオラニエ公ウィレム3世をオランダからまねくと、ジェームズは国民の支持を失ってフランスに逃れた。翌89年、ウィレムは夫妻で即位し、議会の要求を受け入れて（ 12 ）の制定に同意し、ここにイギリスの立憲君主政が始まった。これを（ 13 ）革命という。この時期に（ 14 ）は『統治二論』を著し、専制におちいった権力に対する人民の抵抗権を正当化した。

　オランダとの同君連合の解消後、1707年にイギリスはスコットランドと国家合同して（ 15 ）王国を形成した。また14年に王朝がとだえると、血縁関係にもとづいてドイツから新王を迎えて、新たな同君連合を発足させた。（ 13 ）革命後のイギリスは、議会と国王が権力を分有した点で近世でも例外的な政治体制をもった。さらに18世紀前半には、（ 16 ）が首相となって、国政を指揮したが、世論と議会の信任を失うと後継首相にその座をゆずった。ここに、選挙と議決の結果を重視する③議院内閣制（責任内閣制）がイギリスに確立した。

問①ⓐ　この革命について述べたア）～エ）のうち、誤っているものを1つ選べ。
　　　ア）　クロムウェルはアイルランドおよびスコットランドを征服した。
　　　イ）　議会派の拠点はロンドンにおかれ、王党派の拠点はヨークにおかれた。
　　　ウ）　クロムウェルは護国卿となり、独裁政治を展開した。また、任期は終身であった。
　　　エ）　1648年、議会から王党派が追放されると、残った議会は残部議会と呼ばれた。
　　ⓑ　この革命に対して諸外国が干渉しなかった理由を説明せよ。
問②　1679年に制定された、国王による恣意的な逮捕を禁じた法は何か。
問③　この後のイギリス国王の政治的立場を象徴した言葉は何か。

1	2	3	4	5
6	7	8	9	10
11	12	13	14	15
16	①ⓐ			

ⓑ_____

②_____　③_____

3 つぎの文の（　）に適語を入れ、下線部①〜⑤の問いに答えよ。

　イギリスと対照的なかたちで近世に国家を発展させたのが、（　1　）朝下のフランスであった。17世紀初めのフランス最大の課題は、宗教対立によって動揺した国王と政府の権威を確立することにあったため、①国王ルイ13世は宰相リシュリューとともに様々な政策をおこない、中央集権化をはかった。

　しかし、ルイ14世が幼少で即位し、その治世の初期に国政を率いた（　2　）が中央集権化をさらに進めると、自立性を失うことを恐れた貴族や地方の不満が高まった。とくに1648年に貴族らがおこした（　3　）は激しく、一時はパリを占領したが、政府によって鎮圧された。その後、ルイは半世紀以上にわたる親政を開始し、王権神授説を奉じて貴族への統制と官僚制を強化し、絶対王政をきわめた。「（　4　）王」と呼ばれた彼の名声はヨーロッパ全域におよび、造営した巨大な（　5　）宮殿は各国の宮殿・宮廷のモデルとされ、②フランス語も外交・文化における国際語となった。

　ルイは③経済面では、（　6　）を登用して積極的な重商主義政策を展開し、オランダに対抗した。また（　7　）を改革・国営化してインドに進出したほか、カナダなど北米大陸への植民を本格化し、西インド諸島のプランテーションも拡大した。

　ルイがもっとも力を注いだのが、王の威光を増す手段とみなした戦争であった。これに脅威を覚えた諸国による共同の対抗策の一環が、イギリスとオランダの同君連合であった。これを阻止できなかったルイは、直系がとだえたスペインとの同君連合を画策したが、これにオランダ・イギリス・神聖ローマ帝国が反対し、（　8　）戦争が勃発した。この戦争の結果、④ユトレヒト条約が結ばれた。

　三十年戦争・（　8　）戦争によって、ハプスブルク家・（　1　）家それぞれの覇権が失われたのち、18世紀の西ヨーロッパ国際政治は、島国の利点をもったイギリスと、最大の人口をもったフランスとのあいだの争いが基調となった。

　この争いに勝利して、覇権を握ったのはイギリスであった。イギリスは北アメリカにおける（　9　）戦争に勝利して、（　10　）条約によって北米大陸からフランス勢力を駆逐した。またこの時期にイギリスは、⑤インド東北部(ベンガル地方)において植民地を獲得し、世界各地に広がる帝国を築いた(イギリス帝国)。

　イギリスは大西洋地域で三角貿易を大規模に展開した。そこでは、（　11　）や綿織物など本国の製品がアフリカに輸出され、そこで購入された（　12　）がカリブ海や北米大陸南部のプランテーションに労働力として送りこまれるとともに、（　13　）やタバコなどプランテーションの産品が本国にもち帰られた。

問① この時代の政策について述べた**a・b**の正誤が正しいものを、**ア)〜エ)**から選べ。

　a 三十年戦争に介入し、カトリック信仰国として神聖ローマ皇帝側を支援した。

　b 全国三部会を停止し、国王への権力集中を進めた。

　ア) a−正　b−正　　**イ)** a−正　b−誤　　**ウ)** a−誤　b−正　　**エ)** a−誤　b−誤

問② 1635年、フランス語文化発展のためにリシュリューが創設した学術機関は何か。

問③ ルイの親政の時代、多数の商工業者の国外流出をまねいたが、その理由を説明せよ。

問④ この条約と付帯条約について述べた**a・b**の正誤が正しいものを、**ア)〜エ)**から選べ。

　a フェリペ5世のスペイン王位継承が認められたが、フランスとの同君連合は禁止された。

　b イギリスはジブラルタルや北米大陸などの海外領土を獲得し、海外進出に前進した。

　ア) a−正　b−正　　**イ)** a−正　b−誤　　**ウ)** a−誤　b−正　　**エ)** a−誤　b−誤

問⑤ 1757年にイギリスとフランス・ベンガル太守連合軍とのあいだでおこった戦争は何か。

1	2	3	4	5
6	7	8	9	10
11	12	13	①	②

③

④　⑤

1 つぎの文の（　）に適語を入れ、下線部①〜⑥の問いに答えよ。

　ポーランドは（　1　）と同君連合を形成し、近世初頭の東欧の大国だった。しかし、16世紀後半に王朝が絶えると貴族主体の（　2　）王政に移行し、西欧の絶対王政とは異なる政治体制をとった。また、同世紀末に即位した国王はイエズス会の支持者であり、周辺地域の（　3　）化に乗り出したが、スウェーデンでルター派の、ロシアではギリシア正教徒の反発にあって失敗した。こうしたあいつぐ戦争でポーランドの財政は破綻し、中央集権化の試みも頓挫した。弱体化したポーランドは、①18世紀後半に国土を周辺諸国によって奪われ（ポーランド分割）、国家として消滅した。一方、16世紀前半に（　4　）の支配を脱して独立王国となったスウェーデンは、絶対王政化を開始し、三十年戦争ではドイツの要所にも領土を広げて、（　5　）海地域の覇権を握った。スウェーデンは、経済的には製鉄が盛んだったが、ほかの北欧諸国と同様に人口が少なく、18世紀初めにロシアとの（　6　）戦争に敗北して、急速にその地位を低下させていった。

　ロシアでは16世紀以降、モスクワ大公国の（　7　）が、キプチャク＝ハン国分裂後の権力の空白を利用して、東方・南方に領土を広げた。また、彼は貴族を官僚に登用し、皇帝へ権力を集中する②独自の絶対王政を確立した。同世紀末に（　7　）が死去すると、ロシアは動乱の時代を迎えたが、17世紀初めに（　8　）朝が成立し、新国王が選出されて混乱は終息した。17世紀半ばにロシアは、国境地帯の③コサックを支援しつつ、ポーランドと争ってウクライナ地方を獲得した。さらに、同世紀末に即位した④ピョートル1世（大帝）は、ロシアを大きく変化させた。対外的には（　5　）海地域への進出をはかり、その地域の沿岸に新首都（　9　）を築き、（　6　）戦争でスウェーデンに勝利して同地域の覇権を握った。また東方でもシベリアを経て極東に領土を広げ、⑤中国の清と（　10　）条約を結んで国境を定め、通商を開いた。18世紀後半のエカチェリーナ2世は、⑥日本にも使節を送ったほか、オスマン帝国からクリミア半島を奪って黒海に進出する一方、弱体化していたポーランドをプロイセン・オーストリアとともに分割し、両国と直接に国境を接するようになった。

問① ㋐　右図に描かれているポーランド王以外の3人の君主は誰か、すべて答えよ。

　　 ㋑　この危機に際して、1794年に蜂起した人物は誰か。

問② 独自の呼び名を答えよ。

問③ ㋐17世紀と㋑18世紀の反乱をおこしたコサックの首領は誰か、それぞれ答えよ。

問④ 彼は国内でどのような改革をおこなったか。簡潔に説明せよ。

問⑤ 条約を結んだ中国（清）の皇帝は誰か。

問⑥ この使節は誰か。

1	2	3	4	5
6	7	8	9	10

①㋐＿＿＿＿＿＿＿＿＿＿＿＿＿＿＿＿＿＿＿＿＿＿＿＿　　㋑＿＿＿＿＿＿＿＿

② ＿＿＿＿＿＿＿＿　③㋐＿＿＿＿＿＿＿＿　㋑＿＿＿＿＿＿＿＿

④ ＿＿＿＿＿＿＿＿＿＿＿＿＿＿＿＿＿＿＿＿＿＿＿＿＿＿

⑤ ＿＿＿＿＿＿＿＿　⑥＿＿＿＿＿＿＿＿

2 つぎの文の（　　）に適語を入れ、下線部①〜⑦の問いに答えよ。

　18世紀の東欧においてロシアと並んで台頭したのが、プロイセンとオーストリアであった。プロイセンは、神聖ローマ帝国外の（　1　）領から昇格したプロイセン公国と、帝国内の（　2　）選帝侯国との①同君連合によって成立したプロテスタント国家であり、三十年戦争後に（　3　）（大選帝侯）が絶対王政化に乗り出した。彼は常備軍を強化し、その費用として恒常的な課税を議会に認めさせるかわりに、地方の②領主貴族の農奴支配を正式に認めた。その後、プロイセンは1701年に王国へと昇格し、富国強兵策を進める一方、対外戦争を避けて財政の均衡を保った。

　他方、オーストリアは、（　4　）家の当主（オーストリア大公）が神聖ローマ皇帝を兼ねて、帝国の中核をなしてきたが、三十年戦争後の帝国の形骸化により、東欧の一君主国に等しい存在となった。しかし、オーストリアは帝国を圧迫してきたオスマン帝国を1683年の（　5　）包囲戦（第2次）で撃退し、③99年にはハンガリーなどを奪回して、威信を増大させた。ただし、（　6　）人のベーメンに加えて（　7　）人のハンガリーなど、非ドイツ系の人々を多数派とする地域を支配下にもったことは、その後の中央集権化を進めるうえでの難題となった。

　こうしたなか、18世紀前半に（　4　）家で男子の継承者がとだえると、皇女（　8　）が大公位を継承した。この動きに対して、プロイセンの強力な軍隊と健全な財政を引き継いだ④フリードリヒ2世（大王）は、領土分割をもくろんで他国とともに異議をとなえ、（　9　）戦争が勃発した。プロイセンはこれに勝利して、⑤資源の豊かな地方をオーストリアから奪って領土を大きく拡大した。このため⑥オーストリアは、イタリア戦争以来の仇敵であったフランスと同盟し、プロイセンと（　10　）戦争を戦った。しかし、イギリスと同盟したプロイセンはこの戦争に辛勝して領土を維持し、ヨーロッパの強国としての地位を確立した。

　プロイセン・オーストリア・ロシアのように東欧・北欧で勢力を広げた諸国は、⑦啓蒙専制主義と呼ばれる体制のもとで様々な改革を導入した。プロイセンのフリードリヒ2世は、アカデミーを復興し繊細優美な（　11　）様式にもとづく（　12　）宮殿を造営して思想家ヴォルテールや音楽家バッハらをまねいたため、首都ベルリンは文化的にも発展した。オーストリアの（　8　）とその子（　13　）も同様の改革をおこない、税制の改革や官僚制の整備も進める一方、カトリック教会への統制を強めて修道院を解散させた。文化的には、首都（　5　）はモーツァルトら音楽家が集う音楽の都となった。また、ロシアのエカチェリーナ2世は、文芸の保護や社会福祉・地方行政制度の充実なども改革に組み入れた。

問①　何家の当主が両国の君主となったか。
問②　プロイセンでは何と呼ばれたか。
問③　この条約名を記せ。
問④　この人物は、何と自称して一連の改革をおこなったか、その言葉を記せ。
問⑤　地方名を答えよ。
問⑥　このできごとは何と呼ばれたか。
問⑦　啓蒙専制主義について、簡潔に説明せよ。

1	2	3		4
5	6	7	8	9
10	11	12	13	
①	②	③	④	
⑤	⑥			
⑦				

1 つぎの文の（　）に適語を入れ、下線部①〜⑤の問いに答えよ。

　近世に入ると、南北アメリカ大陸の「発見」や錬金術・天文学の発達によって自然界に関する古代の著作の権威は崩れ、自然を新たに解釈しようとする動きが始まった。

　17世紀、イタリアの（　1　）は望遠鏡を改良して観測データを集め、コペルニクスの地動説を支持した。そして彼らがもたらした天文学の発達のもとに、ドイツ人（　2　）は惑星運行の法則を導き出した。イギリスの（　3　）は『プリンキピア』を著し、万有引力の法則を発見した。こうして観察の対象となる自然界そのものが拡大したが、そのうえで、①観察と実験を経て自然界の諸現象にひそむ法則を解明し、さらに解明された法則を検証によって確認するという自然科学の基本的な手続きが確立された。この時代には、各種の科学協会やアカデミーが創設され、②専門的な科学者が活動する場が整備されつつあった。

　こうした一連の変化を（　4　）と呼ぶ。この結果、ヨーロッパ人の自然観には根本的な変革がもたらされたが、こうして急速に進歩しはじめた自然科学は、自然界を人間が正確に認識していることを前提としていた。『方法序説』を著してこれを思想面で保証したのが、フランスの（　5　）である。彼の哲学は、近世以降のヨーロッパ思想の柱の1つとなる、理性を万能視する合理主義を確立した。この思想は秩序と調和を重んじる姿勢を生み、これは芸術における③古典主義に反映された。彼の影響は全ヨーロッパに広がったが、これに対してイギリスでは（　6　）が『新オルガヌム』で個々の実験や観察を総合することで普遍的真理を得られるとし、やがて（　7　）は人間の思考では生後に獲得される知識と経験が決定的な役割を果たし、思考の正確さも絶対的なものではなく確実性の違いにすぎないとして経験主義を確立させた。④ドイツのカントはこの合理主義と経験主義の2つの立場を統合しようと試みた。

　人間の理性への信頼は、法学の分野でも広まった。現実に定められた法である実定法とは別の、理性を備えた人間に普遍的に共通するルールとして想定された自然法を探究しようとする試みが、『リヴァイアサン』を著した（　8　）らによって始められた。また（　9　）は『戦争と平和の法』を著し、自然法の理論を国家関係の分析に適用することで、国際法理論を創始した。

　科学革命や新しい哲学の発展を受けて、17世紀末から18世紀初めにかけての西欧では、古代人と現代人のどちらがすぐれているかの論争がおこった。これに現代人派が勝利したことで、⑤西欧では、人間の歴史も、よりよい時代に向かって無限に進んでいくことが可能であるとの考え方が広まった。

問① こうして生まれた、現象から法則を発見する思考を何というか。

問② この時代に登場した科学者の説明として**誤っているもの**を1つ選べ。

　ア）スウェーデンのリンネは植物分類学を始めて生物の分類を体系化した。

　イ）イギリスのラヴォワジェは天然痘に対して種痘法を始め、天然痘の克服に貢献した。

　ウ）イギリスのハーヴェーは心臓を中心に血液が循環するという血液循環論をとなえた。

　エ）フランスの哲学者・数学者パスカルは主著『パンセ』で「人間は考える葦（あし）」と記した。

問③ 『タルチュフ』『人間嫌い』『守銭奴』などを著し、古典喜劇を完成させた人物は誰か。

問④ カントによって開かれた、合理主義と経験主義を統合した哲学を何というか。

問⑤ この考え方を何というか。

1	2	3	4	5
6	7	8	9	
①	②	③	④	⑤

2 つぎの文の（　　）に適語を入れ、下線部①〜⑥の問いに答えよ。

　18世紀には、すべての人間を対象に、現実世界における幸福を増大させるために有用な知識を集積して広めようとする啓蒙思想が広まった。啓蒙思想家たちは、そのために国境をこえて議論をおこない、為政者に直接働きかけたり、世論を通じて為政者に改革を要求したりした。

　人間の幸福を増やす手段の１つとされたのが物質的な富の増大であり、フランス・ルイ16世の財務総監を務めた（　１　）や『（　２　）』を著したイギリスの①アダム＝スミスは、人類社会とくに西欧諸国が、農耕を中心とした自給自足的な段階から、分業と交換が世界規模で発達した商業段階へ移行しつつあると考え、（　３　）派経済学を創始した。宗教面でもプロイセンのフリードリヒ２世と交友のあった（　４　）らの著作により②国家・君主の信仰とは異なる宗派のキリスト教を容認する姿勢が広まり、宗教改革以来のヨーロッパにおける宗教的迫害や対立はしだいに収束に向かった。③啓蒙思想の書としては『法の精神』や『社会契約論』が知られている。そして啓蒙思想の最大の成果が百科事典である。18世紀には、フランスの（　５　）や（　６　）らが編纂した『百科全書』のほか、各国で百科事典が刊行された。博物館や植物園もこの時代に登場した。啓蒙思想は基本的に文字・図像を通して広められたが、これは、書物に限らず新聞・雑誌などの出版業が18世紀後半のヨーロッパで発達したことを背景としていた。④こうした出版物は様々な場所で読まれ、討論の対象となったことで、（　７　）の形成が促された。またイギリスでは海外発展が進むなかで⑤ヨーロッパ外への空想旅行記が流行したが、こうした書物は一方で社会批判の性格ももっていた。

　啓蒙思想の推進役となった知識人は、啓蒙専制君主や開明的な貴族といった上流階級だけでなく、ブルジョワ（市民）からも生まれていた。近世のブルジョワは都市の商業を基盤に富を蓄積し、⑥上流階級の華やかな宮廷文化とは異なる独自の文化を形成しはじめた。

問①　彼は重商主義的な特権や規制を撤廃して、経済の不都合は市場の自動調節機能に任せるほうが結果的には国富の増強につながるととなえたが、彼のこの思想を何というか。

問②　このような姿勢を何というか。

問③　あ『法の精神』い『社会契約論』の内容として適当なものを以下のア）〜エ）からそれぞれ選び、その書の著者を記せ。

ア） 文明の進展が人間の自由を制約しているととらえ、各人が社会契約によりすべての権利を譲渡して、直接民主政のかたちで統治に参加することで自由と平等を回復すべきと論じた。

イ） 人間の理性は生来合理的な性質を備えているから、神や経験に頼らずとも自然界を秩序だった形で把握できるとした。

ウ） 歴史上の諸国家・文明の考察を通じて、イギリスの立憲君主政を例に三権分立と王権の制限を主張した。

エ） 自然状態が「もっとも平和的な理想状態」であるが、自然権の解釈をめぐって対立が生ずることがあるため、自然権の一部を全体に委託することで政府が存在すると主張した。

問④　出版物がおかれ、自由に人々が交流できた場を具体的に記せ。

問⑤　あ『ガリヴァー旅行記』、い『ロビンソン＝クルーソー』の著者はそれぞれ誰か。

問⑥あ　17世紀に流行した、絶対君主の威光を表す豪壮華麗な芸術様式を何というか。

　　い　またその代表的な宮殿をあげよ。

1	2	3	4	5
6	7	①	②	
③あ内容　　著者		い内容　　著者		④
⑤あ　　　　い		⑥あ		い

1 以下の史料 1 〜 2 は、ユーラシアの交易に関する文書である。これについて、あとの問いに答えよ。

史料 1　　　　1　の町からは多くの道路や道が出て、さまざまな地方に通じている。ある道はある地方に、別の道は別の地方に通じ、……さて、どのような道をとろうと、　1　を発って25マイル進むとジャムと呼ばれる宿駅に着く。これは「馬の駅」という意味である。この宿駅には大きく美しく豪華な館があり、A大カーンの使者はそこに宿泊する。部屋にはこれも美しく豪華な寝台が多数備え付けられ、絹の立派なシーツのほか、必要な調度がすべて揃えられている。　　　　　　　　　　（歴史学研究会編『世界史史料 4』岩波書店　一部改変）

史料 2　　　　2　の港には、インドからやって来る船がかならず立ち寄り、香料類や各種の貴重な商品をもたらすので、中国の江南地方のあらゆる商人も買い付けにやって来る。莫大な量の商品や宝石類、それに真珠などが集められた有様は壮観で、それらが今度はこの港から江南地方に送り出される。キリスト教国のために胡椒を積んだ船が　3　の港にようやく 1 艘やって来るとしたら、この　2　の港には100艘以上の船がやって来るといっても過言でない。したがって、大カーンがこの港から得る税収も莫大である。宝石類、真珠など貴重な商品については 1 割、胡椒については 4 割 4 分、沈香、白檀など大きな商品については 5 割の税がかけられている。　　　　　　　　　　（歴史学研究会編『世界史史料 4』岩波書店　一部改変）

問 1．　1　・　2　・　3　に入る地名の組み合わせとして正しいものを、右の表の**ア)〜カ)**から選べ。

	1	2	3
ア)	大　都	泉　州	アレクサンドリア
イ)	大　都	アレクサンドリア	泉　州
ウ)	泉　州	大　都	アレクサンドリア
エ)	泉　州	アレクサンドリア	大　都
オ)	アレクサンドリア	大　都	泉　州
カ)	アレクサンドリア	泉　州	大　都

問 2．下線部 **A** の大カーンとは誰か。

問 3．史料に関する **A さん**、**B さん**、**C さん**のコメントの正誤の組み合わせとして正しいものを、以下の**ア)〜ク)**から選べ。

A さん：これらの史料はすべて『世界の記述』の抜粋ですね。

B さん：**史料 1** は駅伝制（ジャムチ）に関する史料で、通行証として交子が使用されました。

C さん：**史料 2** は海上交易に関する史料で、太平洋海域ではジャンク船が利用されていたね。

　ア) 3 人とも正しい。

　イ) A さんと B さんは正しいが、C さんは誤りである。

　ウ) A さんと C さんは正しいが、B さんは誤りである。

　エ) B さんと C さんは正しいが、A さんは誤りである。

　オ) A さんのみ正しく、B さんと C さんは誤りである。

　カ) B さんのみ正しく、A さんと C さんは誤りである。

　キ) C さんのみ正しく、A さんと B さんは誤りである。

　ク) 3 人とも誤っている。

2 以下の地図と史料1について、あとの問いに答えよ。

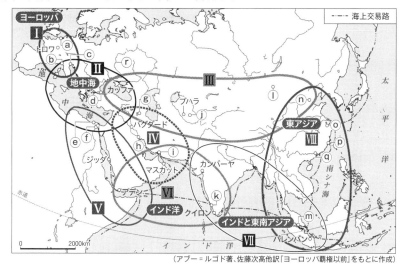

▲13世紀における各地の経済ネットワーク Ⅰ〜Ⅷサブシステム（経済圏）

史料1　まず、われわれは、シャマールの風（北風）の始まる時期に、アラビアの岸辺、つまりイエメン、ジッダ、そしてバーブ＝アルマンダブ（バーバルマンデブ海峡）のような近隣の場所、紅海と湾を分ける海峡の北東アフリカ側の都市ザヤーリゥ（ザイラゥ）の岸辺と紅海に面したイエメンのティハーマ地方（海岸低地地方）とそれに関わる場所から船出することで話を始めよう。つまり、これらのすべての場所は、　1　航海のうえでは相互に関連しており、そのすべては基本的には大海（インド洋）の、夏季の南西　1　の初めとその終りにアラビア海岸を離れてインドに向けて船出する。　（歴史学研究会編『世界史史料2』岩波書店　一部改変）

問1．史料1中の　1　に適する語句を記せ。

問2．ルブルックはフランス王ルイ9世の命で、東ローマ（ビザンツ）帝国の都である都市ⓓからモンゴルへ出発した。
　ⓐ　この都市を都にローマ帝国を継承した、ビザンツ帝国の最盛期（6世紀）の皇帝は誰か。
　ⓘ　この都市は東西交易の拠点であるだけではなく、中世においてⓇ川をとおりバルト海と地中海を南北につなぐ交易の拠点ともなっていた。このⓇ川の名を記せ。
　ⓒ　ルブルックがめざしたモンゴルの都はどこか。図中から記号で選び、都市の名を記せ。

問3．イブン＝バットゥータが訪れたⓐ都市ⓕの名を記し、ⓘ首都としていた当時の王朝を以下の語群より選べ。
　ア）アッバース朝　　　　イ）アイユーブ朝　　ウ）ファーティマ朝
　エ）キプチャク＝ハン国　オ）イル＝ハン国　　カ）マムルーク朝

問4．ⓐ　マルコ＝ポーロが訪れた元朝の都ⓝの名を記せ。
　ⓘ　地図中のⓞは南宋の都である臨安がおかれたが、都がおかれる前のこの都市の名を答えよ。

問5．マルコ＝ポーロやイブン＝バットゥータもたどった「海の道」について述べたa・bの正誤の組み合わせとして正しいものを、ア）〜エ）から選べ。
　a　カーリミー商人はアデンで東南アジア産の香辛料や中国の絹織物や陶磁器を買い付け、エジプトでイタリア商人に売り渡した。
　b　ムスリム商人は右図のダウ船に乗ってインド洋各地に進出した。
　ア）a−正　b−正　　イ）a−正　b−誤　　ウ）a−誤　b−正
　エ）a−誤　b−誤

問6．地図中の13世紀における各地の経済ネットワークのサブシステム（経済圏）のうち、ⓐⅢは地域、ⓘⅣは湾、ⓒⅤは海の名称をそれぞれ記せ。

以下の文〈A〉〜〈D〉は中世のユーラシア世界について述べたものである。このことについて各文の下線部①〜⑫についての問いに答えよ。

〈A〉9〜10世紀は各地とも非常に不安定な状況にあった。北東アジアでは唐の滅亡を機に①唐を中心とする冊封体制が崩壊した。イスラーム世界では②シーア派が勢力を大きく拡大した。西ヨーロッパ世界でも③絶えず外部勢力の侵入にみまわれて深刻な不安と混乱を経験する④分裂の時代であり、有力者たちは互いに政治的な結びつきを求め、やがて封建社会の成立に至る。

問1．10世紀における中国の周辺諸国の交替について**誤っているもの**を1つ選べ。

　ア）朝鮮半島　：新羅　→　高麗　　　　　イ）雲南地方：南詔　→　大理

　ウ）中国東北部：渤海　→　契丹　　　　　エ）チベット：吐蕃　→　西夏

問2．10世紀におこった2つのシーア派王朝の名称をあげ、それぞれのアッバース朝への対応の違いについて比較し、つぎの語句を用いて100字程度で説明せよ。【カリフ　大アミール】

問3．この時期に東方から侵入した民族について述べたa・bの正誤の組み合わせとして正しいものを、ア）〜エ）から選べ。

　a　ロシアでは、スラヴ系のルーシ（ロシア人）がノヴゴロド国を建設した。

　b　東フランクのオットー1世はスラヴ人やレヒフェルトの戦いで東方から侵入したマジャール人の侵入を退け、北イタリアを制圧して教皇からローマ皇帝の位を与えられた。

　ア）a−正　b−正　　　イ）a−正　b−誤　　　ウ）a−誤　b−正　　　エ）a−誤　b−誤

問4．フランク王国が分裂することになった9世紀の2つの条約を、時代順に記せ。

〈B〉14〜15世紀の中央アジア・西アジアではティムール朝のもとでトルコ＝イスラーム文化が栄え、その後、西アジアではビザンツ帝国を滅ぼしてアジア・北アフリカ・ヨーロッパにまたがる領土を形成した⑤オスマン帝国と、イランを支配したサファヴィー朝とが、対抗しつつ全盛期を迎えた。南アジアでは⑥ムガル帝国が支配を広げ、莫大な富を基盤にタージ＝マハルなどの豪奢な建造物がつくられた。

問5．ⓐ　この国がビザンツ帝国を滅ぼすまで首都としていた、バルカン半島東部の都市はどこか。

　　ⓘ　征服地のキリスト教徒の子弟を強制的に徴用してイスラーム教に改宗させ、教育・訓練を施して帝国の官僚・軍団兵士の要員として登用する制度は何か。

　　ⓤ　皇帝直属の奴隷身分兵士からなる火器で武装した最精鋭常備歩兵軍団で、のちに特権集団を形成して政治に介入するようになった組織とは何か。

　　ⓔ　以下の文は、1535年にスレイマン1世がフランスとのあいだで締結した条約の一部である。

　　　ア）第1条に記されたフランス国王とは誰か。

　　　イ）これらの恩恵的な措置を、「カピチュレーション」としてフランスに正式に与えた、スレイマン1世の後継スルタンは誰か。

　　　ウ）第3条に記された内容を、ヨーロッパ人は何という特権とみなすようになったか。

史料

第1条　彼らスルタンおよびフランス王は、自由かつ安全に‥‥旅行せんと欲する臣民が通商のため相互の国内における港湾・都市その他の場所に居留・滞在・帰着するよう、‥‥有効にして確実なる、平和にして誠実なる協定を協議し締結せり。

第3条　（フランス）国王はコンスタンティノープル・ペラないし他地域に治安官を派遣する。治安官は‥‥国王の商人および他の臣民との間に発生しうる民事・刑事上のあらゆる訴訟・告訴・紛争を審問し、裁判し、判決しうる権限を享受し維持する。

（江上波夫監修『新訳　世界史史料・名言集』山川出版社　一部改変）

問6．**あ**　3代皇帝アクバルが、支配階層の組織化をはかり、維持すべき騎兵・騎馬数とそれに応じた給与によって彼らを等級づけ官位を与えた制度を何というか。

　　　い　6代皇帝アウラングゼーブの頃より実施された、帝国官僚に対して給与額に見合う地租の徴税権を付与する制度を何というか。

　　　う　宰相アーサフ＝ジャーが自立して1724年に建国したニザーム王国の首都はどこか。

〈C〉11世紀、宋では⑦財政難に対応するため王安石が新法（政治の根本的改革）をおこなったが、反対派の官僚との党争が続き、宋の国力は弱体化した。この頃のイスラーム世界では⑧スンナ派による巻き返しの動きが始まった。一方、西ヨーロッパ世界では⑨権威を伸長させた教皇と世俗権力の衝突がおこるようになった。

問7．宋の財政難の原因の1つには、肥大化する官僚制度の維持にかかる財政負担の増大も含まれていた。中国における官吏登用制度の変遷について、つぎの語句を用いて250字程度で説明せよ。語句には下線を施すこと。

　　　【「郷挙里選」「九品中正」「科挙」「殿試」】

問8．11世紀に登場したスンナ派国家としてふさわしい王朝を、以下の語群より1つ選べ。

　　　ア）セルジューク朝　　**イ**）アイユーブ朝　　**ウ**）ムワッヒド朝　　**エ**）サーマーン朝

問9．以下の**ア**）〜**エ**）は対立した教皇と世俗君主の組み合わせである。組み合わせとして**ふさわしくないもの**を1つ除き、ほかの3つの対立した組み合わせを時代順に並べよ。

　　　ア）インノケンティウス3世－ジョン王　　**イ**）ウルバヌス2世－リチャード1世

　　　ウ）グレゴリウス7世－ハインリヒ4世　　**エ**）ボニファティウス8世－フィリップ4世

〈D〉フランスの人文主義者カルヴァンが、予定説をとなえ、ジュネーヴで神権政治をおこなった。その後、⑩この教えは西ヨーロッパの商工業者のあいだに広く普及した。カトリック教会は1545年に始まるトリエント公会議で、教義の明確化と内部刷新を通じて勢力の立て直しをはかった。スペインで結成された⑪イエズス会は厳格な規律と組織のもとに、ヨーロッパだけでなく、「大航海時代」の世界的通商・植民活動と密接なつながりをもって宣教・教育活動を繰り広げた。カトリックとプロテスタントの対立はいちだんと激しくなり、⑫ヨーロッパ各地で宗教戦争がおこった。

問10．カルヴァンのどのような教えが受け入れられたのか、つぎの語句を用いて100字程度で説明せよ。語句には下線を施すこと。

　　　【長老主義　禁欲的職業倫理（職業召命観）　商工業者】

問11．イエズス会のアジアにおける布教活動について述べたものとして正しいものを、**ア**）〜**エ**）から1つ選べ。

　　　ア）布教活動の拠点としたのは、大航海時代の主役スペインが建設したマニラであった。

　　　イ）フランシスコ＝ザビエルは日本や中国（明）で布教活動をおこなった。

　　　ウ）マテオ＝リッチは中国（明）で布教するとともに、『皇輿全覧図』を作成した。

　　　エ）清でおこった典礼問題のためキリスト教布教は禁止されたが、円明園の設計に加わったカスティリオーネは残り、清の地で没した。

問12．以下の**ア**）〜**エ**）の戦争の開始年を古い順に並べよ。

　　　ア）ユグノー戦争　　**イ**）三十年戦争　　**ウ**）オランダ独立戦争　　**エ**）ピューリタン革命

34 産業革命

（教 p.206〜208／解 p.55）

1 つぎの文の（　　）に適語を入れ、波線部ア）〜ウ）に該当する位置を地図から記号ⓐ〜ⓖで選べ。また、下線部①〜③の問いに答えよ。

　ヨーロッパは近世に「世界の一体化」を進めたが、その内部でも大きな経済的変化がおこっていた。その第一が、（　1　）の拡大である。（　2　）革命で台頭した**ア）オランダ**などの大西洋岸諸国は、**イ）プロイセン・ウ）ポーランド**・ロシアなどのバルト海沿岸地域から（　3　）を輸入するようになった。その結果、これらの地域では領主が大農場を経営して輸出向け（　3　）を生産する（　4　）が広まり、（　5　）も強化された。

　第二に、近世のヨーロッパ経済は拡大と停滞を繰り返した。16世紀は、14世紀の（　6　）の打撃からの復興期であり、人口が増加した。これに①アメリカ大陸からの銀の流入による物価上昇が加わり、生産全般が刺激された。しかし②17世紀に入ると、天候不順で凶作が続くとともに疫病が流行し、人口増加率は鈍化した。銀の流入も減って、経済は低調になった。18世紀には再び全般的な好況へと転じ、人口増加と価格上昇を受けて農業・商業・工業が活発化した。

　第三が、経済の活性化による（　7　）の増大である。ヨーロッパ人の海洋進出以降、様々な異国の産品が到来するようになって、ヨーロッパは、都市の王侯・貴族や（　8　）を中心に高い（　7　）需要をもつ社会へとかわった。これが顕著だったのがオランダ・イギリス・フランスであり、とくに③イギリスは、18世紀に農業革命によって農業生産が拡大して、大量の非農業人口をやしなえるようになり、これが都市化を促進した。さらにイギリスは、オランダ・フランスとの競争に勝利して世界各地に交易網を広げた結果、高度に商業化した社会に変質した。

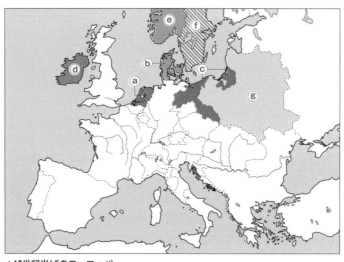

▲18世紀半ばのヨーロッパ

問①　このことを何というか。

問②あ　約1世紀続いたこの動乱期を何というか。

　　　ⓘ　約1世紀続いた気候変動による寒冷化を何というか。

問③　イギリスで農業革命を推進した土地制度改革を何というか。

1	2	3	4	5
6	7	8	ア　　　イ	ウ
①	②あ	ⓘ	③	

2 つぎの文の（　　）に適語を入れ、下線部①〜⑤の問いに答えよ。

　イギリスでは、17世紀に華やかな模様のインド産綿織物が輸入され、人気商品となった。これにより主要工業の（ 1 ）が打撃を受けると、18世紀初めにはインド産綿織物の輸入が禁止された。しかし、その人気は衰えず、原料の（ 2 ）をインドから輸入して国内で生産する動きも始まった。また、当時イギリスは広大な海外市場を獲得しており、とくに七年戦争後には、綿織物の輸出をその一環とする（ 3 ）貿易を大西洋で大規模に展開していた。

　こうして国内外で綿織物への需要が高まったことに加えて、イギリスでは（ 4 ）を背景とする機械工学の伝統があり、さらに①地下資源にもめぐまれていた。これらの条件が重なって、18世紀後半のイギリスで種々の技術革新が生まれ、産業革命が始まることになった。

　一連の技術革新のなかでもっとも重要なのが、すでに炭坑で用いられていた②蒸気機関の製造業への転用である。ここに歴史上はじめて、化石エネルギーを動力源とする経済活動が本格的に始まった。これによって、1つの工場当たりの生産力は急増したが、新しい機械の導入は多額の資金を必要とし、さらに不況による倒産も珍しくなかったため、③工場主は安価な労働力を求めた。このように資本をもつ経営者（資本家）が、賃金労働者を工場で雇用し、利益の拡大を目的にほかの資本家と競争しながら自由に生産・販売する経営形態が登場した。またこうした工場では、機械の都合にあわせて時間によって管理される労働形態が導入され、家庭と職場が分離した。産業革命は、こうした一連の技術革新と経営・労働形態の変革による生産力の増大であり、（ 5 ）などの新興工業都市で始まって、ほかの地域や産業にも波及した。この結果、（ 6 ）と呼ばれる経済体制が確立した。

　産業革命によって大量生産が可能になると、その販売のための新たな市場と、拡大した生産を支えるための原料の供給地が必要となった。このためイギリスは、世界経済の再編成に乗り出した。インドはその影響を強く受け、④アジア貿易を目的に設立された勅許会社による植民地化がさらに進められて、綿製品の輸出市場とされた。これにより在来の農村手工業であった綿織物業が衰退し、インドの（ 2 ）はイギリスへの輸出品としての性格を強めた。また、（ 7 ）の栽培が奨励され、中国に輸出された。

　イギリスは、公式な植民地とはならなかった国々に対しても、貿易協定や（ 8 ）条約を結んで貿易を強制した。その結果、独立後の中南米諸国はイギリス綿製品の最大の市場となる一方、同地の経済は対価として輸出する貴金属の産出や農産物の生産に特化していった。また、イギリス綿製品がイランやオスマン帝国・エジプトなどにも大量に流入し、これらの地域はヨーロッパ諸国への農産物の供給地となり、世界経済に組み込まれた。さらに、イギリスは（ 9 ）の輸入のために莫大な貿易赤字を抱えていた中国に対しても（ 10 ）貿易の要求を強め、のちに（ 7 ）戦争を引きおこした。

　こうして、⑤イギリスは当時世界最大の工業生産国として「世界の一体化」を新たに推し進めた。また、イギリスが19世紀初めに工業機械の輸出を解禁したこともあって、産業革命は同世紀前半にベルギー・フランス・アメリカ合衆国北部・ドイツにも波及した。

問① どのような地下資源にめぐまれていたか2つあげよ。
問②あ 蒸気機関を発明したのは誰か。
　　⑩ あの人物が発明した蒸気機関を実用的なものに改良したのは誰か。
　　⑤ 蒸気機関は、19世紀前半に鉄道や船舶にも用いられ、交通に大きな変化をもたらした。これを何というか。
問③ 職を失った一部の職人のおこした抵抗運動を何というか。
問④ この会社を何というか。
問⑤ このようなイギリスの繁栄ぶりを何と呼ぶか。

1	2	3	4	5
6	7	8	9	10
①	②あ	⑩	⑤	
③	④	⑤		

1 つぎの文の（　）に適語を入れ、下線部①〜⑤の問いに答えよ。

　北米大陸では、16世紀からスペインがメキシコ・フロリダを植民地としており、さらに17世紀には、イギリス人が東部沿岸地域に、フランス人がカナダや（　1　）に入植した。①フランス領植民地はヨーロッパ向けの毛皮を主要産業とし、広大な領域をもっていたが、人口ではイギリス領植民地と比べて劣勢で、北アメリカにおける（　2　）戦争の敗北によって崩壊した。

　イギリスの北アメリカ植民地は、様々な性格の小植民地からなっていた。北部およびニューヨークを中心とする中部では、当初は自営農民や小規模の商工業者が主体だったが、18世紀には新たな移民が加わって人口が急増し、林業・漁業のほか海運業が発達して、大西洋での貿易に従事する大商人も現れた。南部では、黒人奴隷を用いた（　3　）が発達し、（　4　）やのちに綿花がヨーロッパへ、米などが北米大陸の他地域やカリブ海の植民地へ輸出された。これらのイギリス領植民地は、強化された航海法によって本国の（　5　）主義体制に組み込まれていたが、強力なイギリス海軍の保護を受けて、七年戦争後には本国の約３分の１の経済規模をもつまでに成長した。政治的には、それぞれの②植民地は議会をもち、ある程度の自治を認められていた。③北部のニューイングランド地域では、それがとくに顕著であった。また、大学が設置され、新聞も発行されるなど、ヨーロッパを手本とした言論活動もみられた。

　こうしたなか、七年戦争で巨額の財政赤字を抱えた本国が植民地への課税強化のために（　6　）法を導入すると、植民地側は「（　7　）」ととなえて反対運動を展開した。同法は撤回されたものの、ここに本国と植民地との根本的な対立が表面化した。

　つづいて本国が（　8　）法などで植民地への統制を再び試みると、植民地側は、この措置を植民地課税の再強化につながるものとみなして反発し、（　9　）事件をおこして実力行使に出た。これに対抗して本国がボストン港を軍事封鎖する強硬策をとったため、植民地側は1774年に各植民地の代表からなる④大陸会議を開いて対応策を協議した。75年にボストン近辺で武力衝突が発生すると、同年の第２回大陸会議は13の植民地が⑤共同して戦争にのぞむことを決定し、（　10　）を大陸軍の総司令官に任じた。当初植民地側は、国王への忠誠を維持し、戦いの目的として、植民地の人間がイギリス人としてもつ権利の確認を掲げていた。しかし、ペインが著した『（　11　）』が世論を独立に導いたこともあり、植民地側は76年にジェファソンらの起草による（　12　）を発し、翌77年にはアメリカ合衆国と名乗った。

問①　1608年にセントローレンス川河口に建設されたフランスの領植民地の町は何か。
問②　植民地議会が最初に開かれた場所はどこか。
問③　1620年にピルグリム＝ファーザーズが建設したニューイングランド地域の町はどこか。
問④　会議が開かれた場所はどこか。
問⑤あ　イギリスからの独立を求める人々を何というか。
　　　い　パトリック＝ヘンリがイギリスへの徹底抗戦を主張した言葉は何か。

1	2	3	4
5	6	7	8
9	10	11	12
①	②	③	④
⑤あ		い	

2 つぎの文の(　　)に適語を入れ、下線部①〜③の問いに答えよ。

①アメリカ独立戦争では、当初イギリスが優位に戦いを進めたが、(　1　)・スペインがアメリカ側で参戦し、さらにロシアなどがイギリス海軍の動きを制約したために戦況がかわり、(　2　)の戦いでアメリカ・(　1　)連合軍が勝利した。その結果、イギリスは1783年の(　3　)条約で、アメリカ合衆国の独立を承認した。

アメリカ合衆国の独立は、広大な共和国の誕生として、君主国の多かったヨーロッパに衝撃を与えた。また、②独立宣言は新国家建設の目的として、すべて平等な人間が生来もっているはずの権利の実現を定めていた。新たな政治体制のもとでこうした理想を掲げた点で、アメリカ合衆国の独立は革命としての性格ももつことになった。

アメリカ合衆国は、当初は旧13植民地が主権をもつ州となって、ゆるやかに連合する国家だった。しかし、独立直後の財政的困難を背景に、強力な中央政府の樹立が求められるようになった。このため各州の代表が1787年に憲法制定会議に招集され、ここで制定された③合衆国憲法によって、アメリカ合衆国は、自治権をもつ各州を中央の連邦政府が統括する連邦共和国となった。

初代大統領(　4　)は、ヨーロッパへの政治的な関与を避けつつ、新生国家の安定化につとめた。しかし、中央政府の権力を維持しようとする(　5　)派と州の自立性を重視する(　6　)派とのあいだに対立が生じ、その後のアメリカ政治上の争点となった。また、独立宣言における平等と自由の理想は、のちに大西洋世界でおこる革命の指導原理となった。しかしその一方で、現実のアメリカ合衆国は、(　7　)制を存続させたり、先住民から土地を奪ったりするなど、白人中心の国家としての性格を強くもった。

問① この戦争について述べたア)〜エ)のうち、**誤っているもの**を1つ選べ。

　ア) フランスのラファイエットやサン＝シモンが義勇兵としてアメリカ側で参戦した。

　イ) エカチェリーナ2世が武装中立同盟を結成し、実質的にアメリカを支援した。

　ウ) ポーランドの愛国者コシュートが参戦し、のちにポーランド独立運動で中心的役割を果たした。

　エ) アメリカ駐仏大使のフランクリンがフランス参戦をうながすなど、ヨーロッパ全土にアメリカ支持を呼びかけた。

問② 以下の史料は、アメリカ独立宣言の抜粋である。あとの問いに答えよ。

史料 われわれはつぎのことが自明の真理であると信ずる。すべての人は平等につくられ、神によって、一定のゆずることのできない権利を与えられていること。そのなかには生命、自由、そして(　X　)が含まれていること。（中略）もしどんな形の政府であってもこれらの目的を破壊するものになった場合には、その政府を改革しあるいは廃止して人民の安全と幸福をもたらすにもっとも適当と思われる原理に基づき、そのような形で権力を形づくる新しい政府を設けることが人民の権利であること。（後略）

(江上波夫監修『新訳　世界史史料・名言集』一部改変)

　ⓐ (　X　)に当てはまる語句を答えよ。

　ⓑ 下線部の権利を何というか。

　ⓒ この権利に影響をおよぼしたといわれるイギリスの政治思想家は誰か。

　ⓓ 独立宣言の起草者であり、のちの第3代大統領となる人物は誰か。

問③ⓐ 合衆国憲法で取り入れられた、国家権力を行政・立法・司法に分割することを何というか。

　ⓑ ⓐの理念について示されているモンテスキューの著書は何か。

1	2	3	4	5
6	7	①	②ⓐ	ⓑ
ⓒ	ⓓ	③ⓐ	ⓑ	

1 つぎの文の（　）に適語を入れ、下線部①〜⑥の問いに答えよ。また、文章中の　A　・　B
に入る議会の名称を答えよ。

　ルイ14世期以来、フランスはヨーロッパを代表する絶対王政の国だったが、①社会は身分集団や特権
団体によって分断され、また、地域ごとに行政・裁判制度や税制が異なるなど、1つの国としての均質
性は弱かった。諸身分のうち、（1）の第一身分と（2）の第二身分が土地と公職をほぼ独占したが、
税の大半は人口の約9割を占める（3）の第三身分が担っていた。第三身分の内部にも格差があり、都
市と農村の民衆は生活苦に追われた一方で、ブルジョワは富を蓄えていたが、どちらも第一・第二身分
に対する不満を強めていた。

　18世紀のフランスは、あいつぐ戦争で②慢性的な財政赤字の状態にあり、とくに（4）戦争の戦費が
財政破綻をまねいたため、国王（5）は第一・第二身分への課税を強化しようとした。課税強化のため、
17世紀初め以来休止状態にあった（6）が1789年に招集・開催されると、それに向けて言論が自由化さ
れたことを背景に、第一・第二身分の特権を批判する世論が③第三身分を中心に高揚した。特権身分の
一部と第三身分の議員は（6）を離脱して、自分たちが真の国民代表であるとして　A　を自称し、憲
法の制定を目的に掲げた。国王側が軍事力で　A　を弾圧しようとすると、パリの民衆は自衛のため7
月14日に（7）を攻撃して武器を奪い、さらに市長を独自に選出し、民兵部隊も組織した。国王は
　A　やパリ市の改革を承認し、ほかの都市でも同様の市政改革がおこなわれた。一方、政治的混乱の
なかで、貴族（領主）に襲われると思い込んだ農民が各地で蜂起し、貴族の屋敷を襲撃した。農民の蜂起
を受けて、　A　は④封建的特権の廃止を決定し、これによって蜂起は沈静化した。さらに議会は、
（8）らの起草による⑤人権宣言を発して、国王にも圧力を加えてこれを認めさせた。また議会は、
（9）を廃止して国民の経済活動を自由化しつつ、全土に画一的な県制度をしき、全国一律の度量衡の
導入も決定した。こうしてフランス革命は、身分・特権といった格差や地域の相違を解消して、均質的
な国民を主体とする国民国家を築いていくことになった。1791年には⑥フランス史上最初の憲法が制定
され、新しく成立した議会である　B　と国王を柱とする（10）政が発足した。

問①　当時のフランス社会は革命後に何と呼ばれるようになったか。

問②　国王に登用され、行財政改革を試みた人物を2人あげよ。

問③あ　『第三身分とは何か』を著し、革命に影響を与えた人物は誰か。

　　　い　革命派の民衆は、当時の服装から何と呼ばれたか。

問④　このときに廃止されたものを、具体的に1つあげよ。

問⑤　人権宣言には、どのような理想が示されていたか、簡潔に記せ。

問⑥　この憲法について述べたa・bの正誤の組み合わせとして正しいものを、ア）〜エ）から選べ。

　　　a　議会は一院制で、選挙権には財産資格が課せられていた。

　　　b　家庭を守る役割の重要性が認められ、女性にも参政権が与えられた。

　　　ア）a−正　b−正　イ）a−正　b−誤　ウ）a−誤　b−正　エ）a−誤　b−誤

1 _____	2 _____	3 _____	4 _____	5 _____
6 _____	7 _____	8 _____	9 _____	10 _____
A _____	B _____	① _____		

② _____・_____　　③あ _____　　い _____

④ _____

⑤ _____　　⑥ _____

2 つぎの文の（　　）に適語を入れ、下線部①～⑥の問いに答えよ。

　1791年にフランス最初の憲法が制定された一方で、王の弟をはじめ有力貴族の多くが周辺諸国に亡命して、革命への干渉を働きかけていた。また①国王一家も王妃の実家オーストリアに亡命を試みて失敗し、国民の信頼を失った。こうした動きを受けてオーストリアが（　1　）と共同で介入姿勢をみせると、革命政府は1792年に両国との戦争を開始した。これ以降、フランス革命の動向は周辺諸国との戦争の状況から影響を受けることとなる。当初フランス軍は指揮の乱れもあって劣勢におちいった。しかし、この危機に各地から（　2　）がパリに集結し、さらに敵との密通が疑われた②国王の宮殿を民衆とともに攻撃して王を捕らえた。これを受けて立法議会は王権を停止し、みずからも解散して、男性普通選挙により成立した（　3　）に権力を譲った。（　3　）は③共和政を宣言し、その後、裁判を経て93年に旧国王夫妻を処刑した。

　1793年には、イギリス・オランダとも戦争が始まり、軍事力を増強するために革命政府が（　4　）制を導入すると、これに対する反乱がフランス西部でおこった。また、カトリック教会や王政を復活させようとする動きも強まると、（　5　）らが議会内の公安委員会に権力を集中して、④革命に抵抗する勢力を弾圧する政治を展開した。しかし、軍事力の増強によって戦況が好転すると独裁への不満が高まり、⑤94年、政敵によるクーデタで独裁は終了した。

　フランスが1794年に南ネーデルラントを併合すると、翌年オランダでもフランスを手本とする革命政府が成立した。その後フランスはほとんどの国と休戦し、対外関係の安定を受けて95年には、新たな政治体制である（　6　）が発足した。しかし国内の分裂は根深く、新政府は権力の維持のため軍隊の力に頼り、イタリア遠征・（　7　）遠征などをおこなった。こうしたなか、これらの遠征で名声を得たのが将軍⑥ナポレオン＝ボナパルトであり、彼は99年にブリュメール18日のクーデタをおこして権力を握り、同年に憲法を発布した。この憲法では共和政と議会は存続したが、第一（　8　）となったナポレオンに権力が集中された。まもなく憲法が国民投票で圧倒的多数により承認され、彼が実質的な国家元首として認められたことで、フランス革命は終了した。

問①あ　この事件を何というか。
　　い　ハプスブルク家からルイ16世に嫁いだ王妃は誰か。
問②　この事件を何というか。
問③　このとき成立した共和政を何というか。
問④あ　この政治は何と呼ばれたか。
　　い　このときにおこなわれた政策を2つあげよ。
問⑤　この政治の動きを何と呼んでいるか。
問⑥　ナポレオンの軍が遠征の際に発見した歴史的遺物は何か。

1＿＿＿＿＿＿　2＿＿＿＿＿＿　3＿＿＿＿＿＿　4＿＿＿＿＿＿　5＿＿＿＿＿＿
6＿＿＿＿＿＿　7＿＿＿＿＿＿　8＿＿＿＿＿＿
①あ＿＿＿＿＿＿　　　　い＿＿＿＿＿＿　　　　②＿＿＿＿＿＿
③＿＿＿＿＿＿　　　　④あ＿＿＿＿＿＿
い＿＿＿＿＿＿＿・＿＿＿＿＿＿＿
⑤＿＿＿＿＿＿　　　　⑥＿＿＿＿＿＿

3 つぎの文の（　　）に適語を入れ、下線部①〜⑤の問いに答えよ。

　ナポレオンが政権を握ったことにより、ヨーロッパ諸国との戦争が再び始まると、ナポレオンは①1805年にオーストリアとロシアの連合軍に勝利し、イタリアでは傀儡国家を増やして半島全域を支配した。また、ドイツでは06年にほとんどの領邦国家を従属的な（　1　）同盟に編成して、神聖ローマ帝国を崩壊させた。つづいて②プロイセンにも勝利し、ドイツの大半を影響下においたうえで、分割されていたポーランド地方に傀儡国家の（　2　）国を設立し、さらにイベリア半島にも出兵して（　3　）を従属国とした。こうしてナポレオンはヨーロッパの主要国を屈服させ、残るイギリスに対しては、（　4　）の海戦で敗れたことから経済戦をしかけ、ヨーロッパ諸国にイギリスとの貿易を禁じる（　5　）を発した。しかし、③イギリスはこれに耐えた一方で、イギリスへの一次産品の輸出を禁じられた各国は苦しみ、経済力でもっとも劣る（　6　）が貿易を再開した。これを封じるため、ナポレオンは1812年に大軍を率いて（　6　）に遠征したが、大敗して権力の基盤である軍事力を失った。これに呼応して、④フランス支配に抵抗する思想が生まれていたドイツの同盟諸国では反ナポレオンの民衆蜂起がおこり、各政府もナポレオンから離反した。また、プロイセン・オーストリアは（　6　）とともに大軍を送り、⑤解放戦争（諸国民戦争）が始まった。これに敗れたナポレオンは退位し、フランスではルイ16世の弟である（　7　）が即位して立憲君主政を樹立した（復古王政）。

　しかしながら、フランス国民の多くは革命前の社会の復活を恐れ、また戦後処理のために開催された（　8　）会議ではヨーロッパ諸国が対立していた。この情勢をみたナポレオンは、1815年に再び権力を握ったが、まもなく（　9　）の戦いでイギリス・プロイセンなどに敗れて流刑となり、ヨーロッパは（　8　）体制の時代に入った。

問① この戦いがおこなわれた地名を答え、その場所を地図の ⓐ〜ⓖ から選べ。

問② 敗北したプロイセンで、種々の大規模な改革をおこなった人物を2人あげよ。

問③ イギリスが影響を受けなかった理由を簡潔に説明せよ。

問④ このような国民や民族といった共同体を重視する思想を何というか。

問⑤ この戦いがおこなわれた地名を答え、その場所を地図の ⓐ〜ⓖ から選べ。

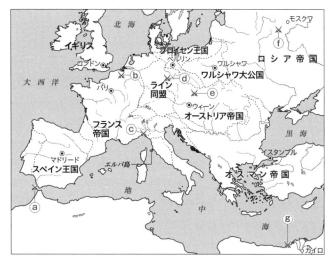

1	2	3	4	5
6	7	8	9	

①	：	②	・

③

④	⑤	：

1 つぎの文の( )に適語を入れ、下線部①〜④の問いに答えよ。

中南米での最初の独立運動は、カリブ海のイスパニョーラ島西部にあるフランス植民地(1)でおこった。母国の革命から人権宣言の理想が伝わると、奴隷制プランテーションを経営していた白人と、①白人・黒人の混血を中心とする自由民とが対立した。これに人口の大多数を占めていた黒人奴隷の反乱が加わって(2)革命が始まり、まもなく黒人が権力を握った。こうした動きにイギリス・スペインが干渉したが、フランス本国は1794年に世界初となる(3)を決定し、②自治政府の支持を得て両国を撃退した。その後(1)は、1804〜06年にかけて(2)として独立した。

(4)の植民地であったブラジルは、ナポレオンの侵攻を受けて本国王室がリオデジャネイロに避難し同地を首都としたのち、イギリスとの貿易が拡大して経済的に発展した。国王はナポレオン戦争後に帰国し、立憲君主政国家を発足させたが、白人入植者の子孫である(5)は、本国からの干渉の復活や(3)の強制を恐れて王太子を国家元首として擁立し、これに応じた王太子が1822年に独立を宣言して、ブラジル帝国が成立した。

スペインの中南米植民地、とくにその南部では、本国においてフランス支配に抵抗する勢力が憲法を公布し、1812年に立憲君主政を宣言したことに刺激されて、各地の(5)が自立への歩みを始めた。フランス支配からの解放後に本国はこれを阻止しようとしたが、植民地側は民兵隊を組織して独立戦争を開始した。兵力にまさる植民地側は戦争を優位に進め、1816年に(6)、18年に(7)が独立を宣言し、また指導者(8)らの活躍もあって、(9)やボリビア、ペルーも1820年前後に独立した。新独立国の大半は共和国となり、君主制・貴族制および奴隷制を廃止した。

一方、スペイン植民地で最大の人口と富を有した(10)では、独立運動は保守的な性格のものとなった。同地では、被支配層が抑圧からの解放や独立を掲げて蜂起したが、一部で白人の虐殺がおこるなどしだいに過激化し、植民地政府軍によって鎮圧された。他方、本国で停止されていた1812年の憲法が復活すると、支配層は、これが植民地にも施行されてみずからの地位を失うことを恐れた。このため、彼らは結束して本国と決別し、1821年に白人主導の(10)帝国を樹立した。

③中南米諸国の独立運動は、国際環境にもめぐまれた。大西洋の制海権を握っていた④イギリスは、独立国との自由貿易に期待を寄せて運動を支援した。また、ヨーロッパ諸国の関心が中南米に向けられたため、これを警戒したアメリカ合衆国は、(11)を発して南北アメリカ大陸とヨーロッパの相互不干渉をとなえ、ヨーロッパ側の動きを牽制した。

問①あ 中南米における白人と黒人の混血の人々を何というか。

  い 中南米における先住民と白人の混血の人々を何というか。

問② この自治政府を率い、「黒いジャコバン」と呼ばれた人は誰か。

問③ この運動について述べた**a・b**の正誤の組み合わせとして正しいものを、**ア)〜エ)**から選べ。

  a ハイチは世界初の黒人共和国としてフランスから独立した。

  b ブラジルが独立する際はほとんど流血のない平和的な独立であった。

  ア) a−正 b−正 **イ)** a−正 b−誤 **ウ)** a−誤 b−正 **エ)** a−誤 b−誤

問④ この時の対ラテンアメリカ外交をおこなっていた外相は誰か。

1	2	3	4	5
6	7	8	9	10
11	①あ	い	②	
③	④			

38 ウィーン体制とヨーロッパの政治・社会の変動
(教 p.220〜225／解 p.59〜62)

1 つぎの文の（　）に適語を入れ、下線部①〜④の問いに答えよ。

　1814年から15年にかけて、フランス革命・ナポレオンの大陸支配による激動の事後処理と新しい国際秩序の協議のため、オーストリアの首都ウィーンで国際会議が開かれた（ウィーン会議）。会議には（ 1 ）帝国を除く、全ヨーロッパの支配者が参加したが、それは過去四半世紀間におこった変動の大きさを反映していた。

　会議の議長となったオーストリア外相（のち宰相）（ 2 ）は、①ナポレオン支配の打倒に決定的役割を果たした列強間の意向のもとに協議を進めた。フランスの（ 3 ）外相は、革命前の旧体制への復帰をめざす②正統主義をとなえ、（ 4 ）王家の復帰を認めさせた。しかし、ほかの列強は激動後の現実に立って、正統主義よりもヨーロッパ世界の安定と自国領土の拡大を重視した。列強のなかでは海軍力・工業力にまさるイギリスと、強大な陸軍を保有するロシアが大きな影響力をもった。イギリスは大陸での（ 5 ）を実現させて本国の安全を確保し、旧オランダ領の（ 6 ）島やケープ植民地などを得て、世界帝国への基礎を固めた。ロシア皇帝（ 7 ）はヨーロッパのほとんどの君主を参加させて、キリスト教精神にもとづいて友好を約した（ 8 ）を結成した。

　会議の結果は③ウィーン議定書にまとめられ、会議で成立した国際秩序はウィーン体制と呼ばれ、④四国同盟の列強がこれを支えた（列強体制）。列強体制は、ナポレオンの大陸支配の経験から、一国だけがヨーロッパの（ 9 ）を握ることを阻止し、列強が協調してヨーロッパの国際秩序を維持して国際問題を調停するシステムであり、19世紀半ばの一時期を除いて、20世紀初めまで存続した。そのため、ほぼ1世紀のあいだ、ヨーロッパ中心部では比較的平和で安定した国際環境が維持され、先進地域での近代化と市民社会の発展が進むとともに、19世紀後半にはヨーロッパ列強は非ヨーロッパ世界への（ 10 ）主義的支配に向かうことになった。

問①　会議は実際にはどのように進行したか、簡潔に説明せよ。

問②　この内容を、簡潔に説明せよ。

問③　これについて述べた文として**誤っているもの**を、ア）〜オ）から1つ選べ。
　ア） ロシア皇帝は、フィンランド大公を兼ねて支配領域を西方にのばした。
　イ） プロイセン王は、ポーランド国王を兼ねて東西に領土を拡大した。
　ウ） オーストリア皇帝は、オーストリア領ネーデルラントを立憲王国となったオランダにゆずったが、イタリア北部地域を併合して、自国領域の統合を果たした。
　エ） スイスは永世中立国となった。
　オ） ドイツではオーストリア・プロイセンや諸領邦の君主国、ハンブルクなどの自由市をゆるやかにまとめたドイツ連邦が成立した。

問④あ　この同盟を構成した4カ国を記せ。
　い　1818年にこの同盟に加わった国を記せ。

1	2	3	4	5
6	7	8	9	10

①

②

③　　　④あ　　　　・　　　　・　　　　・　　　　い

2 つぎの文の（　）に適語を入れ、下線部①〜④の問いに答えよ。

　メッテルニヒらはウィーン体制を守るため、（　1　）主義を掲げ、自由主義的改革運動や（　2　）の運動を監視し、思想統制や蜂起・革命の武力制圧を実行した。しかし、改革・独立運動はおさまらず、ドイツの（　3　）やイタリアの（　4　）などの結社による自由主義的改革運動、スペインの立憲革命、さらにロシアでの（　5　）の反乱などがあいついだ。これらの動きはいずれも鎮圧されたが、1821年から始まったオスマン帝国内の①ギリシア独立運動は、地中海やバルカン地域に利害関係をもつ列強の支持で、30年に独立を達成した。こうした改革・独立運動は中南米にも波及した。メッテルニヒはこの動きも阻止しようとしたが、②イギリスが中南米市場の開発を期待して独立を支持するなど列強の足なみが乱れ、失敗した。

　ブルボン朝が復権したフランスでは、絶対王政への復帰はできず、立憲君主政の統治になったが、きびしい制限選挙による反動政治が続いて国民の不満を高めた。ルイ18世を継いだ（　6　）は、1830年（　7　）遠征によって国民の批判をそらそうとしたが、同年パリで③革命がおきて国王は亡命した。自由主義的とされたオルレアン家の（　8　）が④後継の王に推され、国王に即位した。革命の影響は各地に広がり、オランダから（　9　）が独立して翌31年に立憲王国となり、ポーランドやイタリアでも独立をめざす蜂起がおこったが失敗した。しかし、西欧諸国はメッテルニヒの抑圧的な（　1　）主義に協調しなくなり、ウィーン体制の反動政治はオーストリア・ドイツなどの中欧・東欧地域に後退した。

　ドイツでは、ウィーン会議以前からプロイセンの農民解放や諸領邦での立憲政治が広がり、古い領主制・身分制・職業規制の廃止も進み、農民や職人層の自由が拡大した。1830〜40年代、フランスやドイツで（　10　）建設事業が着手され、近代工業も育成されはじめ、市民層も統一的な国内市場の実現に関心を向けた。1834年には、プロイセンを中心にオーストリアを除く大部分の領邦が参加して、（　11　）が発足した。

問①ⓐ　この運動を描いた絵画Aの題名を答えよ。
　　ⓘ　義勇軍に参加し、戦病死したイギリスの詩人は誰か。
問②　このような政策を進めたイギリスの外相は誰か。
問③ⓐ　この革命を何というか。
　　ⓘ　この革命を描いた絵画Bの題名を答えよ。
問④　この体制を何というか。

1	2	3	4	5
6	7	8	9	10
11	①ⓐ	ⓘ	②	③ⓐ
ⓘ			④	

3 つぎの文の（　）に適語を入れ、下線部①〜⑤の問いに答えよ。

　産業革命によって世界経済の中心となり、ナポレオン戦争でも勝利した19世紀のイギリスでは、国内で様々な（　1　）的改革が進められた。イギリスは（　2　）と国家合同（1801年）して連合王国となっていたため、①プロテスタント非国教徒やカトリック信徒への法的制約を最終的に撤廃して、信仰を自由化した（1828〜29年）。また、（　3　）制への批判も高まり、1807年に（　3　）貿易を禁止し、さらに33年には植民地を含めた全領土で（　3　）制自体を廃止した。

　イギリスは、1832年の②第1回選挙法改正によって選挙制度も改革し、産業革命で成長していたブルジョワが国政に直接参加する道を開いたが、政治の実権は依然として国会議員の大多数を占めた（　4　）階級の手中にあった。一方で労働者階級は、男性普通選挙制や議員の財産資格撤廃を要求に掲げて（　5　）運動を展開したが、直接の成果を生み出せなかった。貿易も重要な改革領域であり、1813年に（　6　）の特権がインドとの貿易独占に関して廃止されたのち、33年には中国貿易の独占が廃止され、貿易活動そのものも停止された（翌34年に実施）。他方でイギリスは46年に（　7　）法を廃止し、49年には（　8　）法も廃止したことにより、（　9　）体制のもとで農業よりも工業を優先する国家へと方向を定めた。

　資本主義のもとのヨーロッパ諸国では、全体としては生産力が増大してモノが豊かになった一方、身分間の法的な格差にかわって、富を蓄えた資本家と低賃金のままの労働者との（　10　）が新たな問題となった。労働者はストライキや暴動などで資本家に対抗したが、③一部の知識人は、経済体制自体に矛盾があると考えて、これを是正する理論を模索し、実践も試みた。

　イギリスの（　11　）は、労働組合運動を指導したほか、労働者が工場経営や生活必需品の購入を共同でおこなう（　12　）を組織した。彼は児童労働や夜間勤務の禁止もとなえ、その提言は1833年の工場法に部分的ながら反映された。

　フランスでは、（　13　）が、労働者は職種をこえて全国的に連帯し社会の主役になるべきととなえ、（　14　）は、国家の管理のもとで各人が能力に応じて働き、利益は平等に分配される経済体制を構想した。また（　15　）は、労働者の自発的な結合が将来的に国家に取ってかわること（無政府主義）で、私有財産制の不平等を和らげることができるとした。

　これらを集大成したのが、ドイツのマルクスと（　16　）であった。彼らは『（　17　）』（1848年）を公刊して、土地や工場、銀行など経済の重要な要素を公有化するための社会革命が必要であると説いた。その後、マルクスは『（　18　）』（1867年に第一部）を著して、④マルクス主義を表明した。また、両者は19世紀後半に労働者階級の国際的な連帯と革命運動を指導した。慈善団体やキリスト教の教会は、⑤生活改善や自助努力を労働者にうながすことで、彼らの境遇の向上を試みた。

問①⑥　プロテスタント非国教徒を1つあげよ。
　　⑩　カトリック信徒への法的制約の撤廃運動の中心人物は誰か。
問②　この改正の成果は何か、簡潔に説明せよ。
問③　彼らの思想は総じて何と呼ばれたか。
問④　マルクス主義の内容を、簡潔に説明せよ。
問⑤　具体的な運動を記せ。

1	2	3	4	5
6	7	8	9	10
11	12	13	14	15
16	17	18	①⑥	⑩

②

③　　　　　　　　　　④

　　　　　　　　　　　　　　　　　　　　　　　　　　　⑤

4 つぎの文の（　　）に適語を入れ、下線部①〜⑥の問いに答えよ。

　19世紀前半におけるヨーロッパの近代工業はなお発展段階で、旧制度から解放された貧しい農民や都市の下層民衆に、十分な雇用機会を提供できなかった。さらにこの時期はヨーロッパ全体で人口が上昇したため、①貧民層も増えて深刻な社会状況が広がった。こうした背景のもと、ヨーロッパ各地で政府や富裕市民層の責任を問う革命的気運が高まった。

　七月王政下のフランスでは、銀行家など一部の富裕層に富が集中し、多額納税者だけに選挙権を認める（　1　）による政治がおこなわれていた。それに反発した中小市民層や一般民衆のあいだには（　2　）運動が広がり、政府がこれを力でおさえようとすると、②1848年2月にパリで二月革命がおこった。革命の結果、七月王政は倒れて共和政の臨時政府が樹立された。臨時政府には社会主義者の（　3　）や労働者の代表も入ったが、男性普通選挙制を実現させた市民層や農民は急進的な社会改革を望まず、選挙の結果、穏健共和派政府が成立した。パリの労働者はこれに反発して蜂起したが、制圧された。同年12月の大統領選挙ではナポレオン1世の甥の（　4　）が当選した。彼は51年、クーデタによって独裁権を握り、③52年には国民投票で帝政を復活させ、（　5　）を名乗った。

　二月革命はまもなくオーストリア・ドイツにも波及し、三月革命となった。オーストリアではメッテルニヒが失脚し、プロイセンでは国王の譲歩で自由主義的政府が成立して、ウィーン体制は消滅した。その後、ドイツ諸邦の自由主義者らは統一国家と憲法制定のため、（　6　）に結集した。また、オーストリア帝国内の④ハンガリーやベーメン、イタリアでは、独立を求めるナショナリズム運動が広がった。こうした⑤自由主義的改革運動と独立・自治を求めるナショナリズムが高揚する状況は、1848年革命とも総称される。1848年革命は全ヨーロッパ的規模でおこったが、西欧諸国では国内の自由主義的改革が、東欧地域では民族運動による自治や独立の実現が主要目的で、相互の連携は少なく、以後東・西ヨーロッパがそれぞれ異なる政治・社会的方向に進む分岐点となった。

　革命運動内の分裂や対立をみて、一時後退した王権や保守勢力は反撃に転じた。プロイセンでは、国王が（　6　）のドイツ皇帝推挙を拒否して、1850年には一方的に欽定憲法を発布した。一方、オーストリアやロシアは、多民族帝国を動揺させる民族運動を警戒した。⑥ロシアはオーストリアに支援の軍を派遣してハンガリーの民族運動を武力で制圧した。国内の革命運動をおさえたオーストリアは、一時認めた欽定憲法も撤回して、反動的な「新絶対主義」体制に移った。

問①　このような状況を何と呼んだか。
問②　臨時政府が母体となって成立した政治体制を何というか。
問③　この政治体制を何というか。
問④あ　ハンガリーの独立運動の指導者は誰か。
　　　　い　1849年にローマ共和国の建国に関わったイタリア統一運動の指導者は誰か。
問⑤　このような状況を何と呼んだか。
問⑥あ　この当時のロシア皇帝は誰か。
　　　　い　この当時のロシアは何と呼ばれたか。

第13章

1	2	3	4	5
6	①	②	③	
④あ	い	⑤		
⑥あ	い			

1 ▶ つぎの文の（　）に適語を入れ、下線部①〜④の問いに答えよ。

　ロシアは反革命の擁護者として国際的に有利な立場に立ったことから、伝統的な南下政策を再開し、①1853年にはオスマン帝国に宣戦した。ロシアは（　1　）要塞をめぐる攻防の末に敗れ、56年のパリ条約で（　2　）を確認させられ、南下政策を一時中断した。戦争後ヨーロッパ各国は自国の国内問題への対応に追われ、1850〜70年代は列強の干渉や規制から比較的自由な国際環境が生まれた。そのため、国内改革や国家統一など大きな変革や内戦を含む戦争が多発した。

　戦争で敗北したロシアの皇帝（　3　）は、専制体制と農奴制によるロシアの立ちおくれを認め、②1861年に農奴解放令を布告して農奴に人格的自由を認めた。その後、皇帝は地方自治や教育制度などの近代化改革を実施したが、（　4　）での民族主義者の蜂起ののち再び専制政治に戻った。工業が未成熟であったロシアでは、労働者層は少なく、社会改革の提唱者は（　5　）と呼ばれる都市の学生などの知識人層が担った。彼らの一部は「ヴ＝ナロード（人民のなかへ）」を掲げて農民に働きかけたので（　6　）と呼ばれた。しかし農民は呼びかけにこたえず、失望した彼らの一部は要人殺害で専制を打倒しようと、皇帝や政府高官を暗殺した。

　③18世紀においても北欧の強国とみなされたスウェーデンは、ロシア・プロイセンの台頭でその地位を失ったが、19世紀初めには立憲制議会主義を確立した。（　7　）はウィーン会議によってスウェーデン領になったが、20世紀初めに国民投票で独立国家になった。（　8　）はドイツ連邦に敗北して以後、農業・牧畜を中心とする経済基盤を安定させた。スカンディナヴィア諸国と呼ばれるこれらの国々は、立憲君主制のもとでも議会の力が強く、④政治的・経済的に安定した。

　19世紀後半に帝国・国民国家の国境が安定すると、国内の統合が強まる一方で、国境をこえた交流や連帯の運動も増加した。社会主義運動では、1864年に各国の社会主義者がロンドンで（　9　）を結成して、労働運動に支えられた国際連帯運動のモデルになったが、70年代半ばに解散した。政治的運動以外にも、戦争犠牲者の救済のため（　10　）が結成された。1896年には（　11　）の提唱により、スポーツを通じて国際交流と親善をはかる国際オリンピック大会も始まった。国際運動の展開には、郵便・電信に関する国際機関の設立なども重要な基盤となった。

問①あ　ロシアがオスマン帝国に宣戦した名目を答えよ。

　　い　この戦争の名称を答えよ。

　　う　この戦争におけるヨーロッパ各国の支援関係を説明せよ。

問②　農奴解放令が、ただちに自作農を創出するに至らなかった背景を説明せよ。

問③あ　18世紀初めにスウェーデンがバルト海の制海権を失った戦争の名称を答えよ。

　　い　スウェーデンから1809年にロシアに割譲された地域はどこか。

問④　この時期の北欧三国の外交面の特徴を説明せよ。

1	2	3	4	5
6	7	8	9	10
11	①あ			い

う

②

③あ　　　　　　　　　　い　　　　　　　　　　④

2 つぎの文の（　　）に適語を入れ、下線部①～④の問いに答えよ。

　19世紀のイギリスは、世界最大の商船隊と最強の海軍を維持した。国内に普及した蒸気鉄道は、同世紀半ばから世界各国に輸出され、交通・通信に革命的な変化をもたらした。首都ロンドンは、商業および金融の中心地として世界経済に影響力をふるい、また1851年には世界で初めて（　1　）が開催された。こうした実力を備えたイギリスは、大陸ヨーロッパとは直接に関与せずに各国の利害対立を調整できたため、ナポレオン戦争以降のヨーロッパでは基本的に平和が維持された。このことは「（　2　）」と呼ばれた。19世紀後半のイギリスでは、国王である（　3　）の統治のもと、（　4　）率いる自由党と（　5　）率いる保守党が、選挙の結果にもとづいて交互に政権を担当する、典型的な議会政党政治がおこなわれた。①選挙法改正などの改革も実現し、有権者の数も増加していった。他方、連合王国下のアイルランドでは、イギリス系人口の多い北部では産業革命がおこったが、南部は1840年代後半に（　6　）に襲われ、これは19世紀ヨーロッパで最大の被害を出した災害となった。独立を求める動きも強まり、1880～90年代に（　4　）が（　7　）を議会に提出したが、②一部の自由党員が反対して否決された。アイルランド問題は20世紀にもちこされることになった。

　フランス第二帝政下では、ナポレオン3世が自由貿易によって国内産業を育成するため、イギリスと通商条約を結び、イギリスにならってパリでも（　1　）を開催した。また、利害の異なる支持基盤をまとめるため、③積極的な対外政策を追求した。しかし（　8　）遠征に失敗し、1870年に始まった（　9　）戦争に敗北すると帝政は崩壊した。同年成立した臨時国防政府がドイツに降伏すると、屈辱的敗北と領土割譲を受け入れた講和に抗議して、1871年3月に（　10　）と呼ばれる、史上初の革命的自治政府が成立した。しかし、この政府は国内で広い支持を得られず、（　11　）の指導する臨時政府によって倒された。その後、1875年に共和国憲法が制定されて（　12　）共和政が成立した。80年以降はフランス革命を原点とする国民統合が進んだ。

　イタリアでは、1848年の二月革命後、青年イタリアの（　13　）らのローマ共和国建設や、サルデーニャ王国によるイタリア統合の試みがあったが、いずれも失敗した。サルデーニャ王国は自由主義的立憲体制を守り、新国王（　14　）と首相（　15　）のもとで、近代的社会基盤の整備をはかった。王国はナポレオン3世と支援の密約を結び、1859年に再度オーストリアと戦い勝利した。王国は（　16　）を獲得し、翌年（　17　）・（　18　）をフランスにゆずって中部イタリアを併合した。同時に青年イタリア出身の（　19　）が義勇軍を率いて両シチリア王国を占領し、サルデーニャ王にゆだねた。この結果、1861年3月にイタリア王国が成立し、サルデーニャ国王がイタリア国王位についた。さらに④イタリアは66年にオーストリア領のヴェネツィアを、70年にはローマ教皇領を併合して国家統一を実現した。

問①　1867年の第2回、84年の第3回選挙法改正で選挙権を得たのは、それぞれどのような階層か。

問②　この法案に反対して自由党を分裂させ、のち植民相として保守党内閣に加わったのは誰か。

問③　これに**該当しないできごと**を、ア）～エ）から1つ選べ。

　　　ア）インドシナ出兵　**イ）**イタリア統一戦争　**ウ）**ギリシア独立戦争　**エ）**クリミア戦争

問④あ　イタリア国家統一後もオーストリア領にとどまった地域を2つ答えよ。

　　　い　これ以後続いた、教皇領をめぐるローマ教皇との対立を終息させた人物は誰か。

1	2	3	4	5
6	7	8	9	10
11	12	13	14	
15	16	17	18	19

①第2回　　　　　　　　　　第3回　　　　　　　　　　　　　　　②

③　　　　　　　④あ　　　　　・　　　　　　　　い

3 つぎの文の（　）に適語を入れ、下線部①〜⑤の問いに答えよ。

　1848年の（　1　）で、ドイツ統一をめぐる対立は①小ドイツ主義的な自由主義憲法にまとまったが、プロイセン国王は国民議会の推挙によるドイツ皇帝位を拒否した。プロイセンでは、保守的な（　2　）層が主導する政府・軍部が優位に立っていたが、産業革命の進展とともに市民層出身の自由主義者が台頭して議会多数派となり、政府と議会の対立が続いていた。国王は1862年（　2　）出身の保守強硬派ビスマルクを首相に任命した。64年、プロイセンはオーストリアとともにデンマークと戦って勝利し、その②獲得地域の管理をめぐって66年に生じた（　3　）戦争にも勝利した。これによってドイツ連邦は解体され、翌年プロイセンを盟主とする（　4　）が結成されて、南ドイツ諸邦とも同盟を結んだ。一方、ドイツから除外されたオーストリアは、非スラヴ系の（　5　）人にハンガリー王国を認め、同君連合の（　6　）としたが、帝国内のスラヴ系の自立運動はその後も続いた。フランスのナポレオン3世は、プロイセンの強大化を阻止しようと（　7　）戦争を開始したが、プロイセンはフランスを圧倒し、1871年（　8　）・（　9　）の割譲や高額の賠償金支払いを課した講和を結んだ。戦争中の1871年1月、プロイセン国王（　10　）はドイツ諸侯によって③ドイツ皇帝に推挙され、（　11　）が成立した。帝国はドイツ諸邦で構成される連邦国家で、プロイセン国王が皇帝を兼ねた。帝国議会選挙は当時としては先進的な（　12　）選挙制であったが、帝国議会の権限は制約され、帝国宰相は皇帝にのみ責任を負い、独裁的権力を行使できた。

　帝国宰相となったビスマルクは、（　13　）などの南ドイツや旧ポーランド領のカトリック教徒を警戒し、「（　14　）」で抑圧した。一方、工業労働者階級に社会主義運動の影響が広がるのを防ぐため、（　15　）を制定し、他方で労働者の支持を得るため、史上初の（　16　）制度を導入した。外交面では、ビスマルクは列強体制を再建させながら、ドイツへの報復を掲げるフランスをヨーロッパ内で孤立させる、④ビスマルク体制と呼ばれる国際体制を構築した。1877年に開戦したロシア＝トルコ戦争の講和条約である（　17　）条約で、ロシアのバルカン半島への進出が進むと、オーストリア・イギリスがこれに反対したため、1878年、ビスマルクは⑤ベルリン会議を開いて対立を調停した。ロシアは南下のねらいを阻止され、これ以後は中央アジア・東アジア方面で拡大を追求した。また、ビスマルクは1881年のフランスの（　18　）支配を支持するなど、列強の関心をヨーロッパ地域外への進出に向けさせて、ヨーロッパでの現状維持をはかった。

問①　小ドイツ主義とは何か。

問②　この地域の名称を答えよ。

問③　ドイツ皇帝の即位式がおこなわれた場所を答えよ。

問④　ビスマルク時代のドイツが締結した条約・同盟に**当てはまらないもの**を1つ選べ。

　　ア）三帝同盟　　イ）三国同盟　　ウ）四国同盟　　エ）再保障条約

問⑤　この会議で決定された内容に**当てはまらないもの**を1つ選べ。

　　ア）オーストリアはボスニア・ヘルツェゴヴィナの占領と行政権を認められた。

　　イ）ブルガリアはロシアの保護下におかれ、黒海からエーゲ海に至る広大な領域を得た。

　　ウ）イギリスは、オスマン帝国からキプロス島の統治権を認められた。

　　エ）ルーマニア、セルビア、モンテネグロの三国のオスマン帝国からの独立が承認された。

1		2	3	
4	5	6		7
8	9	10	11	12
13	14	15	16	17
18				
①			②	
③	④	⑤		

1 つぎの文の（　　）に適語を入れ、下線部①〜⑤の問いに答えよ。

　独立直後のアメリカ合衆国は、北米大陸の東部のみを領土としたが、1803年（　1　）が支配していたフランスからミシシッピ以西の（　2　）を購入して領土を倍増したのち、19年スペインから（　3　）を購入して、カリブ海にも到達した。一方、合衆国は通商問題をめぐって12〜14年にイギリスと①アメリカ＝イギリス（米英）戦争をおこなった。

　戦争後、アメリカ合衆国はモンロー宣言で外交方針を定めた。国内では、白人男性すべてに選挙権を与える州が増え、これを背景に、1829年、民衆の重視をとなえて（　4　）が大統領に当選した。彼の時代には、大統領のもつ国民一般の代表としての性格が強まり、合衆国政治の民主化が進んだ。一方、（　4　）政権は狩猟経済を営む先住民の土地を安価で購入し、白人入植者に売却して農地に転換させた。さらに、これに応じない先住民には、新たに獲得した領土に（　5　）を設けて②強制移住させる政策をとった。一部の先住民は武力で抵抗したが、鎮圧された。

　19世紀半ばには、（　6　）運動と呼ばれたアメリカ合衆国の西方への膨張が、神に定められた「（　7　）」のスローガンのもと、合衆国は（　8　）を併合した。これをきっかけにアメリカ＝メキシコ戦争がおこると、合衆国は勝利し、（　9　）を獲得して③領土を太平洋岸に広げた。直後に同地で金鉱が発見されると、国内や世界中から多数の人々が到来して、西海岸地域は急速に発展した。この人口移動は（　10　）と呼ばれる。この結果、合衆国は太平洋方面への関心を強め、19世紀半ばには、中国と正式な国交を開いたのち、ペリーを日本に派遣して日本の開国を実現したほか、1867年にロシアから（　11　）を購入した。

　アメリカ合衆国の西方への拡大により、奴隷制問題をめぐる国内の対立を強めた南部の奴隷制は一時衰退したが、18世紀末に綿の種子から繊維を分離する新式の機械が発明されると、大量の綿をイギリスや北部の綿工業地帯に原料として販売できるようになったため、19世紀に再び拡大した。西部に新しい州が誕生するようになると、北部は④人道主義の立場から新州での奴隷制に反対したが、南部は連邦議会での立場が弱くなることを恐れて、奴隷制を認めるように求めた。このため1820年には、奴隷制を認める新たな州は国土の南北のほぼ中間線以南のみとする妥協がはかられた。これを（　12　）という。しかし、1854年にこの境界線より北の準州について、⑤奴隷制の可否は住民の投票で決定するとの法律が制定され、妥協は破られた。北部では奴隷制反対を掲げる（　13　）党が発足し、南部では（　14　）党の一部が合衆国からの分離を主張するようにもなり、南北の対立が再燃した。

問①　この戦争について述べた**a・b**の正誤の組み合わせとして正しいものを、**ア）〜エ）**から選べ。

　　a　この戦争の影響により、アメリカ南部での産業革命が促進された。

　　b　この戦争の影響により、州ごとの自立意識が薄まり、国民意識が醸成された。

　　ア）a−正　b−正　　イ）a−正　b−誤　　ウ）a−誤　b−正　　エ）a−誤　b−誤

問②　強制移住による移動の途中で4000人が死亡した「涙の旅路」で知られる部族は何か。

問③　1846年、アメリカが太平洋岸にはじめて獲得した領土はどこか。

問④　奴隷制を批判した小説『アンクル＝トムの小屋』を著した作家は誰か。

問⑤　この法律を何というか。

1	2	3	4	5
6	7		8	9
10	11	12	13	14
①	②	③	④	⑤

2 つぎの文の（　　）に適語を入れ、下線部①〜⑥の問いに答えよ。

1860年の大統領選では、奴隷制拡大をめぐって民主党が分裂し、共和党の（　1　）が勝利した。（　1　）は、奴隷制を原理上は否定しつつも、南部での奴隷制の即時廃止にも反対する姿勢を示して、南部の分離を阻止しようとした。しかし、61年に南部の7州が①アメリカ連合国（南部連合）を発足させて、ここにアメリカ合衆国は分裂した。南北間で戦闘が始まると、南部連合にはさらに4州が加わり、合衆国北部の23州との②南北戦争（1861〜65年）となった。

この戦争中、1863年に（　1　）が（　2　）を発して南部地域でも奴隷制を禁止し、国際世論も味方につけた。北部は同年の（　3　）の戦いに勝利して、以降は優勢を保ち、65年に南部の首都（　4　）を占領して南部を降伏させ、合衆国は再び統一された。

南北戦争後、荒廃した南部の再建と社会改革が北軍の占領下で進められた。北部の資本家が工業を導入し、また、合衆国憲法の修正によって正式に（　5　）は廃止され、男性の解放黒人に投票権が与えられた。他方で元南軍の兵士など一部の白人は、（　6　）などの秘密結社を組織し、北軍の監視を逃れて黒人を迫害した。1870年代後半に北軍が南部占領を終了すると、南部では旧大農場主や白人の自営農民、新興産業資本家らが、民主党を通じて政治を主導するようになり、北部を地盤とする共和党に対抗した。また、③南部諸州は1890年頃から州法などで黒人の投票権を制限したり、公共施設を人種別にわけたりするなどの差別を制度化したため、憲法の条項は骨抜きにされた。

西部では、南北戦争中から入植者が増加し、牧畜業や小麦生産が発達して食料を東部の市場に供給したほか、ヨーロッパへの輸出も始まり、アメリカ合衆国は世界最大級の農業生産力をもつようになった。西部の発展にともない、東部と西部を結ぶ通信・交通機関も整備され、有線電信の開通につづき、1869年には最初の④大陸横断鉄道が完成した。一連の西漸運動の進展によって、90年代には開拓の最前線地域である（　7　）の消滅が宣言され、合衆国が新興国から成熟した国へと完全に移行したことが明らかとなった。

他方、広大な国土と天然資源にめぐまれたアメリカ合衆国は、石炭・石油・鉄鋼などの重工業も躍進させ、19世紀末にはイギリス・ドイツをしのぐ世界最大の工業国ともなった。こうした合衆国の工業発展を支えたのは、急速に成長する独占企業とヨーロッパ各地から到来した移民であった。⑤多くの移民が到来した結果、19世紀を通じて合衆国の人口は10倍以上に増え、大西洋沿岸地域のニューヨークなどは巨大都市に成長した。移民の多くは低賃金の非熟練労働に従事したが、事業に成功して一代で巨大な富を得る者もいた。こうして、⑥アメリカ合衆国は激しい競争と大きな貧富の差を抱える社会となった。

問① あ　この国の大統領となった人物は誰か。

　　　い　この国の軍隊の総司令官となった人物は誰か。

問② この戦争およびその影響について述べた**ア)**〜**エ)**のうち、正しいものを1つ選べ。

　　ア) 工業化を進めていた北部は戦争において終始南部を圧倒していた。

　　イ) この戦争はアメリカ史上最多の死者を出した。

　　ウ) 戦争中に出されたタウンゼンド諸法により西部の支持を得た北部が有利になった。

　　エ) プランテーションが解体され、解放された黒人奴隷は土地を得ることができた。

問③ このような一連の差別法を何というか。

問④ この鉄道の建設に従事した中国人労働者のことを何というか。

問⑤ 増えすぎた移民に対応するために1924年に制定された法律は何か。

問⑥ 1886年、サミュエル＝ゴンパーズを委員長として創設された労働者の組織は何か。

1	2	3	4	5
6		7	①あ	
い	②	③	④	⑤
⑥				

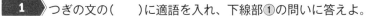
1　つぎの文の（　　）に適語を入れ、下線部①の問いに答えよ。

　フランス革命がもたらした政治的激変はヨーロッパ各地に強い影響を与えたが、この動きのなかから、①美術分野ではルネサンス期の古典を再発見しようとする古典主義や、民族意識の高揚するなかで中世を賛美しようとするロマン主義が生み出された。しかしやがて、ロマン主義は現実の動向をみていないと批判され、社会や人間の抱える問題に向き合おうとする写実主義（リアリズム）が登場し、社会や人間を科学的に観察する自然主義も広がった。外光の観察から対象の描き方自体を見直そうとするフランス絵画の印象派も、この流れの１つである。

　19世紀は近代科学が全面的に開花し、急速に発展した時代でもあった。哲学や政治・社会思想では、カントが確立したドイツ観念論哲学が継承・発展し、（　1　）の弁証法哲学や（　2　）の史的唯物論を生み出した。資本主義が進んだイギリスでは、近代社会に生きる市民に指針を与える（　3　）の功利主義やスペンサーの経験論哲学があらわれた。経済学においても、イギリスではアダム＝スミスの流れを引くマルサス、（　4　）らの古典派経済学が、自由放任主義は経済発展をうながすと主張した。

　ナショナリズムと国民国家は、その正当性の根拠を民族や国家の歴史に求めたので、とくにドイツでは歴史への関心が高まった。（　5　）は厳密な史料批判にもとづく実証主義的な近代歴史学の基礎をつくった。ドイツのこの歴史学派は経済や法学の分野で展開し、経済学者（　6　）は後発国の国民経済には国家の保護が必要と考え、（　7　）は歴史法学の立場から法が各民族の歴史の所産であると説いて自然法理論を批判した。

問①あ　下図A〜Dはこの時代の代表的な絵画である。それぞれの作者を記し、新古典主義、ロマン主義、自然主義、印象派のいずれに属する絵画か記せ。

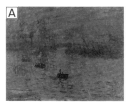

　い　この時期に属する以下の@〜(f)に該当する人名を記せ。
　@　「ピアノの詩人」と称されるポーランド出身のロマン派の作曲家。
　(b)　「モルダウ」を作曲したチェコの国民楽派の作曲家。
　(c)　民話を収集して童話集としてまとめ、ドイツの民族意識を高揚させたドイツ人兄弟。
　(d)　『罪と罰』『カラマーゾフの兄弟』を著したロシアの写実主義作家。
　(e)　『ナナ』『居酒屋』を著したフランス自然主義の代表的作家。
　(f)　『人形の家』を代表とするノルウェーの自然主義劇作家・詩人。

1	2	3	4	5
6	7			

①あA作者　　　　　　　　主義　　　　　　　B作者　　　　　　　　主義

C作者　　　　　　　　主義　　　　　　　D作者　　　　　　　　主義

い@　　　　　　　(b)　　　　　　　(c)　　　　　　　(d)

(e)　　　　　　　(f)

2 つぎの文の（　　）に適語を入れ、下線部①～②の問いに答えよ。

　19世紀ヨーロッパの諸科学のなかでもとくに発展し社会を変貌させたのは、自然科学と電機・化学など実用工業の分野であった。

　自然科学では、（　1　）と（　2　）がエネルギー保存の法則を発見した。また（　3　）がX線を、また（　4　）夫妻がラジウムを発見した。医学・生物学の分野では、（　5　）が『種の起源』で進化論を提唱し、（　6　）は遺伝の法則を発見した。19世紀後半には結核菌やコレラ菌を発見した（　7　）や狂犬病の予防接種を開発した（　8　）らによって細菌学や予防医学が近代医学の基礎が確立された。

　実用工業分野ではアメリカを中心に発明があいついだ。（　9　）が蓄音機や白熱灯、映画などを発明して「発明王」と呼ばれ、また（　10　）が電信機を、（　11　）が電話機を、（　12　）が無線電信を発明した。またスウェーデンの（　13　）がダイナマイトを発明した。これらの発明や技術革新は、人々の生活スタイルや移動方法を大きく変容させた。

　19世紀後半には、ヨーロッパ人になお未知の世界や地域を踏査して明らかにしようとする①探検・調査も盛んになった。しかしこれによって欧米諸国が世界各地の実状に関する多くの情報を得たことは、欧米のみが近代化に成功し先進的地位を占めたとの自負を強めることにもなった。この時代はまた、列強諸国の首都は近代化の進展や国家の威信を示す象徴的な場になった。フランス第二帝政期のセーヌ県知事（　14　）によるパリ大改造はその先がけとなった。ロンドンでは1851年に第1回（　15　）が開催されたが、つづいてパリ、ウィーンでも開かれ、近代産業の発展を伝えて首都の近代的変容を誇示し、②近代大都市文化を誕生させた。

問①　以下の⑧～⑪に該当する探検家の人名を記せ。

　⑧　極地探検で活躍、南極探検では犬ぞりを用い、南極点にはじめて到達したノルウェーの探検家。

　⑪　中央アジアを探検しタリム盆地一帯を調査して古代都市楼蘭の遺跡を発見したスウェーデンの探検家・地理学者。

問②　大都市文化によって生じたパリやウィーンなど首都の景観の変化について述べたア）～エ）のうち、**誤りを含むもの**を1つ選べ。

　ア） 密集した古い街区や城壁を取り壊して街路を拡張し、コレラなどの感染症の流行の一因となっていた非衛生的な家屋を近代的建築にかえ、上下水道を普及させた。

　イ） 地下鉄や電車を導入して都市交通網を整備し、巨大なデパートや新たに映画館などの大衆商業・娯楽施設も増え、市民文化の成熟から大衆文化の萌芽がみえはじめた。

　ウ） 多数の聴衆を収容するコンサートホールや博物館・美術館・図書館などの文化・娯楽施設が拡充され、市民文化の成果の集積地になった。また大衆紙が国内外の最新情報を伝えた。

　エ） 大量生産と大量消費を特徴とする大衆社会が展開し、流れ作業と部品の規格化により工業製品が安価に生産され、信用販売によって多くの大衆が均質の大衆文化を享受するようになった。

1 _____	2 _____	3 _____	4 _____	5 _____
6 _____	7 _____	8 _____	9 _____	10 _____
11 _____	12 _____	13 _____	14 _____	15 _____
①⑧ _____	⑪ _____	② _____		

42 西アジア地域の変容

（教 p.242〜245／解 p.66〜67）

1　つぎの文の（　）に適語を入れ、下線部①〜②の問いに答えよ。

　オスマン帝国はカルロヴィッツ条約以後、戦争よりも外交を重視して支配体制を維持したが、その支配は、18世紀半ばに周縁地域からゆらぎはじめた。アラビア半島の中央部では、原初期のイスラーム教への回帰を説く（　1　）派が豪族の（　2　）家と結んで自立し、北方ではロシアとの戦争に敗北して、長く宗主権下にあった（　3　）国のロシアへの併合を許した。

　19世紀に入ると、オスマン帝国領内の諸地域や民族の自立の動きが高まるとともに、列強の干渉と経済的な支配が強まった。豊かな農業生産力をもつ属州のエジプトでは、ナポレオンの遠征軍が撤退した後の混乱期に、オスマン帝国の軍人（　4　）が民衆の支持を得てエジプト総督となり、（　5　）などの専売制を導入して富国強兵と殖産興業の政策を進めた。シリアでは、キリスト教徒のアラブ知識人を中心にアラビア語による（　6　）運動がおこり、のちのアラブ民族主義への道が開かれた。一方バルカン半島では、フランス革命の影響のもとで（　7　）の独立運動がおこり、列強の支援を受けて独立を達成すると、ほかの非ムスリム諸民族にも大きな刺激を与えた。

　（　4　）は、オスマン帝国の要請に応じて（　1　）運動や（　7　）独立運動の鎮定に出兵し、その見返りにシリアの領有を求めた。しかし、①それが拒否されると二度にわたって帝国と戦い、軍事力で圧倒した。これに対して、エジプトの強大化を望まない列強が介入し、1840年の（　8　）会議で（　4　）に認められたのは、エジプト・（　9　）の総督職の世襲権のみであった。

　このように、列強はオスマン帝国の動揺を利用して勢力の拡大をはかり、この間に成立した国際関係は、ヨーロッパ側からみて「（　10　）」と呼ばれた。また、②不凍港の獲得と地中海への進出を求めて南下政策を進めるロシアと、これを阻止しようとするイギリスなどとの対立が鮮明となった。

　産業革命を進める列強にとって、オスマン帝国は重要な市場であり、各国は（　11　）を拡大した通商条約を結んで権益を拡大していった。ヨーロッパ資本の進出は急速に進み、（　5　）やタバコなどの商品作物の輸出の見返りにイギリスの安価な綿製品などが低関税で輸入されるようになると、帝国内の産業はしだいに没落した。

　属州のエジプトも、こうした通商条約が適用された結果、専売の利益と（　12　）権を失って、自立的な経済発展の道は閉ざされた。

　その後、エジプトは近代化を急ぎ、巨費を投じて（　13　）を建設したが、莫大な債務を負ったためにイギリス・フランスの財務管理下におかれるようになった。オスマン帝国も、（　14　）戦争での莫大な戦費以来、借款を重ねたため、1875年には財政が完全に破綻した。塩・タバコの専売税など、おもな税収は多国籍の債権者による（　15　）に奪われ、帝国は列強への経済的な従属を強いられることとなった。

問①　この戦争を、何と呼ぶか。

問②　ロシアが南下を目的に航行権を獲得しようとして列強と対立した海峡の名称を2つ答えよ。

1	2	3	4
5	6	7	8	9
10	11	12	13	14

15 _____

① _____　　② _____　・_____

2 つぎの文の（　　）に適語を入れ、下線部①〜④の問いに答えよ。

　内外の危機に直面したオスマン帝国は、19世紀初め以降、帝国の存続と強化をめざして（　1　）軍団の解体や近代的な常備軍の創設など一連の改革を進め、①つづいて官僚の主導による司法・行政・財政・軍事にわたる大規模な西欧化改革を開始した。この改革は、宗教や民族の区別なく法の前での臣民の平等を認める（　2　）主義のもとで、法治主義にもとづいた近代国家をめざすものであり、民族や宗派の問題を口実とした列強の干渉をかわすことも目的としていた。しかし、こうした改革によっても諸民族の離反を防ぐことはできず、ムスリムのあいだには西欧化や異教徒への優遇に対する反発もおこった。

　一連の改革は、1876年に大宰相（　3　）が起草したオスマン帝国憲法の発布に結実し、翌年には間接選挙で選ばれた代議員による最初の議会が開かれた。しかし、議会の急進化を恐れた皇帝の（　4　）は、おりからの（　5　）戦争を理由に議会を停会させ、憲法も機能を停止した（1878年）。戦争に敗れたオスマン帝国はバルカン半島の領土の多くを失ったが、皇帝はイスラーム世界に君臨する（　6　）としての権威を帝国の内外に誇示しながら、長期にわたる専制をおこなった。以後、彼の治世に列強との戦争はおこらず、都市部では社会と文化の近代化が進行した。

　イランでは、（　7　）朝が支配下のアフガン人の反乱によって崩壊したあと、18世紀末に（　8　）を首都とする（　9　）朝がおこった。しかし、②南進してきたロシアとの戦争に敗れ、ロシアの治外法権を認め、関税自主権を失ったうえに、南コーカサスの領土を割譲する条約を締結した。19世紀半ばには、社会不安や経済的な苦境を背景に、農民や商人、職人などからなる（　10　）教徒が王朝の専制に対して各地で蜂起したが、政府軍によって鎮圧された。その後、政府は列強諸国に借款を重ね、電信線・鉄道の敷設、石油採掘、銀行開設などの利権を譲渡していった。

　アフガニスタンでは、イランから自立したアフガン人が18世紀半ばから独立を保っていたが、③19世紀に入るとロシアとイギリスによる覇権争いに巻き込まれた。④ロシアが中央アジアに進出してアフガニスタンにせまると、イギリスはインド植民地を守るために二度にわたってアフガニスタンに侵攻した。その結果、アフガニスタンは英露間の緩衝国となり、イギリスはその外交権を確保するとともに、インド植民地との境界を定めた。

問① この改革をトルコ語で何というか。カタカナで答えよ。

問② 1828年に結ばれたこの条約を何というか。

問③ この英露両国の覇権争いを何というか。

問④ この侵攻を何というか。

1	2	3	4
5	6	7	8	9
10	①	②	
③	④		

43 南アジア・東南アジアの植民地化

（教 p.246〜251／解 p.68〜69）

1 つぎの文の（　　）に適語を入れ、下線部①〜⑤の問いに答えよ。

　ヨーロッパの商業勢力の活動が本格化する17〜18世紀の南アジアでは、各地で政治・経済活動が活発化し、現地の地方勢力が伸張した。①ヨーロッパ各国の東インド会社は、各地に拠点をおき、アジア各地に商館を設置した。18世紀初めの（　1　）帝の没後、ムガル帝国は勢力を失い、かわりに各地の地方勢力が台頭した。世紀半ばからは、②イギリスとフランスの東インド会社が、こうした地方勢力の争いに介入して支配の拡張をもくろみ、激しく対立した。

　つづいてイギリス東インド会社は、インド内部の諸政治勢力に対しても支配を広げた。東部では、1765年に（　2　）・ビハール・オリッサの徴税権を獲得し、南部では、（　3　）戦争に勝利をおさめた。西部では3次にわたる（　4　）戦争、西北部では2次にわたる（　5　）戦争にもそれぞれ勝利した。19世紀半ばまでに、会社はインド全域の制圧に成功し、支配地域の一部は（　6　）として認めて間接統治し、それ以外を直接支配して、植民地化を完成させた。

　イギリス東インド会社の最大の収入源は地税であった。徴税方法として、（　2　）管区などでは、政府と農民とのあいだを仲介するものに徴税を任せ、その仲介者に私的土地所有権を与える（　7　）制が、南部のマドラス管区などでは、仲介者を排除して、国家的土地所有のもとで農民に土地保有権を与えて徴税する（　8　）制が実施された。③これらの徴税制度の実施にともなう新たな土地制度の導入は、インド社会に深刻な影響を与えた。

　インドが世界に誇っていた（　9　）生産も産業革命以降、イギリスの製品が流入して、1810年代末には輸出入が逆転した。インドは、それらの貿易赤字を中国への（　10　）の輸出や、東南アジア・アフリカへの綿製品輸出などでおぎなう多角的な貿易構造の形成で対応した。このような貿易構造の変化は、④イギリスが自由貿易体制へと移行する動きと連関した変化でもあった。

　19世紀後半、北インドを中心に広範な地域でインド人傭兵（（　11　））による大反乱が発生した。反乱が拡大した背景には、没落した旧支配層の不満や、植民地拡張の完成で（　11　）が解雇されるなど、人々の植民地支配への反感があった。反乱は鎮圧され、1858年ムガル帝国は名実ともに滅亡した。反乱を鎮圧したイギリスは東インド会社を解散した。1877年には（　12　）がインド皇帝に即位し、⑤インド帝国が成立した。帝国は、1947年の独立まで存続した。大反乱を経て、従来の強圧的政策から、インド人同士の対立をつくり出す「（　13　）」と呼ばれる巧妙な政策への転換もはかられた。インド社会のエリートたちのあいだには、官吏や弁護士などになり、植民地統治制度のなかに将来を見出そうとする者も現れるようになった。

問①　フランスが拠点とした、南インドの東海岸の都市の名称を答えよ。

問②　このような戦争のなかで、南インドの東海岸を舞台におこなわれた戦争の名称を答えよ。

問③　これらの徴税制度がもたらしたインド社会の変化について1行程度で説明せよ。

問④　イギリスが自由貿易体制へと移行するなか、東インド会社の性格はどのように変化したか。

問⑤　このときのイギリスの首相は誰か。

1	2	3	4	5
6	7	8	9	10
11	12	13	①	②

③ _____

④ _____

⑤ _____

第14章

2 つぎの文の（　　）に適語を入れ、下線部①〜⑤の問いに答えよ。

　オランダは、1623年の（　1　）事件後、ジャワ島の（　2　）を拠点に領土獲得に取りかかり、18世紀半ばに（　3　）王国を滅ぼして島の大半を支配下においた。オランダ東インド会社の解散後は本国による直接支配がおこなわれた。19世紀前半、大規模な反乱（ジャワ戦争）がおこり、その鎮圧で財政状況が悪化すると、その立て直しのため導入した①強制栽培制度により、莫大な利益をあげた。

　イギリスは、18世紀末から19世紀初めにかけてマレー半島の港市を獲得し、1826年にマレー半島の港市をまとめて②海峡植民地に編成した。1895年には、マレー半島の一部の州に（　4　）を結成させ、半島部のほかの諸州や海峡植民地をあわせて支配を確立し、さらに北ボルネオ地域の諸州も支配した。20世紀に入ると、（　5　）からの大量の移民を労働力に、③広大な未開地がゴムのプランテーションとして開発された。

　ビルマでは、18世紀半ばにおこった（　6　）朝がインド東北部の（　7　）地方に進出したが、イギリスは3次にわたるビルマ戦争（1824〜86年）に勝利し、ビルマをインド帝国に併合した。

　16世紀以来フィリピンに進出したスペインは、政教一致政策をとって住民を（　8　）に強制改宗させた。19世紀に入って自由貿易を求める圧力が強まると、スペイン本国はそれまでの閉鎖的な植民地政策を転換し、1834年にはマニラを各国に開港した。これにより、④プランテーションによる商品作物の生産が広がり、フィリピンは世界市場に組み込まれることになった。

　ベトナムは、16世紀以降、黎朝の名目的な支配のもとで政治勢力が南北に分裂していたが、農民の不満を背景として1771年に（　9　）の乱がおこり統一がはかられた。これに対して（　10　）が、フランス人宣教師（　11　）の援助を受け、（　9　）政権を倒し、1802年に全土を統一した。彼は清によってベトナム（越南）国王に封ぜられ、清の制度を導入して行政制度を整備した。19世紀半ば、フランスはカトリック教徒への迫害を理由に⑤ベトナムへの軍事介入を開始し、1883年には全土を支配下においた。清はベトナムへの宗主権を主張し、翌年（　12　）戦争が生じたが、（　13　）条約で、清はフランスの保護権を承認した。ベトナムの植民地化に成功したフランスは、1863年以来保護国としてきたカンボジアとあわせて87年に（　14　）を成立させ、99年にラオスも編入した。

　タイでは18世紀の終わりに、バンコクを首都として（　15　）朝が創始された。ヨーロッパ勢力から門戸開放の圧力が強まると、19世紀後半の（　16　）の時代に自由貿易の原則が確認されて、欧米諸国と外交関係が結ばれた。その結果、（　17　）の商品化が進んで、チャオプラヤ川のデルタ地帯の開発が進んだ。つづく（　18　）は、イギリスとフランスとの勢力均衡策をたくみにとると同時に、外国人専門家をまねいて行政・司法組織などを改革し、また、外国への留学を奨励するなどして近代化を成功させて、植民地化を回避した。

問①　代表的な産物を1つあげよ。

問②　海峡植民地を構成した港市を3つ答えよ。

問③　この時期にゴムの栽培が盛んになった背景を説明せよ。

問④　代表的な産物を1つあげよ。

問⑤あ　ベトナム北部を根拠地に黒旗軍を率いてフランス軍に抵抗した人物は誰か。

　　い　フランスがベトナム全土を支配下におくこととなった1883年の条約の名称を答えよ。

1＿＿＿＿＿＿	2＿＿＿＿＿＿	3＿＿＿＿＿＿	4＿＿＿＿＿＿	5＿＿＿＿＿＿
6＿＿＿＿＿＿	7＿＿＿＿＿＿	8＿＿＿＿＿＿	9＿＿＿＿＿＿	10＿＿＿＿＿＿
11＿＿＿＿＿＿	12＿＿＿＿＿＿	13＿＿＿＿＿＿	14＿＿＿＿＿＿	
15＿＿＿＿＿＿	16＿＿＿＿＿＿	17＿＿＿＿＿＿	18＿＿＿＿＿＿	①＿＿＿＿＿＿

②＿＿＿＿＿＿・＿＿＿＿＿＿・＿＿＿＿＿＿　③＿＿＿＿＿＿

④＿＿＿＿＿＿　⑤あ＿＿＿＿＿＿　い＿＿＿＿＿＿

1 つぎの文の（　　）に適語を入れ、下線部①〜③の問いに答えよ。

18世紀の繁栄のなか、清朝治下の中国は、人口が1億数千万人から3億人に激増した。しかし、移民による内陸部の開発は限界に達し、土地不足による農民の貧困化も進んだ。18世紀末には四川などの新開地で（　1　）の乱が発生し、沿海部では海賊活動が活発化するなど、清朝の支配体制は動揺した。人口増加によって政府の業務が増えたのに対し、物価の上昇にあわせて税収を増やせなかった清朝の財政規模は実質的に縮小していたため、政府の財政難は深刻化し、その秩序維持能力も低下した。

対外関係では、18世紀後半、貿易は大幅に拡大していたが、それはイギリスへの茶の輸出増大が背景にあった。19世紀にはイギリス・インド・中国を結ぶ①三角貿易が成立した。清はアヘン貿易を禁止していたが、取締りは機能せず、財政難におちいった。そこで清はきびしくアヘンを取り締まるため、1839年に（　2　）を派遣し、外国人商人の所有するアヘンを没収して廃棄した。イギリスはこれを口実に、18世紀末の（　3　）使節団の派遣以来ねらっていた対等な外交関係の樹立と自由貿易の実現をはかり、1840年に②アヘン戦争を引きおこした。

イギリス軍は、アヘン戦争においてすぐれた兵器と戦術によって陸海ともに清軍を圧倒し、長江と大運河が交差する要地をおさえて南京にせまった。清は1842年に③南京条約を締結し、5港の開港、（　4　）島の割譲、賠償金の支払い、行商を通じた貿易と徴税の廃止などを認めた。ついで43年には、（　5　）権・協定関税制（（　6　）権の喪失）・（　7　）待遇などを認める不平等条約を締結し、アメリカ合衆国・フランスとも44年に（　8　）条約・（　9　）条約をそれぞれ結んで、イギリスと同等の権利を認めた。

問①あ　中国において清朝より貿易をする特許を得ている中国人の商人を何というか。

　い　この貿易について述べたa・bの正誤の組み合わせとして正しいものを、ア）〜エ）から選べ。

　　a　中国はインドからアヘンおよび綿花を、イギリスは中国から茶をおもに輸入した。

　　b　この貿易によって中国に銀が流入した結果、銀高となり実質的に増税となった。

　　ア）a−正　b−正　　イ）a−正　b−誤　　ウ）a−誤　b−正　　エ）a−誤　b−誤

問②　この戦争について述べたa・bの正誤の組み合わせとして正しいものを、ア）〜エ）から選べ。

　　a　グラッドストンにより反戦演説がおこなわれたが、パーマストン外相主導で開戦された。

　　b　戦争末期、イギリス軍を支援する平英団と呼ばれる民衆組織が生まれた。

　　ア）a−正　b−正　　イ）a−正　b−誤　　ウ）a−誤　b−正　　エ）a−誤　b−誤

問③　開港された5港を、それぞれ地図上のⓐ〜ⓗから選び、地名を答えよ。

1	2	3	4	5
6	7	8	9	

①あ	①い	②	③場所　　地名
場所　　地名	場所　　地名		
場所　　地名	場所　　地名		

2 つぎの文の（　）に適語を入れ、下線部①〜④の問いに答えよ。

　アヘン戦争後の対外貿易は低迷し、外交交渉も停滞した。そこでイギリスは条約の改定をはかり、1856年、（ 1 ）号事件を契機にフランスとともに共同出兵して、第2次アヘン戦争（（ 1 ）戦争）をおこした。英仏連合軍は広州をおさえ、さらに天津にせまって、58年に清と①天津条約を締結した。翌59年には、批准書交換の使節の入京を清軍が武力で阻止したことを口実に、英仏連合軍は戦闘を再開し、60年に②北京を占領して北京条約を結んだ。その結果、清は北京の外国使節に対応するため、はじめて外交機関である（ 2 ）を設立した。

　また、同時期にシベリア進出を強めていたロシアは、第2次アヘン戦争に乗じて1858年に（ 3 ）条約で黒竜江以北を、60年に北京条約（露清間）で沿海州を獲得し、（ 4 ）港を開いて太平洋進出の根拠地とした。ロシアは中央アジアでも南下をはかり、ウズベク人の諸ハン国を制圧してロシア領（ 5 ）を形成し、81年の（ 6 ）条約では中国との境界を有利に画定した。

　19世紀半ば、景気が悪化し社会不安が広がるなかで、人々は相互扶助のために様々な集団に結集した。そうした集団を中心に、華北の農民による（ 7 ）などによる反乱が各地で勃発し、中国は大動乱の時代に入った。そのなかで、最大の反乱勢力となったのが③太平天国である。太平天国は、（ 8 ）を指導者として、1851年に打ちたてられた。太平天国軍は、長江流域に移動するなかで勢力を急速に拡大し、10年以上にわたって清と戦い、同時期の諸反乱を含めて数千万人の死者を出す事態に至った。

　多発する反乱に対し、八旗・緑営といった清朝の常備軍だけでは対応できなかったため、漢人官僚の曾国藩が率いた（ 9 ）、（ 10 ）が率いた淮軍などの義勇軍（郷勇）が編制された。こうした義勇軍の活躍などにより、清は太平天国をはじめとする諸反乱を鎮圧した。

　同治帝の即位後、（ 11 ）らが実権を掌握するなか、反乱鎮圧と対外関係の改善にともない、（ 12 ）と呼ばれる安定期に入った。太平天国鎮圧の際に欧米の近代兵器の威力を認識した漢人官僚たちは、富国強兵をはかり、兵器工場の設立や西洋式軍事教育の導入によって軍事力の近代化を進め、さらに紡績会社・汽船会社の設立、鉱山開発、電信敷設などの近代化事業を推進した（④洋務運動）。

問①　この条約について述べた a・b の正誤の組み合わせとして正しいものを、ア）〜エ）から選べ。
　　a　天津などの華北の港や、長江流域の内陸港も新たに開港された。
　　b　中国におけるキリスト教布教の自由と、英仏の軍隊の北京駐在が認められた。
　　ア） a−正　b−正　　**イ）** a−正　b−誤　　**ウ）** a−誤　b−正　　**エ）** a−誤　b−誤

問②あ　この時に略奪・破壊されたバロック風の離宮は何か。
　　い　この離宮を設計した人物は誰か。

問③あ　太平天国の乱について述べたア）〜エ）のうち、正しいものを1つ選べ。
　　ア） 太平天国の指導者は、仏教に影響を受けた上帝会という宗教結社を率いた。
　　イ）「扶清滅洋」をスローガンに、辮髪や纏足を禁止した。
　　ウ） 1853年には広州を占領し、ここを天京と改名し首都とした。
　　エ） イギリス人ゴードンの指揮する軍隊が、同治帝により常勝軍と命名され、鎮圧に貢献した。
　　い　太平天国が実施をめざした、男女均等に土地を配分する土地制度は何か。

問④　この運動が徹底した改革にならなかった理由を、この運動の理念を明示して説明せよ。

1	2	3	4
5	6	7	8	9
10	11	12	①	②あ
い	③あ	い		
④				

3 つぎの文の（　　）に適語を入れ、下線部①～④の問いに答えよ。

　19世紀半ばの日本では、アメリカ合衆国のペリーの来航を機に、1854年に（　1　）条約が結ばれ、さらに第2次アヘン戦争を背景として、58年には不平等条約である（　2　）条約が締結された。

　同じ頃、欧米諸国は朝鮮に対しても開国をせまったが、高宗の摂政であった（　3　）はこれを拒否し、攘夷につとめた。しかし、明治維新後の日本は1875年に（　4　）事件を引きおこして朝鮮に開国をせまり、翌76年には不平等条約である（　5　）によって釜山など3港を開港させた。

　中国を含めた一連の不平等条約で東アジア各地に開港場が設けられ、低関税の自由貿易がおしつけられたことにより、海上貿易は急速に拡大した。中国は生糸・茶の輸出拡大とアヘンの輸入代替化による貿易黒字によって不景気を脱し、欧米人主導で再編された税関の税収増大は清朝政府の財政を安定させ、反乱鎮圧や近代化事業にも寄与した。日本でも生糸・茶の輸出拡大が近代化に貢献した。また、中国の開港場で外国が行政権を得た（　6　）は、インフラ整備や欧米系商社・銀行の進出もあって発展し、（　7　）をはじめとして中国経済の中心となっていった。

　日本では、条約締結を契機とする政治・経済的動揺のなかで、1867年に江戸幕府が政権を朝廷に返上し、翌68年には①明治政府が成立して、政治体制が大きく転換し、急速に近代化をはかった（明治維新）。

　欧米列強の進出と日本の台頭による辺境の危機に対して、清はそれまで間接的な支配方式をとっていた（　8　）やチベットへの関与を強め、また漢人の移民を禁止していた東北地方への移民を奨励するようになった。同時に、理念的・形式的側面が強かった朝貢関係を実質的なものに変えようとして朝貢国に対する影響力の強化をはかったが、それはベトナムではフランスとの対立をまねいた。ベトナムでは北部での紛争を契機として1884年に（　9　）戦争が勃発し、清はフランスのベトナム支配を認めた。

　②朝鮮では開港後、攘夷派と改革派の対立に加えて、改革派のなかでも日本に接近する（　10　）らの急進改革派と、清との関係を重視する国王の外戚である（　11　）らの対立が続き、朝鮮をめぐる日本と清の対立も激化した。1894年、朝鮮で③甲午農民戦争（東学の乱）が発生すると、日清両国が出兵して（　12　）戦争となった。これに敗れた清は、95年の④下関条約を結んだ。

問①　明治政府について述べた**a・b**の正誤の組み合わせとして正しいものを、**ア）～エ）**から選べ。

　　a　ロシアとのあいだに樺太・千島交換条約を締結し、この条約が現在の北方領土問題において日本の主張の根拠となっている。

　　b　アメリカ合衆国憲法をもとに大日本帝国憲法がつくられ、日本は立憲国家となった。

　　ア） a－正　b－正　　**イ）** a－正　b－誤　　**ウ）** a－誤　b－正　　**エ）** a－誤　b－誤

問②　1880年代の朝鮮について述べた**ア）～エ）**から正しいものを1つ選べ。

　　ア） 1882年に、軍人たちが漢城にて大院君への反乱である壬午軍乱をおこした。

　　イ） 1884年におこった甲申政変では、清朝から袁世凱が派遣され鎮圧にあたった。

　　ウ） 甲申政変は急進改革派に対して攘夷派の兵士がおこした政変である。

　　エ） 甲申政変の処理に関して、1885年に天津条約が結ばれ、日本だけが朝鮮から撤兵した。

問③あ　東学の創始者は誰か。

　　い　この乱の首謀者は誰か。

問④あ　この条約が結ばれた講和会議の清国全権は誰か。

　　い　この条約で日本が獲得した領土を3つ答えよ。

1	2	3	4	5
6	7	8	9	10
11	12	①	②	③あ

い	④あ	い　　　・　　　　・

1 以下の史料1～4は、環大西洋革命に関する文書である。これについて、後の問いに答えよ。

史料1　　第4条　　　　　　　国王陛下は、これまで主張してきたノヴァスコシアあるいはアカディアについてのすべての権利を放棄し、そのすべてとそれに付属するものがイギリス国王陛下に帰属することを保証する。

（歴史学研究会編『世界史史料6』岩波書店　一部改変）

史料2　　同胞、友人諸君。私はトゥサン＝ルヴェルチュールである。諸君はおそらく私の名前を知っているだろう。私は復讐に着手した。私は自由と平等がサン＝ドマングに君臨することを望んでいる。私はその実現のために働く。同胞諸君、われらのもとに結集し、同じ大義のためにともに闘おう。

（歴史学研究会編『世界史史料7』岩波書店　一部改変）

史料3　　われわれは以下の原理は自明のことと考える。まず、人間はすべて平等に創造されており、創造主から不可譲の諸権利をあたえられており、それらのなかには生命、自由、幸福追求の権利がある。

（歴史学研究会編『世界史史料7』岩波書店　一部改変）

史料4　　国民議会を構成するフランス人民の代表者たちは、人権についての無知、忘却あるいは軽視のみが、公衆の不幸および政府の腐敗の原因であることにかんがみ、人間のもつ譲渡不可能かつ神聖な自然権を荘重な宣言によって提示することを決意した。……　したがって国民議会は、最高存在を前にして、またその庇護のもとに、以下に掲げる人間および市民の権利を承認し、かつ宣言するものである。

（歴史学研究会編『世界史史料6』岩波書店　一部改変）

問1. 史料1は、七年戦争およびその関連する戦争が終結した際に締結された条約の一部である。**史料1と七年戦争**について述べた**a・b**の正誤の組み合わせとして正しいものを、**ア）～エ）**から選べ。

a　史料1中の　　　　　　　国王陛下はフランス国王を示す。フランスはこの条約で、新大陸の植民地のほぼすべてを失い、一連の戦争の経費を国内の特権身分への課税に求めた。

b　七年戦争の勝利によりイギリスは、膨大な植民地を獲得すると同時に、新大陸から奴隷を供給する権限であるアシエントをスペインから獲得した。

ア） a－正　b－正　　**イ）** a－正　b－誤　　**ウ）** a－誤　b－正　　**エ）** a－誤　b－誤

問2. 史料3と史料4の起草者はいずれも、大西洋を挟んだ2つの革命に関連した人物でもある。その組み合わせとして正しいものを、**ア）～エ）**から選べ。

ア） 史料3－ジェファソン　　**史料4**－シェイエス

イ） 史料3－ジェファソン　　**史料4**－ラ＝ファイエット

ウ） 史料3－ワシントン　　　**史料4**－シェイエス

エ） 史料3－ワシントン　　　**史料4**－ラ＝ファイエット

問3. 史料4に関連して述べた**a・b**の正誤の組み合わせとして正しいものを、**ア）～エ）**から選べ。

a　この宣言は「人権宣言」と一般に訳される。正式名称からは、当時人間と市民とが区別される概念であったことや、女性の権限が軽視されていたことをうかがうことができる。

b　史料から、自然権などにもとづく普遍の人間のもつ権利を示す意志が読み取られる。宣言からはルソーの啓蒙思想の影響をうかがうことができる。

ア） a－正　b－正　　**イ）** a－正　b－誤　　**ウ）** a－誤　b－正　　**エ）** a－誤　b－誤

問4. 史料1～史料4を年代の古い順に並べたとき、3番目になるものを**ア）～エ）**から選べ。

ア） 史料1　　　**イ）** 史料2　　　**ウ）** 史料3　　　**エ）** 史料4

2 ロシアの国境画定に関する以下の史料1・2と地図について、あとの問いに答えよ。

史料1 1727年11月1日

第3条 ロシア大使サッヴァ＝ウラジスラヴィチ＝イリリンスキー伯は中国高官とともに次のことに合意した。……（　あ　）河畔にあるロシア側観視所およびオロゴイ山にある中国側観視所の石で造られた標識から始まる。すなわちこの二つの灯台間の土地は均しく等分に分けられ、その真中に境界の印として標識が置かれている。そこに両国の交易所が設けられた。

第4条 今、両国の国境画定に基づき、いずれの国も逃亡者たちを引き留め置くべきではない。これにより、条約が更新されたので、ロシア大使サッヴァ＝ウラジスラヴィチ＝イリリンスキー伯と取り決めたように、両帝国の間で自由交易が行われる。またこれ以前にすでに決められていた如く、商人の数は200人を超えないものとする。この商人たちは、3年に一度、北京に赴くことができる。

（歴史学研究会編『世界史史料6』岩波書店　一部改変）

史料2 1858年5月28日

1、（　い　）および松花江の左岸は、アルグン川から（その下流の（　い　）と）松花江との合流点までをロシアの所属地とし、松花江の右岸は、順江からウスリー川との合流点までを清の属地とする。ウスリー川から海にいたるすべての地域から両国の境界線にいたる地域は、清とロシアの共同管理地とする。（　い　）の左岸で、ゼーヤ川からホルモルジン村にいたる地域には、満洲人などが住んでいるが、彼らはこれまでどおり当該地域に居住し続けてよく、管轄も清朝に属するものとして、ロシア側が彼らと騒ぎをおこしたり、危害を与えたりしてはならない。

1、両国に属する人は永遠に相互に友好的であれ。ウスリー川、（　い　）、松花江流域に居住する両国人は相互に貿易することが認められる。両岸の両国商人は、その管理責任を官に委ね、相互に相手を観察する。（歴史学研究会編『世界史史料9』岩波書店　一部改変）

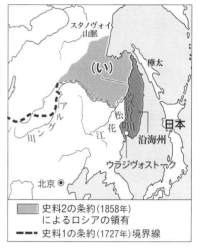

- 史料2の条約（1858年）によるロシアの領有
- ‐‐‐ 史料1の条約（1727年）境界線

▲地図

問1. （　あ　）（　い　）に当てはまる語句の組み合わせとして正しいものを、ア）～エ）から選べ。

ア）あ－キャフタ　　　　い－黒竜江　　イ）あ－キャフタ　　　　い－遼河

ウ）あ－ネルチンスク　　い－黒竜江　　エ）あ－ネルチンスク　　い－遼河

問2. **史料1**の締結された時期にもっとも近い時期のできごとを説明しているものを、ア）～エ）から1つ選べ。

ア）清では、三藩の乱を平定し国内を安定させた康熙帝により対外的な進出が画策されていた。

イ）清は、チベットに勢力をのばしていたジュンガルを滅亡させた。

ウ）清はアロー戦争に敗北したが、天津条約の批准書交換を拒否し再度武力衝突が生じた。

エ）ロシアは、北方戦争の勝利によりバルト海の進出を進めた。

問3. 史料に関する**Aさん**と**Bさん**のコメントの正誤の組み合わせとして正しいものを、ア）～エ）から選べ。

Aさん：**史料1**の条約の締結によって、ロシアと清の国境をまたぐ自由な交易が認められました。これは清が初めて外国と対等な形式で締結した国際条約でした。

Bさん：**史料2**と**地図**をみると、**史料2**の条約締結によりロシアは沿海州を獲得したことがわかります。このことは、のちのウラジヴォストークの建設につながりました。

ア）A－正　B－正　　イ）A－正　B－誤　　ウ）A－誤　B－正　　エ）A－誤　B－誤

1 以下は奴隷制度に関する文章である。これについて、あとの問いに答えよ。

　スペイン・ポルトガルによるアメリカ大陸植民地経営はインディオの人口の急激な減少をもたらし、16世紀頃より、労働力としてアフリカ大陸の黒人奴隷をアメリカ大陸に供給する①大西洋奴隷貿易が始まった。

　欧米諸国では19世紀半ばまでに多くの国で奴隷制度が廃止された。フランスでは②18世紀末にヨーロッパで初めて近代的な奴隷制度が廃止された。イギリスでは③1833年に自由主義的改革の１つとして奴隷制の廃止が実現した。④アメリカ合衆国では1863年の奴隷解放宣言ののち、1865年の修正憲法13条により奴隷制度の廃止が実現した。⑤ラテンアメリカ諸国でも多くの国で19世紀半ばまでに奴隷制度が廃止された。

問１. 下線部①に関連して、大西洋奴隷貿易と奴隷制度に関する以下の問いに答えよ。

　ⓐ　ムスリム商人による奴隷貿易の拠点となったことに由来する名称をもつ、アフリカ東岸の島の名称を答えよ。

　ⓘ　大西洋三角貿易によってヨーロッパからアフリカにもち込まれた商品は何か。

　ⓙ　ハイチ革命がイギリス・フランスにおよぼした影響について、奴隷制に関するできごとを中心に200字程度で説明せよ。

問２. 下線部②に関連して、フランスで奴隷制度が廃止されたときの政府を、ア）〜エ）から選べ。

　　ア）国民議会　　　　イ）立法議会　　　　ウ）国民公会　　　　エ）総裁政府

問３. ⓐ　下線部③に関連して、港町リヴァプールの19世紀前半における産業の変化について、つぎの語句を用いて100字程度で説明せよ。

　　　　【ウィルバーフォース　マンチェスター】

　　ⓘ　下線部③に関連して、1830年代のイギリスについて説明した以下の文が正しければ○、誤っていれば×を記せ。

　　　ア）第１回選挙法改正により、男性都市労働者が選挙権を獲得した。

　　　イ）東インド会社の貿易活動が停止された。

　　　ウ）穀物法と航海法が廃止され、自由貿易体制が促進された。

　　　エ）グラッドストン内閣のもと、工場法が成立した。

問４. 下線部④に関連して、アメリカ合衆国に関する以下のa・bの正誤の組み合わせとして正しいものを、ア）〜エ）から選べ。

　a　アメリカ合衆国は、1787年、首都ワシントンで憲法制定会議が開催され、各州が独自の法や軍事組織をもつ連邦制の共和国として成立した。

　b　民主党のリンカン大統領の奴隷解放宣言は、北軍に国際世論を味方につける効果があった。

　　ア）a－正　b－正　　イ）a－正　b－誤　　ウ）a－誤　b－正　　エ）a－誤　b－誤

問５. 下線部⑤に関連して以下の問いに答えよ。

　ⓐ　1870年代でも奴隷制が維持され、また共和政がとられていなかった国をあげよ。

　ⓘ　ラテンアメリカ全体で、奴隷制が長期にわたって維持されていた理由を簡単に説明せよ。

2 以下は18〜19世紀のアジアの情勢に関する文章である。これについて、波線部ア）〜オ）と下線部①・②の問いに答えよ。

オスマン帝国は、18世紀前半に「チューリップ時代」と呼ばれる一時的な安定期を迎えたが、指導権を握っていたイブラヒム＝パシャが1730年にイェニチェリの反乱によって殺害され、その安定期は終わった。1873年にはロシアと戦って敗れ、ロシアの黒海進出を許した。エジプトのムハンマド＝アリーはギリシア独立戦争に際してオスマン帝国側で戦ったが、これをきっかけに①<u>第１次エジプト＝トルコ戦争</u>がおこった。ムハンマド＝アリーはヨーロッパ諸国の支援を受けて富国強兵につとめたが、彼の死後はイギリスによるスエズ運河の株式買収などの介入を受け、1881年に始まる「エジプト人のためのエジプト」をとなえた**ア**）<u>マフディー</u>運動が鎮圧されるとエジプトの植民地化が加速した。オスマン帝国は1853年に始まる②<u>クリミア戦争</u>で、イギリス・フランス両国の支援を受けてロシアを撃退したが、77年には再びロシアの攻撃を受けたため、**イ**）<u>アブデュルハミト２世</u>は憲法を停止し、専制政治を復活した。同じくオスマン帝国の支配下にあったアラビア半島では、18世紀に**ウ**）<u>バーブ教徒</u>の改革運動がおこり、サウード家がこれと結んで王国を建てたが、ムハンマド＝アリーによる攻撃で一時滅亡した。

1796年、イランには**エ**）<u>トルコ系のガージャール朝</u>が成立したが、ロシアに敗れ、1828年に**オ**）<u>カルロヴィッツ条約</u>を締結した。

問１. 波線部ア）〜オ）が正しければ○、誤っていれば正しい語句を記せ。

問２. 下線部①について以下の問いに答えよ。

　ⓐ　この戦争後、1833年にオスマン帝国がロシアと締結した条約の名称を答えよ。

　ⓘ　この戦争でロシアが獲得した権利は何か。

問３. 下線部②の戦争の結果、1856年に締結されたパリ条約の内容として**誤っているもの**を、ア）〜オ）から１つ選べ。

　ア）黒海の中立化　　**イ**）ドナウ川航行の自由　　**ウ**）ルーマニアの独立

　エ）ロシアのベッサラビア放棄　　**オ**）オスマン帝国の独立と領土保全

問４. 19世紀後半におけるロシアの中央アジア進出とその背景、それが国際関係におよぼした影響について、以下の語句を用いて200字程度で説明せよ。

　【アレクサンドル２世　トルキスタン　インド】

3 19世紀に中国が締結した条約に関連する以下の表をみて設問に答えよ。

問１. 以下の内容は表ａ〜ｃのいずれに入るか。

　ア）天津を開港場とする

　イ）イギリスに香港島を割譲する

　ウ）外国公使の北京駐在を認める

問２. 以下のできごとは、表中の（　あ　）〜（　え　）のいずれに入るか。

　ア）円明園の焼失

　イ）アメリカ合衆国の大陸横断鉄道開通

　ウ）義和団事件

　エ）中国における自由貿易の実施

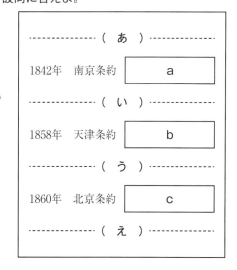

-------------- （　あ　）--------------
1842年　南京条約　｜　a
-------------- （　い　）--------------
1858年　天津条約　｜　b
-------------- （　う　）--------------
1860年　北京条約　｜　c
-------------- （　え　）--------------

45 第2次産業革命と帝国主義

(教 p.258〜264／解 p.73〜75)

1 ▶つぎの文の(　　)に適語を入れ、下線部①〜⑥の問いに答えよ。

　いち早く18世紀後半には産業革命に突入して「(　1　)」の地位についたイギリスを追って、欧米各国でも産業革命が進められた。19世紀後半には、近代科学の成果にもとづく新しい工業部門が欧米で発展し、(　2　)や(　3　)を新しい動力源に重化学工業・電機工業、(　4　)などの非鉄金属部門が成長した。その製品は国民の日常生活に直結し、生活スタイルに大きな影響を与えた。この変化は①<u>第2次産業革命</u>と呼ばれている。これらの工業部門は巨額の資本を必要としたため、(　5　)と結ぶ少数の巨大企業が市場を独占的に支配する傾向が現れた(金融資本)。労働者は近代科学の基本的知識や専門資格を求められるようになり、このため近代教育の普及がうながされたが、他方で伝統的技術と古い労働形態が残る農業や中小企業は圧迫された。不況と低成長の時期が長く続いた1870年代以降、生活基盤を狭められ多くの人々が②<u>移民</u>となって、アメリカ合衆国などへと渡った。

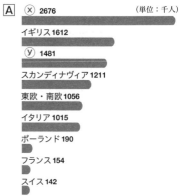

▲ヨーロッパからアメリカ合衆国への移民

　主要国で工業化が進み相互の競争が激しくなると、③<u>植民地の重要性が見直され</u>、一時は植民地不要論がとなえられたイギリスを含め、④<u>各国は新たな植民地の獲得を競い合うようになった</u>。1880年代以降、有力な列強はアジア・アフリカに殺到し、現地の抵抗を武力で制圧しながら⑤<u>植民地や従属地域に組み込み、それぞれの勢力圏を打ちたてた</u>。この動きが⑥<u>帝国主義</u>である。一方でヨーロッパ内部では、19世紀末に長期の低成長期が終わり、以後好景気が持続して、のちに「(　6　)(すばらしい時代)」と回顧される一大繁栄期に入った。

問①　第2次産業革命の中心となった国を2つあげよ。

問②　図Ａの⊗・⊙に該当する国の組み合わせとして正しいものを、ア)〜エ)から1つ選べ。

　　ア) ⊗ドイツ　　　⊙メキシコ　　　**イ)** ⊗ドイツ　　　⊙アイルランド
　　ウ) ⊗アイルランド　⊙メキシコ　　　**エ)** ⊗アイルランド　⊙ドイツ

問③　この時期に見直された植民地の役割は何か。

問④　図Ｂの@〜fからあアメリカ、いイギリス、うフランスをそれぞれ選べ。

問⑤　植民地支配は、当時の欧米社会でどのように受け取られていたのか説明せよ。

問⑥　1916年に亡命先のスイスで『帝国主義論』を著した人物は誰か。

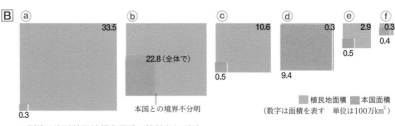

▲列強の海外植民地領有面積の比較(1914年)

1	2	3	4	5

6	①	・	②

③

④あ	い	う

⑤

⑥

2 つぎの文の（　　）に適語を入れ、下線部①〜⑨の問いに答えよ。

　イギリスは白人植民者が多い植民地を①自治領として間接支配に切りかえる一方、直轄支配を続けた植民地のなかでとくに重要なインドの支配を確実にするため、（　1　）党の②ディズレーリ首相のもとで積極的に帝国主義政策を推し進めた。さらに（　2　）植民相はケープ植民地の（　3　）首相の拡張政策を引き継いで（　4　）戦争をおこした。国内では、③フェビアン協会や労働組合が労働者主体の政党を求めて1900年に（　5　）を結成し、06年には労働党となった。この党はゆるやかな改革によって社会主義実現をめざす方針をとったため、05年成立の自由党内閣はその支援を得て④社会改革に取り組み、保守党の強い上院に対抗するため⑤議会法を成立させた。さらに14年、⑥アイルランド自治法も成立させたが、結局第一次世界大戦勃発を理由に実施は延期された。

　フランスは1880年代から、豊かな中産階層に支えられた銀行の資本力を背景に帝国主義政策に乗り出し、イギリスにつぐ大植民地帝国を築いた。1890年代になりビスマルク体制による国際的孤立から抜け出すと、⑦列強と同盟関係を結んでドイツに対抗した。国内では89年に元陸相がおこした（　6　）事件、また94年には⑧ドレフュス事件など国論を二分する反共和政の動きがあった。しかし、共和派政府はこれらの危機を切りぬけ、1905年に（　7　）法を発布して第三共和政を安定させた。一時停滞していた労働運動も活性化し、05年にはフランス（　8　）党が結成された。

　ドイツでは1888年に即位したヴィルヘルム2世がビスマルクを引退させ、躍進した工業力を背景に積極的な政策に乗り出した。外交では、ロシアとの再保障条約を更新せず、⑨帝国主義政策を追求した。内政では労働者層の支持を期待して社会主義者鎮圧法を廃止し、1912年には（　9　）党が帝国議会の第一党になった。党はマルクス主義にもとづき、革命による社会主義実現を目標に掲げたが、やがて議会主義による社会改革をとなえる（　10　）らの修正主義が支持を広げた。

問①あ　イギリス植民地のなかではじめて、1867年に自治領となったのはどこか。

　　い　20世紀に成立した3つの自治領を成立順に記せ。

問②　ディズレーリによる**ア）〜ウ）**の帝国主義政策を年代順に記せ。

　　ア）キプロス島の獲得　　**イ）**スエズ運河会社株の買収　　**ウ）**インド帝国の建設

問③　協会創設期の会員で、代表作『宇宙戦争』『タイムマシン』を著し「SF界の巨人」とされる作家は誰か。

問④　このとき成立した法を1つあげよ。

問⑤　この法律では何を定めたのか。

問⑥あ　これに反対したのはどの地域か。

　　い　独立を主張した政党を何というか。

問⑦　1890年代、フランスが最初に同盟を組んだ国はどこか。

問⑧　新聞紙上で「私は弾劾する」の見出しで、大統領宛の公開質問状を発表した作家は誰か。

問⑨　ヴィルヘルム2世のこの帝国主義政策を何というか。

1 ___	2 ___	3 ___	4 ___	5 ___
6 ___	7 ___	8 ___	9 ___	10 ___

①あ ___　　い ___ → ___ → ___

② ___ → ___ → ___　　③ ___　　④ ___

⑤ ___　　⑥あ ___　　い ___

⑦ ___　　⑧ ___　　⑨ ___

3 つぎの文の（　　）に適語を入れ、下線部①～⑧の問いに答えよ。

　ロシアでは1890年代より、主に（　1　）からの資本導入で近代産業が急速に成長し、（　2　）鉄道などの国家事業で国内開発を進めた。しかし工場での労働条件は劣悪なままであり、知識人や社会主義者、さらに自由主義者からも専制体制の転換を求める声が高まり、マルクス主義を掲げる①ロシア社会民主労働党や、ナロードニキの流れをくむ（　3　）が結成された。1905年、（　4　）戦争の戦況悪化のなか、②民衆の平和的デモ行進に対し警備の軍が発砲する事件をおこすと、全国で農民蜂起・労働者のストライキ・民族運動が発生した。モスクワでは③労働者の自治組織が武装蜂起し、自由主義者も政治改革を要求した（1905年革命）。皇帝（　5　）は④十月宣言を発して首相に工業化を推進する改革派の（　6　）を登用し事態の収拾をはかるが、革命運動が後退すると再び専制的姿勢に戻った。1906年に首相になった（　7　）は帝政の支持基盤を安定させるため、（　8　）を解体して自営農民の創出をはかったが、農村社会はかえって動揺した。政府は国民の注意をそらすため、バルカン方面への南下政策を強めた。

　19世紀末に世界最大の工業国になったアメリカ合衆国では帝国主義政策を求める声が高まった。共和党の（　9　）大統領は、キューバの独立運動に介入して⑤1898年にアメリカ＝スペイン戦争を引きおこした。また中国市場への進出をはかって1899年に国務長官（　10　）の名で中国の門戸開放政策を提唱した。（　9　）を継いだセオドア＝ローズヴェルト大統領は、国内では（　11　）主義と呼ばれた諸改革を実施する一方、⑥中米諸国には軍事力で威嚇する外交方針をとり、また⑦カリブ海政策を積極的に推進した。1913年に大統領になった民主党の（　12　）は（　11　）主義を継承した「新しい自由」を掲げ、対外政策ではアメリカ民主主義の道義的優位を説く一方で、中米やカリブ海域でのアメリカの覇権を確立した。

　1870年代の第1インターナショナル解散後、労働運動の国際的連携は停滞したが、80年代後半から欧米先進国の工業化の進展にともなって大衆的労働運動が活性化し、社会主義運動でもマルクス主義思想が主流になって国際的連携の気運が再燃した。1889年には、パリで各国の社会主義運動の組織が集まり、第2インターナショナルが結成された。⑧参加組織は国ごとに1つの政党に限定され、帝国主義や軍国主義への反対運動を組織し、8時間労働制などの労働条件改善を訴えた。しかし、社会主義者のなかにも植民地統治を認めたり、自国の利害を擁護する傾向が現れ、しだいに第2インターナショナルの結束も崩れはじめた。

問①　この党は創設直後分裂したが、⑯プレハーノフ、⑰レーニンが率いた派をそれぞれ何というか。
問②⑯　この事件を何というか。
　　　⑰　平和的デモ行進を率いた聖職者は誰か。
問③　この組織をロシア語で何と表現するか。
問④　この宣言で開設を約束したものは何か。
問⑤⑯　この戦争でアメリカが獲得した地域として**誤っているもの**を、ア）～エ）から1つ選べ。
　　　ア） プエルトリコ　　**イ）** フィリピン　　**ウ）** ハワイ　　**エ）** グアム
　　　⑰　この戦争によって独立したキューバに対してアメリカがおしつけた条項を何というか。
問⑥　このようなセオドア＝ローズヴェルトの外交方針を何というか。
問⑦　カリブ海政策の中心となる、太平洋と大西洋を直接つなぐ運河を何というか。
問⑧　第2インターナショナルの中心となった政党は何か。

1	2	3	4	5
6	7	8	9	10
11	12	①⑯	⑰	
②⑯		⑰	③	④
⑤⑯	⑰	⑥	⑦	⑧

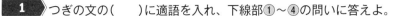
1 つぎの文の（　）に適語を入れ、下線部①〜④の問いに答えよ。

19世紀前半まで、アフリカに関するヨーロッパ人の知識は奴隷貿易の拠点や地中海沿岸、アジア航路上の港などに限られていたが、①同世紀半ばには中央部の探検が進められた。1880年代初め、コンゴ地域をめぐってヨーロッパ諸国が対立すると、ドイツの（　1　）は調停のために1884〜85年に（　2　）会議を開いた。会議で（　3　）国王の所有地としてコンゴ自由国の設立と②アフリカの植民地化の原則が合意されると、列強はアフリカに殺到し、大部分を分割して植民地とした。

イギリスは1880年代、エジプトの（　4　）運動を制圧して事実上の保護国とし、さらに南下して、スーダンでは（　5　）運動を制圧した。一方アフリカ南部では、ケープ植民地の（　6　）の指導で周辺地域への侵攻政策がとられた。1899年にイギリスは、（　7　）人のトランスヴァール共和国・オレンジ自由国とのあいだに（　8　）戦争をおこし、激しい抵抗を排して、両国を併合した。

フランスは、1881年に（　9　）を保護国とし、サハラ砂漠地域からアフリカを（　10　）してジブチ・マダガスカル方面との連結をめざした。この計画はイギリスの（　11　）政策と衝突して98年に（　12　）事件をおこしたが、フランスが譲歩して解決した。両国は接近して1904年に（　13　）を結び、エジプトでのイギリスの支配的地位とモロッコでのフランスの優越的地位を互いに認めあい、ドイツに対抗した。

ドイツのアフリカ植民地は有力な資源や市場価値に乏しく、③ドイツは新たな植民地を求めて、フランスのモロッコ支配に挑戦し、1905年と11年の2度にわたってモロッコ事件をおこした。これはいずれもイギリスなどほかの列強の反対にあい、モロッコは12年にフランスの保護国になった。

イタリアは1880年代に（　14　）・エリトリアを植民地とし、さらにエチオピアに侵攻したが、1896年の（　15　）の戦いで敗れて後退した。その後、1911〜12年にイタリア＝トルコ（伊土）戦争をおこしてオスマン帝国から（　16　）を奪った。

20世紀初めには、アフリカ全土は、エチオピア帝国と（　17　）を除いて、列強の支配下におかれた。列強は現地の住民のつながりや交易網を無視し、経済的利害や戦略的重要性から現地に行政・治安機構を整えた。また、④列強は沿岸部から後背地を含む人為的な境界線を定めた。さらに、住民をプランテーションや鉱山の過酷な労働に従事させるなど、その支配はアフリカの発展にはかりしれない被害と障害を残した。

問①あ　イギリスの宣教師で、医療伝道に従事しながらナイル源流を探検したのは誰か。

　　　い　アメリカの報道記者・探検家で、遭難したあの人物を発見したのは誰か。

問②　この原則について、簡潔に説明せよ。

問③あ　第1次モロッコ事件でドイツ皇帝が上陸した港はどこか。　　い　この皇帝は誰か。

　　　う　第2次モロッコ事件でドイツが砲艦を派遣した港はどこか。

問④　このことは現在のアフリカにどのような影響を与えているか、簡潔に説明せよ。

1	2	3	4	5
6	7	8	9	10
11	12	13	14	15
16	17	①あ	い	

②＿＿＿

＿＿＿

③あ	い	う

④＿＿＿

＿＿＿

2 つぎの文の（　）に適語を入れ、下線部①～③の問いに答えよ。

　太平洋地域には、18世紀にイギリスが、19世紀にはフランス・ドイツ・アメリカ合衆国が進出した。（　1　）はイギリス領となり、最初は流刑植民地だったが、19世紀半ばに金鉱が発見されると移民も増加して発展し、先住民の（　2　）は奥地に追われた。イギリスはさらに（　3　）なども領有したが、その際も先住民の（　4　）人の抵抗を武力でおさえ込んだ。ドイツはビスマルク諸島などメラネシアの一部とミクロネシアの諸島を獲得し、アメリカ合衆国は1898年のアメリカ＝スペイン戦争の結果、スペインからフィリピン・（　5　）を獲得したほか、同年に（　6　）を併合した。

　中南米のラテンアメリカ諸国では、独立後も植民地期以来の大土地所有者や大商人が実権を握り、貧富の大きな格差が存続していた。加えて、国民の出自は多様で地域差も大きかったため、その統合は容易ではなかった。宗教面では、ほとんどの国で（　7　）が影響力を維持したが、政教分離を進めようとする自由主義者との対立がみられた。また、中央政府に対して地方有力者が反乱をおこしたり、軍人がクーデタを試みるなど、不安定な政治が続いた。

　経済的には、①19世紀末になると、欧米諸国での第2次産業革命の進展や食料需要の高まり、ラテンアメリカ諸国での鉄道・汽船の普及、冷凍技術の発達などの結果、農産物や原料の対欧米輸出が増加した。その一方で欧米からの工業製品の輸入や投資も盛んであり、中米ではアメリカ合衆国の、南米ではイギリスの経済的影響が大きかった。なかでも合衆国は、1889年以降（　8　）会議を定期的に開催して、ラテンアメリカへの影響力を強めていった。

　ブラジルでは、帝政下で奴隷制が維持されたが、イギリスの圧力による奴隷貿易の廃止や、アメリカ合衆国での奴隷制廃止を経て、1888年に廃止が決定された。しかし、この措置は経済を混乱させて地主層の離反をまねき、これに乗じた共和派は翌89年に軍の一部を動かし、クーデタによって（　9　）を確立した。

　アルゼンチンでは、独立後に中央政府と地方勢力が対立して政情不安が続いたが、19世紀末に安定した政権が樹立されると、移民の流入や投資が急増した。20世紀初めには世界有数の農産物輸出国に成長したが、民主化の遅れなどの政治的課題も残された。

　メキシコでは、（　10　）戦争の敗北で国土が半減した衝撃で政治改革が始まり、1857年に自由主義的な憲法が公布されたが、保守派の反乱で内戦が始まった。保守派は劣勢におちいるとフランスに介入を求め、②ナポレオン3世は61年に軍を派遣して、64年には帝政を樹立させたが、アメリカの介入などもあって67年に撤退し、共和政が復活した。その後、（　11　）大統領による長期の独裁的な政治体制のもと、豊富な鉱物資源を背景に経済成長がはかられたが、経済格差も強まった。1910年には国内各地で農民も加わった蜂起がおこって③メキシコ革命が始まり、（　11　）政権は倒されたが、新体制をめぐって内戦となった。アメリカ合衆国の介入もあって情勢は混乱したが、結局、17年に新憲法が定められ、大統領の権限が強化される一方で、外国資本と教会財産が国有化された。

問①㋐　ブラジルの主要輸出品を1つあげよ。

　　㋑　アルゼンチンの主要輸出品を1つあげよ。

　　㋒　キューバの主要輸出品を1つあげよ。

　　㋓　チリの主要輸出品を1つあげよ。

問②　ナポレオン3世が、メキシコ皇帝に擁立したのは誰か。

問③　革命の指導者で㋐「アヤラ綱領」を掲げたのは誰か。また、㋑南部の農民運動指導者は誰か。

1	2	3	4	5
6	7	8	9	10
11	①㋐	㋑	㋒	㋓
②	③㋐	㋑		

1 つぎの文の（　）に適語を入れ、下線部①〜⑥の問いに答えよ。

　日清戦争での敗北は中国の知識人に大きな衝撃を与え、伝統的な内政・制度を変革する「（　1　）」の考え方が広まった。1898年、皇帝（　2　）のもとで①憲法制定や議会開設などの改革が試みられたが、急激な改革は官僚の反対で実施されなかった。同年（　3　）と結んだ②保守派のクーデタにより改革は失敗に終わった。同じ頃、列強は中国への進出を開始した。日清戦争の賠償金もあって財政難となった清に対する借款提供の担保として、③列強は鉱山・鉄道の利権なども獲得し、勢力範囲を設定した。中国進出に出遅れたアメリカ合衆国は、国務長官（　4　）の名で④中国に関する三原則を提唱した。列強の進出は中国の知識人に大きな危機感をいだかせた。

　列強の進出にともないキリスト教の布教活動が盛んになると、これに既存の秩序を維持しようとする地域エリートが対抗し、中国各地で（　5　）と呼ばれる反キリスト教運動による衝突事件が生じた。山東半島で結成された（　6　）は、宣教師や中国人信徒を襲撃しつつ勢力を拡大した。1900年、（　6　）が北京に入ると、清朝保守派はこれと結んで列強に宣戦布告した。列強は共同出兵し、日本とロシアを主力とする8カ国連合軍が北京を占領し、翌01年に結ばれた（　7　）で、清は膨大な賠償金の支払いや、北京付近への外国軍隊の駐屯などを列強に認めることとなった。

　日清戦争後、朝鮮は1897年に国号を（　8　）と改めて、独立国であることを示したが、日本とロシアがその支配権をめぐって争った。また、（　6　）戦争後、ロシアは中国東北地方を占領し、撤退を求める日本との対立が激化した。⑤南下をもくろむロシアと中央アジアでの対立もあり、余裕のなかったイギリスは、1902年に日本と（　9　）を結び、アメリカ合衆国も日本を支援した。1904年に日露戦争が始まると、日本は旅順や奉天を占領し、日本海海戦でも勝利したが、国力は限界に達していた。ロシアも国内で1905年革命が勃発して社会不安が高まっていた。合衆国の（　10　）大統領の仲介によって⑥ポーツマス条約が締結された。

問① 　あこの運動の名称と、い運動を推進した人物2人を答えよ。

問② 　このできごとを何と呼ぶか。

問③ 　右の地図について、あⓐ〜ⓕの地名と、いそれぞれを租借した国名をア）〜エ）から選べ。

　　ア）イギリス　　イ）フランス　　ウ）ドイツ　　エ）ロシア

問④ 　この三原則を答えよ。

問⑤ 　19世紀末、イギリスが他の地域でおこなっていた戦争を答えよ。

問⑥ 　この条約で認められた日本の権利として**誤っているもの**を、ア）〜エ）から選び、記号で答えよ。

　　ア）樺太全島の領有権　　　　イ）韓国への指導・監督権
　　ウ）遼東半島南部の租借権　　エ）東清鉄道南部の利権

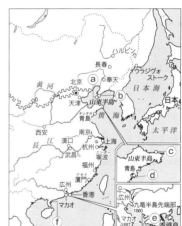

1	2	3	4	5
6	7	8	9	10

①あ　　　　　　い　　　　　・　　　　　　②
③あⓐ　　　　ⓑ　　　　ⓒ　　　　ⓓ　　　　ⓔ
ⓕ　　　　いⓐ　　　ⓑ　　　ⓒ　　　ⓓ　　　ⓔ　　　ⓕ
④　　　　　　　　　　　　　⑤　　　　　　　⑥

2 つぎの文の( )に適語を入れ、下線部①〜⑥の問いに答えよ。

　①日露戦争での日本の勝利は、アジア諸国の民族運動に影響を与えた。しかし、日本は1906年に(1)を設立して中国東北地方への経済進出を推進し、さらに1907年にはフランスの斡旋により(2)協約を結び、韓国における優位を列強に認められた。朝鮮半島では、②3次にわたる日韓協約を結ぶなかで韓国を保護国化し、支配を強めた。これに対して韓国は、③武装抗日闘争をおこなって抵抗したが鎮圧された。日本は1910年に韓国を併合し、(3)をソウル(京城)におき、憲兵を利用した強権的な武断政治のもと、近代化政策を推し進めていった。

　1880年代から、日本では製糸業や綿紡績業などの工業化が進展し、欧米への(4)の輸出が日本経済を支えた。日清戦争後、日本は(5)を導入して通貨を安定させ、製鉄業などの重工業も発展した。日露戦争後には、中国東北地方の大豆や朝鮮の米、台湾の米・砂糖を輸入して、中国東北地方や朝鮮に綿布を輸出するなど、日本と東アジアとの経済関係はいっそう深まっていった。

　義和団戦争に敗北した清朝では、④新たな改革によって中央集権国家の確立がめざされた。官庁が再編され、1905年には(6)が廃止された。1908年には(7)が公約され立憲体制の整備が進められた。軍事面でも近代化した新軍が編制された。また新たな学校制度の整備を始め、日本への留学生が激増した。海外の留学生や華人のなかには革命運動に参加するものも増え、日本では、孫文らが1905年に東京で(8)を結成し、⑤三民主義を掲げて宣伝活動をおこなったが、中国南部を中心とする武装蜂起は失敗した。

　増税による民衆の反発や、立憲体制の整備の遅れや憲法大綱に対する立憲派の不満が高まるなか、清朝は、外国からの借款を得て鉄道を建設しようとした。この計画に地方有力者は反発し、1911年9月に(9)で暴動が発生した。同年10月には(10)で新軍のなかの革命派が蜂起して辛亥革命が勃発し、孫文を臨時大総統に選び、12年1月に(11)で(12)の建国が宣言された。清朝は、北洋軍を握る(13)を起用して革命の鎮圧をはかったが、1912年2月に(13)は(14)を退位させ、北京で臨時大総統となり実権を握った。孫文らの武装蜂起(第二革命)の失敗ののち、大総統に就任した(13)の独裁は進んだが、国民党系の地方軍人がおこした第三革命や列強の反対で失敗した。(13)は同年失意のうちに病死し、その後は部下の軍人が各地に割拠して、たがいに争う不安定な状況が続いた。

　中華民国は、清朝の領有していた地域をその領土としたが、辛亥革命を契機に⑥周辺部でも独立の動きがおこり、中華民国への統合は強固なものではなかった。

問①　日露戦争の影響を受けたできごととして**誤っているもの**を、ア)〜エ)から1つ選べ。

　　ア) イランの立憲革命　　　　　　**イ)** ベトナムのドンズー(東遊)運動
　　ウ) インドの国民会議カルカッタ大会　　**エ)** エジプトのウラービー(オラービー)運動

問②　つぎのa・bの正誤の組み合わせとして正しいものを、ア)〜エ)から選べ。

　　a　第2次日韓協約で統監府が設置され、初代韓国統監には寺内正毅が就いた。
　　b　韓国皇帝の高宗は、ハーグ万国平和会議に密使を送り日本支配の不当性を訴えた。

　　ア) a－正　b－正　　**イ)** a－正　b－誤　　**ウ)** a－誤　b－正　　**エ)** a－誤　b－誤

問③　これを何と呼ぶか。
問④　この改革を何と呼ぶか。
問⑤　3つの主義をすべて答えよ。
問⑥　史上2番目に成立した社会主義国家はどこか。

1		2	3	4
5	6	7	8	9
10	11	12	13	14
①	②	③	④	
⑤　　　　・　　　　・			⑥	

3 つぎの文の（　　）に適語を入れ、波線部ア）・イ）に該当する場所を地図から記号③〜⑥で選べ。また、下線部①〜⑤の問いに答えよ。

インド帝国の成立以後、イギリスは港と内陸を結ぶ鉄道の建設を本格的に進め、インドとヨーロッパをつなぐ電信網も整備した。また、①プランテーションにおける世界市場向けのコーヒーや茶などの生産や、（　1　）などの工業原料作物の生産も広がった。これらの経済発展は、イギリスの利害にあわせて進められたため、インドの人々に重い負担をもたらした。しかし、②本国費と呼ばれるイギリスへの財政負担が増える一方で、インドでは開墾による耕地の拡大や灌漑基盤の整備が進み、さらに紡績業においては、インド人資本による工場制綿工業の発展もみられた。

そのなかで、弁護士や技術者・官僚などのエリート層を中心に、イギリス人とのあいだの人種差別を経験することにより、民族的な自覚をもつ階層が出現した。1885年に結成された③インド国民会議は、当初は穏健な組織であったが、しだいに民族運動の中心となっていった。イギリスは、ヒンドゥーとイスラームの両教徒を反目させて運動を分断することを意図して、1905年に（　2　）州を両教徒がそれぞれ多数を占める東西2つの地域にわける（　2　）分割令を発表した。これに対して、国民会議では、穏健派にかわって（　3　）らの急進派が主導権を握り、分割反対運動を展開した。1906年にア）カルカッタで開かれた大会では、④4綱領を決議して、植民地支配に真正面から対抗する姿勢を示し、国民会議は政治組織の国民会議派へと変貌した。一方、イスラーム教徒は、分割令によって多数派の州が誕生する利点を説くインド総督の影響もあって、国民会議とは別に、同年に親英的な（　4　）を結成した。

急進化した民族運動を鎮静するため、イギリスは、懐柔策として一部のインド人を行政組織に参加させた。さらに、1911年には（　2　）分割令を撤回する一方、首都を反英運動の中心であったカルカッタからイ）デリーに移した。その結果、⑤民族運動は一時的に停滞することとなった。

問①　茶の栽培で有名なインド東北部の地方を答えよ。
問②　本国費の例を1つあげよ。
問③　イギリスがインド国民会議を設立した理由を1行程度で説明せよ。
問④　4つの綱領を答えよ。
問⑤　この時期民族運動が停滞した理由を、その担い手に注目して簡単に説明せよ。

1＿＿＿＿＿＿　2＿＿＿＿＿＿　3＿＿＿＿＿＿　4＿＿＿＿＿＿

ア）＿＿＿　イ）＿＿＿　①＿＿＿＿＿＿　②＿＿＿＿＿＿＿

③＿＿＿＿＿＿＿＿＿＿＿＿＿＿＿＿＿＿＿＿＿＿＿＿＿＿＿

④＿＿＿＿＿＿＿＿＿＿＿＿＿＿＿＿＿＿＿＿＿＿＿＿＿＿＿

⑤＿＿＿＿＿＿＿＿＿＿＿＿＿＿＿＿＿＿＿＿＿＿＿＿＿＿＿

4 つぎの文の（　）に適語を入れ、下線部①～⑦の問いに答えよ。

東南アジアでは、タイを除くすべての地域が植民地支配下にあった。

インドネシアでは、強制栽培制度の廃止など、オランダ本国による植民地政策の見直しがなされ、20世紀初め「（　1　）」と呼ばれる新たな政策のもと、キリスト教の布教や住民への福祉、現地への権力の委譲がうたわれた。このようななかで民族的な自覚が醸成され、1911～12年に現地のムスリム知識人により（　2　）が結成された。同盟はしだいに政治活動を活発化させ、1918～20年の民族運動の高揚期には中心的役割を果たしたが、植民地政府の弾圧で組織は崩壊した。

フィリピンでは、高等教育を受けたフィリピン人が、19世紀後半からスペイン支配を批判して民衆の啓蒙活動を開始し、①1880年代以降様々な民族運動が展開した。（　3　）戦争後、アメリカ合衆国は、1902年より本格的な植民地統治を開始したが、ムスリムを中心に各地で抵抗が続いた。

ベトナムでは、（　4　）を中心に、独立と立憲君主制の樹立をめざす運動が組織され、その後この組織は（　5　）と呼ばれた。また、②強国化を果たしつつあった日本へ留学生を送り、新しい学問や技術を学ばせようとする運動も展開された。その後独立運動は、中国の辛亥革命後に1912年に広州で組織された（　6　）に引き継がれた。

ヨーロッパ列強の進出と支配は、西アジアでも抵抗と変革を呼びおこした。なかでも③アフガーニーは、帝国主義とイスラーム諸国での専制をともに批判し、エジプトやイランなどの民族運動に大きな影響を与えた。④エジプトのウラービー運動や⑤南スーダンでのマフディー運動は、大規模な民族運動に発展したが、いずれもイギリスにより鎮圧された。イランでは、政府がイギリスの会社にタバコの独占利権を譲渡したことに反対して（　7　）がおこり、政府は利権の譲渡を撤回した。これを機にイラン人の民族意識が高まり、1906年に国民議会が開かれ、翌年憲法が公布されたが、1907年に締結された（　8　）でイラン北部を勢力圏としたロシアの軍事介入により革命は挫折した。

オスマン帝国では、皇帝（　9　）の専制に反対する知識人や将校が、⑥1908年に政府にせまって議会と憲法を復活させた。イタリア＝トルコ戦争やバルカン戦争のなかで政権は安定しなかったが、こうした帝国の危機のなか⑦トルコ民族主義が生まれ、これは帝国内のアラブ民族主義にも刺激を与えることになった。

問① これについて述べた**a・b**の正誤の組み合わせとして正しいものを、**ア)～エ)**から選べ。

    a ホセ＝リサールは『われにふれるな』などの作品を発表し、民族意識をめざめさせる言論活動を展開した。

    b アギナルドが建国したフィリピン共和国は、アメリカ合衆国との戦争ののち、1902年に崩壊した。

    ア) a－正　**b**－正　　**イ) a**－正　**b**－誤　　**ウ) a**－誤　**b**－正　　**エ) a**－誤　**b**－誤

問② この運動の名称を答えよ。

問③ 彼の提唱した、民族の違いをこえてイスラーム教徒の連帯を求めた主張を何と呼ぶか。

問④ ウラービーがとなえたエジプト民族運動の理念を答えよ。

問⑤あ マフディー（救世主）を称した人物は誰か。

    い マフディー運動の鎮圧に向かい、1885年に戦死したイギリスの将軍は誰か。

    う 運動が占拠したスーダンの中心都市の名称を答えよ。

問⑥ このできごとを何と呼ぶか。

問⑦ これを1行程度で説明せよ。

1	2	3	4	5
6	7	8	9	①
②	③		④	
⑤あ		い	う	⑥
⑦				

48 第一次世界大戦とロシア革命

（教 p.278〜283／解 p.78〜79）

1　つぎの文の（　）に適語を入れ、波線部ア）〜ウ）に該当する場所を地図から記号ⓐ〜ⓘで選べ。また、下線部①〜⑥の問いに答えよ。

　20世紀初めのヨーロッパの列強体制は、ドイツの強大化を警戒するイギリス・（　1　）・ロシアと、ドイツ・オーストリアという2つの陣営の対立に向かっていた。対立の焦点は、バルカン半島であった。とくにオーストリアは、スラヴ系国家であるア）セルビアが台頭して、自国内やバルカン半島のスラヴ人地域に影響力を増すことを危惧していた。1908年に青年トルコ革命がおこってイ）オスマン帝国が混乱すると、オーストリアはベルリン会議で行政権を得ていた（　2　）を併合したが、セルビアはこれに反発した。

　バルカン半島の緊張の背景には、ドイツ・オーストリアの（　3　）主義と、ロシア・セルビアの①パン＝スラヴ主義との対立もあった。ロシアは日露戦争の敗北後、外交の主軸を極東からバルカン半島に移していた。1912年、ロシアの後援で、バルカン諸国が②バルカン同盟を結成した。同盟は、（　4　）戦争に乗じてオスマン帝国に宣戦し、翌年に勝利した（第1次バルカン戦争）。しかし、獲得した領土の分配をめぐり、まもなくウ）ブルガリアとほかのバルカン同盟諸国などのあいだで戦争がおこった（第2次バルカン戦争）。これに敗北したブルガリアは、ドイツ側陣営に接近した。③こうして列強の陣営間対立と、新興諸国間の競合が複雑にからみあい、バルカン半島は緊張が高まった。

　1914年6月、（　2　）の中心都市（　5　）で、オーストリアの帝位継承者夫妻がセルビア人により暗殺される事件がおこった。ドイツの支持を受けたオーストリアは、セルビアにきびしい最後通牒を発し、7月末に宣戦した。同じ正教国としてセルビアを後援するロシアが総動員令を発すると、ドイツはロシアに宣戦した。（　1　）とイギリスもロシア側で参戦し、こうして第一次世界大戦が始まった。開戦直後、ドイツ軍は（　6　）の中立を無視して侵入し、さらに（　1　）に侵攻してパリにせまったが、（　7　）の戦いで進撃を阻止された。これ以降、④西部戦線は膠着状態におちいった。東部戦線では、ドイツ軍が緒戦の（　8　）の戦いでロシア軍を撃破したが、それ以降、戦線は膠着した。この戦争では、イギリス・（　1　）・ロシア側は⑤協商国（連合国）、ドイツ・オーストリア側は⑥同盟国と呼ばれた。

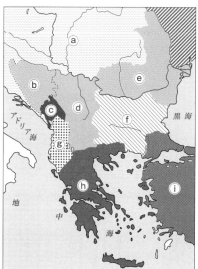

問①　どのようなことか、簡潔に説明せよ。

問②　ブルガリア以外の国をすべてあげよ。

問③　この様子を表現した言葉を答えよ。

問④　膠着した理由を1行で説明せよ。

問⑤　本来、三国同盟側であったイタリアが協商国側で参戦した経緯を1行で説明せよ。

問⑥　ドイツ・オーストリア以外の国を2つあげよ。

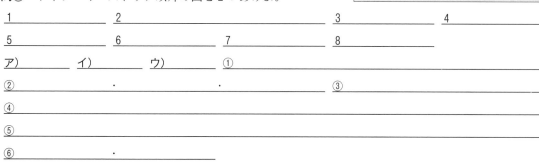

1 _____ 2 _____ 3 _____ 4 _____

5 _____ 6 _____ 7 _____ 8 _____

ア）_____ イ）_____ ウ）_____ ① _____

② _____・_____・_____ ③ _____

④ _____

⑤ _____

⑥ _____・_____

2 つぎの文の（　　）に適語を入れ、下線部①〜⑥の問いに答えよ。

　第一次世界大戦中、列強は、秘密条約にもとづく戦時外交を繰り広げた。①現地住民の意思を無視して領土の分割を取り決め、また、自治や独立を約束して植民地や民族独立運動から支援を得ようとした。とくにイギリスは、アラブ人と（　1　）人の双方に、協力の代償としてオスマン帝国領内での国家建設を約束して、（　2　）問題の原因をつくった。開戦時には、多くの人々が、従来の戦争と同様に第一次世界大戦も短期で決着がつくと考えていたが、実際には予期せぬ長期戦となった。また、大戦は前線での戦闘のみによって勝敗が決するのではなく、一般社会（銃後）も戦争遂行に動員される史上初の（　3　）戦となった。また、各国が、第2次産業革命以来発展させていた工業力を最大限に発揮し、②新兵器が本格的に投入されたことも長期化の原因となった。さらに、国民国家の形成が進んでいた国々で、政府や諸政党がたがいに協力する（　4　）体制がつくられたことも、（　3　）戦体制を支えた。各国の社会主義政党も自国の政府を支持し、社会主義者の国際的組織である（　5　）は崩壊した。（　3　）戦では、③植民地の現地人も、兵士や労働者として動員された。④女性もまた、出征した男性にかわって様々な職場に進出した。

　アメリカ合衆国は当初、第一次世界大戦に中立であったが、イギリスの海上封鎖に対してドイツが（　6　）の実施に踏みきると、自国民の保護のために1917年4月に協商国側で参戦した。また、戦時外交に批判的なアメリカ合衆国の（　7　）大統領は、1918年初めに⑤民主的講和の必要を国際世論に呼びかけた。

　1917年のロシア革命で成立したソヴィエト政権は、18年3月、広大な領土の放棄と多額の賠償金を条件に、同盟国と（　8　）条約を結んで講和した。これにより同盟国は東部戦線の兵力の多くを西部戦線に振り向けたが、アメリカ合衆国が加わった協商国側の優位を崩せなかった。秋には同盟国側の国々はつぎつぎと降伏し、オーストリアは各民族の国家へと解体した。11月、ドイツでは（　9　）の水兵反乱をきっかけに⑥ドイツ革命がおこり、成立した臨時政府は降伏して、世界大戦は終了した。

　開戦前、ヨーロッパは自他ともに文明の頂点として認識されていたが、大戦によりヨーロッパ人同士が凄惨な戦いを繰り広げたことで、その認識は大きく後退した。また、主戦場となったヨーロッパは、戦勝国と敗戦国の区別なく疲弊した。こうして、国際秩序におけるヨーロッパ中心主義は過去のものとなり、かわりにアメリカ合衆国や（　10　）、社会主義政権のロシア（ソ連）が新たに台頭した。戦争に動員された植民地の人々は、権利意識を高め、独立運動を活発化させた。

問①　1916年、イギリス・フランス・ロシア間で締結された、オスマン帝国を分割する協定を何というか。

問②　第一次世界大戦で使用されたものを3つあげよ。

問③　戦後の独立が約束され参戦したが、終戦後その約束が果たされなかったイギリスの植民地はどこか。

問④　このような活躍から、戦後女性が獲得した権利は何か。

問⑤　これを何と呼ぶか。

問⑥あ　この革命で退位した皇帝は誰か。

　　　い　スパルタクス団の一員として革命後にドイツ共産党を組織したが、暗殺された女性革命家は誰か。

1	2	3	4	5
6		7	8	
9	10			
①	②	・	・	③
④	⑤	⑥あ	い	

3 つぎの文の（　）に適語を入れ、下線部①〜⑥の問いに答えよ。

　第一次世界大戦中の1917年3月、前線での敗退と食料危機を背景に、首都（　1　）で労働者と兵士が反乱をおこすと、（　2　）は退位し、①帝政は倒れた。自由主義者が主導する臨時政府は、言論の自由などの改革を実行する一方、戦争を継続した。これに対して、社会主義政党のメンシェヴィキやエスエルを中心に、労働者や兵士からなる②ソヴィエト（評議会）が各地に組織され、民主的な条件で講和を実現するよう臨時政府に圧力をかけた。

　4月、ボリシェヴィキの指導者レーニンが亡命先のスイスから帰国して（　3　）を発表し、戦争の即時終結や臨時政府の打倒、社会主義政権の樹立をとなえると、労働者のあいだで支持を広めた。混乱の深まりを恐れるメンシェヴィキとエスエルは自由主義者と連立政権をつくり、エスエルの（　4　）が臨時政府の首相となった。しかし、各地のソヴィエトではボリシェヴィキの支持者が増加した。

　11月、レーニンと（　5　）に指導されたボリシェヴィキは、首都で武装蜂起をおこし、③臨時政府を倒して史上初の社会主義政権を樹立した。このソヴィエト政権は、④「平和に関する布告」を交戦国に呼びかけた。また、「（　6　）」により、土地の私的所有を廃止した。

　1917年末に実施された憲法制定会議の選挙で、農民が伝統的に支持するエスエルが第一党になると、レーニンは翌18年1月に同会議を解散した。3月、ソヴィエト政権はブレスト＝リトフスク条約を結び、（　7　）に首都を移して社会主義政策を断行した。しかし、旧ロシア軍の軍人や農民など諸勢力との内戦が始まり、革命の波及を恐れる協商国も、⑤チェコスロヴァキア軍団の救出を名目に軍隊を派遣して反ソヴィエト勢力を支援すると、ソヴィエト政権は（　8　）軍を創設して対抗した。内戦中、レーニンは、1918年にボリシェヴィキから改称した（　9　）による一党独裁を確立した。経済面では⑥戦時共産主義を実施し、1919年には、社会主義革命を世界に広げる目的で、（　10　）（共産主義インターナショナル、第3インターナショナル）を創設した。実際には、社会主義革命が波及することはなかったが、ロシアで社会主義政権が成立したことは、世界中で労働運動や反植民地運動を活性化させ、支配層に危機感をいだかせた。21年初めまでに（　8　）軍は内戦を勝ちぬき、ソヴィエト政権は旧ロシア帝国領の大半に支配を広げた。しかし、戦時共産主義に対する農民・労働者の抗議行動が広がったため、レーニンは（　11　）を宣言して市場経済の導入に踏みきった。

問①　この革命をロシアでは何と呼ぶか。
問②　ソヴィエトと臨時政府があい並ぶ状態を、何と呼ぶか。
問③　この革命をロシアでは何と呼ぶか。
問④　これはどのような講和を主張したものか。下の史料から判断し、簡潔に説明せよ。

史　料　　**「平和に関する布告」**（1917年11月）

　すべての交戦諸民族とその政府に対して、公正で民主的な講和についての交渉を即時に開始することを提議する。……政府がこのような講和とみなしているのは、無併合、無賠償の即時の講和である。……

　政府は秘密外交を廃止し、自ら全ての交渉を全人民の前で、完全に公然とおこなう確固たる意向を表明し、1917年2月から10月25日までに地主と資本家の政府によって確認または締結された秘密条約の、完全な公開にただちに着手する。

（歴史学研究会編『世界史史料10』岩波書店）

問⑤　ここから始まる戦争を何と呼ぶか。
問⑥　どのような政策か。簡潔に説明せよ。

1	2	3	4	5
6	7	8	9	10
11	①	②	③	

④_____

⑤_____ ⑥_____

1 つぎの文の（　）に適語を入れ、下線部①〜⑥の問いに答えよ。

　1919年1月から開催されたパリ講和会議ではウィルソン米大統領が掲げた「（　1　）」が基本原則とされたが、植民地支配の維持を望む英仏の抵抗で一部しか実現しなかった。

　同年6月に連合国がドイツと調印したヴェルサイユ条約では、巨額の賠償金の支払い、全植民地の放棄、大幅な軍備制限、徴兵制の廃止がドイツに課された。（　2　）・（　3　）がフランスに割譲され、（　4　）が非武装化された。①旧同盟との講和は個別に締結され、ロシア帝国とオーストリア＝ハンガリー帝国の解体によって②東欧・北欧に8つの国が誕生した。これらの国々の成立は「（　1　）」による民族自決の理念にもとづいていたが、この理念はアジア・アフリカ地域には適用されず、③ドイツの植民地や旧オスマン帝国の領土の大半も委任統治の名目で戦勝国に配分されたため、失望したアジア・アフリカの人々は、朝鮮の（　5　）運動や中国の（　6　）運動など、各地で抗議運動をおこした。

　1920年、ヴェルサイユ条約の決定にもとづいて、史上初の国際平和機構である国際連盟が創設された。連盟は総会・理事会・連盟事務局を中心に運営され、④4カ国が常任理事国となり、⑤様々な問題はあったものの、国際社会において一定の役割を果たした。パリ講和会議を通して成立したヨーロッパの新国際秩序は、ヴェルサイユ体制と呼ばれる。

　アジア・太平洋地域でも戦後秩序を確立するため、1921〜22年にアメリカ合衆国の主導で⑥ワシントン会議が開かれ、3つの条約が結ばれた。ワシントン会議で成立した秩序は、ワシントン体制と呼ばれる。ヴェルサイユ・ワシントン両体制が、1920年代の国際秩序の柱となった。

問① 条約名と締結国の組み合わせとして正しいものを、ア)〜エ)から1つ選べ。

　ア) サン＝ジェルマン条約−ブルガリア　　　**イ)** ヌイイ条約−ハンガリー

　ウ) セーヴル条約−オスマン帝国　　　　　　**エ)** トリアノン条約−オーストリア帝国

問② この時に独立した国として**該当しないもの**を、ア)〜カ)から1つ選べ。

　ア) チェコスロヴァキア　　**イ)** ハンガリー　　**ウ)** フィンランド

　エ) ポーランド　　　　　　**オ)** リトアニア　　**カ)** ルーマニア

問③あ 戦勝国のうち、パレスチナ地方を委任統治下においた国はどこか。

　い 旧ドイツ植民地の南太平洋諸島のうち、赤道以北を委任統治領としたのはどこか。

問④ このときに定められた常任理事国をすべてあげよ。

問⑤ これについて述べた**a・b**の正誤の組み合わせとして正しいものを、ア)〜エ)から選べ。

　a 侵略国家に対する軍事制裁ができないなど不十分な点があった。

　b 総会は一国一票の多数決で決定し、常任理事国に拒否権があった。

　ア) a−正　b−正　　**イ)** a−正　b−誤　　**ウ)** a−誤　b−正　　**エ)** a−誤　b−誤

問⑥ この会議では四カ国条約、九カ国条約と、海軍軍備制限条約の3つの条約が結ばれたが、

　あ 四カ国条約が結ばれたことで解消された同盟は何か。

　い 海軍軍備制限条約ではイギリス・アメリカ・日本・フランス・イタリアの主力艦保有比率をどのように定めたのか。

1	2	3	4	5
6	①	②	③あ	い
④			⑤	⑥あ

い イギリス：アメリカ：日本：フランス：イタリア＝　　　：　　　：　　　：　　　：

2 つぎの文の（　）に適語を入れ、下線部①〜⑥の問いに答えよ。

　イギリスとフランスは大戦後、委任統治領を組み入れて海外領土を増やしたが、大戦で受けた経済的打撃によって不況に苦しんだ。

　イギリスでは1918年の第4回選挙法改正により、男性普通選挙が導入され、①女性参政権も認められた。戦後の選挙では労働党が躍進し、24年には同党党首（　1　）を首班とする、自由党との連立内閣が実現した。自治領も大戦に参加したことで発言力を高め、1931年の（　2　）によって自治領は本国と対等の地位を認められ、イギリス帝国は（　3　）に再編された。アイルランドでは1922年に（　4　）が成立したが、これは自治領であり、北部（　5　）地方も含まれていなかったため独立を求める動きはやまず、37年、独自の憲法を定めて（　6　）を国名とし、事実上、（　3　）から離脱した。

　大戦の主戦場となったフランスでは対独報復を求める世論が強く、賠償金支払いがとどこおったことを理由に、1923年にポワンカレ右派内閣が（　7　）を誘ってドイツのルール工業地帯を占領した。ここにヨーロッパの緊張は高まったが、フランスに対する国際的批判が高まると、25年にはドイツとの和解路線をとるフランス外相（　8　）の主導でルールからの撤兵が実現した。

　革命と敗戦で混乱したドイツでは、諸政治勢力が激しく衝突した。1919年初めには社会主義革命をめざす②ドイツ共産党が蜂起したが、社会民主党政権は軍部などの保守勢力と提携し、これを鎮圧した。同年、ヴァイマルで開かれた国民議会では、社会民主党の（　9　）が大統領に選ばれ、③民主的な憲法(ヴァイマル憲法)が採択された。これ以降のドイツはヴァイマル共和国と呼ばれる。

　④ヴェルサイユ条約に対する不満はドイツ国民に広く共有されていた。右派・軍部の共和制への反発でヴァイマル共和国の政局は安定せず、賠償金支払いのために経済も回復しなかった。さらに⑤ルール占領は激しいインフレーションをもたらした。しかし、1923年に首相となった（　10　）がレンテンマルクを発行してインフレを鎮静し、さらに⑥アメリカの協力を得て賠償金支払いの緩和とアメリカ資本の導入にも成功して、経済を立て直した。

問①　この時期に女性参政権が認められるようになった背景について説明せよ。

問②あ　社会民主党左派によって組織され、ドイツ共産党の母体となった団体は何か。
　　い　あの団体の指導者を2人あげよ。

問③あ　この憲法で史上はじめて明記された基本的人権とは何か。
　　い　この憲法第48条に記され、のちにナチス＝ドイツの台頭を引きおこすことになる条項は何か。

問④　このことの1つの表れとして、1925年、新大統領に第一次世界大戦中の陸軍参謀総長が選出されているが、誰か。

問⑤　なぜルール占領が激しいインフレーションをもたらしたのか説明せよ。

問⑥　ドイツ賠償問題にかかわる4つの事項ア)〜エ)を年代順に記せ。
　　ア）ドーズ案　　イ）フーヴァー＝モラトリアム　　ウ）ヤング案
　　エ）ローザンヌ賠償協定

1	2	3	4	5
6	7	8	9	10

①

②あ　　　　　　　　　　　い　　　　　　　　　・

③あ　　　　　　い　　　　　　④

⑤

⑥　　　→　　　　→　　　　→

3 つぎの文の（　　　）に適語を入れ、下線部①〜⑥の問いに答えよ。

　ヨーロッパでは①大戦後の数年間、各地で混乱があいついだ。なかでもルール占領を頂点とするフランスとドイツの対立は、ヨーロッパの緊張をとくに高めた。しかし、緊張の高まりは、国際協調の模索をうながすことにもつながった。1925年、ドイツの（　1　）外相は、フランスの（　2　）外相と協力して、英・仏・独・伊・ベルギーなどによる地域安全保障条約である②ロカルノ条約を成立させた。これによりドイツの孤立化を基調とするヨーロッパの戦後秩序に転換が訪れた。さらに、28年には（　2　）とアメリカの（　3　）国務長官の主導で③不戦条約が成立した。

　イタリアは戦勝国であったがヴェルサイユ体制に不満であり、国内においては社会的な安定を欠いていた。これに乗じたファシスト党の（　4　）は1922年に「（　5　）」を敢行すると、国王はこの行動を受け入れ、彼を首相に任命した。（　4　）は共産党や労働組合などの反対勢力を弾圧し、24年には④党の最高決議機関を国家の最高機関として、26年にはファシスト党による一党独裁を成立させた。ここに⑤「ファシズム体制」が成立する。こうして独裁を築く一方、職場や自治体を通じて団体旅行をはじめとする余暇活動を組織するなどして、労働者を含む広範な国民を統合することに力を注いだ。対外的には1924年に（　6　）を併合し、26年には（　7　）を保護国化した。さらに⑥29年にローマ教皇庁とラテラノ条約を結んだ。

　諸帝国の周縁部であった東欧・バルカン半島の新興国は、工業国である（　8　）を除いて農業国であり、大戦後の世界的不況で経済的に大きな影響を受けた。政治的にもこれらの諸国は、少数民族問題を抱えて不安定であった。（　8　）を除いて1920年代末までに多くの国では権威主義体制が成立した。ポーランドはソヴィエト＝ロシアとの戦争で領土を拡大したが、議会政治は早くから混乱し、1926年に独立運動の指導者（　9　）がクーデタで実権を握った。ハンガリーでは1919年に革命によって社会主義体制が成立したものの、短期間で倒れて権威主義体制が確立した。バルカン地域では、セルビアなど南スラヴ系民族がセルブ＝クロアート＝スロヴェーン王国としてまとまり、29年に「南スラヴ人の国」を意味する（　10　）に国名を改称した。

問①あ　この時期に領土拡大をねらうギリシアを撃退したトルコ側の指導者は誰か。

　　　い　あの指導者が不平等項目を含むセーヴル条約にかえて1923年、新たに結んだ条約は何か。

問②　ロカルノ条約の内容を説明せよ。

問③　不戦条約の内容を説明せよ。

問④　この機関を何というか。

問⑤　ファシズム体制の特徴をあげよ。

問⑥あ　ここに成立した国家を何というか。

　　　い　この条約の歴史的意義を説明せよ。

1	2	3	4	5
6	7	8	9	10

①あ＿＿＿＿＿＿＿＿＿＿　い＿＿＿＿＿＿＿＿＿＿＿＿

②＿＿＿＿＿＿＿＿＿＿＿＿＿＿＿＿＿＿＿＿＿＿＿＿＿＿＿

③＿＿＿＿＿＿＿＿＿＿＿＿＿＿＿＿＿＿＿＿＿＿＿＿＿＿＿

④＿＿＿＿＿＿＿＿＿＿＿＿＿

⑤＿＿＿＿＿＿＿＿＿＿＿＿＿＿＿＿＿＿＿＿＿＿＿＿＿＿＿

⑥あ＿＿＿＿＿＿＿＿＿＿＿＿

　い＿＿＿＿＿＿＿＿＿＿＿＿＿＿＿＿＿＿＿＿＿＿＿＿＿＿

4 つぎの文の（　）に適語を入れ、下線部①〜⑦の問いに答えよ。

　ソヴィエト＝ロシアは内戦で荒廃したが、ネップのもとで市場経済が導入されると商業・流通が復活し、1920年代後半までに戦前の経済水準にまで回復をとげた。1922年末には、①内戦中に成立した3つの共和国がソヴィエト＝ロシアと結合することで、ソ連邦が成立した。1924年にレーニンが死去すると後継者争いがおこったが、②スターリンが（　1　）を追放して実権を握った。一方で1922年の（　2　）条約でドイツから国家承認を受けたことを皮切りに、③国際社会への復帰が進んだ。国内ではスターリンはネップにかえて全面的な社会主義建設に踏みきり、1928年に④第1次五カ年計画を開始した。

　アメリカ合衆国は第一次世界大戦の戦場とならず、連合国に物資・戦債を提供して大きな利益をあげ、戦後は債務国から債権国に転じて、国際金融市場の中心の1つとなった。大戦後、国内で（　3　）主義が強まって国際連盟に参加せず、また国内市場を（　4　）政策で守り、旧連合国が求めた戦債返済の免除も拒否した一方、軍縮や不戦条約などの国際協調は推進し、1920年代後半になると主体となって賠償問題の解決を進めて、ヨーロッパの安定に寄与した。国内では1920年に（　5　）権が認められた。21年からは⑤3代12年にわたり共和党政権が続き、自由放任政策がとられ、「永遠の繁栄」を謳歌した。この時期に、⑥大衆社会が本格的な展開を始めた。流れ作業と部品の規格化により、家庭電化製品などが大量かつ安価に生産され、（　6　）社のT型車に代表される自動車も普及し、消費意欲をかき立てるネオンなどの広告による宣伝のもと、信用販売により広範な家庭で購入された。また、サラリーマンや公務員などの都市中間層が社会の中心層となり、大衆文化を支えた。しかし一方で、伝統的な白人社会の価値観も強調され、⑦保守的・排外的な傾向がみられるようになったなか、（　7　）法が制定されたほか、黒人や移民などを攻撃する（　8　）も復活した。1924年に成立した（　9　）法では、東欧系や南欧系の移民の流入が制限され、日本を含むアジア系移民の流入が事実上禁止された。

問①　3つの共和国をすべてあげよ。

問②　ⓐ国家建設にあたってスターリンがとなえた考え方をあげ、ⓘその内容を説明せよ。

問③　戦勝国列強のなかで最初にソヴィエト＝ロシア政府を承認した国はどこか。

問④　これについて述べた **a・b** の正誤の組み合わせとして正しいものを、ア）〜エ）から選べ。
　　a　農民の共同経営組織であるコルホーズと国営の大規模農場であるソフホーズにより、農業の機械化と集団化が進められた。
　　b　農業の集団化は1930年代半ばまでにほぼ完了し、ネップによってもたらされていた市場経済の混乱は解消され、豊かになった農村社会は共産党の大きな支持母体となった。
　　ア）a－正　b－正　　イ）a－正　b－誤　　ウ）a－誤　b－正　　エ）a－誤　b－誤

問⑤　共和党の3代の大統領を就任順にすべてあげよ。

問⑥　大衆社会の特徴をあげよ。

問⑦　1920年代のアメリカ排外主義を象徴する、イタリア系移民の無政府主義者が冤罪で逮捕され処刑された事件を何というか。

1	2	3	4	5
6	7	8		9

①　　　　　　　　・　　　　　　　　・
②ⓐ　　　　　　ⓘ　　　　　　　　　　　　　③
④　　　　　　⑤　　　　　→　　　　　→
⑥
⑦

1 つぎの文の（　）に適語を入れ、下線部①〜④の問いに答えよ。

　日本では、政治の民主化を求める風潮が高まり（大正デモクラシー）、1918年の（　1　）と世論の高まりを経て、同年には（　2　）が成立した。社会運動が勃興し、社会主義勢力のなかではマルクス主義の影響力も強まった。（　3　）を求める運動が高まるなか、25年に（　3　）法が成立した一方で、ほぼ同時に政府は社会主義運動の拡大を警戒し、（　4　）法が成立した。

　中国では、辛亥革命後の政治的な混乱に対して、根本的な社会変革をめざす新文化運動が始まった。1915年に創刊された『①新青年』は、中国社会の革新と旧弊の打破を訴えた。（　5　）が同誌上で（　6　）文学をとなえたことから②文学革命も始まった。新文化運動の中心となっていた（　7　）大学ではロシア革命後、（　8　）らによってマルクス主義の研究が始まり、その受容が進んでいった。

　第一次世界大戦によってヨーロッパ列強が東アジアから後退したことは、日本が同地への進出を拡大する契機となった。大戦勃発後まもなくドイツに宣戦した日本は、中国内のドイツ租借地の（　9　）や、（　9　）と済南を結ぶ鉄道、および太平洋上のドイツ領南洋諸島を占領した。さらに1915年1月、中国に対して③二十一カ条の要求を突きつけた。中国の主権をそこなうとして当時の政権は抵抗したが、日本は軍事的圧力をかけて要求の大半を認めさせた。これは中国人の強い反発をまねき、日中関係を悪化させた。大戦末期に日本は（　10　）と呼ばれる列強の対ソ干渉戦争に加わったが、他国の撤退後も軍をとどめて内外の批判を浴び、22年にようやく撤退した。

　日本の強権的な支配が続く朝鮮では、ロシア革命や民族自決の潮流に呼応して独立運動が活性化し、1919年3月に「独立万歳」をとなえるデモがソウルで始まり、朝鮮全土に広まった。これは、（　11　）と呼ばれる。朝鮮総督府は警察・憲兵・軍隊を動員して運動を徹底的に弾圧したが、この運動に衝撃を受け、武断政治をゆるめて「（　12　）」と呼ばれる同化政策に転換した。運動はまた、4月に④大韓民国臨時政府が上海で結成されるきっかけとなった。

問①あ　この雑誌のスローガンは何か。

　　　い　この雑誌の創刊者で、のちの中国共産党初代委員長となった人物は誰か。

問②あ　この運動の代表的実践者であり、日本に留学経験もある作家は誰か。

　　　い　あの人物の代表作であり、中国の奴隷根性を風刺した作品は何か。

問③あ　この内容について述べた**a・b**の正誤の組み合わせとして正しいものを、**ア)〜エ)**から選べ。

　　　a　山東省のドイツ利権を日本が引き継ぐことを要求した。

　　　b　遼東半島南部と南満洲鉄道の租借権を99年延長することを要求した。

　　　　ア) a−正　b−正　　**イ)** a−正　b−誤　　**ウ)** a−誤　b−正　　**エ)** a−誤　b−誤

　　　い　この要求を受け入れた中華民国大総統は誰か。

　　　う　この要求を出した日本の首相は誰か。

問④　この政府の首班は誰か。

1	2	3	4	5
6	7	8	9	10
11	12	①あ	い	②あ
い	③あ	い	う	④

2 つぎの文の（　）に適語を入れ、下線部①〜④の問いに答えよ。

　1919年の（ 1 ）会議で、日本は山東のドイツ権益の継承と赤道以北のドイツ領南洋諸島の委任統治権を得たが、中国は（ 2 ）の取り消しや山東のドイツ権益の返還を認められなかった。これに抗議して同年に①北京の学生を中心とするデモがおこなわれ、中国のナショナリズムが高揚するとともに都市部の幅広い層を巻き込む全国的な運動に拡大した。

　第一次世界大戦後に成立した国際連盟では、日本は常任理事国となって国際的地位を向上させた。しかし、東アジアにおいて日本の勢力が急速に拡大したことにより、アメリカ合衆国やイギリスなどの列強との利害調整が必要となり、（ 3 ）会議で②九カ国条約を結んだ。

　ソヴィエト＝ロシアは、1919年に外務人民委員代理（ 4 ）の名で、旧ロシア帝国が中国に有した利権の放棄を宣言し、中国人に歓迎された。また、コミンテルンは中国の社会主義者の組織化をはかり、21年に（ 5 ）を指導者とする中国共産党が成立した。19年に成立した中国国民党を率いる（ 6 ）は、（ 7 ）に拠点をおき、ソ連に接近してその顧問を受け入れた。24年には③国民党を改組し、中国共産党員が共産党籍を残したまま国民党に入党することを認めた。25年に孫文は病死したが、上海の日系紡績工場における労働争議をきっかけに広がった（ 8 ）は、反帝国主義を掲げる国民党の追い風になり、7月には（ 7 ）に国民政府が成立した。翌26年7月、（ 9 ）の率いる国民革命軍は、各地に割拠する軍事勢力を打倒して中国統一をめざす（ 10 ）を開始し、共産党の指導する農民運動や労働運動の支援もあり、27年3月に上海・（ 11 ）を占領した。しかし、国民党内では左派・共産党とこれに反対する右派との対立が激しくなっていたうえ、運動の過激化への資本家・商工業者らの反発は強まり、列強の懸念も高まった。そこで国民党右派の（ 9 ）は、同年4月に（ 12 ）をおこして共産党を弾圧し、新たに（ 11 ）に国民政府を建てて主席となった。

　1928年に（ 10 ）は再開され、国民革命軍は北京にせまったが、その際に日本人居留民保護を口実に山東出兵をおこなっていた日本軍と済南で衝突した。一方、東北地方を拠点とする奉天派の張作霖は日本の支援を受けていたが、関東軍の一部は、④張作霖が北伐軍に敗れて北京から撤退する途中に列車を爆破して殺害し、東北地方の支配をはかった。しかし、この謀略は失敗し、張作霖の息子の（ 13 ）は日本に対抗して国民政府の東北支配を認めたため、国民政府の全国統一はひとまず達成された。

　1927年の（ 12 ）後、中国共産党は都市などで蜂起を試みたが失敗し、華中・華南の山岳地帯の農村に逃れて根拠地を建設した。（ 14 ）の率いる紅軍が築いた根拠地はしだいに拡大し、31年には江西省（ 15 ）を首都とする（ 16 ）臨時政府が成立した。

問①あ　これを何というか。
　　い　この内容について述べたa・bの正誤の組み合わせとして正しいものを、ア)〜エ)から選べ。
　　　a　この運動が高まる思想的側面には、文学革命の影響が大きかった。
　　　b　この運動があったものの、中国の代表団はヴェルサイユ条約に調印せざるを得なかった。
　　　ア) a−正　b−正　　　イ) a−正　b−誤　　　ウ) a−誤　b−正　　　エ) a−誤　b−誤
問②　この条約の内容を1つ答えよ。
問③あ　このことを何というか。
　　い　1923年、これに向けて国民党が打ち出した方針は何か。
問④　この事件を何というか。

1	2	3	4	5
6	7	8	9	10
11	12	13	14	15
16	①あ	い	②	
③あ	い		④	

3 つぎの文の（　　）に適語を入れ、下線部①〜④の問いに答えよ。

第一次世界大戦中、イギリスは国際世論におされて、インドに自治を約束した。しかし、大戦後の1919年（　1　）法は、州行政の一部をインド人にゆだねただけであった。また同年、強圧的な（　2　）法が制定され、パンジャーブ地方の（　3　）では、イギリス軍が民衆の抗議集会に発砲して多数の死傷者を出す事件も発生した。これらはインド民衆の激しい反発を呼んだ。

植民地政府の圧制に対し、民衆の指導者となったのが①ガンディーであった。彼は、1920年の国民会議派大会で非協力運動を提示した。

1927年、新たな（　1　）法を制定するための（　4　）にインド人が含まれていなかったことから、民族運動は再び激化し、29年には国民会議派内の（　5　）ら急進派が②完全独立を決議した。運動に呼び戻されたガンディーは、30年に「（　6　）」を組織した。これに対し、イギリスはインドの様々な勢力をロンドンに招集し、（　7　）を開いてインドの将来の地位を論議させようとした。しかし合意は成立せず、円卓会議で中止されていた非協力運動は32年に再開された。

こうしたなかで成立した1935年（　1　）法では、州政治はインド人に委譲されることになったが、中央の財政・防衛・外交はイギリスが掌握し続け、完全独立とはほど遠いものであった。1937年に同法のもとで州選挙がおこなわれ、多くの州で国民会議派が政権を獲得した。またムスリムが多数を占める州では、ムスリムを首班とする地域政党が勝利をおさめた。こうしたなか、（　8　）を指導者とする全インド＝ムスリム連盟は、40年、新たにイスラーム国家である（　9　）の建設を目標に掲げた。

オランダ支配下の③インドネシアでは、1920年に結成された（　10　）党が独立をとなえた。同党が弾圧によってほぼ壊滅したのちは、オランダから帰国した留学生たちが、運動の指導権を握った。27年には（　11　）を党首とする（　12　）党が結成され、翌年にインドネシアという統一された祖国・民族・言語をめざす宣言がなされた。

フランス支配下にあったインドシナでは、1925年に（　13　）がベトナム青年革命同志会を結成し、それを母体に、30年にベトナム共産党が成立し、同年10月に（　14　）党に改称した。党は、徹底的な弾圧を受けながらも、農村を拠点に武装闘争を展開した。また、イギリスが支配するビルマでは、1920年代から民族運動が始まり、僧侶による啓蒙運動や（　15　）党と呼ばれる急進的民族主義勢力の台頭がみられた。

アメリカ合衆国が統治するフィリピンでは、1907年に議会が開設され、立法や行政においてはフィリピン人への権限委譲が進められた。しかし、経済面では合衆国への輸出に大きく依存した商品作物生産が進んだため、窮乏化した農民たちは反乱を繰り返した。その結果、34年にフィリピン独立法が成立し、翌年（　16　）政府が発足した。④タイでは、王による専制的統治が続いていたが、財政的混乱や王族支配への批判が高まり、32年の立憲革命によって王制から立憲君主制となった。

問①　ガンディーについて述べた文として**誤っている**ものを、ア）〜エ）から１つ選べ。

　　ア）　南アフリカにわたり、そこでのインド人移民への差別撤廃運動に参加した。

　　イ）　彼の民族運動はおもにインドのエリート層を中心に受け入れられていった。

　　ウ）　暴力を用いない非協力運動をおこなったが、イギリスの警察官殺害事件がおこると運動を中止した。

　　エ）　彼の運動の理念は、「サティヤーグラハ」という言葉で表現される。

問②　これをヒンディー語で何というか。

問③　20世紀初め、インドネシアの民族運動および女性解放運動の先駆となった女性は誰か。

問④　このときの王朝の名称を答えよ。

1	2	3	4	5
6	7	8	9	10
11	12	13	14	15
16	①	②	③	④

4 つぎの文の（　　）に適語を入れ、下線部①〜④の問いに答えよ。

　オスマン帝国は、第一次世界大戦に敗れた結果、列強による国土分割の危機に直面した。これに対して、軍人の（　1　）（のちのアタテュルク）がトルコ人の主権と国土を守るために抵抗運動を指導し、1920年、（　2　）にトルコ大国民議会を組織した。（　1　）は、（　3　）制を廃止してオスマン帝国との決別を明らかにする一方、23年に連合国と①ローザンヌ条約を結んで新たに国境を定め、治外法権の廃止と（　4　）権の回復を実現して、トルコ共和国を樹立した。これを②トルコ革命という。

　イランは大戦中事実上イギリスとロシアの占領下におかれた。戦後の混乱期に軍人の（　5　）が実権を握り、1925年にガージャール朝を廃して（　6　）朝を開き、みずからシャー（国王）を称した。アフガニスタンは、イギリスとの（　7　）戦争で完全な独立を果たし、立憲君主制のもとで近代化に着手した。

　アラブ地域では、アラビア半島においてかつての王国の再興をめざす（　8　）が、イギリスと同盟を結びながら、（　9　）派の勢力を率いて頭角を現した。彼は、半島の大部分を統一して1932年に（　10　）王国を建てた。まもなく国内で莫大な石油資源が発見されると、同国の戦略的な重要性は著しく高まった。

　大戦の開始とともにイギリスの保護国となっていたエジプトでは、戦後に③全国的な反英独立運動がおこり、1922年にイギリスは条件つきの独立を認めて、立憲君主制のエジプト王国が成立した。しかし、イギリスは（　11　）の支配権など多くの特権を維持したので、エジプト人による抗議が続いた。

　もっとも大きな矛盾が生じたのはパレスチナである。大戦後にアラブ・ユダヤの両民族はそれぞれの権利を主張して対立し、④現在まで続く深刻なパレスチナ問題が生まれることになった。

　20世紀初めまでに大半の地域が植民地化されたアフリカでは、19世紀から各地で抵抗運動がおきた。20世紀に入ると、南アフリカで1912年に（　12　）が創設され、人種差別撤廃をめざす運動が始まった。

　アフリカでの民族運動とは別に、19世紀末から、おもにアメリカ合衆国とカリブ海地域のアフリカ系知識人を中心として、欧米を舞台としたパン＝アフリカニズムと呼ばれる解放運動が生まれていた。1900年にロンドンで開かれた（　13　）では、西欧植民地主義への抗議と人種差別への反対がとなえられた。第一次世界大戦後の19年の会議では、アフリカの植民地における漸進的・段階的自治の推進などが決議された。この両者の運動は、第二次世界大戦後に合体し、ガーナの（　14　）らを指導者として、アフリカの解放と統一をめざす運動へと発展した。

問① この条約について述べた文として**誤っているもの**を、ア）〜エ）から1つ選べ。
　　ア） ローザンヌ条約締結にあたり、セーヴル条約は破棄された。
　　イ） トルコ国民軍がギリシアとの戦争に勝ったのちに締結された。
　　ウ） イズミルなどの小アジアの領土や、ボスフォラス海峡の沿岸部の主権が承認された。
　　エ） この条約により、クルド人の独立が認められた。

問② この革命でおこなわれた政策に**当てはまらないもの**を、ア）〜エ）から1つ選べ。
　　ア） 文字改革　　　**イ）** 立憲君主制　　　**ウ）** 女性参政権　　　**エ）** 太陽暦の採用

問③ この運動を何というか。

問④ この問題の原因をつぎの語句を用いて3行程度で説明せよ。
　　【フセイン・マクマホン協定　バルフォア宣言　サイクス・ピコ協定】

1	2	3	4	5
6	7	8	9	10
11	12	13	14	①

② _____　③ _____

④ _____

_____

_____

51　世界恐慌とヴェルサイユ体制の破壊

（教 p.300〜307／解 p.85〜86）

1　つぎの文の（　）に適語を入れ、　A 　〜　C 　に適切な政党名を答えよ。また、下線部①〜④の問いに答えよ。

　1929年10月に生じたニューヨーク株式市場の株価暴落は世界恐慌へと拡大した。当初、アメリカ合衆国では、市場に極力介入すべきでないという自由放任主義の考えが強く、政府は十分な対応をとらず、　A 　党の（ 1 ）大統領は、1931年に①賠償・戦債支払いの1年間停止を宣言したが、回復への効果はなかった。しかし、32年の選挙で当選した　B 　党の（ 2 ）大統領は、積極的な市場への介入を打ち出し、②ニューディールと呼ばれる経済政策を実行した。これらの政策の経済復興への効果は限られていたが、（ 2 ）はラジオ放送を通じて個々の家庭に直接に語りかけるなど、強力なリーダーシップを発揮して民主主義を堅持した。一方、外交では、キューバへの内政干渉をひかえて、34年に（ 3 ）を廃止するなど、ラテンアメリカ諸国に対して「（ 4 ）」と呼ばれる外交を展開した。

　イギリスでは、恐慌対策に取り組む第2次（ 5 ）　C 　党内閣が、失業保険の削減を含む緊縮財政を提案したが、　C 　党自体は反対して彼を除名した。これに対して（ 5 ）は、保守党などの協力を得て挙国一致内閣をつくり、財政削減を実施し、金本位制から離脱した。1932年の（ 6 ）連邦会議では、イギリス連邦内の関税を下げ、連邦外の国には高関税を課す③ブロック経済が形成された。

　ソ連は④計画経済を採用し、世界経済との結びつきも少なかったため、世界恐慌の打撃をさほど受けなかった。1936年にソ連は、信教の自由や民族間の平等など民主的な内容を盛り込んだ新しい憲法を制定したが、（ 7 ）個人崇拝のもと、住民は低水準の生活環境に苦しみ、政治的自由もなかった。

問①　この宣言を何と呼ぶか。

問②あ　過剰な農産物の政府買い上げなど、農産物の安定供給と農民の救済をめざした法律は何か。
　い　政府による産業統制と労働条件の改善を規定した法律は何か。
　う　テネシー川流域を開発し、巨大なダム建設により失業者の救済をめざした政府機関は何か。
　え　**い**が違憲とされたことにより、労働者の権利保護のために制定された法律は何か。
　お　1938年に成立した、非熟練労働者を中心とした産業労働者を組織化した会議は何か。

問③　これについて述べた文として**誤っているもの**を、ア）〜ウ）から1つ選べ。
　ア）　1933年にロンドンで開かれた世界経済会議では、合衆国は財政支出を容易にするために金本位制への復帰を拒否したが、これは世界経済のブロック化を助長する結果となった。
　イ）　フランスは自国の植民地を囲い込んでスターリング＝ブロックを築いた。
　ウ）　世界経済のブロック化は、広大な植民地をもたないドイツ・イタリア・日本などが、拡張主義に向かう要因ともなった。

問④　これについて述べた**a・b**の正誤の組み合わせとして、正しいものを、ア）〜エ）から選べ。
　a　ソ連では、1928年からの第一次五カ年計画により、重工業の発展と農業の集団化が推進された。
　b　日本では、一部の官僚のあいだで計画経済への関心が強まり、満洲国では実際に五カ年計画が実施された。
　ア）a－正　b－正　　**イ）**a－正　b－誤　　**ウ）**a－誤　b－正　　**エ）**a－誤　b－誤

1	2	3	4
5	6	7	A
C	①	②あ	い
う	え	お	③
④			

2 つぎの文の（　）に適語を入れ、下線部①～⑥の問いに答えよ。

　1920年代の日本では、経済的には大戦後の輸出の不振による不況が続いており、1927年に（ 1 ）恐慌が発生し、世界恐慌の拡大期には本格的な不況におちいった。民衆は政権争いを続ける既成政党への不満を強め、また、総力戦体制の構築をめざしていた軍部は、大陸での権益確保を主張するとともに、①政府の外交姿勢を「軟弱外交」として批判した。

　こうしたなか、中国では国権回復の動きが高まっていたため、日本の軍部は危機感をいだき、武力による中国東北地方の支配をめざした。日本の関東軍は、1931年9月に中国東北地方の（ 2 ）で鉄道を爆破し、②これを口実に軍事行動をおこして東北地方の大半を占領した。関東軍はさらに（ 3 ）方面に侵攻して北京近くまでせまった。上海でも日中間の緊張が高まり、32年1月には（ 4 ）が勃発した。一方、日本国内ではテロやクーデタ事件があいつぎ、軍部の政治的影響力が強まっていった。

　中国国民政府は、1928～30年にかけ（ 5 ）の回復を達成して財源を確保するとともに、中国統一を進めるために、満洲事変などの日本の軍事行動への対応よりも中国共産党との戦いに力を入れていた。34年には共産党軍の根拠地を包囲して（ 6 ）からの撤退に追い込んだが、③共産党軍は国民党軍の追撃を逃れ、最終的に陝西省に到達して根拠地を設け、（ 7 ）を指導者とする体制を整えた。他方で、国民政府は通貨の安定をめざしてイギリス・アメリカ合衆国の支援のもとで、④通貨の統一を進めた。日本の軍部は⑤華北を国民政府の支配から切り離す政策を進めたため、中国国内における抗日運動はいっそう強まった。35年にはコミンテルンの方針にもとづいて中国共産党が（ 8 ）を出し、民族統一戦線の結成を呼びかけた。これを受けて（ 9 ）は、1936年に共産党攻撃をうながしに来た（ 10 ）を捕らえ、抗日と内戦停止を求める（ 11 ）を引きおこし、国共の内戦は停止された。

　1937年7月の（ 12 ）をきっかけに、日本軍は華北での軍事行動を拡大し、8月には上海でも戦闘が始まって、日中戦争に突入した。日本軍は12月には（ 13 ）を占領したが、その際に多数の中国人を殺害し、国際的に非難された。中国では同年9月に第2次（ 14 ）が成立し、国民政府は武漢、ついで（ 15 ）に政府を移して、ソ連・アメリカ合衆国・イギリスなどの援助を受けながら内陸で抵抗を続け、戦争は持久戦となった。日本軍は都市とそれを結ぶ交通路をおさえたものの、広大な農村地帯の支配はできず、華北の農村部を中心に共産党の支配地域が拡大した。40年に日本は東亜新秩序建設を掲げ、（ 15 ）政府に対抗して⑥南京に親日政権を設立したが、中国民衆の支持を得られず、戦争解決の展望はみられなかった。また、日本のこうした動きに対して、東アジアとの自由な貿易関係を主張していたアメリカ合衆国は反発し、日米両国の対立も深まった。

問① 　当時の日本の外相は誰か。

問②あ　1932年に建国された満洲国の執政（のち皇帝）は誰か。

　　い　日本の軍事行動に対して国際連盟から現地に派遣された調査団の代表者は誰か。

問③ 　このことを何と呼ぶか。

問④ 　このことを具体的に説明せよ。

問⑤ 　日本により河北省東部に設置された自治政府の名称を答えよ。

問⑥ 　この政府の首班は誰か。

1	2	3	4	5
6	7	8	9	10
11	12	13	14	15
①	②あ	い	③	
④				
⑤		⑥		

3 つぎの文の（　）に適語を入れ、下線部①〜⑤の問いに答えよ。

　ドイツでは、1930年の選挙で①ナチ党と（　1　）党が伸張した。ナチ党は人種差別主義、ヴェルサイユ条約の破棄、民族共同体の建設による国民生活の安定をとなえ、農民や都市の中産層や、保守的な産業界や軍部の支持を獲得していった。1932年の選挙でナチ党は第一党になり、翌33年（　2　）大統領によって、ヒトラーは首相に任命された。新政府は（　3　）事件を利用して（　1　）党を弾圧し、国会も圧倒的多数で（　4　）法を成立させ、政府に立法権をゆだねた。ナチ党以外の政党や労働組合が解散させられ、社会の全領域がきびしく統制されるなか、②ユダヤ人が激しい暴力や差別にさらされ、国外に多数が亡命した。34年（　2　）死去ののち、ヒトラー首相は大統領の権限もあわせもつ（　5　）を名乗った。

　③国内体制を固めたナチス＝ドイツは、1933年、軍備平等権が認められないことを理由に国際連盟を脱退した。1935年には徴兵制の復活と（　6　）を宣言したが、イギリスはドイツと海軍協定を結び、事実上（　6　）を追認した。世界恐慌からの活路を対外拡張に求めるイタリアは、④35年にエチオピアに侵攻し、翌年併合した。国際世論の反発を受けるなかイタリアはドイツに接近していった。

　ファシズム諸国への脅威は、それ以外の諸国とソ連との関係改善をもたらした。1933年に（　7　）はソ連を承認し、翌34年にソ連は国際連盟に加盟した。35年、フランスはソ連と（　8　）条約を締結したが、翌36年ドイツはこの条約締結を理由に（　9　）に軍を進駐させた。一方、ソ連が指導するコミンテルンは、反ファシズムの立場で広範な連帯を呼びかける（　10　）戦術を打ち出した。フランスでは1936年、社会党・急進社会党に共産党が協力して（　11　）を首相とする内閣が成立し、同年スペインでも（　10　）政府が成立した。スペインでは、地主層などの保守勢力を率いる（　12　）将軍が反乱をおこし、内戦が始まった。ドイツとイタリアは（　12　）側に軍事支援をおこなったのに対して、（　13　）は非介入路線をとった。スペイン（　10　）政府側には（　14　）が武器援助をおこない、欧米などから結集した⑤国際義勇軍も支援をおこなったが、内戦は39年に（　12　）側が勝利して終わった。

　国際的な反ファシズム運動に対抗して、1936年に日本とドイツは（　15　）を結び、37年にはイタリアも参加して三国（　15　）に拡大された。イタリアは同年、日独にならって国際連盟を脱退した。こうして、ヴェルサイユ・ワシントン両体制に挑戦する日独伊は、（　16　）を結成するに至った。

問①　この政党の正式名称を答えよ。

問②　このとき亡命したⓐユダヤ系の科学者と、ⓘ『魔の山』で知られる文学者はそれぞれ誰か。

問③　ナチス＝ドイツの国内政策について**誤っているもの**を、**ア）〜エ）**から１つ選べ。

　　ア）計画経済などソ連の社会主義から学んだ四カ年計画によって軍需工業を拡張して失業者を急速に減らした。

　　イ）アウトバーン（自動車専用道路）建設などの大規模な公共事業の成果を喧伝した。

　　ウ）イタリアのファシズムにならって団体旅行などのレクリエーションを組織した。

　　エ）1935年に住民投票により、豊かな炭田を有するロレーヌ地方を併合した。

問④　この行動に対する国際連盟の対応とその結果について簡単に説明せよ。

問⑤　この義勇軍に参加したフランスの著名な文学者は誰か。

1 _____	2 _____	3 _____	4 _____	5 _____
6 _____	7 _____	8 _____	9 _____	10 _____
11 _____	12 _____	13 _____	14 _____	15 _____
16 _____	① _____		②ⓐ _____	ⓘ _____

③ _____

④ _____　　　　　　　　　　　　　　　　　　　　　　　　⑤ _____

52　第二次世界大戦

（教 p.308〜313／解 p.87〜89）

1 つぎの文の（　）に適語を入れ、波線部ア）〜イ）に該当する場所を地図から記号ⓐ〜ⓕで選べ。また、下線部①〜⑥の問いに答えよ。

　ヒトラー率いるドイツは「民族自決」を大義名分に掲げ、1938年3月に（　1　）を併合し、9月にはドイツ人が多く居住する、（　2　）のア）ズデーテン地方の割譲を要求した。戦争の回避を望むイギリスの（　3　）首相は、ドイツの矛先がソ連に向かうことも期待しながら、フランスとともに、①ドイツに譲歩する政策をとった。9月末、イギリス・フランス・ドイツ・イタリアは（　4　）会談を開き、ズデーテン地方のドイツへの割譲を認めた。しかし、ヒトラーはこれに満足せず、②翌39年3月にスロヴァキアを独立させて従属国とし、チェコを保護領としてドイツに編入した。さらにポーランドにも、ダンツィヒ（現グダンスク）の返還、イ）ポーランド回廊での鉄道敷設権などを要求した。イタリアも、こうした状況をみて39年4月に（　5　）を併合した。

　ヨーロッパの緊張が高まるなか、③ソ連はドイツとの提携へと方針を転換した。1939年8月末、（　6　）条約の締結が発表されると世界中が驚愕した。ソ連との安全保障を得たドイツは、9月1日、ポーランドへの侵攻を開始した。イギリス・フランスはドイツに宣戦し、第二次世界大戦が始まった。ポーランドは、ドイツ軍、またソ連軍の侵攻によって短期間で敗北し、領土は独ソ両国に分割された。さらに、ソ連は39年11月に安全保障の名目で（　7　）に宣戦し、40年には④バルト3国を併合した。また、ルーマニアからもベッサラビアを割譲させた。

　1940年春、ドイツがデンマークと（　8　）に侵攻して、北海方面からの脅威が現実になると、イギリスでは対独強硬論をとなえる（　9　）が首相となり、ドイツとの対決姿勢を明らかにした。進撃を続けるドイツは、オランダとベルギーを降伏させ、6月にはフランスを敗北させた。ドイツの優勢をみて、イタリアもドイツ側で参戦した。フランスの第三共和政は崩壊して、国土の北半はドイツに占領され、南半は（　10　）を首班とする⑤親ドイツ政府が統治した。一方、軍人の（　11　）は⑥ロンドンに亡命政府をつくってドイツへの抵抗を呼びかけた。

　ドイツはまた、イギリス軍と戦うイタリアを支援するため北アフリカに軍を派遣し、さらにバルカン半島へと勢力圏を広げ、1941年春までに（　12　）とギリシアも制圧した。こうして同年半ばには、ヨーロッパ全土はほぼドイツ側の支配下に入り、イギリスだけが、激しい空襲を受けながらもドイツ軍の上陸を阻止した。

問① この政策を何というか。
問② これを何と呼ぶか。
問③ ソ連がこのような政策をとった背景を簡潔に説明せよ。
問④ 国名をすべて記せ。
問⑤ この政府を何と呼ぶか。
問⑥ⓐ この亡命政府を何と呼ぶか。
　　ⓘ ドイツに対する国民的な抵抗運動を何というか。

1	2	3	4	5
6	7	8	9	10
11	12	ア）　イ）	①	②

③

④　　　　・　　　　・　　　　　⑤　　　　　⑥ⓐ

ⓘ

2 つぎの文の（　　）に適語を入れ、下線部①〜⑤の問いに答えよ。

　独ソ不可侵条約の締結後も、ヒトラーはソ連を「劣等人種」の国とみなしていた。1941年6月、ドイツ軍は突如ソ連に侵攻して（　1　）戦を開始し、不意をつかれたソ連軍は後退を重ねた。同年末にドイツ軍はモスクワ郊外にせまったが、ソ連軍は大きな損害を出しながらも押し返した。中立国であったが反ファシズムの姿勢を明確にしていたアメリカ合衆国も、41年3月に成立した（　2　）法にもとづいて、イギリスとソ連に武器・軍需品を送った。また、（　1　）戦の勃発はヨーロッパのユダヤ人をロシア方面に追放するというナチス＝ドイツの構想を実行不可能とし、それにかわってユダヤ人の絶滅政策が実行に移された。①強制収容所に、ヨーロッパ中からユダヤ人が移送されてガス室などで殺害され、②数百万人が犠牲となった。政治犯に加えて、障害者・同性愛者・（　3　）（ジプシー）らも、ナチス＝ドイツによって組織的に殺害された。

　日中戦争の長期化で国力を消耗させた日本は、状況を打開するために南方への進出を企てた。1940年9月、フランスの敗北に乗じてフランス領（　4　）北部に軍を派遣し、また三国防共協定を（　5　）同盟へと発展させた。41（昭和16）年4月には、北方の安全確保のためソ連と（　6　）条約を結んだ。さらに日本は、41年7月フランス領（　4　）南部にも軍を進めた。日本の動きに危機感を強めていたアメリカ合衆国は、日本の南方進出を牽制して対日（　7　）輸出の禁止を決定し、③イギリス・オランダもこれに同調した。衝突を回避するための日米交渉が行き詰まると、41年12月8日、日本軍はマレー半島に軍を上陸させる一方、ハワイの（　8　）にある米海軍基地を攻撃して、合衆国・イギリスに宣戦し、太平洋戦争に突入した。ドイツ・イタリアもこの時に合衆国に宣戦した。こうして第二次世界大戦は全世界に広がる戦争となった。

　開戦後半年間で、日本は香港・マレー半島・シンガポール・オランダ領東インド・フィリピン・ビルマを支配下におさめた。また「（　9　）」をとなえ、各地に親日的な体制を設立させた。国内では開戦後、軍部の権力が強大になり、言論や報道がきびしく統制された。一方、④東アジアや東南アジアにおける日本の占領支配は「アジア解放」の名目とは裏腹に、きびしい収奪がおこなわれたため、住民の激しい反感を呼んだ。そのため、日本軍は各地で⑤抵抗運動に直面した。また、資源や工業生産力などでのアメリカ合衆国との国力差も歴然としており、1942年6月に（　10　）海戦で大敗すると、日本は戦争の主導権を失った。

問①　収容所があった、現ポーランドのオシフィエンチムは当時何という地名だったか。
問②　ナチス＝ドイツによるユダヤ人の大量虐殺を何と呼ぶか。
問③　こうした動きを日本の軍部は何と呼んだか。
問④あ　朝鮮における「創氏改名」など、日本軍がおこなった同化政策を何というか。
　　い　支配の具体的な内容を記せ。
問⑤　日本支配下のインドシナでベトナム独立同盟（ベトミン）を組織し、反日闘争を展開した人物は誰か。

1	2	3	4	5
6	7	8	9	10
①	②	③	④あ	

い

⑤

3 つぎの文の（　）に適語を入れ、下線部①～⑤の問いに答えよ。

　1941年に独ソ戦、ついで太平洋戦争が始まったことで、ドイツ・イタリア・日本などの（　1　）国と、イギリス・アメリカ合衆国・ソ連・（　2　）などの連合国との対決という第二次世界大戦の構図が固まった。42年後半から連合国軍は総反撃に移り、43年初めにソ連軍は（　3　）（現ヴォルゴグラード）でドイツ軍を破り、以後ドイツは後退を重ねた。5月、スターリンはコミンテルンを解散し、イギリス・合衆国との協力体制をより確実にした。同年夏以降、ドイツ軍は防戦一方に追い込まれた。イタリアでも連合国軍が（　4　）島に上陸すると、ムッソリーニは失脚し、9月に①イタリア新政府が無条件降伏した。

　これより前の1941年8月、ローズヴェルトとチャーチルによる会談で発表された（　5　）は、その後に戦後構想の原則として確認された。43年11月、ローズヴェルト・チャーチル・蔣介石の（　6　）会談で対日処理方針を定めた（　6　）宣言が合意され、さらにローズヴェルト・チャーチル・スターリンの（　7　）会談では、連合国軍の②北フランス上陸作戦が協議された。連合国軍は44年8月にパリを解放し、帰国したド＝ゴールは臨時政府を組織した。並行してソ連軍も、東欧諸国に進軍して、ドイツ軍を駆逐していった。

　1945年2月、米・英・ソ首脳は（　8　）半島のヤルタで会談し、③ヤルタ協定を結んで、ドイツ処理の大綱などを決めた。空襲で多くの都市や交通網を破壊されたドイツは、同年には総崩れとなった。4月末にヒトラーは自殺し、ベルリンは占領され、5月7日にドイツは無条件降伏した。

　日本は、太平洋地域で敗退を重ね、とくに1944（昭和19）年夏に（　9　）島を奪われてからは、本土空襲がしだいに本格化していった。45（昭和20）年6月には、（　10　）がアメリカ軍に占領された。7月、（　11　）（4月に病死したローズヴェルトにかわり昇格）、チャーチル（途中で労働党アトリーと交替）、スターリンがベルリン郊外の（　12　）で会談し、ドイツ管理問題を協議するとともに、日本の降伏を求める（　12　）宣言を発表した。日本がこれを黙殺する一方、アメリカ合衆国は8月6日広島に、9日には長崎に（　13　）を投下した。同時にソ連はヤルタ協定にもとづき、日ソ中立条約の規定を無視して、8月8日日本に宣戦し、中国東北地方・朝鮮・南樺太・千島列島に侵攻した。14日、日本は（　12　）宣言を受諾して無条件降伏し、15日に天皇の玉音放送により国民にも明らかにした。こうして数千万人が命を落とし、多数の難民と孤児をもたらした、史上最大の戦争は終わった。

　④第二次世界大戦は、異なる政治・社会体制間の優劣を競うという、第一次世界大戦にはない特徴をおびた。一方、連合国陣営のなかで、アメリカ合衆国とならんでソ連が中心的な役割を果たした結果、戦後の国際政治では、⑤両国を盟主とする資本主義と社会主義の争いが展開することになった。

問①　首班となった人物は誰か。

問②あ　上陸した地方名を答えよ。

　　　い　作戦を指揮し、のちにアメリカ合衆国の大統領となったのは誰か。

問③　秘密条項として決められた内容を1行で説明せよ。

問④　第二次世界大戦の特徴について簡潔に説明せよ。

問⑤　この対立は何と呼ばれたか。

1	2	3	4	5
6	7	8	9	10
11	12	13		

① _____　②あ _____　い _____

③ _____

④ _____

_____

⑤ _____

1 つぎの文の（　）に適語を入れ、下線部①〜⑦の問いに答えよ。

　大西洋憲章を具体化するため、1944年に米・英・ソ・中はワシントン郊外で（ 1 ）会議を開き国際連合憲章の原案をまとめた。そして翌45年4月〜6月の（ 2 ）会議で採択され、同年10月に国際連合が発足、48年の第3回大会では（ 3 ）が採択された。①国際連合は国際連盟の反省を制度に反映させ、②専門機関と連携して、様々な分野で国際協力を進めることとなった。

　国際金融・経済面での協力体制を築くために、1944年7月、連合国代表は③IMF と IBRD の設立に合意し、45年12月に発足した。また47年10月には貿易障壁の撤廃をうながす「（ 4 ）」が成立した。ここに④新たな国際経済の仕組みが、アメリカ合衆国の圧倒的な経済力を支えに形成された。この新たな仕組みを（ 5 ）体制と呼ぶ。

　敗戦国の処分に関しては、ドイツは4カ国による分割占領と共同管理、旧首都の分割管理、民主化の徹底などが実行され、同時に（ 6 ）の国際軍事裁判所でナチス＝ドイツ指導者の戦争犯罪が追及された。また（ 7 ）はドイツと分離されて4国の共同管理下におかれた。日本は米軍による事実上の単独占領下におかれ、⑤民主的改革が実施された。さらに（ 8 ）に設置された極東国際軍事裁判所で戦争犯罪が裁かれ、開戦時の首相（ 9 ）ら7名が死刑判決を受けた。1946年11月には⑥日本国憲法が公布され、翌47年5月に施行された。⑦他の旧枢軸国5カ国とは47年、（ 10 ）講和条約が結ばれた。

問① 国際連合の諸制度について述べた文として**誤っているもの**を、ア）〜エ）から1つ選べ。

ア） 国際連合の本部はアメリカのニューヨークにおかれた。

イ） 当初の常任理事国はアメリカ合衆国・イギリス・ソヴィエト連邦・フランス・中華人民共和国の5カ国であった。

ウ） 常任理事国5カ国は安全保障理事会の決定に拒否権を行使できた。

エ） 国際紛争解決の手段として経済制裁のみならず軍事的手段を行使できるようになった。

問②あ 教育・科学・文化を通じて世界の平和を促進する機関は何か。

い 発展途上国や災害を受けた地域の幼児・児童の援助と救済をおこなう機関は何か。

う 保健衛生の分野を担当し、国際保健事業の指導と調整をおこなう機関は何か。

問③ あ IMF、い IBRD それぞれの機関の正式名称を答えよ。

問④ この仕組みについて述べた a・b の正誤の組み合わせとして正しいものを、ア）〜エ）から選べ。

a 戦後、アメリカ＝ドルを基軸通貨とする固定為替相場が採用された。

b IMF は大戦後の復興・開発への融資を目的として設立され、現在では途上国への援助が中心となっている。

ア） a−正　b−正　　**イ）** a−正　b−誤　　**ウ）** a−誤　b−正　　**エ）** a−誤　b−誤

問⑤ このときの改革の内容を1つ記せ。

問⑥ 日本国憲法の三原則をすべてあげよ。

問⑦ 日本・ドイツ以外の旧枢軸国5カ国をすべてあげよ。

1	2	3	4	
5	6	7	8	9
10	①	②あ	い	う
③あ		い	④	⑤
⑥	・		・	
⑦	・	・	・	・

2 つぎの文の（　）に適語を入れ、下線部①〜⑦の問いに答えよ。

　イギリスでは大戦末期の①1945年7月の選挙で労働党が圧勝し、（　1　）内閣が成立した。46年に第（　2　）共和政が発足したフランス、同年王政が廃止されて共和政となった（　3　）の2カ国では共産党が勢力をのばした。エールは49年にイギリス連邦から正式に離脱し、国号を変更して（　4　）となった。他方、東ヨーロッパの国々は、大戦末期からのソ連軍の進駐によってその勢力下におかれた。

　アメリカ合衆国および西欧諸国とソ連の相互の不信感は、戦後さらに強まった。②イギリスの前首相が「バルト海のシュテッティンからアドリア海のトリエステまで」降ろされたカーテンがあると批判して共産主義への不信感をあらわにした。1947年、（　5　）における王党派と共産党派の内戦をきっかけに米・ソの対立は本格的なものとなり、やがて財政難に苦しむイギリスが王党派の支援から手を引くと、③アメリカ大統領はソ連勢力の拡張に対する「封じ込め」政策を宣言して、（　5　）の内戦に介入し、ついでアメリカの国務長官が、ヨーロッパ復興のための財政支援計画（　6　）を発表した。西欧諸国がこれを受け入れたが、ソ連は東欧諸国に受け入れを拒否させた。ソ連は陣営の結束をはかり、同年9月に各国共産党の情報交換機関（　7　）を結成した。こうして東西の対決姿勢は鮮明となった。これを「冷戦」という。

　東欧諸国の多くではソ連のあと押しを受けて（　8　）と呼ばれる社会主義体制が築かれた。1948年2月、議会制民主主義を堅持していたチェコスロヴァキアでも、共産党がクーデタによって実権を掌握し、（　9　）大統領が辞任に追い込まれた。一方、（　10　）率いるパルチザン闘争で自力解放に成功したユーゴスラヴィアは、ソ連支配に反発して自主路線をとったため、48年に（　7　）から除名された。

　ソ連による東欧支配の強化に対抗して、④西欧5カ国は、1948年3月、（　11　）条約を結んだ。49年4月には、⑤アメリカ合衆国とカナダを含む西側12カ国が大西洋の集団安全保障機構として（　12　）を結成し、武力侵略に対して共同で防衛することをとりきめた。他方、ソ連と東欧諸国も49年1月に経済協力機構として（　13　）を、また55年5月には、共同防衛を定めた（　14　）を発足させた。

　この状況下、ドイツでも、米・英・仏の占領地区とソ連占領地区の分断が進んだ。1948年6月、⑥ソ連は西側地区の通貨改革に反対して西ベルリンへの交通を遮断した。西側諸国は生活必需品の空輸で対抗し、1年ほどで封鎖は解除されたが東西ベルリンは分断され、49年にはドイツ連邦共和国（西ドイツ）とドイツ民主共和国（東ドイツ）が成立、ドイツの東西分立が決定した。その後西ドイツでは（　15　）首相のもとで西側の一員として「奇跡の経済復興」を成し遂げ、⑦54年には主権を回復した。

問① 　この労働党内閣の政策を1つあげよ。
問② 　ⓐこの演説を何というか。　　ⓘこの演説をおこなったイギリスの前首相は誰か。
問③ 　これを何というか。
問④ 　西欧5カ国をすべてあげよ。
問⑤ 　第二次世界大戦後のアメリカの外交方針の変更について1行程度で説明せよ。
問⑥ 　これを何というか。
問⑦ 　この1954年の協定の名称を答えよ。

1	2	3	4	5
6	7	8	9	10
11	12		13	
14		15		

①		②ⓐ		ⓘ
③	④　　　・　　　　・　　　　・　　　　・			
⑤				
⑥	⑦			

3 つぎの文の（　　）に適語を入れ、　Ａ　〜　Ｂ　のなかに政党名を入れよ。また、下線部①〜⑥の問いに答えよ。

　中国は第二次世界大戦の戦勝国となり5大国の1つとして国際的地位を高めたが、国内では、主導権の維持をはかる蔣介石の　Ａ　党と、土地改革などの実施により大戦中に勢力を拡大した　Ｂ　党との対立が激化した。　Ｂ　党は東北地方をおさえてソ連から旧日本軍の兵器を入手して1947年より反攻を始め、49年3月には　Ａ　党政府の首都（　1　）を占領した。49年12月、蔣介石は（　2　）に逃れ、そこで中華民国政府を維持した。一方の　Ｂ　党は49年9月、　Ａ　党統治に反対する諸勢力を北京の（　3　）に招集した。会議は10月、①中華人民共和国の成立を宣言し、首都を北京に定めた。ここに　Ｂ　党が指導する事実上の一党独裁国家が誕生した。50年2月には②ソ連と、軍事と経済の相互協力を定めた条約を調印し、中国は社会主義圏に属する姿勢を明らかにした。中華人民共和国は社会主義国をはじめとする③諸国から承認されたが、アメリカ合衆国は（　2　）の中華民国政府を中国の正式代表とする立場をとった。

　朝鮮はすでに1943年の（　4　）会談で独立が約束されていたが、戦後は北緯（　5　）度線を境界に、北をソ連が、南をアメリカ合衆国が占領下においた。米ソ対立が激化するなか、48年、④南に大韓民国、北に朝鮮民主主義人民共和国（北朝鮮）、と南北に分断された国家が設立された。

　1950年6月、北朝鮮は南北統一をめざし、境界線である北緯（　5　）度線をこえて侵攻し（　6　）が始まった。北朝鮮軍は朝鮮半島南端の釜山にせまったが、⑤ソ連欠席のまま開催された安保理は北朝鮮軍の行動を侵略とみなし、アメリカ軍を中心とする国連軍が韓国の支援に向かった。国連軍が反撃して中国国境付近にせまると、中国は北朝鮮を支援するために（　7　）軍を派遣した。戦線は（　5　）度線付近で膠着し、53年に休戦協定が成立したが、現在に至る南北の分断が固定化された。

　中国では（　6　）勃発後にアメリカ合衆国との対立が決定的になり、社会主義化が加速することになった。1950年以降の土地改革で地主層が打倒され、農民に土地が分配されていた農村では、土地を共同で所有・経営する集団化が進められた。商工業では民間企業が国営化されるとともに、重化学工業が推進された。

　アメリカ軍が朝鮮半島に派遣されるのにあわせて、日本では1950年、のちの自衛隊の前身である（　8　）が設置された。51年には、日本は、社会主義国や一部のアジア諸国の不参加・反対をおして⑥サンフランシスコ平和条約に調印して独立を回復したが、同時に（　9　）条約も結ばれ、アメリカ合衆国は事実上日本の防衛を引き受け、日本は米軍の駐留や軍事基地・関係施設の存続を認め、（　10　）は合衆国の施政権下におかれることになった。

問①　この時のⓐ国家主席、ⓘ首相はそれぞれ誰か。
問②　この条約を何というか。
問③　西側で最初に中華人民共和国政府を承認した国はどこか。
問④　この時のⓐ大韓民国初代大統領、ⓘ北朝鮮首相はそれぞれ誰か。
問⑤　ソ連がこの時安全保障理事会を欠席した理由を説明せよ。
問⑥　この時日本が正式に放棄した領土として**誤っているもの**を、**ア）〜エ）**から1つ選べ。
　　ア）台湾　　**イ）**南樺太　　**ウ）**国後・択捉・歯舞・色丹各島　　**エ）**朝鮮半島

1	2	3	4	5
6	7	8	9	10
Ａ	Ｂ	①ⓐ	ⓘ	
②		③	④ⓐ	ⓘ
⑤				
⑥				

4 つぎの文の（　　）に適語を入れ、下線部①〜⑥の問いに答えよ。

　第二次世界大戦中、日本に占領された東南アジアも戦後つぎつぎと独立に向かった。オランダ領東インドでは1945年8月、（　1　）を指導者にインドネシア共和国の成立が宣言された。オランダの武力介入も失敗に終わり、49年にインドネシアは独立を実現した。フランス領インドシナでは（　2　）が日本の占領下にベトナム独立同盟会（ベトミン）を組織し、終戦直後ベトナム民主共和国の独立を宣言した。フランスはこれを認めず、49年に阮朝最後の王（　3　）を立てて、フランス連合内の一国としてベトナム国を発足させる一方、①民主共和国と交戦を続けた。しかしフランスは54年5月に（　4　）で大敗すると7月に民主共和国と（　5　）休戦協定を結んでインドシナから撤退し、北緯17度線を暫定的な軍事境界線として南北間をわけ、2年後の南北統一選挙が予定された。しかしこの休戦会談に参加していた②アメリカ合衆国は休戦協定の調印を拒否し、9月に③反共軍事同盟を結成した。そして翌55年には、合衆国に支援された（　6　）政権が南部にベトナム共和国を樹立し、ベトナムは南北に分断された。カンボジアは53年に完全独立を果たし、（　7　）国王のもとで中立政策を進めた。

　大戦後、イギリスからの独立が予定されていたインドでは、パキスタンの分離・独立を求める全インド＝ムスリム連盟と統一インドを主張する（　8　）らが対立し、結局1947年にイギリス議会でインド独立法が制定されると、④インド連邦とパキスタンの2国にわかれて独立した。しかし宗教的対立はおさまらず、48年に（　8　）は急進的ヒンドゥー教徒に暗殺された。⑤インドは50年に憲法を発布して共和国となった。またインド洋に浮かぶ（　9　）は48年にイギリス連邦内の自治領として独立し、その後、72年の憲法制定により共和国となった。

　中東アラブ地域では、大戦で疲弊した英仏の力が弱まるなか、アラブ民族主義が高まり、1945年にはアラブの独立と連帯をめざし、パレスチナにユダヤ人国家が成立するのを阻止することを目標の1つとした（　10　）が発足した。そのパレスチナでは、アラブ人とユダヤ人の対立が激化していた。対応に苦慮したイギリスが（　11　）権を放棄すると、これを受けた国際連合は、47年にパレスチナをアラブ人国家とユダヤ人国家に分割する決議をおこなった。翌48年ユダヤ人がイスラエルの建国を宣言すると、⑥これに反対するアラブ諸国とのあいだに戦争がおこった。結局、国連の調停でイスラエルは独立を確保し、多くのユダヤ人を受け入れたが、この過程でパレスチナに住むアラブ人が追放されて約75万人が（　12　）となり、その後も長く西アジアの紛争要因となっている。大戦中に連合国軍が駐留したイランでは、戦後に民族運動が高まり、石油産業を独占するイギリス系企業の国有化を求める声が強まった。（　13　）首相は51年に石油国有化を実行したが、53年には英米と結んだ国王（　14　）のクーデタによって失脚し、イランの石油は（　15　）の支配下におかれることになった。

問①　この戦争を何というか。

問②　当時アメリカは「ある一国が共産主義化すれば隣接する国々もつぎつぎに共産主義化する」ととなえて共産国家成立に対しては積極的な介入をはかった。この理論を何というか。

問③　この反共軍事同盟を何というか。

問④　宗教的対立について簡単に説明せよ。

問⑤　この時の、⑧初代首相は誰か。　⑩新憲法制定に尽力した初代法務大臣は誰か。

問⑥　この戦争を何というか。

1 _____	2 _____	3 _____	4 _____	5 _____
6 _____	7 _____	8 _____	9 _____	10 _____
11 _____	12 _____	13 _____	14 _____	15 _____

① _____　② _____　③ _____

④ _____

⑤⑧ _____　⑩ _____　⑥ _____

1 以下の史料１〜３は、各国の女性についての文書およびポスターである。これについて、あとの問いに答えよ。

史料１ 　　　**A** 憲法修正第19条

　1920年修正第19条１項は、性別を理由として投票権を拒否または制限することを禁止し、女性の参政権を保障する。　　　　　　　　　　　　　　　　　（内閣府男女共同参画局ホームページより抜粋　一部改変）

史料２ 　……ノラ「パパはわたしを自分の人形と呼びました。そうしてわたしと遊びました。ちょうどわたしが自分の人形をおもちゃにするような風でしたの。それからわたしはあなたのところへ、この家に入ってまいりました。」……ノラ「わたしは実家ではパパの人形っ子でした。ここではあなたの人形女でございます。」……ヘルメル「お前は何よりもまず、妻であり、母であるのだぞ。」ノラ「わたしいまはもうそうは思いません。私は信じます、──わたしは何よりもまず人間です、あなたと同じ人間です。」

（19世紀のある戯曲より）

問１．史料１について、この史料に書かれている国について述べたものとして正しいものを、**ア）〜エ）**から１つ選べ。

　ア） フランクリン＝ローズヴェルト大統領のもとで、棍棒外交が展開された。

　イ） パリ講和会議において、ロイド＝ジョージが代表となり、ドイツに対してきびしい賠償金を要求した。

　ウ） ウィルソン大統領のもとで、禁酒法が制定されたほか、宣教師外交と呼ばれる干渉政策をおこなった。

　エ） 1875年にグラッドストン首相がスエズ運河会社の株を買収した。

問２．史料２について、この史料の作者名**あ・い**と、その内容**X・Y**の組み合わせとして正しいものを、**ア）〜エ）**から選べ。

　作者名） **あ．** イプセン　　**い．** モーパッサン

　内容）

　X 　１人の女性の一生を救いのない形で、暗い孤独感と悲観主義の人生観を描いている。

　Y 　女性を男性から独立したものとして、新たな時代の女性を描いている。

　ア） あ−X　**イ）** あ−Y　**ウ）** い−X　**エ）** い−Y

史料３ 　戦時中のイギリスにおける、女性労働者に寄宿舎を提供するための基金への支援を訴えるポスター

問３．史料３のように女性が戦時中に労働力として社会進出したことが、女性参政権の拡大につながったと考えられる。**史料３**中の戦時中が指す戦争**あ・い**と、イギリスにおける女性参政権が認められることとなった法改正**X・Y**の組み合わせとして正しいものを、**ア）〜エ）**から選べ。

　戦争名） **あ．** 第一次世界大戦　　　**い．** 第二次世界大戦

　法改正） **X．** 第３回選挙法改正　　**Y．** 第４回選挙法改正

　ア） あ−X　　　　**イ）** あ−Y　　　　**ウ）** い−X　　　　**エ）** い−Y

2 以下の史料は、1919～28年に締結された条約の一部である。これについて、あとの問いに答えよ。

史料1　　第1条　締約国ハ国際紛争解決ノ為戦争ニ訴フルコトヲ非トシカツ其ノ相互関係ニ於テ国家ノ政
策ノ手段トシテノ戦争ヲ放棄スルコトヲ其ノ各自ノ人民ノ名ニ於テ厳粛ニ宣言ス
　　第2条　締約国ハ相互間ニ起ルコトアルベキ一切ノ紛争又ハ紛議ハ其ノ性質又ハ起因ノ如何ヲ問ハス平和的
手段ニ依ルノ外之ガ処理又ハ解決ヲ求メザルコトヲ約ス　　　　　　（外務省『日本外交年表竝主要文書　一部改変）

史料2　　……同盟および連合国はその相次いで直接又は間接に参加するに至りたる戦争、すなわち1914年
7月28日 [1] 国に対する [2] 国の宣戦、1914年8月1日ロシア国に対する、および、1914年8月3日
フランス国に対するドイツ国の宣戦、ならびに [3] 国侵入に依りて開始された戦争によるに、……恒久
の平和を以てすることをひとしく希望し……次の如く協定する。戦争状態は本条約実施の時より終了する。
　　　　　　　　　　　　　　　　　　　　　　　　　　　　　　　　　　（村瀬興雄訳『西洋史料集成』平凡社　一部改変）

史料3　　……2月6日 [4] ニ於テ署名調印
　第1条　支那〔中国の異称〕国以外ノ締約国ハ左ノ通約定ス
　⑴　支那ノ主権、独立並ビニ其ノ領土的及行政的保全ヲ尊重スルコト
　⑵　支那ガ自ラ有力カツ安固ナル政府ヲ確立維持スル為最完全ニシテカツ最障害ナキ機会ヲ之ニ供与スルコ
ト
　　　　　　　　　　　　　　　　　　　　　　　　　　　　　　　　　（外務省『華府会議諸条約及諸決議　一部改変）

問1． 史料1～3を年代が古い順に並べ替えよ。

問2． [1]・[2]・[3]に入る国名の組み合わ
せとして正しいものを、右の表の**ア)～カ)**から
選べ。

	1	2	3
ア)	ベルギー	オーストリア	セルビア
イ)	ベルギー	セルビア	オーストリア
ウ)	オーストリア	ベルギー	セルビア
エ)	オーストリア	セルビア	ベルギー
オ)	セルビア	オーストリア	ベルギー
カ)	セルビア	ベルギー	オーストリア

問3． 史料に関する**Aさん**、**B君**、**C君**のコメントの正誤の組み合わせとして正しいものを、以下の
ア)～ク)から選べ。

Aさん：史料1は、フランス外相のブリアンとイギリス外相のケロッグの主導で成立した条約だね。

B君：史料3の [4] でおこなわれた会議により、日英同盟が解消されました。

C君：史料1および史料3の条約は日本も調印しましたが、史料2の条約に日本は調印しませんで
した。

　ア) 3人とも正しい。

　イ) AさんとB君は正しいが、C君は誤りである。

　ウ) AさんとC君は正しいが、B君は誤りである。

　エ) B君とC君は正しいが、Aさんは誤りである。

　オ) Aさんのみ正しく、B君とC君は誤りである。

　カ) B君のみ正しく、AさんとC君は誤りである。

　キ) C君のみ正しく、AさんとB君は誤りである。

　ク) 3人とも誤っている。

〈A〉19世紀後半～1914年までの西欧諸国は、帝国主義によりそれぞれの勢力圏を打ち立てた。この時代についてあとの問いに答えよ。

問1. 以下の西欧諸国について述べた文章⑧～⑨の下線部ⓐ～ⓒには**それぞれ誤りが1つある**。誤っている下線部を指摘し、正しい語を記せ。

⑧　1880年代より銀行の資本力に支えられて帝国主義に乗り出したフランスは、87年にフランス領インドシナ連邦を成立させ、99年にはⓐ<u>ラオス</u>を編入した。また、軍国主義者が共和制転覆をはかったⓑ<u>ブーランジェ事件</u>や、作家ⓒ<u>スタンダール</u>が弁護したことで知られるドレフュス事件のような国内対立がおこった。

⑩　イギリスは、1875年にⓐ<u>グラッドストン</u>首相がスエズ運河会社の株を買収するなどして最重要植民地であるインドへの道を確保した。また、ケープ植民地から北上し、90年代にはⓑ<u>ローデシア</u>を植民地とした。80年代から国内ではⓒ<u>フェビアン協会</u>が社会改革に取り組み、のちの労働党につながった。

⑨　パン＝スラヴ主義とパン＝ゲルマン主義が衝突したバルカン半島において、1908年、青年トルコ革命によるオスマン帝国の混乱に乗じてオーストリアがⓐ<u>ボスニア・ヘルツェゴヴィナ</u>を併合した。これに強く反発したセルビアを支持するロシアは、セルビア・ブルガリア・モンテネグロ・ⓑ<u>ルーマニア</u>にバルカン同盟を結成させた。バルカン同盟はオスマン帝国がⓒ<u>イタリア＝トルコ戦争</u>に敗北したのを機に、オスマン帝国との戦争に踏みきった。

問2. 1890年代から1914年にかけて、国際関係は複雑に変化してきた。そのなかでも、イギリス・フランス・ロシアの関係の変化を、以下の語句を用いて300字程度で説明せよ。語句には下線を施すこと。

【「光栄ある孤立」　露仏同盟　モロッコ事件　建艦競争　グレートゲーム】

問3. この時代の西欧諸国について述べた⑧～⑨に該当する人物・地名を記せ。

⑧　ドイツ社会民主党の理論的指導者であり、銀行の産業支配に着目した著書『金融資本論』で知られる政治家・経済学者は誰か。

⑩　1905年の第1次モロッコ事件で、ヴィルヘルム2世が訪れたモロッコの町はどこか。

⑨　イギリスのケープ植民地現地政府の首相として、ローデシアを建設した人物は誰か。

問4. 西欧諸国の帝国主義政策に対して、アジアやアフリカではそれに対抗する組織が結成された。以下の史料はある組織が採択した文書であり、史料中の　A　にはその組織の名称が入る。⑧ある組織の名称と、⑩その組織を設立した人物名、および⑨駆除韃虜は何の打倒をめざす言葉か答えよ。

史　料
第1条　本会は名を定めて　A　となし、本部を東京に設け、支部を各地に設ける。
第2条　本会は駆除韃虜、恢復中華、創立民国、平均地権をもって主旨とする。

（『中国近代史資料叢刊　辛亥革命2』より）

問5. 帝国主義に対抗した指導者について述べた⑧～⑨に該当する人物を記せ。

⑧　イギリスとフランスの対立を利用し、東南アジアで最後まで独立を維持した国の、19世紀後半に近代化につとめた国王。

⑩　『われにふれるな』を著し、1892年にフィリピン民族同盟を組織した民族運動家。

⑨　19世紀末のフランスの西アフリカ侵略の際に、反フランス蜂起を率いたギニアの指導者。

〈B〉第一次世界大戦と第二次世界大戦は、国際情勢を一変させた。このことについて、あとの問いに答えよ。

問6．1919年のパリ講和会議で、中国は二十一カ条の要求および山東のドイツ権益の返還を認められなかったが、これに対する抗議から始まった全国的な運動を何というか。

問7．第一次国共合作と第二次国共合作の違いを、その目的と合作の形態に触れて100字程度で説明せよ。

問8．第一次世界大戦後のアジア・中東の情勢について述べた文として適当なものを、ア）〜エ）から1つ選べ。

ア）1927年、サイモン委員会にインド人が1人も入っていないことを契機に民族運動が高揚し、国民会議派は29年にラホール大会を開いた。そこで国民会議派はスワデーシ、スワラージなどの4綱領を採択した。

イ）ムスタファ＝ケマルは青年トルコ革命によりスルタン制を廃止し、トルコ共和国を成立させた。トルコ共和国では女性参政権が与えられるなど、女性解放の試みがおこなわれた。

ウ）ベトナムのホー＝チ＝ミンは反仏結社である維新会を組織し、日本への留学運動である東遊運動を推進したが、日仏協約を結んだ日本によって民族運動家の留学生が抑圧された。

エ）日本に併合された朝鮮においては、パリ講和会議における民族自決の原則を背景に三・一独立運動がおこった。それに連動し、上海において大韓民国臨時政府の設立が宣言され、初代大統領に李承晩が選出された。

問9．アメリカの第一次世界大戦に対する姿勢はどのように変化したか。180字程度で説明せよ。

問10．第一次世界大戦はイギリス・アメリカ・ロシア・アジアにどのような影響を与えたか。200字程度で説明せよ。

問11．第二次世界大戦の経過ア）〜エ）を、年代の古い順に並び替えよ。
　ア）ソ連が日本に対して参戦する。　　　　イ）独ソ戦が開始される。
　ウ）ヤルタ会談がおこなわれる。　　　　　エ）ソ連が国際連盟を除名される。

問12．第二次世界大戦においてフランスはドイツに降伏したが、あ南フランスに建てられた親独政府と、い ロンドンでド＝ゴールが中心となって建てられた亡命政府を何というか。

〈C〉戦間期のヨーロッパについてのあとの問いに答えよ。

問13．第一次世界大戦後、ドイツではヴァイマル憲法が採択された。これは当時もっとも民主的な憲法とされたが、独裁を止められない側面ももち合わせていた。ヴァイマル憲法の特徴について、130字程度で説明せよ。

問14．以下のあ〜おは、戦間期のヨーロッパで活躍した人物の説明である。人物名を記せ。
　あ　ヴァイマル憲法下ではじめての大統領に選出された人物。
　い　1926年にクーデタをおこし、ポーランドの独裁者となった人物。
　う　ナチス＝ドイツとのあいだに英独海軍協定を結んだイギリスの首相。
　え　スペイン人民戦線内閣の首相となった人物。
　お　『武器よさらば』で第一次世界大戦を、『誰が為に鐘は鳴る』でスペイン内乱を描いたアメリカ人作家。

問15．以下の戦間期のアメリカについて述べた文章の下線部ⓐ〜ⓕのうち、誤っているものをすべて指摘し、正しい語に直せ。

　　　1921年からはウィルソンにかわって、3代にわたりⓐ民主党の大統領が続いたアメリカは、空前の繁栄を謳歌した。1924年のⓑヤング案を契機にアメリカの資本がドイツに流れていくようになり、世界的にも大きな役割を果たすようになった。その一方、ⓒサッコ・ヴァンゼッティ事件などがおこるなど移民問題が深刻化した結果、1924年移民法によりⓓ南欧・東欧からの移民が禁止されるなど、排外主義の高揚がみられた。アメリカのⓔウォール街からおこった世界恐慌に対しては、ⓕケインズの理論にもとづいてニューディール政策がとられた。

54　冷戦の展開

（教 p.324〜328／解 p.95〜97）

1　つぎの文の（　）に適語を入れ、下線部①〜⑥の問いに答えよ。

　1940年代末から50年代にかけてアメリカ合衆国は、北大西洋条約機構（NATO）以外にも、社会主義陣営を包囲するように諸地域に軍事同盟を構築した。まず、1948年に中南米諸国とともに（　1　）を発足させた。ついで、51年にオーストラリア・ニュージーランドと（　2　）を締結し、54年には（　3　）を発足させた。翌55年には、①トルコ・イラク・イラン・パキスタン・イギリスからなる、バグダード条約機構（中東条約機構〈METO〉）も発足させた。また、合衆国はこれらの同盟を補完する二国間条約として、51年に（　4　）条約を締結し、同年にフィリピン、53年には韓国とも相互防衛条約を結んだ。

　核開発で先行していたアメリカ合衆国は、当初、圧倒的な軍事上の優位を誇っていた。しかし、1949年にソ連が原子爆弾の開発に成功して、合衆国による核兵器の独占を崩した。52年には（　5　）も原子爆弾を保有した。同年、合衆国は原子爆弾よりも強大な破壊力をもつ（　6　）の実験に成功したが、翌53年にはソ連も（　6　）を保有した。②核開発競争の過熱とともに、核戦争の脅威が高まり、またあいつぐ核実験は、「死の灰」と呼ばれた放射性降下物による犠牲者を生んだ。こうした事態に対して、③核兵器廃絶と平和を訴える運動も世界各地に広がった。

　④冷戦の進展は、アメリカ合衆国の国内情勢にも深い影響をおよぼした。1947年には、国内の共産主義者などへの監視を強化するために（　7　）が設置され、労働組合の活動を規制する（　8　）法も制定された。ソ連が核兵器開発に成功すると、反共主義の気運がいっそう強まり、50年頃から左翼運動や共産主義者を攻撃する⑤「赤狩り」が始まった。53年に大統領に就任した（　9　）は、朝鮮戦争の休戦協定を実現し、ソ連との緊張緩和をめざしたが、東側に対抗する軍事同盟網の構築も進めた。一方で、核開発競争の過熱に危機感を覚えた（　9　）は、原子力の平和利用を推進するために、（　10　）の開発を本格化させた。

　1950年代から60年代にかけてのアメリカ合衆国は、⑥平時でも巨額な軍事費を支出するようになり、原子力・ミサイル・航空機・電子機器などの分野で、軍部と軍需企業の癒着が進んだ。その一方で、工場労働者よりも「（　11　）」と呼ばれる事務職の人口が上まわったことは、大衆消費社会をいっそう発展させる要因となった。郊外に暮らす白人中間層が、自家用車でスーパーマーケットに買い物に行くといった、アメリカ式の豊かな生活様式は、西側諸国の人々にとって理想のモデルとなった。

問①あ　1958年に革命がおこって、王政から共和政になった国はどこか。

　　い　1959年にあの国がバグダード条約機構から脱退したため、同機構は何と改称したか。

問②　**あ**1960年と、**い**1964年にそれぞれ核兵器開発に成功した国はどこか。

問③あ　1957年にカナダで開催された核兵器廃絶を求める会議は何か。

　　い　この会議の開催を呼びかけた人物を1人あげよ。

問④　なぜ冷戦というのか、簡潔に説明せよ。

問⑤　これを主導した共和党の上院議員は誰か。

問⑥　このように形成された連合体を何というか。

1	2	3	4	5
6	7	8	9	10
11	①あ	い	②あ	い
③あ	い	④		
⑤	⑥			

2 つぎの文の（　　）に適語を入れ、下線部①～③の問いに答えよ。

　1950年代以降、西欧諸国では、アメリカ合衆国に対する自立性を取り戻すために地域統合の必要性が強く認識された。西ドイツを孤立させれば再び戦争の恐れが高まるという懸念からも、地域統合は追求された。フランスのシューマン外相による1950年の提案（シューマン＝プラン）を受けて、52年、フランス・西ドイツ・イタリア・ベネルクス3国は、石炭・鉄鋼資源の共同利用をめざす（　1　）を発足させた。これは、58年に（　2　）とヨーロッパ原子力共同体（EURATOM）の設置へと発展し、相互に関税を引き下げ、共通の農業政策や資本の自由移動が可能になった。67年には3共同体は合併して（　3　）となり、主権国家の枠をこえた西欧統合の基礎がつくられた。

　一方、イギリスは西欧統合の動きから距離をおき、1960年に北欧諸国などとともに（　4　）を結成した。しかし、その後は（　3　）への参加を希望するようになり、①1973年に認められた。

　西ドイツでは、（　5　）政権のもとで経済成長と社会政策の両立をはかる政策が追求され、「経済の奇跡」と呼ばれるほどの経済成長が実現した。

　フランスでは、東南アジアの（　6　）からの撤退後も、（　7　）の独立をめぐって国内対立が激化した。この危機において、1958年、（　8　）が政界に復帰し、②大統領権限の強力な政治体制を成立させた。大統領となった（　8　）は（　7　）の独立を認める（62年）とともに、アメリカ合衆国に対して自立的な外交政策を追求し、核兵器を保有したほか、中華人民共和国を承認した。66年には（　9　）への軍事協力も拒否した。

　③日本は、朝鮮戦争中に国連軍への物資供給などによって経済復興のきっかけをつかんだ。1955年に保守政党の合同により（　10　）党が成立し、長期政権を担うようになった。56年にはソ連と国交を回復したことで、（　11　）への加盟が実現した。60年の（　12　）条約の改定をめぐって激しい国内対立も発生した。また、65年には韓国とのあいだで（　13　）を結び、国交を正常化した。

問①　イギリスが加盟したことで、何と呼ばれるようになったか。

問②　この政治体制を何というか。

問③あ　このことを何と呼ぶか。

　　　い　これを契機に経済復興が一気に進んだが、この状況を何と呼ぶか。

1	2	3
4	5　6	7
8　9	10	11
12　13	①	②
③あ　い		

3 つぎの文の（　）に適語を入れ、下線部①〜⑤の問いに答えよ。

1953年にスターリンが死去すると、ソ連では外交政策の見直しが始まった。ソ連は同年中に朝鮮戦争の休戦にこぎつけ、55年には（　1　）と和解した。56年２月、ソ連共産党第20回大会で（　2　）第一書記は、①スターリン時代の個人崇拝を批判して、旧反対派への大規模な弾圧を暴露し、自由化の方向を打ち出した。さらに、②西側との平和共存を掲げ、コミンフォルムも解散した。この転換は、東欧諸国に衝撃を与えた。

1956年６月、ポーランドの（　3　）では、生活改善と民主化を要求する市民が軍と衝突した。同国の共産党は、党内改革派の（　4　）を指導者に選出して経済改革により事態を収拾し、ソ連の軍事介入を防いだ。しかし、ハンガリーでは、同年10月に民主化とソ連圏からの離脱を求める大衆運動がおこり、首相の（　5　）もこれを支持すると、③ソ連は軍事介入によってこの動きを鎮圧し、のちに（　5　）を処刑した。

東欧諸国の自立化をおさえこむ一方で、（　2　）は西側諸国との関係改善に力を注いだ。1955年に西ドイツと国交を結び、56年には（　6　）を出して、日本と国交を回復した。さらに59年に訪米し、アイゼンハワー大統領と会談した。しかし、④翌60年にソ連上空で合衆国の偵察機が撃墜される事件がおこると、東西関係は再び冷えこんだ。61年、東ドイツ政府が、市民の西側への脱出を阻止するため西ベルリンを囲むように築いた「（　7　）」は、東西対立の象徴となった。

（　2　）は、国内では経済改革を進め、言論統制を緩和したほか、社会主義体制の優位を示すため宇宙開発に力を入れた。1957年にソ連は（　8　）の開発に成功し、その技術をもとに世界初の人工衛星（　9　）を打ち上げ、⑤61年には世界初の有人宇宙飛行にも成功した。

問①　これを何というか。
問②　この転換は、何と呼ばれたか。
問③　これを何というか。
問④　この事件を何というか。
問⑤　世界初の有人宇宙飛行に成功した宇宙飛行士は誰か。

1	2	3	4	5
6	7	8	9	①

②	③	④	⑤

1 つぎの文の（　）に適語を入れ、下線部①〜③の問いに答えよ。

　1954年、インド・パキスタン・インドネシア・ビルマ・スリランカの首脳が（ 1 ）に集まり、（ 2 ）会議の開催を提唱した。同年、中国の（ 3 ）首相もインドの（ 4 ）首相と会談し、①平和五原則を発表した。翌55年、インドネシアの（ 5 ）で、29カ国代表が参加して（ 2 ）会議の開催が実現し、平和十原則が採択された。61年にはユーゴスラヴィアなどの呼びかけで、ベオグラードに25カ国が参加して第1回（ 6 ）会議が開催され、平和共存、民族解放の支援、植民地主義の打破をめざして共同歩調をとることを誓った。このような非同盟諸国の台頭に対応して、アジア・アフリカ・ラテンアメリカなどの開発途上国を「（ 7 ）」と呼ぶようになった。

　非同盟運動の一翼を担ったエジプトでは、1952年、（ 8 ）を中心とする②青年将校たちが王政を倒し、翌53年に共和国を樹立した。新政権は近代化推進のために、イギリスとアメリカ合衆国から建設資金を得て、（ 9 ）の建設に着手した。しかし、合衆国のイスラエル寄りの外交政策に反発した（ 8 ）は、ソ連に接近した。56年、英米が援助を撤回すると、（ 8 ）は建設資金を確保するために、英仏が経営権をもつ（ 10 ）の国有化を宣言したため、③英仏はイスラエルを誘ってエジプトに軍事行動をおこした。

　インドシナ戦争の敗北でフランスの国力が弱まると、アフリカのフランス植民地でも独立をめざす動きが勢いを増し、1956年に（ 11 ）・チュニジアが独立した。翌57年には、イギリス植民地のガーナが、（ 12 ）のもとで最初の自力独立の黒人共和国となった。さらに、植民地の運動におされた第五共和制下のド＝ゴール政権が譲歩したことなども背景に、60年には一挙に17の新興独立国が生まれ、この年は「（ 13 ）」と呼ばれた。本国との行政的な一体化がより進んでいた（ 14 ）では、軍とフランス人入植者が独立運動を苛烈に弾圧したが、ようやく62年になって民族解放戦線（FLN）がフランスからの独立を勝ちとった。

　1963年には、エチオピアの首都アディスアベバでアフリカ諸国首脳会議が開催され、（ 15 ）が発足し、アフリカ諸国の連帯や、独立後も残存する植民地宗主国の政治的干渉・経済的支配の克服をめざした。しかし、ポルトガルの植民地は残り、ベルギーのように独立後も干渉して、（ 16 ）を引きおこした例もあった。さらに、南アフリカでは少数の白人支配を維持するために、（ 17 ）と呼ばれる極端な人種隔離・黒人差別政策がとられた。

問①　この内容をすべてあげよ。

問②　このできごとを何というか。

問③あ　この戦争を何というか。

　　　　い　この内容について述べた**a・b**の正誤の組み合わせとして正しいものを、**ア）〜エ**）から選べ。

　　　　a　アメリカのトルーマン大統領の援助を受け、英仏イスラエルは戦争を有利に進めた。

　　　　b　戦争中にアラブ諸国は石油戦略を発動し、第1次オイル＝ショックがおこった。

　　　　ア）a−正　b−正　　イ）a−正　b−誤　　ウ）a−誤　b−正　　エ）a−誤　b−誤

1	2	3	4	5
6	7	8	9	10
11	12	13	14	15
16	17			

①

② ③あ　　　　　　い

第18章

2 つぎの文の（　　）に適語を入れ、下線部①〜④の問いに答えよ。

　①アフリカ諸国をはじめとする新興独立国では、従来、植民地宗主国の利益にそって、②輸出向けに限定された種類の農作物栽培や原料生産にかたよった開発がなされてきた。そのため経済基盤が弱く、また、交通網や電気・水道などの社会的（　1　）、教育・医療などの社会制度もほとんど整備されていなかった。

　こうして新興独立国の当初の勢いは失われ、慢性的な貧困に苦しみ、国際機関や欧米諸国の援助に依存する例が多くみられた。豊かな先進国と、アジア・アフリカの開発途上国との経済格差は、（　2　）と呼ばれるようになった。1964年には、77カ国の開発途上国が（　3　）を結成し、南北の経済格差の是正をめざしたが、十分な成果はあがらなかった。

　ラテンアメリカ諸国は、第二次世界大戦後もアメリカ合衆国の強い影響下におかれていたが、合衆国への反発の動きもみられた。アルゼンチンでは、1946年に大統領となった（　4　）が、反米的な民族主義を掲げて社会改革をおこなった。51年、中米の（　5　）では左翼政権が成立して土地改革に着手したが、54年には合衆国に支援された軍部のクーデタで倒された。

　キューバでは、親米の（　6　）独裁政権のもとで、アメリカ系企業が広大な土地を所有して、砂糖栽培に特化した農業生産をおこない、大多数の農民は貧困と土地不足に苦しんでいた。1959年、（　7　）らが（　6　）政権を打倒して革命政権を樹立し、農地改革のためにアメリカ系企業からの土地の接収に踏みきった。これを③キューバ革命という。この革命は、ラテンアメリカ諸国の革命運動や民族運動に多大な影響を与えた。合衆国の（　8　）政権は61年にキューバと断交し、つづく（　9　）政権は（　7　）政権の武力転覆を企てたが、失敗に終わった。

　アメリカ合衆国との関係が悪化したキューバは、社会主義宣言をおこない、ソ連に接近した。1962年、（　7　）の要請にこたえて、④ソ連がキューバでのミサイル基地建設に着手すると、アメリカはソ連船の機材搬入を海上封鎖によって阻止し、米ソ間の緊張が一気に高まった。しかし、核戦争の可能性を前に両国首脳は妥協に転じ、合衆国のキューバ内政への不干渉と引きかえに、ソ連がミサイル基地を撤去する合意が成立した。

　このできごとをきっかけに、米・ソをはじめとする国際社会は、核兵器制限に取り組みはじめた。1963年には米・英・ソが、地下を除く核実験を禁止する（　10　）条約に調印した。さらに68年には、すでに核保有国となっていた米・ソ・英・仏・中以外の国が、新たに核を保有することを禁じる（　11　）条約が62カ国により調印された。これは、5大国による寡占と引きかえに、核の拡散を防止するねらいがあった。69年からは、米ソ両国間で戦略核兵器のミサイル配備数の凍結をめざして（　12　）が始まった。

問①　この内容について述べた**a・b**の正誤の組み合わせとして正しいものを、**ア）〜エ）**から選べ。
　　a　被支配の時代から現地の住民は政治参加できていなかったこともあり、独立後の政治は不安定だった。
　　b　強力なナショナリズムが特徴であるが、第三世界全体としての団結は維持された。
　　ア）a—正　**b**—正　　**イ）a**—正　**b**—誤　　**ウ）a**—誤　**b**—正　　**エ）a**—誤　**b**—誤

問②　このような開発に頼った経済のことを何というか。

問③　この革命に参加したのち、ボリビアにてゲリラ闘争に加わった人物は誰か。

問④あ　このできごとを何というか。
　　　い　これをきっかけに敷設された、米ソ両国首脳間の直通通信回線のことを何というか。

1		2		3		4	
5		6		7		8		9	
10		11		12			
①		②		③		④あ		い	

1 つぎの文の（　）に適語を入れ、下線部①〜④の問いに答えよ。

　冷戦のあいだ、米・ソは、直接の武力衝突をおこさなかった。しかし、アジアやアフリカでは、米・ソがそれぞれあと押しする勢力による代理戦争がおこった。ベトナム戦争もその１つである。ベトナム共和国（南ベトナム）では、（　1　）政権が独裁体制を強めるなか、1960年に南ベトナムの解放をめざす（　2　）が結成され、ベトナム民主共和国（北ベトナム）と連携してゲリラ戦を展開した。63年に（　1　）政権が軍のクーデタによって倒れたのち、アメリカ合衆国の（　3　）政権は南ベトナムへの軍事援助を本格化させた。北ベトナム正規軍が南ベトナムへ派遣されると、65年に合衆国の（　4　）政権は①北ベトナムへの爆撃と大規模な軍事介入に踏みきった。しかし、ソ連と中国の軍事援助に支えられた北ベトナムと解放戦線は、近代兵器で武装した米軍に粘り強く対抗し、戦局は泥沼化する一方だった。

　②ベトナム戦争に対して国際世論は批判を高め、アメリカ合衆国の世論も二分された。1968年、合衆国は、北ベトナム側とパリで和平交渉に入った。73年には（　5　）協定が実現し、合衆国の（　6　）大統領は米軍を南ベトナムから撤退させた。75年、北ベトナム軍と解放戦線は（　7　）（現ホーチミン）を占領し、翌76年に③南北を統一した。

　カンボジアでは、1970年にクーデタで（　8　）元首を追放した親米右派勢力と、④ポル゠ポトの指導する急進左派などの解放勢力との内戦が続いていた。75年、勝利をおさめた解放勢力は、（　9　）を名乗り、農業を基盤とした共産主義社会の建設を強行し、知識人をはじめとして反対する人々を多数処刑した。しかし、78年末にベトナムが軍事介入をおこない、（　9　）を倒して新政権を成立させた。ラオスでも1960年代前半から、政権を握る右派と、左派の（　10　）のあいだで内戦状態にあったが、（　10　）が勝利し、75年にラオス人民民主共和国が成立した。

問① あ　アメリカの北ベトナム爆撃開始の口実となった、1964年８月におきた事件は何か。

　　 い　この攻撃は何と呼ばれたか。

問② この時の状況について述べた**a・b**の正誤の組み合わせとして正しいものを、**ア）〜エ）**から選べ。

　　 a バートランド゠ラッセルがベトナム戦争の戦争犯罪を裁く、「ラッセル法廷」を開いた。

　　 b 日本でも米軍への批判が高まり、沖縄返還ののち、国内の米軍基地はすべて撤廃された。

　　 ア）a－正　b－正　　イ）a－正　b－誤　　ウ）a－誤　b－正　　エ）a－誤　b－誤

問③ 国名を記せ。

問④ この勢力は何と呼ばれたか。

1	2	3	4
5	6	7	8	9
10	①あ	い	②
③	④

2 つぎの文の（　　）に適語を入れ、下線部①～⑥の問いに答えよ。

　ベトナム戦争が進んだ1960年代は、アメリカ合衆国の変容の時期でもあった。1961年に初のカトリック系大統領として就任した民主党のケネディは、（　1　）政策を掲げて国内改革を呼びかけ、南部に残る①黒人差別の撤廃を求める（　2　）運動にも理解を示した。63年11月に彼が暗殺されたのち、後継のジョンソン政権は64年に選挙権や公共施設での人種差別を禁止する（　2　）法を成立させ、「（　3　）」をスローガンとして「貧困との闘い」を推進した。しかし、ジョンソン政権のもとで60年代後半にベトナム戦争が泥沼化すると、②国内ではベトナム反戦運動が高揚し、人種差別・貧困・性差別などに対する抗議運動とも連動した。こののち、ニクソン大統領がベトナムからの撤兵を実現したが、③政治スキャンダル事件によって74年に辞任に追い込まれた。

　ソ連では、自由化の進展を危惧する共産党内の保守派によって、1964年にフルシチョフが解任され、（　4　）が後任となった。東欧では、④68年にチェコスロヴァキアで民主化を求める市民運動がおこり、共産党第一書記に就任した（　5　）も自由化を推進した。しかし自由化の波及を恐れたソ連は、ワルシャワ条約機構軍を率いてチェコスロヴァキアに軍事介入し、改革の動きをおしつぶした。以後ソ連やほかの東欧諸国でも改革の動きは阻害され、経済も停滞した。

　フランスの（　6　）大統領の自立的な外交路線に続き、西ドイツでも独自にヨーロッパの緊張緩和(デタント)を進める動きがおこった。1969年、社会民主党を中心とする連立政権が成立すると、（　7　）首相は⑤ソ連・東欧諸国との関係改善をはかる外交を開始し、70年にはポーランドと戦後国境(オーデル＝ナイセ線)を認めた国交正常化条約を締結した。

　ヨーロッパで進む緊張緩和に米・ソも歩調をあわせた。1972年に、東西両ドイツは相互に承認をおこない、翌73年には両国ともに国際連合に加盟した。75年、フィンランドの（　8　）でアルバニアを除く全ヨーロッパ諸国とアメリカ合衆国・カナダの首脳が参加して、（　9　）が開催され、主権尊重、武力不行使、科学・人間交流の協力などをうたった（　8　）宣言が採択された。ポルトガルでは、⑥アンゴラなどの植民地における独立運動を受け、危機にあった独裁政権が74年に崩壊した。スペインでは、75年にフランコが死去すると、後継者に指名されたブルボン朝の（　10　）が民主化に踏みきり、立憲君主制の新憲法が制定された。67年以来軍事政権下にあったギリシアも、75年に民主制へ復帰した。

問①　黒人差別撤廃運動の指導者として1963年、「ワシントン大行進」を指導した人物は誰か。

問②　このときの状況について述べた**a・b**の正誤の組み合わせとして正しいものを、**ア)～エ)** から選べ。

　　a　運動の中心的な担い手は、戦後のベビーブーム世代の学生であった。

　　b　日本を含めて先進諸国でも学生運動が激化した。

　　ア) a－正　b－正　　**イ)** a－正　b－誤　　**ウ)** a－誤　b－正　　**エ)** a－誤　b－誤

問③　これは何と呼ばれるか。

問④　この運動は何と呼ばれるか。

問⑤　この外交は何と呼ばれるか。

問⑥　アフリカにおけるポルトガルの植民地をほかにもう１つあげよ。

1	2	3	4	5
6	7	8	9	
10	①	②	③	④
⑤	⑥			

3 つぎの文の（　　　）に適語を入れ、下線部①〜⑤の問いに答えよ。

　1956年に（　1　）批判がおこなわれると、（　1　）を模範に自己の権力を強化してきた毛沢東は反発した。毛沢東はソ連との競争を意識して、①58年から急激な社会主義建設をめざす運動を開始し、（　2　）の設立による農村の組織化を進めた。しかし、性急な大規模集団化や専門技術の軽視の結果、農業生産の急減などにより数千万の餓死者を出して、運動は失敗した。また翌59年、②チベットで反中国運動がおこったが、中国政府によって鎮圧された。さらにこれをきっかけに、従来国境が画定されていなかった中国と（　3　）との関係が悪化し、62年には軍事衝突に至った。

　内外の危機が重なるなかで、毛沢東は、アメリカ合衆国との対決路線をとり、③ソ連の平和共存路線を批判した。平和共存の是非をめぐる（　4　）は、1963年から公開論争となり、両国の対立は世界が知るところとなった。69年にはソ連との国境で軍事衝突もおこった。毛沢東はさらに、経済の立て直しをおこなっていた（　5　）・鄧小平ら改革派に対抗して、66年に（　6　）という新たな運動を全国に呼びかけた。若い世代を中心に（　7　）など全国的な大衆運動が組織され、党幹部や知識人を迫害した。（　5　）・鄧小平らも④資本主義の復活をはかる修正主義者と非難され、失脚に追い込まれた。

　ソ連との対立激化のなか、国際的に孤立していた中国は、アメリカ合衆国との関係改善をはかるようになった。ベトナム戦争で威信がゆらいでいた合衆国も、国際社会での主導権を再確立するために中国への接近をはかり、1972年に（　8　）が中国を訪問し、毛沢東とのあいだで関係正常化に合意した。突然の米中接近は日本にも衝撃を与え、同年に（　9　）首相が北京を訪問して国交を正常化し、78年に（　10　）条約を締結した。翌79年には、米中の国交正常化が実現した。また、国際連合では71年に（　11　）にかわって北京政府の代表権が承認された。

　1971年、毛沢東の後継者とみられた林彪が失脚し、76年1月には（　12　）首相が、また同年9月には毛沢東が死亡すると、（　13　）首相は、毛沢東夫人の（　14　）ら（　6　）を主導した「四人組」を逮捕した。これを受けて77年、深刻な社会的混乱をもたらした（　6　）の終了が宣告された。復権した鄧小平を中心とした新指導部は、計画経済から市場経済への転換をはかり、78年以降、⑤「四つの現代化」など改革開放路線を推進していった。

問① この運動は何と呼ばれたか。
問② この事件のあと、インドに亡命したチベット仏教の指導者は誰か。
問③ これに対抗してソ連がおこなったことを簡潔に説明せよ。
問④ 彼らは何と呼ばれて非難されたか。
問⑤ 「四つの現代化」をすべてあげよ。

1_____	2_____	3_____	4_____	5_____
6_____		7_____	8_____	9_____
10_____	11_____	12_____	13_____	14_____
①_____	②_____			
③_____				
④_____	⑤_____			

4 つぎの文の（　　）に適語を入れ、下線部①～④の問いに答えよ。

　第三世界では、1960年代頃から①開発独裁体制が登場した。この体制では、独裁的政権のもとで低賃金を維持し、外国企業を誘致して、輸出向けの工業製品を生産する方式が採用された。

　大韓民国の（　1　）は抑圧的な反共体制をとっていたが、1960年、民主化を求める学生らの運動がおこって失脚した。その後、軍人の（　2　）がクーデタによって権力を握り、大統領となって日本と国交を正常化し、②独裁体制のもとで経済成長を実現した。79年に大統領は暗殺され、80年には（　3　）で民主化運動が発生したが、軍部によって弾圧され、軍事政権が続いた。台湾では、1947年の二・二八事件を経て49年に戒厳令がしかれ、以降は（　4　）党政権の独裁が続くなか、経済発展が進展した。

　東南アジアのインドネシアでは、非同盟運動の指導者である（　5　）大統領が、共産党とも協力し、中国との関係を強める政策をとっていた。しかし、1965年の③九・三〇事件を機に軍部が実権を握り、（　5　）は失脚した。68年に大統領となった（　6　）は、開発独裁体制を推し進めた。フィリピンでも、（　7　）大統領が開発独裁体制を実現した。またマレー半島では、1963年にマラヤ連邦がシンガポールなどと合体してマレーシアとなったが、マレー系住民と（　8　）系住民の対立がやまず、65年に（　8　）系住民を中心としてシンガポールが分離した。その後、シンガポールでは（　9　）首相が開発独裁体制をしいて、経済成長を推し進めた。④67年には東南アジアの5カ国が、東南アジア諸国連合（ASEAN）を結成して地域協力をめざした。これは北ベトナムに対抗するねらいもあったが、やがて大国の介入を排除して東南アジア地域の自立性を高めようとする動きへと向かった。

　インドでは、大戦後に国民会議派の政権が長く続き、非同盟外交とともに計画経済が推進された。また、インドはパキスタンとのあいだに（　10　）地方の帰属などをめぐって衝突を繰り返したうえ、1971年には、言語などの違いから東パキスタンが（　11　）として独立するのを支援した。

　南米の国々においても開発独裁が広くみられた。チリでは1970年に（　12　）を首班とする左翼連合政権が成立したものの、73年にアメリカ合衆国のCIAに支援された（　13　）を中心とする軍部のクーデタで倒されてから、軍部の独裁政権が続いた。

問①　どのような体制か。簡潔に説明せよ。
問②　このような経済成長は何と呼ばれたか。
問③　どのような事件か簡潔に説明せよ。
問④　5カ国をすべて記せ。

1 ___	2 ___	3 ___	4 ___	5 ___
6 ___	7 ___	8 ___	9 ___	10 ___
11 ___	12 ___	13 ___		

①_____

②_____　③_____

_____

④_____

57　産業構造の変容

(教 p.339〜343／解 p.100〜102)

1　つぎの文の（　）に適語を入れ、下線部①〜④の問いに答えよ。

　1960年代以降、西側先進諸国では、国家が国民の福祉に手厚く配慮する福祉国家的な政策がしだいに主流となった。第二次世界大戦以前に福祉国家化が始まっていた北欧諸国に加えて、西欧諸国でも、資本主義の存続を前提に社会保障の拡充を通じて民主主義の充実をめざす（　1　）を掲げる政党がしばしば政権を担い、経済成長に支えられて社会保障費を増大させ、大規模な公共事業により雇用の安定をはかった。アメリカ合衆国の歴代政権や日本の（　2　）党政権も、同様の政策を推進した。西側諸国における福祉の拡充は、東側諸国との競合によってもうながされた。

　他方で経済成長は福祉国家的政策を支えるばかりでなく、①公害という社会問題も生んだ。大気や河川・土壌の汚染や公害病、自然破壊も進んだ。住民の抗議運動が広がるとともに、1972年には環境を主題とする初の国際会議である（　3　）がストックホルムで開催された。同年、資源は有限であり、②このまま経済成長を続ければいずれは限界に達するとの警鐘も、科学者らによって発せられた。

　アメリカ合衆国は1971年、西欧と日本の経済成長により1世紀近く続いた貿易収支の黒字が赤字に転じ、国内から金が流出した。これを受けて出された同年の③アメリカ大統領の発表は、世界に衝撃を与えた。これをドル゠ショックという。アメリカの経済力を基盤とするブレトン゠ウッズ体制は終わりを迎え、73年、先進工業国の通貨は（　4　）制に移行し、世界経済は合衆国・西欧・日本の三極構造に向かいはじめた。

　ついで、1973年に第4次中東戦争が勃発すると、アラブ産油国などが④石油戦略をとった結果、西側諸国では急激な物価高が生じた。これを（第1次）石油危機という。ドル゠ショックと石油危機は世界的な不況を引きおこし、安価な原油を前提としてきた先進国の好景気は終わり、まもなく立ち直った日本を除いて、西欧諸国やアメリカ合衆国の経済成長は減速した。75年、世界経済の主要問題を討議するためにフランスのランブイエで第1回（　5　）が開かれ、毎年開催されることになった。

問①　1962年、『沈黙の春』を刊行し農薬が生物に与える否定的影響について警鐘を鳴らした、アメリカの生物学者は誰か。

問②　1972年、民間の研究組織ローマ゠クラブが発表した、この見解を載せた報告書を何というか。

問③　ドル゠ショックについて述べた**a・b**の正誤の組み合わせとして正しいものを、**ア）〜エ）**から選べ。

　a　ドル゠ショックはベトナム戦争の戦費と社会保障費の増加が大きな負担となったことを背景に、アメリカのニクソン大統領の発表を機におこった。

　b　発表はドル価値の急落で打撃を受けた輸出産業の要請でおこなわれたもので、内容はドル価値を引き上げるために金本位制を復活させ、ドルと金の兌換を開始するというものであった。

　ア）　a−正　b−正　　**イ）**　a−正　b−誤　　**ウ）**　a−誤　b−正　　**エ）**　a−誤　b−誤

問④あ　石油戦略の内容を1行程度で説明せよ。

　⊙　石油戦略をおこなった、1960年に結成された産油国の国際組織を何というか。

　⊙　同じく石油戦略をおこなった、1968年結成のアラブ産油国の国際組織を何というか。

　⊙　石油戦略をきっかけに高まった、資源保有国が他国やその資本の影響力を排除して、自国資源の支配権などの拡大をめざす動きを何というか。

1	2	3	4
5	①	②	③
④あ			
⊙	⊙	⊙	

2 つぎの文の（　）に適語を入れ、下線部①～⑤の問いに答えよ。

　オイル＝ショックは生産の規模を重視してきた経済路線に見直しをせまり、西側先進諸国で量から質への産業構造の転換が始まった。しかし一方で①世界有数の産油国であるソ連では、原油輸出による外貨獲得が積極的に進められ、国民の生活水準も短期的には向上した。西側先進諸国では、経済の効率性がより重視されるようになったが、これは福祉国家的政策の見直しにもつながった。社会保障費や公共事業費が国家予算に占める大きさが批判され、②「小さな政府」を求める声が強まった。

　この頃、アメリカ合衆国では、1960年代後半に公民権運動に参加した女性たちが独自に女性解放運動を始め、西側先進諸国における女性の権利意識の向上に大きな影響を与えた。70年代を通じて世界的に女性の社会進出が進み、日本でも85年に（　1　）法が成立した。

　ラテンアメリカ諸国では経済発展を理由に国民の政治参加を制限しておこなう（　2　）独裁体制が進められたが、先進国からの借金である累積債務が増大、オイル＝ショックとそれにともなう金融危機によって大きな打撃を受け、債務返済もとどこおった。

　チリでは社会主義への平和的移行を試みた政権が軍事クーデタで打倒されたのち、アメリカ合衆国のCIAに支援された（　3　）による軍部独裁政権が、また③アルゼンチンやブラジルでも軍事独裁政権が建てられ、お互いに協調する姿勢をとった。これらはいずれも1980年代に倒れ、民政への移行が進んだ。

　1970～1980年代は④開発途上国、とくに韓国・台湾・香港・シンガポール・ブラジル・メキシコなど（　4　）と呼ばれる国家・地域が経済政策を進めると、この動きはタイ・マレーシア・中国・ベトナムなどにも波及し、この結果、1970～80年代には開発途上国の多くで高い経済成長率が実現した。他方、先進工業国ではこの時期、工場が国外に流出して雇用機会が減ったが、コンピュータなど最先端の部門の研究や生産で競争を乗り切るようになった。そのため、1980年代、アメリカ合衆国・西欧・日本のあいだで先端技術開発をめぐる激しい競争が発生し、自動車やコンピュータなどの部門で（　5　）が激化した。1985年、⑤「双子の赤字」に苦しむアメリカ合衆国が、（　6　）合意でドル安を容認すると、円高による不況を背景として、日本企業などは開発途上国への大規模な工場移転を開始し、工場の海外流出で雇用機会が減少する状況となった。

問①　長期的にみると、ソ連のこのような外貨獲得政策はソ連社会にどのような影響をおよぼしたか説明せよ。

問②　この声を受けた先進各国の状況について述べた**a・b**の正誤の組み合わせとして正しいものを、**ア)～エ)**から選べ。

　a　イギリスのサッチャー、アメリカのレーガン、ドイツのコール、日本の中曽根康弘ら政治指導者たちは、市場経済を最優先し、競争原理を重んじる新自由主義的な政策を打ち出した。

　b　これらの国では電信・鉄道・航空など、非効率とされた国営・公営部門の民営化がおこなわれ、経済の規制緩和が進められた。

　ア) a－正　b－正　　**イ)** a－正　b－誤　　**ウ)** a－誤　b－正　　**エ)** a－誤　b－誤

問③　1982年におこった、領有権をめぐってイギリスと戦った戦争は何か。

問④　開発途上国のなかにも高い経済成長率を示す国々と低いままの国の格差があったが、これを何というか。

問⑤　「双子の赤字」とは、何と何か。

1	2	3	4
5	6	①	

②＿＿＿＿＿＿＿＿＿＿＿　③＿＿＿＿＿＿＿＿＿＿＿　④＿＿＿＿＿＿＿＿＿＿＿

⑤＿＿＿＿＿＿＿＿＿＿＿

3 つぎの文の（　　）に適語を入れ、下線部①～④の問いに答えよ。

　1948年のパレスチナ戦争（第1次中東戦争）でイスラエルが独立して以来、中東では、①アラブ諸国とイスラエルとのあいだに緊張が高まっていた。67年には、両者のあいだに②第3次中東戦争が勃発し、6日間の戦闘でイスラエルは圧勝し占領地を拡大する一方、エジプトの（　1　）大統領の権威は失墜し、アラブ民族主義も衰退に向かった。64年に結成されたパレスチナ解放機構は当初、パレスチナ難民によるイスラエルへの抵抗機関であったが、69年に議長に就任した（　2　）のもとでパレスチナ国家の独立をめざすようになった。73年の第4次中東戦争でも、アラブ諸国が（　3　）によって国際的な発言力を高めたものの、イスラエルは占領地を確保した。そのため、（　1　）の後継者であるエジプトの（　4　）大統領は、アメリカ合衆国・イスラエルとの和解に踏みきり、79年に③エジプト＝イスラエル平和条約を締結した。

　アラブ世界に属さないイランでは、1960年代に国王パフレヴィー2世が、アメリカ合衆国の後ろ盾のもと④近代化政策に取り組んだ。しかし保守層の反発は強く、強権的政治手法や対米従属に対する市民の抗議運動も広まった。79年、国王が亡命すると国外に追放されていた反体制派の宗教学者（　5　）が帰国して、イスラームの教えにもとづくイラン＝イスラーム共和国を打ちたてた。イランの新体制が、欧米系石油企業を追放して原油生産を国有化すると、これをきっかけに原油価格が高騰し、（　6　）がおこった。イランと合衆国との関係が悪化するなか、翌80年には、合衆国の支援を受けたイラクの（　7　）大統領がイランを攻撃して（　8　）戦争が始まり、決着がつかぬまま88年まで続いた。

問①　アラブ諸国はイスラエルの占領地を奪回し、パレスチナを解放することを何ととらえていたのか。

問②　右の地図中の@～@は第3次中東戦争でイスラエルが占領した地域である。それぞれの名称を記せ。

問③　この時エジプトに返還された地域を、右の地図中@～@から1つ選べ。

問④　この政策について述べたa・bの正誤の組み合わせとして正しいものを、ア）～エ）から選べ。

　　a　イスラームのシンボルカラーを前面に出した「緑色革命」は、アメリカの意向もあって西欧的な知識人層が支配する議会が改革の主役となった。

　　b　土地改革や女性参政権の導入、さらに教育の振興にも踏み込んだが、土地改革は失敗し、女性解放は宗教的指導者の反発を買い、海外留学生は反王政化するなど失敗に終わった。

　　ア） a－正　b－正　　**イ）** a－正　b－誤　　**ウ）** a－誤　b－正　　**エ）** a－誤　b－誤

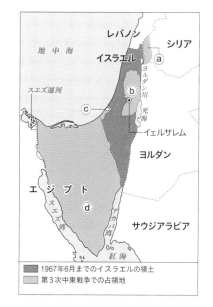

1967年6月までのイスラエルの領土
第3次中東戦争での占領地

1 ＿＿＿＿＿　2 ＿＿＿＿＿　3 ＿＿＿＿＿　4 ＿＿＿＿＿　5 ＿＿＿＿＿

6 ＿＿＿＿＿　7 ＿＿＿＿＿　8 ＿＿＿＿＿

① ＿＿＿＿＿　②@ ＿＿＿＿＿　@ ＿＿＿＿＿　@ ＿＿＿＿＿

@ ＿＿＿＿＿　③ ＿＿＿＿＿　④ ＿＿＿＿＿

1 つぎの文の(   )に適語を入れ、下線部①〜⑤の問いに答えよ。

　1970年代に、ヨーロッパではデタントが進んだが、オイル＝ショックによる(1)高騰のために財政的な余裕ができたソ連は、アフリカの新興国に積極的な財政・軍事支援を展開した。1974年、エチオピアでは、軍部がクーデタによって皇帝(2)を退位に追い込んだのち(エチオピア革命)、ソ連の支援を受けて土地改革などの社会主義政策を実施した。75年にポルトガルから独立した(3)と(4)では内戦がおこり、ソ連や(5)が社会主義政権を支援する一方、アメリカ合衆国や(6)共和国が反政府勢力を支援した。また、白人が支配していた(7)では、ソ連や中国の支援を受けた黒人の解放運動が80年に政権を獲得して、①ジンバブエと改称した。

　アメリカ合衆国では、民主党の(8)大統領が人権を重視する外交を追求し、1977年にパナマ運河をパナマに返還する条約を成立させ、②78年にはエジプトとイスラエルの接近を仲介し、翌年にはエジプト＝イスラエル平和条約が締結された。しかし、ソ連によるアフリカ諸国への積極的な介入や、反米的な(9)共和国の成立により、(8)の外交路線やデタントへの批判が合衆国内で高まりはじめた。さらに、③79年末にソ連が社会主義政権を支援するためにアフガニスタンへ軍事侵攻すると、米ソ関係は冷え込み、デタントは終わった。

　「強いアメリカ」の必要性を訴えて、新たに合衆国大統領となった共和党の(10)は、強硬な対ソ外交を追求して、④宇宙空間での軍事構想を打ち出すとともに、西欧への中距離核兵器の配備計画を推進した。1983年には、カリブ海の(11)に成立した社会主義政権を打倒するために軍事介入もおこなった。⑤1970年代末から80年代前半にかけての時期は、米ソ関係が再び緊張した。

問① この国名の由来は何か。

問②あ 当時のエジプト大統領とイスラエル首相の組み合わせとして正しいものを、ア)〜エ)から選べ。

　　　ア) ムバラク大統領－ラビン首相

　　　イ) ムバラク大統領－ベギン首相

　　　ウ) サダト大統領－ラビン首相

　　　エ) サダト大統領－ベギン首相

　　い このアメリカ仲介による合意を何というか。

問③あ 軍事介入をおこなったソ連の書記長は誰か。

　　い 西側諸国がボイコットした国際イベントは何か。

　　う 東側諸国がいの報復としてボイコットした国際イベントは何か。

問④ この軍事構想は何か。

問⑤ この時期を何と呼ぶか。

1	2	3	4	5
6	7	8	9	10
11				

① _____　②あ _____　い _____

③あ _____　い _____　う _____

④ _____　⑤ _____

2 つぎの文の（　　）に適語を入れ、下線部①〜④の問いに答えよ。

　1980年代前半のソ連は、技術革新に大きく立ちおくれ、工業成長率はゼロ近くにまで落ち込んだ。改善を訴える科学者らの提言も、言論統制によって無視された。1982年に（　1　）書記長は死去したが、その後も①高齢の指導者による短命政権が続き、社会には閉塞感が広まった。

　1985年、ようやく指導層の世代交代がおこなわれて（　2　）が指導者となったが、同年に原油価格が急落し、ソ連は原油輸出に頼れなくなった。翌86年、人災によって（　3　）原子力発電所で大規模事故が発生すると、（　2　）は②社会主義体制の改革に着手した。まず企業に経営上の自主性を与えるなどの経済改革を試みたが、共産党自体は改革に消極的だった。そこで彼は「（　4　）」をとなえて、世論の力で改革を推進しようと考えた。そのための新制度として、89年に（　5　）制の選挙にもとづく人民代議員大会が開かれ、さらに90年には、（　2　）が共産党書記長のまま、新設のソ連（　6　）に就任した。

　また、（　2　）は軍拡の負担から逃れるため、「（　7　）外交」をとなえてアメリカ合衆国に対話を呼びかけた。軍縮による財政赤字の削減を期待する（　8　）大統領もこれにこたえて、1985年11月に米ソ首脳会談が実現し、戦略核兵器の半減などに合意した。87年には（　9　）条約が調印され、米ソ間の緊張緩和が進んだ。これを受けて89年、ソ連軍は（　10　）から撤退した。

　（　2　）は、③ソ連軍駐留経費などの課題を抱える東欧支配の見直しもはかり、1988年には、今後東欧諸国に内政干渉をおこなわないと表明した。ポーランドでは、1980年から（　11　）を指導者とする自主管理労組「（　12　）」が組織され、政府に改革を求めていた。89年に複数政党制のもとで選挙がおこなわれ、圧勝した「（　12　）」を中心とする連立政権が発足した。同年、④ハンガリー・チェコスロヴァキア・ブルガリアでも民主化運動が高まり、共産党独裁体制が終焉を迎えた。東ドイツでも、改革に抵抗する（　13　）書記長が失脚し、（　14　）が開放された。さらに（　15　）の独裁体制が続いてきたルーマニアでも、反体制運動が勝利をおさめた。こうした一連の体制転換によって、東欧社会主義圏は消滅した。

問①　この短命政権の組み合わせとして正しいものを、ア）〜エ）から選べ。
　　ア）アンドロポフ→チェルネンコ
　　イ）アンドロポフ→グロムイコ
　　ウ）チェルネンコ→グロムイコ
　　エ）チェルネンコ→アンドロポフ
問②⑧　この改革のスローガンを何というか。
　　⑩　内容について、簡潔に説明せよ。
問③⑧　この宣言を何というか。
　　⑩　⑧の宣言より否定された従来のソ連外交の方針を何と呼ぶか。
問④⑧　この一連の民主化運動を総称して何というか。
　　⑩　チェコスロヴァキアの改革は何と呼ばれたか。

1	2	3	4	5
6	7	8	9	10
11	12	13	14	15

①＿＿＿＿＿　②⑧＿＿＿＿＿　⑩＿＿＿＿＿

③⑧＿＿＿＿＿　⑩＿＿＿＿＿　④⑧＿＿＿＿＿　⑩＿＿＿＿＿

3 つぎの文の（　）に適語を入れ、下線部①〜②の問いに答えよ。

　ソ連の改革の影響を受けて東欧の社会主義体制が崩壊したのに対して、中国では事態は異なった。1970年代後半から80年代前半にかけて、（　1　）を中心とする新指導部は、（　2　）の解体や農業生産の（　3　）制、外国資本・技術の導入による（　4　）経済、国営企業の独立採算化など一連の①経済改革を進めた。しかし、学生や知識人のあいだでは、共産党の一党支配の持続や、民主化なき経済改革への不満もつのっていった。②1989年、彼らは北京の天安門広場に集まり、民主化を要求したが、政府はこれを武力でおさえた。さらに、民主化運動に理解を示した（　5　）総書記を解任して、（　6　）を後任に任命した。なお、ソ連の勢力圏に属した（　7　）では、ペレストロイカやソ連解体と並行して90年に自由選挙が実行され、92年に同国は社会主義体制から離脱した。

　他方、西側陣営に属する一連の地域では、東西対立の緩和を受けて、アメリカ合衆国が（　8　）主義的な体制への支援をやめた結果、民主化の可能性が開かれた。韓国では1987年、民主化運動の高まりにおされて（　9　）の直接選挙制が導入され、民主化支持を表明した軍出身の（　10　）が選出された。90年に韓ソ国交樹立が実現し、翌91年には（　11　）とともに国際連合に加盟した。台湾でも、87年に（　12　）令が解除され、総統となった国民党の（　13　）のもとで民主化が推進された。

　また、第二次世界大戦後にアフリカの（　14　）共和国は、多数派である黒人を隔離する（　15　）政策をとり、（　16　）の抵抗や国際連合の経済制裁を受けてきたが、1980年代末に白人の（　17　）政権が政策の見直しを始めた。91年に差別法を全廃し、94年には平等な選挙権を認めた結果、（　16　）が過半数を制して、その指導者である（　18　）が大統領に当選した。

問①　この改革を何と呼んだか。

問②　この事件は何か。

1 _____	2 _____	3 _____	4 _____	5 _____
6 _____	7 _____	8 _____	9 _____	10 _____
11 _____	12 _____	13 _____	14 _____	15 _____
16 _____	17 _____	18 _____		

① _____　　② _____

4 つぎの文の（　）に適語を入れ、下線部①〜②の問いに答えよ。

　東欧革命が進むなか、1989年12月にゴルバチョフは、（　1　）米大統領と①地中海で首脳会談を開催して、冷戦の終結を宣言した。ついで、90年10月に米・ソ・英・仏の同意を得て西ドイツが東ドイツを吸収することで、（　2　）が誕生した。91年には、米・ソのあいだで（　3　）条約が成立し、さらに（　4　）とワルシャワ条約機構も解消された。

　他方、1990年8月には、（　5　）の指導するイラクが、係争地を抱える隣国（　6　）に侵攻した。米・ソはともにイラクを非難し、国連安全保障理事会はイラクへの武力行使を容認する決議を採択した。91年1月、アメリカを中心とする（　7　）軍がイラクを攻撃し、（　8　）戦争が勃発した。（　7　）軍は短期間で（　6　）を解放した。（　8　）戦争は、米・ソが協調して国連中心の国際秩序をつくるという、新たな展望を示したかのようであった。しかし、ソ連国内の混乱の深まりによって、その実現は潰えることとなった。

　言論の自由が認められたソ連では、ペレストロイカが進むにつれて、（　9　）党が過去におこなった弾圧や、資本主義の優位が公然と語られるようになった。また、（　10　）3国はソ連からの離脱を求め、ほかの共和国でもナショナリズムが台頭し、中央政府からの自立傾向が強まった。さらに、連邦内で最大のロシア共和国では、元共産党幹部の（　11　）が社会主義の放棄を訴えて市民の支持を集めた。ゴルバチョフは（　12　）経済への移行を進めつつ、社会民主主義的なソ連の再生を追求したが、計画経済に慣れきった企業では原材料の調達や流通に混乱が生じ、深刻な物不足が発生した。1991年8月、連邦制の維持と秩序の回復を目的として、政府内の（　9　）党保守派がクーデタをおこしたが、（　11　）を中心とする市民の抵抗によって失敗した。これをきっかけにソ連（　9　）党は解散し、（　10　）3国は独立した。12月、（　11　）は（　13　）・ベラルーシの指導者と（　14　）を結成し、同月末にソ連は消滅した。

　冷戦の終結は、東欧革命や米ソ首脳会談などを経て段階的に進行し、ソ連消滅によって完了したといえる。（　9　）党独裁体制は中国などで維持されたが、②資本主義と社会主義のどちらがより多くの繁栄をもたらすのか、という冷戦を通じて投げかけられた問いには、資本主義の勝利という答えが与えられた。

問①　この会談を何というか。
問②　資本主義社会の未解決の問題について1つあげよ。

1 _____	2 _____	3 _____		4 _____

5 _____	6 _____	7 _____	8 _____	9 _____

10 _____	11 _____	12 _____	13 _____	14 _____

① _____	② _____

1 つぎの文の（　　）に適語を入れ、下線部①〜④の問いに答えよ。

　冷戦の終結にともない、①旧社会主義圏の各地では、共産党独裁のもとでおさえられてきた民族運動や民族対立が表面化した。旧ソ連における北コーカサス地域の（　1　）における独立運動は、ロシアとのあいだに2次にわたる紛争を引きおこした。ユーゴスラヴィアでは、（　2　）が死去したのち、東欧革命とソ連解体の影響を受けて各民族のナショナリズムが台頭し、一連の内戦が発生した。まず1991年、クロアティアと（　3　）が独立を宣言すると、ユーゴスラヴィアの維持を望むセルビアと衝突した。翌92年には（　4　）も独立宣言ののちに内戦に突入し、これらの内戦は95年まで続いた。さらに96年、アルバニア系住民の多い（　5　）地方の分離運動が活発化し、これをセルビア政府が弾圧して紛争が本格化すると、②99年にNATO軍が介入してセルビアを空爆した。

　1990年代の中国は、ソ連と異なり共産党支配を堅持したまま経済の改革開放路線を進めた。また1997年にイギリスから（　6　）が、99年にはポルトガルから（　7　）が返還され、③それぞれ特別行政区として高度な自治が約束された。97年の鄧小平死去後も改革・開放路線は継承され、中国は急速な経済成長を実現した。他方、国内の（　8　）自治区や（　9　）自治区では、経済発展につれて漢族の流入が増加した結果、民族対立が激化し、政府の抑圧も強化された。

　民主化後の韓国では、1993年に約30年ぶりに文民出身の（　10　）が大統領に就任した。98年には軍部独裁時代に弾圧を受けていた（　11　）が大統領となり、④朝鮮の南北対話をめざす政策を推進したが、2006年に北朝鮮が核実験を実施したため対話は中断した。13年には（　12　）が韓国初の女性大統領となったがスキャンダルで罷免された。17年に誕生した（　13　）政権は、再び南北対話につとめている。

　社会主義体制を維持する北朝鮮では、1994年に核兵器保有疑念からアメリカ合衆国との対立が激化した。その後、朝鮮半島の非核化をめざす（　14　）協議の枠組みが導入された。94年に金日成の息子の（　15　）が後継者となったが、経済支援を受けていたソ連が消滅したのち、農工業生産は低迷し、深刻な食料危機に直面した。2000年に南北両朝鮮の首脳会談が実現したが、北朝鮮は03年に核拡散防止条約からの離脱を宣言し、さらに05年に（　14　）協議の中止を宣言して、翌年核実験を実施するなど東アジアの緊張要因となっており、日本人拉致問題も未解決である。11年には（　15　）が死亡し、息子の（　16　）が後継者となった。

　台湾では、2000年の総統選挙で、国民党以外では初となる（　17　）党の（　18　）が当選した。16年には（　17　）党の（　19　）が女性として初の総統に選ばれ、台湾の自立を維持するためにアメリカ合衆国との連携を深めている。

問① チェコスロヴァキアで1993年に生じたできごとについて簡単に説明せよ。

問② この時期、国際戦犯裁判にかけられたセルビアの指導者は誰か。

問③ このような体制のことを何と呼ぶか。

問④ この政策を何と呼ぶか。

1	2	3	4	
5	6	7	8	9
10	11	12	13	14
15	16	17	18	19

① _____　② _____

③ _____　④ _____

2 つぎの文の( )に適語を入れ、下線部①〜③の問いに答えよ。

　ベトナムは、1986年から「(1)」(刷新)政策のもとに、共産党一党体制を堅持したまま市場開放を進め、原油生産の成功や工業化の進展で経済状況は好転している。カンボジアは1970年以来、内戦や諸政権の交代やベトナム軍の介入を経てきたが、89年のベトナム軍撤退ののち、91年に諸勢力間で和平協定が調印された。93年の総選挙で王制が復活し、(2)が再び国王となった。ミャンマー(ビルマ)では、1962年以来の社会主義政権が、88年に民主化運動によって崩壊したが、軍部は運動を鎮圧して独裁政権を樹立した。2011年には民政が復活し、(3)を指導者として経済改革や民主化に着手したが、21年に軍部のクーデタで再び軍政となり、彼女も拘束された。現在、反対派に対する弾圧や少数民族(4)への抑圧など、軍部の動向が懸念されている。インドネシアでは1997年のアジア通貨危機の翌年、スハルト政権が倒れて民政に移管した。インドネシアの支配下にあった(5)は2002年に独立を達成した。

　インドは1990年代に経済の自由化や外資の導入を進めた。その結果、情報産業などを中心に急速な経済成長が実現された一方で、国内には大きな所得格差や宗派対立が残った。政治では、世俗主義を掲げる国民会議派に対して、90年代半ばからヒンドゥー至上主義の(6)党が台頭し、両党のあいだで政権交代が繰り返されている。

　アフリカでは、1980年代末から続いた(7)内戦、約100万人の犠牲者を出した1994年の(8)内戦、2000年代初めに本格化したスーダンの(9)紛争など、冷戦終結後も紛争が多発した。また、①<u>ソ連の消滅と連動して、1990年代前半に社会主義体制が終焉した国もある。</u>21世紀に入ると、石油や鉄鉱石などの鉱物資源の輸出増加に支えられ、経済成長が進んだ(10)のような国も出現した。2016年にアフリカの人口は12億人に達し、とくにサハラ砂漠以南で人口増加の度合いが高い。しかし、人口増加と都市化の速さに比べて都市インフラの整備は遅れており、商品作物中心の農業構造のため、穀物をはじめとする食料自給率も低いままである。

　冷戦終結後も、中東やアジアをはじめとする地域では紛争が継続している。イスラエル占領下のパレスチナでは、②<u>1987年にパレスチナ人がイスラエル軍に対して投石やデモによる激しい抗議行動をおこした。</u>抗議行動が続くなか、93年には、パレスチナ解放機構(ＰＬＯ)の(11)議長とイスラエルの(12)首相が、③<u>ノルウェーの調停により</u>、相互承認やパレスチナ人の暫定自治政府の樹立で合意した。しかし、95年に(12)首相がユダヤ教急進派に暗殺されると、双方とも武力対決路線に立ち戻った。また、(13)では、ソ連軍の撤退後に社会主義政権が崩壊すると、激しい内戦が始まって国土は荒廃し、多数の難民が生まれた。この内戦を制したイスラーム主義勢力の(14)が96年に政権を樹立した。トルコ・シリア・イラク・イランにまたがり居住する(15)人は、各国で少数民族の地位にあるが、(16)政府は彼らの独立運動をきびしく取り締まっている。カシミールをめぐるインド・パキスタン間の対立も未解決のままであり、中国とインドも国境紛争を抱えている。

　他方、継続していた紛争が解決に向かう動きもある。イギリスでは(17)紛争が1998年に収束し、インドネシアでは分離独立をめざしていた(18)州との和解が2005年に成立した。スリランカでも仏教徒中心の(19)系多数派とヒンドゥー教徒中心の(20)系少数派の内戦が、09年に終結した。

問①　このような国を１つあげよ。

問②　この行動を何と呼ぶか。

問③　この合意の名称を答えよ。

1	2	3		4
5	6	7	8	9
10	11	12	13	14
15	16	17	18	19
20	①	②	③	

3 つぎの文の（　　）に適語を入れ、下線部①～④の問いに答えよ。

　第二次世界大戦後の世界では、GATTを中心として輸入関税の引き下げが実現し、貿易の自由化が進展した。その一方で、農産物の関税やサービス部門、知的所有権に関わる通商の壁は残されていた。1995年に発足した（　1　）は、農産物・金融・知的所有権・サービス取引面での自由化を推進するとともに、貿易紛争の調停にも当たっている。

　EC諸国は、1987年発効の（　2　）により、ヒトの移動や金融取引の域内自由化に踏みきった。93年には通貨統合などを定めた（　3　）条約が発効し、①ヨーロッパ連合(EU)が発足し、2002年には共通通貨ユーロの全面的な使用が開始された。その後、EU加盟国は東欧にも拡大し、北大西洋条約機構(NATO)も1999年以降東欧諸国の加盟による拡大を実現した。

　一方、アメリカ合衆国は西欧経済が排他性を強めることを警戒し、カナダと1988年に自由貿易協定を締結し、94年には（　4　）も加えて、（　5　）を発足させた。アジア太平洋地域でも89年に（　6　）が開かれた。アフリカでは、アフリカ統一機構(OAU)が2000年の首脳会議で紛争の平和的解決や経済統合の推進をめざして協力の強化を決定し、02年に（　7　）が結成された。新興国の経済成長を受けて、②G8サミットに加えて、参加国を拡大したG20の会合も設定された。

　冷戦終結後のグローバリゼーションの進展は、ヒト・モノ・資本・情報などの国際的な交流を活性化させた。他方、経済活動の活発化とともに投機的な動きも発生し、1997年には東アジア・東南アジアの国々で（　8　）がおこり、2008年には世界各地で深刻な国際金融危機が発生した。

　湾岸戦争後、ペルシア湾岸地域へアメリカ軍の駐留や、未解決のパレスチナ問題などにより、イスラーム急進派のなかで反米感情が高まっていき、2001年9月11日に（　9　）がおこった。翌月、米（　10　）大統領は、イスラーム急進派組織（　11　）を保護しているとして、アフガニスタンの（　12　）政権に対して軍事行動をおこし、これを打倒した。アフガニスタンには国際連合の主導で暫定政権が成立したが、国内は安定しなかった。さらに、アメリカ合衆国は2003年3月、（　13　）政権が中東地域の脅威になっているとして、イギリスとともにイラクを攻撃し、（　13　）政権を倒した。イラクは米英軍を中心とする占領統治下におかれ、日本も復興支援のために自衛隊を派遣した。翌年、暫定政権に主権が移譲されたが、宗派・民族間の対立が激化し、国内は不安定な状態におちいった。

　2010年末からは、（　14　）で始まった③民主化運動がエジプトやリビアにも波及し、各国で独裁政権が倒れた。しかし、その後に（　14　）などでは民主化が進んだものの、エジプトでは、成立したイスラーム主義政党による政権が倒れて軍事政権となるなど混乱もおこっている。シリアでは内戦が発生して多数の難民が生まれ、14年には④イラクとシリアにまたがる過激な武装勢力が出現し、地域情勢は危機におちいった。

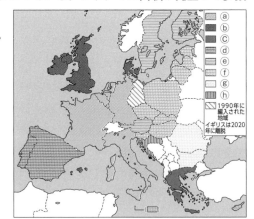

問① ⓐ1973年の加盟国と、ⓘ2004年の加盟国を示すグループを地図のⓐ～ⓗから選べ。

問② G7サミットから新たに加わった8番目の国を答えよ。

問③ このできごとを何と呼ぶか。

問④ この勢力は何と呼ばれるか。

1	2	3	4	5
6		7	8	9
10	11	12	13	14
①ⓐ	ⓘ	②	③	④

4 つぎの文の( )に適語を入れ、下線部①〜③の問いに答えよ。

　対テロ戦争の頃まで、アメリカ合衆国は唯一の超大国として、国際社会で主導権を発揮した。しかし、合衆国財政が大幅な赤字となるとともに、その主導権にもかげりが生じ、今日の世界は多極化へと向かっている。2009年に合衆国で初の非白人系の大統領となった民主党の(1)は、積極的な財政支出によって経済を立て直し、社会保障の整備にもつとめたが、深刻な社会格差は残った。中西部の白人労働者をはじめとする景気回復から取り残された層の支持を受けて、17年に大統領に就任した共和党の(2)は、国内産業の保護・育成、移民の受け入れ規制などに力を注ぎ、グローバリゼーションから距離をおく姿勢を強調した。

　中国は、2010年にGDPで世界第2位の経済大国となった。12年に総書記に就任した(3)は、国内で自身への権力集中を実現するとともに、①アジア・ヨーロッパ・アフリカにまたがる経済圏構想を打ち出し、国際社会での存在感を強めている。一方で、東シナ海・南シナ海の領土・権益をめぐる紛争や中印国境紛争など、中国の対外政策は強硬的な側面をもち、近隣諸国との摩擦を生んでいる。国内では2020年に(4)に対して国家安全維持法を導入し、一国二制度による自治を形骸化させた。

　ロシアでは、ソ連解体後の1990年代に民営化や地方分権化が進行したが、2000年に大統領に選出された(5)はこの動きをおしとどめ、国家による基幹産業・資源への管理を強化し、中央集権的な行政を確立した。2000年代には原油価格の上昇に支えられて好景気を迎えたが、石油・天然ガスに依存する経済構造は脆弱である。2014年、(5)政権は(6)のクリミア半島に侵攻し、ロシアへの併合を一方的に宣言した。さらに、22年にはウクライナ全土に侵攻して、国際的な非難を浴びた。

　EUでは、西欧と東欧・南欧の経済格差がめだつようになり、2011年に(7)など南欧諸国で財政危機が深刻化した。15年には、シリア内戦などから逃れるために、中東・北アフリカから移民・難民が大量にヨーロッパに到来し、大きな社会問題となった。西欧諸国ではEU内外からの移民の増加に対する反発がつのり、移民排斥など排外主義的な主張で世論の支持を集める、(8)と呼ばれる政治手法が伸張した。さらにイギリスでは、16年に②EUからの離脱支持派が国民投票で勝利をおさめ、20年には離脱が実現した。

　冷戦の終結以降は、地域紛争後における(9)をはじめとして、国連の役割が増大しはじめている。核兵器の軍縮の場合、インド・パキスタン・北朝鮮など核保有国が増加しており、国連を中心として、核拡散防止条約の実効性を高めるためのさらなる取り組みが必要である。国際協力における(10)や自治体の関与も、より増大していくであろう。たとえば、1997年に対人地雷全面禁止条約が調印されたが、その成立には(10)の活動が大きな役割を果たした。さらに③国家や地域をこえた感染症や災害に対しても、各国や地域が経験を共有して、国際的な協力体制を整えることが重要である。

問① この構想を何と呼ぶか。
問② イギリスのEUからの離脱は何と呼ばれたか。
問③ アフガニスタンで長年医療活動や治水活動にたずさわっていたが、2019年に現地で銃撃を受け死亡した日本人医師は誰か。

1	2	3	4	5
6	7	8	9	10
①	②	③		

1 ▶つぎの文の（　　）に適語を入れ、下線部①〜④の問いに答えよ。

　20世紀には、科学技術のめざましい革新がおこり、それは広範な地域で生活水準の向上をもたらしたが、同時に、①環境破壊をはじめとする新たな問題も生み出した。

　20世紀初めに、（　1　）の相対性理論などによって時間と空間の認識が大きくかわり、また、物質の構造を解明する量子力学も急成長した。その結果、物質を構成する微粒子とその動きが解明され、ついで核分裂により膨大なエネルギーが発生することも実証されて、（　2　）の開発に結びついた。第二次世界大戦後に原子力発電の開発も進められたが、1979年にはアメリカ合衆国の（　3　）原子力発電所で放射能もれ事故が生じ、ついで86年にソ連・（　4　）原子力発電所、さらに2011年に東京電力福島第一原子力発電所で、（　5　）と放射性物質の放出をともなう深刻な事故が発生した。また、第二次世界大戦中には、人工素材を生産する②石油化学も発達し、戦後にこれらの素材は世界中に普及した。

　20世紀初めに（　6　）が発明した飛行機は、第一次世界大戦中に軍用機に転用されたうえ、戦後には民間の大量輸送を実現した。宇宙開発の分野では、1957年にソ連が人工衛星（　7　）の打ち上げに成功し、61年には世界初の有人飛行に成功した。アメリカ合衆国は69年に（　8　）によって月面着陸を実現し、その後は宇宙ステーションを建設して、宇宙船による宇宙往還が可能になっている。宇宙開発はまた、③大陸間弾道ミサイルや軍事衛星などの軍事開発と密接に連動していた。

　第二次世界大戦中のアメリカ合衆国で始まったコンピュータの開発は、1990年代にはパーソナル＝コンピュータというかたちで一般家庭にも普及した。また60年代のアメリカ合衆国において科学技術者間の通信手段として出発した（　9　）も、90年代以降に広く利用されるようになり、携帯電話の普及なども加わって（　10　）革命が急速に進行した。

　医学や生物学の分野では、1929年にフレミングが（　11　）を発見したことで抗生物質の製造が可能となり、感染症などの治療に効果を発揮した。53年には遺伝子の基本となる（　12　）の構造が解明され、分子生物学が急速に発達した。また、臓器や細胞のもとになる（　13　）細胞の研究開発は、再生医療の分野で期待されている。1990年代末には、④羊や牛を対象としてクローン技術が現実化し、難病治療の医薬品開発などに新たな展望を開いたが、生命倫理の問題をめぐる議論も呼びおこしている。

問①ⓐ　1992年にリオデジャネイロで開催された、地球環境の保全についての会議は何か。

　　ⓘ　1997年に採択された気候変動対策に向けた議定書は何か。

　　Ⓤ　2015年に採択されたパリ協定について述べた**a・b**の正誤の組み合わせとして正しいものを、**ア）〜エ）**から選べ。

　　a　アメリカのトランプ大統領により離脱したが、バイデン大統領が復帰を表明した。

　　b　地球温暖化対策の目標を達成することが義務づけられているのは、先進国のみである。

　　ア）a−正　**b**−正　　**イ）a**−正　**b**−誤　　**ウ）a**−誤　**b**−正　　**エ）a**−誤　**b**−誤

問②　具体例を1つあげよ。

問③　アルファベット4文字で何というか。

問④　世界初の哺乳類の体細胞クローンである雌羊の名前は何か。

1	2	3	4	5
6	7	8	9	10
11	12	13	①ⓐ	ⓘ
Ⓤ	②	③	④	

2 つぎの文の（　）に適語を入れ、下線部①～⑤の問いに答えよ。

　科学技術と医療の発達は、経済成長とあいまって、人口の急増をもたらし、20世紀初めに約16億人だった世界の人口は、2022年についに80億人をこえた。食料・資源・環境問題などについて長期的な見通しを立て、①持続可能な成長の枠組みを整えることが、今日いっそう求められている。

　啓蒙思想以来の、理性と進歩を重んじる近代の合理主義の考え方は、19世紀後半以降もヨーロッパで強い影響をもち続けた。他方で、工業化や都市化が進み、官僚機構が拡大するなかで、個人のあり方や個人と社会の関係について、新たな視点から追求する動きも現れた。②ニーチェは宗教を否定して、人間存在それ自体に価値を見出し、デューイは観念よりも実践を重んじる（　1　）を提唱した。また、社会主義者の（　2　）が経済を中心に社会を分析したのに対して、③ヴェーバーは、宗教をはじめとする諸理念が社会で独自の役割を果たしていることを強調した。④フロイトは潜在意識に探究の領域を広げ、（　3　）学を確立した。

　⑤芸術においても、新たな視点が打ち出された。20世紀初めにピカソらは、対象を幾何学的な形に還元し、画面に再構成する（　4　）をおこした。ついで、第一次世界大戦と連動して、既存の美的感覚の解体をめざす（　5　）が登場し、さらに、（　3　）学の影響を受けた（　6　）が強力な芸術運動となった。他方で第一次世界大戦後には、非西欧系の文化がおよぼす影響も、より注目されるようになった。たとえば、アメリカ合衆国では、南部のアフリカ系住民が発達させた音楽である（　7　）が、両大戦の戦間期に広く受け入れられ、メキシコでも同じ時期に、先住民文化の影響を受けた壁画運動が台頭した。

　また、ロシア革命がおこり、さらに第二次世界大戦を経てソ連が超大国となったことで、20世紀の世界では（　8　）主義が広範な影響力をもった。理性と進歩を重んじる点で、（　8　）主義は合理主義の系譜を引いていた。したがって、冷戦において対峙したソ連とアメリカ合衆国・西欧は、合理主義という共通の土壌のうえに立っていたともいえる。

問①　2015年に国連総会にて採択された、「持続可能な開発目標（SDGs）」として**誤っているもの**を、**ア）～エ）**から１つ選べ。

　　ア）パートナーシップで目標を達成しよう　　**イ）**産業と技術革新の基盤をつくろう

　　ウ）初等教育の完全普及の達成　　　　　　　**エ）**働きがいも経済成長も

問②　近代化のなかで宗教的観念が消失したことを意味するニーチェの言葉は何か。

問③　西洋の資本主義とキリスト教との精神的結びつきを説いた彼の主著は何か。

問④　様々な欲求に変換可能な心的エネルギーである性的衝動をフロイトは何と呼んだか。

問⑤　下図ⒶⒷの作品名および、Ⓒの作者名を答えよ。

Ⓐ　Ⓑ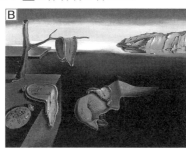　Ⓒ

1	2	3	4	5
6	7	8	①	②
③			④	
⑤Ⓐ		Ⓑ	Ⓒ	

　1970年代以降、公害や環境破壊の拡大、さらに第4次中東戦争をきっかけとする（　1　）が、経済成長による進歩を際限なく続けることへの疑念を引きおこすとともに、合理主義に対する全面的な再検討が始まった。まず、理性や進歩、またそれらと結びついていた自由や人権といった観念は、あくまで相対的な価値をもつにすぎないとする（　2　）が台頭した。さらに、欧米諸国は「文明的」であり、アジアやアフリカは「野蛮」「未開」であるという価値観が、理性や進歩といった観念の背後に隠されていたことを批判する（　3　）や、各地域の文化は独自の意義をもっており、対等であるとする（　4　）主義が打ち出された。これらの批判や問題提起をふまえたうえで、合理主義が重んじてきた理性や進歩、自由や人権といった概念を、いかに継承していくかが今日の重要な問いとなっている。

　また、合理主義の再検討にともなって、「高尚な」芸術と「通俗的な」芸術を厳格に区分するのではなく、ハイ＝カルチャーに対する（　5　）をはじめとする多様な芸術表現を等しく尊重する動きが進んだ。

　合理主義は人権の理念を追求したが、20世紀初めに至るまで、人権を完全に行使できる市民としては、男性のみが想定されていた。女性は自立的な市民ではなく、男性の妻、ないし娘にすぎないとされ、選挙権をはじめとする一連の権利を奪われていた。この状態をかえるべく、イギリスでは過激な活動で知られる（　6　）ら①女性参政権活動家が、抗議活動を展開してきびしい取り締まりを受け、1889年に成立した社会主義運動団体である（　7　）も女性参政権を重要な要求に掲げた。第一次世界大戦中の総動員体制は、女性の社会進出をうながし、また戦争遂行を担った代償として、戦中から戦後にかけて、一連の国々で②女性参政権が導入された。

　第二次世界大戦後、女性と男性の政治上の同権化は各地で進んだが、賃金格差をはじめ、社会生活における女性差別は先進国でも依然として残った。これに対して1960〜70年代以降、欧米諸国や日本などにおいて女性解放運動が高揚し、男尊女卑的な価値観からの転換を訴え、女性が完全な市民として認められてこなかったことを批判した。③女性差別を生み出す社会構造の変革をめざす（　8　）理論も活発に論じられた。1979年には国連総会で（　9　）条約が採択され、85年には日本でも（　10　）法が制定されたが、日本では国会議員・企業管理職・大学教員などに占める女性の比率が依然として低く、家事・育児における女性の過重負担も解消されていない。また、アジアやアフリカなどでは、貧困と差別、因習によって女性がとくに困難な立場におかれている国もある。

　一方で、20世紀後半には、先進国をはじめとする諸地域で、都市化の進行にともなって性別をめぐる伝統的な価値観がゆらいだ。21世紀初めまでに、身体的な性とは別に、社会的につくられる規範としての（　11　）があるという理解が広く受け入れられるようになり、伝統的な性役割を押し付けるのではなく、各人の個性を尊重すべきことへの理解も進みつつある。加えて性的指向についても、本人の意思を尊重して、④多様な性のあり方を受け入れるような社会が模索されている。

問①　女性参政権を求め、時に過激な行動で訴えた活動家を何というか。

問②　1893年に世界ではじめて女性参政権を認めた国はどこか。

問③あ　サルトルとのパートナー関係でも知られる、フランスの哲学者・活動家は誰か。

　　　　⃝い　「女性らしさ」はのちに社会的につくられた約束事にすぎないとする、あの著書『第二の性』にある言葉は何か。

問④あ　男性および女性の同性愛者、両性愛者、トランスジェンダーを総称して、アルファベット4字で何というか。

　　　　⃝い　多様な性の社会運動を象徴する旗は何か。

1	2	3	4	5
6	7	8	9	10
11	①	②	③あ	
⃝い			④あ	⃝い

1 以下の史料1～3に関して、あとの問いに答えよ。

史料1 ……①社会主義に対する不安や、社会主義の人道的使命、その人間的な顔が失われているのではないか、という恐れが生まれてきた。……私たちは、新しい、深く民主的で、チェコスロヴァキアの条件にあった社会主義社会のモデルの建設に進みたいと考えるのである。

（歴史学研究会編『世界史史料11』岩波書店より）

史料2 ヨーロッパは一挙に、また単一の構造体としてつくられるわけではありません。ヨーロッパは、まず実態ある連帯を生みだす具体的な成果を積み重ねることにより形成されるのです。②ヨーロッパ諸国が1つとなるためには、③ドイツと④フランスの積年の敵対関係が一掃されることが必要です。フランスとドイツこそが率先して行動を起こすべきなのです。……フランス政府は、独仏の石炭および鉄鋼の全生産物を共通の高等機関のもとで、ヨーロッパのその他の国々が参加する開放的組織に配することを提案いたします。

（歴史学研究会編『世界史史料11』岩波書店より）

史料3 一個人を礼賛して、超自然的な資質をもつ神のごとき、超人のようなものにかえてしまうことは、マルクス・レーニン主義の精神にとって異質な、許しがたいことです。……⑤スターリンは……指導や仕事を集団的におこなうことへのまったくの忍耐のなさを露わにしました……彼の活動のしかたは、説得や説明、それに人々への丁寧な仕事によるのではなく、自分の考えを押しつけ、自分の意見に無条件に服従することを求めるものでした。これに抵抗したり、自分の観点、自分の正しさを証明しようと努めたりした人たちは、指導集団から排除され、それに続く道徳的・身体的な抹殺を運命づけられたのでした。　（池田嘉郎訳）

問1. 下線部①について、戦後の社会主義国に関するつぎの文のうち**誤っているもの**を1つ選べ。

　ア） 中国では、毛沢東が劉少奇らの実権派に対抗してプロレタリア文化大革命を推進した。

　イ） カストロらを中心とした革命がおこり、キューバは社会主義国となった。

　ウ） ブルガリアではチャウシェスク大統領による独裁が長く続いた。

　エ） ベトナムでは「ドイモイ（刷新）」政策による緩やかな市場開放がおこなわれた。

問2. 下線部②について、ヨーロッパの統合に関するつぎの文のうち**誤っているもの**を1つ選べ。

　ア） フランス・西ドイツ・イタリア・ベネルクス3国がヨーロッパ共同体（EC）を結成した。

　イ） イギリスは北欧諸国などとともにヨーロッパ自由貿易連合（EFTA）を結成した。

　ウ） スペイン・ギリシアなどがECに加盟したことは「拡大EC」と呼ばれる。

　エ） マーストリヒト条約が発効し、ヨーロッパ連合（EU）が発足した。

問3. 下線部③について、戦後のドイツに関するつぎの文のうち正しいものを1つ選べ。

　ア） 西側諸国の「ベルリン封鎖」にソ連は、東ベルリンへの空輸作戦で対抗した。

　イ） 東ドイツ政府は、市民の西側への脱出を阻止するため、「ベルリンの壁」を構築した。

　ウ） 西ドイツでは、コール首相のもと「経済の奇跡」と呼ばれるほどの経済成長をとげた。

　エ） アデナウアー首相はソ連・東欧諸国との関係改善をはかる「東方外交」を展開した。

問4. 下線部④について、戦後のフランスに関するつぎの文のうち正しいものを1つ選べ。

　ア） ド゠ゴールが大統領の権限を強化した第五共和政を成立させた。

　イ） 南ベトナムのゴ゠ディン゠ジエム政権をあと押しし、インドシナ戦争を戦った。

　ウ） アフリカのモロッコでは、軍とフランス人入植者が現地の独立運動を弾圧した。

　エ） フォークランド（マルビナス）諸島の領有をめぐってアルゼンチンと戦った。

問5．下線部⑤について、つぎのソ連に関するできごとのうち、スターリンの死後におこったものをすべてあげよ。

　　ア）中ソ友好同盟相互援助条約の締結　　イ）ワルシャワ条約機構の発足
　　ウ）部分的核実験禁止条約の調印　　エ）アフガニスタンへの軍事侵攻

問6．史料1～3に関連が深い人物の組み合わせとして正しいものを表のア）～カ）から1つ選べ。

	史料1	史料2	史料3
ア）	ゴムウカ	シューマン	フルシチョフ
イ）	ドプチェク	ブリアン	フルシチョフ
ウ）	ゴムウカ	シューマン	ブレジネフ
エ）	ドプチェク	ブリアン	ブレジネフ
オ）	ゴムウカ	ブリアン	ブレジネフ
カ）	ドプチェク	シューマン	フルシチョフ

問7．史料1～3を年代が古い順から並べ替えよ。

問8．史料1～3に関する生徒Aさん、Bさん、Cさんと先生のコメントの正誤の組み合わせとして正しいものを、以下のア）～ク）から選べ。

Aさん：史料1は「　X　」と呼ばれるチェコスロヴァキアの自由化に関するものです。この動きはその後、ソ連の軍事介入を受け、改革の動きはつぶされてしまいました。

Bさん：史料2は当時のフランス外相が、ヨーロッパにおける石炭・鉄鋼資源の共同利用を呼び掛けた提案です。これにより、ヨーロッパの統合が進んでいくことになります。

Cさん：史料3はソ連共産党20回大会でスターリン批判がおこなわれた時のものです。この直後に東欧諸国のハンガリーでは大規模な反ソ暴動がおこり、自由化・民主化が達成されました。

先生：そういえば、スターリン批判に対して中国は、　Y　。

　　ア）3人とも正しい。
　　イ）AさんとBさんは正しいが、Cさんは誤りである。
　　ウ）AさんとCさんは正しいが、Bさんは誤りである。
　　エ）BさんとCさんは正しいが、Aさんは誤りである。
　　オ）Aさんのみ正しく、BさんとCさんは誤りである。
　　カ）Bさんのみ正しく、AさんとCさんは誤りである。
　　キ）Cさんのみ正しく、AさんとBさんは誤りである。
　　ク）3人とも誤っている。

問9．会話文中の　X　、　Y　に入る語句と文章の組み合わせとして正しいものを1つ選べ。

　　ア）　X　－プラハの春
　　　　　Y　－毛沢東がソ連の平和共存路線を批判し、ソ連は中国への経済援助を停止しました。
　　イ）　X　－プラハの春
　　　　　Y　－鄧小平が外国資本の導入による開放経済などの改革を進めました。
　　ウ）　X　－ブダペストの春
　　　　　Y　－毛沢東がソ連の平和共存路線を批判し、ソ連は中国への経済援助を停止しました。
　　エ）　X　－ブダペストの春
　　　　　Y　－鄧小平が外国資本の導入による開放経済などの改革を進めました。

2 つぎの地図1・2に関する あとの問いに答えよ。

▲地図1

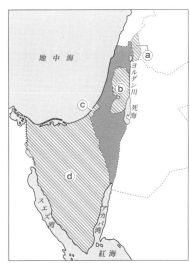

▲地図2

問1. 地図1の**A**国が関わったスエズ戦争（第2次中東戦争）について述べた**a**・**b**の正誤の組み合わせとして正しいものを、**ア)**〜**エ)**から1つ選べ。

a ナセル大統領はアメリカ合衆国のイスラエル寄りの外交に反発し、スエズ運河の国有化を宣言した。

b 英仏がイスラエルを誘って軍事行動をおこすと、アメリカ大統領も軍事援助を表明した。

ア) a−正　b−正　　**イ)** a−正　b−誤　　**ウ)** a−誤　b−正　　**エ)** a−誤　b−誤

問2. 地図1の**B**国は、1957年にアフリカ初の黒人共和国としてイギリスから独立した。そのときの独立指導者をつぎから1つ選べ。

ア) ムバラク　　**イ)** セク＝トゥーレ　　**ウ)** エンクルマ　　**エ)** マンデラ

問3. 地図1の**C**国について述べた**a**・**b**の正誤の組み合わせとして正しいものを、**ア)**〜**エ)**から1つ選べ。

a ベルギー国王レオポルド2世が領有を宣言したことをきっかけに、1884年にロンドン会議が開かれて、アフリカ分割に関する「先占権」の原則が定められた。

b ベルギーが軍事介入し、ウラン・コバルト・銅など重要鉱物資源の宝庫であった東南部カタンガ州を1965年にビアフラ共和国として独立させ、その支配を画策した。

ア) a−正　b−正　　**イ)** a−正　b−誤　　**ウ)** a−誤　b−正　　**エ)** a−誤　b−誤

問4. 地図1のⓐ〜ⓕ国のうち、「アフリカの年」（1960年）に独立した国の組み合わせとして正しいものを1つ選べ。

ア) ⓐとⓑ　　**イ)** ⓑとⓕ　　**ウ)** ⓒとⓓ　　**エ)** ⓓとⓕ　　**オ)** ⓐとⓔ　　**カ)** ⓒとⓔ

問5. 地図2に関して述べた文のうち正しいものを1つ選べ。

ア) 第1次中東戦争で、イスラエルはⓐを占領した。

イ) 第2次中東戦争で、イスラエルはⓑとⓒを占領した。

ウ) 第3次中東戦争で、イスラエルはⓐ、ⓑ、ⓒ、ⓓを占領した。

エ) 第4次中東戦争の後、イスラエルはⓐをシリアに返還した。

（教 p.324〜363／
解 p.110〜111）

1　以下は1960年代の世界地図である。これについて、あとの問いに答えよ。

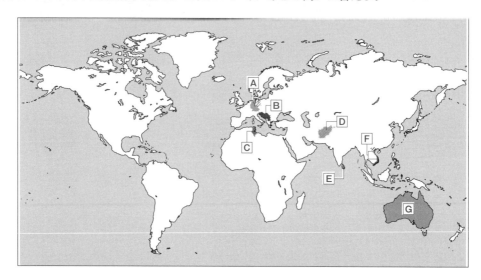

問1. AとFの国は、第二次世界大戦後、民族が分断されたが、国家分断の事情から統一までの流れ
を、以下の語を用いて400字以内で説明せよ。語句には下線を施すこと。

　　【通貨改革　ホー＝チ＝ミン　ゴルバチョフ　北緯17度　コール】

問2. Bの1960年当時の国名を記し、この国を構成した諸民族について述べた文として正しいもの
を、ア）〜エ）から1つ選べ。

ア） 14世紀末にセルビア王国がオスマン帝国との戦いで敗れたタンネンベルクは、その後セルビア
民族主義の聖地となった。

イ） クロアティア人勢力は、ナチス＝ドイツの支援を背景としてクロアティア独立国を成立させて
以降、セルビア人勢力とのあいだで凄惨な戦闘を繰り返した。

ウ） スロヴェニア人は、9世紀にフランク王国の版図に含まれ、ギリシア正教を受容し、その後ハ
ンガリーの支配を経て、ハプスブルク家の統治下に入った。

エ） ボスニア内戦では、セルビア人とモンテネグロ人とのあいだで異民族を排除する目的で虐殺や
みせしめ的な暴行による民族浄化が繰り広げられた。

問3. Cの国名を記し、「アラブの春」と呼ばれた反政府運動で失脚したこの国の指導者として正しい
ものを、ア）〜オ）から1つ選べ。

ア） カダフィ　　**イ）** ムバラク　　**ウ）** ベンアリ　　**エ）** アサド（子）　　**オ）** フセイン

問4. Dの国名を記し、この国の歴史について述べた文として**誤っているもの**を、ア）〜エ）から1つ
選べ。

ア） トルコ系のガズナ朝やイラン系を称するゴール朝は、北インドへの侵入を繰り返し、インドの
イスラーム化に大きな影響を与えた。

イ） イギリスはロシアの南下を阻止するため2度に渡ってこの地に介入し、保護国とした。

ウ） ソ連は、軍事侵攻により親ソ的なカルマル政権を樹立したが、アメリカなどの支援を受けたム
ジャーヒディーンが激しく抵抗したため、内戦に突入した。

エ） カルザイ政権が、同時多発テロの首謀者であるビン＝ラーディンの引き渡しを拒否したため、
アメリカ・イギリス軍の攻撃を受けて打倒された。

問5. 　E　の現在の国名を記せ。また、この国では世界初の女性首相が誕生しているが、歴史上の女性政治家について述べた文として正しいものを、ア)～エ)から1つ選べ。

ア) スウェーデン女王マルグレーテは、カルマル同盟を結成して北欧3国の支配者となった。

イ) 周を建国した則天武后は、科挙官僚を積極的に登用して門閥貴族を退けた。

ウ) イギリス首相サッチャーは、アルゼンチンとのフォークランド戦争に敗北した。

エ) インド首相インディラ゠ガンディーは、イスラーム教徒を弾圧したために暗殺された。

問6. 　G　の国名を記し、この国について述べたa・bの正誤の組み合わせとして正しいものを、ア)～エ)から1つ選べ。

a オランダ人タスマンは、3回にわたり太平洋を航海し、ニュージーランド・ニューギニアなどを調査したが、ハワイで原住民に殺された。

b ゴールドラッシュを契機とする中国系移民に対する排斥運動がおこり、これが白豪主義の起源となった。

ア) a－正　b－正　　**イ)** a－正　b－誤　　**ウ)** a－誤　b－正　　**エ)** a－誤　b－誤

2 冷戦の終結から多極化へ向かうこととなる1980年代後半以降の世界について、あとの問いに答えよ。

問1. 1980年代後半の東欧の状勢について、以下の人物名を用いて250字程度で説明せよ。語句には下線を施すこと。

　　【ワレサ　ホネカー　チャウシェスク】

問2. ソ連では、1986年からゴルバチョフが「ペレストロイカ(建て直し)」をスローガンに改革を推し進めた。この改革について述べたつぎの文のうち、**誤っているもの**を1つ選べ。

ア) スリーマイル島でおきた原発事故がこの改革の契機となった。

イ) 企業に経営上の自主性を与えるなどの経済改革がおこなわれた。

ウ) 「グラスノスチ(情報公開)」がとなえられた。

エ) アメリカ合衆国との対話をとなえた外交方針は「新思考外交」と呼ばれた。

問3. 1989年12月、ソ連のゴルバチョフとアメリカ合衆国のブッシュ大統領は、首脳会談を開催して、冷戦の終結を宣言した。おこなわれた地名から、この会談を何と呼ぶか。

問4. 1990年の3月から5月にかけてソ連からの独立を宣言した「バルト三国」の国名をすべてあげよ。

問5. 1990年8月、サダム゠フセイン政権のイラクが隣国クウェートに侵攻したことに対して、アメリカ合衆国を中心とする多国籍軍がイラクを攻撃し、短期間でクウェートを解放した戦争の名称を答えよ。

問6. 1991年、アメリカ合衆国とソ連のあいだで、大陸間弾道ミサイル(ICBM)など戦略核兵器の削減を規定した第1次戦略兵器削減条約が成立した。この略称として正しいものをつぎから選べ。

ア) SALT I　　**イ)** SALT II　　**ウ)** START I　　**エ)** START II

問7. 1991年8月、保守派によるクーデタの失敗をきっかけにソ連共産党は解散した。その後、ロシア共和国のエリツィンが中心となり、旧ソ連を構成した共和国の指導者に呼びかけて結成された共同体について、

　あ 共同体の名称を答えよ。

　い 1993年に加盟したが、南オセチア紛争などを経て2008年に脱退した国はどこか。

問8. 2022年2月、「特別軍事作戦」と称してウクライナへの軍事行動をおこしたロシア大統領は誰か。

写真所蔵・提供者一覧（敬称略）

Imagemart / アフロ

神戸市立博物館　Photo：Kobe City Museum / DNPartcom

国立国会図書館デジタルコレクション

CPCphoto

田中俊明

日本銀行金融研究所貨幣博物館

宮城県図書館

ユニフォトプレス

義井豊

せ かい し たんきゅう
世界史探究

せ かい し そうごう
世界史総合テスト

2024年1月　初版発行

編　者	せ かい し そうごう　　　　　へんしゅう い いんかい 世界史総合テスト編集委員会
発行者	野澤　武史
印刷所	信毎書籍印刷株式会社
製本所	有限会社 穴口製本所
発行所	株式会社 山川出版社

〒101-0047　東京都千代田区内神田1-13-13
　　　電話　03-3293-8131（営業）　03-3293-8134（編集）
　　　https://www.yamakawa.co.jp/

装　幀　水戸部　功

ISBN978-4-634-04133-2　　　　　　　　　　　　NYIZ0102

世界史 総合テスト
解答・解説

目　次

1 自然環境と人類の進化、文明の誕生

本文 p.6

解答　1．アフリカ〈大陸〉　2．直立二足歩行　3．獲得〈経済〉　4．生産〈経済〉　5．メソポタミア　6．灌漑農業　7．文字

問①猿人：あ・か　原人：う・く　旧人：い・き　新人：え・お　問②ラスコー　問③民族
問④化石燃料の使用の拡大や森林の消滅による温室効果が強まったことで地球温暖化が生じたこと。疫病（新型コロナ）が世界的に流行したこと。など　問⑤磨製石器　問⑥ナイル川

解説　6．灌漑農業とは河川や地下水などから人工的に給水する農法。これに対し雨水に頼る農法を乾地農法、肥料を用いない農法を略奪農法といい、収穫は不安定で定住も難しかった。　7．人類史は文字の発明により記録が残されて以降を「歴史（History）」、それ以前を「先史（Prehistory）」とわけられる。文字の発明は人類史にとって大きな転換点となった。
問①現在のところ、2001年にアフリカのチャドで発見された約600～700万年前のサヘラントロプス（トゥーマイ猿人）が最古の人類とされている。旧人はほかに死者を埋葬するなど精神文化を発達させた。　問②ほかにスペインのアルタミラの洞窟壁画も有名である。
問③要するに仲間と認識する集団のことであり、歴史の流れのなかで新たに生まれたり消滅したりと人類の

わけ方としてはもっとも不安定で、ある意味主観的な基準であるが、他者との対立などのなかで強い帰属意識を生み出し、現代に至るまで紛争が絶えない大きな原因ともなっている。　問④ **思考・判断**　解答はほかにもあるだろう。世界のニュースについて関心をもとう。そしてどのような取り組みが考えられているのか、また実際にどのような取り組みがなされているかも調べてみよう。たとえば、京都議定書（1997）とパリ協定（2016発効）、あるいは「持続可能な発展」を掲げた地球サミット（1992）と、「持続可能な開発目標（SDGs）」など、新聞あるいはインターネットなどで調べてみると、全世界での現在の取り組みと問題点について様々なことを知ることができるだろう。

2 古代オリエント文明とその周辺

本文 p.7～11

1

解答　1．神権〈政治〉　2．神殿　3．シュメール〈人〉　4．アッカド〈人〉　5．アムル〈人〉　6．鉄〈器〉
7．ヒッタイト〈人〉　8．カッシート〈人〉　9．ミタンニ〈王国〉　10．楔形〈文字〉　11．六十進〈法〉
12．太陰太陽〈暦〉
問①ヨーロッパからみた「日ののぼるところ、東方」　問②あジッグラト　＊い『ギルガメシュ叙事詩』
問③あハンムラビ王　い復讐法・身分法の原則　問④両河の洪水の時期を知るためと治水のため。

解説　3．民族系統不明であるが、人類最古の農耕文明を築いた。　7．鉄器を使用することで、開墾による農業生産力の向上と軍事力の強大化を実現した。ただし、鉄鉱石からの精錬ではなく、隕鉄から鉄器を作製。　12．月の運行にもとづく太陰暦では、1年が354日となって実際の季節とのずれが生じてしまう。そこで閏月を設けてこれを補正したのが太陰太陽暦である。おおむね19年に7回の割合で閏月を設ける。
問①オリエント（Orient）＝東洋は、広義では、ある地域からみて東方にある世界のこと。狭義では、古代ローマからみて東方にある世界のこと。西方にある世界＝西洋はオクシデント（Occident）という。　問③王は全メソポタミアを統一し、首都バビロンで神の代

理として政治をとりおこない、運河の大工事によって治水・灌漑を進めた。さらにシュメール法を集大成したハンムラビ法典を発布した。その刑法は「目には目を、歯には歯を」に代表される同害刑による復讐法の原則が有名だが、刑罰は被害者の身分によって違っていた（身分法）点を確認。また、レバノン杉の枯渇から森林資源の取り扱いについて厳罰で処していた。古代における森林伐採による環境問題の発生を確認。
問④ **思考・判断**　ティグリス川・ユーフラテス川は灌漑農業のために重要な水源であるが、洪水が毎年発生する。その時期を知ることは非常に重要であり、天文・暦法・数学が発達した。また、治水のための土木技術も発達した。

2

解答
1．ファラオ　2．メンフィス　3．クフ〈王〉　4．ピラミッド　5．テーベ　6．ヒクソス　7．アメンヘテプ4世(アクエンアテン)　8．テル゠エル゠アマルナ　9．ラー　10．神聖文字(ヒエログリフ)　11．パピルス(紙)　12．測地〈術〉
問①「エジプトはナイルのたまもの」　問②＊あトトメス3世　＊いラメス(ラメセス)2世
問③あアテン神　＊いツタンカーメン　問④「死者の書」　問⑤あロゼッタ゠ストーン　いシャンポリオン
問⑥あユリウス゠カエサル　いユリウス暦

解説　1．「大きな家」を意味する語「ペル゠アア」がギリシア語化したもの。　2・4・5はいずれもギリシア語由来の表記。　7．新王国時代第18王朝の王。アメンヘテプとは「アメン神は満足し給う」の意味。アテン神への一神教改革(アマルナ革命)後にアクエンアテンと改名。意味は「アテン神に有益なる者」。　8．テル゠エル゠アマルナでは、信仰改革の影響で古い伝統にとらわれない写実的なアマルナ美術が生み出された。　9．太陽神ラーは最高神であったが、のちにテーベの守護神アメン神と結びついて、アメン゠ラー神となった。
問①ナイル川は毎年7～10月に増水・氾濫して、上流から沃土(よくど)を運んだので、エジプトではほかの地域に比べて豊かな農業が営まれた。　問③いツタンカーメンは、アクエンアテンの後継者。アメン゠ラー神信仰が復活し、その名は「アメン神の生ける似姿」の意味。ほぼ完璧に残された彼の王墓の副葬品からファラオの力をみることができる。　問⑤あロゼッタ゠ストーンは、1799年に発見された。　いシャンポリオンは、ロゼッタ゠ストーンをテキストとして神聖文字(ヒエログリフ)の解読に成功した。　問⑥エジプトでは、シリウス星と太陽との関係を観測し、1年を365.25日であることを発見した。1年を365日とし、30日の月を12カ月設定して、それに年末5日の付加日にわける太陽暦を使用していた。ユリウス゠カエサルは、クレオパトラ7世と同盟を結んだことでも知られるが、エジプトの精度の高い太陽暦をローマに導入し、彼にちなんでユリウス暦と呼ばれた。

3

解答
1．カナーン〈人〉　2．海の民　3．アラム〈人〉〈語〉　4．フェニキア〈人〉〈文字〉　5．カルタゴ　6．アルファベット　7．ヘブライ〈人〉　8．アッシリア　9．選民〈思想〉　10．救世主(メシア)　ア)f　イ)d　ウ)h　エ)e
問①モーセ　＊問②ソロモン　問③バビロン捕囚　問④ヤハウェ　問⑤『聖書』(『旧約聖書』)

解説　[地図]　aロゼッタ　bメンフィス　cテーベ　dティルス　eイェルサレム　fダマスクス　gイェリコ　hバビロン　iウル。
2．前13世紀から前12世紀頃、東地中海域で活動した民族系統不明の集団。当時のエジプトの記録からの名称。ヒッタイトを滅亡させ、ミケーネ文明を崩壊に導いた。また、エジプト新王国にも侵入するなど、オリエント世界に大きな変動をもたらした。　7．みずからは、神から与えられた名称であるイスラエル人と称した。「イスラ(サラ)」には「戦う、支配する」という意味、また「エル」には「神」という意味があり、「神が戦う」という意味になる。ヘブライ人とは「国境を越えてきたもの」「川向こうから来た者」の意味で、エジプトで奴隷生活を送っている時代に定着した。またユダ王国滅亡後、バビロン捕囚を経て、ユダヤ人と呼ばれることが多い。
問③アッシリアがイスラエル王国征服後、新バビロニアがユダ王国に対しておこなった。戦勝国によって反乱の防止や知識人・技術者の確保、労働力の確保を目的とした強制移住が頻繁におこなわれていた。のちにアケメネス朝のキュロス2世によってバビロン捕囚から解放された。ゆえにユダヤ人は彼を救世主(メシア)と呼んだ。　問⑤ユダヤ教では正式の名称は『律法(トーラー)・預言者(ネビイーム)と諸書(ケスビーム)』で、一般的にはその頭文字をとって『タナハ』あるいは読誦(どくしょう)を意味する「ミクラー」と呼ばれる。宗教上の聖典であり、ヘブライ人の歴史を記したものである。『旧約聖書』の旧約とは唯一神ヤハウェとイスラエル人とのあいだに結ばれた旧(ふる)い契約というキリスト教徒からの呼び方である。キリスト教では、イエスの出現を予言する書として理解されている。また、イスラーム教においても啓典としてその正統性を認めている。

解答 　1. 青銅〈器文明〉　2. クノッソス　3. ミケーネ・ティリンスなど　4. 海の民
問①オリーヴ・ブドウなど　問②あエヴァンズ　いA　問③シュリーマン　問④あホメロス
い『イリアス』　問⑤ヴェントリス

解説 　[図版]Aクノッソス宮殿　Bミケーネ城塞獅子
の門　Cアテネの民会議場の演壇　Dアテネのパルテ
ノン神殿
2. クノッソス宮殿は、ギリシア神話の迷宮(ラビリン
ス)・ミノタウロス・イカロスの伝説などに彩られて
いる。　3. ほかにピュロス・オルコメノスなど。
問①穀物生産には適さないが、オリーヴ・ブドウなど
の果樹栽培やヤギ・羊の牧畜に適している。主要な輸
出品としてオリーヴ油・ブドウ酒・陶器などがある。

問②あエヴァンズはイギリスの考古学者。　問③シュ
リーマンは、ドイツ人の貿易商でホメロスの『イリア
ス』にうたわれたトロイア(トロヤ)の実在を証明する
ために私財をなげうって発掘をおこない、実証した。
問⑤ヴェントリスは、イギリスの建築家。言語学者チ
ャドウィックの協力で、ミケーネ時代のギリシア人が
クレタ島を支配した際にクレタ文明の線文字A(未解
読)をもとにつくった、音節文字である線文字Bを解
読した。

解答 　1. アッシリア〈王国〉〈王〉　2. アナトリア　3. ミタンニ〈王国〉　4. クシュ〈王国〉　5. 州　6. 駅伝
〈制〉　7. 総督　8. メロエ〈文字〉　9. アクスム〈王国〉
問①あアッシュルバニパル　いニネヴェ　問②重税・圧政・強制移住など
問③あ：イ　い：ロ　う：ハ　え記号：ⓐ　名称：サルデス　＊お記号：ⓑ　名称：サイス　か記号：ⓖ
名称：エクバタナ　き金属貨幣　＊くネブカドネザル2世

解説 　[地図]イリディア　ロ新バビロニア　ハメディ
ア　ニクシュ王国　ⓐサルデス　ⓑサイス　ⓒテーベ
ⓓメロエ　ⓔニネヴェ　ⓕバビロン　ⓖエクバタナ
ⓗペルセポリス
1. 守護神アッシュル神に由来する名称。　4. ナイル
川上流にあった黒人最古の王国。　8. 鉄鉱石など鉱
物資源や燃料となる森林資源に恵まれ、エチオピアか
らインド洋へ通じる交易路の結節点として栄えた。
問①あいアッシュルバニパルは、「アッシュル神は後

継者を賜<ruby>賜<rt>たまわ</rt></ruby>れり」の意味。ニネヴェに大図書館を建設し、
シュメール以来の法典や『ギルガメシュ叙事詩』など
様々な分野の約3万点もの粘土板文書を収蔵していた。
問②アッシリアはイスラエル王国を征服し、強制移住
をおこなった。　問③き金銀の合金からなるエレクト
ロン貨は、世界最古の金属貨幣。　くネブカドネザル
2世は、バビロンの空中庭園の伝説やバビロン捕囚で
知られる。

3　南アジアの古代文明
本文 p.12

解答 　1. 季節風(モンスーン)　2. インダス〈文明〉　3. ドラヴィダ〈系〉　4. 彩文〈土器〉　5. カイバル〈峠〉
6. アーリヤ〈人〉　7. パンジャーブ〈地方〉　8. ヴェーダ　9. ガンジス〈川〉　10. クシャトリヤ　11. ヴァイ
シャ
問①あ：ⓑ　い：ⓐ　問②ウ　問③『リグ＝ヴェーダ』　問④農耕社会の進展が生産に余裕を生じさせ、王
侯・武士・司祭など生産に従事しない階層を集団がもつことができるようになった。
問⑤A名称：ヴァルナ　記号：ア　B名称：ジャーティ　記号：ウ　C名称：カースト　記号：イ

解説 　2. インダス文明の滅亡原因については、諸説
あり、地殻変動・大洪水・塩害などの自然的要因や、

森林伐採・交易の衰退などの経済的要因が考えられて
いる。　7. インダス川上流域に位置するパンジャー

ブ地方は諸文明の交流地であり、クシャーナ朝時代における ガンダーラでの仏像製作や、16世紀初めにイスラーム教とヒンドゥー教の融合をはかったナーナクによりシク教が創始されたのも、この地である。　10・11. これらの4つのヴァルナの下には、グプタ朝期にその枠外に不可触民がおかれるようになった。上記のナーナクは不可触民への差別をきびしく非難している。ガンディーは不可触民をハリジャン（神の子）と呼んで、その解放を訴えた。不可触民解放運動を展開し、インド共和国の憲法起草者の1人であるアンベードカル（1891～1956）は、自身も不可触民出身者であった。　問①ⓒは同じくインダス文明の遺跡ロータル。　問②a. 発見された文字数が少ないことなどから、現在までインダス文字は未解読である。　問③ヴェーダはアーリヤ人の自然崇拝の伝承を集約したものでバラモン教の聖典となっている。　問④ 思考・判断 農耕社会の進展の背景に、鉄製農具の使用や牛耕、稲の栽培などによる生産力の向上があり、これらにより、農業生産に従事しない階層を保持できるだけの余裕を集団が獲得したことを確認したい。

4　中国の古代文明
本文 p.13 ～ 14

1

解答
1. 雑穀　2. 稲　3. 麦　4. 青銅〈器〉　5. 渭水〈流域〉　6. 諸侯　7. 宗法　8. 礼
問①ⓐ仰韶文化　ⓘ：ⓑ　問②ⓐ竜山文化　ⓘ：ⓓ　問③夏　問④ⓐ安陽（河南省安陽市）　ⓘ：ⓒ
問⑤甲骨文字　問⑥易姓革命　問⑦封建

解説
[地図Ⓐ]ⓐ半坡　ⓑ仰韶　ⓒ殷墟（安陽）　ⓓ竜山　ⓔ河姆渡　ⓕ三星堆
1. 黄河流域はアワ・ヒエ・キビなどの畑作中心。　2. 長江流域は稲作中心。　4. 青銅器には想像上の獣の顔（饕餮文様）を描いて呪術的な力を表現することがあった。
問①彩陶は、素焼きの地に赤・白・黒などで文様をほどこし、焼成温度は低く厚いがもろい。　問②黒陶は、ろくろで成形され、焼成温度が高く薄いがかたい。
問③伝説上の帝王の1人「禹」に始まり、17代450年続き、暴君の桀王の時に殷の湯王に滅ぼされたとされる。近年、中国では、河南省の二里頭遺跡が夏王朝の王都と推定されている。　問⑥易姓革命は、政権交替の理論として儒家の孟子らが説いた「天命が革まって天子の名（姓）が易る」という意味。その際、徳をもって王位（帝位）をゆずられることを「禅譲」といい、武力による簒奪を「放伐」という。　問⑦周代の封建制は血縁関係にもとづく主従関係であり、ヨーロッパ中世の個人間の契約にもとづく封建制とは異なる。ヨーロッパの封建社会については、テーマ17 **5** 問①の解説（→ p.24）参照。

2

解答
1. 鎬京　2. 洛邑　3. 覇者　4. 戦国の七雄　5. 華夷〈思想〉　6. 木簡　7. 諸子百家
問①ⓐ：ⓕ　ⓘ：ⓖ　問②孔子　問③ⓐ国名：斉　位置：ⓑ　ⓘ国名：燕　位置：ⓐ
問④森林の面積が大きく減少し、気候は乾燥化に向かった。
問⑤Ⓐ布銭　Ⓑ円銭（環銭）　Ⓒ刀銭　問⑥ア）○　イ）性善説　ウ）墨子　エ）○　オ）法家

解説
[地図]ⓐ燕　ⓑ斉　ⓒ趙　ⓓ魏　ⓔ韓　ⓕ秦　ⓖ楚
3. 斉の桓公、晋の文公、楚の荘王、秦の穆公、宋の襄公（呉の闔閭〈または夫差〉、越の勾践）などの諸侯を総称して「春秋の五覇」と呼ぶ場合がある。　4. 秦・斉・燕・楚・韓・魏・趙の7国。
問②孔子が編纂した歴史書『春秋』による。また、戦国時代という名称は前漢末に編纂された『戦国策』に由来する。　問④ 思考・判断 この時期は、農業生産力が上がり食料供給が安定したことにより、人口も増加した。生活の燃料や、鉄の精錬などに大量の木材が必要となり、森林面積が減少したことが、気候の乾燥化につながった。　問⑤Ⓐ布銭は、農具（犁）の形を模し、韓・魏・趙などで使用された。Ⓑ円銭（環銭）は、中央に円孔（のち方孔）があり、斉・秦・魏などで使用された。Ⓒ刀銭は、小刀の形を模し、おもに燕・斉など華北・山東地方で使用された。楚では、殷・周時代に用いられた貝貨を模した蟻鼻銭が使用された。　問⑥イ）孟子は、性善説や王道政治を説いた。性悪説や礼の強調を説いたのは荀子。　ウ）鄒衍は、天体の運行と人

間生活の関係を説いた陰陽五行説をとなえた人物(陰陽家)。 **オ**)商鞅は秦の孝公に仕えた人物。韓非は、荀子の弟子で法家思想を大成したが、同門の李斯により毒殺された。

---

5 南北アメリカ文明 本文 p.15

1

解答 1．ベーリング〈海峡〉 2．モンゴロイド(黄色人種)〈系〉 3．トウモロコシ 4．ジャガイモ 5．オルメカ〈文明〉 6．テオティワカン〈文明〉 7．テノチティトラン 8．チャビン〈文化〉 9．クスコ
問①ヨーロッパ人がアメリカ大陸に到達した当初は「インド」と信じられたため。 **問②**エ **問③**B

解説 7．テスココ湖の島上に建設された都市で最盛期には世界最大級の人口30万人を誇る大都市であった。現メキシコシティー(メキシコの首都)。
問① 思考・判断 インディオはスペイン語・ポルトガル語。英語でインディアン。大航海時代についた呼び方である。1492年にカリブ海の島に到着したコロンブスが今日のアメリカ大陸にも上陸したが、そこを「インド(アジア)」と信じて住民を「インディオ(インディアン＝インド人)」と呼んだことに由来する。 **問②**南北アメリカ文明では鉄器は知られず、また家畜にはリャマやアルパカが用いられた。馬は16世紀に訪れたヨーロッパ人がもちこむまで知られていなかった。
問③Aオルメカ文明の巨石人頭像、**B**マヤ文明のチチェン＝イツァ遺跡、**C**インカ帝国の空中都市マチュ＝ピチュ、**D**インダス文明のモエンジョ＝ダーロ遺跡。

第2章 中央ユーラシアと東アジア世界

6 中央ユーラシア──草原とオアシスの世界 本文 p.16～17

1

解答 1．パミール 2．季節風(モンスーン) 3．モンゴル〈高原〉 4．黒海(北岸) 5．オアシス 6．乳製品
7．青銅〈製〉 8．騎馬 9．鉄〈製〉 10．冒頓単于 11．月氏
問①家畜の飼育に適した環境(食料)を求めて、季節ごとに移動を繰り返す(夏営地と冬営地を一定のサイクルで移動する)必要があるため。
問②騎馬戦術による武力と、交易ルートであった草原の道(ステップ＝ロード)をおさえることによって獲得した富をもとに部族連合を組み、周辺の遊牧部族や農耕民を征服して建設した国家。 **問③**「草原の道」
問④特有の動物文様をもつ馬具や武器。 ＊**問⑤**白登山の戦い **問⑥**ゲルマン人の大移動

解説 10．冒頓はトルコ＝モンゴル語で「勇者」を意味するバガトゥル(バートル)の漢字音写と考えられている。遊牧国家の君主の称号は、のち単于から可汗へと変化し、カン(ハン)となる。 11．月氏は、中央アジア西南部に移動して大月氏となり、その領域からはクシャーナ朝が生まれた。
問① 思考・判断 遊牧民は、家畜に衣・食・住すべてを依存している。故に家畜は遊牧民によって貴重な財産であった。 **問②** 思考・判断 遊牧民が支配層を形成して組織された国家で、遊牧による牧畜に適した乾燥地帯が広がる中央アジア・イラン高原や北アジアの草原地帯に存在した。 **問③**草原の道＝ステップ：ロード(ステップルート)とは、シルクロード(絹の道)より約二千年早くから利用されていた、ユーラシア＝ステップを経由する古代の交易路である。絹と馬をおもな商品とし、宝石(トルコ石、ラピスラズリ、メノウ、ネフライト)、毛皮、武器、楽器などを取引した。 **問④**よく似た遺物は、スキタイの活動地域のみならず、ユーラシア東部の草原地帯にも広く分布する。 **問⑤**戦いに敗れた高祖劉邦から第6代景帝まで匈奴に対して服属状態であった。これを打破すべく対匈奴戦争をおこなったのが第7代武帝である。 **問⑥**西へ移動した北匈奴とフン人を同一とみなす説があるが、確証はない。ただし、匈奴の移動がほかの遊牧集団の西進を誘発した可能性は考えられる。

2

解答　1．隊商〈交易〉〈路〉　2．穀物　3．畜産物　4．互恵的　ア)ⓓ　イ)ⓔ　ウ)ⓑ　エ)ⓒ
問①カナート(カレーズ)　問②あ.天山北路　い.大山南路　う.西域南道　問③あ班超　＊い西域都護
問④武帝

解説　[地図]ⓐホラズム　ⓑソグディアナ　ⓒフェル
ガナ　ⓓパミール　ⓔタリム盆地　ⓕイリ
問①高温・乾燥のきびしいオアシス都市では、水の蒸
発を防ぐために、右図のようなカナート(カレーズ)と
呼ばれる人工の地下水路をつくり利用した。山麓に掘
られた最初の井戸で水を掘り当てて、その地点から横
穴を延々と掘り抜き伸ばし、長いものは数十kmに達す
る。水路の途上には地表から竪坑が掘られ、完成後は
修理・通風に用いられる。下図の上は断面図、下は平
面図。　問④テーマ7 **2** 問②の解説(→p.8)参照。

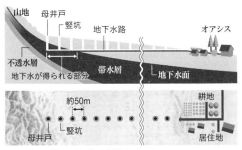
▲カナート(カレーズ)の構造図

7　秦・漢帝国　本文p.18～20

1

解答　1．政　2．郡・県　3．官僚　4．匈奴　5．楚　6．項羽　7．劉邦
問①ウ　問②あ蘇秦　い：ⓐ　問③ⓒ焚書　ⓓ坑儒　問④記号：A　名称：半両銭　＊問⑤南海郡
問⑥あ陳勝・呉広の乱　い「王侯将相いずくんぞ種あらんや」

解説　2・3．郡県制は中央から派遣された官僚が直
接地方を支配する体制。人的結びつきにもとづく封建
制による分権的体制を変化させる体制であった。　4．
北方のモンゴル高原に拠点を築いた匈奴に対して、始
皇帝は将軍蒙恬を派遣し、ゴビ砂漠の北方に退けた。
その後、戦国時代に燕や趙などが築いた長城を修復・
連結して匈奴の侵入にそなえた。
問①前4世紀中頃に秦の孝公に仕えたのは法家の商
鞅である。彼は民を五戸または十戸で一組にわけて、
相互に監視させ連帯責任を負わせる什伍の制を導入

するなど、商鞅の変法と呼ばれる一連の改革をおこな
った。　問②図は縦横家の2人の政策を図示したもの。
ⓐが蘇秦による合従策を、ⓑが張儀による連衡策を示
す。　問④Ａ始皇帝が使用を統一した「半両銭」。Ｂ北
宋の時代の宋銭。Ｃ前漢の武帝時代に鋳造された「五
銖銭」。Ｄ明の時代の「永楽通宝」。　問⑤前214年に秦
は華南を征服し、南海郡(現在の広東地方)、桂林郡
(現在の広西地方)、象郡(現在のベトナム北部)の3
郡を設置した。

2

解答　1．冒頓単于　2．張騫　3．タリム〈盆地〉　4．塩・鉄　5．王莽　6．新　7．赤眉の乱　8．劉秀
ア)ⓒ　イ)ⓑ
問①呉楚七国の乱　問②あ南越国　＊い楽浪郡、真番郡、玄菟郡、臨屯郡より1つ
問③あ郷挙里選　い地方の豪族の子弟が中央官僚に推薦され、豪族の中央進出が進んだ。
問④あ均輸　い平準　問⑤党錮の禁　問⑥ウ

解説　1．テーマ6 **1** 10の解説(→p.6)参照。
4．武帝は前119年塩・鉄を、前98年に酒を専売として
いる。武帝の死後専売の是非をめぐる議論が生じ(「塩

鉄論」)、この議論の結果、塩と鉄の専売制は継続され
たが、酒の専売は廃止となった。
問①漢の成立時は、功臣に封土を与えて郡県制と封建

制を併用する体制がとられたが、しだいに有力諸侯の領地が削減されていった。これに対する反発である呉楚七国の乱が平定されたのちは、実質的な郡県制の体制へと移行していった。　問②武帝は南越国を滅ぼし南海、日南など9郡を設置した。また、衛氏朝鮮を滅ぼし楽浪をはじめとする4郡を、河西回廊を支配し敦煌など4郡を設置した。　問③あⓘ 思考・判断 郷挙里選による豪族の中央進出は、魏の時代にその地位の世襲化をもたらした。テーマ8 2 問①解説(→ p.9)参照。　問⑤官僚のことを党人といい、党人が宦官らによって禁錮にされたので「党錮の禁」と呼ぶ。問⑥陰陽五行説のもと、漢の火徳(赤)に変わる土徳(黄)を旗印に黄巾の乱をおこした。紅巾の乱については、テーマ23 3 問③あⓘの解説(→ p.37)を参照。

3

解答　1．豪族　2．黄老　3．司馬遷　4．紙　5．詩経　6．楚辞
問①董仲舒　＊問②五経博士　問③あ訓詁学　ⓘ鄭玄
問④あ王・皇帝などの支配者の年代記である本紀と、臣下の伝記である列伝からなる歴史記述。
　ⓘ歴史書：『漢書』　著書：班固(班昭)　＊問⑤ア)a　イ)b　ウ)a　エ)b
問⑥あローマ皇帝マルクス＝アウレリウス＝アントニヌス　ⓘ：ⓓ

解説　2．老子の教えに、伝説の聖人黄帝の崇拝が結びついた思想。　6．戦国時代の江南の楚国の韻文を集めた作品集。楚の滅亡を憂う屈原の詩が有名。問②・③武帝は、董仲舒の建言により儒学の官学化を進めた。主要経典『易経』・『書経』・『詩経』・『礼記』・『春秋』の五書を儒学の経典とし、それぞれ5つの経典を担当する官職として五経博士を設置した。各経典を正しく解釈するための字句解釈が進み、それが訓詁学として発展していった。　問④あ皇帝の事績の記録である「本紀」と功臣などの記録である「列伝」を柱に、「表」(年表)、「志」(地理、制度など)からなる歴史記述形態を紀伝体といい、『明史』に至る二十四史(中国の正史)はすべてこの形式で叙述されてる。一方、編年体とは、年代順に事柄を記述していくスタイルであり、おもな編年体で記された歴史書として『春秋』や宋代の司馬光による『資治通鑑』がある。歴史的事件を選んで項目を立て、それぞれの事件の経緯を、時系列に沿って叙述するスタイルは紀事本末体といわれる。　ⓘ紀伝体による歴史記述は後漢時代の班固が編纂した『漢書』によって定着した。班固は『漢書』の完成を待たず宮中の政争に巻き込まれて獄死したため、妹の班昭が『漢書』を完成させた。　問⑤張騫は前漢の武帝が、匈奴挟撃の目的で大月氏や烏孫に派遣した。途中で匈奴に捕らえられたこともあり、13年かかって帰国した。彼の西行によって大月氏、大宛、烏孫などの西域の情報が漢にもたらされた。班超は『漢書』を著した班固の弟。西域都護に任命され、30年以上西域にとどまり、多くの西域諸国を後漢に服属させた。　問⑥日南郡は今日のベトナムのフエ付近を中心とする。マルクス＝アウレリウス＝アントニヌス帝についてはテーマ14 3 問②の解説(→ p.18)参照。

8　中国の動乱と変容

本文 p.21 ～ 22

1

解答　1．蜀　2．呉　3．司馬炎　4．八王〈の乱〉　5．司馬睿　6．拓跋〈氏〉　7．柔然　8．孝文〈帝〉　9．突厥　10．魏晋南北朝〈時代〉
問①あ：ⓐ　＊ⓘ屯田制　問②オ　問③：ⓖ　＊問④淝水の戦い　＊問⑤太武帝　問⑥：ⓓ
＊問⑦漢化政策　問⑧六鎮の乱　問⑨宋→斉→梁→陳

解説　[地図A]ⓐ魏　ⓑ蜀　ⓒ呉
[地図B]ⓓ平城　ⓔ洛陽　ⓕ長安　ⓖ建康　ⓗ成都
1・2．後漢末の黄巾の乱を機に台頭した曹操が建国した魏を208年の赤壁の戦いで破った劉備が蜀、孫権が呉を建国し、中国を三分する状況が固まった。　3．265年に魏の元帝の禅譲を受けて晋を建国し(武帝)、280年に呉を滅ぼして、中国を統一した。　6．鮮卑族の拓跋珪が北魏を建国した(道武帝)。　7．5～6世紀にモンゴル高原を支配した遊牧騎馬民族。君主の称号として「可汗」を用いた。　9．6～8世紀にモンゴル高原から中央アジアを支配したトルコ系騎馬遊牧民とその国家。

問①⑥屯田制は魏の時代に始まった、国家が官有地に集団耕作者をおいて耕作させる制度。　問④華北で勢力を強めた前秦の苻堅による侵攻を東晋が撃退した戦い。　問⑤5世紀前半の皇帝で、寇謙之を重用し、道教を国教とした。問⑦北魏は積極的に中国社会にとけこもうとしたため「浸透王朝」と呼ぶ。テーマ22 **1** 問①**ウ**)の解説(→p.35)参照。　問⑧柔然への備えとして北辺におかれた6つの駐屯地(鎮)がおこした反乱。

2

解答　1.均田〈制〉　2.仏図澄　3.鳩摩羅什　4.寇謙之　5.陶淵明　6.文選　7.新羅　8.百済　9.朝貢
問①官吏を9つの品(等級)にわけ、中正官がそれにあわせて人材を推薦する官吏登用制度。
問②清談　**問③**『仏国記』　**問④あ**雲崗　**い**竜門　**問⑤**A　**問⑥**広開土王碑　**問⑦**ウ　**問⑧**冊封体制

解説　1.均田制は五胡十六国時代の戦乱で荒廃した華北の農業生産力を回復し、税収を安定させることを目的として北魏時代から施行された。ただし、北魏では、奴婢や耕牛にも土地が支給されたため、豪族(貴族)の力をおさえることは難しかった。　2・3.仏図澄や鳩摩羅什は西域の亀茲(クチャ)出身の僧侶。　5.東晋時代の田園詩人。「帰去来辞」などが知られている。**問①**この制度により、豪族は政治的な地位を得るようになり、その地位を世襲化する貴族(門閥貴族とも呼ばれる)と化した。　**問②**阮籍らの「竹林の七賢」と呼ばれた学者に代表される。　**問③**法顕は東晋の僧侶で、仏典の収集のために陸路インドに入り、海路で帰国した。帰国後に著した『仏国記』は仏教史、インド史、中央アジア史を知る重要な一次史料である。　**問④あ**現在の山西省大同市付近。　**問⑤B**は唐代の壁画に描かれた外国使節、**C**は宋代の院体画「桃鳩図」(徽宗)、**D**は宋代の文人画(墨竹図)(蘇軾)。　**問⑦ウ**)倭の五王は宋などの南朝に朝貢した。　**問⑧**東アジアにおいて、中国の皇帝が周辺諸国の支配者とのあいだで形成した国際体制。冊封とは冊(竹簡・木簡の文書)の命によって封建されたという意味で、もとは中国国内でおこなわれていたものを、周辺諸国に拡大・適用した。

9　**東アジア文化圏の形成**　本文p.23〜25

1

解答　1.楊堅　2.陳　3.煬帝　4.高句麗〈遠征〉　5.李淵　6.大興城　7.李世民　8.高宗　9.均田〈制〉
問①儒学の試験によって官吏を選ぶ制度
問②あ南北朝時代に開発の進んだ江南を政治の中心である華北と結びつけること。　＊**い**通済渠
問③拓跋国家　＊**問④**貞観の治　**問⑤**天可汗　**問⑥あ**都護府　**い**羈縻政策　**問⑦**令
問⑧あ門下省　**い**戸部　＊**問⑨**中央政府での力役(労役)
問⑩＊**あ**唐代三夷教　＊**い**大秦景教流行中国碑　**問⑪**阿倍仲麻呂

解説　9.テーマ8 **2** 1の解説(→p.9)参照。**問①**従来の郷挙里選・九品中正制度はいずれも推薦制度。試験制度である科挙はその後、元代に一時中止されたこともあったがほぼすべての王朝で採用され、1905年まで継続した。テーマ8 **2** 問①の解説(→p.9)参照。　**問② 思考・判断**　5本の大運河は白河・黄河・淮水・長江・銭塘江の5大河をつなぐY字型の水路となった。5本の運河とは、広通渠(黄河〜大興城〈長安〉)、永済渠(黄河〜涿郡〈北京〉)、通済渠(黄河〜淮河)、山陽瀆(淮河〜長江)、江南河(長江〜余杭〈杭州〉)であり、大運河の中心に位置する汴州は物資の集散地として経済的に大いに栄えた。ここはのちに汴京・開封と呼ばれ、五代や宋(北宋)の都として政治の中心ともなった。また永済渠により北東まで運河をつないだことは、高句麗遠征のための物資や兵員の移動を可能にした。　**問④**「貞観の治」は「武韋の禍」のあとに記された『貞観政要』によって太宗の治世を過分に美化したものであり、どこまでこの書が実体に即しているかは不明な部分も多い。　**問⑤**太宗が東突厥を服属させると天可汗という称号が贈られ、遊牧民の君主の頂点に立ったとされた。「可汗」は鮮卑以降の遊牧民が使用した君主の称号。　**問⑥い**「羈」は馬の手綱、「縻」は牛の鼻綱のことであり、現地の支配者の統治にまかせて「ゆるくつなぎとめておく」ことを意味している。唐では帰順した諸部族の故地に都護府および州県をおき、これを羈縻州(羈縻政策)といって、族長をその長官に任命した。　**問⑦**律は刑法。律令を根本法として、格はのちの追加法、式は施行細則を指す。　問

⑧門下省は皇帝の顧問として貴族の意志を代表する機関であり、詔勅を審議しそれを拒否する権利（封駁(ふうばく)の権）をもっていたため、当初は貴族の牙城としてその権限は強力であった。　問⑩あい三夷教は、ゾロアスター教は中国では祆教・マニ教は摩尼教・ネストリウス派キリスト教は景教と表記された。「祆教」の「祆」は、「天の神」とも考えられている。いずれも845年の唐の武宗による会昌の廃仏（仏教弾圧事件）の際に弾圧を受け衰退した。石碑は漢字とシリア文字を使用し、景教

教義の概要や伝来の由来が記されている。記述によれば中国では仏教の一派とみられていたようであった。石碑は会昌の廃仏時に土中に埋められたと思われるが、明末に発見されている。ネストリウス派キリスト教についてはテーマ15 ▶2 ▶問⑥aの解説（→ p.20）参照。

▲大秦景教流行中国碑

2

解答　1．南詔　2．骨品〈制〉　3．金城（慶州）　4．渤海　5．柔然　6．安史の乱　7．マニ〈教〉　8．キルギス　9．ソグド〈人〉　10．天平〈文化〉
問①イ　問②白村江の戦い　問③ホスロー1世　問④絹馬貿易　問⑤班田収授法

解説　3．金城に建立された仏国寺は世界遺産。　4．渤海の繁栄の様子は『新唐書』に「海東の盛国」の記載がある。727年から滅亡までの約200年間、日本とも交流があった。　7．ウイグルは世界史上唯一の「マニ教国家」である。
問① **思考・判断**　吐蕃を建設したソンツェン＝ガンポがしばしば唐に侵入したため、唐は和蕃公主（政略上わばんこうしゅの理由で異民族に嫁いだ王族）として文成公主を降嫁ぶんせいこうか

させた。なお中央ユーラシアの遊牧民族で最初に独自の文字をもっていたのは突厥である。吐蕃は唐とインド、双方の文化的影響を受けているが、チベット仏教・チベット文字などインド文化の影響の方が強いこともおさえておこう。　問③エフタルについては、テーマ12 ▶2 ▶問②の解説（→ p.14）参照。
発展　下記地図の国名 Ａ〜Ｈ を埋めてみよう。解答は教科書 p.50の地図で確認しよう。

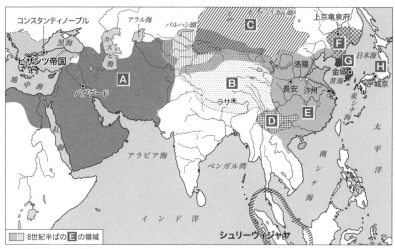

▲ 8世紀後半のアジア

3

解答　1．則天武后（武則天）　2．科挙官僚　＊3．楊貴妃　4．塩　5．朱全忠　6．後梁　7．孔穎達　8．李白　9．杜甫　10．白居易　11．韓愈　12．顔真卿
問①募兵制　問②安禄山　問③ア　問④黄巣の乱　問⑤あ『大唐西域記』　い：ⓐ

解説　1．中国史上唯一の女帝となった則天武后は、洛陽に首都を遷し国号を「周」と改めた。このため唐はいったんここで滅亡した。これを「武周革命」という。古来中国では、儒教的な女性観もあり悪逆非道の君主

のようにいわれてきたが、近年の研究では、有能な新興官僚の抜擢や文化事業の推進といった革新性の再評価も進んでいる。　5.朱全忠はもと黄巣の乱側の有力武将であったが、のちに唐に帰順して乱の鎮圧に活躍し、大運河の中心にあり経済的に豊かな汴州の節度使となった。テーマ9 **1** 問②の解説（→ p.9）参照。7.唐代になると儒学経典の諸解釈を整理し統一しようという気運がおこり、642年、太宗の命令で孔穎達を中心に最重要経典である五経の国定解釈書『五経正義』を編纂した。しかしこれは科挙試験の標準となったため、かえって学問の自由な発達は阻害された。五経についてはテーマ7 **3** 問②③の解説（→ p.8）参照。　10.「長恨歌」は玄宗と楊貴妃の愛情を漢帝と美女の話におき換えたものとされる。

問③安史の乱後、均田制・租調庸制が実質的に崩壊したため、780年、徳宗の宰相楊炎の建言で両税法が施行された。両税法は、土地私有を追認した画期的な税制であり、戸（家）を単位として土地（資産）の多少に応じて課税するもので、毎年夏・秋2回、課税した。両税の額は年々の予算に応じて決定され、銭額で表示されたが、これも貨幣経済の発展という社会情勢の変化に対応した新しい税制の原理であった。ただし実際には銭納のかわりに絹布による納入が広くおこなわれた。この税制は以後、宋を経て明の中期に至るまで基本税制として継承された。　**問⑤**@は初唐期にインドに向かった玄奘の経路であり、往路復路とも西域を経由していることがわかる。ⓑは則天武后の時代に帰国した義浄の航路であり、往路復路とも海上を経由していることがわかる。義浄は帰国途中でパレンバンをおもな都とするシュリーヴィジャヤ王国に滞在し、その地での大乗仏教の繁栄を旅行記に記している。ⓒは東晋の僧法顕の経路で往路は西域を、復路は海上を経由している。

第3章

第3章　南アジア世界と東南アジア世界の展開

10 仏教の成立と南アジアの統一国家、インド古典文化とヒンドゥー教の定着　　　本文 p.26～28

1

解答
1.マガダ〈国〉　2.ウパニシャッド〈哲学〉　3.祭式〈至上主義〉　4.輪廻転生　5.解脱　6.ガウタマ＝シッダールタ　7.ヴァルダマーナ　8.アレクサンドロス〈大王〉　9.チャンドラグプタ〈王〉
10.パータリプトラ　11.アショーカ〈王〉
問①イ　問②解脱のためにとくに苦行と不殺生を強調した。　問③B　問④ウ

解説　2.ウパニシャッドとは、本来「傍らに座る」という意味であり、バラモンの師から弟子に伝承される奥義を意味し、「奥義書」と訳される。古代インドで著された哲学書の総称であり、その内容は、宇宙の根本原理・輪廻転生・解脱・カルマ（業）等々多岐にわたる。4.輪廻転生とは生前の行為によって、死後に別の生を受ける過程が繰り返されるとする考え方。こうした限りなく生と死を繰り返す輪廻の生存を苦と考える。ゆえに、二度と再生を繰り返すことのない輪廻からの開放を解説として理解する。　5.ウパニシャッド哲学では、宇宙の本体である梵（ブラフマン）と人間存在の本質である我（アートマン）が本来1つのもの（梵我一如）であり、その同一性を悟ることによって、輪廻から解放され解脱に達することができるという一元論的な世界観が説かれた。　6.ガウタマ＝シッダールタはブッダ（仏陀）、シャカムニ（釈迦牟尼）という尊称でも呼ばれる。　7.尊称は、マハーヴィーラ「偉大な雄者（勇者）、大雄（大勇）」の意味。

問①修行によって心の内面から人々の悩みを解くことを重視し、八正道を実践して煩悩を捨て去ることで、解脱へと至ることができると説いた。　**問③**マウリヤ朝の最大領域はインド南端とセイロン島（スリランカ）を含んでいないことを確認。Aはクシャーナ朝・首都プルシャプラ、Cはグプタ朝・首都パータリプトラ、Dはヴァルダナ朝・首都カナウジの版図。　**問④**ダルマとは、法、守るべき社会倫理の意味。南インドのセイロン島（スリランカ）に布教。また、第3回の仏典の結集をおこなった。仏典の結集とはブッダ（仏陀）死後、弟子がおこなった教典の編集事業。インドでは口伝が基本であったため、教説の整理・統一をおこなう必要があった。

解答 1．ギリシア〈人〉 2．クシャーナ〈朝〉 3．カニシカ〈王〉 4．菩薩〈信仰〉 5．大乗 6．小乗 7．ガンダーラ 8．竜樹（ナーガールジュナ） 9．ドラヴィダ〈系〉 10．タミル〈語〉 11．バクティ〈運動〉 12．マラッカ〈海峡〉 13．香辛料 14．綿布 15．サータヴァーハナ〈朝〉 16．チョーラ〈朝〉

問①大量の金がインドにもたらされ、金貨が発行された。

問②自身の悟りよりも人々の救済がより重要と考え、出家しないまま修行をおこなう意義を説いた。

問③ブッダは恐れ多いものとされたため、具体的な像がつくられることはなかった。

問④『エリュトゥラー海案内記』 問⑤「海の道」

解説 3．カニシカ王は、アショーカ王同様に仏教に深く帰依し、仏典の結集をおこなった。 5．大乗とは、「あらゆる人々の大きな乗りもの」という意味。現在では、大乗側から与えられた蔑称である小乗にかわって、多くの部派にわかれたそれまでの仏教を部派仏教と呼んでいる。そのうちの上座部は、前3世紀にセイロン島（スリランカ）に伝えられ、そこからさらに東へ広がり、東南アジアの大陸部で大きな勢力をもつようになった。 7．仏教は本来個人の修行を重視し、偶像崇拝ではなかった。しかし、ガンダーラ美術を担ったクシャーナ朝は、ヘレニズム世界のバクトリアから勃興したイラン系王朝であり、ヘレニズムの影響を受けてギリシア彫刻を模して仏像をつくるようになった。ブッダをはじめとした仏教指導者や菩薩信仰を具現化するための仏教美術。 11． 3 ▶問⑤の解答参照。

問①ローマ貨幣を参考にして、金貨にはイランやギリシア・インドなどの文字や神々が意匠として描かれた。 問③ヘレニズム文化の影響で、修業という視点から信仰の対象となったブッダの似姿が必要とされた。問④『エリュトゥラー海案内記』は、紀元後の早い時期にギリシア人が著した。エリュトラー海は直訳すると紅海という意味だが、ここではインド洋全体を指している。インド洋西側のアラビア海では夏に南西から、冬に北東からの季節風（モンスーン）が吹く。この季節風を利用することで短期間での長距離航海が可能であり、広範囲な海上活動をおこなった。

3 ▶

解答 1．グプタ〈朝〉 2．チャンドラグプタ2世 3．サンスクリット〈語〉 4．ヒンドゥー〈教〉 5．マヌ〈法典〉 6．カーリダーサ 7．ゼロ 8．エフタル 9．ハルシャ〈朝〉 10．ヴァルダナ〈朝〉 11．玄奘 12．ナーランダー〈僧院〉 13．義浄 14．南海寄帰内法伝 15．ラージプート 16．パーラ〈朝〉 17．北宋

問①中央部の王国直轄領、従来の支配者がグプタ朝の臣下として統治する地域、および領主が貢納する周辺の属領から構成された。

問②東晋 問③『マハーバーラタ』・『ラーマーヤナ』 問④グプタ様式

問⑤ジャイナ教と仏教に対する攻撃、シヴァ神やヴィシュヌ神に対する熱烈な信仰、神の愛の強調、歌や踊りをともなった信仰告白などを特徴とする。

解説 2．チャンドラグプタ2世は、みずからを「武勇の太陽（ヴィクラマーディティヤ）」と名乗り、東晋の僧である法顕の記した『仏国記』では超日王と呼ばれている。 3．サンスクリットとは、インド＝ヨーロッパ語系のインド語派に属する言語で、「浄化・洗練・完成された」という意味。中国では梵語と呼ばれる。 4．ヒンドゥー教は、バラモン教を母胎としたシヴァ神やヴィシュヌ神など多くの神々を信仰する多神教である。特定の教義や聖典にもとづく宗教ではなく、日々の生活や思考の全体に関わる宗教として定着した。 問③の二大叙事詩が事実上の教典となっている。 5．マヌ法典は、前2世紀から後2世紀にかけて成立した法典であり、人類の始祖であるマヌが述べたものとする。4つのヴァルナがそれぞれ遵守すべき規範について規定し、バラモンの特権的地位が強調されている。 9．ハルシャ王は、古代北インド最後の統一王朝であるヴァルダナ朝の大王。中国では戒日王と呼ばれる。11・13．テーマ9 3 ▶問⑤ⓐⓑの解説（→ p.11）参照。問②法顕についてはテーマ8 2 ▶問①の解説（→ p.9）参照。 問③『マハーバーラタ』はバラタ族の王位争奪の物語で、様々な神話や伝説が挿入されている長大な物語。また、古代インドにおける人生の四大目的、法（ダルマ）・実利（アルタ）・性愛（カーマ）・解説（モークシャ）が語られ、これら4つに関して「ここに存在す

るものはほかにもある。しかし、ここに存在しないものは、ほかのどこにもない」と記されている。これは『マハーバーラタ』という物語の世界観を表す、非常に有名な一節である。一方、『ラーマーヤナ』は「ラーマ王行状記」の意味。紀元3世紀頃の詩人ヴァールミーキがヒンドゥー教の神話とコーサラ国の英雄ラーマ王子の伝説を編纂したものとされる。物語は王子ラーマ

の、その妻シーターを誘拐したラークシャサの王ラーヴァナとの戦いを描いている。ラーマを助けた猿神ハヌマーンは、『西遊記』の登場人物である斉天大聖孫悟空のモデルになったとの説もある。この二大叙事詩は現在も、南アジアから東南アジアにかけての影絵や舞踊などのテーマとなっている。

11 東南アジア世界の形成と展開

1

解答 1．港市〈国家〉　2．ドンソン〈文化〉　3．扶南　4．クメール〈人〉　5．パガン〈朝〉　6．モン〈人〉　7．スコータイ〈朝〉　8．李〈朝〉　9．大越（ダイベト）　10．パレンバン　11．マタラム〈朝〉　ア）ⓑ　イ）ⓓ　ウ）ⓒ　エ）ⓐ　オ）ⓔ　カ）ⓕ　ⅰ．上座部仏教　ⅱ．上座部仏教　ⅲ．大乗仏教　ⅳ．ヒンドゥー教
問①ⓐオケオ　ⓘローマ貨幣、インドの神像、中国の鏡など
問②記号：ア　名称：アンコール＝ワット　問③チュノム　問④記号：イ　名称：ボロブドゥール

解説 [地図]ⓐチャンパー　ⓑカンボジア　ⓒドヴァーラヴァティー王国　ⓓピュー　ⓔシュリーヴィジャヤ　ⓕシャイレンドラ朝
1．港市国家は、港市を中心に建設された国家で、河川の河口につくられることが多い。内陸からの産物や外部との交易によって栄えた。　2．祭祀に用いられたとされる銅鼓は、中国南部から東南アジア各地域で出土しており、文化・交易圏の広がりがわかる。　11．マタラムはジャワ島中部の地名。プランバナンのヒンドゥー寺院群が世界遺産に登録されている。16世紀のイスラーム教国であるマタラム王国と区別するために、「古マタラム王国」や「ヒンドゥー＝マタラム」と呼ばれることもある。

問①ⓐⓘオケオでは、マルクス＝アウレリウス＝アントニヌス帝時代の金貨や、インドの青銅製仏像、ヒンドゥー教の神像、漢代の銅製の鏡などが出土している。
問②アンコール＝ワットは、アンコール朝の代表的な寺院遺跡。12世紀前半にヒンドゥー寺院として造営されたが、14世紀からは仏教寺院となった。回廊内には『マハーバーラタ』『ラーマーヤナ』を題材とした浮き彫りがある。　問③1225年に成立した陳朝では、度重なるモンゴルの侵攻を撃退するなかで民族意識の高まりがみられ、漢字をもとにしたベトナム独自の文字である字喃（チュノム）が作成された。　問④ボロブドゥールはシャイレンドラ朝によってジャワ島中部に造営された大乗仏教寺院である。

第4章　西アジアと地中海周辺の国家形成

12 イラン諸国家の興亡とイラン文明

1

解答 1．キュロス2世　2．バビロン　3．ダレイオス1世　4．駅伝〈制〉　5．マケドニア　6．アフラ＝マズダ　7．セレウコス〈朝〉　8．アルサケス
問①全国を州にわけ、各州にサトラップをおいて統治させ、「王の目」「王の耳」と呼ばれる監察官を巡回させた。
問②「王の道」　問③ⓐ：ⓓ　ⓘペルセポリス　問④服属した異民族に寛大な政治をおこなったため。
＊問⑤ベヒストゥーン碑文　問⑥祆教　問⑦バクトリア　問⑧安息

解説 [地図]ⓐサルデス　ⓑニネヴェ　ⓒバビロン　ⓓスサ　ⓔペルセポリス
1．前550年にアケメネス朝を建国した。キュロス2世はユダヤ人をバビロン捕囚から解放したので、ユダヤ人からは「救世主（メシア）」と呼ばれた。テーマ2 **3** ▶

問③の解説（→ p. 3）参照。つぎのカンビュセス2世がエジプトを征服し、オリエントを統一した。　4．街道に宿駅を設け、物資や情報を人が交代で運び伝える制度。　7．アレクサンドロス大王の後継者（ディアドコイ）の1人セレウコスが前312年に建国し、ティグ

第4章　西アジアと地中海周辺の国家形成　**13**

リス河畔のセレウキアや地中海岸のアンティオキアを首都とした。

問①・④ 思考・判断 アケメネス朝は、アッシリアにならって全国を州にわけ、中央から官吏を派遣して統治させる中央集権体制を取り入れた。他方で、アッシリアは服属民に強制移住、重税の賦課、文化の破壊など強圧的な政治をおこなったが、アケメネス朝は服属民に税は課したものの、各民族の宗教・習慣・言語・経済活動は尊重する寛大な政治をおこなった。　問⑤イラン西部の「王の道」に面した岩壁に刻まれた世界遺産。イギリスのローリンソンが碑文を研究し、楔形文字を解読した。　問⑥はテーマ9 **1**》問⑩あいの解説（→ p.10）を参照。　問⑦前255年頃ギリシア系住民がセレウコス朝から独立。彼らはヘレニズム文化を西北インドに伝え、クシャーナ朝時代のガンダーラ美術の誕生に影響を与えた。ガンダーラ美術については、テーマ10 **2**》7の解説（→ p.12）参照。　問⑧『史記』に記されたパルティアに対する呼称。建国者アルサケスにちなむ。

2 》

解答　1．アルダシール1世　2．シャープール1世　3．ウァレリアヌス　4．ペルシア〈語〉　5．マニ〈教〉
6．天平〈文化〉
問①：ⓑ　問②エフタル　問③ニハーヴァンドの戦い　問④『アヴェスター』　問⑤アウグスティヌス
問⑥獅子狩文錦
問⑦西方のギリシア・ヘレニズム文化を受け継ぎ、イランの伝統文化の特徴を加えて、それを東方に伝える役割を担った。

解説　[地図]ⓐセレウキア　ⓑクテシフォン　ⓒエクバタナ　ⓓスサ
1．建国者アルダシール1世の祖父ササンにちなみササン朝と呼ばれた。　2・3．シャープール1世は、260年のエデッサの戦いでローマ軍を破り、軍人皇帝時代のローマ皇帝ウァレリアヌスを捕虜とした。　5．3世紀前半に宗教家マニが創始した。徹底した善悪二元論・禁欲主義・偶像否定を特徴とする。　6．聖武天皇期を中心とする奈良時代の文化。豊かな国際色を帯びる。
問②エフタルは5世紀半ばからバクトリア地方を中心に、中央アジアに勢力を広げた遊牧民。　問③ササン朝の滅亡は651年であるが、642年のニハーヴァンドの戦いでイスラーム教徒のアラブ軍に敗れ、王朝は事実上崩壊していた。　問④口伝で伝えられていたものがホスロー1世の時代に書物へと筆写された。　問⑥ササン朝の美術様式は、オアシスの道（絹の道）を通して隋・唐時代の中国や奈良時代の日本の文化にまで大きな影響を与えた。法隆寺の四騎獅子狩文錦には、馬上から振り向きざまに騎射するパルティアン＝ショットが図案化されている。ほかに教科書にあるシャープール2世を描いた銀メッキ皿も有名である。　問⑦
思考・判断　パルティアおよびササン朝は、絹の道（シルク＝ロード）交易の中間にあったため、ヨーロッパの文化的影響を強く受けた。ササン朝では、さらにイランの伝統文化の要素を加えた独自の様式を生み出し、その文化が中国・日本へと伝わっていった。

13　ギリシア人の都市国家
本文 p.32〜35

1 》

解答　1．暗黒時代(初期鉄器時代)　2．アルファベット　3．ヘレネス　4．バルバロイ　5．ヘイロータイ
6．ペリオイコイ　7．リュクルゴス
問①あ X．アゴラ　Y．アクロポリス　い集住(シノイキスモス)　うアリストテレス
問②都市名：ア　場所：ⓒ、都市名：イ　場所：ⓔ、都市名：エ　場所：ⓐ(順不同)
問③デルフォイのアポロン神の神託、オリンピアの祭典、ギリシア神話など
問④貴族は高価な武具と馬を所有し、戦士としてポリスの防衛にあたっており、そのことが政治参加の義務と考えられていたため。

解説 [地図B] ⓐマッサリア　ⓑローマ　ⓒネアポリス　ⓓタレントゥム　ⓔトロイア　ⓕミレトス　ⓖビザンティオン　ⓗダマスクス　ⓘカルタゴ

1. この時代は残された資料が少ないため暗黒時代と呼ばれているが、この時代に鉄器が使用されはじめ、集住によるポリスが形成されたため、近年は初期鉄器時代とも呼ばれ、ギリシアにとっては重要な転換期であった。　3・4. ヘレネスは英雄ヘレンの子孫、バルバロイは「わけのわからない言葉を話すもの」を意味し、おもに東方系の人々を指した。ヘレネスという言葉が使われたのは、ヘシオドスによる『労働と日々』がもっとも古い。各ポリスは方言の違いこそあったものの、ギリシア人としての同胞意識をもっていた。　7. リュクルゴスはスパルタの軍国主義をつくりあげた人物といわれているが、実在したかどうかは定かではない。

問①ⓐアゴラはポリスの中央にある広場のことで、周りにある列柱廊(ストア)も含めて市民の議論の場となっていた。アクロポリスは神殿を設けた城山のこと。アテネのものがとくに有名で、パルテノン神殿などで知られる。　ⓘ上記解説1を参照。　問②ギリシア人の植民市は、マッサリア(現マルセイユ)、ネアポリス(現ナポリ)、タレントゥム(現タラント)、シチリア島のシラクサ、エーゲ海に面したミレトス、黒海の入り口のビザンティオン(ビザンティウム、のちのコンスタンティノープル、現イスタンブル)などが知られる。ギリシア人の植民活動は、フェニキア人およびフェニキア人が建設したカルタゴなどの活動と競合することとなり、それがフェニキア人を保護したペルシア帝国がギリシアを征服しようとしておこされたペルシア戦争の背景の1つとなる。　問④ 思考・判断 アテネではドーリア人の攻撃を退けながらポリスを形成させる過程で、前8世紀頃までに貴族が政権を独占するようになった。ヘシオドスの『労働と日々』では貴族政が批判されている。

2

解答 1. ファランクス　2. ドラコン　3. アケメネス〈朝〉　4. ミレトス　5. マラトン　6. テミストクレス　7. サラミス　8. デロス〈同盟〉　9. ペリクレス
問①重装歩兵　問②ⓐ財産政治　ⓘ僭主政治　ⓤ陶片追放(オストラキスモス)　ⓔ民会　ⓞア
問③ⓐ無産市民も三段櫂船の漕ぎ手として戦争に参加し、活躍したため、政治参加が認められるようになった。　ⓘヘロドトス
問④ⓐパルテノン神殿　ⓘ奴隷・在留外人・女性には参政権がないほか、直接民主政であった。

解説 1. この戦術は、騎士が一騎打ちで戦う貴族政にかわり、平民が国防の主役となった民主政の時代に対応しており、アレクサンドロスの時代までおこなわれていた。　2. 貴族の法解釈を制限することで、平民の利益となるものだった。　4. ミレトスはギリシア人の植民市の1つ。タレスなどの多くの自然哲学者を生んだことで知られる。　5. マラソン競技のもととなったといわれる話が有名だが、あくまで神話であり、実話ではなかったとされる。　6. アテネに多大な貢献をしたテミストクレスだが、前470年に陶片追放(オストラキスモス)によりアテネを追放されてしまっている。これは、功績ある人物が独裁者になる可能性をアテネ市民が予期したためであり、民主政に対する市民の思いが表れている。　9. ペリクレスの時代はアテネがもっとも強国として栄え、その結果文化的にも隆盛期を迎えた。パルテノン神殿の再建をしたのもペリクレスの時代である。この総監督にあたったのが、ペリクレスと親交があった古代アテネを代表する彫刻家の「アテナ女神像」で知られるフェイディアスである。

問③ⓐ 思考・判断 この時代の戦争は武器が自弁であったため、武器を買うことができないものは戦争に参加できず、よって政治にも参加できなかった。ところが三段櫂船の漕ぎ手は武器が不要であったため、無産市民でも戦争に参加できるようになった。それによって市民全員が政治参加できるきっかけとなった。　ⓘペルシア戦争について書かれた『歴史』の著者として知られる。「物語風の歴史」とされており、習俗・文化や地誌にも触れ、豊富な資料を提供しているトゥキディデスによるペロポネソス戦争についての著書『歴史』は、ヘロドトスよりも「客観的な歴史」とされている。　問④ⓐ上記9の解説の通り。

解答　1. ペロポネソス〈同盟〉〈戦争〉　2. テーベ　3. マケドニア　4. フィリッポス2世　5. カイロネイア〈の戦い〉　6. コリントス(ヘラス)〈同盟〉　7. 東方遠征　8. アルベラ〈の戦い〉　9. ヘレニズム〈時代〉
問①アリストテレス　問②ダレイオス3世
問③あディアドコイ　い都市名：バビロン　場所：ⓒ　う都市名：アレクサンドリア　場所：ⓑ
問④ア. アンティゴノス朝マケドニア　イ. プトレマイオス朝エジプト　ウ. セレウコス朝シリア

解説　[地図B]ⓐアテネ　ⓑアレクサンドリア　ⓒバビロン　ⓓペルセポリス　ⓔサマルカンド
1. ペロポネソス戦争によってポリス社会における主導権は大きく失われたが、アテネの民主政は維持され、紀元前4世紀中盤以降は、民主政はアテネ以外にも多くのポリスで採用された。　2・4. フィリッポス2世は若い頃テーベで人質として過ごし、ファランクスの戦術を学んだとされる。前338年、カイロネイアの戦いでアテネ、テーベなどのポリス連合軍を破り、ギリシア本土の都市国家を屈服させたが、側近の護衛官に暗殺された。　3. マケドニアはギリシアと交流が

あったが、都市国家は形成せず、王政のままとどまった。
問③あカッサンドロス(マケドニア)、リュシマコス(アナトリア)、セレウコス(シリア)、プトレマイオス(エジプト)、アンティゴノスなどが有名である。　いアレクサンドリアはエジプトにあるものが有名だが、アレクサンドロス大王の東方遠征の際に建設した都市であるので、エジプト以外にも多くも存在した。　うかつてのアムル人のバビロン第1王朝(古バビロニア)および新バビロニア(カルデア)の都である。

解答　1. ミレトス　2. タレス　3. ピタゴラス　4. ヘラクレイトス　5. ヘロドトス　6. ソフィスト　7. プロタゴラス　8. ソクラテス　9. フィロソフィア　10. プラトン　11. 万学の祖　12. フェイディアス　13. エウクレイデス　14. アルキメデス　15. コイネー　16. ムセイオン
問①ゼウス　問②あI. ア　II. オ　III. エ　IV. イ　いサッフォー　問③ヒッポクラテス
問④あウ　いドーリア式　問⑤世界市民主義(コスモポリタニズム)　問⑥ストア派
問⑦あアリスタルコス　いエラトステネス

解説　[図版]Iドーリア式　IIイオニア式　IIIコリント式
1. イオニア自然哲学のほか、ペルシア戦争のきっかけとなった反乱がおこった都市としても知られる。
7.「人間は万物の尺度である」という言葉で知られ、絶対的な真理は存在しないと主張した。　8. ソフィストたちの相対主義的な考えを克服して真理の探究に努め、プラトン、アリストテレスと続くギリシア哲学を発展させた。ソフィストたちに対して、誰彼となく対話をいどみ、それによって普遍的な真理を追究するという方法をとって、真実について「無知」であることの自覚を説いた、「無知の知」で知られる。　12. **2** 9の解説(→p.15)参照。　14. シチリア島のシラクサ出身で、アレクサンドリアのムセイオンで研究したといわれる。第2回ポエニ戦争(前218〜前201)の時、シラクサはカルタゴに味方したため、ローマの攻撃を受けた。図形の計算に夢中になっていたときに誤ってローマ兵に殺されたとされる。　15. テーマ15 **1** 問

④いの解説(→p.19)参照。　16. ムセイオンで研究をした科学者は、エウクレイデス、アルキメデス、アリスタルコス、エラトステネスらが知られる。
問②あI. テーマ2 **4** 問③の解説(→p.4)参照　III. 20世紀の心理学者フロイトはこの物語から、「男子が母親に性愛感情をいだき、父親に嫉妬する無意識の葛藤感情」をオイディプス(エディプス)・コンプレックスと名付けた。　問③ヒッポクラテスは小アジア出身の医学者であり、「医学の父」と呼ばれる。のちにイブン゠シーナーによりヨーロッパに伝わった。イブン゠シーナーについてはテーマ16 **3** 3の解説(→p.21)参照。　問⑥ゼノンがアテネのアゴラに面するストア(列柱)の下で哲学を講じたために、ストア派と呼ばれる。彼は禁欲主義を重視し、アテネがローマに支配されてからは、ストア派の哲学はローマに伝えられ、ローマ帝国時代にエピクテトス、セネカ、マルクス゠アウレリウス゠アントニヌスなどが登場した。一方エピクロスを中心とする学派をエピクロス派といい、人間の生

命も原子からなる以上、死を恐れたり不安に思ったりすることは無意味であると説いて、精神的快楽主義を重視した。

14 ローマと地中海支配

1

解答　1．ラテン〈人〉　2．ティベル〈川〉　3．エトルリア〈人〉　4．コンスル（執政官）　5．元老院
6．重装歩兵　7．平民会　8．十二表法　9．リキニウス・セクスティウス〈法〉　10．ホルテンシウス〈法〉
11．ポエニ〈戦争〉　12．ハンニバル　13．スキピオ　14．マケドニア
問①独裁官（ディクタトル）　問②コンスル（執政官）や元老院の決定に拒否権を行使できる。
＊問③ノビレス（新貴族）　問④服属都市（被支配者）の団結と反抗を防止するため。　問⑤：ⓑ
問⑥あシチリア　いハ

解説　[地図]ⓐアレクサンドリア　ⓑカルタゴ　ⓒマッサリア（現マルセイユ）　ⓓカディス　ⓘガリア　ⓛヒスパニア　ハシチリア
3．イタリア半島西北部のトスカナ地方に定住した民族系統不明の民族。　4．コンスル（執政官）は、ローマでの政務官の1つ。都市国家ローマの長であり、共和政ローマの形式上の元首。　7．ローマには平民会とは別にいくつかの民会があったが、これらの決定にはいずれも元老院の承認を必要とした。　8．それまで貴族が独占していた慣習法を成文化したことは、平民（プレブス）の地位向上に役立った。　9．リキニウスとセクスティウスはともに護民官（トリブーヌス＝プレブス）。この法により、ローマの政務官職が平民（プレブス）に開放された。　10．ホルテンシウスが、独裁官（ディクタトル）就任時に定めた法律。この法成立によって、身分闘争が終結した。　13．スキピオは、大スキピオ、またはスキピオ＝アフリカヌスとも呼ばれる。第3回ポエニ戦争でカルタゴを征服したのは、妻の甥で長男の養子となった義理の孫にあたる小スキピオ。

問①独裁官（ディクタトル）は、戦争などの非常時に独裁権を行使できる。　問②護民官は平民会で選出され、その議長となる。貴族（パトリキ）と平民（プレブス）とのあいだに立ち、平民の身体・財産を保護する官職。その身は神聖で、これに不敬を加えるものは厳刑に処せられた。　問③ノビレス（新貴族）は、富裕で有力な平民（プレブス）が元老院議員となることをめざし、一部の有力貴族（パトリキ）と結んで政権を握り、彼らの家系だけで元老院や高級官職を独占する新しい閥族を構成することで成立した。　問④ 思考・判断 ローマ市民権の付与に差を付けることで、服属都市の同盟と反抗を阻止した。全住民がローマからの入植者で建設された同等の市民権をもつ植民市、上層市民に不完全なローマ市民権が与えられ、一定の自治は認められた自治市、ローマ市民権も自治権も認められない完全な従属が強いられた同盟市に分類される。また、同盟関係はローマとだけ認められ、都市間では同盟はできなかった。　問⑥属州（プロヴィンキア）は、イタリア半島以外のローマの征服地を指す。第1回ポエニ戦争の勝利によって獲得したシチリアが最初の属州となった。

2

解答　1．元老院〈議院〉　2．徴税〈請負〉　3．騎士（エクイテス）〈階層〉　4．奴隷　5．大土地所有制（ラティフンディア）　6．閥族〈派〉　7．平民〈派〉　8．クラッスス　9．ガリア〈遠征〉　10．独裁官（ディクタトル）
11．ブルートゥス　12．レピドゥス　13．オクタウィアヌス　14．クレオパトラ　15．アクティウム〈の海戦〉
問①長年の戦争により働き手を失ったことによる農地の荒廃・属州からの安価な穀物の大量流入。
問②「パンと見世物（サーカス）」　問③大土地所有者の土地を没収して無産市民に分配しようとした。
問④ア　問⑤第1回三頭政治
問⑥元老院を無視して王になる勢いをみせたため、元老院共和派の反発をまねいたから。

解説　3．騎士（エクイテス）は、本来、騎兵として軍務に服する階層を意味したが、共和政末期には軍事的意味を失い、元老院議員についで富裕な社会階層を意味するようになった。　4．ローマではギリシアよりもいっそう奴隷制が発達し、共和政末期から帝政初期にかけてがその最盛期であった。

第4章

問①従軍で働き手の不在期間が長期化し、農業生産力が低下したところに、属州からの大量の安価な穀物が流入したことにより穀物価格が下落して家計収入が大打撃を受けたため。　問②ローマの詩人ユウェナリスが、当時のローマ社会の世相を批判して詩篇中で使用した表現。閥族派・平民派を問わず共和政下の集票効果を期待して無産市民に権力者は、「パンと見世物(サーカス)」を提供した。権力者から無償で与えられる「パン(＝食料)」と「見世物(＝娯楽)」によって、ローマ市民、とくに無産市民が政治的盲目におかれていることを指摘した。　問③無産市民に土地を分配してロー

マ市民軍を再建しようとした改革は、大地主たちの反対にあって失敗した。兄ティベリウスは暗殺され、弟ガイウスは自殺に追い込まれた。　問④ア)同盟市戦争は、独立ではなくローマ市民権を求めておきた。ローマ市民権は、同盟市戦争を機に全イタリアの自由民にユリウス法によって付与された。さらに212年にはカラカラ帝により、帝国全域の全自由民に与えられた(アントニヌス勅令)。　問⑥ローマ人にとって王政は、エトルリア人による屈辱的な支配を想起させ、忌避(きひ)すべきことであった。

3

解答　1．アウグストゥス(尊厳者)　2．ローマの平和(パクス＝ロマーナ)　3．ローマ市民権　4．カラカラ〈帝〉　5．季節風(モンスーン)〈貿易〉　6．軍団　7．ゲルマン〈人〉　8．ササン〈朝〉
問①ⓐ市民のなかの第一人者(プリンケプス)　ⓑ元首政(プリンキパトゥス)
問②ⓐトラヤヌス帝　＊ⓑハドリアヌス帝　ⓒマルクス＝アウレリウス＝アントニヌス帝
問③ア)ロンディニウム　イ)ルテティア　ウ)ウィンドボナ　問④小作制(コロナトゥス)
問⑤ⓐ専制君主政(ドミナトゥス)
　　ⓑ帝国を東西にわけ、それぞれに正帝と副帝の2人が統治する四帝分治制(テトラルキア)。
問⑥ⓐキリスト教　＊ⓑコロヌスの土地緊縛令　ⓒ身分・職業　問⑦ビザンティウム　問⑧フン人の西進
問⑨ⓐオドアケル　ⓑ傭兵隊長

解説　4．カラカラ帝は、ユリウス法を拡大する形でアントニヌス勅令を発布した。**2**問④ア)の解説参照。
問②五賢帝は、ネルヴァ(在位96～98)・トラヤヌス(在位98～117)・ハドリアヌス(在位117～138)・アントニヌス＝ピウス(在位138～161)・マルクス＝アウレリウス＝アントニヌス(在位121～180)の5人の皇帝をいう。いずれも在位中に養子という形で共同統治者に指名して継承された。　ⓒマルクス＝アウレリウス＝アントニヌス帝は、ストア派哲学者としても有名である。後漢時代の中国に使節を送った「大秦王安敦」は彼と考えられている。テーマ7**3**問⑥の問題文(→本文p.20)参照。　問④下層市民などを小作人(コロヌス)として大所領で働かせたことから小作制(コロナトゥス)という。問⑤ⓐ専制君主政(ドミナトゥス)は、

「ドミヌス(主、神)による支配を意味し、現人神(あらひとがみ)である皇帝が支配する東洋的専制君主体制。ディオクレティアヌス帝によってキリスト教徒が迫害されたのは、皇帝礼拝を拒否したためである。　問⑥ⓐ迫害されてきたキリスト教を公認することで、帝国内で増大するキリスト教徒の支持を得るため。また、コンスタンティヌス帝は経済の安定化のためにソリドゥス金貨という高純度の金貨を発行した。テーマ17**2**問①の解説(→p.22)参照。　問⑦テーマ13**1**問②の解説(→p.15)参照。　問⑧テーマ6**1**問⑥の解説(→p.6)参照。問⑨ⓐⓑオドアケルは、ゲルマン人の傭兵隊長で、476年に西ローマ帝国を滅ぼし、総督としてイタリア半島の支配権を東ローマ皇帝に認められた。この時点で西ローマ帝国領内には複数のゲルマン人国家ができていた。

4

解答　1．ラテン〈語〉　2．グレゴリウス〈暦〉　3．リウィウス　4．タキトゥス　5．ポリビオス　6．プルタルコス　7．ストラボン　8．セネカ　9．プリニウス　10．プトレマイオス
問①C　問②トリボニアヌス　＊問③アントニヌス勅令
問④明治政府が採用した民法はフランスやドイツを模範としたが、これら大陸ヨーロッパの法律はローマ法を受け継いでいるため。　問⑤ア　問⑥エピクテトス

解説 2．テーマ2 **2** 問⑥の解説（→ p.3）参照。 4．タキトゥスの著作にはほかに『年代記』がある。 5．ポリビオスの著作は、『歴史』。 6．プルタルコスの著作は、『対比列伝』（『英雄伝』）。 7．ストラボンの著作は、『地理誌』。 8．セネカの著作は、『幸福論』。 9．プリニウスの著作は、『博物誌』（自然科学の集大成）。 10．プトレマイオスは、著作の『天文学大全』で天動説を説いた。
問①Ａは、ローマ時代の水道橋。 Ｂは、ローマ時代のコロッセウム（円形闘技場）。 Ｃは、クテシフォンにあるササン朝のホスロー1世の宮殿跡。 Ｄは、コンスタンティヌス帝の凱旋門。 問②ユスティニアヌ

ス大帝の勅命でトリボニアヌスが編纂した『ローマ法大全』は、古代ローマの『勅法集』・『学説集』・『法学論』とユスティニアヌス大帝が公布した『新勅集』の4部からなる。『ユスティニアヌス法典』とも呼ばれる。 問③ **2** 問④ア）の解説（→ p.18）参照。 問⑤ア）『叙情詩集』は、ホラティウスの著作。オウィディウスの代表作は『転身譜』『恋の技法』。 イ）ウェルギリウスの『アエネイス』は、トロイア（トロヤ）の陥落から始まる建国叙事詩をアウグストゥス帝に献げた。 ウ）カエサルの『ガリア戦記』は、ラテン散文の名文。 エ）キケロは、ギリシアに始まった弁論術を受け継ぐローマを代表する弁論家。

15 キリスト教の成立と展開
本文 p.40 〜 41

1

解答 1．パレスチナ 2．パリサイ〈派〉 3．隣人〈愛〉 4．ピラト 5．パウロ 6．教会
問①あメシア いキリスト 問②あペテロ いＢ 問③奴隷、女性、下層市民などの社会的弱者
問④あ福音書 いコイネー

解説 2．前2世紀頃におこったユダヤ教内の一派で、厳格な律法の遵守を主張した。 5．パウロは、もとはユダヤ教のパリサイ派に属していたが、のちに洗礼を受け熱心な伝道者となった。ギリシア語ができ、ローマ市民権をもっていたパウロは、異邦人（ユダヤ教徒以外の者）への伝道を重視し、キリスト教の帝国全体への拡大に貢献した。
問①あ・問④いアレクサンドロス大王の帝国形成後、ギリシア語（コイネー）がヘレニズム世界の共通語となった。「キリスト」がギリシア語であることや、『新約聖書』が当初ギリシア語で記されたことは、この理由による。 問②あ使徒はイエスの主要な弟子で一般に12人を数える。ペテロは十二使徒の第一人者とされる。ネロの大迫害の際にローマで殉教したとされ、歴代の

ローマ教皇はペテロの後継者とみなされている。
い **思考・判断** Ａはヴェネツィアのサン＝マルコ（聖マルコ）大聖堂。Ｂはアッシジの聖フランチェスコ（フランチェスコ修道会の創始者）大聖堂。Ｃはサンチャゴ（聖ヤコブ）＝デ＝コンポステラ大聖堂。Ｄはヴァチカンのサン＝ピエトロ（聖ペテロ）大聖堂。ＡＣＤは使徒に関係する聖堂である。 問③キリスト教会は女性、貧民、奴隷なども平等に礼拝でき、病人や死者に手厚く接することが知られるようになり、しだいに信徒が増加した。 問④あ『新約聖書』はイエスの言行を伝える四福音書や、ペテロ・パウロによる布教の様子を記録した使徒行伝、13の書簡と黙示録からなる。『旧約聖書』についてはテーマ2 **3** 問⑤の解説（→ p.3）参照。

2

解答 1．コンスタンティヌス〈帝〉 2．ミラノ〈勅令〉 3．ニケーア〈公会議〉 4．エウセビオス 5．アウグスティヌス 6．教父 7．ユリアヌス〈帝〉 8．テオドシウス〈帝〉 9．エフェソス〈公会議〉
問①皇帝崇拝儀礼が強化されていく当時のローマで、キリスト教徒が皇帝礼拝を拒んだため。
問②あネロ帝 いディオクレティアヌス帝 問③ア 問④司祭
問⑤場所：ⓒ 名称：アンティオキア、場所：ⓓ 名称：イェルサレム、場所：ⓔ 名称：アレクサンドリア ＊問⑥ウ

解説 4．エウセビオスは最初のキリスト教史を著した人物。正統教義の確立につとめ、教父の1人とされ

ている。 7．ユリアヌス帝は、キリスト教の公認を取り消し、伝統的なギリシア文芸の保護や古来の神々

の信仰の復活、東方起源のミトラ教などの信仰を認める宗教政策をおこなった。キリスト教側から「背教者」と呼ばれた。

問①【思考・判断】 ローマ帝国は、当初はキリスト教自体を禁止することはなかったが、後期帝政期に皇帝崇拝が強化されると、それを拒否するキリスト教徒を迫害し、東洋的な皇帝礼拝を強要したディオクレティアヌス帝の時代に大迫害が生じた。 **問③a.** アタナシウス派は、父なる神、子なるキリスト、聖霊が3つでありながら同時に同一であるとする。 **b.** アリウス派はキリストの人性を認めるとする立場。 **問④**司教は教会の行政区である司教区を管轄し、各教区内における最高権限をもった。各農村におかれた教区教会においては、司祭が直接一般の信者にミサや洗礼などを

おこなった。 **問⑤**五本山はローマ、コンスタンティノープル、アンティオキア、イェルサレム、アレクサンドリアであるが、イスラーム勢力の拡大により、ローマとコンスタンティノープルの2つのみ残ることとなった。 **問⑥a.** コンスタンティノープル総大司教ネストリウスが主張した、イエスの神性と人性を分離した説を支持するネストリウス派が異端とされた。唐への伝来についてはテーマ9 **1** 問⑩**あ**○の解説（→p.10）参照。 **b.** 451年のカルケドン公会議で異端となった単性論はキリストの神性のみを認める立場。異端とみなされたが、エジプトのコプト教会や、エチオピアのアクスム王国、アルメニア教会などでその信仰がもち続けられた。

第5章　イスラーム教の成立とヨーロッパ世界の形成

16 アラブの大征服とイスラーム政権の成立　　　　　　　　　　本文 p.42〜44

1

解答 1.アラビア〈半島〉　2.オアシス　3.クライシュ〈族〉　4.アッラー　5.メディナ　6.ウンマ
7.カリフ　8.ミスル
問①啓典の民　問②**あ**:ⓓ　**い**カーバ聖殿　問③ヒジュラ（聖遷）　問④ムスリム　問⑤正統カリフ
問⑥サリン朝とビザンツ帝国の争いが続いて周辺各地が疲弊していたこと。東西キリスト教会の対立でエジプトやシリアの社会が混乱していたこと。戦利品の獲得がアラブ諸部族にとって大きな魅力であったこと。など

解説 [地図]ⓐイェルサレム　ⓑダマスクス　ⓒメディナ　ⓓメッカ　ⓔクテシフォン
3.ムハンマドが属したメッカの名門一族。クライシュ族のハーシム家がムハンマドの生家。 4.アラビア語で「神」を意味する。『コーラン（クルアーン）』においてアッラーは、絶対的・超越的な存在、世界創造神、事物と運命の決定神、啓示をとおして信徒を導く人格神などとされる。 7.カリフとはムハンマドの役割である預言者の面と教団の指導者の面のうち、教団の指導者の面のみ継承したもので、宗教の保全と現世の政治についてムハンマドの代理をなすとされた。 8.軍事・政治拠点として各地につくられた都市。ユーフラテス川下流域に建設されたバスラなどがそれにあたる。また、641年に建設されたフスタートは現在のカイロの一部である。
問②**い**イスラーム教成立以前のカーバには多数の偶像

がまつられていたが、それらはメッカを征服したムハンマドによって破壊され、イスラーム教の聖殿にあらためた。『コーラン』によれば、カーバはイスラーム以前に純粋な一神教の時代であった頃に『旧約聖書』にあるアブラハムが建て、聖殿の黒石は天使ジブリール（ガブリエル）によっておかれたという。ムスリムの礼拝は、このカーバ聖殿の方角に向かっておこなわれる。
問⑤初代アブー＝バクル、2代目ウマル、3代目ウスマーン、4代目アリーと続く。 **問⑥【思考・判断】** 急速な領土拡大の背景には、イスラーム教のなかに「ジハード」（聖戦、異教徒との戦い）の思想があり、ウンマの防衛・拡大のための戦いはムスリムに課された義務とされた。しかし、元来は「神のために自己を犠牲にして努力すること」を指す語であり、単純に武力による戦いとしての解釈によらない場合もある。

2

解答 1.ムアーウィヤ　2.シーア〈派〉　3.西ゴート〈王国〉　4.マワーリー　5.ハールーン＝アッラシー

ド　6．後ウマイヤ〈朝〉　7．マムルーク　8．大アミール　ア)ⓓ　イ)ⓔ　ウ)ⓐ
問①スンナ派　問②トゥール・ポワティエ間の戦い
問③ⓐ人頭税：ジズヤ　ⓘ土地税：ハラージュ　ⓤ被征服地の異教徒　＊問④マンスール
問⑤ⓐトゥールーン朝　ⓘサーマーン朝　問⑥カイロ　問⑦シーア派

解説　[地図]ⓐコルドバ　ⓑアレクサンドリア　ⓒイェルサレム　ⓓダマスクス　ⓔバグダード　ⓕメディナ　ⓖメッカ
1．正統カリフ第3代のウスマーン(ウマイヤ家出身)がアリー派に暗殺され、アリーが第4代カリフに選出されると、当時シリア総督であったムアーウィヤ(ウマイヤ家出身)がウスマーンの血の復讐を訴えて対立し、内乱をおこした。やがて両者は講和したが、アリー陣営の一部は講和に反対して離脱し(ハワーリジュ派)、アリーを暗殺した。　3．710年、北アフリカを征服したタリク将軍率いるウマイヤ朝軍がイベリア半島に上陸したが、このときタリク将軍が要塞を築いた岬が「ジャバル＝アッターリク(タリクの山)」と呼ばれ、これがジブラルタルの語源となった。　4．非アラブ人でイスラーム教に改宗した人々の総称。新改宗者。
問①スンナ派ではカリフに政治的権限のみ認め、教義決定権と立法権(イスラーム法は神に授けられた法とされる)からなる宗教的権限は認めない。　問②テーマ17 ②-9の解説(→p.22)参照。　問③ⓐⓘ人頭税(ジズヤ)は本来、ユダヤ教・キリスト教の「啓典の民」に課された税のことで、のち対象は異教徒(ズィンミー)に拡大された一種の「非信仰税」であった。しかしウマイヤ朝時代には被征服地の人たちがイスラーム教に改宗しても免除されず、このことはマワーリーたちの不満を買った。そして彼らの協力でアッバース革命が実現するのである。　問④バグダードはマディーナ＝アッサラーム(平安の都)と名付けられ、アッバース朝第2代カリフのマンスールの時に計画的に造営された円形の都市である。　問⑥ファーティマ朝は、ムハンマドの娘ファーティマの子孫と称するイスマーイール派のウバイド＝アッラーフによって建国された。969年にエジプトを征服すると、軍営都市フスタート近郊に新都アル＝カーヒラ(カイロ。「勝利者の都」の意)を建設した。①-8の解説(→p.20)参照。

3

解答　1．知恵の館　2．フワーリズミー　3．イブン＝シーナー　4．コーラン(クルアーン)　5．タバリー
6．ウラマー　7．千夜一夜物語(アラビアン＝ナイト)　8．アラベスク
問①ゼロの概念、十進法、数字(アラビア数字)など　問②イブン＝ルシュド　問③六信五行
問④シャリーア　問⑤ワクフ　問⑥タラス河畔の戦い
問⑦ⓐイブン＝ハルドゥーン　ⓘイブン＝バットゥータ　ⓤイスラーム文化の影響で、12世紀に西欧ではアラビア語訳の古代ギリシア語文献やアラビア語文献のラテン語への翻訳運動を背景としたいわゆる「12世紀ルネサンス」がおこった。

解説　1．バグダードに建設された研究機関・翻訳局。サーサン朝の宮廷図書館の伝統を引き継ぎ、ハールーン＝アッラシード時代の「知恵の宝庫」(図書館)がその前身とされる。　2．イランのホラズム(フワーリズム)出身。代数学を発達させた。　3．著書『医学典範』は、中世ヨーロッパでもっとも権威ある医学書とされた。　6．『コーラン(クルアーン)』およびムハンマドの伝承である『ハディース』を修めた神学者のことをいう。イスラーム法(シャリーア)は原則『クルアーン』をもととしているため、それに精通した学者が法官としての役割も担った。　8．「アラビア風」の意味で、偶像崇拝の禁止を徹底していたことから文字のデザイン化に特化した。
問②彼のアリストテレスに関する研究・注釈は、中世ヨーロッパのアリストテレス研究の出発点となった。
問③六信は神・天使・各種の啓典・預言者たち・来世・神の予定を信じること。五行は信仰告白・礼拝・ザカート(喜捨)・断食・メッカ巡礼の信仰行為を指す。
問⑦ⓐイスラーム最大の歴史哲学者。チュニス出身。3部作の世界史『イバルの書(実例の書)』を著し、その第1部である『世界史序説』で人間の社会集団のあり方、遊牧民と定住民との関係から歴史発展の法則を述べている。　ⓘモロッコのタンジール出身。1325年、25歳でメッカ巡礼に出ると、エジプト・アラビア・イラン・コンスタンティノープル・中央アジア・インド・スマトラ・元朝時代の中国、イベリア半島・サハラ砂漠以南へと旅し、1354年モロッコに戻った。

⑤ **思考・判断** イスラーム文化は、古代ギリシア文明を西ヨーロッパ中世文化へと橋渡しする役割を担った。さらにその影響は、近世のルネサンス開花を準備させるものでもあった。

17 ヨーロッパ世界の形成

1

解答 1．ケルト〈人〉　2．フン〈人〉　3．東ゴート〈人〉　4．アッティラ〈王〉　5．カタラウヌム〈の戦い〉　6．オドアケル　7．テオドリック〈大王〉　8．ウマイヤ〈朝〉
問①ⓐドーヴァー　ⓑバルト　ⓒエルベ　ⓓライン　ⓔアルプス　ⓕドナウ　ⓖピレネー　ⓗボスフォラス　ⓘ黒海
問②あウ　ⓘア）『ガリア戦記』　イ）『ゲルマニア』　う）1）エ　2）ウ　3）カ

解説 ［地図Ｂ］ア．ヴァンダル　イ．ランゴバルド　ウ．ブルグンド　エ．アングロ＝サクソン　オ．東ゴート　カ．西ゴート
2．テーマ6 **1** 問⑥の解説（→ p.6）参照。　4・5．アッティラ王はカタラウヌムの戦いの翌年、北イタリアに侵入し、各地を略奪、ローマにも侵入したが、ローマ教皇レオ1世の説得により退却した。　7．東ゴートはフン人のアッティラの死後独立を回復していた。
問②あゲルマン人の諸国家は短命なものが多かったが、その理由の1つとして、被支配者である旧ローマ帝国の住民との宗教対立があげられる。フランク王国はクローヴィスの改宗により、アタナシウス派へ切り替えたため旧ローマ帝国の住民と融和することができた。
ア・イ）民会は成年男性の自由人のみが参加できた。
エ）身分は自由人と奴隷にわかれ、社会の階層化は進行していた。　う）彼らの王権は不安定であったため、多くはビザンツ皇帝に王位を承認されることで安定をはかった。その意味で、ゲルマン諸国家はビザンツ帝国に従属していた一面もある。

2

解答 1．コンスタンティノープル　2．ローマ法大全　3．メロヴィング〈朝〉　4．ブルグンド〈王国〉　5．宮宰　6．西ゴート〈王国〉　7．ウマイヤ〈朝〉　8．カール＝マルテル　9．トゥール・ポワティエ間〈の戦い〉　10．ピピン　11．カロリング〈朝〉　12．ローマ〈教会〉　13．グレゴリウス1世　14．ペテロ
問①ソリドゥス金貨（ノミスマ）　問②イ
問③あハギア＝ソフィア大聖堂　ⓘドーム型の屋根とモザイク壁画
問④ほかのゲルマン民族が異端のアリウス派を信仰したのに対し、正統派のアタナシウス派へ改宗したため、旧ローマ帝国民との関係が良好になったから。

解説 1．テーマ13 **1** 問②の解説（→ p.15）参照。
2．テーマ14 **4** 問②の解説（→ p.19）参照。　5．「内政の長」という意味であった。　9．この戦いの勝利は、ヨーロッパ世界とキリスト教圏を防衛したことからヨーロッパ世界での評価は高い。この後しばらくはピレネー山脈がキリスト教とイスラームの境となった。
13．修道院運動を支持してゲルマン人の一派へ、アリウス派からアタナシウス派への改宗を積極的に進めた。とくにイングランドにはカトリック教会の布教につとめ、その改宗に成功した。このようにゲルマン人の改宗に成功し、ローマ教会の支持基盤をつくりだしたことから、グレゴリウス1世は大教皇と呼ばれる。
問①古代ローマ帝国のコンスタンティヌス帝が経済の安定化のためにこの金貨を発行し、地中海貿易の決済手段として高い信用を保ち続けたため、「中世のドル」ともいわれる。　問②イ）この時代に征服されたのは東ゴート王国である。ランゴバルドはユスティニアヌス大帝死後にイタリアに建国した国で、最終的にカール大帝に征服された。ユスティニアヌスは6世紀、ビザンツ帝国の最盛期をつくりだした皇帝である。イタリアや北アフリカを領土に加え、かつてのローマ帝国の地中海統治を再現した。東方ではササン朝のホスロー1世と戦い、その侵入を食い止めた。　問③あビザンツ様式のキリスト教大聖堂であったが、オスマン帝国に占領され、その首都イスタンブルとなると、イスラーム教のモスクに転用された。イスラーム教モスク

としては、アヤ＝ソフィアという。　問④ 思考・判断
クローヴィスは妻クロティルドの勧めにより家臣3000
人とともにランスの司教聖レミギウスからアタナシウ

ス派キリスト教の洗礼を受けた。このことによって、
高位聖職者に代表されるローマ人大土地所有者層の協
力を容易にした。

3

解答　1．レオン3世　2．カール＝マルテル　3．ランゴバルド〈王国〉　4．教皇領　5．アルクイン
　　　6．カロリング＝ルネサンス　7．小文字　8．レオ3世
　問①あ初期キリスト教では偶像崇拝を禁止しているほか、イスラーム教は偶像崇拝をきびしく禁止しており、
　その批判にこたえる必要があったため。　いゲルマン人への布教に聖像が必要であったため。
　問②あピピンの寄進　いZ　問③あイ　＊い都市名：アーヘン　場所：ⓓ
　問④西ヨーロッパ世界が政治的・文化的・宗教的にビザンツ皇帝への従属から独立したということ。

解説　[地図] X. イベリアの後ウマイヤ朝　Y. ザクセ
ン領　Z. ラヴェンナ地方
ⓐポワティエ　ⓑトゥール　ⓒパリ　ⓓアーヘン
1．ウマイヤ朝を撃退し、アナトリアの大半を回復し
たことでも知られる。　2．カール＝マルテル自身は
カロリング家の出身だが、当時の王朝はメロヴィング
朝であったことに注意すること。　5・6．カロリン
グ＝ルネサンスとは、フランク王国の宮廷内での動き
であり、教会、修道院におけるラテン語による古典文
化の復興をめざしたものである。カールは古典文化を
復興させるため、まずはラテン語の復興をめざした。
問①あい 思考・判断　726年にレオン3世から出され
た聖像禁止令は、聖像崇拝論争を巻き起こし、その後
東西両教会の対立を深める要因となった。もともとキ
リスト教はユダヤ教やのちのイスラーム教と同様に偶
像崇拝を禁止していたが、ゲルマン人など異教徒への
布教の必要から、ローマ教会は聖像の使用を容認して
いた。しかし、ビザンツ帝国ではアナトリアを中心に
聖像禁止派の力が強く、また皇帝専制の障害となって
いた修道院勢力が聖像崇拝派であったことなどから、

ビザンツ皇帝のレオン3世は聖像崇拝の禁止に踏みき
った。さらに首位権や独立性の問題もあり、その結果、
ローマ教会との対立は決定的となった。　問②寄進に
よって教皇領が始まり、一定の領域を支配する教会国
家の政治権力となっていく。　問③あカール大帝が撃
退したのはマジャール人ではなく、アルタイ語系のア
ヴァール人であり、マジャール人を撃退したのは神聖
ローマ帝国の皇帝であるオットー1世である。　い
1978年、ユネスコが世界遺産に登録した最初の12の遺
跡の1つであった。　問④戴冠してまもなくビザンツ
帝国との関係が悪化したが、カール大帝はアッバース
朝のハールーン＝アッラシードと提携して対抗し、や
がてビザンツ側もカール大帝の西ローマ皇帝位を承認
することになった。このようにして「復活」した西ロー
マ帝国だが、しかし、これは単純な古代帝国の復活で
はなく、むしろそれは古代以来の古典文化とカトリッ
ク文化そしてゲルマン的要素の3者が融合して成立し
た全く新しい社会としての西ヨーロッパ世界の誕生を
示すものであった。

4

解答　1．伯　2．ヴェルダン〈条約〉　3．メルセン〈条約〉　4．ザクセン〈家〉　5．オットー1世　6．神聖ロー
　　マ帝国　7．パリ〈伯〉　8．ユーグ＝カペー　9．ロロ　10．ノルマンディー〈公国〉　11．両シチリア〈王国〉
　12．アングロ＝サクソン〈王国〉　13．アルフレッド〈大王〉　14．デーン〈人〉　15．クヌート　16．リューリク
　17．ノヴゴロド〈国〉　18．キエフ〈公国〉
　＊問①レヒフェルトの戦い　＊問②ヨハネス12世　問③国内の諸侯の自立傾向をまねいた。
　問④ヴァイキング　＊問⑤ヘースティングズの戦い
　問⑥各地に征服国家が建つことによってヨーロッパに対する包囲網が完成し、それに対応するために西ヨー
　ロッパに封建社会が成立した。

解説　1・2．フランク王国においては、男性の分割
相続が建前であった。そのため、王位継承のたびに相
続争いがおこり王族間の対立抗争が絶えなかった。メ

ロヴィング朝・カロリング朝が衰退したのもこれが大
きな要因であった。カール大帝の子ルートヴィヒ1世
(敬虔王)の在位中からその3子による相続争いが絶え

第5章　イスラーム教の成立とヨーロッパ世界の形成　**23**

ず、ついには分裂解体していった。これはカロリング朝とローマ＝カトリック教会の提携による西ヨーロッパ世界の政治的統合が崩れることも意味した。また、ヴェルダン条約により生まれた中部フランクはロタールの国とも呼ばれるが、この部分がのちのロレーヌ地方の語源である。　**5**．オットー1世は国内の皇帝権力を強くするために、帝国内の教会は皇帝の保護を受けるとともに皇帝に服するものであるとする帝国教会政策をおこなった。この政策はイタリア政策同様、神聖ローマ皇帝に代々受け継がれ、皇帝は教皇に対し有位に立っていたが、11世紀にはローマ教皇側の反撃が始まり聖職叙任権闘争となった。テーマ19 **1** 問③の

解説(→ p.30)参照。

問①955年、オットー1世がアウクスブルク付近のレヒフェルトにて、侵入してきたマジャール人に大勝した戦い。オットー1世の名声はキリスト教世界に広がり、以後マジャール人は大規模な西方進出を企てることはなくなった。　問③テーマ20 **3** 問②の解説(→ p.33)参照。　問⑥これにより西ヨーロッパは、北はノルマン人、東にはスラヴ人、西と南はイスラーム勢力に囲まれてしまった。世界商業からも取り残されることとなり、農業中心の封建社会が成立するようになった。

5

解答 1．恩貸地制度　2．従士制　3．ノルマン〈人〉　4．フランク〈王国〉　5．地方分権〈的〉　6．不輸不入〈権〉
　問①中国(周代)の封建制は氏族的な血縁関係に支えられていたのに対し、ヨーロッパの封建制は1対1の双務契約的な関係からなっていた。
　問②あ三圃制　い：ⓔ・ⓕ・ⓖ　う十分の一税　え労働力の移動の補償をする必要があったため。　おイ、エ　問③あコロヌス　いイ

解説　1．恩貸地制度はローマに起源があり、主君から貸与される形で土地の使用権を与えられるが、主君に対する義務は軍役ではない。　2．従士制はゲルマンが起源であり、家臣の義務は軍役だが、それに対する見返りは土地ではない。
問①双務的とは、お互いに義務をもつことを指す。中国(周)の封建制が家族間の血縁関係にもとづく主従関係であるのに対し、個人間の契約にもとづくものであり、主君と家臣は一応上下関係にあるが、もし義務を怠った場合はこの主従関係を解消することができた。また、1人の諸侯や騎士が複数の主君をもったり、みずからが主君になったりする重層的なものであった。中国の封建制についてはテーマ4 **1** 問⑦の解説(→ p.5)参照。　問②あヨーロッパは土地が痩せている地域が多く、連作障害を防ぐためにも輪作をおこなう必要があった。また、当時は生産力が低かったた

め、農地と農地のあいだに垣根などを設けず、荘園に住んでいる農奴が総出でおこなっていた。このような耕地の有り様を開放耕地制と呼ぶ。　え現在の相続税に値する死亡税も存在した。　おア)賦役の義務は領主直営地での生産物を納めることではなく、直営地で労働する義務を指す。　イ)外敵の侵入、民族の移動による古代ローマの文化断絶、交通の未発達などにより自給自足が広まり、貨幣経済ではなく、現物経済へと変わっていった。　ウ)裁判をおこなっていたのは領主である。領主裁判権と呼ばれる。　エ)重量有輪犂は犂を重量にして車輪を付けて牛に引かせたもの。深く耕すことが可能であるため、食料生産効率が大幅に向上した。重量があり方向転換しづらかったため、細長い耕地がつくられた。重量有輪犂と三圃制により、食料生産が飛躍的に向上し、人口も増加、その結果西ヨーロッパ中世世界は大きく変容することとなった。

第Ⅰ部　総合問題①

解答

1 問1．ウ　　問2．2→1→3　　問3．ウ

2 問1．イ　　問2．エ　　問3．イ　　問4．ウ

ヒント

1 **史料1**のホルテンシウス法は前287年、**史料2**のリキニウス・セクスティウス法は前367年、**史料3**のグラックス兄弟の改革は前133年〜前121年。すべて共和政期である。ラティフンディアが始まったのはイタリア本土であり、本格的に属州で始まったのはイタリア半島統一（前272）後のポエニ戦争（前264〜前146）後である。

2 問1．グプタ朝を訪問したのは東晋僧の法顕。

唐僧玄奘が訪問したのはヴァルダナ朝であり、義浄が訪問したときにはインドは混乱期にあった。問2．唐代中期以降なので、突厥は含まれない。ア）は渤海、イ）は新羅、ウ）は吐蕃の説明。　問3．イ）は六朝時代の詩人。　問4．ア）律令体制の頂点は唐、とある。イ）科挙制があるものの、唐代はまだ貴族の時代である。エ）北魏の均田制の説明である。

第Ⅰ部　総合問題②

解答

〈A〉問1．ア）インダス文明、Ｇ　イ）インカ文明、Ｃ　ウ）メソポタミア文明、Ｅ　エ）エーゲ文明、Ｄ

　　問2．ア）ナイル川、④　イ）ガンジス川、⑧　ウ）ニジェール川、②　エ）黄河、⑨

〈B〉問3．あ荘子　い）ヴァルダマーナ　う）タレス　え）アリストテレス　お）アタナシウス

　　問4．[解答例]キリスト教は、1世紀後半の<u>ネロ帝</u>の時代から、恒常的ではないが、ペテロやパウロが殉教したような迫害を受けていた。4世紀初めの<u>ディオクレティアヌス帝</u>の治世下では、キリスト教徒が皇帝崇拝を拒否したため、長期にかつ計画的に迫害を受けた。しかし、カタコンベなどを中心に守られてきた信仰はしだいに広がりを見せ、少しずつ信者を増やすようになっていた。313年に<u>コンスタンティヌス帝</u>はキリスト教を帝国再建のために活用しようとしてミラノ勅令を公布してキリスト教を公認した。その後<u>ユリアヌス帝</u>によって一時ローマ旧来の信仰が復興されたこともあったが、392年に<u>テオドシウス帝</u>がキリスト教をローマ帝国の国教であると定めた。（297字）

　　問5．あ：ⓒ、玄奘　い）：ⓒ、五経正義　う）：ⓐ、カリフ

　　問6．[解答例]三夷教は祆教（ゾロアスター教）、景教（ネストリウス派キリスト教）、摩尼教（マニ教）であり、いずれもササン朝ペルシアからシルクロードを通り、西域から伝播した。唐では当初、いずれも隆盛したが、唐末の仏教排撃の際にあわせて弾圧を受けて姿を消した。（120字）

〈C〉問7．[解答例]二国はともに、国内を州にわけて総督を派遣し駅伝制を設けるなど、強力な専制君主による中央集権化政策でオリエント世界を統一したが、アッシリアが重税と圧政により服属民の反抗をまねいて、統一から短期間で崩壊したのに対し、アケメネス朝は服属民に対して寛大な政治をおこなったことで200年間の安定した帝国を築いた。（150字）

　　問8．[解答例]アテネでは血統を誇る貴族が政治を独占していたが、海上交易で力をつけた平民による重装歩兵部隊が国防の主力となると、参政権を主張して貴族と対立した。前7世紀に<u>ドラコン</u>が慣習法を成文化して貴族による法の独占を打破し、前6世紀初めに登場した<u>ソロン</u>が財産額の多少で参政権を定める財産政治を始め、平民に政治参加の道を開いた。前6世紀半ば、ペイシストラトスは参政権のない一部の平民たちの支持のもと僭主政をおこなったが、後継者が暴君化したため、前6世紀末にクレイステネスが僭主出現防止のために<u>陶片追放</u>制度を創設し、地縁的な共同体を創設して民主政の基盤を確立した。前5世紀初めペルシア戦争での無産市民の活躍により、<u>ペリクレス</u>の時代に、成人男性市民すべてが参加できる古代民主政が完成した。その後有能な指導者を失って前5世紀後半にはペロポネソス戦争で<u>スパルタ</u>に敗れたが、敗戦後も民主政を守り続けてまもなく勢力を回復した。（400字）

　　問9．ア

問10. D

問11. [解答例]カールの戴冠は西ヨーロッパ世界が政治的・宗教的・文化的に独立したという重要な意義をもつ。すなわち政治的にはカールが西ローマ皇帝となったことで東ローマ帝国の支配から脱し、宗教的にはローマ教会がフランク王国という新たな守護者を得たことでコンスタンティノープル教会と同格となった。そしてゲルマンとローマが結びついたことはローマ文化・キリスト教・ゲルマン人が融合した西ヨーロッパ中世文化を生み出したのである。(200字)

ヒント

問1・2．教科書 p.19 の地図参照。おもな古代文明とおもな大河は地図上で覚えておくこと。　問4．紀元1世紀後半から4世紀末とあるので、まず最初に1世紀後半と4世紀末に何がおこったのかを確認すること。使用する語はすべて皇帝名であり、ネロ帝(1世紀後半)とテオドシウス帝(4世紀末)が与えられているので、まず皇帝を年代順に並べ替えてその業績をあげればよい。とくにディオクレティアヌス帝(大迫害)～コンスタンティヌス帝(公認)～テオドシウス帝(国教化)の流れはおさえておくこと。ユリアヌス帝の位置をしっかり覚えておくことが重要である。　問6．指定されている文字数が少ないので、どこから、どこを通って唐に達し、どうなったかを一括して記せばよい。唐代にはイスラーム教も伝わっているが、伝わったルートが違う(海の道)ので注意。　問7．ともに中央集権国家であること、ただし征服した異民族に対する態度が異なっている

こと、が明記されていればよい。　問8．アテネの政治的な変遷についての知識を問う問題。平民が参政権を要求するに至った経緯が示されていること、ドラコンの成文法、ソロンの財産政治、ペイシストラトスの僭主政治、クレイステネスの改革内容として、陶片追放および地縁的な共同体の創設、ペリクレス時代が古代民主政のピークであること、その後は衆愚政治におちいったことが年代順に正しく示されていることが大切。　問9．**イ**)アステカ文明の成立は14世紀、**ウ**)中国における鉄製農具や牛耕、青銅貨幣の出現はいずれも前5～前4世紀頃(春秋時代から戦国時代に入る頃)、**エ**)卑弥呼が「親魏倭王」に冊封されたのは中国の三国時代(3世紀)。

問10．Dはメキシコのマヤ文明のチチェン＝イツァ遺跡の神殿。　問11．教科書にも「政治的・文化的・宗教的に独立した」とある(p.97)。それぞれの意味をしっかりおさえておくことが大切である。

18　イスラーム教の諸地域への伝播、西アジアの動向　　　　本文 p.54 ～ 59

1

解答　1．タラス河畔〈の戦い〉　2．サーマーン〈朝〉　3．ペルシア〈語〉　4．マムルーク(奴隷軍人)　5．ウイグル　6．カラハン〈朝〉　7．ガズナ〈朝〉　8．ゴール〈朝〉　9．ラージプート　10．アイバク　11．デリー　12．奴隷〈王朝〉　13．デリー＝スルタン〈朝〉　14．ハルジー〈朝〉　15．ムガル〈帝国〉　16．バクティ　17．ヨーガ
問①マワーリー　問②トルキスタン(トルコ人の土地)　問③C

解説　1．タラス河畔の戦いは、751年に中央アジアの覇権をかけてアッバース朝(黒衣大食)のホラーサーン総督アブー＝ムスリムと唐の安西節度使高仙芝とのあいだでおこった戦いである。製紙法がイスラーム世界に伝来したきっかけとなった戦いとしても有名である。
2．トルコ人のイスラーム化は、サーマーン朝による征服や布教者の活動、ムスリム商人との接触、遊牧君主の改宗に臣下が従うなど、様々なかたちで進んだ。
10・12．アイバクは、マムルーク(奴隷軍人)出身だったので、彼に始まる王朝を奴隷王朝(1206～90)と呼ぶ。
13．奴隷王朝のあとに、ハルジー朝(1290～1320)・ト

ゥグルク朝(1320～1414)・サイイド朝(1414～51)・ロディー朝(1451～1526)と続いた5つの王朝の総称。
問①テーマ16 **2** 4の解説(→ p.21)参照。　問②ペルシア語でトルキスタンと呼ぶ。「スタン」は国や土地の意味。すなわち、「トルコ人の土地」の意味。　問③A サーマーン朝の廟。　B アフリカ東南部にある大ジンバブエ遺跡。ジンバブエとは、「石の家」の意味。C クトゥブ＝ミナール。アイバクがデリーに建設したいわれるインド最古のモスクにある塔。　D トンブクトゥのモスク。

2

解答　1．広州　2．マレー〈半島〉　3．三仏斉　4．元(モンゴル)　5．陳〈朝〉　6．パガン〈朝〉　7．マジャパヒト〈王国〉　8．マラッカ〈王国〉　9．鄭和　10．アユタヤ〈朝〉　11．アチェ〈王国〉　12．マタラム〈王国〉
問①『千夜一夜物語』(『アラビアン＝ナイト』)　問②C　＊問③サムドラ＝パサイ王国

解説　1．テーマ22 **2** 問④の解説(→ p.35)参照。
8．マラッカは、14世紀末にマレー半島南西部に建国された港市国家。15世紀に王がイスラーム教を受容し、これ以降東南アジアの諸島部にイスラーム教が広まった。
問①『千夜一夜物語』(『アラビアン＝ナイト』)に収録されたシンドバッドは、アラビア語で「インドの風」の意味。インド洋航交易で活躍したイスラーム商人達を象徴する人物として命名。物語からは、当時の貿易の様子をうかがい知ることができる。また、現在は絶滅した動物(ドードーなど)も描かれている。
問②A は、ダウ船。アラビア海・インド洋で広く利用された、三角型の帆をもつ、ココヤシなどで製作され

た木造船。ムスリム商人がインド洋交易で使用し、大きいもので180トンの積載量を誇った。　B は、ヴァイキング船(ロングシップ)。　C は、ジャンク船。10世紀頃に中国で建造された遠洋航海用の大型木造帆船。竜骨の使用、横隔壁構造、蛇腹式に伸縮する角型の縦帆、高い船尾、平底の船底などを特徴とする。大型で陶磁器などの重い物品を運べることから、宋代以降は中国商人による南シナ海交易で広く使用された。なお、近年では、東南アジア起源説が有力視されている。
問③サムドラ＝パサイ王国は、スマトラ島北端に位置し、13世紀から16世紀初めのあいだに東南アジア最初のイスラーム国家として繁栄した。

3

解答　1．キリスト〈教徒〉　2．アクスム〈王国〉　3．紅海　4．象牙　5．アッバース〈朝〉　6．ダウ〈船〉　7．モノモタパ〈王国〉　8．ガーナ〈王国〉　9．岩塩　10．塩金〈交易〉　11．ムラービト〈朝〉　12．ソンガイ〈王国〉　13．トンブクトゥ　ア)ⓑ　イ)ⓒ　ウ)ⓔ　エ)ⓗ　オ)ⓖ　カ)ⓓ
問①アラビア語と東アフリカ沿岸地域のバントゥー諸語が融合してしてできた言語。
問②マンサ＝ムーサ王

解説 [地図] ⓐアデン ⓑモガディシュ ⓒマリンディ ⓓザンジバル ⓔキルワ ⓕソファラ ⓖジンバブエ ⓘナイル川 ⓛニジェール川 ⓝザンベジ川 **2.** アクスム王国の王は、ヘブライ人の統一王国のソロモン王とシバの女王との子であるメネリク1世の子孫を称し、「王の中の王」と公称していたコプト派のキリスト教国。一時はアラビア半島南部も支配したが、紅海沿岸とエジプトのイスラーム化にともなって弱体化した。 **6.** 2 問②の解説(→ p.27)参照。
問① スワヒリ(サワーヒリー)とは、アラビア語で「海岸地方に住む人々」を意味する。東アフリカ沿岸地域

の多くの民族の母語となっているバントゥー諸語の1つである。数世紀にわたるアラブ系商人とバントゥー系諸民族の交易のなかで、現地のバントゥー諸語にアラビア語の影響が加わって形成された言語であり、スワヒリ語は現在ケニアやタンザニアなどで公用語として用いられている。 **問②** マンサ=ムーサ王(在位1312〜37)は、1324年のメッカ巡礼の際、帰途立ち寄ったマムルーク朝治下のカイロで、金相場を大暴落させるほど大量の金を惜しみなくわけ与えたことで有名。カンカン=ムーサとも呼ばれる。

4

解答 1.アッバース〈朝〉 2.マムルーク 3.ウマル=ハイヤーム 4.四行詩集(『ルバイヤート』)
5.イクター〈制〉 6.徴税〈権〉 7.十字軍 8.シリア 9.ザンギー〈朝〉 10.サラーフ=アッディーン(サラディン) 11.アイユーブ〈朝〉
問①ⓐ トゥグリル=ベク ⓘブワイフ朝 ⓤスルタン(支配者) **問②ⓐ**『統治の書』 ⓘニザーミーヤ学院
問③ⓐ 神秘主義(スーフィズム) ⓘ神への愛や神との精神的合一をめざす。

解説 2.マムルーク(奴隷軍人)は、トルコ系奴隷軍人。騎馬の技術にすぐれた遊牧民の少年を奴隷として購入し、親衛隊などとして活用した。 5.イクター制は、軍人・官僚にアター(俸給・年金)を支給するかわりに国家所有のイクター(分与地)の徴税権を与えた制度で、ブワイフ朝時代に始まった。セルジューク朝・マムルーク朝でも採用され、のちにオスマン帝国のティマール制に発展した。第2代正統カリフのウマルからアッバース朝時代までは、軍人・官僚にはアター(俸給・年金)が征服地の租税から支給されてきた。
7.テーマ19 1 11の解説(→ p.30)参照。 8.シリアは、歴史的には地中海東岸地域の総称であり、現在のシリア・レバノン・パレスチナ・ヨルダン・イスラエルにあたる。 10・11.サラーフ=アッディーン(サラディン)は、アイユーブ朝をおこした。イェルサレ

ムを奪回し、第3回十字軍を破ったイスラーム世界の英雄。また、勇敢さと気前良さは西欧諸国にも知られ、理想的な君主(「高貴な異教徒」)として畏敬の念をもたれた。
問①ⓐⓤ トゥグリル=ベク(在位1038〜63)。アッバース朝のカリフからスルタン(支配者)の称号を得た。
問②ⓐⓘ ニザーム=アルムルクは、マリク=シャー1世に仕えたイラン人の宰相。『統治の書』を著し、また、司法や行政を担うウラマーを育てるため各地にニザーミーヤ学院と呼ばれるマドラサ(学院)を設立してスンナ派復興政策を推進した。 **問③ⓐⓘ** イスラームにおける神秘主義者をスーフィーという。「粗末な羊毛(スーフ)をまとったもの」がその語源とされる。神への愛や神との一体化を強調する。そのために陶酔して踊る一派もあることでも知られる。

5

解答 1.フレグ 2.イル=ハン国(フレグ=ウルス) 3.タブリーズ 4.ガザン=ハン 5.写本〈絵画〉
6.ラシード=アッディーン 7.ハーフィズ 8.アイユーブ〈朝〉 9.バイバルス 10.カイロ
11.市場(スーク、バザール) 12.黒死病(ペスト) 13.イブン=ハルドゥーン
問① チベット仏教・ネストリウス派キリスト教など **問②** アッバース朝のカリフ **問③** 香辛料
問④「聖者」に唯一神アッラーへのとりなしを求め、聖者廟に参詣して祈願をおこなうため。

解説 1・2.フレグは、チンギス=カンの末子トゥルイの子で、モンゴル帝国第4代カアンのモンケと第5代カアンのクビライの弟。 4.ガザン=ハンは、

領域内の多数派であるイスラーム教に改宗することで支配を安定させた。 6.ラシード=アッディーンは、ガザン=ハンの宰相として、彼が強力に推進していた

王朝の改革政策を補佐した。また、ガザン＝ハンの命で、ガザン自身の視点が反映されたモンゴル帝国の発祥と発展を記した『集史』編纂にあたった。　9．バイバルスは、マムルーク朝の第5代スルタンで事実上の建国者。マンスーラの戦い(1250)でエジプトに侵入した十字軍に大勝し、さらにアイン＝ジャールートの戦い(1260)でモンゴル軍に勝利し、モンゴルのエジプトへの進出を阻止した。　13．テーマ16 **3** 問⑦あの解説(→ p.21)参照。

問①イル＝ハン国(フレグ＝ウルス)の支配者層にはチベット仏教やネストリウス派キリスト教の信者が多かった。ゆえに、バクダード攻略の際に躊躇なくアッバース朝カリフの一族を殺戮した。　問②アッバース朝カリフの子孫の一部は、モンゴルによる征服後カイロに亡命し、マムルーク朝からカリフの礼遇を受け保護された。　問③カーリミー商人は、アイユーブ朝・マムルーク朝時代に、カイロを拠点に南アジア・東南アジアからもたらされた香辛料を紅海経由で交易し、地中海とインド洋を結び莫大な利益をあげた。　問④ムスリム(イスラーム教徒)は、ムハンマドの子孫や神秘主義の指導者など、様々な出自の「聖者」に唯一神アッラーへのとりなしを求め、聖者廟に参詣して祈願をおこなっていた。

6

解答　1．ベルベル〈人〉　2．ムラービト〈朝〉　3．ムワッヒド〈朝〉　4．後ウマイヤ〈朝〉　5．国土回復運動(レコンキスタ)　6．毛織物〈業〉　7．アリストテレス　8．イブン＝ルシュド　9．イブン＝バットゥータ　10．ナスル〈朝〉　ア)ⓔ　イ)ⓐ　ウ)ⓑ　エ)ⓒ
問①あ「日の没するところ」　いモロッコ・アルジェリア・チュニジア　問②A　問③ユダヤ教徒

解説　[地図]　ⓐトレド　ⓑコルドバ　ⓒグラナダ　ⓓタンジール　ⓔマラケシュ　ⓕチュニス　ⓖアレクサンドリア　ⓗカイロ　ⓘダマスクス　ⓙバグダード　ⓚタブリーズ
ⓐトレドを中心に、中世の西ヨーロッパではイブン＝シーナーやイブン＝ルシュドらのアラビア語の著作や古代ギリシア文献のアラビア語訳書が盛んにラテン語に翻訳され、これは12世紀ルネサンスへとつながった。　1．ベルベル人は、マグリブの先住民。名称は古代ギリシア語のバルバロイに由来し、古代ローマ人による蔑称。　2．ムラービト朝(1056〜1147)は、モロッコを中心にベルベル人が建てた王朝。マラケシュを都に、ガーナ王国やイベリア半島に進出した。12世紀半ばにムワッヒド朝に滅ぼされた。　3．ムワッヒド朝(1130〜1269)は、マグリブとイベリア半島を支配したベルベル人が建てた王朝。13世紀初めに、イベリア半島の支配権を失った。　8．テーマ16 **3** 問③の解説(→ p.

21)参照。　9．テーマ16 **3** 問⑦いの解説(→ p.21)参照。

問①あい北アフリカ西部。下記の地図で確認。

問②Bカイロの「勝利の門」　Cイェルサレムの旧市街　Dウマイヤ＝モスク。　問③異教徒とされたユダヤ教徒も改宗や移住をよぎなくされ、一部はオスマン帝国に保護された。

第7章　ヨーロッパ世界の変容と展開

19　**西ヨーロッパの封建社会とその展開、東ヨーロッパ世界の展開**　本文 p.60〜63

1

解答　1．十分の一税　2．クリュニー〈修道院〉　3．グレゴリウス7世　4．ハインリヒ4世　5．ヴォルムス〈協約〉　6．インノケンティウス3世　7．三圃制　8．セルジューク〈朝〉　9．ウルバヌス2世　10．クレルモン宗教会議　11．イェルサレム王国　12．アイユーブ〈朝〉　13．サラーフ＝アッディーン(サラディン)　14．ヴェネツィア〈商人〉　15．コンスタンティノープル

第7章

解説　2．フランス中東部のブルゴーニュ地方に建てられ、11世紀の修道院改革の中心となった修道院。初期修道院精神に立ち返り、6世紀のベネディクトゥスの戒律(祈り、かつ働け)の実施をめざした。　5．1122年のヴォルムス協約によって、皇帝側はドイツ以外での聖職叙任権を放棄することを認め、これによって長く続いた叙任権闘争は一応終わりを告げた。　6．インノケンティウス３世は、「教皇は太陽、皇帝は月」との言葉を残している。　7．テーマ17 **5** 問②あの解説(→ p.24)参照。　11．第１回十字軍が建国した十字軍国家。ほかにもエデッサ伯領、アンティオキア公領、トリポリ伯領などの十字軍国家が建国された。テーマ18 **4** 8・10・11の解説(→ p.28)参照。
問①②グレゴリウス７世は、聖職売買と聖職者の妻帯をきびしく禁じ、俗人による聖職叙任を禁止する教皇勅書を出した。　問③あい **思考・判断**　グレゴリウス７世は、聖職叙任権をめぐって反発したハインリヒ４

世を破門した。破門は教会の保護の外におかれること、すなわちキリスト教社会で生きることを否定され、臣下の国王に対する忠誠義務も解除された。　問④対外的な西ヨーロッパ世界の拡大として、レコンキスタや東方植民などが、域内では開墾や干拓による耕地の拡大や、サンチャゴ＝デ＝コンポステラをはじめとする聖地巡礼の流行などがあげられる。　問⑤第３回十字軍は神聖ローマ皇帝、フランス王、イギリス王らが参加した。聖地回復はなされなかったが、聖地イェルサレムの巡礼を可能とさせた。　問⑥テンプル騎士団は1119年に創設された中世ヨーロッパの宗教騎士団の１つ。教皇庁、諸侯の財産保管者の役割を果たし、そのために全ヨーロッパに支部を設けた。1312年その財力に目をつけたフランス王フィリップ４世によって解散させられた。ドイツ騎士団、ヨハネ騎士団と並ぶ三大宗教騎士団の１つとされた。

2

解説　[地図]ⓐベルゲン　ⓑノヴゴロド　ⓒブレーメン　ⓓハンブルク　ⓔリューベック　ⓕダンツィヒ　ⓖロンドン　ⓗブリュージュ　ⓘケルン　ⓙキエフ　ⓚパリ　ⓛアウクスブルク　ⓜミラノ　ⓝヴェネツィア　ⓞジェノヴァ　ⓟフィレンツェ
5．ブリュージュは13世紀から毛織物取引で栄えたが、15世紀にはフランドル地方の商業の中心がアントウェルペン(アントワープ)に移った。　7．シャンパーニュ地方では、12～13世紀に年に5～6回の定期市が開始された。　8．ロンバルディア同盟は皇帝フリードリヒ１世のイタリア政策に対抗して形成された。　9．ハンザ同盟は、北海・バルト海交易における共通利益

を守るための都市同盟で、リューベックを盟主として、北ヨーロッパの多くの都市が参加し、最盛期には参加都市100以上を数えた。また主要な在外商館として、ベルゲン、ロンドン、ブリュージュ、ノヴゴロドの4つが有名である。　12．フッガー家は銀山経営などで富を蓄え、15世紀には金融業で活躍し、その富で皇帝や教皇などにも強い影響力をもった。　13．メディチ家は金融業で財をなしたフィレンツェの大富豪で、15世紀にはフィレンツェの市政を掌握し、ルネサンスの文芸活動を資金面から支えた。宗教改革時の教皇レオ10世、フランス王妃カトリーヌ＝ド＝メディシスは同家出身である。

問①「レヴァント」は「東方」の意味。　問③地中海商業圏ではイタリア商人による東方貿易で取引される香辛料、宝石、絹織物などの奢侈品の交易が特徴的であるのに対して、北海・バルト海を舞台とする北ヨーロッパ商業圏では、穀物、材木、毛織物、海産物など生活必需品の交易が中心であった。　問④北・中部イタリアでは市民が市政を運営し、周辺の農村部の徴税圏も

獲得して支配下におく都市国家が成立した。　問⑥
思考・判断　ギルドは、技術の水準の維持、販路や営業権の確保、価格の協定などのメリットをもつ一方で、自由な生産と流通をさまたげるとともに、技術の停滞によりイノベーションを生じさせにくいデメリットを有する。

3

解答 1.ランゴバルト〈王国〉　2.スラヴ〈人〉　3.ブルガール〈人〉　4.セルジューク〈朝〉　5.ラテン〈帝国〉　6.オスマン帝国　7.ギリシア　8.サン＝ヴィターレ〈聖堂〉　9.イコン〈美術〉　10.イタリア＝ルネサンス　A.イ　B.オ　C.エ
問①イ
問②帝国が封建化し、貴族が大土地所有者として勢力を拡大するとともに、皇帝の権力が衰えていった。
問③レオン3世　問④ドーム屋根と内部のモザイク壁画をもつ。

解説 1.751年、ランゴバルト王国は東ローマ帝国の総督府がおかれていたラヴェンナを支配した。ラヴェンナには、ユスティニアヌス大帝のモザイク壁画で有名なサン＝ヴィターレ聖堂（8）がある。　3.ブルガール人はもとトルコ系遊牧民であったが、その一部がバルカンに定住して、7世紀にはブルガリア帝国を建国した。　9.ギリシア正教会で聖人を描いた聖画像をイコンという。726年の聖像禁止令（テーマ17 **3** 問①あいの解説（→ p.23）参照）後もイコンの復活を待望する声は強く、またイコンの使用を完全に取り締まることはできず、9世紀半ばにイコンの製作および崇拝が認められた。

[語群]ア)イクターは10世紀以降のイスラーム世界で軍人に与えられた分与地。　ウ)アターはウマイヤ朝、アッバース朝で軍人や官僚に支払われた俸給。
問①②屯田兵制は、解放されたコロヌスやスラヴ人に土地を与え、その代償として兵役を課す制度で、大土地所有の拡大を抑止する効果があった。11世紀までに軍管区（テマ）制はほぼ崩壊したが、大土地所有制の拡大に対処するため、貴族に対して軍事奉仕を条件に公有地を任せたものがプロノイア制である。この制度の拡大により、帝国はしだいに封建化が進み、皇帝の権限は弱体化した。

4

解答 1.ノヴゴロド〈国〉　2.ウラディミル1世　3.バトゥ　4.モスクワ〈大公国〉　5.イヴァン4世　6.セルビア〈人〉　7.カジミェシュ（カシミール）大王　8.リトアニア〈人〉　9.ヤゲウォ（ヤゲロー）〈朝〉　10.チェック〈人〉　11.ブルガール〈人〉　12.マジャール〈人〉　13.パンノニア〈平原〉　ア)ⓐ　イ)ⓔ　ウ)ⓑ　エ)ⓒ　オ)ⓕ　カ)ⓓ　A.ギリシア正教　B.ギリシア正教　C.ローマ＝カトリック　D.ローマ＝カトリック　E.ギリシア正教　F.ローマ＝カトリック
問①「タタール（モンゴル）のくびき」　問②ウ
問③あ2つあるいはそれ以上の独立した国々が共通の君主のもとで連合すること。
　　　いカルマル同盟のもとのデンマーク・スウェーデン、ノルウェー
　　　　ステュアート朝のイングランドとスコットランド、
　　　　ハノーヴァー朝のイギリスとハノーヴァー選帝侯国、
　　　　オーストリア＝ハンガリー帝国、　など

解説 5.「雷帝」の異名をもち、暴虐・苛烈な性格で知られ、怒りで自分の息子を殴り殺してしまったエピソードが知られる。国内では大貴族の勢力をおさえ、

農民の移動を禁じて農奴制を強化し、中央集権化を進めた。　9.ヤゲウォはリトアニア大公で15世紀初め、タンネンベルクの戦いでドイツ騎士団を打ち破った。

15世紀末〜16世紀初めにかけて、ヤゲウォ朝はベーメン（ボヘミア）王国、ハンガリー王国の王位を兼ね、大領域を得ていた。

問①「タタール」とは広くモンゴル民族を示し、「くびき」とは車を引く牛馬の頸の後ろにつける道具のこと。約250年にわたるキプチャク＝ハン国によるモンゴル支配を指していう言葉。　**問②**イヴァン3世は、1471年にノヴゴロド国を併合し、80年にキプチャク＝ハン国からの支配を脱し、「タタールのくびき」を終わらせ

た。ビザンツ帝国が滅亡すると、最後の皇帝の姪ソフィアを妃にし、ビザンツ帝国の後継者を自任した。双頭の鷲の紋章を受け継いだことや、イヴァン3世が用いた「ツァーリ（皇帝）」の呼称にもこのことを読み取ることができる。なお全ロシアの支配者という意味でツァーリの称号を用いたのは、イヴァン4世の時代からである。　**問③あい** 思考・判断 同君連合とは、同一の国王を戴きながら、政府や議会などは別々に保持し、それぞれ国家として独立している国家形態を示す。

20　西ヨーロッパ世界の変容　　　　　　　　　　　　　　本文 p.64 〜 66

1

解答　1．ジャックリー〈の乱〉　2．廷臣　3．ボニファティウス8世　4．アナーニ〈事件〉　5．アヴィニョン
6．教会大分裂（大シスマ）　7．ウィクリフ　8．フス　9．コンスタンツ〈公会議〉
問①黒死病　問②ヨーマン　問③封建反動
問④あワット＝タイラーの乱　い「アダムが耕しイヴが紡いだ時、だれが貴族であったか」
問⑤聖職者への課税　問⑥「教皇のバビロン捕囚」　問⑦聖書の英訳

解説　3・4．ボニファティウス8世は教皇権の至上性を主張したローマ教皇。ローマ南東の町アナーニは彼の生地で、捕らえられた彼は釈放後、屈辱のうちに死んだ。　5．南フランスのローヌ河畔の町。　6．1377年アヴィニョンの教皇がローマに帰還したが、直後に死去したため、78年に新ローマ教皇が選出されると、フランス人枢機卿団は対立教皇を擁立してアヴィニョンに戻った。さらに1409年ピサ教会会議で統一教皇を選出したが、かえって3人の教皇が並び立つ状態となった。コンスタンツ公会議であらたに統一教皇マルティヌス5世が選出され、教会大分裂（大シスマ）は解消された。　7．ウィクリフはオクスフォード大学神学教授で、聖書の英訳を進めた。　8．フスはプラハ大学神学教授・総長。当時ベーメンではドイツ人と

チェック人の民族対立が激しく、彼はプラハ大学のチェコ化を断行しドイツ人を追放した。コンスタンツ公会議に召喚され、1415年異端の罪で火刑に処された。彼を信奉するフス派は、皇帝ジギスムント（ドイツ人）のベーメン王即位に反対してフス戦争（1419〜36年）をおこした。

問①死期が近づくと皮膚に黒色斑点ができるので、黒死病と呼ばれた。おそらく東方からイタリア商人を通じて感染が広がり、1348年爆発的に感染が広まった。ユダヤ人に犠牲者が少なかったため、彼らが井戸に毒を投げ入れたなどのうわさが広まり、迫害がおこった。
問④い反乱の指導者で聖職者のジョン＝ボールは、原始キリスト教的立場から社会的平等を説いた。

2

解答　1．ノルマン〈朝〉　2．プランタジネット〈朝〉　3．ジョン〈王〉　4．フィリップ2世　5．ヘンリ3世
6．シモン＝ド＝モンフォール　7．フィリップ4世　8．ヴァロワ〈朝〉　9．エドワード3世　10．クレシー
〈の戦い〉　11．シャルル7世　12．ジャンヌ＝ダルク　13．オルレアン　14．テューダー〈朝〉
問①全国三部会　問②新たな課税には高位聖職者と大貴族の会議の承認を必要とすること。など
問③ジェントリ（郷紳）　問④模範議会　問⑤アルビジョワ派（カタリ派）
問⑥あフランドル地方　い諸侯や騎士が没落し、かわって国王が勢力をのばして中央集権化が進んだ。
問⑦エドワード黒太子　問⑧バラ戦争

解説　1．初代の国王ウィリアム1世は「ドゥームズデー＝ブック」と呼ばれる検地帳を作成し、中央集権的な統治の基礎とした。　2．フランスのアンジュー伯

アンリが国王ヘンリ2世として即位したことから、フランスにも広大な領土を所有していた。　3．相続する領土をもたなかったことから「欠地王」とも呼ばれた。

6．ノルマンディー出身の貴族。ヘンリ3世の失政に対して反乱をおこし、王を逮捕して各州・各都市の代表を含めた議会を招集した。　7．教皇との対立から全国三部会を開き、聖俗諸侯や市民の指示を得て王権の強化につとめた。その後、教皇庁をアヴィニョンに移した（■1 4（→p.32）参照）。　11．1429年のジャンヌ＝ダルクのオルレアン解放により、ランスで正式に戴冠した。その後カレーを除く国内からイギリス軍を駆逐し、国家の再建を進めた。

問②もともと貴族や都市がすでにもっていた諸権利を確認したもので、王権濫用の防止と善政を要求した内容になっている。　問⑤キリスト教異端の一派で、きびしい禁欲と善悪二元の考えを特色とする。　問⑥あオランダ・フランスの一部を含む今日のベルギーを中心とした地域。毛織物の生産地として英仏両国の争奪対象となった。　い【思考・判断】火砲が発明されて戦術が変化したことにより、かつて一騎討ち戦の花形であった騎士がその地位を弱め、一層没落したことにも注目しよう。　問⑧王位継承を争った両家がバラの紋章であったという後世の想像から、「バラ戦争」と呼ばれた。参加した多くの貴族・騎士は没落し、テューダー朝による絶対王政への道が開かれた。

3

解答　1．国土回復運動（レコンキスタ）　2．グラナダ　3．ジョアン2世　4．大空位時代　5．カール4世　6．ハプスブルク〈家〉　7．ブランデンブルク辺境伯〈領〉　8．ジェノヴァ〈共和国〉　9．マルグレーテ　10．カルマル〈同盟〉　ア）ⓓ　イ）ⓖ　ウ）ⓕ
問①あフェルナンド　いイサベル
問②あ七選帝侯　い帝国ではなく大諸侯の領土である領邦ごとに集権化が進められ、領邦諸侯はみずから身分制議会を開き、帝国から自立の動きをみせていたため。　問③東方植民
問④農場領主制（グーツヘルシャフト）　問⑤ウェストファリア条約　問⑥あゲルフ　いギベリン

解説　[地図]ⓐノルウェー王国　ⓑスウェーデン王国　ⓒデンマーク王国　ⓓドイツ騎士団領　ⓔハンガリー王国　ⓕヴェネツィア共和国　ⓖナポリ王国　ⓗシチリア王国　ⓘジェノヴァ共和国
1．イスラーム教徒からイベリア半島の領土を奪回しようとしたキリスト教徒の戦い。レコンキスタは「再征服」という意味のスペイン語。　3．貴族層を弾圧して絶対王政の確立をはかる一方、バルトロメウ＝ディアスの喜望峰到達を援助するなど、海洋帝国の基礎を築きあげた。　6．オーストリアの名門王家。大空位時代後のルドルフ1世の皇帝即位に始まり、1438年からは神聖ローマ皇帝位をほぼ世襲した。　7．ドイツ人が入植して建てたエルベ川からオーデル川に至る領邦。1415年以降はホーエンツォレルン家領となった。
問①あいアラゴン王国はイベリア半島北東部の国。都はサラゴサ。カスティリャ王国はイベリア半島中央部の国。都はトレド。　問②あマインツ・ケルン・トリーアの大司教、ファルツ伯、ザクセン公、ブランデンブルク辺境伯、ベーメン王の7人の聖俗諸侯。
い【思考・判断】皇帝は国内統一よりも「皇帝がイタリアを支配する」としてイタリア政策を重視してしばしば帝国を留守にしたため、分裂状態が一層続いた。
問⑤スイスは、1499年のバーゼル条約により事実上13州の独立が達成され、三十年戦争後のウェストファリア条約でオランダとともに正式に独立が承認された。

21　西ヨーロッパの中世文化　本文 p.67～68

1

解答　1．破門　2．ラテン〈語〉　3．アンセルムス　4．アベラール　5．ウィリアム＝オブ＝オッカム　6．トレド　7．アリストテレス〈哲学〉　8．トマス＝アクィナス　9．ロジャー＝ベーコン
問①ベネディクトゥス　問②あシトー修道会　い托鉢修道会　うフランチェスコ修道会、ドミニコ修道会など　＊問③「哲学は神学の婢（はしため）」　問④普遍論争

解説　6．トレド翻訳学派の代表はクレモナのゲラルド。プトレマイオスやアルキメデス、またイスラームの天文学書など多数を翻訳した12世紀のルネサンスを代表する人物。
問①　修道院とは、キリスト教を信仰する人々が、世俗を離れて規律に従って共同生活をする場所の事であ

る。ベネディクトゥスは529年にモンテ＝カシノ修道院を創設し、「ベネディクトゥス戒律」（「清貧」「純潔」「服従」）を定めた。隠遁・瞑想を主とする東方起源の修道院と異なり、「祈り、働け」を標語として、耕作や写本などの社会的活動を奨励した。修道院は食料自給ができるよう様々な場所に創建されたが、このことは異教徒に対する布教や、辺境開発の進展ももたらした。ベネディクトゥス修道会は以後の修道院運動の始まりとなった。　問②ⓘ托鉢修道会は、修道院の堕落に対する反省から生まれた、私有財産を認めない修道会のこと。　問③中世においては人間や自然の探求でさえ

も聖書の教えに反しないことが第一とされ、哲学は神学に奉仕するものとされた。　問④実在論とは、神や普遍なるものは個別の事物に先立って実在するという主張で、プラトンのイデア論に源流をもつ。アンセルムスはイタリア出身のカンタベリ大司教。実在論の立場で唯名論に反論、「スコラ学の父」と呼ばれる。唯名論は、実在するのは個別の事物であり普遍は個物のあとにつくられる名のみのものにすぎない、という主張。アベラールはスコラ学の先駆者で、唯名論をとなえ異端宣告を受けた。

2

解答 1．自由七科　2．吟遊詩人
問①教授や学生の組合としてできあがったのが始まりで、教皇や皇帝の特許状によって自治権を与えられたギルドの形態をとった。問②ⓐボローニャ大学　＊ⓘサレルノ大学　ⓤパリ大学
問③ⓐ文：イ　図：A　名称：シュパイアー大聖堂　ⓘ文：ア　図：D　名称：ケルン大聖堂
問④『ローランの歌』『ニーベルンゲンの歌』『アーサー王物語』など
問⑤武勇と主君への忠誠、神への信仰、貴婦人崇拝、弱者の保護など

解説　問① 思考・判断　大学は教授や学生の組合が起源であること、ギルド形態をとったことをしっかりまとめておこう。ボローニャ大学は学生ギルドが自治の主体で教授が学生に雇用されている立場のため、学生に対して上位ではなかった。これに対してパリ大学は教授のギルドが自治の主体であり、教授が学生に対して上位にあった。なお、中世ヨーロッパの大学は修道院・司教座聖堂付属学校を基礎に、イスラームの影響を受けて形成された。university の語源の universitas（ウニヴェルシタス）は学生の組合、college の語源の collegium（コレギウム）は教師の組合の意味。最古のボローニャ大学は法学で有名であり、ローマ法の専門学校から発展し、1158年神聖ローマ皇帝フリードリヒ1世から特許状を得て公認された。医学で有名なサレ

ルノ大学は11世紀にアラビア医学が伝えられて発展した。神学で有名なパリ大学は、12世紀にノートルダム大聖堂付属神学校より昇格、国王の保護を受けて発展し、神学・法学・医学・人文の4学部をもち、教会大分裂時代まで神学の最高権威であった。イギリスでは、12世紀にパリから移った学生によりオクスフォード大学がつくられた。東ヨーロッパでは1348年、金印勅書を発した神聖ローマ皇帝カール4世がカレル（プラハ）大学を設立したのが最古。この大学ではのちにフスが総長をつとめた。　問③Aはロマネスク様式のシュパイアー大聖堂、Bはビザンツ様式のサン＝ヴィターレ聖堂、Cビザンツ様式のハギア＝ソフィア大聖堂、Dはゴシック様式最大のケルン大聖堂。ゴシック様式のシャルトル大聖堂は美しいステンドグラスで有名。

第8章　東アジア世界の展開とモンゴル帝国

22 アジア諸地域の自立化と宋　　　　　　　　　　　　　本文 p.69～71

1

解答 1．安史の乱　2．朝貢〈貿易〉　3．ウイグル　4．耶律阿保機　5．渤海　6．高麗　7．大理　8．趙匡胤
9．王安石
問①ⓐ遼　ⓘア　問②ⓐ燕雲十六州　ⓘ後晋
問③狩猟民・遊牧民を部族制によって、農耕民を州県制によって治める統治方法。
問④ⓐ文治主義　ⓘエ　問⑤ⓐ保甲法　ⓘ青苗法　ⓤ均輸法　問⑥司馬光

解説 3．ウイグルはトルコ系の遊牧民族である。唐の時代、安史の乱の鎮圧に協力し有力となったが、その後内紛が激化し、中央アジアに移り住んだ。これにより中央アジアのトルコ化が進んだ。 8．もとは後周に仕えていた軍人であったが、禅譲の形で帝位を譲られる。中国統一を完成させたのは彼の時ではなく、2代皇帝の太宗の時である。 9．彼は、6代皇帝神宗の後ろ盾で新法を整備していった。

問①**い**ア）契丹文字は現在でもほぼ解読されていない。**イ**）1004年、北宋と遼のあいだで結ばれたのは澶淵の盟である。銀と絹を兄である宋が弟である遼に贈り、宋にとって大きな財政負担となった。慶暦の和約は1044年に北宋が西夏の李元昊と結んだ条約で、同じく宋にとって大きな財政負担となった。 **ウ**）異民族である北方遊牧民が支配を確立した遼・金・元・清の4王朝を「征服王朝」と呼ぶ。同様に漢民族の領土を支配した北魏は漢化政策をとったため、「浸透王朝」と呼び

区別する。 **エ**）遼には多くの仏教寺院が存在した。
問②燕雲十六州は現在の北京・大同周辺。 問③遊牧民の政治を担った官庁が北面官、一方農耕民の民政を担った官庁が南面官である。 問④**い**ア）節度使に欠員が出るたびにそこに文官を補充する形で、軍人から軍権を奪っていき、その兵士たちは皇帝直属の軍隊（禁軍）となった。また、六部を統括して中書省が行政をつかさどった。 **イ**）科挙は廃止されず、科挙の最終試験として殿試がおこなわれた。 **ウ**）文人官僚により政治がおこなわれたが、皇帝直属の軍隊はむしろ強化された。 問⑤新法は富国策と強兵策の2つがあり、強兵策は保甲法がある。富国策は青苗法、均輸法のほかに、労役にかわり出させた金銭で人を雇う募役法や中小商人に融資する市易法などが知られる。 問⑥テーマ7 **3** ▶問④あの解説（→ p.8）参照。春秋・戦国時代の区分は『資治通鑑』による。

2 ▷

解答 1．女真 2．完顔阿骨打 3．淮河 4．猛安・謀克 5．茶 6．大運河 7．草市 8．佃戸 9．形勢戸 10．行 11．作 12．占城稲 13．銅銭 14．交子・会子 ア）ⓒ イ）ⓓ ウ）ⓗ
問①イ 問②靖康の変 ＊問③あ岳飛（がくひ） い秦檜（しんかい） 問④広州 問⑤「蘇湖（江浙）熟すれば天下足る」

解説 [地図]ⓐ会寧 ⓑ燕京 ⓒ開封 ⓓ臨安 ⓔ明州 ⓕ景徳鎮 ⓖ泉州 ⓗ広州
1．女真は中国東北部に居住したツングース系の民族。女直とも呼ばれる。 2．猛安・謀克の編制や女真文字の制定などをおこない、宋と提携し現在の北京である遼の燕京を攻めた。 4．300戸を1謀克、10謀克を1猛安として組織し、1猛安につき1000人を徴兵し軍を編制した。猛安・謀克は女真族に対してとられた政治体制で、華北の漢民族には州県制を適用する二重統治体制をとった。 6．隋の煬帝による通済渠は、黄河と長江を結んだ。通済渠と黄河の接点につくられた町が開封である。 7．草市から発展し、小都市になったものを鎮という。宋代には唐代までの政治都市・軍事都市と異なり、このような経済都市が多く生まれた。 13．北宋の時代につくられたものを交子、南宋の時代のものを会子という。交子は世界最古の紙幣と

しても知られる。
問①ア）カラキタイ（西遼）を建国したのは耶律大石である。耶律阿保機は遼の建国者である。 **イ**）女真文字という。 **ウ**）全真教は王重陽を開祖とし、儒教・仏教・道教の3教の調和をとなえた。 **エ**）この和約は紹興の和約というが、南宋は金に対して臣下の礼をとることとなった。周辺民族に対し臣下の礼をとるのは中国史上初のできごとである。 問③岳飛は金への抗戦を主張し、秦檜と対立した。最終的に岳飛は秦檜により捕らえられ、獄死した。現在でも抗戦を主張した岳飛を民族的英雄ととらえる見方が根強い。 問④広州は海外貿易の拠点であり、アラビア人のムスリム商人が多数来航していた。アラビア人は中国では大食（タージー）といわれ、蕃坊という外国人居住区に住んだ。 問⑤蘇湖とは長江下流域の蘇州・湖州のこと。江浙とは江蘇省・浙江省を指す。

3 ▷

解答 1．大蔵経 2．青磁 3．文人画 4．欧陽脩 5．朱熹 6．禅宗 7．道教 8．詞 9．羅針盤
問①A 問②唐代は国際的な文化が貴族を担い手として栄えたが、宋代は純中国的な文化が士大夫を担い手として栄えた。 問③景徳鎮 問④徽宗 問⑤あ周敦頤 いア 問⑥『春秋』

解説 1・2.高麗の建国者は王建、首都は開城。木版印刷で刊行された高麗版『大蔵経』のほか、世界最古の金属活字の作成でも知られる。また、高麗青磁は世界中に輸出された。 3・問④文人画は士大夫など、非職業画家が描いた絵であり、一方院体画は中国宮廷の画院で描かれた絵である。靖康の変で捕虜となった徽宗は院体画の画家としても著名であった。 4.政治的には王安石の青苗法に反対した。 5・問⑤朱熹は宋学の大成者であり、朱熹によって体系づけられた宋学をとくに朱子学と呼ぶ。内容は多岐にわたり、哲学だけでなく宇宙論や自然論などにもおよんでいる。おもな内容として、華夷の区別や大義名分論、理気二元論やそれにもとづく性即理という考えがあげられる。研究の対象はおもに四書であり、『四書集注』という本を残している。また、司馬光の『資治通鑑』をもとにして『資治通鑑綱目』を著している。
問① B は女真文字、C は契丹文字。これらの文字の多くは唐の衰退により、民族意識の高まりのなかで国威の高揚を目的に、アラム系のソグド文字や漢字をもとにしてつくられた。 **問②**唐代は、陸路・海路ともに国際交流が盛んであったため、外国の文化の流入が盛んであった。これに対し宋代は周辺の異民族の台頭と朱子学により、純中国的なものとなった。また、唐末五代に貴族が没落したことと、都市・商業の発展により、士大夫や庶民が文化の担い手となった。 **問③**景徳鎮は宋代より製陶業で栄えた都市である。宋代には白磁が主であったが、元代には鮮やかな青色で模様を描く染付の技法が始まり、明代には色鮮やかな彩色をした赤絵がつくられるようになった。これらは陶磁の道を通じてヨーロッパまで運ばれ、貴族社会で広く使われた。 **問⑤あ**周敦頤は、禅宗や老荘思想などの影響を受けつつ、『太極図説』を著した。「太極」は宇宙の根源を意味する。 **い**『資治通鑑綱目』は『資治通鑑』をもとにした歴史書である。その重要な事柄を掲げ、それを綱とし、それに注を施したものを目とした。大義名分論を強調しており、後世に思想的影響を与えた。

---

23 モンゴルの大帝国　　　　　　　　　　　本文 p.72 ～ 74

1

解答 1.キタイ(契丹・遼) 2.カラキタイ(西遼) 3.テムジン 4.西夏 5.金 6.バトゥ 7.フレグ
8.アッバース〈朝〉 9.クビライ 10.南宋 11.モンゴル〈帝国〉
問①クリルタイ 問②千戸制 問③イ
問④カンにまさる「皇帝」の意味で、オゴデイ以降のモンゴル帝国皇帝が称した。 問⑤カラコルム
問⑥ワールシュタットの戦い 問⑦あ：ⓐ いイ 問⑧あ：ⓒ いタブリーズ

解説 [地図A]ⓐキプチャク＝ハン国(ジョチ＝ウルス) ⓑチャガタイ＝ハン国(チャガタイ＝ウルス) ⓒイル＝ハン国(フレグ＝ウルス) ⓓ元(大元ウルス) 2.遼の滅亡後、王族の耶律大石が西走し、西トルキスタンに1132年に建国した国家。
問②チンギス＝カンが旧来の氏族制を廃止して全遊牧民を95の千戸集団に編制し、さらに百戸・十戸に区分した。 **問③**ホラズム＝シャー朝は、13世紀初めに勢力を拡大させ、カラキタイよりブハラ、サマルカンドなどを獲得し、ゴール朝を滅ぼしてアフガニスタンを獲得し、さらにイラン地域も支配下においた。 **問④**この称号は、遊牧民の君主の称号「カガン(可汗)」に由来する。テーマ9 **1** 問⑤の解説(→p.9)参照。オゴデイ以降、一般の君侯は「カン」、モンゴル帝国の皇帝は「カアン(大ハーン)」と称するようになった。 **問**
⑤モンゴル帝国は、チンギス＝カンの時代は定まった都をもたなかった。オゴデイはオルホン河畔にカラコルムを建造させ、カラコルムは第4代モンケの時代まで都として繁栄した。 **問⑥**1241年現ポーランドのリーグニッツ(レグニツァ)でおこなわれた戦い。ドイツ・ポーランド軍はせん滅され、バトゥ軍はハンガリーにも攻め入ったが、オゴデイ死去の報告により引き返した。 **問⑦** 思考・判断 ウルスはモンゴル語で国家・政治集団の意味。キプチャク＝ハン国はチンギス＝カンの長子ジョチに与えられた所領をもとにした国で、ジョチの子バトゥによって西方に拡大された。**ア)**は大モンゴル国、**ウ)**はイル＝ハン国を示す。 **問**
⑧タブリーズは1260年にイル＝ハン国の首都となった。1501年に成立したサファヴィー朝もイスファハンに遷都する以前の最初の首都はタブリーズだった。

解答　1．ムスリム〈商人〉　2．銀　3．交鈔　4．色目人　5．漢人　6．南人　7．チベット仏〈教〉　8．ラシード＝アッディーン　9．ペルシア〈語〉　10．パクパ

問①大都　問②ジャムチ(站赤)　問③泉州　問④ア)誤　イ)誤　ウ)正

問⑤銀が基本通貨となり、利用価値の低下した銅銭が日本に輸出されたため。　　問⑥あ授時暦　い貞享暦

問⑦エ　問⑧イ　問⑨染付(青花)

解説　8．テーマ18 **5** 6の解説(→ p.28)参照。10．パクパはチベット仏教の紅帽(サキャ)派第5代法王。クビライにまねかれ、チベット仏教を広めるとともに、チベット文字をもとにパクパ文字を作成した。
問②チンギス＝カンが創設し、オゴデイが制度化して、元代に完成した。主要道路10里ごとに駅(站(ジャム))を設けて民戸百戸を站戸とし、通行証(牌子(パイザ))を携行した旅行者に人馬・食料を提供させた。　**問③**13世紀のマルコ＝ポーロは『世界の記述(東方見聞録)』において、ザイトンの名で紹介した泉州以外にも、キンザイの名で杭州の繁栄を紹介している。杭州は南宋の都臨安(行在)。14世紀には、イブン＝バットゥータが泉州に来航したことが『三大陸周遊記』に記録されている。　**問④ア)**パガン朝が正解。タウングー朝(1531〜1752)はヨーロッパ人との交易で栄えたが、タイとの抗争や中国人勢力の反乱などで衰退・断絶した。　**イ)**マジャパヒト王国が正解。シンガサリ朝(1222〜92)は元と対立して元軍の侵攻をまねくが、元のジャワ遠征の前年に内乱で滅亡した。　**問⑤**思考・判断　元は銀を基本通貨とし、銅銭の流通は許容していたが、納税は銀と紙幣でおこなった。また、元代には銅銭の鋳造はおこなわれ

なかった。人々は銅銭を貯め込む必要がなくなり、価値を低下させた銅銭(宋銭)が、当時良質な貨幣を鋳造する技術が途絶えていた日本に大量に輸出された。銀は銀錠などの秤量貨幣として用いられており、モンゴル帝国では、以後「元宝」と呼ばれるようになる約2kgを基本とした銀錠が用いられた。　**問⑥あい**クビライに仕えた郭守敬は、イスラーム伝来の器械を用いて精密な天体観測をおこない、1年を365.2425日と確定した。これをもとに江戸時代の日本の天文学者の渋川春海(しぶかわはるみ)は貞享暦を作成した。　**問⑦**『西廂記』(王実甫作)、『琵琶記』(高明(高則誠)作)、『漢宮秋』(馬致遠作)は元曲の代表作品。『水滸伝』は『西遊記』『三国志演義』とともに元代に原型がつくられ、明代に完成された長編小説。　**問⑧イ)**フランス王ルイ9世は、布教と十字軍への協力を求めるため、ルブルックをカラコルムに派遣した。ルブルックはカラコルムでモンケ＝カアンと会見している。　**問⑨**元代ではイスラームからのコバルト顔料を用いた染付の技法が発達した。明代になると赤を主調として多色で文様を描いて焼き付ける赤絵の技法が発達し、これらの陶磁器はヨーロッパ、西アジアにも多く輸出された。

解答　1．カザン＝ハン〈国〉　2．クリミア(クリム)＝ハン〈国〉　3．アンカラ〈の戦い〉　4．遊牧ウズベク
5．イラン＝イスラーム〈文化〉　6．トルコ＝イスラーム〈文化〉　7．トルコ(チャガタイ)〈語〉

問①ウ　問②交鈔の濫発や専売制度の強化。　問③あ紅巾の乱　い白蓮教　＊問④北元
問⑤バヤジット1世　問⑥サマルカンド　問⑦ウルグ＝ベク

解説　1．ヴォルガ川上流域を支配し、交通の要地にあった首都カザンでは商工業が発展した。1552年モスクワ大公のイヴァン4世に征服されて滅亡した。　2．クリミア半島で黒海を中心とした交易で繁栄した。1783年にロシアに滅ぼされた。　7．チャガタイ語は、中央アジアで用いられたトルコ系の文字言語で、ティムール朝時代に確立された。
問①ティムールは、1370年サマルカンドを都に中央アジアに王朝を建設すると、各地へ侵攻し、その領域を拡大していった。イル＝ハン国の都はタブリーズ。イ

スファハーンはサファヴィー朝のアッバース1世の時代に都となる。　**問③あい**白蓮教は、東晋の慧遠(えおん)の阿弥陀信仰を基礎としており、南宋頃より民衆に信者を拡大させていった。元末には、弥勒仏が救世主として現れるという下生(げしょう)信仰と結びつき、現状に不満な民衆を引きつけて大きな勢力となった。白蓮教の指導者韓山童(かんざんどう)とその子韓林児(かんりんじ)がおこした農民反乱が紅巾の乱であり、反乱者は紅色の頭巾をつけた。白蓮教徒は清末にも反乱をおこしている。　**問⑥**ティムールは多くの学者や職人をサマルカンドに移住させ、積極的な都

市建設をおこなった。「チンギス=カンは破壊し、ティムールは建設した」といわれる。　**問⑦**サマルカンドの天文台での観測にもとづき、ウルグ=ベクが編纂した『天文表』は、当時世界的にもっとも精度の高かったものとして名高い。

24　アジア交易世界の興隆　本文 p.75〜78

1

解答　1．ティムール〈朝〉　2．オスマン〈帝国〉　3．倭寇　4．李成桂　5．朱元璋　6．南京　7．里甲〈制〉
8．六諭　9．建文〈帝〉　10．北平(北京)　11．鄭和
問①あ漢城　**い**ソウル　**問②**ウ　＊**問③あ**賦役黄冊　**い**魚鱗図冊　**問④あ**靖難の役　**い**永楽帝
問⑤イ

解説　5．朱元璋、のちの洪武帝は江南一帯をおさえたのち、北上して華北の元軍を破り中国を統一した。
6．長江の河口近くに位置する都市であり、かつては三国時代の呉の建業、南北朝時代の南朝の都建康であった。朱元璋はこの地を応天府(金陵)と改称して都とした(明は南京を都とした唯一の統一王朝である)。その後第3代永楽帝が都を北京に移したとき、南京と改称した。
問①**あい**漢江に面した要地で現在のソウルにあたる。
問②**ア**)門下省ではなく中書省が正しい。　**イ**)訓詁学は漢代から始まった、古典の字句解釈を重んじたもの。朱子学が正しい。　**エ**)都護府は唐代に周辺防備のためにおかれた。洪武帝は衛所制を整備した。　**問④あ**洪武帝の死後、第4子の燕王朱棣はみずからの軍を「君側の奸を除き、帝室の難を靖んず」るための軍、すなわち「靖難軍」と称して挙兵し、甥の建文帝から帝位を纂奪した。　**問⑤ア**)ホルムズはペルシア湾の出入り口にある貿易上の要衝。　**ウ**)アデンはアラビア半島南西の紅海に面した交易都市。　**エ**)パレンバンは東南アジアのスマトラ島にある交易都市。

2

解答　1．中山〈王〉　2．琉球　3．マラッカ〈王国〉　4．世宗　5．金属活字　6．足利義満　7．勘合〈貿易〉
8．黎〈朝〉　9．オイラト　10．ポルトガル　11．王直　12．銀
問①海禁　問②科挙の整備や朱子学の導入などをおこなった。　問③訓民正音(ハングル)
＊問④オイラトのエセンが土木堡で明の正統帝を捕虜にした事件。　問⑤**あ**北虜南倭　**い**アルタン=ハーン

解説　1・2．14世紀、沖縄本島では北山・中山・南山の3つの小国が抗争していたが、15世紀に中山王の尚氏が統一して、明の冊封体制に入った。その後、17世紀には薩摩の島津氏に制圧され、日中両属の状態になった。　3．テーマ18 **2** 8の解説(→p.27)参照。4．朝鮮王朝第4代の王で、内政・外交両面で朝鮮の最盛期を築いた。　7．日明間でおこなわれた割符(勘合符)を用いた朝貢貿易。
問③ハングルとは「偉大な文字」という意味。　問④これは中国の皇帝が野戦で捕虜になった唯一の例である。
問⑤**い**16世紀、モンゴル(タタール、韃靼)のアルタン=ハーンは、青海・チベットに勢力を拡大し、チベット仏教を保護した。

3

解答　1．生糸　2．湖広〈地方〉　3．景徳鎮　4．塩　5・6．会館、公所(順不同)　7．本草綱目　8．ザビエル
問①「湖広熟すれば天下足る」　問②各種の税や徭役を銀に一本化して納入する制度。
問③山西商人、徽州(新安)商人など　問④科挙の合格者や官僚経験者で、郷里の名士として勢力をもった人。
問⑤イ　問⑥イ　問⑦『天工開物』　問⑧「坤輿万国全図」

| **解説** | ３．江西省にある中国随一の窯業で栄えた都市。 |

解説 ３．江西省にある中国随一の窯業で栄えた都市。 ５・６．宿泊や相互扶助、情報交換などのために商工業者がつくった組織。またその建物のこと。規模の小さいものを公所ともいう。 ８．1549年に鹿児島に上陸し、現在の山口や大分で布教活動をおこなった。その後中国来訪をめざしたが、許可が下りないまま広州沖の上川島で没しており、中国では布教していない。 **問①**明代中期に長江中流域(湖北・湖南＝湖広)が穀倉地帯になったことを示す諺。宋代は長江下流域の蘇湖(江浙)地方が穀倉地帯であったが、それが内陸に移動した。下流域では、農民が重税の負担を嫌ったことと副収入として商品作物の栽培が盛んになったことに加え、大航海時代に外国人商人が入ってくることで、より収入を増やす商品作物の栽培と家内制手工業が発

達し、蘇州や杭州の絹織物、松江の綿織物などが特産品となった。テーマ22 **2** 問⑤の解説(→ p.35)参照。 **問③**山西商人は山西省出身の商人集団、徽州商人は安徽省出身の商人集団で、どちらも専売の塩を取り扱い、利益をあげた。 **問⑤**イの『紅楼夢』は清代の小説。 **問⑥**王守仁(王陽明)は宋代の陸九淵の「心即理」説を継承し、知行合一を説いて陽明学を大成した。ｂは訓詁学の説明についての文で誤り。 **問⑦**『天工開物』は宋応星が著した産業技術に関する書物。豊富な図版が特徴である。 **問⑧**マテオ＝リッチはイタリア出身のイエズス会宣教師。1583年マカオに入り、布教のほかヨーロッパの科学技術の紹介でも功績を残した。「坤輿万国全図」は彼の指導のもとに作製された中国最初の世界地図。

4

解答 １．マニラ　２．アユタヤ〈朝〉　３．タウングー〈朝〉　４．織田信長　５．朱印〈船〉　６．日本町　７．マカオ　８．台湾　９．女真　10．ホンタイジ　11．張居正　12．李自成
　問①イスラーム教　**問②**ポルトガル(スペインやオランダも可)の商人や宣教師
　問③李舜臣　**問④**鎖国　**問⑤**エ　**問⑥**江蘇省無錫

解説 １．フィリピンのルソン島西部の港市。1571年にスペインの支配下に入り、16〜19世紀には、メキシコのアカプルコとのガレオン貿易で栄えた。 ３．テーマ23 **2** 問④ア)の解説(→ p.37)参照。 ５．朱印船とは、江戸幕府から渡航許可証である朱印状を与えられた交易船のこと。 ６．17世紀に東南アジア各地につくられた日本人居住地。朱印船貿易の興隆とともに南方各地にわたった日本人は、タイのアユタヤやフィリピンのマニラ郊外などに自治権を与えられた町を建設した。 ７．中国南部、珠江河口に位置する港町。1557年にポルトガル人がここでの居住権を認められ、対中国貿易の拠点とした。 ８．台湾はゼーランディア城・プロヴィンシア城を中心にオランダ東インド会社が拠点としたが、のちに鄭成功が占領し、ここを反清復明運動の拠点とした。 ９．かつて金を建国した

女真族については、テーマ22 **2** １の解説(→ p.35)参照。建州・海西・野人の各部にわかれていたが、建州部を統一したヌルハチが金(アイシン)を建国した。また、満洲とは女真人が信仰していた文殊菩薩(マンジュシュリ)に由来する民族名である。
　問② 思考・判断 　当時「南蛮人」と呼ばれた、ポルトガル・スペイン・オランダなど国の商人や宣教師が描かれていることや、これらの人々の服装などから異国の風俗などについてもうかがい知ることができる。また、黒人が描かれていることにも着目し、なぜ黒人が含まれているのかについても歴史的に判断してみよう。
　問⑤エは２代目ホンタイジの業績である。 **問⑥**江蘇省無錫の東林書院の関係者が政府批判の中心であったことから東林派の名がついた。

25 ヨーロッパの海洋進出とアメリカ大陸の変容 本文 p.79〜80

1

解答 １．香辛料(胡椒)　２．オスマン〈帝国〉　３．エンリケ　４．バルトロメウ＝ディアス　５．ヴァスコ＝ダ＝ガマ　６．イサベル　７．マゼラン　ア)ⓓ　イ)ⓖ　ウ)ⓕ　エ)ⓘ　オ)ⓙ　カ)ⓐ
　問①『世界の記述』(『東方見聞録』)　**問②**羅針盤、新型帆船など　**問③**レコンキスタ
　問④アジア内の中継貿易に乗り出し、各地に要塞や商館を建設してアジア全域に交易網を形成した。
　問⑤あトスカネリ　いトルデシリャス条約　**問⑥**イ

解説 [地図]ⓐサンサルバドル島　ⓑパナマ　ⓒヴェルデ岬　ⓓ喜望峰　ⓔマリンディ　ⓕゴア　ⓖカリカット　ⓗマラッカ　ⓘマカオ　ⓙ平戸

1・2.14世紀以降東地中海に進出したオスマン帝国が交易を統制下におこうとしたため、香辛料を直接アジアから仕入れたいという経済的な欲求が大航海時代の大きな要因となった。　3.ジョアン1世の第3子。サグレス航海学校を創設し、船員の教育と天体観測、アフリカ探検を奨励した。ジョアン2世はジョアン1世の曾孫。テーマ20 **3** ≫3の解説(→ p.33)参照。　7.スペイン王カルロス1世(のちの神聖ローマ皇帝カール5世)の支援を得て航海に出発し、反乱や遭難に悩まされながら南アメリカ大陸南端の海峡(のちマゼラン海峡と呼ばれるようになった)を抜けて太平洋に出て、フィリピンに到達した。彼はスペイン国王の命令通りセブ島の住民を改宗させたが、その後、マクタン島のラプラプ王に攻撃され殺害された。マゼランはポルトガル人であり、表記はポルトガル語ではマガリャンイス。

問①テーマ23 **2** ≫問③の解説(→ p.37)参照。　**問②**羅針盤は中国から伝わる。　**問④** 思考・判断 ポルトガルにはアジアへの輸出品がなかったため、アジア内での中継貿易にも乗り出し、すでに現地で交通網を発達させていたムスリム商人を火器の力で圧倒しつつインド洋で活発な交易をおこない、中国や日本とも交易

した。またポルトガルはカトリック国家であり、レコンキスタとカトリック改革の勢いに乗って同時にイエズス会宣教師による布教もおこなった。　**問⑤ⓐ**フィレンツェ生まれの医者・科学者のトスカネリは、地球の直径を実際より小さく観測し、インディアス(アジア)へ行くには大西洋を西進するのが近道だと主張した。このためコロンブスは死ぬまでサンサルバドル島などを「インド」の一部だと信じ、カリブ海域の島々を西インド諸島と地名をつけ、その住民をインディオと呼ぶ結果となった。　**ⓑ**コロンブスの報告を受けた教皇アレクサンデル6世が1493年、スペイン・ポルトガルの対立を恐れて両国の勢力分界線を引いた(教皇子午線)。しかし両国は独自に交渉し、1494年、トルデシリャス条約分界線を引いた。結果的にこの分界線が教皇子午線から西への移動であったため、南アメリカではブラジルがポルトガル領になった。　**問⑥ア)**アメリゴ=ヴェスプッチは、コロンブスの報告は間違っており、これは未知の新大陸であると報告した。その後地理学者ヴァルトゼーミュラーによってヴェスプッチは「新大陸発見者」とされ、新大陸はアメリカと呼ばれるようになった。　**イ)**カブラルの誤り(上記**問⑤ⓑ**の解説参照)。カボットはイギリス王ヘンリ7世の支援で北米大陸を探検した人物。　**ウ)**バルボアは太平洋を「南の海」と命名している。「太平洋」の命名はマゼランによる。

2 ≫

解答　1.コルテス　2.アステカ〈王国〉　3.ピサロ　4.インカ〈帝国〉　5.エンコミエンダ〈制〉　6.アカプルコ〈港〉　7.マニラ　8.ガレオン〈船〉　9.価格革命
問①コンキスタドール　**問②**ラス=カサス　**問③**労働人口の激減により壊滅的な経済的打撃を受けた。など
問④ⓐポトシ銀山　**ⓑ**メキシコ銀　**問⑤**商業革命
問⑥先住民の文明が滅ぼされたこと。様々な病原体がもちこまれたこと。ヨーロッパ人の入植とともに黒人奴隷も運び込まれたこと。キリスト教の布教。など
問⑦ジャガイモ・サツマイモ・トウガラシ・インゲン豆・トマト・ピーナッツ・トウモロコシ・タバコ・カボチャ・カカオなどから3つ

解説　5.植民者による征服地の土地や住民の支配を委託されること。当初新大陸の先住民(インディオ)が人間か否かが論争となったが、最終的に人間であることが認められた。その結果スペイン国王は入植者に、先住民をキリスト教に入信させ保護することを条件に、彼らに課税したり労役をさせる権利を認めたもの。
9.テーマ34 **1** ≫問①の解説(→ p.55)参照。
問②新大陸で最初の司教となり、西インド諸島やメキシコで布教活動をおこなった。『インディアスの破壊

についての簡潔な報告』を著して先住民の保護を訴え、エンコミエンダ制を弾劾した。またインディアスに関する多くの著作を残した。　**問③** 思考・判断 黒人奴隷は古くからムスリム商人が扱っていたが、ヨーロッパ人によって大々的に実施され、その対象となった地域では労働力が奪われたために農地が荒廃した。実際に奴隷狩りをおこなっていたのは現地の黒人王国であり、さらに白人が奴隷狩りに対して銃器を提供したことでアフリカ人部族同士の対立も激化した。加えて伝

統的な農村共同体が崩壊したため植民地化が加速した。
問④あいポトシは現在のボリビアにある。またメキシコ産の銀山もあり、最終的にメキシコ太平洋岸のアカプルコ港からもちだされ、メキシコ銀と総称された。
問⑥新大陸にもちこまれた疫病は天然痘、麻疹、ペストなどであり、免疫をもたない先住民のあいだにたちまち広がった。　**問⑦**とくにジャガイモ・サツマイモ・トウモロコシなどは水分が少なく荒れた土地でも栽培が可能で、収穫量・カロリーともに多い。冷涼なヨーロッパではジャガイモが、中国では明代以降サツマイモがさかんに作付され、飢餓を解消して人口増加に寄与した。

第10章　アジアの諸帝国の繁栄

26　オスマン帝国とサファヴィー朝、ムガル帝国の興隆　本文 p.81 〜 82

1

解答　1．イル＝ハン〈国〉　2．メフメト2世　3．1453〈年〉　4．コンスタンティノープル　5．シパーヒー
6．ウラマー　7．徴税請負〈制〉　8．アーヤーン　9．カーヌーン
問①イ　**問②**イェニチェリ　**問③あ**イ　**い**カピチュレーション　*う**フランソワ1世
*え**フランス・オスマン帝国双方が対立関係にあるハプスブルク家に対抗するため。　*問④**ミッレト制

解説　2．メフメト2世は第7代のスルタン。コンスタンティノープルを占領し、イスタンブルとしてオスマン帝国の首都にしたほか、バルカン半島のほぼすべてや、黒海北岸、西アジアまで領土を広げたため、「征服王」と呼ばれた。　3．百年戦争が終わったのもこの年である。　5．シパーヒーはイェニチェリと異なり、常備軍ではなかった。　6．オスマン帝国ではスルタンの権限増大にともない、シャリーアの枠を超えた法体系として、カーヌーンと呼ばれる世俗法が制定された。テーマ16 **3** 6の解説（→ p.21）参照。　8．ムスリム社会における地方有力者のこと。徴税請負権を握り、地方社会の実質的な支配者となったことで、オスマン帝国の中央集権体制が弱体化した。
問①ア）もともとコーヒーはイスラーム世界を中心に飲まれてきたものであり、世界初のコーヒーハウスはイスタンブルで開業された。　**イ**）メッカとメディナの保護権を得たことで、大きく権威を向上させた。
ウ）セリム1世はマムルーク朝を滅ぼしたことでも知られる。　**エ**）バヤジット1世はニコポリスの戦いでハンガリー王ジギスムントを破ったが、その後アンカラの戦いでティムール軍に敗れ、捕虜となった。
問②おもにバルカン半島のキリスト教徒の少年を強制的に徴収し、改宗させるデヴシルメ制によりつくられた。　**問③あい**）カルロヴィッツ条約は1683年におこなわれた第2次ウィーン包囲などののちに結ばれた講和条約である。　**い**）"capitulation" は「降参」を意味

する英語。オスマン帝国が衰退すると裁判権や関税自主権に拡大解釈され、実質的な不平等条約となった。
え **思考・判断**　スレイマン1世はハンガリー王国の王位をめぐりハプスブルク家と争った。フランソワ1世はイタリア戦争でカール5世と激しく戦った。また、フランスは西はスペイン、東は神聖ローマ帝国およびナポリ王国、シチリア王国とハプスブルク家に囲まれており、スレイマン1世に救援を求めた。下図参照。
問④ミッレト制はオスマン帝国での呼び方であるが、同様の制度はほかのイスラーム王朝にもあったとされている。

▲カール5世のヨーロッパ内領土

第10章

2

解答　1．イスマーイール〈1世〉　2．スレイマン1世　3．シャー　4．アッバース1世　5．十二イマーム派　6．パーニーパット〈の戦い〉　7．ロディー〈朝〉　8．カビール　9．シク〈教〉　10．細密〈画〉　11．ウルドゥー〈語〉　12．ヴィジャヤナガル〈王国〉　13．マラーター〈王国〉

問①「世界の半分」　問②『バーブル＝ナーマ』　問③イ　問④あシャー＝ジャハーン　いムムターズ＝マハル
問⑤ヒンドゥー教寺院の破壊を命じ、非ムスリムへのジズヤを復活させるなどして、ヒンドゥー教徒の反発をまねいたため。

解説　4．問①アッバース1世は特権階級化したトルコ系騎兵集団をおさえ、新たな常備軍に組織し、鉄砲を導入するなど軍備を整え、1623年にはオスマン帝国からアゼルバイジャンとイラクのバグダードを奪回した。また、新都イスファハーンを建設し、「王の広場」や「王のモスク」などの大規模な建築事業をおこなった。また、貿易を奨励して「イスファハーンは世界の半分」といわれる繁栄を実現した（1979年のイラン革命で王政が倒されてからは「イマームのモスク」が正式名称となった）。　5．少数派とされているシーア派のなかの主流派の位置を占める宗派である。　8．ヒンドゥー教の強い信仰心で神に帰依することをめざすバクティ運動とイスラーム教のスーフィズムを結びつける宗教思想を体系づけた。カースト制度への批判や不可触民への差別の否定などをおこない、民衆に支持された。

また、彼の思想はシク教のナーナクやガンディーにも影響を与えた。　9．パンジャーブ地方のラホールを拠点として、イスラーム教の影響を受けてヒンドゥー教の改革を掲げたナーナクによって創始された。教義は一神教信仰やカースト制の否定など。シクとは「弟子」の意味で、ナーナクを師として、その弟子となり教えを守るためシク教といわれた。
問②「バーブルの書」という意味である。資料として非常に重要であるとともに、チャガタイ語で書かれたトルコ語文学の傑作ともいわれている。テーマ23 **3** 7の解説（→ p.37）参照。　問③アクバルが遷都した都はアグラであり、第5代のシャー＝ジャハーンはデリーに復都した。　問⑤ **思考・判断** アウラングゼーブは厳格なスンナ派であり、異教徒との融和政策を転換した。

27　清代の中国と隣接諸地域　本文 p.83 ～ 85

1

解答　1．李自成　2．呉三桂　3．北京　4．雍正〈帝〉　5．乾隆〈帝〉　6．紫禁城　7．アムール〈川〉　8．ジュンガル　9．新疆　10．藩部　11．理藩院　12．ウイグル〈人〉　13．ベグ
問①アダム＝シャール（湯若望）　＊問②山海関　問③ア　問④ア
問⑤あネルチンスク条約　いスタノヴォイ山脈（外興安嶺）　アルグン川
問⑥あツォンカパ　いダライ＝ラマ　うアルタン＝ハーン

解説　8．ジュンガルはオイラト系の一部族。18世紀初め、ガルダン＝ハーンは外モンゴルから青海、チベットにも勢力を拡大させたが、康熙帝の遠征によって敗北した。1758年に乾隆帝の遠征を受けてジュンガルは滅亡した。　9．天山山脈北方のジュンガル盆地と南方のタリム盆地を含む、東トルキスタンの周辺地域をいう。18世紀半ば、乾隆帝の時代に清朝支配下に組み込まれた。
問①アダム＝シャールはドイツ出身のイエズス会宣教師。徐光啓とともに『崇禎暦書』の作成や大砲の製造などに従事した。明滅亡後は清朝に仕え、北京の天文台長官の座に就いている。　問②渤海湾に面した万里の

長城の東端の要地で、中国本土と東北地方の境に位置する軍事・交通の要衝である。　問④明の遺臣であった鄭成功は、父鄭芝竜とともに明復興をめざしていた。彼は明の亡命政権より皇族の姓である「朱」を賜っており、これが「国姓爺」の由来となっている。日本では、江戸時代に近松門左衛門による人形浄瑠璃『国性爺合戦』が人気を博した。テーマ24 **4** 8の解説（→ p.39）も参照。　問⑤ネルチンスク条約は、ピョートル1世治世下のロシアと結んだ、清朝にとって最初の国際条約であり、中国がはじめて外国と対等な形式で結んだ近代的条約である。　問⑥あツォンカパは従来のチベット仏教の堕落に対し、飲酒・妻帯の厳禁などきびし

42　第Ⅱ部

い戒律と徳行を主張して黄帽派を開いた。　⑤テーマ 24 **2** 問⑤ⓘの解説（→ p.38）参照。

2

解答　1．両班　2．党争　3．島津〈氏〉　4．首里〈城〉　5．勘合〈貿易〉　6．朱子〈学〉　7．国学　8．生糸
9．タウングー〈朝〉　10．モン〈人〉　11．コンバウン〈朝〉　12．ラタナコーシン（チャクリ）〈朝〉　13．阮〈朝〉
問①北方民族出身の清が成立したことに対して、朝鮮こそ明を継ぐ正統な中国文化の継承者であるという意識が芽生えた。
問②長崎における中国・オランダとの貿易、対馬藩を通じての朝鮮との交流、薩摩藩が琉球を通じておこなった中国との交易、松前藩を通じてのアイヌとの交易。　問③記号：ⓒ　都市名：バタヴィア
問④会館、公所

解説　[地図]ⓐマラッカ　ⓑパレンバン　ⓒバタヴィア　ⓓアンボイナ
1．両班は高麗・朝鮮王朝時代の政治・社会の特権階層。政治的には文班と武班の2系統の高級官職を独占し、経済的には封建的土地所有者となり、兵役・賦役の免除など様々な特権が認められた。　7．日本の古典研究を通じて、儒教・仏教の影響を受ける以前に日本の精神を明らかにしようとする学問。幕末の尊皇思想に影響を与えた。　12．テーマ43 **2** 15の解説（→ p.69）参照。

問① 思考・判断　北方民族出身で、辮髪など「夷狄」の風俗をもつ清に対して、朝鮮両班層は強く対抗意識をもった。1637年に清と臣属関係を結んだ後も、みずからが正統な中国文化の継承者であると意識し、両班層のあいだで儒教の儀礼を中国以上に厳格に継承していった。　問③ジャワ島西部のジャヤカルタを、オランダが1619年にバタヴィアと改称して東インド会社の拠点とした。現在のジャカルタ。　問④テーマ24 **3**
5・6．（→ p.39）参照。

3

解答　1．満・漢同数　2．軍機処　3．文字の獄　4．緑営　5．八旗　6．辮髪　7．海禁　8．地丁銀制
9．顧炎武　10．考証学　11．紅楼夢　12．中国趣味（シノワズリ）
問①b、d
問②ⓐ乾隆帝　ⓘヨーロッパ船の来航を広州1港に制限し、行商という特定の商人たちに管理させた。
問③トウモロコシ・ジャガイモ・サツマイモなど
問④ⓐ布教にあたって中国文化を重んじ、信者に祖先崇拝などの儀礼を認めたため。　ⓘ典礼問題　⑤カスティリオーネ

解説　2．軍機処は雍正帝が設置した最高決定機関。数人の軍機大臣が皇帝の側近諮問機関として重要な政務をとった。　3．書物のなかの反満・反清的な文字を摘発し、その作者をきびしく処罰した。　4．漢人による清の正規軍。名称は投降した明の軍旗の色に由来する。　5．清朝独自の軍事制度。全軍を8つの「旗」と呼ばれる軍団にわけ、黄・白・紅・藍の4色とそれぞれに縁をつけたものからなる計8種類の旗で区別された。本来の満洲八旗に加え、モンゴル八旗、漢軍八旗がのちにつくられた。　10．儒学の経書を明らかにする際、確実な文献に典拠を求める実証的な学問。
11．『紅楼夢』は清代長編小説で、全120回のうち80回までが曹雪芹（そうせつきん）の原作。後半は別人により書き足された。心理描写にすぐれ、清代を代表する小説である。

問①イ）『古今図書集成』は、康熙帝の命により編纂が開始され、雍正帝の時代に完成した1万巻からなる類書（百科事典）である。　ウ）『四書大全』は明の永楽帝が編纂させた四書の注釈書。『四庫全書』は乾隆帝が編纂させた中国最大の叢書。経（儒教）、史（歴史・法制・地理など）、子（思想・科学技術など）、集（文学）の4部に分類編纂された。　問②広州では、貿易業務の独占を認められた商人たちが行商と呼ばれる特権商人団体を形成し、関税の徴収などの手続きなども請け負った。　問③中国では、新大陸から入ってきたサツマイモやトウモロコシが、清代の人口の急増を支えた。テーマ25 **2** 問⑦の解答（→ p.41）も参照。　問④ 思考・判断　イエズス会は、中国での布教に際して、信者に対して祖先の祭祀や孔子の崇拝などの伝統儀礼

である「典礼」を容認した。　⑥遅れて中国布教に参入したドミニコ会やフランチェスコ会などが、典礼を容認するイエズス会布教について教皇庁に提訴したところ、1704年に教皇は信徒の典礼を禁止した。これに対して、康熙帝は、イエズス会以外の宣教師を国外退去させた。その後1724年に、雍正帝はキリスト教の布教を全面禁止した。　⑤図は第2次アヘン戦争で破壊された円明園跡。円明園はカスティリオーネの設計によるバロック式の庭園。

28　ルネサンス

本文 p.86〜87

1

解答　1．再生　2．万能人　3．フィレンツェ　4．メディチ〈家〉　5．ペトラルカ　6．ボッカチオ　7．地球球体〈説〉　8．地動〈説〉
問①B　問②人文主義(ヒューマニズム)　問③ホメロス　問④ミケランジェロ

解説　2．レオナルド＝ダ＝ヴィンチの絵画作品は10数点しか確認されていないが、絵画・彫刻・建築以外に機械工学・軍事学・物理学・数学・流体力学・飛行原理・解剖学・血液学・地質学・植物学など当時の諸科学・技術に精通しており「万能人(ウォモ＝ウニウェルサーレ)」であった。　4．フィレンツェの大富豪一族。15世紀にはコジモが共和国元首としてフィレンツェの支配権を握った。孫ロレンツォの代に繁栄の頂点を迎え、ルネサンスの学芸保護につとめた。テーマ19 **2** 13の解説(→ p.30)参照。　6．一時ナポリ公の保護を受け、フィレンツェに戻って多くの作品を残した。『デカメロン』は、1348年の黒死病(ペスト)の流行を避けてフィレンツェ郊外に移った10人の男女が各人1話ずつ語り合う物語。写実的な手法で人間の欲望を肯定的に描き、近代の人間解放と中世の終末を告げる記念碑的作品となった。彼はダンテに傾倒し、晩年はペトラルカと親交を深めた。
問①Bの『アテネの学堂』はラファエロの作。　問②中世ではキリスト教的な価値観に縛られ、人間は、生まれながらに罪を負い、不浄で無力な存在とされていたが、そのことに対する批判から、人間を価値あるものとして尊ぶギリシア・ローマ文化を肯定的に探究する動き。　問③テーマ2 **4** 問③の解説(→ p.4)参照。問④ミケランジェロはフィレンツェでメディチ家の保護を受けたが、ロレンツォ＝デ＝メディチの没後にローマへ赴き「ピエタ像」を制作し、その後フィレンツェに戻ると「ダヴィデ像」を制作した。さらに教皇ユリウス2世の招きでシスティナ礼拝堂天井画「天地創造」を、教皇パウルス3世の依頼で同礼拝堂大壁画「最後の審判」を完成させた。サン＝ピエトロ大聖堂の修築にも関わり現在の大聖堂の大部分を完成させた。

2

解答　1．遠近〈法〉　2．騎士　3．羅針盤　4．グーテンベルク　5．ダンテ　6．エラスムス　7．ユートピア　8．セルバンテス
問①あブルネレスキ　いブラマンテ　問②あボッティチェリ　いブリューゲル　問③ア　問④『愚神礼賛』
問⑤『ガルガンチュアとパンタグリュエルの物語』　問⑥エ

解説　3．中国では磁石の指極性は古くから知られており、魚形の磁鉄を水に浮かべる「指南魚」として用いられ、航海に使用したという記事もある。　5．ゲルフ(教皇党)・ギベリン(皇帝党)に分裂するイタリアで、フィレンツェ市行政長官に選ばれたが、策謀により財産没収・永久追放に処され、イタリア各地を転々とした。この放浪のあいだに書かれた『神曲』は、苦悩と錯誤を経て魂の純化に至る人生を象徴的に表現している。
6・問④16世紀最大のヒューマニスト(人文主義者)。ギリシア語『新約聖書』やギリシア古典劇のラテン語訳などを刊行した。『愚神礼賛』はイギリス滞在中にモア宅で執筆され、モアに捧げられた。教会や聖職者の腐敗を鋭く攻撃したが、彼自身は終生ローマ＝カトリック教会の教義から離れることなく、宗教改革には同調しなかった。　7．「ユートピア」という言葉は理想社会を託した架空の島名で、もともとはラテン語で「ど

こにもない」の意味。そのなかで16世紀におこった第１次囲い込み運動を「羊が人を喰らう」と表現してきびしく批判した。俗人としてはじめて大法官に就任したが、国王ヘンリ８世の離婚に反対して辞職。その後もイギリス国教会創設や首長法などに反対したため、反逆罪に問われ刑死した。　８．彼が投獄中に執筆したのが『ドン＝キホーテ』(正式名称『才気あふれる郷士ドン＝キホーテ＝デ＝ラ＝マンチャ』)。みずからを伝説の騎士と思い込み、痩せこけた馬ロシナンテにまたがり、現実主義の従者サンチョ＝パンサを引き連れて遍歴の旅に出る。風車に突進する話は、スペインを象徴する騎士ドン＝キホーテが、オランダを象徴する風車に負けるという、オランダ独立戦争を暗示する内容になっている。

問②あフィレンツェでメディチ家の保護を受けて活躍し、キリスト教徒古典文化の調和をめざした。ほかに『春』などの代表作がある。　いフランドルで活躍した画家。風景画や寓意画などを多数残したが、とくに農民や民衆の日常生活を描いた絵はよく知られており、「農民画家」とも呼ばれている。　問③a.正しい。チョーサーは、イギリス＝ルネサンスの先駆的詩人。ボッカチオに影響を受け『カンタベリ物語』を著した。b.正しい。モンテーニュはフランスの人文主義者。『エセー』(『随想録』)で社会や人間について深く省察し、随筆文学の祖と呼ばれる。　問⑤巨人の父子ガルガンチュアとパンタグリュエルを中心とした奇想天外な物語のなかに社会や教会批判を盛り込んだ作品。　問⑥エ)テーマ13　4　問②あⅢの解説(→ p.16)参照。

29 宗教改革

1

解答　＊１．レオ10世　＊２．ヴィッテンベルク〈大学〉　３．九十五カ条の論題　＊４．福音　５．万人司祭〈主義〉　６．カール５世　＊７．シュパイアー〈帝国議会〉　＊８．シュマルカルデン〈同盟〉
問①ウィクリフ　問②サン＝ピエトロ大聖堂を(ルネサンス様式に)改築する資金の調達。　問③活版印刷術
問④「ローマの牝牛」　問⑤イ　問⑥＊あモハーチの戦い　いスレイマン１世　問⑦プロテスタント
問⑧　諸侯は自身の領邦の宗教についてカトリック派かルター派の選択の権利を得た一方で、領民は領主の信仰に従うこととされた。

解説　問①ウィクリフの影響を受けて15世紀初め頃にフスがベーメンで宗教改革をおこなった。フス派はその後も残り、カルヴァン派に合流した。テーマ20　1　７・８の解説(→ p.32)参照。　問③ウィクリフ、フスとルターの運命の決定的な差をもたらしたのが活版印刷術であった。活版印刷によってドイツ全土で大きな反響を生んだため、カトリック側は公開の場でルターを告発する必要が生じ、1519年、スコラ学者エックとの公開討論会がおこなわれたのである。　問⑤ドイツ農民戦争に対して、ルターは当初は農民たちに同情的だった。しかし農民たちが「聖書を根拠」に階級闘争までも求めた『12カ条の要求』を出し、再洗礼派が主体となって過激化してくると、ルターは一転してこれを弾圧する諸侯の側に回った。このためミュンツァーはルターを「嘘つき博士」と、ルターはミュンツァーを「悪魔」と互いに激しく罵り合うようになる。ルターが諸侯側を擁護することになったのは、彼があくまで改革を純粋に信仰の面に限定していて、社会的秩序を改革する意図がなかったためである。　問⑥あいテーマ26　1　問③えの解説(→ p.41)参照。　問⑦「プロテスタント」は「抗議する者」の意。1529年にルター派諸侯が皇帝に送った「抗議文(Protestatio)」からくる名称で本来はルター派を指したが、カトリック教会から分離したキリスト教諸派をあらわす総称となっている。
問⑧ **思考・判断**　「治める者の宗教、その地を支配する」といわれたように１人の支配者のおよぶところに１つの宗教があるという原則が生まれ、領民は領主の宗教に従うとされた。諸侯がルター派となる場合には領邦内の教会の首長となり、教皇から自立して教会を監督する領邦教会制をとることになった。一方でカルヴァン派は異端として厳禁された。

2

解答　１．ツヴィングリ　２．ジュネーヴ　３．予定〈説〉　４．首長〈法〉　５．統一〈法〉　６．トリエント〈公会議〉
７．魔女狩り

＊問①『キリスト教綱要』　問②長老制度　問③⑥プレスビテリアン（長老派）　⑥ユグノー　⑥ゴイセン
問④王妃との離婚問題
問⑤ほぼカルヴァン主義を採用しているが、制度や儀式の面でもカトリック的な要素を残している。
問⑥カトリック改革（対抗宗教改革）　問⑦ベラスケス　問⑧イグナティウス＝ロヨラ
問⑨⑥ゴア　⑥ザビエル

解説　1．カトリックにとどまった州との内戦のなか、1531年にカッペルの戦いで戦死した。彼の「予定説」はのち、カルヴァンに影響を与えた。　2・3．カルヴァンは初めフランスで改革に取り組んだが、国王フランソワ1世の迫害でフランスを離れ、友人の招きでジュネーヴを訪れて後半生はこの地で改革に取り組み没した。そのためジュネーヴは後年、「プロテスタンティズムのローマ」と呼ばれた。　4．首長法（国王至上法）とは、イングランドの聖職者の最高位たるカンタベリ大司教（大主教）以下の階層制は維持したまま、国王をイングランド教会の最高の首長としてカトリック教会から分離独立するというもの。なお『ユートピア』の著者である大法官トマス＝モアは、この法に反対して斬首された。　6．トリエント公会議は当初新旧両派の調停をはかることが目的であったが、新教側が出席を拒否したため、カトリックの教義再確認に終始した。**問③**⑥ゴイセンについてはテーマ30 **2** **問②**⑥の解説（→ p.47）参照。　**問④**ヘンリ8世は男子の後継者にこだわり、スペイン王家出身の王妃カザリンと離婚して侍女アン＝ブーリンとの再婚によって嫡子を得よう

とした。しかし、スペイン王で神聖ローマ皇帝でもあったカール5世の叔母である王妃との離婚を教皇が認めなかったため、宗教改革へと踏み出した。しかし皮肉にもアン＝ブーリンとのあいだに生まれたのは娘であり（のちのエリザベス1世）、国王の寵愛を失ったアン＝ブーリンは姦通罪で処刑され、ヘンリ8世は侍女ジェーン＝シーモアと再婚した。彼女とのあいだに生まれたのがエドワード6世である。　**問⑤** 思考・判断 教義の面でカルヴァン主義を採用する一方でヘンリ8世は信仰面でカトリック教義と決別しておらず、国教会はカトリックとプロテスタントの橋渡しである「中道の教会」と自認した。　**問⑦**バロック様式はカトリック改革と絶対主義の時代に生まれた、豪壮華麗な、カトリック教会と絶対君主の威光の象徴というべき芸術様式。図はベラスケスの代表作の1つ「ラス＝メニーナス（宮廷の侍女たち）」である。　**問⑧**スペインのフランスとの国境に近いバスク地方出身。同郷のザビエルらとともに7人でイエズス会を結成、初代総長となった。　**問⑨**⑥テーマ24 **3** 8（→ p.39）参照。

---

30 ┃ 主権国家体制の成立　本文 p.90 〜 92

1 ▷

解答　1．イタリア〈戦争〉　2．フランス〈国王〉　3．神聖ローマ〈皇帝〉〈帝国〉　4．マキァヴェリ　5．絶対王政　6．中央集権〈化〉　7．首都　8．宮廷〈文化〉　9．常備軍　10．官僚　11．オランダ　12．イギリス
問①「トルコの脅威」　問②イタリア＝ルネサンスが終焉した。　＊問③チェーザレ＝ボルジア
問④カルロス1世　問⑤⑥フェリペ2世　⑥フェルディナント1世
問⑥支配・統治・裁判に関する最高かつ絶対の権力である主権を有する独立の領域をもつ国家の形態で、近代国家の原型。

解説　4．マキァヴェリは、フィレンツェの外交官。隠棲中に『君主論』を著した。当時のイタリアは多くの小国に分裂し、外国の圧迫を受けて混乱の渦中にあったが、イタリア統一への願いから「統一を実現し得るのはいかなる君主か」を論じ、チェーザレ＝ボルジアに理想的な君主像を見出した。最後にメディチ家への期待を述べて論を終える。　12．英仏の抗争についてはテーマ31 **3** の表「17世紀後半〜18世紀における英

仏の争い」（→ p.50）を参照。
問③チェーザレ＝ボルジアは、ローマ教皇アレクサンデル6世（ロドリゴ＝ボルジア）の庶子で、父の庇護のもとローマ教皇領の拡大につとめ、すぐれた政治的手腕を発揮した。その権謀術数を駆使した政治的駆け引きは、マキァヴェリによって賞賛され、『君主論』執筆の契機となった。　問④ハプスブルク家出身、かつ母がスペイン王女であったため、皇帝に選出されるとス

ペイン・ドイツにまたがる大帝国を実現し、君主としての称号は合計で71に達した。　問④テーマ25**1**▶7の解説(→ p.40)参照。　問⑤あフェリペ2世は、神聖ローマ皇帝カール5世(スペイン王カルロス1世)の長男。父の引退後、スペイン王位を継承。のちにポルトガル王位も継承し、「太陽の沈まぬ帝国」を築いた。いフェルディナント1世は、神聖ローマ皇帝カール5世の弟。兄の引退後、神聖ローマ皇帝に即位。

2▶

解答　1．フェリペ2世　2．ポルトガル　3．レパントの海戦　4．イエズス会　5．異端審問　6．オラニエ公ウィレム　7．エリザベス1世　8．無敵艦隊(アルマダ)　9．東インド会社　10．アンリ4世
問①「太陽の沈まぬ帝国」　問②あカルヴァン派　いゴイセン　問③ユトレヒト同盟
問④オランダ独立戦争　問⑤＊あ私掠船(私拿捕船、公認海賊船)　＊いドレーク　問⑥ヴァージニア
問⑦ユグノー戦争　問⑧ユグノー(カルヴァン派)に個人の信仰の自由を与えた。

解説　1．**1**▶問⑤あの解説参照。　3・8．レパントの海戦は、スペイン(フェリペ2世)、ローマ教皇(ピウス5世)、ヴェネツィアの3国の連合艦隊が、オスマン帝国(セリム2世)の海軍を破った戦い。スペイン艦隊は、この勝利とその後の増強により無敵艦隊(アルマダ)と称されるようになった。　7．エリザベス1世は、ヘンリ8世の次女。テューダー朝最後の王。生涯独身で「国家と結婚した」・「臣民すべてが夫である」と自称したので「ヴァージン＝クィーン」と呼ばれる。父王の残したイギリス国教会を整備し、プロテスタント国家を盤石にした。また、海外進出に乗り出し、のちの繁栄の礎を築いた。　9．東インド会社は、ヨーロッパ各国が、アジア地域との貿易独占権を与えて設立した貿易特許会社。イギリス以外では、オランダとフランスの東インド会社が名高い。オランダ東インド会社は世界最初の株式会社(1602年設立)。　10．アンリ4世は、ヴァロワ王家の王位継承権をもつ親王家筆頭のブルボン家の当主。母からナバラ王位を継承し、フランスではユグノーの盟主。ブルボン朝の始祖。
問②いゴイセンとは「乞食」の意。当時オランダ総督であったパルマ公妃マルゲリータを安心させようと側近が「彼らは乞食(ゴイセン)の群れにすぎません」と語り、彼らもこのように自称するようになった。　問③ネーデルラント各州は、軍事同盟(ユトレヒト同盟)を結んでスペイン軍と対峙した。同盟の条文は、独立後のオランダの基本法に取り入れられた。　問④オランダ独立戦争は、八十年戦争(1568～1648)ともいう。1609年に休戦条約が成立し、事実上の独立を果たしたが、48年のウェストファリア条約でスペインが独立を承認するまで、形式的には戦争状態が継続されていたため。
問⑤あ私掠船(私拿捕船、公認海賊船)は、国王が、特定の個人または団体に特許を与えて、同盟国以外の外国の艦船を拿捕・略奪することを認めたもの。利益は、国庫・出資者・船長以下乗組員に所定の比率で分配された。この海戦で活躍したホーキンスをはじめとした軍人たちは、国王から特許を得て、スペインの中南米植民地やそこから銀を運ぶ船を襲う海賊としても活動していた。　いドレークは、私掠船(私拿捕船、公認海賊船)の船長として活躍。マゼランにつぐ2回目の(イギリス人としては初めて)世界周航(1577～80)を、スペイン船への略奪をしながら達成した。また、1588年、スペイン無敵艦隊(アルマダ)をイギリス艦隊の指揮官として迎撃するなど活躍した。　問⑥エリザベス1世の寵臣ローリーが最初の計画であるヴァージニア植民をおこなったが失敗した。その後、17世紀初めに建設されたジェームズタウンが、最初の永続的な植民地となった。　問⑦ユグノーは、フランスでのカルヴァン派プロテスタント。　問⑧アンリ4世は、即位に際してユグノーからカトリックに改宗したが、王令でユグノーに個人の信仰の自由を与え、内戦を終結させた。

3▶

解答　1．アウクスブルク〈の和議〉　2．バルト〈海〉　3．スウェーデン　4．フランス　5．カルヴァン〈派〉
6．オランダ
問①あフェルディナント2世　＊いハプスブルク家出身のベーメン(ボヘミア)王が、ベーメン(ボヘミア)のプロテスタントの住民に対してカトリックを強制した。　問②あグロティウス　い最大にして最後の宗教戦争
問③ア、イ、エ

第11章

問④ⓐ帝国内の各諸侯にほとんど完全な主権が認められ、領邦国家体制が確立したため。
ⓑオランダ、スイス（順不同）　問⑤プロイセン

解説　問①フェルディナント2世は、ハプスブルク家出身。イエズス会士によって教育を受けたため熱狂的なカトリック信者として成長。ベーメン（ボヘミア）王に即位し、住民にカトリックを強制し、反乱をまねいた。そののち神聖ローマ皇帝に即位。スペイン＝ハプスブルク家の支援を得て、帝国の中央集権化とカトリックの強制を企図したことが三十年戦争の泥沼化をまねいた。　問②ⓐグロティウスは、オランダ出身の法律家。主著『戦争と平和の法』（1625）は三十年戦争の悲惨さに接して国家間のルールの必要性を説いたものであり、「国際法の父」と呼ばれた。　問③ア）スペイン＝ハプスブルク家は、一貫してオーストリア＝ハプスブルク家を支援したが、プロテスタント国家であるスウェーデンは、国王グスタフ＝アドルフのもとプロテスタント側で参戦した。　イ）バルト海の覇権をめざしたのはスウェーデン。プロテスタント国家であるデンマークは、国王クリスチャン4世のもとプロテスタント側で参戦した。　エ）チャールズ1世は、スペインとの戦費を徴収しようとして、議会と対立した。

31 オランダ・イギリス・フランスの台頭

本文 p.93 ～ 95

1

解答　1．毛織物〈業〉　2．バルト海　3．中継貿易　4．アムステルダム　5．東インド会社　6．バタヴィア　7．ニューアムステルダム　8．イギリス＝オランダ（英蘭）〈戦争〉　9．ウィレム3世
問①アンボイナ事件　問②ⓐケベック　ⓑジブラルタル　ⓒケープ　ⓓボンベイ　ⓔマドラス　ⓕポンディシェリ　ⓖシャンデルナゴル　ⓗカルカッタ　ⓘ台湾　問③航海法

解説　5．1600年のイギリス東インド会社についで、02年に設立された。世界初の株式会社といわれる。イギリスより2年遅れたものの、その資本金はイギリスよりもはるかに多く、非常に大きな力をもった。喜望峰からマゼラン海峡までの貿易独占権が認められていたほか、敵対する国・勢力と戦争をする主権的権限が与えられたため、1つの国家のような存在であったといえる。　6．現在のインドネシアの首都（ジャカルタ）である。　7．イギリスに奪取されたのちはニューヨークと改称された。　9．妻はイギリスのジェームズ2世の娘メアリであったため、イギリス＝オランダ戦争後、ウィレム3世はイギリスに王として迎えられ、妻メアリ2世との共同統治者ウィリアム3世となった（名誉革命）。このようにイギリス＝オランダ戦争後はフランスに対抗するために英蘭は結びついた。
問②ⓐ1608年フランスの植民地として建設された。現在の住民もフランス系カナダ人が多く、1980年と1995年に分離独立に向けた州民投票がおこなわれ、否決されている。　ⓑスペイン継承戦争の講和条約によりイギリスの領有が認められ、現在もイギリス領となっている。スペインは返還を求めているがいまだ認められていない。　ⓒ1652年にオランダ人がはじめて入植した。ケープ植民地に入植したオランダ人たちはブール人（ボーア人）と呼ばれる。　ⓘテーマ24 4 8の解説（→ p.39）参照。　問③共和制下のイギリスでクロムウェルが制定した重商主義政策の一環である。

2

解答　1．ジェームズ1世　2．ステュアート〈朝〉　3．チャールズ1世　4．王権神授〈説〉　5．権利の請願
6．共和政　7．ホッブズ　8．重商〈主義〉　9．航海法　10．イギリス＝オランダ（英蘭）〈戦争〉　11．王政復古
12．権利の章典　13．名誉〈革命〉　14．ロック　15．グレートブリテン〈王国〉　16．ウォルポール
問①＊ⓐエ　ⓑ当時ヨーロッパでは三十年戦争などの戦乱があいつぎ、干渉する余裕がなかったため。
問②＊人身保護法　＊問③「王は君臨すれども統治せず」

解説　1．ジェームズ1世はチャールズ1世と同様に専制体制を敷くために『自由なる君主国の真の法』という論文をみずから書いている。また、イギリス国教会を王権の支柱とするため、非国教徒への弾圧をおこな

った。この宗教的弾圧を逃れるために、1620年にメイフラワー号に乗り北米に移住した人々がピルグリム＝ファーザーズである。　３・５．権利の請願が出された背景として、国王の専制のほかにも、フランスの弱体化をはかってフランス国内のユグノーを支援しようしたことによる財政難もあげられる。1640年に国王が再び議会を招集したのは、スコットランドに対して国教会を強制したためにおこった反乱の戦費調達がきっかけである。　８．国富増加による経済基盤の強化を目的とした経済政策である。様々な形態があるが、共通しているのは、政治権力が経済活動に強力に介入するという点である。　14．ロックの主張は、その後のアメリカ独立革命およびフランス革命の思想的なよりどころとなっている。哲学者としてはテーマ33 **1** 〉7の解説（→ p.51）参照。

問①あエ）この時に追放されたのは長老派である。残った議会派は独立派と水平派だけとなったが、まもなくクロムウェルにより弾圧され、事実上のクロムウェル独裁政治となった。また、長老派が追放された後の議会のことを"Rump　Parliament"と呼び、日本語では「残部議会（尻議会）」と呼ぶ。　⊙**思考・判断**　17世紀のヨーロッパはほかにもフロンドの乱やスペインのカタルーニャの反乱、ロシアのステンカ＝ラージンの反乱など戦乱があいつぎ、「17世紀の危機」と呼ぶこともある。原因としては新大陸からの銀の流入が減少したことや寒冷化による凶作などがあげられるとされる。　問②カトリック教徒であるチャールズ２世は、1670年にルイ14世とドーヴァーの密約を結び、カトリックの復活を約束し、議会との対立を深めていった。議会はこれに対して審査法および人身保護法を制定し、市民の権利の保護をはかった。また、同じカトリック教徒である弟ジェームズの王位継承を認めるかで議会内で対立がおこり、王位継承を認めるトーリ党（のちの保守党）と認めないホイッグ党（のちの自由党）の２つの政治党派が生まれた。

3〉

解答
1．ブルボン〈朝〉　2．マザラン　3．フロンドの乱　4．太陽〈王〉　5．ヴェルサイユ〈宮殿〉　6．コルベール　7．東インド会社　8．スペイン継承〈戦争〉　9．フレンチ＝インディアン〈戦争〉　10．パリ〈条約〉
11．武器　12．黒人奴隷　13．砂糖
問①ウ　問②アカデミー＝フランセーズ
問③ナントの王令を廃止したことから、商工業者が多いユグノーが国外に亡命したため。　問④ア
問⑤プラッシーの戦い

解説
3．フロンドの乱は幼少で即位したルイ14世のもとで国政を率いたマザランの中央集権化に反発した貴族の反乱ではあるが、同時に農民の一揆やパリの民衆反乱もおこっていた。　7．フランスの東インド会社はインドのポンディシェリとシャンデルナゴルを拠点としていたが、プラッシーの戦い（テーマ43 **1**〉問②の解説（→ p.68）参照）に敗れてインド経営から撤退した。　8・9．これらのフランス対イギリスの戦争はすべてイギリスの勝利に終わった。イギリスが勝利をおさめることができた理由の１つとして、議会により国家の財政が安定し、信頼性の高い国債の発行が可能であったことがあげられる。この国債の発行業務は、中央銀行であるイングランド銀行が担った。　11．アフリカに武器が輸出されたことにより、アフリカの民族間での対立が深まり、また、若者が奴隷として大量にアメリカに送られたため、労働力が大幅に減った。これにより、アフリカは発展を阻害されてしまった。　問①a．三十年戦争は「最後にして最大の宗教戦争」と呼ばれるとおり、プロテスタント対カトリックの対立から始まった戦争であるが、フランスは宗教的動機よりも実利を取り、ハプスブルク家を弱めるために反皇帝側で参戦した。　b．再び全国三部会が招集されたのは国家財政が行き詰まった1789年のことである。
問②アカデミー＝フランセーズの設立当時の目的はフランス語を理解可能な言語に統一することであった。その後、様々な分野の学者が入会し、「フランス学士院」という現在のフランスの最高の学術機関となった。アカデミー＝フランセーズ自体もフランス学士院を構成するアカデミーの１つとして現在も存続している。
問③テーマ30 **2**〉問⑧の解説（→ p.47）参照。　問④ユトレヒト条約の内容は、ⅰ）スペイン＝ブルボン朝を認めるかわりに同君連合は永久に禁止される。ⅱ）イギリスはスペインからジブラルタルとミノルカ島を、フランスからニューファンドランド、ハドソン湾地方、アカディアを獲得。などがある。また、付帯条約によりアフリカの黒人奴隷を中南米大陸へ運ぶアシエントがイギリスに譲渡され、スペインのアメリカ大陸支配は大きく後退することになった。また1714年、フラン

スとオーストリア間で結ばれたラシュタット条約で南ネーデルラントがオーストリアに割譲された。　問⑤プラッシーの戦いがおこなわれていた時、ヨーロッパでは七年戦争が、北米大陸ではフレンチ＝インディアン戦争がおこなわれており、それぞれでイギリスとフランスは対立関係にあった。

フランス王	ヨーロッパ		北米大陸		インド	
ルイ14世	ファルツ戦争	1688〜97	ウィリアム王戦争	1689〜97		
	スペイン継承戦争	1701〜13(14)	アン女王戦争	1702〜13		
			ユトレヒト条約　1713			
ルイ15世	オーストリア継承戦争　1740〜48		ジョージ王戦争	1744〜48	第1次カーナティック戦争　1744〜48	
					第2次カーナティック戦争　1750〜54	
	七年戦争	1756〜63	フレンチ＝インディアン戦争　1754〜63		第3次カーナティック戦争　1758〜63	
					プラッシーの戦い　　　　　1757	
			パリ条約　1763			

▲17世紀後半〜18世紀における英仏の争い

32　北欧・東欧の動向

1

解答　1．リトアニア　2．選挙〈王政〉　3．カトリック〈化〉　4．デンマーク　5．バルト〈海〉　6．北方〈戦争〉　7．イヴァン4世　8．ロマノフ〈朝〉　9．ペテルブルク　10．ネルチンスク〈条約〉
問①あエカチェリーナ2世、ヨーゼフ2世、フリードリヒ2世　いコシューシコ　問②ツァーリズム
問③あステンカ＝ラージン　いプガチョフ
問④多くの専門家を西欧からまねいて軍事改革と先進技術の導入につとめ、社会慣習も西欧風に改めた。
問⑤康熙帝　＊問⑥ラクスマン

解説　7．モスクワ大公として正式に全ロシアのツァーリ（皇帝）を称した。専制政治を進め、「雷帝」と恐れられた。　9．バルト海に面し、ネヴァ川河口に位置する交通の要衝。帝国の首都として経済的にも文化的にも栄えた。1914年、第一次世界大戦の勃発によってドイツ語由来のサンクト＝ペテルブルクからペトログラードと改称され、ロシア革命の際はその中心舞台となった。24年レーニンの死後彼を記念してレニングラードと改称されたが、ソ連が崩壊する91年、旧称のサンクト＝ペテルブルクになった。
問①あ順にロシア・オーストリア・プロイセンの啓蒙専制君主。　いポーランドの軍人で、アメリカ独立戦争にも参加した。その後帰国し、独立をめざして戦ったが負傷して捕えられ、追放処分によりアメリカに渡った。　問③いエカチェリーナ2世の農奴制強化策が進められるなか、ピョートル3世を僭称して農民反乱を指導したが、最後は処刑された。　問④ピョートル1世は、外交政策では不凍港確保のため、「南下政策」を国是として、艦隊を建造して常備軍をもち、オスマン帝国やスウェーデンを破った。国内政策では「南下政策」実現のために西欧的改革を断行して、製鉄所・兵器工廠・造船所を新造するため2次にわたって西欧視察団を派遣し、みずからもこれに参加した。ロシア絶対王政を確立し、「帝冠を戴いた革命家」ともいわれるが、農奴制はかえって強化されてロシアの後進性につながった。　問⑥アダム＝ラクスマンは、伊勢（現在の三重県）出身の漂流日本人船頭（船長）大黒屋光太夫らの一行6人がペテルブルクに赴き、エカチェリーナ2世に謁見して帰国を請願して認められた際に、光太夫ら3人の送還を兼ねて日本との通商を開くための使節として派遣された。

2

解答　1．ドイツ騎士団〈領〉　2．ブランデンブルク〈選帝侯国〉　3．フリードリヒ＝ヴィルヘルム　4．ハプスブルク〈家〉　5．ウィーン〈包囲戦〉　6．チェコ（チェック）〈人〉　7．マジャール〈人〉　8．マリア＝テレジア　9．オーストリア継承〈戦争〉　10．七年〈戦争〉　11．ロココ〈様式〉　12．サンスーシ〈宮殿〉　13．ヨーゼフ2世
問①ホーエンツォレルン家　問②ユンカー　問③カルロヴィッツ条約　問④「君主は国家第一の僕」
問⑤シュレジエン地方　問⑥外交革命
問⑦啓蒙思想の影響下、君主が専制を維持するため近代化をおこなう体制。

50　第Ⅱ部

解説 8．父カール6世の死後、23歳でハプスブルク家の家督を継いだ。1748年アーヘンの和約で継承権を認められ、名目上は夫の皇帝フランツ1世(在位1745～65)と共同統治、夫の死後は長子の皇帝ヨーゼフ2世(在位1765～90)と共同統治とされたが、実質上は没するまで実権を握り続けた。　10．マリア゠テレジアが失地回復のためブルボン家と同盟すると、イギリスの財政支援を受けたプロイセンが機先を制して出兵し七年戦争が始まった。しかし戦争は長期化し、プロイセンの首都ベルリンも占領された。ところが1762年に即位したロシア新皇帝ピョートル3世(在位1762)が親プロイセンの立場をとってオーストリア・ロシア同盟が解体され、また北米植民地でフランスがイギリスに敗れたため、63年フベルトゥスブルク条約が結ばれ、プロイセンのシュレジエン領有が再確認された。　13．父の死で1765年マリア゠テレジアの共同統治者となる。母の死後、親政を開始した。フリードリヒ2世と並ぶ啓蒙専制君主の典型で、農奴解放、宗教寛容令、税制改革、学校・病院建設など進歩的な社会政策を展開したが、保守派の反対や異民族の反乱もあって失敗した。

みずから選んだ墓碑銘は、「善良なる意志にもかかわらず何事にも成功しなかった人ここに眠る」。
問②エルベ川以東、おもにプロイセンの貴族階級を構成する領主貴族。「ユンカー(Junker)」はもともと「若だんな」の意味。のちドイツ統一を成しとげたビスマルクもユンカー出身である。　問④フリードリヒ2世の著作である『反マキァヴェリ論』からの引用。　問⑤1526年よりハプスブルク家が支配。鉄・石炭など地下資源が豊富な鉱工業地帯であり、ここを領有したことで、プロイセンの土地・人口が倍増した。現在ポーランド領シロンスク地方。　問⑥マリア゠テレジアが宰相カウニッツの献策を受けて踏み切った。また、フランスのルイ15世と実質的な外交を担当していたポンパドゥール夫人も旧来の敵対関係よりも、イギリスとの対立を重視して、オーストリアの提案を受け入れた。その際に同盟の証しとして、マリア゠テレジアの末娘マリ゠アントワネットとルイ15世の王太孫ルイ(のちのルイ16世)との政略結婚がおこなわれた。　問⑦農業・商工業の奨励、宗教的寛容の実現、さらに死刑・拷問の廃止、初等教育の拡充などがはかられた。

33　科学革命と啓蒙思想　本文 p.98 ～ 99

1

解答　1．ガリレイ　2．ケプラー　3．ニュートン　4．科学革命　5．デカルト　6．フランシス゠ベーコン　7．ロック　8．ホッブズ　9．グロティウス
問①帰納法　問②イ　問③モリエール　問④観念論哲学　問⑤進歩主義

解説　2．デンマーク人ブラーエに師事し、ブラーエの火星観測記録を利用して、惑星運行の3法則を発表した。これは地動説を発展させており、ニュートンの万有引力発見の基礎となり、近代天文学・物理学の出発点となった。　3．彼は一方で錬金術にも熱中しており、「理性の時代の最初の人ではなく最後の魔術師」という評価もある。　7．ロックは生まれたばかりの人間の魂を「タブラ゠ラサ(白紙)」の状態とし、一切の知識は生後の経験からなるとして経験主義を徹底した。彼の著書『統治二論』では社会契約説の立場から革命権をとなえ、のちのアメリカ独立宣言に多大な影響を与えている。テーマ31　**2**　14の解説(→ p.49)参照。　8．ロックとともに社会契約説をとるが、ロックが名誉革命を理論的に擁護しているのに対し、ホッブズは自然

状態を「万人に対する万人の闘争状態」ととらえて絶対主義擁護の立場をとった。　9．テーマ30　**3**　問②あの解説(→ p.48)参照。
問①これに対して法則から現象を説明する思考法を演繹法という。帰納法は経験主義哲学の思考法、演繹法は合理主義哲学の思考法として用いられた。　問②イ)はジェンナー。ラヴォワジェは燃焼理論をとなえたフランスの化学者。彼は徴税請負人であったことから、フランス革命の時に逮捕され、科学的実績を惜しんで助命嘆願が出されたが「共和国に科学者は不要」としてギロチン台で処刑された。　問③モリエールは悲劇『ル゠シッド』のコルネイユ、同じく悲劇『アンドロマク』のラシーヌと並んでフランス三大古典主義劇作家と称されている。

2

解答　1．テュルゴ　2．諸国民の富(国富論)　3．古典〈派〉　4．ヴォルテール　5・6．ディドロ、ダランベ

ール(順不同)　**7.**世論
問①自由放任主義(レッセ＝フェール)　**問②**宗教的寛容
問③あ内容：ウ　著者：モンテスキュー　**い**内容：ア　著者：ルソー
問④コーヒーハウス、カフェ、クラブ、サロンなど　**問⑤あ**スウィフト　**い**デフォー
問⑥あバロック様式　**い**ヴェルサイユ宮殿

解説　**4.** テーマ32 **2** の問題文(→本文 p.97)参照。
問①アダム＝スミスは需要と供給の自由な変動によって経済が発展すると考え、一部特許商人の市場独占や政府の介入など、重商主義的な政策を批判した。「レッセ＝フェール(laissez-faire)」とは、「なすに任せよ」という自由放任主義のスローガンである。しかしスミス流の「安価な政府」の推進者は、のちに福祉国家論者から、その消極的な姿勢を「夜警国家論」として批判された。　**問③イ)** はカントの観念論哲学、**エ)** はロックの社会契約説。　**問④** コーヒーハウスは17世紀半ば以降、イギリスで流行した。当時高額であった新聞や雑誌がおかれ、人々がコーヒーやタバコなどを楽しみながら、自由に議論を楽しんだ社交場であった。サロンは本来は上流階級の邸宅の客間のこと。フランスで上流階級の女主人が客間で催した社交場を指し、科学的発見や啓蒙思想も披露され、フランスで世論形成の場となった。　**問⑥い** フランス王ルイ14世のヴェルサイユ宮殿が典型的なバロック様式とされる。テーマ29 **2** **問⑦**の解説(→ p.46)参照。

(本文 p.100〜101)

解答

1〉問1．ア　問2．クビライ　問3．ウ

2〉問1．モンスーン（季節風）

問2．⑧ユスティニアヌス大帝　⑩ドニエプル川　⑤記号：l　都市名：カラコルム

問3．⑧カイロ　⑩カ　問4．⑧大都　⑩杭州　問5．ア

問6．⑧中央ユーラシア（のサブシステム〈経済圏〉）

　　　⑩ペルシア湾（のサブシステム〈経済圏〉）

　　　⑤紅海（のサブシステム〈経済圏〉）

ヒント

1〉史料1・2は、マルコ＝ポーロの『世界の記述』。

問3．駅伝制（ジャムチ、站赤）の通行証は牌子。

2〉地図中の各地名は以下の通り。⑧ブリュージュ ⑩ジェノヴァ ⑥ヴェネツィア ⑥コンスタンティノープル ⑥アレクサンドリア ⑥カイロ ⑧タブリーズ ⑥バスラ ⑥ホルムズ ⑥サマルカンド ⑥カリカット ⑥カラコルム ⑩マラッカ ⑥大都 ⑥杭州 ⑥泉州 ⑥広州 ⑥ドニエプル川

問6．Ⅰヨーロッパのサブシステム（経済圏）：シャンパーニュの大市やイタリア諸都市からなる経済圏。Ⅱ地中海のサブシステム（経済圏）：イタリア諸都市とイスラーム都市からなる経済圏。Ⅲ中央ユーラシアのサブシステム（経済圏）：黒海と中国を結ぶ経済圏。

Ⅳペルシア湾のサブシステム（経済圏）：バグダードを中心とする経済圏。

Ⅴ紅海のサブシステム（経済圏）：カイロを中心とする経済圏。

Ⅵインド洋サブシステム（経済圏）：中東とインドを結ぶ経済圏。

Ⅶインドと東南アジアからなるサブシステム（経済圏）：インドと東南アジアからなる経済圏。

Ⅷ東アジアのサブシステム（経済圏）：中国と東南アジアを含む経済圏。

史料1は、15世紀末のアラビア海横断のモンスーン航海を記録した『インド洋における航海の指南書』。

(本文 p.102〜103)

解答

問1．エ

問2．[解答例]エジプトのファーティマ朝は、建国当初よりカリフ位を称してアッバース朝に対抗したが、イランのブワイフ朝は、アッバース朝のカリフの権威を認め、カリフに任命された大アミールとして世俗的な実権を掌握した。（98字）

問3．ウ

問4．ヴェルダン条約→メルセン条約

問5．⑧アドリアノープル（現エディルネ）　＊⑩デヴシルメ制　⑤イェニチェリ

　　　＊⑥ア）フランソワ1世　＊イ）セリム2世　⑤）領事裁判権（治外法権）

問6．⑧マンサブダール制　＊⑩ジャーギールダール制　＊⑤ハイデラバード

問7．[解答例]漢の郷挙里選は地方長官による推薦制度であり、豪族の子弟が官僚となった。魏に始まる九品中正では地方に派遣された中正官が人材を9等にわけて推薦したが、有力な豪族の子弟のみが高級官職を独占、貴族層を形成した。隋唐代には科挙という試験制度が始まったが、なお貴族勢力は強かった。宋では科挙がほぼ唯一の官吏登用の道として確立し、皇帝みずからが試験官となる最終試験殿試も始まった。そのような状況下、儒学を学ぶ経済力をもつ形勢戸が有利となり、合格者を輩出して官戸と呼ばれるようになった。（243字）

問8．ア

問9．ウ→ア→エ

問10．[解答例]信者から長老を選び牧師を補佐する長老主義制度と、禁欲的職業倫理（職業召命観）を説き、

職業労働を神の栄光をあらわす道と理解する考えが、当時の商工業者・知識階級に受容されたため。
（87字）

問11. エ

問12. ア→ウ→イ→エ

ヒント

問3. a. ノヴゴロド国を建国したルーシはノルマン系とされる。　問9. **イ)**ウルバヌス2世は、時期的には**ウ)・ア)**のあいだの教皇であり、クレルモン宗教会議で十字軍を提唱した。　問11. **ア)**イエズス会のアジア布教の根拠地は、マカオ。**イ)**フランシスコ＝ザビエルは、中国布教を志したが、入国がかなわずに死亡した。**ウ)**マテオ＝リッチは、ザビエルが果たせなかった中国(明)布教に成功した。彼が作製した世界地図は『坤輿万国全図』。　問12. **ア)**ユグノー戦争(1562〜1598)→**ウ)**オランダ独立戦争(1568〜1609)→**イ)**三十年戦争(1618〜1648)→**エ)**ピューリタン革命(1642〜1649)。**ア)・ウ)**は16世紀、**イ)・エ)**は17世紀の事件と覚えておこう。

34　産業革命
本文 p.104 ~ 105

1

解答　1.東西の地域差　2.商業〈革命〉　3.穀物　4.農場領主制　5.農奴制　6.黒死病(ペスト)　7.消費　8.ブルジョワ　ア)ⓐ　イ)ⓒ　ウ)ⓖ
問①価格革命　問②ⓐ「17世紀の危機」　＊ⓘ小氷期　問③「囲い込み(エンクロージャー)」

解説　[地図]ⓐオランダ　ⓑデンマーク　ⓒプロイセン　ⓓアイルランド　ⓔノルウェー　ⓕスウェーデン　ⓖポーランド
4.農場領主制(グーツヘルシャフト)は、16世紀以降にプロイセンなどのエルベ川以東の地でおこなわれていた、領主が農奴を用いて穀物生産にあたった農場経営のこと。農奴に対する賦役が強化されたので再版農奴制ともいわれる。ここでの穀物生産が西ヨーロッパの人口増加を支えた。
問①価格革命は、銀の価値が下落したことによる物価上昇であるので、マネー＝サプライ＝インフレーションである。　問②ⓐⓘ17世紀のヨーロッパは、戦争や価格革命、天候不順による飢饉など、混乱と不安にあふれていた。これを「17世紀の危機」や「全般的危機(The General Crisis)」と呼ぶ。1世紀続いたこの動乱期については、従来「封建体制から資本主義体制に移り変わるなかで生じた、成長期の痛み」と説明されてきたが、最新の研究で、気候変動による寒冷化、

いわゆる小氷期によって農業生産量が減少した結果、最終的に「17世紀の危機」へとつながったとして、気候変動と大規模な社会危機との因果関係が、科学的に実証された。　問③この「囲い込み(エンクロージャー)」は、第2次「囲い込み」のこと。農業革命とともにおこった。「囲い込み(エンクロージャー)」は、三段階からなる。まず開放耕地を排除し、ついで入会地を廃止し、最後に混在地制の廃止をおこなって土地の統合をおこなう。第2次「囲い込み」は、議会主導でおこなわれた。植民地戦争の勝利による経済の活性化と産業革命にともなう人口の増加により、穀物価格が高騰したため、地主・農業資本家が議会立法で小生産者の開放農地(共同耕地)を囲い込み、資本主義的農業経営を進めた。この結果、広大な土地を所有する地主が、農業資本家に土地を貸与し、資本家が農業労働者を雇用するという資本主義的農業経営が一般化した。第1次「囲い込み」についてはテーマ28 **2** 7の解説(→ p.44)参照。

2

解答　1.毛織物業　2.綿花　3.三角〈貿易〉　4.科学革命　5.マンチェスター　6.資本主義　7.アヘン　8.不平等〈条約〉　9.茶　10.自由〈貿易〉
問①鉄鉱石・石炭　問②ⓐニューコメン　ⓘワット　ⓤ交通革命　問③機械打ちこわし運動
問④東インド会社　問⑤「世界の工場」

解説　問②蒸気機関は、陸上交通で鉄道、海上交通で蒸気船を登場させ、時間的距離を大きく短縮させた。問③機械打ちこわし運動は、1810年代にイギリス中・北部の繊維工業地帯で機械を使用する資本主義工業によって失業に直面した熟練職人たちによる資本主義に対する反撃の試みであった。18世紀後半に機械打ちこわしの先駆者とされた伝説的なネッド＝ラッド

(Ned Ludd)を指導者とすると称したので、ラダイト運動(Luddite movement)ともいう。1812年に政府は弾圧法案を施行して鎮圧にのぞんだため、運動は消滅した。　問④東インド会社は、本来アジア貿易を目的に設立された勅許会社で、アジア貿易の独占権を認められていた。テーマ43 **1** 問④の解説(→ p.68)参照。

35　アメリカ合衆国の独立と発展
本文 p.106 ~ 107

1

解答　1.ルイジアナ　2.フレンチ＝インディアン〈戦争〉　3.プランテーション　4.タバコ　5.重商〈主義

体制〉　6．印紙　7．代表なくして課税なし　8．茶〈法〉　9．ボストン茶会〈事件〉　10．ワシントン
11．コモン＝センス　12．独立宣言
＊問①ケベック　＊問②ヴァージニア　＊問③プリマス　＊問④フィラデルフィア
＊問⑤あパトリオット（愛国派）　＊い「自由か死か」

解説　2・5．イギリスはフレンチ＝インディアン戦争の終結までアメリカの植民地に対して重商主義的政策を厳格に適用しないようにしていた。これは、「有益なる怠慢」と呼ばれる。イギリスは、植民地が経済的に繁栄することが、結果的に本国の繁栄につながると考えており、とくに農業国（穀物や原料の供給国）アメリカの経済的成長は、工業国イギリスの経済にもよい影響を与えると考えた。また、植民地側も当時、周囲を囲んでいたフランス植民地勢力からの防衛のためにも本国の支援に期待していた。　3・4．アメリカ北部は商工業が発達し、農業では自営農民が多いという特徴がある。南部は黒人奴隷を使役したプランテーションが発達し、そこではタバコや綿花など、輸出するための商品作物が生産された。この違いがのちの南北戦争の原因の1つとなっている。　7．印紙法に反

対するヴァージニア植民地議会において、パトリック＝ヘンリが提唱した言葉である。
問①テーマ31■1■問②ⓐの（→p.48）参照。　問③ピルグリム＝ファーザーズ（巡礼の始祖たち）については、テーマ31■2■1の解説（→p.48）参照。彼らがプリマスに上陸後まとめた「メイフラワー誓約」は社会契約説にもとづくものとして知られ、のちのアメリカ連邦制の基礎の1つとなった。　問④フィラデルフィアはペンシルヴェニア州の中心都市である。第1回および第2回の大陸会議が開催されたほか、独立戦争後の憲法制定会議の開催都市でもある。1790年にワシントン特別区に首都が移転されるまでのアメリカの首都でもあった。　問⑤あ逆に独立反対派をロイヤリスト（忠誠派、国王派）と呼ぶ。

2

解答　1．フランス　2．ヨークタウン〈の戦い〉　3．パリ〈条約〉　4．ワシントン　5．連邦〈派〉　6．州権〈派〉
7．黒人奴隷〈制〉
問①ウ　問②あ幸福の追求　い抵抗権（革命権）　うロック　えジェファソン
問③あ三権分立　い『法の精神』

解説　1．フランスはアメリカ独立戦争に参戦したことで財政難が決定的になり、課税強化のためにルイ16世は全国三部会を招集した。それをきっかけにフランス革命が勃発した。　7．州権派は反連邦派（アンチ＝フェデラリスト）とも呼ばれる。中心人物はジェファソンである。
問①イ）提唱者はロシアのエカチェリーナ2世。ロシアのほかに、スウェーデン、デンマーク、プロイセン、ポルトガル、オランダが参加した。これらの国は独立戦争に直接参戦したわけではないが、実質的にアメリカを支援することとなった。　ウ）コシュートは1848年ウィーン三月革命で活躍したハンガリー民族運動の指導者である。テーマ38■4■問④あの解説（→p.62）

参照。アメリカ独立革命に参加したポーランドの愛国者はコシューシコである。コシューシコについては、テーマ32■1■問①いの解説（→p.50）参照。　エ）フランクリンの勤勉性、探究心の強さなどの人間性はアメリカ人に非常に人気があり、100ドル札紙幣の肖像画にもなっている。　問②アメリカ独立宣言は独立戦争中の1776年に第2回大陸会議において全会一致で採択された。　問③アメリカの三権分立は日本と比較して非常に厳格であり、各権力が完全に独立していることが特徴である。たとえば、日本において行政府の長である内閣総理大臣は、立法府の一員である国会議員が務めることとなっているが、アメリカでは上院議員および下院議員が大統領になることはできない。

36　**フランス革命とナポレオンの支配**　　　　　　　　本文 p.108〜110

1

解答　1．聖職者　2．貴族　3．平民　4．アメリカ独立〈戦争〉　5．ルイ16世　6．全国三部会　7．バスティ

ーユ牢獄　8．ラ＝ファイエット　9．ギルド　10．立憲君主〈政〉　A．国民議会　B．立法議会
問①「旧体制（アンシャン＝レジーム）」　問②テュルゴ・ネッケル　問③あシェイエス　いサンキュロット
問④領主裁判権・賦役・教会による十分の一税など
問⑤すべての人間の自由と権利における平等、国民の主権、私有財産の不可侵など　問⑥イ

解説　6．伝統的に全国三部会は身分別議決方式（一身分で一票）をとっていたが、このとき第三身分は多数決を主張した。多数決であれば一部自由主義貴族の支持で第三身分側が議決に勝つこともありえたのである。
7．1789年7月11日、国王は2万の兵をパリに集結させ、それを背景に、民衆の期待を集めていたネッケルを罷免（ひめん）した。この報にパリ市民たちは憤激し、翌12日には廃兵院におしかけて、自衛と秩序保持を名目に武器と弾薬を引き渡すよう要求した。14日、廃兵院で3万丁の小銃を奪い、さらに弾薬の調達のためと絶対主義の象徴であったバスティーユ牢獄へと向かった。バスティーユ牢獄襲撃の知らせはヴェルサイユにいるルイ16世のもとにもたらされた。ルイ16世が側近のラ＝ロシュフコー＝リアンクール公爵に「暴動か」と問うと、公爵が「いいえ陛下、これは暴動ではありません、革命です（Non sire, ce n'est pas une révolte, c'est une révolution）」と答えた逸話が知られる。この事件の結果、ルイ16世は軍のパリ撤退とネッケルの復職を決定した。　8．ラ＝ファイエットはミラボーとともに立憲君主主義を標榜した貴族であり、アメリカ独立戦争に従軍し、この時期の革命をリードした。国民議会のリーダーの1人。革命の激化で亡命したが、のちナポレオンの政権獲得後に帰国し、1830年の七月革命でも活躍した。
問①「旧体制（アンシャン＝レジーム）」は、革命前のフランスの政治・社会体制の総称として使われる。フランス革命は、こうした状況下に王権に対する貴族の反抗をきっかけに始まったが、ブルジョワ（有産市民層）が旧体制を打倒して、その政治的発言力を確立する結果となった。農民・都市民衆は旧体制の打倒に重要な役割を果たしたが、同時に、ブルジョワが推進した資本主義経済にも反対した。フランス革命はこのように、貴族・ブルジョワ・農民・都市民衆という4つの社会層による革命がからみあって進行したために、複雑な経過をたどることになった。　問②テュルゴはフランスの重農主義経済学者。同じく重農主義経済学者のケネーらと『百科全書』に執筆した。1774年に財務総監に任命され、ギルド制の廃止や国内関税の廃止に努力するなど、自由主義的改革を推進して財政再建をはかるが、封建的特権の侵害を恐れる保守派貴族の反対で罷免された。ネッケルはスイス生まれの銀行家。彼は貴族ではなくブルジョワであり、フランスでは第三身分であった。テュルゴの後任として財務長官に任命され、自由主義的改革を実行しようとしたが、王妃や保守派貴族の反対で辞任した。　問③あ本来は第三身分出身であったが、父親の勧めで聖職者となった。第三身分の議員として活動し、アベ（僧侶）＝シェイエスと呼ばれる。　い革命派の民衆は、富裕層の服装のキュロット（半ズボン）をもっていないという意味で、サンキュロット（半ズボンなし）と呼ばれた。　問④領主裁判権や教会への十分の一税が無償で廃止された。しかし、生産物や貨幣で領主におさめる封建地代の廃止はこの時点では有償とされたので、農民が土地を獲得することは実際には困難であった。のちに無償で土地を獲得することができたのは、ジャコバン派（山岳派）独裁時代である。**2**▶3の解説（→p.58）参照。　問⑥bは誤り。フランス革命期においても、欧米ではまだ女性の地位は低く、参政権は男性のみに認められていた。オランプ＝ド＝グージュは、女性の権利が保障されないことに抗議して、1791年9月に『女性および女性市民の権利宣言』を発表した。欧米各国で女性参政権が認められるのは20世紀になってからである。

2▶

解答　1．プロイセン　2．義勇兵　3．国民公会　4．徴兵〈制〉　5．ロベスピエール　6．総裁政府　7．エジプト〈遠征〉　8．統領
問①あヴァレンヌ逃亡事件　いマリ＝アントワネット　問②8月10日事件　問③第一共和政
問④あ恐怖政治　いグレゴリウス暦にかわる革命暦の制定、キリスト教にかわる国家宗教（理性崇拝の宗教）の導入、最高価格令、封建的地代の無償廃止、1793年憲法（ジャコバン憲法）から2つ。
問⑤テルミドールの反動　問⑥ロゼッタ＝ストーン

解説 　1．ヴァルミーに進軍したプロイセン・オーストリア連合軍に、フランス軍がはじめて勝利をおさめた。このときプロイセン軍に従軍していたゲーテは、「ここから、そしてこの日から世界史の新しい時代が始まる」と『滞仏陣中記』に記した。　2．現在のフランス国歌「ラ＝マルセイエーズ」は、この頃マルセイユからきた義勇軍によってうたわれた軍歌に由来する。

3．国民公会の中心勢力となったのはジャコバン派(山岳派)と呼ばれる急進共和派であった。国民公会で左の席に座ったことから左翼の語源となった。山岳派(Montagnards)はモンターニュ派、モンタニャールとも呼ばれる。　5・問④ⓐ弁護士、フランス革命期の政治家。ルソーの思想に強く影響を受けており、自由・平等・公共の利害などを重視したジャコバン派の指導者。「徳なき恐怖は忌まわしく、恐怖なき徳は無力である」と主張し、恐怖政治で多くの反対派を断頭台に送った。このため「ルソーの血塗られた手」と呼ばれた。

問①ⓐフランス革命時の1791年6月20日～22日におきた国王ルイ16世一家のパリ脱出および逮捕事件。ヴァレンヌとは逮捕された場所の地名で、ルイ16世は王妃マリ＝アントワネットの実家のオーストリアに逃亡をこころみたが、失敗した。結果としてフランスにおける国王の権威は失墜し、共和派が台頭して立憲君主政の成立する見込みがなくなっただけでなく、反革命側

にルイ16世がいるという認識が広まったことは国王処刑の原因にもなった。　問②全国から集まった義勇兵とパリ民衆は、うち続く敗戦の原因は国王の裏切りにあると信じ、1792年8月10日にパリのテュイルリー宮殿を襲撃し、スイス傭兵を中心とする国王の守備隊との銃撃戦になったが、守備隊は敗れ国王一家は捕らえられた。この結果王権は停止され、立法議会は解散し、1791年憲法も無効とされた。　問④ⓑ反キリスト教の立場からグレゴリウス暦を否定したもので、共和暦とも呼ばれる。1792年9月22日(共和政樹立の日)が第1年第1日とされ、1805年末まで続いた。　問⑤1794年7月27日(革命暦2年テルミドール9日)におきた、ジャコバン派独裁に対する反対派がおこしたクーデタ。ロベスピエールとその一派(サン＝ジュスト、クートンら)が失脚して処刑または自殺した。この事件をもって実質的にフランス革命は終わりを告げた。　問⑥ナポレオンはコルシカ島生まれのフランス軍砲兵将校である。革命派の軍人として頭角を現し、テルミドールのクーデタでは一時ロベスピエール派として投獄された。のち王党派の反乱を鎮圧して国内軍司令官となり、イタリア遠征(1796～97)で成功をおさめた。ロゼッタ＝ストーンが発見されたのは、エジプト遠征中の1799年のことである。テーマ2 **2**▶問⑤ⓐⓑの解説(→p.3)参照。

3 ▶

解答 　1．ライン〈同盟〉　2．ワルシャワ大公〈国〉　3．スペイン　4．トラファルガー〈の海戦〉　5．大陸封鎖令　6．ロシア　7．ルイ18世　8．ウィーン〈会議〉　9．ワーテルロー〈の戦い〉
問①アウステルリッツ：ⓔ　問②シュタイン・ハルデンベルク
問③イギリスは制海権を握り、単なる港湾の封鎖にすぎない大陸封鎖令の影響は軽微であった。
問④ナショナリズム　＊問⑤ライプツィヒ：ⓓ

解説 　[地図]ⓐトラファルガー　ⓑワーテルロー　ⓒマレンゴ(マレンゴの戦いは、1800年、第2次イタリア遠征でのナポレオン率いるフランス軍とオーストリア軍との戦闘。現在のイタリア北部ピエモンテ州アレッサンドリア近郊の町マレンゴで勝利した)　ⓓライプツィヒ　ⓔアウステルリッツ　ⓕボロディノ　ⓖアブキール湾(アブキール湾の戦いは、エジプト北部アレクサンドリア沿岸のアブキール湾において、1798年8月、ネルソン率いるイギリス艦隊に敗北した)
1．皇帝ナポレオン1世の圧力により、神聖ローマ帝国内の全ドイツ諸侯は名目だけ存続していた帝国を離脱してフランス帝国と同盟し、ライン同盟が成立した。

同盟は、ナポレオンを盟主としたフランス主導の国家連合であった。神聖ローマ皇帝フランツ2世は、神聖ローマ帝国皇帝の地位を放棄し、帝国は消滅した。
2．ティルジット条約にもとづき、プロイセン王国からの領土割譲によってつくられたフランス帝国の衛星国。その成立と滅亡は、ポーランド人国家の再建運動につながった。　3．ナポレオンはスペイン宮廷の内紛を利用し、1808年に国王フェルナンド7世一家をマドリードから追放した。このときマドリード市民が蜂起し、スペイン軍の一部も加わって大規模な反乱に発展。これに対しフランス軍は過酷な手段でのぞんだ。ゴヤの絵画「1808年5月3日」は、侵略者に対する怒り

が込められた作品である。　4.イギリス海軍の提督ネルソンは、この戦いでフランス・スペイン連合艦隊を破り、ナポレオンによる制海権獲得・英本土侵攻を阻止したが、自身は戦闘中に戦死した。　5・6.問③ 思考・判断 大陸封鎖は、ロシアが大打撃を受けた。フランスの工業生産力では大陸諸国に充分な供給はできず、また農業国であるフランスは食料の輸入が必要ではなく、イギリスからの工業製品の輸入や同国に対する農産物の輸出を禁じられたロシアなどの大陸諸国は苦しんだ。　9.1815年6月に初代ウェリントン公爵率いるイギリス・オランダ連合軍およびプロイセン軍が、フランス皇帝ナポレオン1世率いるフランス軍を破った戦いである。ナポレオン最後の戦いとして知られる。　問②プロイセン改革は、都市の自治、営業の自由、教育改革、軍制改革なども含み、「上からの近代化」を進めたもので、のちにプロイセンがドイツ統一の中心となる基礎をすえた。　問④テーマ38 2 2の解説(→ p.60)参照。

37 中南米諸国の独立　本文 p.111

1

解答

1.サン=ドマング　2.ハイチ〈革命〉　3.奴隷制〈の〉廃止　4.ポルトガル　5.クリオーリョ　6.アルゼンチン　7.チリ　8.ボリバル　9.大コロンビア　10.メキシコ　11.モンロー宣言
問①㋐ムラート　㋑メスティーソ　問②トゥサン=ルヴェルチュール　問③ア　＊問④カニング

解説

2・問③a.ハイチは世界初の黒人共和国である。ナポレオン戦争の戦費などが植民地への重税へとつながり、現地人の不満が高まることとなった。　4.ラテンアメリカ諸国は多くがスペインの植民地であったが、ブラジルはポルトガルの植民地であった。その結果、中南米の多くはスペイン語圏であるが、ブラジルはポルトガル語が公用語である。　6・7.アルゼンチン・チリ・ペルーなど、南米大陸南部独立の立役者はアルゼンチン出身のスペイン軍人であるサン=マルティンである。　8.シモン=ボリバルはコロンビア・ベネズエラ・エクアドル・ボリビア・ペルーの独立を達成し、「南アメリカ解放の父」と呼ばれる。1826年には集団安全保障体制をめざしてパナマ会議を招集した。10.1811年までメキシコの独立運動を指導したのがイダルゴである。スペイン本国のリェーゴの革命による動揺も革命のきっかけである。　11.モンロー宣言は第5代アメリカ大統領モンローによって出された教書である。この教書の狙いはヨーロッパ諸国のラテンアメリカ独立への干渉を牽制(けんせい)するほか、アラスカに進出していたロシアの南下に対する牽制の意図もあった。問①・5.先住民をインディオ、植民地生まれの白人をクリオーリョ、白人とインディオの混血をメスティーソ、白人と黒人の混血をムラートという。　問③b.ブラジルは、ポルトガルから比較的平和裏に独立を果たしていることもあり、のちにボリバルが主催したパナマ会議には参加していない。　問④カニングはラテンアメリカ諸国の独立により、欧州諸国に配慮することなく市場にできると考えたため、ラテンアメリカ諸国の独立を支持した。このような外交政策をカニング外交という。テーマ38 2 問②の解説(→ p.60)参照。

第13章

第13章　イギリスの優位と欧米国民国家の形成

38 ウィーン体制とヨーロッパの政治・社会の変動　本文 p.112～115

1

解答

1.オスマン〈帝国〉　2.メッテルニヒ　3.タレーラン　4.ブルボン〈王家〉　5.勢力均衡　6.セイロン　7.アレクサンドル1世　8.神聖同盟　9.覇権　10.帝国〈主義〉
問①列強間の非公式協議で重要な決定がなされ、全参加国による総会は一度も開かれなかった。
問②革命前の主権と領土を正統とし、革命前の状態に戻そうとする考え。　問③イ
問④㋐ロシア・イギリス・プロイセン・オーストリア(順不同)　㋑フランス

解説

2.メッテルニヒは、ライン地方の都市コブレンツの名門貴族出身。フランスのストラスブール大学で法律と外交を学んだのちに、1809年に外相に就任。ナポレオン1世とオーストリア皇女マリ=ルイーズとの政略結婚をまとめた。ナポレオンのロシア遠征失敗後は、解放戦争に参加したのちにウィーン会議を主導

した。　3．タレーランは、フランスの政治家で外交家。名門伯爵家に生まれたが聖職者となり、以後、体制の変革にたくみに対応し、つねに体制側に地位を占めた。三部会の第一身分議員となり、革命を支持し、教会財産の国有化を提案して破門された。総裁政府成立後に外相に就任。その後ナポレオンに接近し、そのもとでも外相をつとめた。ナポレオンの侵略戦争に反対して罷免（ひめん）されるとブルボン家に接近し、王政復古で外相をつとめた。ウィーン会議にはフランス代表として参加し、フランス解体を阻止し、フランスの旧領を守るため、正統主義を主張し、フランスの責任を回避した。
問①列強間の非公式協議（秘密外交）が繰り広げられたため、列強間の同意を得られず長期化し、「会議は踊る、されど進まず」の状態であった。ナポレオンがエルバ島を脱出したとの一報が入ると各国が妥協し、ワーテルローの戦い（テーマ36 **3** ≫9 の解説（→ p.59）参照）ののちにウィーン議定書がようやく成立した。
問③ア）フィンランドは600年にわたってスウェーデン王国の直接統治下におかれていたが、1809年ロシア帝国とスウェーデン王国とのあいだに結ばれたフィンランド戦争の講和条約フレデリクスハムンの和約の結果、ロシアに割譲された。ロシア皇帝が大公位を獲得し、ウィーン議定書で承認された。ここにスウェーデンによるバルト海帝国は終焉した。　**イ）**ポーランドは、ロシア皇帝が王位を獲得した。

2

解答　1．保守〈主義〉　2．ナショナリズム　3．学生団体（ブルシェンシャフト）　4．カルボナリ　5．デカブリスト（十二月党員）〈の反乱〉　6．シャルル10世　7．アルジェリア〈遠征〉　8．ルイ＝フィリップ　9．ベルギー　10．鉄道　11．ドイツ関税同盟
問①あ「キオス島の虐殺」　＊**い**バイロン　＊**問②**カニング　**問③あ**七月革命　**い**「民衆を導く自由の女神」
問④七月王政

解説　[図版]**A**「キオス島の虐殺」・**B**「民衆を導く自由の女神」の絵画は、いずれもドラクロワの作品。
1．保守主義は、その社会で歴史的・伝統的に累積された社会的・政治的・宗教的な秩序などを重視し、現行の体制を正当とする立場である。それに対する批判や改革を求める革命などの急進的な思想・運動を否定する考えや運動。19世紀ではおもに自由主義と対決した。　2．ナショナリズムは、「国民が一つの主権のもとで統合された国家を形成すべきである」という、「国民国家」の創出を主張する考えや運動。主権国家形成期にはじまり、フランス革命後のナポレオンの覇権下におかれたヨーロッパ各地で、ナポレオン帝国に対抗する形で広まり、19世紀では勢力均衡の考えと対立した。　3．学生団体（ブルシェンシャフト）は、1815年に創設されたドイツの学生結社連合。19世紀初頭におけるドイツの自由主義運動を主導したが、オーストリア外相（のちに宰相）のメッテルニヒによって弾圧され、その運動は挫折に終わった。　4．カルボナリは、「炭焼（炭を製造する職人）」を意味し、1806年頃、ナポリ王国で炭焼人のギルドを模した秘密結社がその源流とされる。　5．デカブリスト（十二月党員）は、武装蜂起の中心となった自由主義貴族の将校らを指す。彼らはナポレオン戦争に従軍し、西欧諸国の政治・社会制度に触れ、ロシアと比較して格段の進歩をとげていることに衝撃を受けた。また、農民出身の多くの兵士に直接接し、彼らの境遇の劣悪さを肌で感じ、国家社会の改革を強く意識するようになった。1825年12月に皇帝アレクサンドル1世が崩御（ほうぎょ）し、弟のニコライ大公（のちのニコライ1世）の即位までの空白期間を利用して蜂起したが鎮圧された。　11．ドイツ関税同盟は、経済学者リストが提唱した。政治的統一に先立ってドイツの経済的統一をうながしたため、ドイツ統一の下地となった。また、オーストリアは排除され、のちの小ドイツ主義にもとづくドイツ統一の基盤にもなったといえる。
問②カニングは、ラテンアメリカ（中南米）をイギリスの市場とすることを意図して、メッテルニヒらによるヨーロッパ列強のラテンアメリカの独立運動への介入に反対し、ラテンアメリカへの不介入宣言をアメリカ合衆国に呼びかけた。これが、モンロー大統領によるモンロー宣言（教書）の契機となった。

3

解答　1．自由主義　2．アイルランド　3．奴隷〈制〉〈貿易〉　4．地主〈階級〉　5．チャーティスト〈運動〉

6．東インド会社　　7．穀物〈法〉　　8．航海〈法〉　　9．自由貿易〈体制〉　10．経済格差　11．オーウェン
12．協同組合　13．サン＝シモン　14．ルイ＝ブラン　15．プルードン　16．エンゲルス　17．共産党宣言
18．資本論

問①あピューリタン、バプテスト、メソジスト、クエーカー、救世軍など　いオコネル
問②「腐敗選挙区」と呼ばれた極小選挙区が廃止され、1票の格差は縮小した。　問③社会主義
問④資本主義においては、労働者は自由な立場で労働してもその報酬を完全には受け取れない仕組み（搾取）
があり、他方で資本家も利潤を無限に拡大することはできないため、こうした無理のある経済体制はいずれ
崩壊すると論じて、大きな影響を与えた。　問⑤禁酒運動

解説　1．自由主義は、イギリスでは産業資本家と並行して労働者階級も成長して様々な権利を要求するようになり、個人の自由な活動を重視し、それに対する障害を除くことをおもな目的とする。その結果、19世紀後半には政治や経済の自由主義的改革が進んだ。一方、ウィーン体制下の大陸ヨーロッパ諸国では憲法と議会の確立を目的とした。　3．イギリスに続いてアメリカやフランスも奴隷貿易を禁止したが、ともに国内での奴隷制はその後も存続した。　5．チャーティスト運動は、選挙法改正と社会の変革を要求する、急進派知識人とおもに下層の労働者たちの運動。その名は、1838年に運動の指導者たちが選挙制の改革を要求して男性普通選挙権を軸に起草した『人民憲章』（People's Charter）に由来する。　6．1833年に、東インド会社特許法によって東インド会社の商業活動が停止され、完全にインド植民地統治の機関となった。この結果、イギリス国内では中国貿易が自由化されたが、中国側は自由貿易を必要とせず認めていなかった。また、国内へのアヘン流入を認めず、アヘンの密貿易を禁止し、取り締まりをおこなった。こうした対中国貿易の不満が、イギリス国内でのアヘン戦争への支持の一因となった。　7．穀物法は、ナポレオン戦争後、ヨーロッパ大陸諸国からの穀物輸入が増えたため外国産穀物の輸入を制限することで国内の農業生産者を保護する目的で、地主や農業資本家が多数を占める議会で1815年に成立した。生産者にとっては有益であったが、工場労働者などの消費者にとっては穀物価格が高止まりになるなど不利益に働いた。しかし、自由主義的改革が進展するなかで、穀物高騰に対する都市住民や労働者の不満に加え、産業資本家も輸入が制限され

ると貿易が停滞し、工業製品（綿織物など）の輸出に支障がでるようになったため廃止の声が高まった。廃止運動の中心となったのが38年に結成された反穀物法同盟であった。その指導者となったコブデンとブライトはマンチェスターの産業資本家であった。こうして、穀物法は19世紀前半のイギリスの政治的な対立点の1つとなっていった。

問①あプロテスタントでありながらイギリス国教会に属さない信徒。とくにピューリタンはブルジョワ階層に多く、一定の影響力をもっていた。　いオコネルは、アイルランドでカトリックへの法的制約の撤廃運動を率いた。イギリスではカトリック復活を策すチャールズ2世に対抗するために議会が1673年に審査法を制定し、国教会信者以外の者は公職（官職）に就けないとした。また、同時にプロテスタント非国教徒も排除された。この法律による、一種の宗教差別が公認される状態であったため、1719年に便宜的国教信奉が認められて同法は骨抜きとなって国会議員以外の公職に就くことは可能となった。1828年に審査法の廃止が議会で成立したが、カトリック教徒はなお除外された。同年のアイルランドの下院議員補欠選挙でオコネルが当選したが、カトリック教徒であったことから議席を認められなかった。そのため、アイルランドのカトリック教徒が強く反発して内乱の危機が高まったため、29年にカトリック教徒解放法が制定された。　問②この改革による有権者の増加は小さく、直接的な成果は小さかったが、名誉革命以来ほぼ変更のなかった選挙区制度が大きく改められ、その後の選挙権拡大の契機となった。　問⑤とくに飲酒の問題は重視され、各国で禁酒運動が組織された。

4

解答　1．制限選挙　　2．選挙権拡大〈運動〉　　3．ルイ＝ブラン　　4．ルイ＝ナポレオン　　5．ナポレオン3世
6．フランクフルト国民議会
問①「大衆貧困」　問②第二共和政　問③第二帝政　問④あコシュート　いマッツィーニ　問⑤「諸国民の春」
問⑥＊あニコライ1世　い「ヨーロッパの憲兵」

解説 ３．ルイ＝ブランは、フランス第二共和政の閣僚として、労働者の救済をめざして国立作業場の設立にあたり、労働代表委員会の委員として最低賃金・労働時間の短縮などに取り組んだ。しかし、社会主義に対して資本家が反発を強めるとともに、失業者の増大にともない運営費が増大するなど財政問題から運営も行き詰まり、約４カ月で閉鎖へと追い込まれた。このことを契機にパリで労働者による六月蜂起（六月暴動）が発生した。政府によって鎮圧され、フランスの世論は保守化した。　４・５．フランス皇帝ナポレオン１世の弟ルイ＝ボナパルトの三男。イギリス古典派経済学やサン＝シモンの産業社会論を学び、独裁権力のもとで投資銀行の設立・鉄道網の整備・パリ万国博覧会の開催・パリ大改造、そして自由貿易政策への転換などを実行した。これによってフランスは産業革命を達成し、「フランス資本主義の黄金時代」が到来した。政治家として「馬上のサン＝シモン」と呼ばれた。

問④あコシュートは、ハンガリー王国の政治家、民族運動の指導者。1848年のウィーン三月革命で独立宣言をおこなって臨時政府の執政となったが、独立蜂起をロシア軍に鎮圧され、イタリアのトリノに亡命し、客死。　いマッツィーニは、イタリアの独立と統一をめざす運動の指導者で、カヴール、ガリバルディとともに「イタリア統一の三傑」と呼ばれる。1831年、青年イタリアを組織する。49年にローマ共和国が樹立されると、共和国の三統領の１人として共和政治を指導した。フランスの軍事介入で亡命してからも一貫した共和主義者として活動した。　問⑥あいニコライ１世は、即位時にデカブリスト（十二月党員）の反乱が発生したことから、冷徹な専制主義者として統治にのぞみ、あらゆる変革の試みに対し、保守性と厳格さで徹底して認めなかった。ウイーン体制の守護者として、自由主義的な改革や民族運動を徹底して弾圧したので、ロシア帝国は「ヨーロッパの憲兵」と呼ばれた。

39 列強体制の動揺とヨーロッパの再編成 本文 p.116 ～ 118

1

解答 １．セヴァストーポリ〈要塞〉　２．黒海の中立化　３．アレクサンドル２世　４．ポーランド　５．インテリゲンツィア　６．ナロードニキ　７．ノルウェー　８．デンマーク　９．第１インターナショナル　10.国際赤十字組織　11.クーベルタン
問①あオスマン帝国領内のギリシア正教徒の保護　いクリミア戦争　うイギリス・フランス・サルデーニャ王国がオスマン帝国を支援した。
問②分与地は農村共同体（ミール）に引き渡され、そこから農民が有償で買い取る方式であったが、その額は高額であり自作農を多く創出するには至らなかった。
問③あ北方戦争　いフィンランド　問④列強の国際政治から距離をおき、独自の平和路線をとった。

解説 ２．そのほかの解答として、ロシアの南ベッサラビアの放棄、オスマン帝国領の保全、ドナウ川の自由航行、ダーダネルス・ボスフォラス海峡の通航禁止も可。　４．1863年のポーランドの反乱に際し、その自治を奪い、ポーランド語の使用を禁止して弾圧を加えた。その後国内でも立憲運動を弾圧した。　５．おもにフランス革命やデカブリストの乱（テーマ38 **2** ５の解説（→ p.60）参照）に触れるなどして西欧的教養を身につけた進歩的貴族や新興市民の学生たちのこと。ロシア社会の後進性を痛感し、体制の批判や変革の先頭にたった。　10.国際赤十字組織はスイスのアンリ＝デュナンにより創設された。彼は1901年、第１回ノーベル平和賞を受賞した。　11.1894年国際オリンピック委員会（IOC）を組織して、近代オリンピック競技を創始した。

問①あオスマン帝国は聖地イェルサレムの管理権をフランスに与えていたが、フランス革命時、ロシア皇帝の支援で正教会に移行した。ナポレオン３世が聖地管理権をオスマン帝国に要求して取り戻したため、ロシアはギリシア正教徒の保護要求を名目に開戦した。
いクリミア戦争に看護師として従軍したナイティンゲールは、近代的看護制度の確立者であると同時に、統計学の先駆者としての側面も知っておきたい。　うロシアが黒海から地中海に進出すれば、インドへの経路を断たれる恐れがあったイギリスは、フランスのナポレオン３世に呼びかけ、オスマン帝国を支援した。オーストリアと領土問題があったサルデーニャ王国はフランスへの接近をはかり、英仏側で参戦した。　問③
いテーマ38 **1** 問③ア）の解説（→ p.60）参照。　問④
思考・判断 スウェーデンは、北方戦争で敗れてバル

ト海の制海権を失い、ナポレオン戦争中にフィンランドをロシアに割譲された。大国から小国への道を歩むなか、ヨーロッパの戦争に関与しない中立策をとっていった。1814年よりスウェーデンと同君連合の形態をとっていたノルウェーは、1905年に自治議会が独立を宣言し、国民投票でこれを承認、分離独立した。デンマークは、1864年のデンマーク戦争によりシュレスヴィヒ・ホルシュタインを失ったのち、残された領土で農業と牧畜を中心とする経済基盤を安定させた。これら三国とも第一次世界大戦では中立の立場をとっている。

2

解答 1. 万国博覧会　2. パクス＝ブリタニカ　3. ヴィクトリア女王　4. グラッドストン　5. ディズレーリ　6. ジャガイモ飢饉　7. アイルランド自治法案　8. メキシコ〈遠征〉　9. ドイツ＝フランス〈独仏〉〈戦争〉　10. パリ＝コミューン　11. ティエール　12. 第三〈共和国〉　13. マッツィーニ　14. ヴィットーリオ＝エマヌエーレ2世　15. カヴール　16. ロンバルディア　17・18. サヴォイア、ニース(順不同)　19. ガリバルディ

問①第2回選挙法改正：都市部の労働者　第3回選挙法改正：農村部の労働者
＊問②ジョゼフ＝チェンバレン　問③ウ　問④あトリエステ・南チロル　いムッソリーニ

解説 1. テーマ41 **2** 15の解説(→p.66)参照。　6. アイルランドの小作農はジャガイモを主食としていた。この飢饉で人口の約25％に達する死者と難民が生じた。難民の多くはアメリカ合衆国への移民となった。　14. サルデーニャ王(在位1849~61)。初代イタリア国王(在位1861~78)。イタリアの外国支配からの解放と統一をめざす運動である「リソルジメント」の象徴的存在であった。19. 勇敢・無私の人として国民的英雄であった。マッツィーニについてはテーマ38 **4** 問④いの解説(→p.62)参照。
問①当時のイギリスは従来の貴族制を維持し、貧富の差も大きい階級社会であった。翌1885年には再び選挙区が大きく改編されたが、議会の上院(貴族院)が下院(庶民院)とほぼ同等の権限をもち続けるなど、地主の影響力は存続した。また女性参政権も実現しなかった。
問②ジョゼフ＝チェンバレンはアイルランド自治法案をめぐって、イングランドとアイルランドの連合維持を主張してグラッドストンと対立し、自由党を脱退した。1895年第3次ソールズベリ内閣のとき植民相としてイギリスの帝国主義政策を推進させた。　問③皇帝ナポレオン3世の在位期間は1852~70年。ギリシア独立戦争は1821~29年。　問④あ1871年に王国の首都はローマとなった。しかし、トリエステ・南チロルなどはオーストリア領にとどまったため、「未回収のイタリア」と呼ばれ、その奪回をめぐってオーストリアと長く対立することになった。この地域の解放をめざす運動が生じ、イタリアが第一次世界大戦に参戦する理由の1つとなった。　い王国成立後、教皇庁はヴァチカンにこもり「ヴァチカンの囚人」と呼ばれ、イタリア政府とは断交状態になった。1929年、ムッソリーニはローマ教皇庁とラテラノ条約を結び、ヴァチカン市国ローマ教皇庁の独立を認め、教皇庁との対立を解消した。

3

解答 1. フランクフルト国民議会　2. ユンカー　3. プロイセン＝オーストリア(普墺)〈戦争〉　4. 北ドイツ連邦　5. マジャール〈人〉　6. オーストリア＝ハンガリー(二重)帝国　7. ドイツ＝フランス〈戦争〉　8・9. アルザス・ロレーヌ(順不同)　10. ヴィルヘルム1世　11. ドイツ帝国　12. 男性普通〈選挙制〉　13. バイエルン　14. 文化闘争　15. 社会主義者鎮圧法　16. 社会保障〈制度〉　17. サン＝ステファノ〈条約〉　18. チュニジア
問①オーストリアを除きプロイセンを中心にドイツ統一をめざす考え。
問②シュレスヴィヒ・ホルシュタイン　問③ヴェルサイユ宮殿　問④ウ　問⑤イ

解説 2. テーマ32 **2** 問②解説(→p.51)参照。　6. 1867年、オーストリア皇帝フランツ＝ヨーゼフ1世は、ハンガリーに対して、独自の政府と国会の設置を認める一方で、オーストリア帝国と共通の君主をもち、外務・陸軍・財政の三分野については共通の業務をおこなうという「二重帝国」の形態をもつ「アウスグライヒ

（妥協）」と呼ばれる体制を打ち出した。　14.ローマ教皇は、近代思想や政教分離政策を批判しており、ビスマルクはカトリック教会の影響力を封じる抑圧策をとった。ドイツの自由主義者やプロテスタント系市民層は、それを「（近代）文化のための闘争」と呼んだ。
問①小ドイツ主義はオーストリアを除きプロイセンを中心にドイツ統一をめざす考えで、それに対して、オーストリアのドイツ人地域とベーメンを含めた統一案が大ドイツ主義である。　**問③**ドイツ＝フランス戦争でアルザス・ロレーヌ（エルザス・ロートリンゲン）地方をドイツに割譲され、巨額の賠償金を負担させられたうえ、ドイツ皇帝戴冠式をヴェルサイユ宮殿で実施されたことは、フランスのドイツに対する国民感情を悪化させる要因となった。　**問④**四国同盟は、1815年、イギリス・ロシア・オーストリア・プロイセンのあいだで結ばれたウィーン体制を補完する条約。テーマ38 **1** 問④の問題参照（→本文 p.112）。　**ア）**三帝同盟は、1873年にドイツ・オーストリア・ロシア間で締結。　**イ）**三国同盟は、1882年にドイツ・オーストリア・イタリア間で締結。　**エ）**ドイツ・ロシアの再保障条約（1887）は、三帝同盟の解消後、ロシアのフランス接近を防ぐために締結された。　**問⑤**サン＝ステファノ条約で、ロシアは、ブルガリアの領土を黒海からエーゲ海に至る領域に拡大させ、実質上ロシアの保護下においた。ベルリン会議では、このロシアの進出に反対したイギリスやオーストリアの意向が反映し、ブルガリアはオスマン帝国内の自治国とされ、その領域を3分の1ほどに縮小された。

---

40 アメリカ合衆国の発展　　　　　　　　　　　　　　　　本文 p.119〜120

1

解答　1.ナポレオン　2.ルイジアナ　3.フロリダ　4.ジャクソン〈政権〉　5.保留地　6.西漸〈運動〉
7.明白なる運命（マニフェスト＝デスティニー）　8.テキサス　9.カリフォルニア　10.ゴールドラッシュ
11.アラスカ　12.ミズーリ協定　13.共和〈党〉　14.民主〈党〉
問①ウ　**問②**チェロキー族　**問③**オレゴン　**問④**ストウ　**問⑤**カンザス・ネブラスカ法

解説　1・2.ナポレオンはハイチから北米大陸中部に広がる帝国を築くことを構想していたが、ハイチ（サン＝ドマング）で革命がおこり、その構想が破れたため、この地の売却に踏みきったといわれる。　4・13・14.ジャクソンは初のフロンティア出身の大統領として「ジャクソニアン＝デモクラシー」と呼ばれる民主主義の原型を定着させたものの、先住民に対する苛烈な排除をおこなったことでも知られる。ジャクソンはアメリカ＝イギリス戦争の英雄として西部の農民や東部の労働者、南部の農場主などに人気が高かったため、彼らを中心に結成された民主共和党の支持を得て第7代大統領となった。民主共和党はのちの民主党の母体となった。一方反ジャクソン派を中心とした政党が国民共和党であり、1830年代にホイッグ党と呼ばれた時代を経て、1854年に共和党となり、現代に至っている。　10・11.アラスカは1741年にデンマーク生まれのロシアの探検家ベーリングがはじめて到達し、それ以降ロシア領であったが、19世紀中頃、クリミア戦争に敗れたロシアが近代化を進めるうえで財政難となり、アメリカに売却した。その後、19世紀末から20世紀初頭にかけてアラスカでも金鉱が発見された。
問①アメリカ＝イギリス戦争により、イギリスからの工業製品の輸入が途絶え、とくに北部の木綿工業の発展が促進されることとなった。これにより、アメリカはイギリスから経済的自立を果たしたため、アメリカ＝イギリス戦争は「第2次独立戦争」とも呼ばれる。現在のアメリカ国歌『星条旗』が作詞されたのは、アメリカ＝イギリス戦争中の戦いに起因する。　**問②**先住民の苦難としては、スー族が虐殺されたウーンデッドニーの虐殺やジェロニモを中心に抵抗したアパッチ族などが知られる。　**問④**ほかにも母親が黒人奴隷であったフレデリック＝ダグラスも新聞『ノース＝スター』を発行し、奴隷解放の世論形成をおこなった。　**問⑤**これにより、新たな奴隷州を国土の南北のほぼ中間線以南にのみ認める妥協であるミズーリ協定は骨抜きになった。

2

解答　1.リンカン　2.奴隷解放宣言　3.ゲティスバーグ〈の戦い〉　4.リッチモンド　5.奴隷制
6.クー＝クラックス＝クラン（KKK）　7.フロンティア〈の消滅〉

問①＊ⓐジェファソン＝デヴィス　＊ⓑリー将軍　問②イ　＊問③ジム＝クロウ法　＊問④苦力(クーリー)
問⑤移民法　問⑥アメリカ労働総同盟(AFL)

解説　1・2.リンカンは奴隷制反対論者ではあったが、大統領になった当初、南部の奴隷制を即時廃止するような主張はしていなかった。リンカンの奴隷制反対はあくまでも西部への奴隷制拡大に対する反対であったが、国際的世論を味方につけるためにも奴隷解放宣言を出した。　3.ゲティスバーグの戦いは南北戦争最大の戦いである。リンカンの「人民の、人民による、人民のための政治」はこの戦いの後におこなわれた追悼演説の一文である。　6.白人至上主義の秘密結社。南北戦争終結後まもなく結成され、独自の装束をまとって黒人たちへの示威行為をおこなったが、しだいに暴力的となり解散した(1865～69)。しかしその後も復活と消滅を繰り返している。

問②ウ)北部が1862年に制定した法律はホームステッド法(自営農地法)である。これは、公有地を5年以上開拓した農民に無償で土地を与えるものであり、西部の農民の北部支持が決定的となった。　**エ**)黒人奴隷の多くは解体されたプランテーションの土地を借りたシェアクロッパー(小作人)となり、苦しい生活を余儀なくされた。　**問③**1860年代の南部再建期において土地所有の制限や人種間の結婚禁止、裁判の際に陪審員になれないといったブラック＝コードと呼ばれる黒人取締法が成立し、その後、90年代でさらに公共施設での黒人の隔離などをおこなうジム＝クロウ法が成立した。ジム＝クロウという名は、白人が黒人に扮して歌

うコメディである Minstrel Show のヒット曲である、『Jump Jim Crow』に由来する。ジム＝クロウは田舎の貧乏な黒人キャラクターであり、Minstrel Show の定番となった。その結果、1837年までに黒人隔離の言葉としてジム＝クロウは使われるようになった。このような黒人差別に対して北部は南部の白人との対立を望まず、黒人の権利回復は1964年の公民権法成立まで待たなければならなかった。　**問④・問⑤**「大陸横断鉄道はお茶とウイスキーがつくった」という言葉でも知られるように、大陸横断鉄道建設に従事した人の多くがお茶を飲む中国人移民とウイスキーを飲むアイルランド人移民であった。中国人は1844年の望厦条約にて中米間に通商が始まったことが契機となりアメリカに移った。アイルランド人は1840年代後半におこったジャガイモ飢饉がきっかけとなりアメリカに移った。テーマ39 **2** ▶ 6 の解説(→ p.63)を参照。その後、中国人の移民は制限されたがそれと前後して日系の移民が増え、1924年の移民法制定により移民は白人のみに制限されることとなった。　**問⑥** AFL は熟練工が中心となった組織であり、移民労働者や黒人・女性は参加することができなかった。AFL に対抗して下層労働者の組織化をねらい結成された組織が1905年に創設された世界産業労働者同盟(IWW)である。しかしこれはサンディカリズム(労働組合主義)の傾向が強く、1925年に政府の弾圧で解散した。

41　19世紀欧米文化の展開と市民文化の繁栄　本文 p.121 ～ 122

1 ▶

解答　1.ヘーゲル　2.マルクス　3.ベンサム　4.リカード　5.ランケ　6.リスト　＊7.サヴィニー
問①ⓐ**A**モネ、印象派　**B**ダヴィド、新古典主義　**C**ミレー、自然主義　**D**ドラクロワ、ロマン主義
ⓑⓐショパン　ⓑスメタナ　ⓒグリム兄弟　ⓓドストエフスキー　ⓔゾラ　ⓕイプセン

解説　1.ドイツ観念論哲学は大陸合理論とイギリス経験論を批判的に総合したカントによって創始され、その後、フィヒテ・シェリングを経てヘーゲルによって完成された。　4.マルサス、リカードはともに重商主義の統制経済を批判し、自由な競争による生産力の発展をはかることに主眼をおいた。マルサスは世界で最初の経済学教授。　7.法が歴史的なもので民族精神の表現であるとし、法の普遍性を重視する「自然法学」に強く反対した。

問①ⓐそれぞれの絵画の題名は**A**モネ「印象・日の出」**B**ダヴィド「皇帝ナポレオン1世と皇后ジョゼフィーヌの戴冠(ナポレオンの戴冠式)」**C**ミレー「落ち穂拾い」**D**ドラクロワ「キオス島の虐殺」。　**B**新古典主義とは従来のバロック様式やロココ様式を否定し古典古代の写実主義を理想としたもの。ダヴィドは多くのナポレオンの肖像画を残している。　**C**ミレーは農民生活をテーマとして問いの「落ち穂拾い」のほか、「晩鐘」などを描いた。　**D**ドラクロワはフランス＝ロマ

ン主義代表。問いのギリシア独立戦争を題材とする「キオス島の虐殺」のほか、七月革命の市街戦を描いた「民衆を導く自由の女神」が代表作。　ⓑⓐポーランド＝ロマン派。1830年に演奏旅行の途中でポーランドの対ロシア蜂起の失敗を知り、エチュード「革命」を作曲した。　ⓑチェコ国民楽派の代表的な作曲家。チェコ国民楽派ではほかに「新世界より」を作曲したドヴォルザークが知られる。　ⓓ『罪と罰』『カラマーゾフの兄弟』

で知られるロシアの写実主義作家。ロシアの作家としてはほかにナポレオン戦争を舞台とした『戦争と平和』のトルストイ、「ニヒリズム」の語を一般に知らしめた『父と子』を著したトゥルゲーネフが知られている。ⓔ『居酒屋』で労働者社会の悲惨な姿を描いたフランスの自然主義作家。ドレフュス事件に際して「オーロール」紙に軍部に対して「私は弾劾する」と公開状を記したため、亡命を余儀なくされた。

2

解答　1・2.マイヤー、ヘルムホルツ〈順不同〉　3.レントゲン　4.キュリー〈夫妻〉　5.ダーウィン　6.メンデル　7.コッホ　8.パストゥール　9.エディソン　10.モース　11.ベル　12.マルコーニ　13.ノーベル　14.オスマン　15.万国博覧会
問①ⓐアムンゼン　ⓘヘディン　問②エ

解説　3.ドイツの物理学者でX放射線を発見し第1回ノーベル賞を受賞した。　4.夫婦で放射性物質を研究し、ラジウムやポロニウムを発見した。　5.測量船ビーグル号で南半球の調査に出かけ(1831～36)、膨大な動植物の生態観察、化石地質のデータをもとに生物進化を確信した。しかし人間もほかの生物と同じ存在にすぎないと指摘して、キリスト教にもとづく人間観を信じていた欧米の人々に衝撃を与え、激しい論争を巻きおこした。　6.オーストリアの修道士、自然科学の教師、博物学者。エンドウ豆交配実験から遺伝法則を発見した。　9.多くの発明をおこなって特許を取得し、「メンローパークの魔術師」とも呼ばれた。14.皇帝ナポレオン3世によりセーヌ県知事に起用されると、貧民街の一掃、市内道路交通網の整備、街路照明の拡充、上下水道の再編などにとりくんだ。パリ改造はフランスの近代化に大きく貢献した。　15.第1回万国博覧会はイギリス産業革命の成果を世界に誇示するものとなり、30万枚ものガラス板と鉄骨でつくられた水晶宮(クリスタル＝パレス)が話題となった。それ以後も万博は産業の発展とナショナリズム発揚の機会として盛んに開催された。1855年のパリ万博では

ナポレオン3世により国威高揚がはかられ、67年のパリ万博に日本が正式に初参加し、ヨーロッパにジャポニスム(日本趣味)が広がる契機となった。76年のフィラデルフィア万博はアメリカ合衆国建国100周年を記念して開催された。89年のパリ万博はフランス革命100周年を記念して開催され、エッフェル塔が建設された。
問①ⓐ1897～99年に北極海を探検し、1911年に南極点到達一番乗りを果たしたが、これはイギリスのスコット隊に先立つこと35日であった。北極点に到達したのはピアリ。　問②ア)凱旋門広場から放射状に広がる大通りを建設し、悪臭に満ちた都市の美化と衛生化を進めた。またこのための建築工事は多くの雇用を生み出した。　イ)1863年ロンドンでコークスを燃料とした世界初の地下鉄が開通し、90年には電気機関車が用いられた。　ウ)蒸気印刷機の普及で出版の廉価化が進んだ。1851年にはイギリスのロイター通信社が誕生し、96年には日刊新聞『デイリー＝メール』が創刊された。　エ)大量生産と大量消費にともなう大衆文化の発展と価値の均一化は、1920年代アメリカ社会の説明。

第14章　アジア諸地域の動揺

42　西アジア地域の変容　本文 p.123～124

1

解答　1.ワッハーブ〈派〉〈運動〉　2.サウード〈家〉　3.クリミア＝ハン〈国〉　4.ムハンマド＝アリー　5.綿花　6.文芸復興〈運動〉　7.ギリシア〈独立運動〉　8.ロンドン〈会議〉　9.スーダン　10.東方問題　11.カピチュレーション　12.関税自主〈権〉　13.スエズ運河　14.クリミア〈戦争〉　15.オスマン債務管理局
問①エジプト＝トルコ戦争　問②ダーダネルス海峡・ボスフォラス海峡〈順不同〉

1・2. ワッハーブ運動は、サウード家の当主を王として王国を建て、19世紀初めには聖地メッカとメディナを占領し、興亡を繰り返したあと、現代のサウジアラビアに受け継がれた。　**4.** ムハンマド＝アリーは、傭兵隊長からナポレオンのエジプト遠征の混乱時に台頭した。ナポレオン軍掃討のためエジプトに派遣され、エジプトの人心を掌握し、マムルーク勢力を排除して、総督の地位を手に入れた。その後ワッハーブ運動の討伐、ギリシア独立戦争への派兵を命じられ、さらにスーダンを占領した。最終的にオスマン帝国からエジプトとスーダンの総督の地位の世襲権を認められ、ここにムハンマド＝アリー朝（1805～1952）が成立した。　**8.** ロンドン会議で、ムハンマド＝アリ

ー朝が国際的に承認された。この国は1914年まではオスマン帝国の属州であったが、その後イギリスの保護国を経て、22年に王国となった。　**13.** スエズ運河は、フランス人レセップスがムハンマド＝アリー朝から開削権を認められ、1859年に着工し69年開通させた。その後エジプトが財政危機におちいると、75年にイギリスのディズレーリ首相は、議会にはからずにユダヤ系財閥ロスチャイルド家から買収資金を用立て、スエズ運河株の40％を購入して、運河の権益を手に入れた。**問②** ダーダネルス・ボスフォラス両海峡の航行権が列強の対立点となり、1841年のロンドン会議における海峡協定で外国軍艦の両海峡航行が禁止され、ロシアの南下は阻止された。

2

解答　**1.** イェニチェリ〈軍団〉　**2.** オスマン〈主義〉　**3.** ミドハト＝パシャ　**4.** アブデュルハミト2世　**5.** ロシア＝トルコ〈露土〉〈戦争〉　**6.** カリフ　**7.** サファヴィー〈朝〉　**8.** テヘラン　**9.** ガージャール〈朝〉　**10.** バーブ〈教徒〉

問① タンジマート　**問②** トルコマンチャーイ条約　**問③** グレートゲーム　**問④** 第1次・第2次アフガン戦争

解説　**2.** オスマン主義は、オスマン帝国において宗教・民族の別にかかわらずすべての帝国臣民の平等を基礎に、オスマン帝国の政治的一体性を守ろうとする考え方。列強の侵攻に対抗するために登場し、第一次世界大戦後、オスマン帝国滅亡とともに消失した。政策においてオスマン主義は多民族帝国への志向ではなく、多宗教帝国への志向であったとされる。　**3.** ミドハト＝パシャは、大宰相として改革を推進し、帝国の改革に尽力したが、憲法発布後まもなくアブデュルハミト2世の命令で国外に追放され、1年後行政職に復帰したものの最後は流刑先で獄死した。オスマン帝国憲法はミドハト憲法とも呼ばれ、オスマン帝国が西欧型の法治国家であることを宣言し、帝国議会の設置、ムスリムと非ムスリムのオスマン臣民としての完全な平等を定めた。この憲法は、1875年のフランス共和国憲法、1831年のベルギー憲法にならい、イギリスの法体系も参照して制定された自由主義的な立憲君主政憲法である。　**10.** バーブ教は、19世紀半ばのイランにおこった、シーア派から生まれた新宗教で、千年ぶりの救世主（マフディー）の再臨を説き、社会的な弱者の

保護や両性の平等のほか、租税や私有財産の廃止もとなえた。

問① タンジマートは、トルコ語で再編成あるいは改革を意味し、恩恵的改革を意味するタンジマート＝イ＝ハイリエの略。1839年、皇帝アブデュルメジト1世が、ギュルハネ勅令で内外に改革を宣言してから始まるオスマン帝国の近代化策。司法・行政・財政・軍事などにわたる西欧化諸改革に続き、76年のオスマン帝国憲法（ミドハト憲法）の制定までに至る。翌年のロシア＝トルコ戦争勃発で、78年に憲法が停止され、成果は否定された。実際に推進したのは大宰相ムスタファ＝レシト＝パシャやミドハト＝パシャなどの改革派官僚であった。　**問③** グレートゲームは、19世紀から20世紀初めの中央アジア（主としてアフガニスタン）をめぐるイギリスとロシアの覇権争いから生まれた言葉で、一進一退の経緯をたどった両者の攻防をチェス盤上のゲームに見立て、チェスの「大勝負」にたとえたことに由来する呼称。その後、両国は1907年の英露協商で手を結んだ。

1

解答

1．アウラングゼーブ〈帝〉　2．ベンガル　3．マイソール〈戦争〉　4．マラーター〈戦争〉　5．シク〈戦争〉　6．藩王国　7．ザミンダーリー〈制〉　8．ライヤットワーリー〈制〉　9．綿布　10．アヘン　11．シパーヒー　12．ヴィクトリア女王　13．分割統治

問①ポンディシェリ　問②カーナティック戦争

問③土地所有を認定された者以外の人がもっていた諸権益が奪われ、無権利な小作人となっていった。

問④東インド会社は商業活動そのものが停止され、インドの統治者へと変化していった。

問⑤ディズレーリ

解説　1．テーマ26 **2** 問5の解説（→ p.42）参照。
2．イギリス東インド会社は、1765年にベンガル・ビハール・オリッサのディーワーニー（徴税権）を獲得し、このときからインドの領域支配が開始されたといえる。
3．マイソール戦争（第1次1767〜第4次1799）　4．マラーター戦争（第1次1775〜第3次1818）　5．シク王国戦争（第1次1845〜第2次1849）　7．18世紀末よりおもに北インドで実施。ザミンダール（地主・領主）の伝統的権利を近代的土地所有権として認めるかわりに、彼らを納税の直接責任者とする制度。これにより領主としての性格は失われた。　8．ザミンダーリー制がうまく機能しない地域もあり、南部のマドラス管区などでは、仲介者を排除して国家的土地所有のもとで農民（ライヤット）に土地保有権を与えて徴税する方法が実施された。　13．被支配者を分断し、団結・抵抗を防いで、支配を容易にする統治方法。古代ローマ帝国の統治法にならい、イギリスはインドにおける宗教やカーストの違いや地域の差異などにより、分断された集団間の反目を植民地支配に利用した。
問②カーナティック戦争は、イギリス領マドラス（現チェンナイ）とフランス領ポンディシェリとのあいだで3次にわたって展開した（第1次が1744〜48、第2

次が1750〜54、第3次が1758〜61）。カーナティックとは南インドの東海岸一帯をいう。第3次カーナティック戦争の同時期、ベンガル地方では、クライヴが率いるイギリス東インド会社軍がフランス東インド会社軍の支援を受けたベンガル太守軍を破る、プラッシーの戦いがおこなわれた。テーマ31 **3** 解説表「17世紀後半〜18世紀における英仏の争い」（→ p.50）参照。
問③従来のインドの村落では、耕作者以外にも、洗濯人や大工など地域社会が必要とする様々な仕事に従事する人々が、それぞれ地域社会の総生産物の一定割合を現物で得る権利をもっていた。しかし、新制度のもとでは、土地所有者は1人のみ認定され、他の人々が有していた権益は無視された。　問④ 思考・判断　イギリスが自由貿易体制への移行を進めるなかで、東インド会社の特権への批判が強まり、1813年の特許状改定でインドとの貿易独占が廃止された。1833年の特許状改定では商業活動そのものが停止された。当初香辛料貿易を主業務としていた東インド会社は、1757年のプラッシーの戦いのあと、ベンガル地方の徴税権獲得を契機にインドに行政組織を構築し、徴税や通貨発行をおこない、法律を施行するインドの植民地統治機関へと転換していった。

2

解答

1．アンボイナ〈事件〉　2．バタヴィア　3．マタラム〈王国〉　4．マレー連合州　5．南インド　6．コンバウン〈朝〉　7．アッサム〈地方〉　8．カトリック　9．西山（タイソン）〈の乱〉　10．阮福暎　11．ピニョー　12．清仏〈戦争〉　13．天津〈条約〉　14．フランス領インドシナ　15．ラタナコーシン〈朝〉　16．ラーマ4世　17．米　18．チュラロンコン（ラーマ5世）

問①コーヒー・サトウキビ・藍など　問②ペナン・マラッカ・シンガポール

問③20世紀に入って自動車の大量生産が実現し、タイヤに使用されるゴムの需要が拡大したため。

問④サトウキビ・マニラ麻・タバコなど　問⑤あ劉永福　ⓘフエ（ユエ）条約

解説　3．ジャワ島東部の稲作地帯にあったイスラーム国家。マタラム王家から分立したジョグジャカルタのスルタン王家のディポネゴロが、オランダの暴政に

対して挙兵したのがジャワ戦争（1825〜30）。　4．イギリスは、1870年代より東南アジアの領域的な支配に取りかかり、軍事と外交の巧妙な政策によって支配地

域を広げた。1895年にマレー連合州を結成させると、マレー半島の他の諸州や海峡植民地をあわせて、英領マレーを形成してマレー半島ほぼ全域を支配下においた。　9．ベトナム中南部の西山の阮氏3兄弟による反乱。北部の鄭氏と中部の阮氏に分裂していた黎朝の政権を滅ぼし、西山朝を建てた。　15．タイの現王朝。チャクリ朝・バンコク朝ともいう。列強諸国勢力の緩衝地帯として独立を保った。　16．ラーマ4世（在位1851～68）のときに、不平等条約を締結する一方、西欧近代化政策を推進した。

問①　植民地政庁は、コーヒー・サトウキビ・藍など栽培すべき作物の種類や生産量などを指示し、作物の買い上げ価格を一方的に定めたことから、オランダ政府が莫大な利益を得る一方で、現地の生産者はきわめ

て不利な立場におかれた。　**問③** 思考・判断 　アメリカ合衆国で、ベルトコンベア方式の採用などによりT型フォードの大量生産が実現したことは、自動車を大衆化させると同時に、ゴムやガラス、石油産業などの関連産業を活性化させることとなった。　**問⑤あ**劉永福は広東省の客家（ハッカ）出身で、太平天国の乱後、ベトナムに逃れて阮朝につかえた。彼が組織した黒旗軍は、ベトナム北部に根拠をおいて頑強に抵抗した。その後も劉永福は、日清戦争における台湾での抗日運動などで活躍した。　**い**フランスはまずベトナム南部地域を1867年に奪い、領土拡大を進めた。劉永福の抵抗を口実に北部に進出し、1883年のフエ（ユエ）条約により北部と中部も支配下に入れた。

44　**東アジアの激動**　本文 p.127～129

1

解答　1．白蓮教徒〈の乱〉　2．林則徐　3．マカートニー〈使節団〉　4．香港〈島〉　5．領事裁判〈権〉　6．関税自主〈権〉　7．片務的最恵国〈待遇〉　8．望厦〈条約〉　9．黄埔〈条約〉
問①**あ**行商　**い**イ　問②イ
問③場所：ⓓ、地名：上海　場所：ⓔ、地名：寧波　場所：ⓕ、地名：福州　場所：ⓖ、地名：厦門
場所：ⓗ、地名：広州

解説　[地図]ⓐ牛荘（営口）　ⓑ天津　ⓒ芝罘（煙台）ⓓ上海　ⓔ寧波　ⓕ福州　ⓖ厦門　ⓗ広州

1．白蓮教は南宋から広まる仏教の一派である。元末の紅巾の乱をおこしたのも白蓮教徒である。テーマ23 **3** 問③**あい**の解説（→ p.37）参照。この乱が鎮圧されたのち、白蓮教徒の一部は天理教（日本の天理市を本拠としている天理教とは関係ない）と名を変え、北京にて天理教徒の乱をおこした。　2．林則徐は道光帝より欽差大臣として広州に派遣された。　3．マカートニーおよびナポレオン戦争後に派遣されたアマーストは三跪九叩頭（さんききゅうこうとう）の礼をとることを拒否し、交渉に入ることすらかなわなかった。　4．香港はもともと小さな漁村のある島にすぎなかったが、イギリスによる150年間の支配のあいだに、貿易の拠点として発展をとげた。香港が中国に返還されたのは1997年のこ

とである。　5・6・7．領事裁判権および協定関税制は南京条約の追加規定である五港通商章程にて取り決められた。片務的最恵国待遇は同じく南京条約の追加条約である虎門寨追加条約にて取り決められた。
問①**い**銀の流出により信頼のおける交換手段が減少したことにより流通が阻害され、経済活動全体に影響を与えたほか、銀に対する銅の価格を相対的に引き上げた。当時の税制は康熙帝より導入された地丁銀制であったが、一般的な農民は銅銭で納税していたので、実質的な増税となった。　問②平英団はイギリスが広州に侵攻した際に抵抗した民衆の組織である。郷紳によって組織された。一方のイギリス側の事情についてはテーマ38 **3** 6の解説（→ p.61）参照。　問③地図上で確認すること。南京条約で開港されたのは江南の港のみである。

2

解答　1．アロー〈号事件〉〈戦争〉　2．総理各国事務衙門（総理衙門）　3．アイグン〈条約〉　4．ウラジヴォストーク〈港〉　5．トルキスタン　6．イリ〈条約〉　7．捻軍　8．洪秀全　9．湘軍　10．李鴻章　11．西太后
12．同治中興
問①エ　問②**あ**円明園　**い**カスティリオーネ　問③**あ**エ　＊**い**天朝田畝（てんちょうでんぽ）制度

解説 1. 広州に停泊していたイギリス船アロー号の船員を、中国の官憲が逮捕した事件。これを口実にイギリスは清に宣戦し、フランスのナポレオン3世は広西省でおこったフランス人宣教師殺害事件を口実に宣戦した。 3・4. アイグン条約やその後の清露間での北京条約、およびウラジヴォストーク建設に尽力したのはニコライ1世より任命されたムラヴィヨフである。ウラジヴォストークはロシア語で「東方を支配する町」という意味であり、その名の通り、中国・朝鮮征服からさらに太平洋への南下政策のための拠点となった町である。 8. 洪秀全は清の科挙を受けて落第している。また、太平天国も科挙を実施したことで知られる。 9・10. 曽国藩の湘軍、李鴻章の淮軍のほか、左宗棠の楚軍も知られる。3人とも洋務運動の中心人物であり、李鴻章はその後下関条約を調印するなど、外交面でも活躍した。また、のちの中国の支配者袁世凱は李鴻章の淮軍出身である。
問① 天津条約では北京の外港である天津は開港されず、その後の北京条約において開港された。また、北京駐

在が認められたのは軍隊ではなく外交使節である。軍隊の駐在が認められたのは義和団事件後の北京議定書である。北京議定書についてはテーマ47 **1** 7の解説（→ p.76）参照。 問②い カスティリオーネは雍正帝と乾隆帝のもとで活躍したイタリア人のイエズス会宣教師である。キリスト教の布教は禁止されていたため、画家・建築家として活躍した。 問③あ ア）上帝会はキリスト教に影響を受けている。上帝はヤハウェを指す。 イ）太平天国のスローガンは「滅満興漢」であり、「扶清滅洋」はその後の義和団事件のスローガンである。 ウ）太平天国が首都としたのは広州ではなく南京である。 エ）常勝軍を組織したのはアメリカ人のウォードであり、ウォード戦死後に後を継いだのがイギリス人のゴードンである。ゴードンはアロー戦争に従軍したほか、李鴻章の淮軍と協力し、太平天国の鎮圧に貢献した。ゴードンのその後についてはテーマ47 **4** 問⑤いの解説（→ p.78）参照。 い 天朝田畝制度は男女の別なく土地を配分する制度であるが、実施はされなかった。

3

解答 1. 日米和親〈条約〉 2. 日米修好通商〈条約〉 3. 大院君 4. 江華島〈事件〉 5. 日朝修好条規（江華条約） 6. 租界 7. 上海 8. 新疆 9. 清仏〈戦争〉 10. 金玉均 11. 閔氏 12. 日清〈戦争〉
問①イ 問②イ 問③あ 崔済愚 ＊い 全琫準（チョンボンジュン） 問④あ 李鴻章 い 台湾・遼東半島・澎湖諸島

解説 3. 李氏朝鮮の国王高宗の父で摂政となった。外戚および両班の勢力をおさえるとともに、攘夷を強力に推し進めた。高宗が成人し引退した後もたびたび日清両国が利用するために担ぎ出された。 5. 日朝修好条規の内容のおもなものは、①釜山など3港の開港、②開港地における日本人居留地の設定および領事裁判権を認める、などである。日本が外国に結ばせることに成功した初の不平等条約である。 10. 朝鮮において日本にならって近代化を進める独立党（開化派のなかでも日本と連携する勢力）の中心として活躍した。甲申政変が清の干渉で失敗すると日本に亡命したが、最終的には上海で暗殺された。
問① 大日本帝国憲法はプロイセンの憲法をもとにつくられた。 問②ア）壬午軍乱は朝鮮軍人による、日本の手先とみなされていた閔氏政権に対する反乱である。

イ）テーマ47 **2** 13の解説（→ p.76）参照。 ウ）攘夷派に対して急進改革派がおこした政変である。 エ）天津条約により、日清両国が朝鮮から撤兵し、将来的に軍隊を派遣する際に事前通告をおこなうことを取り決めた。天津条約はほかにも、第2次アヘン戦争の際に清英間で結ばれたものや、清仏戦争の際に清仏間で結ばれたものがある。 問③あ 東学は没落両班の崔済愚が創始した宗教である。キリスト教（西学）に対抗するという意味で東学と名付けられた。 い 全琫準は甲午農民戦争の農民指導者である。彼の指揮する反乱軍に対抗するために朝鮮政府は清に出兵を要請したところ、日本も出兵し、日清戦争に転化した。 問④ 下関条約の内容のおもなものは、①朝鮮の独立の承認、②台湾、遼東半島、澎湖諸島の割譲、③2億両（テール）の賠償金の支払い、などである。

解答

1⟩問 1．イ　問 2．イ　問 3．ア　問 4．エ
2⟩問 1．ア　問 2．エ　問 3．エ

ヒント

1⟩ 史料 1 は1763年のパリ条約。史料 2 はハイチ革命 (1791〜1806) におけるトゥサン゠ルヴェルチュールの呼びかけ (1793年)。史料 3 は1776年のアメリカ独立宣言 (大陸会議における13のアメリカ連合諸州による宣言)。史料 4 は1789年のフランス人権宣言 (人間および市民の権利の宣言)。

問 1．b．イギリスがスペインからアシエントを獲得したのは、1713年、スペイン継承戦争終結の際に締結されたユトレヒト条約。　問 2．独立宣言を起草したトマス゠ジェファソンは、駐フランス公使を務めており、1789年の革命の開始に際しては革命側を支持した。人権宣言を起草したラ゠ファイエットは、77年アメリカ独立戦争に参加している。

問 3．a．「人権宣言 (人間および市民の権利の宣言)」では、自然権としての自由や平等などの基本的な権利をもつ存在としての人間 (homme) と、国家や社会に所属する存在としての市民 (citoyen) の語を使用しているが、いずれの語も男性系であり、女性はその対象とは考えられていなかった。　問 4．史料 1 は1763年。史料 2 は1793年。史料 3 は1776年。史料 4 は1789年。

2⟩ 史料 1 はキャフタ条約。史料 2 はアイグン条約。問 2．ア) 三藩の乱は1673年。イ) ジュンガル滅亡は1758年。ウ) 英仏による北京襲撃は1860年。エ) 北方戦争は1701〜21年。　問 3．清がはじめて外国と対等な形式で締結した国際条約は、1689年のネルチンスク条約。史料 2 をもとに地図で確認してみると、この条約で沿海州を獲得していないことがわかる。ロシアが沿海州を獲得したのは1860年の北京条約。同年ウラジヴォストークの建設が始まる。

解答

1⟩問 1．＊あ ザンジバル　い 武器、雑貨

　　う [解答例]　トゥサン゠ルヴェルチュール指揮する黒人暴動が始まると、近隣植民地への波及を恐れたイギリスは、同地への干渉をおこなった。革命中のフランスは、1794年に奴隷制を廃止してルヴェルチュールを支援し、イギリスを撃退した。ナポレオンが奴隷制を復活させフランスが同地を集撃すると、新政府はフランス軍を退け世界初の黒人国家ハイチを誕生させた。ハイチ独立後1807年にイギリスは奴隷貿易を禁止し、1833年に奴隷制を廃止した。(199字)

　問 2．ウ

　問 3．＊あ [解答例] 黒人奴隷貿易で栄えたリヴァプールは、ウィルバーフォースらの運動により奴隷貿易が禁止されたのちは、産業革命で綿工業が発展し、鉄道で結ばれていたマンチェスターの原材輸入および製品積出港として繁栄した。(98字)

　　い ア) ×　イ) ○　ウ) ×　エ) ×

　問 4．エ

　問 5．あ ブラジル

　　い [解答例] 砂糖やコーヒーのプランテーションが盛んで奴隷労働力を大量に使用していたため。

2⟩問 1．ア) ウラービー (オラービー) 運動　イ) ○　ウ) ワッハーブ派　エ) ○　オ) トルコマンチャーイ条約

　問 2．あ ウンキャル゠スケレッシ条約

　　い ロシア軍艦のダーダネルス・ボスフォラス両海峡の独占的通航権

　問 3．ウ

　問 4．[解答例] クリミア戦争に敗北したロシアは、皇帝アレクサンドル 2 世のもとで国内の近代化をはかるとともに、南下政策の方向をバルカン半島方面から中央アジア方面へと変更した。コーカンド゠ハン国を征服し、のちにブハラ゠ハン国とヒヴァ゠ハン国を保護国化し、ロシア領トルキスタンを形成した。

このことをインド植民地に対する脅威ととらえたイギリスとの対立が激化し、アフガニスタン、イランを挟んで両国の緊張が高まっていった。(197字)

3 問1．ア）c　イ）a　ウ）b　問2．ア）う　イ）え　ウ）え　エ）い

ヒント

1 問1．あアラビア語で黒人奴隷を意味するザンジュの国という意味で、ザンジバルと呼ばれるようになった。　うイギリスのハイチ革命への干渉に言及。フランスの奴隷制廃止とハイチ支援に言及。ナポレオンの奴隷制復活とハイチのフランスからの独立に言及。イギリスの奴隷貿易廃止に言及。　問3．あリヴァプールは奴隷貿易の中心地であった。ウィルバーフォースの運動により奴隷貿易廃止が実現したあとは、産業革命が進展していたマンチェスターの綿製品輸出、原料輸入港として繁栄した。　いア）1832年の第1回選挙法改正で選挙権を得たのは産業資本家層。都市労働者層に選挙権が拡大したのは、1867～68年の第2回選挙法改正。　イ）1834年。

ウ）穀物法廃止は1846年、航海法廃止は1846年、いずれも1840年代のできごと。　エ）1833年の工場法の成立はホイッグ党のグレー内閣のとき。　問4．a．憲法制定会議が開かれたのはフィラデルフィア。　b．リンカンは共和党所属。

2 問3．ルーマニアはオスマン帝国下の自治公国であると認められるにとどまった。　問4．背景としてクリミア戦争の敗北により南下政策の重心を黒海から中央アジアへ変更したことに言及し、3ハン国の支配とロシア領トルキスタンの形成に言及する。この進出の過程でインドを支配していたイギリスとの緊張が高まったことに言及する。

45　第2次産業革命と帝国主義

1

解答　1．世界の工場　2・3．石油・電気(順不同)　4．アルミニウム　5．銀行資本　6．ベルエポック
問①ドイツ・アメリカ合衆国　問②イ　問③資源供給地や輸出市場、資本投下地など
問④あ：ⓓ、ⓘ：ⓐ、う：ⓒ　問⑤「野蛮な地域を文明化」することは文明人の責務ととらえられていた。
問⑥レーニン

解説　4．アルミニウムは軽く、電気分解による加工法で大量生産が可能になり、食器や建材など様々な用途に利用された。　6．列強の首都を中心に市民文化が成熟し、マスメディアの登場によって現代的な大衆文化の様相も現れた。それらは各国民のあいだにヨーロッパ近代文明への自信と近代科学の進歩への確信を広めた。

問②ドイツ人の移民は1848年の三月革命とその後の混乱を避けたものであり、アイルランド人の場合は1840年代のジャガイモ飢饉が移民急増の原因となった。そしてカリフォルニアのゴールドラッシュ(1849)もあってアメリカへの移民が急速に進んだ。テーマ39 **2** 6の解説(→p.63)およびテーマ40 **2** 問④・⑤の解説(→p.65)参照。　問③絶対王政下の植民地獲得は貴金属や商品作物の供給源と輸出市場を確保することを主眼としていたが、帝国主義下では第2次産業革命のため必要な天然資源(石油・ゴムなど)と有利な資本投資地域の確保(資本輸出)が目的となった。　問④ⓐイ

ギリスⓑロシア　ⓒフランス　ⓓアメリカ　ⓔドイツ　ⓕ日本。イギリスとフランスが二大植民地帝国であることを覚えておこう。　問⑤ **思考・判断** 　教科書の史料、キプリング「白人の責務」から考えてみよう。背景には、欧米の近代的工業力やそれに裏打ちされた軍事力の圧倒的な優位が明らかになり、非欧米地域の社会や文化を近代的発展から遅れた存在とみなす考えが広まったこともあった。しかし、一方で当該地域の伝統文化は劣った野蛮なものとして排除され、欧米列強の価値観が一方的におしつけられたのである。ここに非欧米世界の変容と「世界の一体化」の深化は急速に進んだ。　問⑥レーニンは帝国主義を「資本主義の不可避的な最終段階」ととらえ、その特徴を(1)独占資本の形成、(2)銀行資本と産業資本の融合による金融資本の形成とその金融資本による寡頭制の形成、(3)資本輸出が商品輸出と別に重要な意味をもつ、(4)独占資本主義による世界の経済的な分割、(5)資本主義最強国による領土分割、ととらえた。

2

解答　1．保守〈党〉　2．ジョゼフ＝チェンバレン　3．ローズ　4．南アフリカ(南ア、ブール)〈戦争〉　5．労働代表委員会　6．ブーランジェ〈事件〉　7．政教分離〈法〉　8．社会〈党〉　9．社会民主〈党〉　10．ベルンシュタイン
問①あカナダ　ⓘオーストラリア→ニュージーランド→南アフリカ連邦　問②イ→ウ→ア
＊問③H＝G＝ウェルズ　問④国民保険法　問⑤下院の法案決定権が上院に優先すること。
問⑥あ北アイルランド(アルスター)　ⓘシン＝フェイン党　問⑦ロシア　問⑧ゾラ　問⑨世界政策

解説　2．もと自由党で大臣もつとめたが、1886年にグラッドストン内閣が提出したアイルランド自治法案に反対して脱党、グラッドストン内閣を倒閣させた。彼の長男オースティンは両大戦間期に外相として国際協調を進め、ロカルノ条約締結の功績もあってノーベル平和賞を受賞した。次男ネヴィルは首相となり、ミュンヘン会談でのナチス＝ドイツに対する宥和政策で知られる。　3．拡張政策を進めたイギリスの植民地政治家。テーマ46 **1** 6の解説(→p.75)参照。　4．

「ブール(ボーア)」はオランダ語で農民の意味で、喜望峰周辺に居住していたオランダ系入植者の子孫。テーマ46 **1** 7・8の解説(→p.75)参照。　5．独立労働党のケア＝ハーディが中心となって、フェビアン協会、社会民主連盟のほか、65の労働組合が参加した。のちに非マルクス主義を掲げた労働党に改組するが、マルクス主義をとる社会民主連盟は労働党には参加しなかった。　9・10．ビスマルクが引退し、さらに社会主義者鎮圧法が失効したのち、エルフルト綱領を採択し

てマルクス主義路線を明確にした。しかしフェビアン協会の理念などの影響を受けたベルンシュタインが議会主義的な改革の路線をとなえて支持を広げた。

問① ⓐカナダが自治領となった1867年、アメリカがロシアからアラスカを購入している。テーマ40 **1** 〉10・11の解説(→p.64)参照。　**問②**ユダヤ系初の首相となった保守党のディズレーリは、積極的な帝国主義外交を展開し、エジプトのパシャ(太守)政府所有のスエズ運河会社の株式を買収(1875)、ヴィクトリア女王をインド皇帝にし(77)、インド支配体制を強化し、ロシア＝トルコ(露土)戦争(77〜78)ではベルリン会議(78)でロシアの南進を阻止する一方、キプロス島を得た。スエズ運河についてはテーマ42 **1** 〉13の解説(→p.67)参照。　**問③**フェビアン協会の名称は、第2次ポエニ戦争の際、慎重さと消極的戦法でハンニバルを消耗させて勝利をおさめた古代ローマの将軍ファビウスの名にちなんでおり、革命による社会主義化をめざすマルクス主義を否定しイギリス独自の社会主義を形成した。協会初期の中心的なメンバーとしてはバ

ーナード＝ショーやウェッブ夫妻が有名である。協会自体は現在でも労働党を支える基盤として存在しており、近年ではブレア元首相(在任1997〜2007)も会員である。　**問④**国民保険法はロイド＝ジョージ蔵相がドイツのビスマルクによる社会保険制度をもとにまとめたもので、健康保険と失業保険の両者を含んでいた。ほかに労働争議法、労働者賠償法、給食法、養老年金法、炭鉱夫8時間労働法、労働協議会法など。　**問⑥**ⓐ実施の延期に賛成したのは北アイルランド(アルスター)のプロテスタント系住民。北アイルランドでは現在も、プロテスタント系住民とカトリック系住民の対立が続いている。その後についてはテーマ53 **2** 〉4の解説(→p.90)参照。　**問⑨**本来は帝国主義列強による膨張政策のことだが、とくにヴィルヘルム2世による英仏に対抗して帝国主義的進出をはかろうとする政策を指す。ヴィルヘルム2世が「ドイツの将来は海上にあり」として積極的に海外発展を推し進めたことから「新航路政策」ともいう。

▶3

【解答】
1．フランス　2．シベリア〈鉄道〉　3．エスエル(社会主義者・革命家党)　4．日露〈戦争〉　5．ニコライ2世　6．ウィッテ　7．ストルイピン　8．農村共同体(ミール)　9．マッキンリー　10．ジョン＝ヘイ　11．革新〈主義〉　12．ウィルソン
問①ⓐメンシェヴィキ　ⓑボリシェヴィキ　問②ⓐ血の日曜日事件　ⓑガポン　問③ソヴィエト
問④国会(ドゥーマ)　問⑤ⓐウ　ⓑプラット条項　問⑥棍棒外交　問⑦パナマ運河　問⑧ドイツ社会民主党

【解説】　6．鉄道会社から政界に登用され、シベリア鉄道建設などロシアの工業化に貢献した改革派の政治家。日露戦争の際にはポーツマス条約のロシア側全権となり、帰国後、十月宣言を起草し、ついで首相に任命された。しかし皇帝専制の維持をはかる皇帝と衝突して辞任すると、十月宣言の内容はほぼ無力化され、保守派のストルイピンが首相の座についた。なお十月宣言起草の時期、知識人・自由主義者たちはカデット(立憲民主党)を結成している。　7．ウィッテの辞任後(1906.4)首相となる(1906.7)と革命運動を徹底的に弾圧し、反動政治を展開した。一方、富農を育成して「帝政の支柱」とするため、農業改革を実施して農村共同体(ミール)の解散を断行した。
問⑤ⓐなお、ハワイ共和国がアメリカ合衆国に併合されたのも同じ1898年のことであった。ハワイには18世紀末にカメハメハ大王がハワイ諸島を統一したハワイ王国があったが、アメリカ人製糖業者らによっておこされた1895年のハワイ革命でハワイ共和国となり、つ

いで1898年、米西戦争中にハワイ共和国の要請で連邦議会決議に従ってアメリカに併合された。　ⓑプラットはアメリカの上院議員。「プラット条項」はアメリカ＝スペイン戦争後、アメリカがキューバ憲法に付加させたもので、外交権の制約、海軍基地建設権、内政干渉権などが盛り込まれた。のち「善隣外交」をとるフランクリン＝ローズヴェルト大統領のもと、1934年に撤廃された。しかしキューバの事実上の保護国化により建設されたグアンタナモ海軍基地は、現在もアメリカ海軍が使用している。　問⑥「棍棒を携えて、おだやかに話せ」というセオドア＝ローズヴェルトの言葉に由来。つぎのタフト大統領(在任1909〜13)の「ドル外交」、ウィルソン大統領(在任1913〜1921)の「宣教師外交」もあわせて覚えておこう。　問⑦中央アメリカ地峡のパナマで大西洋(カリブ海)と太平洋を結びつけ、世界の物流に重要な役割を果たしている横断運河。スエズ運河を建設したレセップスが、1881年建設に着手したが失敗、のちアメリカが運河地帯を租借し、運河

の建設と運用をおこなうこととなった。04年に建設が始まり、14年に使用が開始された。77年にパナマとア

メリカのあいだで結ばれた新条約により、99年末にパナマに返還された。

1

解答　1．ビスマルク　2．ベルリン＝コンゴ〈会議〉　3．ベルギー〈国王〉　4．ウラービー〈運動〉　5．マフディー〈運動〉　6．ローズ　7．ブール〈人〉　8．南アフリカ(南ア、ブール)〈戦争〉　9．チュニジア　10．横断　11．縦断〈政策〉　12．ファショダ〈事件〉　13．英仏協商　14．ソマリランド　15．アドワ〈の戦い〉　16．リビア(トリポリ・キレナイカ・フェザーン)　17．リベリア共和国

問①あリヴィングストン　いスタンリー

問②ある地域を植民地とする場合、その地域でのヨーロッパ人の安全や商業活動を保証する(実効支配)という原則と、沿岸地域の植民地は後背地も保有する(境界画定)という原則。

問③＊あタンジール港　いヴィルヘルム２世　＊うアガディール港

問④現在のアフリカの国家に多くみられる、直線の国境線が引かれた。その結果、同じ民族が国境によって分断されるなど紛争の原因にもなっている。

解説　6．ローズは、イギリスの植民地政治家。南アフリカの鉱物採掘で巨富を得て植民地首相となり、占領地をみずからの名にちなんでローデシア(現ジンバブエ)と名づけた。また、いわゆるローズの夢と呼ばれる、「できることなら私は惑星をも併合したい」と豪語したことでも有名。　7．ブール人はケープ植民地のオランダ人の子孫で、ケープ植民地がイギリス領になると、北部に移動してトランスヴァール共和国とオレンジ自由国を建てた。両国で豊富なダイヤモンドと金が発見されて、ローズらに注目された。　8．南アフリカ戦争の勝利によってイギリスは、カイロとケープタウンをつなぎ、インドのカルカッタと結ぶ３Ｃ政策を実現した。しかし、巨額の戦費と終結まで２年半も要したことは、イギリスの国力を大きく低下させることとなった。この結果、トルキスタンをめぐるロシアとのグレートゲームとロシアの東アジア(満洲・朝鮮)進出に対抗し、アジアでの利権を守るためにイギリスの外交の基本であった「光栄ある孤立」政策を改め、1902年に日英同盟を締結することとなる。　16．リビアは、イタリア＝トルコ(伊土)戦争の結果、イタリアがトリポリ・キレナイカ・フェザーンの３州を獲得し、古代ローマ時代に由来するリビアと呼称し、リビア州(リビア保護領)として統治。　17．リベリア共和国は、1847年にアメリカ合衆国の解放奴隷を入植させて建国した国家。

問①あヨーロッパ人としてはじめてアフリカ大陸を横断し、ナイル源流を探検、ヴィクトリア瀑布を発見した宣教師・医師・探検家。いナイル川探査中に消息を絶ったリヴィングストンを捜索し、タンガニーカ湖畔で発見した報道記者・探検家。19世紀半ば、リヴィングストンやスタンリーの中央アフリカ探検により、現地の事情が明らかになった。

2

解答　1．オーストラリア　2．アボリジニー　3．ニュージーランド　4．マオリ〈人〉　5．グアム　6．ハワイ　7．カトリック教会　8．パン＝アメリカ〈会議〉　9．共和政　10．アメリカ＝メキシコ〈戦争〉　11．ディアス

問①あコーヒー・砂糖・天然ゴム　い牛肉　う砂糖・タバコ　え硝石(火薬の原料)・銅

問②マクシミリアン　問③あサパタ　いビリャ

解説　6．テーマ45　**3**　問⑤あの解説(→ p.74)参照。　9．1891年の憲法でブラジルは連邦共和国となったが、同国では軍がその後も政治的発言力をもつことになった。　10．アルゼンチンでは、移民の招致は憲法で規定されており、20世紀初めのアルゼンチンでは、全人口の30％が外国生まれとなった。

問②マクシミリアンは、オーストリア＝ハンガリー帝国皇帝フランツ＝ヨーゼフ１世の弟。　問③あサパタは、メキシコ革命で農民軍の蜂起を指導した。大土地所有制を否定し、農民に無償で土地を分配することを

第15章

骨子とした「アヤラ綱領」を掲げ、急進的な改革を主張した。　⑩ビリャは、南部の貧農出身の農民軍指導者。

メキシコ民衆にもっとも人気の高かった革命の英雄。

47　アジア諸国の変革と民族運動

本文 p.139 ～ 142

1

解答　1．変法　2．光緒帝　3．西太后　4．ジョン＝ヘイ　5．教案　6．義和団　7．北京議定書（辛丑和約）
8．大韓帝国　9．日英同盟　10．セオドア＝ローズヴェルト
問①ⓐ戊戌の変法　ⓑ康有為・梁啓超　問②戊戌の政変　問③ⓐⓐ旅順　ⓑ大連　ⓒ威海衛　ⓓ膠州湾
ⓔ九竜半島（新界）　ⓕ広州湾　ⓑⓐエ　ⓑエ　ⓒア　ⓓウ　ⓔア　ⓕイ
問④門戸開放・機会均等・領土保全　問⑤南アフリカ戦争（南ア戦争、ブール戦争）　問⑥ア

解説　1．「変法」とは王朝創設以来の政治のやり方をかえること。ほかの時代には「商鞅の変法」などの例がある。テーマ7 **1** 問1の解説（→ p.7）参照。　5．教案とは、反キリスト教を掲げた排外運動（仇教運動）を背景に発生した衝突事件のこと。各地で教会焼き討ちや宣教師殺傷事件などが生じた。　6．義和団は、白蓮教の流れをくみ、義和拳と称する武術の修練にはげんでいた団体で、華北一帯に広がっていた。　7．清が列強11カ国とのあいだで調印した講和条約。清朝は、責任者の処罰、賠償金4億5000万両の支払い、各国軍隊の北京・天津への常駐、などを承認した。
問①ⓑ康有為は公羊学の立場から当時政権にあった洋務派を批判し、徹底した内政改革による近代化と富国強兵を説き、西洋や日本の政治制度を手本とした立憲君主制の樹立をめざす政治改革をおこなった。公羊学は『春秋』「公羊伝」にもとづき、孔子の説を実践的な政治理念と解釈する学派。梁啓超は、社会進化論や日本のナショナリズムの影響を受けつつ、列強の進出を「中国分割の危機」であると訴え、明や清といった王朝名ではなく、国家の名称としての「中国」を創出し、中

国ナショナリズムの誕生に貢献した。　問③租借とは、ある国の領土の一部を条約によってほかの国が期限を定めて借りること。日清戦争で清の弱体化が明確になると、列強各国は中国各地に租借地を獲得した。租借期間中は、租借地における行政・立法・司法権は租借国がもち、軍隊を駐留させることもできた。しかし列強の影響力は実際には租借した地域全域ではなく、開港場、利権を得た鉱山、敷設した鉄道に限定されていた。たとえば日本は福建省を勢力圏としたが、その福建省の開港場ですら、日本は排他的な権利を得てはいなかった。総じて中国における列強の影響力はきわめて限定的であり、「領土割譲」「半植民地化」に至っていたわけではなく、中国はほぼ主権を維持し、列強が内政に干渉することはできなかったのである。　問④これはアメリカ合衆国が中国市場への進出を求めて列強諸国に向けて発せられた。中国東北部に対する権益を主張する日本の立場と対立するものであり、日米両国の関係悪化の一因となった。　問⑥ポーツマス条約ロシア全権のウィッテについては、テーマ45 **3** 6の解説（→ p.74）参照。

2

解答　1．南満洲鉄道株式会社　2．日露〈協約〉　3．朝鮮総督府　4．生糸　5．金本位制　6．科挙　7．国会
開設　8．中国同盟会　9．四川　10．武昌　11．南京　12．中華民国　13．袁世凱　14．宣統帝（溥儀）
問①エ　問②ウ　問③義兵闘争　問④光緒新政　問⑤民族主義・民権主義・民生主義
問⑥モンゴル人民共和国

解説　1．日露戦争で得た東清鉄道支線の長春・旅順口間の利権をもとに設立された。　3．日本は韓国を1910年に併合したのち、ソウル（京城）に朝鮮総督府をおいて武断政治をおこなった。初代総督は寺内正毅。
8．1894年、孫文はハワイで革命結社である興中会を結成。日露戦争など世界の情勢に刺激されて反満興漢

運動を続けてきた華興会・光復会などとともに、1905年に東京で中国同盟会を結成し、分散していた革命諸団体を結集させた。　13．河南省出身。淮軍で活躍し李鴻章の信任を得て、洋式軍隊である新軍の整備などにつとめた。李鴻章の死後要職を歴任し、清朝最大の実力者となり、辛亥革命がおこると総理大臣に登用さ

れた。　14.溥儀（姓は愛新覚羅）は、清朝最後の皇帝（宣統帝）である。袁世凱の画策で退位させられた。その後日本の関東軍の傀儡として、1932年に満洲国執政に就任、のち皇帝となった。

問②統監は日本政府を代表してソウルに常駐し、韓国の外交を監督した。日本の朝鮮支配を推し進めた初代韓国統監の伊藤博文は、1909年にハルビンで安重根に暗殺された。　問④義和団事件後、西太后政権のもとで開始された近代化政策。変法派がめざした立憲君主制が樹立されたが、あくまでも清朝皇帝専制政治の延命策にすぎなかった。科挙の廃止、新軍と呼ばれる西洋式陸軍の創設、憲法大綱の公布、9年後の国会開設の公約などがおこなわれた。　問⑤清朝の打倒と民族の独立をめざす民族主義、憲法にもとづく共和国建設をめざす民権主義、経済的な不平等の改善を内容とする民生主義からなった。　問⑥1911年に外モンゴルが独立を宣言し、13年にはチベットでダライ＝ラマが独立を宣言した。外モンゴルでは1924年にソヴィエト連邦の影響下でモンゴル人民共和国が成立したが、そのほかの地域は中華民国のなかにとどまった。モンゴル人民共和国は、当時、ソ連以外で初の社会主義国であった。

3

解答　1．綿花　2．ベンガル〈州〉〈分割令〉　3．ティラク　4．全インド＝ムスリム連盟　ア）ⓓ　イ）ⓑ
問①アッサム地方
問②インドの鉄道建設に対する利子保証分の費用、インド内外でイギリス帝国の防衛に従事するインド軍の維持費用、イギリス本国でのインド支配に関わる行政費用など
問③成長しつつあるインド人エリートをイギリスの植民地支配の協力者として利用するため。
問④英貨排斥・スワデーシ（国産品愛用）・スワラージ（自治獲得）・民族教育
問⑤この時期の民族運動は、知識人を中心として民衆とかけ離れた運動であったから。

解説　[地図]ⓐラホール　ⓑデリー　ⓒボンベイ（現ムンバイ）　ⓓカルカッタ（現コルカタ）　ⓔダッカ
4．1906年、イギリスの支援で結成されたインドのムスリム政治団体。1906年の結成当初は対英協調路線をとっていたが、1916年に国民会議とラクナウ協定を結んで民族運動に参入した。
問①南インドではコーヒーが、インド東北部のアッサム地方やセイロン島などでは茶が栽培された。　問②インド政庁は、インドの鉄道建設に対する利子保証分の費用のほか、インド内外でイギリス帝国の防衛に従事するインド軍の維持経費やイギリス本国でのインド支配に関わる行政経費などを、本国に対して負担した。
問③インド大反乱を経験したイギリス側に、インド人エリートを植民地支配の協力者として利用しようという発想が生まれた。その結果、インド人の意見を諮問する機関として、インド国民会議が結成された。　問⑤**思考・判断**　この時期の民族運動は、知識人を中心として民衆とかけ離れた根の浅い運動であったことが、停滞の大きな要因であった。

4

解答　1．倫理政策　2．イスラーム同盟（サレカット＝イスラム）　3．アメリカ＝スペイン〈戦争〉　4．ファン＝ボイ＝チャウ　5．維新会　6．ベトナム光復会　7．タバコ＝ボイコット運動　8．英露協商　9．アブデュルハミト2世
問①ア　問②ドンズー（東遊）運動　問③パン＝イスラーム主義　問④「エジプト人のためのエジプト」
問⑤あムハンマド＝アフマド　いゴードン　うハルツーム　問⑥青年トルコ革命
問⑦民族意識にめざめたトルコ人が主体となって国を支えるべきとする考え。

解説　1．オランダが1901～20年代半ばに採用したインドネシア統治策。キリスト教布教、自治政策、住民の福祉向上を核に近代教育の普及がはかられ、新しい知識人の誕生に貢献した。　4～6．ファン＝ボイ＝チャウは、1904年に維新会を結成し、翌年来日してドンズー（東遊）運動を組織したが、その後フランスとの提携を重視した日本政府によって追放された。1912年、広東でベトナム光復会を結成し、共和制国家の樹立をめざす武力革命を準備するが失敗した。
問④ウラービーは農民出身の陸軍大佐。運動鎮圧後に

セイロン島への流刑とされた。流刑中に彼と面会した日本の東海散士（とうかいさんし）は『佳人之奇遇（かじんのきぐう）』でエジプトへの共感を記している。ウラービーはイギリス・フランスの支配に抵抗して、1881年に「エジプト人のためのエジプト」をとなえて立憲制の樹立と議会の開設を求め、これは国民的な運動に発展した。　問⑤あムハンマド＝アフマドはみずからをマフディー（救世主）と称し、独自の教説によって支持を広げ、反エジプト・反イギリス闘争を指導した。ハルツームを中心に国家を築いたが、1898年にはイギリス軍の攻撃で崩壊した　いゴードン（1833〜85）はイギリスの軍人。クリミア戦争・アロー戦争に従軍し、李鴻章の淮軍と協力して太平天国鎮圧に貢献した。1884年にマフディー運動鎮圧のため総督としてスーダンに派遣され、翌年ハルツームで戦死した。アロー戦争とゴードンについてはテーマ44 2 問③あエ）の解説（→ p.70）参照。　問⑦ 思考・判断 国民を統合するには、非ムスリムを含む全帝国民の平等にもとづくオスマン人意識により帝国を再統合しようとするオスマン主義や、イスラーム教徒が一致協力して「イスラーム世界」を打ち立てるべきだというパン＝イスラーム主義では不十分で、民族意識にめざめたトルコ人が主体となって国を支えるべきとする考え方。その背景には、中央ユーラシアから西アジアに至るトルコ人の歴史の解明が進んだこともあった。

第16章　第一次世界大戦と世界の変容

48　第一次世界大戦とロシア革命　　　　　　　　本文 p.143 〜 145

1

解答 1．フランス　2．ボスニア・ヘルツェゴヴィナ　3．パン＝ゲルマン〈主義〉　4．イタリア＝トルコ（伊土）〈戦争〉　5．サライェヴォ　6．ベルギー　7．マルヌ〈の戦い〉　8．タンネンベルク〈の戦い〉　ア）ⓓ　イ）ⓘ　ウ）ⓕ
問①スラヴ人の連帯と統一をめざす思想・運動。　問②セルビア・モンテネグロ・ギリシア
問③「ヨーロッパの火薬庫」　問④双方が塹壕をつくりにらみあう塹壕戦となったから。
問⑤ロンドン条約で参戦と引きかえに「未回収のイタリア」やフィウメの獲得を約束されたため。
問⑥ブルガリア・オスマン帝国

解説 ［地図］ⓐオーストリア　ⓑボスニア・ヘルツェゴヴィナ　ⓒモンテネグロ　ⓓセルビア　ⓔルーマニア　ⓕブルガリア　ⓖアルバニア　ⓗギリシア　ⓘオスマン帝国
2．この2州の住民は大半がスラヴ系であるが、オスマン帝国統治下でその多くがイスラーム教に改宗していたため、モスレム（ムスリム）人と呼ばれる。　3．すべてのドイツ系民族の連帯と結集を呼びおこし、ドイツ帝国の世界制覇を実現しようとする主張。　4．テーマ46 1 16の解説（→ p.75）参照。　5．オーストリア皇帝のフランツ＝ヨーゼフ1世の甥にあたるフランツ＝フェルディナント大公夫妻が、パン＝スラヴ主義者のセルビア人青年プリンチプに狙撃、暗殺された。

7．仏英軍がパリ東方のマルヌ川でドイツの進撃を食い止めた戦い。ドイツの短期決戦作戦（シュリーフェン＝プラン）はこれによって挫折し、西部戦線は膠着した。　8．ドイツのヒンデンブルク将軍が、ポーランド北東部のタンネンベルクでロシアを破り、東部戦線の主導権を握った戦い。
問①バルカンにおけるパン＝スラヴ主義は、狭義ではロシア帝国のバルカン半島進出による南下政策を指す。問⑤「未回収のイタリア」は、テーマ39 2 問④あの解説（→ p.63）参照。フィウメは、トリエステの東部に位置する都市で、人口の90％近くをイタリア人が占めていた。ロンドン条約では、イタリアの参戦の見返りとして、協商国側はこれらの地域の獲得を約束した。

2

解答 1．ユダヤ〈人〉　2．パレスチナ〈問題〉　3．総力〈戦〉　4．挙国一致〈体制〉　5．第2インターナショナル　6．無制限潜水艦作戦　7．ウィルソン　8．ブレスト＝リトフスク〈条約〉　9．キール軍港〈の水兵反乱〉　10．日本
問①サイクス・ピコ協定　問②機関銃・潜水艦・戦車・航空機・毒ガスから3つ　問③インド
問④（女性）参政権　問⑤「十四カ条」　問⑥あヴィルヘルム2世　＊いローザ＝ルクセンブルク

解説 **1・2**.テーマ50**4**▶問④の解説(→ p.85)参照。

3.総力戦とは、軍事力だけではなく、経済力・政治力や国民動員力など、国家の総力をあげて戦う戦争のこと。第一次世界大戦ではじめて使われた言葉である。**4**.挙国一致体制とは、戦争や経済大恐慌などの非常事態を乗り切るために、反対政党も加えて政府を支える体制。　**6**.1915年5月、イギリスの大型客船ルシタニア号がドイツ潜水艦の攻撃で沈没し、多くの犠牲者が出た(ルシタニア号事件)。そのなかに100人以上のアメリカ人がいたことから、アメリカ国内のドイツに対する世論が悪化し、のちにアメリカが参戦する伏線となった。　**8**.ソヴィエト政権がドイツなど同盟国側と結んだ単独講和条約。しかし、同盟国側が敗戦すると条約は破棄された。

問②潜水艦は、第一次世界大戦ではおもに敵の商船を破壊する任務に用いられた。毒ガスは、1915年4月のイーブルの戦いでドイツがフランスに対して用いたのが最初である。戦車は西部戦線の塹壕戦による膠着状態を打開するために、1916年9月のソンムの戦いでイギリス軍がはじめて用いた。航空機は、はじめは偵察

用に用いられたが、大戦後期には爆撃にも使用された。**問③**1917年8月、イギリスのインド相モンタギューが、インドの戦争協力を得るため、あいまいなかたちで責任政府と自治機構実現を提示した。インドは戦後の自治を期待し、100万人以上の義勇軍を出したが、戦後イギリスは約束を反故にした。　**問④** 思考・判断 各国でいつ女性参政権が認められるようになったか調べてみよう。参考として、大戦後はソ連(1918)、ドイツ(1919)、アメリカ(1920)で認められている。イギリスは第4回選挙法改正(1918)で男性21歳以上、女性30歳以上の選挙権が認められたが、女性の不満・反対を受けて第5回選挙法改正(1928)で21歳以上の男女に選挙権が与えられた。　**問⑤**ウィルソンは、ソヴィエト政権が無併合・無償金・民族自決を掲げた「平和に関する布告」を出して、各国の帝国主義政策を批判したことに対抗して「十四カ条」を発表した。おもな内容は、秘密外交の廃止、海洋の自由、関税障壁の撤廃、軍備縮小、民族自決、国際平和機構の創設などである。**問⑥(い)**テーマ49**2**▶**問②(い)**の解説(→ p.81)参照。

3▷

解答 **1**.ペトログラード　**2**.ニコライ2世　**3**.四月テーゼ　**4**.ケレンスキー　**5**.トロツキー　**6**.土地に関する布告　**7**.モスクワ　**8**.赤〈軍〉　**9**.共産党　**10**.コミンテルン　**11**.新経済政策(ネップ)

問①二月革命　**問②**二重権力(状態)　**問③**十月革命

問④無併合・無償金による即時の講和交渉開始を主張した。　**問⑤**対ソ干渉戦争

問⑥計画経済を導入し、工業・銀行・貿易の国家管理を実現した。

解説 **3**.1917年2月にロシアで二月革命が勃発し、臨時政府が樹立された。しかし、臨時政府は戦争を継続したため、ドイツはアメリカの本格参戦前に東部戦線を早期に終結させる必要に迫られた。そこで、スイスに亡命中のレーニンを帰国させ、さらなる革命をおこさせることによって問題解決をはかろうとした。一方、レーニンも新政権への野心があり、両者は秘密協定を結んだ。レーニンは、ドイツの封印列車によってペトログラードに戻り「四月テーゼ」を発表した。レーニンは「四月テーゼ」で、「すべての権力をソヴィエトへ」と主張した。　**6**.地主の所有地を無償で即時没収、土地の私的所有廃止を宣言したもの。　**11・問⑥**戦時共産主義は、中小企業の国有化や農産物の強制徴発をおこなったため、生産性があがらず、労働者や農民の不満が強まった。そのため新経済政策(ネップ)は、一定の範囲で資本主義的な営業や市場経済を復活させて、生産活動をうながした。国民経済は回復に向かい、ま

もなく生産は戦前の水準に達した。

問①・③ロシアでは、革命前までグレゴリウス暦より13日遅いユリウス暦が使われ、革命がおきたときは2月であったため、二月革命と呼ばれる。同様にユリウス暦(ロシア暦)10月であったため、十月革命と呼ばれる。　**問④** 思考・判断 また秘密外交の廃止や民族の自決を呼びかけている。ソヴィエト政権はなぜこのような布告を出したのか。また、この布告の内容は、世界にどのような影響を与えたのか(または与えなかったのか)。などについても考えてみよう。　**問⑤**独・墺の軍に属し、大戦中、進んでロシア軍に投降していた4万5千人のチェコスロヴァキア軍団が、西部戦線に参加するためにシベリア鉄道で移動中に反乱をおこした。彼らはシベリア鉄道全線を占領して反革命軍を支持した。このチェコスロヴァキア軍団救出が英・米・仏・日連合軍の大規模な干渉の口実となった。英仏は北部ロシアに出兵し、日米はシベリアに出兵した。

第16章

英米仏は1920年には撤兵したが、日本軍はなおも1922年まで進駐を続け、1920年にはニコライエフスク(尼港)事件を引きおこしている。

1

解答　1．十四カ条　2・3．アルザス・ロレーヌ(順不同)　4．ラインラント　5．三・一独立〈運動〉　6．五・四〈運動〉
問①ウ　問②カ　問③あイギリス　い日本　問④イギリス・フランス・イタリア・日本(順不同)
問⑤イ　問⑥あ日英同盟　い5：5：3：1.67：1.67

解説　1．テーマ48 **2** 問⑤の解説(→ p.79)参照。
2・3．アルザス＝ロレーヌ地方は9世紀のフランク王国の分裂以来、フランスとドイツの領域争いのもとにあった。17世紀以降は 概 (おおむ) ねフランス領であったが、19世紀後半にフランスがドイツ＝フランス戦争に敗れ、アルザスの大部分とロレーヌの半分をドイツに割譲した。以後も第二次世界大戦終結に至るまで両国の紛争の種であった。
問①旧同盟国側と連合国との講和条約はパリ近郊で個別に結ばれた。オーストリアとはサン＝ジェルマン条約(1919年9月)、ブルガリアとヌイイ条約(19.11)、ハンガリーとはトリアノン条約(20.6)、そしてオスマン帝国と結んだのがセーヴル条約(20.8)である。
問②ルーマニアの独立は、ロシア＝トルコ戦争のサン＝ステファノ条約(1878)による。なお、ほかの独立国はエストニア・ラトヴィア・セルブ＝クロアート＝スロヴェーン(のちのユーゴスラヴィア)。　問③あ西アジアについては、イギリスがイラク・トランスヨルダン・パレスチナを、フランスがシリア・レバノンを委任統治領とした。大戦中のイギリスが各個に結んだ相矛盾する秘密外交(いわゆる「三枚舌外交」)は、今日に至るパレスチナ問題の原因となっている。テーマ50 **4** 問④の解説(→ p.85)参照。　い赤道以南についてはオーストラリアとニュージーランドの委任統治領となった。　問④その後ドイツの国際連盟加盟が認められる(1926)と、ドイツも常任理事国となった。　問⑤国際連盟はヴェルサイユ条約で設立が決められ、1920年1月正式に発足した。戦後の国際協調の中心となったが、アメリカの不参加とソ連・ドイツの排除、各国一票での全会一致の原則、武力制裁ができないなどの欠点があった。設置された理事会の常任理事国には拒否権は与えられていなかった。　問⑥ワシントン会議の各条約は、アメリカの国際的地位の高まりを追認し、日本の台頭を牽制(けんせい)するものであった。とくに海軍軍備制限条約は新興のアメリカの海軍力を伝統的な海軍国家イギリスと同じ地位に高め、一方で日本の海軍力増強を制限するものであった。

2

解答　1．マクドナルド　2．ウエストミンスター憲章　3．イギリス連邦(コモンウェルス)　4．アイルランド自由国　5．アルスター〈地方〉　6．エール　7．ベルギー　8．ブリアン　9．エーベルト　10．シュトレーゼマン
問①第一次世界大戦で出征した男性にかわって総力戦体制の負担を担った女性の社会的地位が向上したこと。
問②あスパルタクス団　いリープクネヒト・ローザ＝ルクセンブルク　問③あ社会権　＊い大統領緊急令
問④ヒンデンブルク　問⑤ルール占領に対してドイツが不服従運動で抵抗したことで生産が低下したため。
問⑥ア→ウ→イ→エ

解説　1．第1次マクドナルド内閣は戦勝国列強で初めてソヴィエト＝ロシア政府を承認したが、ジノヴィエフ書簡(ロシアの政治家ジノヴィエフによる、コミンテルンからイギリス共産党に宛てた手紙)がイギリスの新聞で公開されたことから社会主義に対する警戒が高まり9カ月で倒閣した。なお現在ではこの手紙は偽書であることが判明している。　4・5・6．テーマ45 **2** 問⑥の解説(→ p.74)参照。　8．急進社会党員。戦後たびたび首相に就任(在任1909～11、13、15～17、21～22、25～26、29)したが、ルール占領で国際的批判が高まるとポワンカレのあとを継いで事態の収拾をはかり、ドイツのシュトレーゼマンとともにロ

カルノ条約を結んだ。また外相としてアメリカのケロッグ国務長官とともに不戦条約をまとめた。ロカルノ条約の功績でシュトレーゼマンとともにノーベル平和賞を受賞した(1926)。　10. 自由主義者。首相(在任1923)としてルール占領によるインフレーションを沈静化し、さらに外相(在任1923〜29)としてフランスのブリアンとともにロカルノ条約を締結して相互不可侵を約束し、ドイツは国際連盟加盟を認められた。

問①テーマ48**2** 問④の解説(→ p.79)参照。　**問②**ⓐスパルタクスは古代ローマで反乱(前73〜前71)をおこした剣闘士。ドイツ共産党は1918年末にスパルタクス団を中心に結成され、ドイツ社会民主党に対抗する形で勢力を拡大させていた。　ⓑ2人を指導者とするスパルタクス団はベルリンで武装蜂起(1919.1)するも失敗、2人とも虐殺された。　**問③**ⓐ第151条。社会権とは生存権、最低限の生活が保障される権利、教育を受ける権利、労働基本権など基本的人権のこと。なお、この憲法下、ナチスによる独裁体制が樹立されるまでのドイツはヴァイマル共和国ともいう。　ⓑ第

48条(第2項)。大統領緊急令とは、緊急事態には大統領が憲法で保障された諸権利を停止できるという内容。ヒンデンブルク大統領は世界恐慌で左右からの攻撃を受けるなか、緊急令を濫発して議会をとおさずに政治をおこなうようになり、ナチス＝ドイツの一党独裁への道を用意することとなった。　**問⑥**国際専門家委員会(アメリカの銀行家ドーズが委員長)によって提案されたドーズ案(1924)を受けて、連合国はドイツの賠償支払い額を当面軽減(総額は変わらず)し、アメリカ資本によるドイツ経済復興をうながした。その後、総額を358億金マルクに圧縮し支払期間も延長した最終支払案としてヤング案(1929)が決定された。しかし世界恐慌がおこってアメリカが貸与していた資本を引き上げると、賠償負担に苦しむドイツに賠償支払いの1年猶予を与えるフーヴァー＝モラトリアム(1931)を発表したが事態は好転せず、結局、ローザンヌ賠償協定(1932)では賠償総額は30億金マルクにまで減額された。しかし、ヒトラー内閣(1933樹立)は賠償それ自体を否定した。

3

解答 1．シュトレーゼマン　2．ブリアン　3．ケロッグ　4．ムッソリーニ　5．ローマ進軍　6．フィウメ　7．アルバニア　8．チェコスロヴァキア　9．ピウツキ　10．ユーゴスラヴィア
　問①ⓐムスタファ＝ケマル　ⓑローザンヌ条約
　問②ドイツ西部国境の不変とラインラントの非武装化が確認された。
　問③国際紛争解決の手段として戦争を禁止する。　＊**問④**ファシズム大評議会
　問⑤極端なナショナリズム、指導者崇拝、一党独裁、批判勢力の暴力的封じ込めなど
　問⑥ⓐヴァチカン市国　ⓑローマ教皇領の独立を認めることで、国内統一のさまたげであったイタリア国家と教皇庁との対立を解消させた。

解説　1．**2**10の解説(→ p.80)参照。　2．**2**8の解説(→ p.80)参照。　4．ベニート＝ムッソリーニは熱心な社会主義者であった父親が尊敬するメキシコ合衆国の初代大統領ベニート＝フアレス(在任1858〜72)の名をつけられ、自身もはじめ社会主義と民族主義に傾倒した。社会党に入党し党中央の日刊紙「アヴァンティ」の編集長をつとめたが、第一次世界大戦への三国協商側への参戦を強く主張して反戦主義をとる党中央と対立、社会党から除名された(1914.11)。大戦に従軍後、戦後にのちのファシスト党の先駆となった戦闘者ファッシを結成した(1919.3)。　6．第一次世界大戦時にイタリアは協商国側と秘密裏にロンドン条約(1915)を結び、協商側での参戦と引きかえにイタリアに「未回収のイタリア」とフィウメの獲得を約束していた。「未回収のイタリア」についてはテーマ39**2**

問④ⓐの解説(→ p.63)参照。またフィウメについてはテーマ48**1**問⑤の解説(→ p.78)参照。

問①ⓐⓑテーマ50**4** 1・問④の解説(→ p.84, 85)参照。　問②ロカルノ条約は、スイスのロカルノ会議で合意された7つの条約群の総称。英・仏・独・伊・ベルギー・ポーランド・チェコスロヴァキアの7カ国が参加した。主要な条約はライン保障条約で、上記の解答は正確にはこの保障条約の内容である。つまり内容はヴェルサイユ条約を確認したものであるが、ドイツが参加した会議でドイツが確認したことに意義がある。ほかにドイツとフランス・ベルギー・チェコスロヴァキア・ポーランドとの仲裁裁判条約、フランスがチェコスロヴァキア・ポーランドと結んだ相互援助条約がある。ドイツの国際連盟加盟がロカルノ条約の発効要件であり、1926年、ドイツは国際連盟へ加盟した。

問③ブリアン＝ケロッグ条約ともいう。フランス外相ブリアンの提唱したフランス＝アメリカ不戦条約締結を発展させて、アメリカ国務長官ケロッグが一般条約として世界14カ国に「戦争放棄に関する条約」を呼びかけたことにもとづく。1928年8月にパリで15カ国が調印、のち63カ国がこれに参加した。「国際紛争解決のため、および国策遂行の手段としての戦争を放棄すること」を誓ったもので、戦争違法化の歴史で大きな影響を与えた。しかし、条文の規定は抽象的で意思表示に留まり、第二次世界大戦の発生を防ぐことはできなかった。　問⑥あテーマ39 2 問④いの解説（→ p.63）参照。　い 思考・判断　イタリアにおける政教の対立は解消されたが、一方で、教皇庁がムッソリーニのファシズム国家を承認したことはムッソリーニの独裁をさらに強固なものにしてしまった。

4

解答　1．トロツキー　2．ラパロ〈条約〉　3．孤立〈主義〉　4．高関税〈政策〉　5．女性参政〈権〉　6．フォード〈社〉　7．禁酒〈法〉　8．クー＝クラックス＝クラン（KKK）　9．移民〈法〉
問①ウクライナ・ベラルーシ・ザカフカース
問②あ一国社会主義論　い大国であるソ連は1国で社会主義建設が可能であるというもの。　問③イギリス
問④イ　＊問⑤ハーディング→クーリッジ→フーヴァー　問⑥大量生産・大量消費・大衆文化など
＊問⑦サッコ・ヴァンゼッティ事件

解説　2．独ソ双方がブレスト＝リトフスク条約（1918）とヴェルサイユ条約（1919）による賠償請求を放棄し、ドイツがソヴィエト＝ロシア政府を承認し、外交関係を回復する内容。ブレスト＝リトフスク条約についてはテーマ48 2 8の解説（→ p.79）参照。　5．テーマ48 2 問④の解説（→ p.79）参照。　7．禁酒法については保守的な気分の高まりに加えて酒造業にたずさわる移民企業への反発も反映していた。　8．テーマ40 2 6の解説（→ p.65）参照。　9．中国からの移民はすでに1902年以来禁止されていたため、日本人がおもな禁止の対象であり、排日移民法とも呼ばれる。問①ザカフカース共和国は1936年に廃止され、グルジア（現ジョージア）、アルメニア、アゼルバイジャンの3カ国にわかれた。その後最終的には15の共和国がソ連邦を構成した。　問③ 2 1の解説（→ p.80）参照。問④実際には農業集団化の過程で農業は混乱し、農村には飢餓と大量の餓死者がもたらされた。ただし世界恐慌の時にはその実態は世界に知らされず、経済恐慌に苦しむ資本主義諸国はソ連の成果に強い衝撃を受けた。　問⑤ハーディング（在任1921〜23）はワシントン会議を主宰し、在任中に病死。副大統領から昇格したクーリッジ（在任1923〜29）の時代に排日移民法が成立している。問題文中の「永遠の繁栄」はフーヴァー（在任1929〜33）が1928年の大統領選挙での演説の時の言葉である。しかし就任後におこった世界恐慌には、国家の経済への介入は最小限にすべきという当時の世界的な考え方（自由放任主義）が共和党政権を縛っており、フーヴァー＝モラトリアムを発しただけで無為無策であった。　問⑥ラジオ・映画・スポーツ観戦などの大衆文化が栄えた。　問⑦マサチューセッツで発生した強盗殺人事件で、イタリア系移民で無政府主義者のサッコとヴァンゼッティが逮捕された事件（1920）。当初から偏見による冤罪という批判もあって世界中から抗議の声が上がっていたが、結局有罪の判決（1927）となり、アインシュタインやデューイなど著名人の抗議もあったが死刑が執行された。その後、マサチューセッツ州知事が冤罪事件として2人の無実を公表している（1977）。のち、イタリア・フランスの合作映画『死刑台のメロディ』（1971）で正面からドラマ化されている。

50　アジア・アフリカ地域の民族運動　本文 p.150 〜 153

1

解答　1．米騒動　2．政党内閣　3．普通選挙〈法〉　4．治安維持〈法〉　5．胡適　6．白話（口語）〈文学〉　7．北京〈大学〉　8．李大釗　9．膠州湾（青島）　10．シベリア出兵　11．三・一独立運動　12．文化政治
問①あ「民主と科学」　い陳独秀　問②あ魯迅　い『阿Q正伝』　問③あア　い袁世凱　＊う大隈重信
問④李承晩

解説 1・10. シベリア出兵はイギリス・フランス・アメリカ・日本などによるロシアの十月革命に対する軍事干渉のことである。日本では第一次世界大戦への参戦後、激しいインフレに見舞われていたが、それに加えて寺内正毅内閣がシベリア出兵の意思を表明すると、米商人・地主の投機的な買い占めのため米価が急騰したため、富山県の漁村の女性達による暴動が全国に広がり、米騒動となった。テーマ48 **3** ▶問⑤の解説（→ p.79）参照。 3・4. 普通選挙法と治安維持法はどちらも1925年に成立した法律である。普通選挙法は、大正デモクラシーの高まりを受けて成立し、治安維持法は社会主義運動をきびしく取り締まり、自由な発言に制限を加えた。治安維持法はその後、最高刑が死刑にまで引き上げられ、社会主義以外にも反政府的な運動が取り締まり対象となった。 5・6・問②『新青

年』は単なる文芸誌ではなく、儒教や家族道徳などの中国の古い思想を批判するものであった。また、胡適が進めた白話運動は、口語体文学の運動である。白話運動の実践者として名高いのが魯迅である。魯迅は仙台医学校に留学し、帰国後作家として活動した。『狂人日記』『阿Q正伝』などが代表作として知られる。1920年代に入ると陳独秀がマルクス主義に傾倒したこともあり、『新青年』は共産主義の紹介をする場となった。 7・8. 李大釗はマルクス主義の研究家であり、北京大学にて教鞭をとっていた。また、その時に北京大学図書館にて司書補として働きつつ、聴講生として陳独秀の講義を受講していたのが、のちの中国共産党最高指導者の毛沢東である。
問③���テーマ47 **2** ▶13の解説（→ p.76）参照。

2 ▶

解答 1. パリ講和〈会議〉 2. 二十一カ条の要求 3. ワシントン〈会議〉 4. カラハン 5. 陳独秀 6. 孫文 7. 広州 8. 五・三〇運動 9. 蔣介石 10. 北伐 11. 南京 12. 上海クーデタ 13. 張学良 14. 毛沢東 15. 瑞金 16. 中華ソヴィエト共和国（臨時政府）
問①あ五・四運動 ○いイ
問②中国の主権尊重・領土保全・門戸開放・機会均等を確認、二十一カ条の要求で獲得した山東省の旧ドイツ権益の返還など。 問③あ第1次国共合作 ○い「連ソ・容共・扶助工農」
問④張作霖爆殺事件

解説 4. カラハン宣言以前に中国は利権のほとんどを回収することができていたが、ヴェルサイユ条約の内容に幻滅していた中国国民には大きく歓迎された。とくに『新青年』の知識人はこれをきっかけにソヴィエト＝ロシアに対する関心が高まった。 6・12. 孫文はその死に際し、「革命いまだならず」の有名な遺言を残した。また、遺書にはほかにも国共合作の維持が記されていたが、上海クーデタによって第1次国共合作は崩壊した。 8・問③第1次国共合作は、国民党と共産党が対等に連合を組んだわけではなく、共産党員が国民党に加入するという方針をとった。これを党内合作と呼ぶ。国共合作の一環として、革命軍の幹部を養成するための黄埔軍官学校が設立され、校長に就任したのが孫文の死後国民党の最高指導者となる蔣介石、

政治部主任がのちの共産党でナンバー2となる周恩来である。「連ソ・容共・扶助工農」は、「ソ連と連携し、中国共産党を容認し、労働者や農民の運動を支え、革命を推進すること」を意味する。 11. 南京国民政府が成立する3カ月前、武漢国民政府も成立している。これは国民党左派の汪兆銘が首班となり、南京国民政府と対立したが、やがて蔣介石と妥協し、南京国民政府と合流した。 14. 共産党は都市での蜂起をあきらめ革命の拠点を農村においた。これを毛沢東は「農村から都市を包囲する」と表現した。その後の毛沢東については、テーマ51 **2** ▶7の解説（→ p.86）参照。
問①○いb.「調印せざるを得なかった」は「調印しなかった」の誤りである。五・四運動の影響もあり、代表団は調印を拒否した。

3 ▶

解答 1. インド統治〈法〉 2. ローラット〈法〉 3. アムリットサール 4. 憲政改革調査委員会（サイモン委員会） 5. ネルー 6. 塩の行進 7. 円卓会議 8. ジンナー 9. パキスタン 10. インドネシア共産〈党〉 11. スカルノ 12. インドネシア国民〈党〉 13. ホー＝チ＝ミン 14. インドシナ共産〈党〉 15. タキン〈党〉

16.独立準備〈政府〉
問①イ　問②プールナ＝スワラージ　＊問③カルティニ　問④ラタナコーシン朝（チャクリ朝、バンコク朝）

解説　1.1919年のインド統治法は、州行政の一部のみインド人にゆだねたものであり、第一次世界大戦中のインド自治の約束からは程遠いものであった。1935年のインド統治法は各州の自治を認めたものの、主権は中央の総督が維持した。　2.令状抜きの逮捕、裁判なしの投獄を認めたきびしい弾圧立法であった。　5.ネルーはガンディーの協力者として知られるが、ガンディーの徹底した非暴力主義に対しては対立することもあった。ガンディーがインド古来の伝統文化に固執した一方、ネルーはロンドンで社会主義の影響を受けたこともあり、意見は食い違っていった。ネルーは1930年から3年間、イギリスにより投獄されていたが、その間に娘に向けて世界の歴史について書いた手紙を送っており、それは現在『父が子に語る世界歴史』として出版されている。　10.インドネシア共産党はアジア初の共産党として知られる。　15.1938年から、タキン党はアウン＝サンが率いた。アウン＝サンは「ビルマ独立の父」と呼ばれ、ミャンマー民主化運動の政治家、アウン＝サン＝スー＝チーの父としても知られる。問①イ「エリート層を中心に」は「一般民衆にも広く」

の誤りである。ガンディーは非暴力・不服従運動を指導した「インド独立の父」と呼ばれる社会活動家である。18歳の時に弁護士になるためにロンドン大学に留学し、インドにて弁護士になったがうまくいかず、南アフリカにわたった。南アフリカでインド人唯一の弁護士として差別と闘い、そのなかで、非暴力・非協力（サティヤーグラハ）を生み出した。それはヒンドゥー教の教えの1つである不殺生（アヒンサー）をもとにしている。1915年、インドに帰国したガンディーは活動を開始し、労働者の争議、農民の反税闘争を指導してインド民衆の支持を得ていった。その後活動を停止したが、1927年のサイモン委員会をきっかけに民族運動が分裂すると、再び表舞台に立ち、「完全独立（プールナ＝スワラージ）」を掲げることとなった。1930年には「塩の行進」を主導するなど、インド独立に向けて活躍した。また、不可触民を神の子（ハリジャン）と呼び、差別撤廃運動にも活躍した。　問③カルティニ（1879〜1904）はジャワ島において女子教育を通してインドネシア人の民族意識を高揚させ、インドネシア民族運動の先駆者となった。

4

解答　1.ムスタファ＝ケマル　2.アンカラ　3.スルタン〈制〉　4.関税自主〈権〉　5.レザー＝ハーン　6.パフレヴィー〈朝〉　7.第3次アフガン〈戦争〉　8.イブン＝サウード　9.ワッハーブ〈派〉　10.サウジアラビア〈王国〉　11.スエズ運河　12.アフリカ民族会議（ANC）　13.パン＝アフリカ会議　14.エンクルマ（ンクルマ）

問①エ　問②イ　問③1919年革命
問④イギリスは大戦中にフセイン・マクマホン協定でパレスチナ地方におけるアラブ人の独立を約束する一方、戦後のバルフォア宣言によりユダヤ人のシオニズム運動を支援した。さらに秘密協定であるサイクス・ピコ協定により英仏間でオスマン帝国領分割を画策するなど、三重外交を展開したため。

解説　1.ムスタファ＝ケマル（ケマル＝パシャ、ケマル＝アタテュルク）は、青年トルコ革命に参加し、軍人として活躍した。第一次世界大戦にも従軍し、ガリポリの戦いにてイギリス軍の上陸を阻止し、名声を高めた。トルコ共和国の大統領に就任したのちも様々な改革を断行したが、実際にはケマルと共和人民党の独裁が続くこととなった。　12.アフリカ民族会議は南アフリカにおけるアパルトヘイト（人種隔離）政策撤廃をめざして活動した政治団体である。非常にきびしい弾圧を受けたものの、1991年にアパルトヘイト政策全廃および民主化を勝ち取り、議長であるマンデラが南

アフリカ共和国大統領となった。
問①エ「クルド人の独立が認められた」は「クルド人の独立は認められなかった」の誤り。第一次世界大戦の講和条約であるセーヴル条約はオスマン帝国にとって非常にきびしいものであったため、ムスタファ＝ケマルはその撤廃に動いた。ギリシア＝トルコ戦争に勝利したのち、スルタンを廃して新たにローザンヌ条約を結び、トルコ共和国を樹立した（オスマン帝国の滅亡）。領土の回復のほか、ボスフォラス＝ダーダネルス海峡沿岸の主権の回復、カピチュレーションの撤廃に成功した。しかし、セーヴル条約で認められたクルド人の

独立はセーヴル条約の破棄とともに認められず、現在まで続くクルド人問題につながる。クルド人はトルコ、イラン、イラク、アルメニアにまたがって分布する民族であるが、いまだ民族国家を形成したことはない。現在も国家樹立に向けてシリアやトルコなどで争いが続いている。　問②立憲君主制をめざしたのは1908年、エンヴェル=パシャらがおこした青年トルコ革命である。　問④ 思考・判断 1915年、イギリスはアラブ人がオスマン帝国に反乱をおこす見返りに大戦後のオスマン帝国からのアラブ独立を約束するフセイン・マク

マホン協定を結んだ。しかし一方で秘密裏に1916年にはアラブ地域の英仏露間での分割を約束したサイクス・ピコ協定を結んだほか、莫大な資産をもつユダヤ人実業家であるロスチャイルド家の支援を取りつけるため、1917年にはバルフォア宣言で、ユダヤ人のパレスチナ復帰をめざすシオニズム運動を支援することを約束した。このように、イギリスの三枚舌外交によりパレスチナを複雑化させたことが、パレスチナ問題が現在も混迷している大きな原因の1つである。

第17章　第二次世界大戦と新しい国際秩序の形成

51　世界恐慌とヴェルサイユ体制の破壊

本文 p.154〜156

1

解答　1．フーヴァー　2．フランクリン=ローズヴェルト　3．プラット条項　4．善隣外交　5．マクドナルド〈党〉　6．オタワ〈連邦会議〉　7．スターリン　A．共和　B．民主　C．労働

問①フーヴァー=モラトリアム

問②あ農業調整法（AAA）　い全国産業復興法（NIRA）　う テネシー川流域開発公社（TVA）

え ワグナー法　お 産業別組合会議（CIO）　問③イ　問④ア

解説　1・2．世界恐慌を受けてハーディング・クーリッジ・フーヴァーと3代続いた共和党政権にかわって、民主党のフランクリン=ローズヴェルトが大統領に当選した。ラジオ番組「炉辺談話」で直接国民に語りかけるという新しい手法で、庶民の圧倒的な支持を得た。異例の大統領4選を果たしたが、終戦直前に病死し、副大統領のトルーマンが大統領となった。　3．テーマ45 **3** 問⑤いの解説（→ p.74）参照。　6．1932年カナダのオタワで開催されたイギリス連邦の経済会議。世界恐慌に対処するため、連邦内における特恵関税協定（オタワ協定）を結び、ブロック経済圏を形成した。

問②あ い農業調整法（AAA）と全国産業復興法（NIRA）は、国家による経済統制を強めるものとして違憲判決を受けるなど、自由主義経済を守ろうとする勢力からの激しい抵抗を受けた。　う テネシー川流域開発公社（TVA）は巨大な公共事業により有効需要を創出する

とともに、失業者を救済するという目的があった。テネシー川一帯の総合開発により、巨大なダム建設・水力発電・植林などの事業を推進した。　え ワグナー法は労働者の団結権・団体交渉権を承認し、労働運動の発展をうながした法律。　お 産業別組合会議（CIO）は、アメリカ労働総同盟（AFL）の職能別組合主義に反発した組合指導者が、鉄鋼や自動車などの基幹産業労働者の組織化に成功して1938年に結成した。

問③イギリスのブロック経済を、その通貨の名をつけて「ポンド=ブロック」または「スターリング=ブロック」と呼ぶ。フランスが仏植民地とのあいだで築いたものは「フラン=ブロック」と呼ぶ。　問④市場経済は予測不可能で不安定なため、計画経済を取り入れるべきとする考え方は、ナチス=ドイツ、アメリカ合衆国のフランクリン=ローズヴェルト政権、日本などで受け入れられた。

2

解答　1．金融〈恐慌〉　2．柳条湖　3．熱河　4．上海事変　5．関税自主権　6．瑞金　7．毛沢東　8．八・一宣言　9．張学良　10．蔣介石　11．西安事件　12．盧溝橋事件　13．南京　14．国共合作　15．重慶

問①幣原喜重郎　問②あ溥儀　いリットン　問③長征

問④銀にかえて四大銀行が発券する銀行券を法定通貨（法幣）と定め、貨幣の統一を推し進めた。

問⑤冀東防共自治政府　問⑥汪兆銘

3．中国の旧省名で、現在の河北省北東部・遼寧省南西部・内モンゴル自治区東部をあわせた地域。1933年、関東軍は張学良の勢力を破り、満洲国に組み込んだ。　4．排日運動が高まるなかでおきた日本人僧殴打事件を機に1月に勃発、5月に停戦協定が結ばれた。　7．毛沢東は、1935年、長征途上の遵義会議で党内の指導権を確立し、長征終了後は延安（えんあん）を拠点に革命の推進をはかった。1937年に抗日民族統一戦線が結成されるも、大戦終了後は国民党との内戦状態となった。1949年に中華人民共和国が建国されると、主席の座に就いた。戦後についてはテーマ56 **3** ▶6・7・問④、問①の解説（→ p.99）参照。　8．中国共産党が出した宣言で、正式には「抗日救国のために全同胞に告げる書」という。当時開催中のコミンテルン第7回大会の人民戦線戦術にそった動きとみることができる。　11．八・一宣言での抗日統一戦線の呼びかけを受け、張学良は、1936年、対共産党戦の督戦（とくせん）に訪れた蔣介石を西安で軟禁し、内戦停止と一致抗日を説いた。蔣は当初これを拒んでいたが、共産党の周恩来による説得に応じ、翌年第2次国共合作が成立した。
問①当時は幣原喜重郎が外相をつとめ、中国への内政不干渉や国際協調を方針としていた（幣原外交）。　問②満洲事変に対する中国の提訴を受け、1932年2月リットン調査団も派遣された。調査団は、同年10月、満洲国の成立は自発的な独立運動によるものではないという報告書を提出し、連盟は東北地方の日本権益を認めつつも満洲国を承認しなかったため、33年3月、日本は国際連盟を脱退した。　問③蔣介石率いる国民党は、共産党に対する掃討作戦を強め、中華ソヴィエト共和国臨時政府のおかれた瑞金を陥落させた。そのため共産党は瑞金から逃れ、1万kmをこえる長征（1934～36）をおこない、延安に本拠地を移さざるを得なかった。　問④それまでの中国の通貨は銀を基軸としていたが、世界恐慌後の銀の流出により中国経済は混乱していた。また、紙幣は各銀行が発行していたため、通貨価値や通用範囲が不安定であった。国民政府は銀にかえて、政府系の四銀行が発券する銀行券のみを法定通貨（法幣）と定め、貨幣の統一を推し進めた。政府系四銀行は上海を本拠とする浙江財閥に握られており、財閥と国民政府との関係はさらに強化された。　問⑤冀は河北省の別名で、1935年河北省東部に設置された日本の傀儡（かいらい）政権。

3 ▶

1．共産〈党〉　2．ヒンデンブルク　3．国会議事堂放火〈事件〉　4．全権委任〈法〉　5．総統（フューラー）　6．再軍備　7．アメリカ合衆国　8．仏ソ相互援助〈条約〉　9．ラインラント　10．人民戦線　11．ブルム　12．フランコ　13．イギリス　14．ソ連　15．防共協定　16．三国枢軸
問①国民（国家）社会主義ドイツ労働者党　問②あアインシュタイン　いトーマス＝マン　問③エ
問④国際連盟は初の経済制裁を宣言したが、実質的な効果をあげることができなかった。　問⑤マルロー

1．ドイツ共産党結成の中心となったスパルタクス団についてはテーマ49 **2** 問②あいの解説（→ p.81）参照。　3．1933年の国会議事堂放火事件の真相は不明だが、ナチ党の陰謀説や共産主義者のオランダ人青年の犯行説がある。　6・8・9．ドイツの再軍備宣言に脅威を感じたフランスとソ連は、1935年仏ソ相互援助条約を締結した。これがロカルノ条約に違反すると批判したヒトラーは、1936年ロカルノ条約を破棄し、ラインラントに進駐した。イギリス・フランスがこの進駐を看過したことにヒトラーは自信を深め、拡張政策を加速させていった。
問①ナチ党は政敵がつけた呼称である。ナチ党員やナチ関連組織メンバーのことをナチスとも呼ぶ。　問②いトーマス＝マン（1875～1955）はドイツの作家。ファシズムに反対し、1933年にナチス政権が成立すると亡命し、38年アメリカ合衆国に移住した。　問③エ）ロレーヌはザールの誤り。有力な炭坑地帯であるザール地方は、ヴェルサイユ条約によって15年間国際連盟の管理下におかれ、産出した石炭を賠償としてフランスに提供したあと、住民投票によって帰属を決定することになっていた。　問④国際連盟はこの侵略行為に対して初の経済制裁を宣言したものの、イギリスやフランスはイタリアを刺激することを避けたため、禁輸品目から石油など重要な物資が外され、制裁は実質的な効果をあげることができなかった。　問⑤ド＝ゴール政権で文化相を務めたアンドレ＝マルローは、義勇軍参加の体験をもとに『希望』を発表した。ほかにアメリカ合衆国のアーネスト＝ヘミングウェーは『誰がために鐘は鳴る』を、イギリスのジョージ＝オーウェルは『カタロニア賛歌』を、それぞれがスペイン内戦に参加した体験をもとに著した。

1

解答　1．オーストリア　2．チェコスロヴァキア　3．ネヴィル＝チェンバレン　4．ミュンヘン〈会談〉
5．アルバニア　6．独ソ不可侵〈条約〉　7．フィンランド　8．ノルウェー　9．チャーチル　10．ペタン
11．ド＝ゴール　12．ユーゴスラヴィア　ア）ⓒ　イ）ⓔ
問①宥和政策　問②チェコスロヴァキア解体
問③イギリス・フランスの対ドイツ宥和政策に不信を強めたため。
問④エストニア・ラトヴィア・リトアニア　問⑤ヴィシー政府
問⑥ⓐ自由フランス政府　ⓘレジスタンス運動

解説　[地図]ⓐザール　ⓑラインラント　ⓒズデーテ
ン　ⓓベーメン　ⓔポーランド回廊　ⓕメーメル
2．チェコスロヴァキアとドイツ・オーストリアとの
国境地帯であるズデーテン地方には多くのドイツ人が
居住しており、チェコスロヴァキア国内の少数民族と
して不満をいだいていた。　4・問①イギリス首相ネ
ヴィル＝チェンバレン(保守党)、フランス首相ダラデ
ィエ(急進社会党)、イタリア首相ムッソリーニ(ファ
シスト党)、ドイツ総統ヒトラー(ナチ党)のあいだで
ミュンヘン会談がおこなわれた。チェコスロヴァキア
やソ連の代表は会議に招集されなかった。チェンバレ
ン首相は、対独宥和政策で戦争の危機を回避したと自
負していた。　7．ソ連による侵略(冬戦争1939〜40)
で領土を奪われたフィンランドは、その後ドイツとの
連携を深め、独ソ戦が始まると再びソ連との戦争(継
続戦争1941〜44)に踏みきった。しかし敗北して3億
ドルの賠償金とヘルシンキ近郊のポルカラ半島の貸与
(1956年に返還)を強いられた。　9．チャーチルは、
公爵家出身で陸軍に入り、各地の植民地戦争に従軍す
るとともに従軍記を発表して文名を得た。チェンバレ
ン首相の宥和政策に反対して対独強硬論をとなえ、イ
ギリスの北欧諸国への支援作戦が失敗すると、1940年
5月に首相となった。戦時挙国連立内閣を率いて強力
な指導力を発揮し、ドイツ軍のロンドン空襲を耐え抜
いて徹底抗戦をとなえ、戦時イギリスの象徴となった。
10・問⑤ペタンは、第一次世界大戦でヴェルダン要塞
を死守した英雄。1940年首相になると休戦協定を結び、
中部フランスの町ヴィシーに対ドイツ協力政府を建て、

第三共和政憲法を廃止して国家主席に就任した。ヴィ
シー政府は、レジスタンスの蜂起と連合軍のパリ解放
で崩壊し、戦後ペタンは逮捕され、反逆罪で死刑判決
を受けたが、獄死した。　11・問⑥ⓐⓘド＝ゴールは、
第一次世界大戦でペタンの部下として活躍し、第二次
世界大戦中に国防次官となった。フランス降伏後にロ
ンドンで亡命政府を組織し、対ドイツ抵抗の象徴とな
った。大戦後のド＝ゴールについては、テーマ54**2**
8・問②の解説(→p.96)参照。　12．ヒトラーは、イ
ギリス攻撃に行き詰まると、ドイツ民族の生存圏と資
源確保を東方に求め、1941年バルカン作戦を始めた。
ハンガリーと石油資源の多いルーマニアを味方に引き
入れ、ユーゴスラヴィア・ギリシアを占領した。これ
に対し、ユーゴスラヴィアではティトーがドイツに対
して武装抵抗運動を展開した。東欧における対ドイツ
武装抵抗は「パルチザン」闘争と呼ばれる。
問②ヒトラーは、ミュンヘン会談でズデーテン地方を
最後の領土要求と表明していたにもかかわらず、1939
年全面的にチェコスロヴァキア解体をおこなった。さ
らに、リトアニアのドイツ人居住地域メーメル地方や、
ポーランド回廊・ダンツィヒへと領土要求を重ねてい
った。　問③**思考・判断**　イギリス・フランスとソ連
とのあいだの交渉が進まなかったため、ソ連は自国の
安全確保と戦争開始時期の先送りのためドイツとの提
携を望み、ドイツはポーランド攻撃の際にイギリス・
フランスを牽制するためソ連との連携を望んだ。また
両国は、秘密条項でポーランドの分割とバルト3国な
ど東ヨーロッパにおけるそれぞれの勢力圏を定めた。

2

解答　1．独ソ〈戦〉　2．武器貸与〈法〉　3．ロマ　4．〈フランス領〉インドシナ　5．日独伊三国〈同盟〉
6．日ソ中立〈条約〉　7．石油　8．パールハーバー(真珠湾)　9．大東亜共栄圏　10．ミッドウェー〈海戦〉
問①アウシュヴィッツ　問②ホロコースト　問③「ＡＢＣＤ包囲陣」
問④ⓐ皇民化政策　ⓘ日本語教育、神社参拝の強制、捕虜の強制労働など　問⑤ホー＝チ＝ミン

1．イギリスは、独ソ戦が始まるとすぐに英ソ相互援助条約を結び、アメリカ合衆国も大量の物資をソ連に供給したので、米・英・ソの結束が進んだ。　2．フランス降伏後に孤立したイギリスを援助するため、1937年の中立法を改正して、軍需品の売却・譲渡・貸与・交換を認めたもの。ほとんどの連合国に適用され45年までに総額500億ドルにのぼった。　4・7．アメリカは、日本のフランス領インドシナ北部進駐に対抗して、在米日本資産の凍結と石油の対日輸出禁止を決定した。これは、石油資源をアメリカに頼っていた日本にとって大打撃であった。　6．日本は南進策を遂行するにあたり、北方の脅威をなくすため、外相松岡洋右がソ連のスターリンとのあいだに1941年7月に日ソ中立条約を結んだ。　8．1941年4月から8カ月間、野村吉三郎駐米大使とアメリカ国務長官ハルとのあいだで日米交渉が続けられていた。11月の「ハル＝ノート」は中国・仏印からの日本軍の全面撤退とアジアの状態を満洲事変以前に戻すことを要求する強硬な内容だったため、交渉は決裂した。12月1日に日本は米・英・オランダに対する開戦を決定した。秘密裏に準備された真珠湾攻撃は、現地時間12月7日に日本側の宣戦布告の正式通告以前におこなわれたため、ア

メリカ側は「真珠湾を忘れるな」という世論を形成した。　9．日本を盟主とする東アジアの政治・経済・軍事ブロック構想。1940年7月に第二次近衛文麿内閣によって発表され、東アジアから白人諸国の植民地支配を廃し、アジア諸民族の共存・共栄をうたっていた。　10．それまで連戦連勝だった日本海軍機動部隊は、この戦いで主力空母4隻を失い、これ以後、圧倒的な国力をほこるアメリカが日本の拠点をつぎつぎと奪取していった。

問①強制収容所は、ドイツ・オーストリア領内やドイツ占領地に十数カ所設置されていた。　問②第二次世界大戦中にナチス＝ドイツによっておこなわれたユダヤ人の大量虐殺はホロコーストと呼ばれる。約600万人のユダヤ人が犠牲になった。　問③Aはアメリカ（America）、Bはイギリス（Britain）、Cは中国（China）、Dはオランダ（Dutch）の頭文字。日本の新聞が用いたのがはじめともされるが、初出は不明である。　問⑤1941年ベトナム独立同盟を結成したホー＝チ＝ミンは、45年8月決起してベトナム民主共和国成立を宣言し、日本の降伏後はフランスと戦った。その後、ベトナム戦争ではアメリカと戦った不屈の革命家である。

3

解答　1．枢軸〈国〉　2．中国　3．スターリングラード　4．シチリア〈島〉　5．大西洋憲章　6．カイロ〈会談〉〈宣言〉　7．テヘラン〈会談〉　8．クリミア〈半島〉　9．サイパン〈島〉　10．沖縄本島　11．トルーマン　12．ポツダム〈宣言〉　13．原子爆弾
問①バドリオ　問②ⓐノルマンディー　ⓘアイゼンハワー
問③ドイツ降伏後3カ月以内のソ連の対日参戦。
問④ファシズムに対抗して、民主主義の優位を標榜する連合国が勝利したことは、戦後の世界で民主主義が拡大する重要な一歩となった。兵器の破壊・殺傷能力が飛躍的に増加し、第一次世界大戦よりも多くの犠牲者が出た。など　問⑤（東西）冷戦

解説　3．ヴォルガ河畔のスターリングラード（現ヴォルゴグラード）をめぐる攻防戦（1942.8～43.2）。まずドイツ軍がこの都市を包囲・占領して激しい市街戦を展開した。1942年11月からソ連軍が逆に包囲すると、ドイツ軍最精鋭部隊はヒトラーから降伏を禁じられ、43年2月にソ連軍の猛攻撃を受けて壊滅した。第二次世界大戦全体にとって決定的な転換点となった。　9．米軍の攻撃により、3万の日本守備軍はほぼ全滅し、敗戦の責任をとって東条内閣は総辞職した。以後、サイパンは米軍の日本本土爆撃の基地となった。　10．日本の守備軍約10万人が壊滅し、さらに沖縄の住民も戦闘に巻き込まれ、自決者も含めて約10万人の犠牲者

を出した。　11．前任のフランクリン＝ローズヴェルトは大統領として異例の3期をつとめ（大統領の任期は、2期までが通例となっていた）、さらに大戦中、4期目の選出を果たしたが、直後に急死したため、1945年4月、副大統領のトルーマンが大統領に昇格した。その後、合衆国憲法第22条の規定により、大統領の任期は最長で2期（8年）に制限された。

問①第二次世界大戦ではイタリア軍総司令官をつとめていたが、ムッソリーニ首相と対立して辞職した。1943年7月にクーデタで首相となり、ファシスト党を解散させてファシスト体制を解体し、9月に無条件降伏すると、10月に対独宣戦した。44年6月の連合軍の

ローマ占領を機に辞職した。　**問②あ**ノルマンディー上陸作戦ののち、北フランスはまたたく間に解放され、パリ市民の武装蜂起もあって連合軍に占領された。ド＝ゴールは1944年8月26日にパリに入り、翌45年11月に憲法制定国民議会では満場一致で臨時政府首班に指名された。　**い**ヨーロッパ連合軍最高司令官アイゼンハワーは、米・英・カナダ軍による上陸作戦を指揮した。この成功で第2戦線が形成され、西方からの米・英軍によるドイツ攻撃と東方からのソ連軍によるドイツ攻撃で、ドイツは東西両方向から挟撃され、敗戦の流れが加速された。アイゼンハワーについては、

テーマ54 **1** 9の解答(p.95)参照。　**問③**ソ連の対日参戦の結果、在留日本人の約18万人が死亡し、約60万人がシベリアに抑留された。　**問④ 思考・判断**　その他、大戦が世界に与えた影響として、●ヨーロッパの植民地支配体制が弱体化し、また、ヨーロッパの国際政治上の比重が低下した。●アジア諸地域のナショナリズムが高まった。●原子爆弾が使用され、核の脅威を戦後世界にもたらすこととなった。●女性の参政権付与をはじめとした両性の同権化が多くの地域で実現した。などのことがあげられる。

1941年 8月	大西洋上会談	米(ローズヴェルト)・英(チャーチル)	大西洋憲章の発表：領土不拡大、領土不変更、民族自決、貿易の自由、労働と社会保障、海洋の自由、軍備縮小、平和機構の再建→42.1ソ連を含む26カ国による連合国共同宣言
1943年 1月	カサブランカ会談	米・英	対イタリア作戦(シチリア上陸作戦)を決定 敵国の無条件降伏の原則を表明
1943年 11月	カイロ会談	米・英・中(蔣介石)	カイロ宣言の発表：日本の無条件降伏まで戦争継続と戦後の領土処理方針(満洲・台湾の中国返還、朝鮮の独立)
1943年 11月	テヘラン会談	米・英・ソ(スターリン)	対ドイツ戦における北フランス上陸による第2戦線の形成を確認→44.6ノルマンディー上陸作戦
1945年 2月	ヤルタ会談	米・英・ソ	ヤルタ協定の発表：対ドイツの戦争処理方針 秘密協定：ドイツ降伏後3カ月以内のソ連の対日参戦、南樺太・千島列島のソ連獲得
1945年 7月	ポツダム会談	米(トルーマン)・英(チャーチル→アトリー)・ソ	ポツダム協定の発表：対ドイツの戦後処理方針 ポツダム宣言の発表：米・英・中(のちソ連も参加)の名で日本に無条件降伏を勧告

▲第二次世界大戦中の連合国首脳会談

53　新しい国際秩序の形成　本文 p.160～163

1

解答　1．ダンバートン＝オークス〈会議〉　2．サンフランシスコ〈会議〉　3．世界人権宣言　4．関税と貿易に関する一般協定(GATT)　5．ブレトン＝ウッズ〈体制〉　6．ニュルンベルク　7．オーストリア　8．東京
9．東条英機　10．パリ
問①イ
問②あユネスコ(UNESCO、国際連合教育科学文化機関)　＊**い**ユニセフ(UNICEF、国際連合児童基金)
うWHO(世界保健機関)　**問③あ**国際通貨基金　**い**国際復興開発銀行　**問④**イ
問⑤軍隊解散・女性解放・男女普通選挙制度の実施・財閥解体・農地改革など
問⑥主権在民(国民主権)・基本的人権の尊重・戦争放棄(平和主義)
問⑦イタリア・ハンガリー・ブルガリア・ルーマニア・フィンランド(順不同)

解説　1・2．国際連合成立の過程は以下のとおり。　　会談の表」も参照のこと。
テーマ52 **3** 解説の「第二次世界大戦中の連合国首脳

1941年	大西洋憲章：「一般的安全保障の恒久制度の樹立」表明
1942年	連合国共同宣言：大西洋憲章の原則確認
1943年	モスクワ外相会談(米・英・ソ)：「モスクワ宣言(平和機構設立宣言)」…公式に国際平和機構設立が表明される
1944年	ダンバートン＝オークス会議(米・英・ソ・中)：国連憲章の原案作成
1945年 2月	ヤルタ会談(米・英・ソ)：常任理事国への拒否権付与を決定
4月	サンフランシスコ会議(連合国50カ国の参加)：国連憲章の採択
10月	国際連合の発足(サンフランシスコ会議参加50カ国にポーランドを加えた51カ国)

▲国際連合関係年表

3．世界人権宣言は第1条で「すべての人間は、生れながらにして自由であり、かつ、尊厳と権利について平等である」とうたっており、人権の歴史において重要な意義をもっている。宣言では人種・性・宗教などによる差別が禁止された。

問①発足当時の常任理事国は中華人民共和国(以後、

中国と表記）ではなく、中華民国（以後、台湾と表記）であった。中国の国連加盟は1971年に実現する。この時、アメリカ合衆国は中国の加盟と台湾の残留を同時要求したが、圧倒的多数で可決されたのは、アルバニアから提案された、中国加盟と台湾の追放であった。正しい文章はすべて、現実の力関係が制度に反映されて国際連盟から変更された点である。拒否権については実際に5大国内で対立が生じた場合には安全保障理事会が機能不全におちいることが、ロシアのウクライナ侵攻（2022～　）でも実証された。テーマ49 **1** 問⑤

の解説（→ p.80）参照。　**問③・④b**の「IMFではなく大戦後の復興・開発への融資を目的として設立され、現在では途上国への援助が中心となっている」はIBRDの説明。IMFは国際通貨制度の安定のためにつくられた金融機関であり、国際収支が悪化した加盟国に対する融資などをおこなっている。なお、この両者の補完のために国際貿易機関（ITO）が提案されたが、アメリカ議会が何度も承認しなかったため発足せず、このため世界貿易機関（WTO）が成立する（1995）まで、GATTが自由貿易問題に関する主要な役割を担った。

2

解答　1. アトリー　2.〈第〉四〈共和政〉　3. イタリア　4. アイルランド　5. ギリシア　6. マーシャル＝プラン　7. コミンフォルム（共産党情報局）　8. 人民民主主義　＊9. ベネシュ　10. ティトー　11. 西ヨーロッパ連合（ブリュッセル）〈条約〉　12. 北大西洋条約機構（NATO）　13. 経済相互援助会議（コメコン、COMECON）　14. ワルシャワ条約機構（東ヨーロッパ相互援助条約）　15. アデナウアー
問①重要産業の国有化、社会福祉制度の充実など　**問②あ**「鉄のカーテン」演説　**い**チャーチル
問③トルーマン＝ドクトリン　**問④**イギリス・フランス・ベルギー・オランダ・ルクセンブルク
問⑤かつての孤立主義から積極的な介入姿勢に転換した。　**問⑥**ベルリン封鎖　＊**問⑦**パリ協定

解説　1. ポツダム会談途中の総選挙で勝利し、チャーチルから首相の座を引き継いだ。テーマ52 **3** 解説の「第二次世界大戦中の連合国首脳会談」の表（→ p.89）を参照。　4. 1920年、イギリス政府はアイルランド統治法を制定し、北部6州（アルスター地方）はアイルランド議会で定める法の適用を受けないことを定めて南北に分割し、それぞれの自治権を認めた。22年、イギリス＝アイルランド条約にもとづいてアイルランド全島がアイルランド自由国としてイギリスの自治領となった。31年、ウェストミンスター憲章の成立により、イギリスと同格の独立国（英連邦王国）として規定された。37年、新憲法を公布して国名をエールと改称し、38年に共和政に移行し、49年には国名をアイルランドに戻し、イギリス連邦も離脱した。しかし、プロテスタント系住民が多数派を占める北部6州北アイルランド政府は22年12月7日、アイルランド自由国からの離脱を決定し、イギリス（連合王国）への再編入を希望することをイギリス政府に公式に通告した。これにより、北アイルランドは独自の議会と政府をもつ、イギリス連合王国の構成国の1つとなった。北アイルランドの、アイルランド統一を支持するカトリック系住民とイギリス残留を望むプロテスタント系住民間の長年にわたる武装闘争は、イギリスの最大の政治問題といわれた（北アイルランド問題）。テーマ45 **2** 問⑥の解説（→ p.74）も参照。　5・問③ギリシア内戦（1946～1949）

など共産主義に抵抗する政府の支援をめざし、ソ連支配下の東欧と隣接するギリシア・トルコに軍事的経済的援助をおこなうもの。　10. 本名ヨシップ＝ブロス。クロアティア出身でスペイン内戦の際国際旅団の一員として従軍、第二次世界大戦中にはドイツの支配に対しパルチザンを指導して抵抗運動の指導者となり、ユーゴスラヴィアをソ連に拠らず自力で解放した。戦後は首相・大統領としてソ連に対抗、マーシャル＝プランを受け入れ、第三世界の指導者の1人ともなり、彼個人のカリスマ性と少数民族に配慮した諸政策もあってその死（1980）までユーゴスラヴィアの体制を維持し続けた。しかし彼の死によってユーゴスラヴィア内戦（1991～95）が始まり、国家は分裂した。テーマ59 **1** 2～4の解説（→ p.105）参照。　11・14・問⑦パリ協定は米英仏および西ドイツの4国会議で成立（1954）したもので、西ドイツの主権回復と再軍備、NATOへの加盟を承認し、従来の西ヨーロッパ連合（1948）に西ドイツとイタリアを加えて新しい西ヨーロッパ連合が結成された。これに反発したソ連は協定成立直後にワルシャワ条約機構を結成、ここに「冷戦」構造がつくられていく。
問①ベヴァリッジ報告書（1942）にもとづき、「ゆりかごから墓場まで」といわれる福祉国家政策をとった。
問②あい米トルーマン大統領にまねかれて訪米したチャーチル前首相がミズーリ州フルトンでおこなった演

説。 問④ベルギー・オランダ(ネーデルラント)・ルクセンブルクを集合して「ベネルクス」と呼ぶ。 問⑤

戦前の孤立主義がナチス=ドイツの強大化をまねいたという反省をふまえる。

3

解答 1．南京 2．台湾 3．人民政治協商会議 4．カイロ〈会談〉 5．〈北緯〉38〈度線〉 6．朝鮮戦争 7．人民義勇〈軍〉 8．警察予備隊 9．日米安全保障〈条約〉 10．沖縄 A．国民 B．共産
問①あ毛沢東 ○い周恩来 問②中ソ友好同盟相互援助条約 問③イギリス 問④あ李承晩(イスンマン) ○い金日成(キムイルソン)
問⑤国連安保理の代表権を中華人民共和国とする提案が認められなかったため。 問⑥ウ

解説 1．テーマ52 **3** 解説の「第二次世界大戦中の連合国首脳会談」の表(→ p.89)を参照。 3．**思考・判断** 教科書 p.318の人民政治協商会議の共同綱領の資料をみてみよう。第5条が実現しているといえるだろうか、現在のニュースなどを調べてみること。 7．実態は中国国軍である人民解放軍だが、自国への戦線の拡大を避けるために、表向きは義勇兵であるとして「人民義勇軍」と称した。 6．マッカーサー最高司令官は中国東北部への核兵器の使用も辞さない構えであったが、停戦を求めるトルーマン大統領と対立し解任された。 8．のち保安隊に改組され(1952)、陸上自衛隊が発足した(1954)。 9．その後、1960年の改定時にアメリカ合衆国の日本防衛義務が明文化され、同時に締結された地位協定により米軍の施設使用や施設内での特権、租税の免除、裁判権などが定められた。
問①あ大戦終了以前についてはテーマ50 **2** 14の解説(→ p.83)、および51 **2** 7の解説(→ p.86)参照。戦後についてはテーマ56 **3** の解説(→ p.99)全般を参照。 ○い周恩来は江蘇省の淮安県(ホワイアン)に生まれた。五・四運動を指導後、翌年フランスに渡り、1921年中国共産党パリ支部を組織。帰国後、黄埔軍官学校政治部主任代理(主任は蔣介石)をつとめた。36年の西安事件では蔣介石に国共合作を約束させた。49年中華人民共和国成立後、国務院総理兼外交部長に任命され、以後死去するまで総理をつとめた。54年のジュネーヴ会議に参加し、その帰途、インドのネルー首相との共同声明で「平和五原則」を提唱した。さらに米中関係改善のイニシアチブをとるなど卓越した外交手腕を発揮した。のちのプロレタリア文化大革命の収拾にも重要な役割を果たしている。 問②「日本または日本の同盟国」を仮想敵国と規定し、アメリカへの対抗を目的としている。期限は30年で、その後の中ソ対立などの状況から延長されず、1980年に失効した。 問⑤**思考・判断** ソ連は安保理をボイコットしたため、拒否権を行使できなかった。このため史上はじめて、国連軍が編制されたのである(厳密な手続き上は多国籍軍)。 問⑥サンフランシスコ平和条約は1951年9月に調印された48カ国の対日平和条約。日本はこの条約によって主権を回復し、朝鮮・台湾・南樺太・千島の領土権を放棄し、沖縄・奄美大島・小笠原諸島が暫定的にアメリカの施政下におかれた。ウ)はいわゆる北方領土で、日露和親条約(1855)で千島列島の択捉島(えとろふ)と得撫島(うるっぷ)のあいだに日露の国境線が引かれており、カイロ宣言で日本が放棄を求められた、戦争で得た領土ではない。日本は返還を求めているが、第二次世界大戦後、旧ソ連とロシア連邦は4島を占領し続けている。このため戦後80年近くになるが、現在でも日露間に平和条約は結ばれていない。

4

解答 1．スカルノ 2．ホー=チ=ミン 3．バオダイ 4．ディエンビエンフー 5．ジュネーヴ〈休戦協定〉 6．ゴ=ディン=ジエム〈政権〉 7．シハヌーク〈国王〉 8．ガンディー 9．スリランカ(セイロン) 10．アラブ連盟 11．委任統治〈権〉 12．難民 13．モサッデグ 14．パフレヴィー2世 15．国際石油資本
問①インドシナ戦争 ＊問②ドミノ理論 問③東南アジア条約機構(SEATO)
問④ヒンドゥー教徒を主体とするインドとイスラーム教徒によるパキスタンの対立。
問⑤あネルー ＊○いアンベードカル 問⑥パレスチナ戦争(第1次中東戦争)

解説 東南アジアではほかにビルマ(現ミャンマー)とマラヤ連邦がイギリスから独立している。
6．ベトナム共和国初代大統領(在任1955～63)。同族支配で政権は腐敗し、南ベトナム解放民族戦線の拡大をまねいた。最後はアメリカにも見放され、軍部のクーデタで暗殺された。 8．テーマ50 **3** 問①の解説

（→ p.84）参照。　11. 第一次世界大戦後に敗戦国ドイツとオスマン帝国の旧植民地の将来の独立に向けて支援する目的で設立されたが、実際には戦勝国による新たな植民地分配にすぎなかった。　12. その後第3次中東戦争（1967）でも難民が発生し、世代交代もあって現在は500万人以上に達するとみられている。しかしイスラエル政府はかつてのパレスチナ居住者のみを「難民」としており、避難後に難民キャンプなどで生まれた第二世代以下を難民とは認めていない。　15. アメリカ・イギリス・オランダ系の、石油の採掘から販売までを一手に手がけた石油企業7社の総称。「セブンシスターズ」といわれる。

問②冷戦下においてアメリカ合衆国がとなえた「1つの国が共産化すればドミノ倒しのように地域の国々がつぎつぎに共産化する」という理論。　問⑤ⓐテーマ50 3 ▶ 5 の解説（→ p.84）参照。　ⓘインドの不可触民解放運動の指導者。ヒンドゥー社会における最下層階級で、インド人口の約4分の1を占め、触れるだけではなく、目にするだけでも「穢れる」とされた不可触民階層に生まれ、少年時代から被差別の苦汁をなめた。アメリカのコロンビア大学で経済学を修め、のちロンドンで弁護士資格を取得して帰国し、社会運動家・政治家・ジャーナリスト・教育者などの多彩な活動をとおして、生涯、反カースト・不可触民の地位向上に貢献した。独立後、憲法制定委員会の委員長をつとめ、新憲法の作成にあたると同時にネルー内閣の初代法務大臣もつとめた。死の前年、みずからの所属する中部インドの不可触民カーストであるマハール＝カーストの30万の人々を率いて、平等をとなえる仏教に集団改宗し、今日の新仏教運動の口火をきった。　問⑥アラブ人側では「ナクバ（アラビア語で「大破局」「大災厄」）」と呼ぶ。現在に至るパレスチナ問題の要因となる。

(本文 p.164～165)

解答

1 問1．ウ　問2．イ　問3．イ

2 問1．2→3→1　問2．オ　問3．カ

ヒント

1 史料1は、1920年に憲法が修正されていること、および成文憲法であることからイギリスではなくアメリカであると判断できる。史料2はノルウェーの作家イプセンによる『人形の家』(竹山道雄訳、岩波文庫　一部改変)のクライマックスにおける一節である。この作品は、フェミニズム運動の始まりと共に語られる作品である。史料3は第一次世界大戦におけるポスターである。第一次世界大戦によりこれまで主要な労働力であった男性が戦地に行くと、そのかわりとして女性が社会進出し、その結果女性参政権が認められる国が増えることとなった。

2 史料1は「国際紛争解決ノ為戦争ニ訴フルコトヲ非トシ」とあるように、「戦争の違法化」を述べているため、1928年の不戦条約であると読み取れる。史料2は1919年のヴェルサイユ条約であり、第一次世界大戦の経過より考える。史料3は中国の主権尊重、領土保全についての内容が読み取れるため、1921～22年におこなわれたワシントン会議で締結された九カ国条約であると読み取れる。また、日英同盟の解消は、同会議で締結された四カ国条約による。　問3．Aさんのコメントはイギリス外相ではなくアメリカ国務大臣ケロッグが正しい。

(本文 p.166～167)

解答

〈A〉問1．あ：ⓒ、ゾラ　い：ⓐ、ディズレーリ　う：ⓑ、ギリシア

問2．[解答例]1890年代に、ロシアとフランスはドイツに対抗するために露仏同盟を結んだ。一方イギリスは19世紀のあいだ「光栄ある孤立」を維持したが、ロシアの東アジア進出に対抗するために日英同盟を結んで政策を放棄した。また、ファショダ事件以降にフランスとの関係が改善されていたイギリスは、1904年に英仏協商を結んだ。建艦競争によりイギリスとドイツの対立が明確になるとともに、モロッコ事件をはじめとする拡大政策をとるドイツとイギリス・ロシア・フランスの対立が明確になった。イギリスとロシアは中央アジアをめぐってグレートゲームと呼ばれる覇権争いを繰り広げていたが、英露協商を結んだことで対立は解消され、三国協商が成立した。(297字)

問3．＊あヒルファーディング　いタンジール　うセシル＝ローズ

問4．あ中国同盟会　い孫文　う清朝

問5．あチュラロンコン(ラーマ5世)　いホセ＝リサール　＊うサモリ＝トゥーレ

〈B〉問6．五・四運動

問7．[解答例]第一次国共合作は、中国統一を目的とし、国民党を主体として共産党員が共産党籍を残したまま国民党に入党することで実現したが、第二次国共合作は、抗日を目的とし、国民党と共産党がほぼ対等な立場であった。(97字)

問8．エ

問9．[解答例]アメリカは当初、英仏に対する戦債で連合国側へ支援をおこないつつも、モンロー主義の伝統から第一次世界大戦に対して中立を貫き、双方に停戦を呼びかけていた。ドイツによって客船ルシタニア号が撃沈されアメリカ人が犠牲になると世論が反ドイツに傾き、1917年、ドイツの無制限潜水艦作戦の発動を契機とし、自国民の保護のために連合国側で参戦することとなった。(169字)

問10．[解答例]第一次世界大戦の長期化により、イギリスが覇権国家として力をもったパクス＝ブリタニカの時代が終わり、かわりに債務国から債権国となったアメリカによる、パクス＝アメリカーナの時代に移行した。また、英仏の力が落ちたことにより、植民地であったアジアおよびアフリカで民族運動が高揚した。ロシアにおいては第一次世界大戦を契機に二月革命がおこり、ニコライ2世が退位し、帝政が崩壊した。その後十月革命で社会主義国ソヴィエト＝ロシアが誕生した。(212字)

問11. エ→イ→ウ→ア

問12. ㋐ヴィシー政府　㋑自由フランス政府

〈C〉問13. [解答例]ヴァイマル憲法は、女性参政権が認められているほか、労働者の団結権や団体交渉権などが認められていた。さらに、社会権がはじめて認められた憲法であった。その反面、大統領の緊急命令においては大きな権力が認められるほか首相と大統領を兼任できるなど、独裁体制がつくられる余地があった。(136字)

問14. ㋐エーベルト　㋑ピウスツキ　＊㋒ボールドウィン　＊㋓アサーニャ　㋔ヘミングウェー

問15. ⓐ共和党　ⓑドーズ案　ⓓアジア(日本)

ヒント

1 **問2.** イギリス・フランス・ロシアがどのようにドイツと敵対関係になっていったかを論述する。ドイツとイギリスによる建艦競争や、ドイツのアフリカ進出および中東進出により対立が深まったことを確認する。**問8.** **ア)**ラホール大会で採択されたのはプールナ＝スワラージである。4綱領が採択されたのは1906年のカルカッタ大会。**イ)**スルタン制が廃止されたのは青年トルコ革命ではなくトルコ革命である。**ウ)**維新会を組織したのはホー＝チ＝ミンではなくファン＝ボイ＝チャウである。

1

解答　1.米州機構（OAS）　2.太平洋安全保障条約（ANZUS）　3.東南アジア条約機構（SEATO）
4.日米安全保障〈条約〉　5.イギリス　6.水素爆弾（水爆）　7.中央情報局（CIA）　8.タフト・ハートレー〈法〉　9.アイゼンハワー　10.原子力発電　11.ホワイトカラー
問①あイラク　ⓘ中央条約機構（CENTO）　問②あフランス　ⓘ中華人民共和国
問③あパグウォッシュ会議　ⓘアインシュタイン、バートランド＝ラッセルなど
問④アメリカ合衆国とソ連が核戦力を背景に世界的規模で対決しつつ、表面上軍力で直接戦う戦争はおこらなかったため。　問⑤マッカーシー　問⑥軍産複合体

解説　1.米州機構（OAS）は、1948年4月に調印されたボゴタ憲章（米州機構憲章）にもとづいて、1951年12月に発足した国際機関である。本部はアメリカ合衆国のワシントンD.C.にある。アメリカ大陸の国々の平和と安全保障・紛争の平和解決・加盟諸国の相互躍進を目的とする。　3.東南アジア条約機構（SEATO）は、1954年9月8日にアメリカ・イギリス・フランス・パキスタン・タイ・フィリピン・オーストラリア・ニュージーランドの8カ国によって結成された西側諸国の反共軍事同盟である。1977年6月30日に解散した。　6.水素爆弾（水爆）は、核融合エネルギーを利用する核兵器。原子爆弾（原爆）は原子核の核分裂エネルギーを利用する核兵器。　7.中央情報局（CIA）は、第二次世界大戦中の1942年に情報調整局から改組設立された戦略情報局（OSS）を経て、1947年に国家安全保障法により改組されて発足した対外情報機関。世界中から国家安全保障に関する情報を収集・処理・分析することを公式任務としている。　8.タフト・ハートレー法は、クローズドショップ制の禁止、ストライキの禁止などを内容とし、1935年のワグナー法で認めた労働者の諸権利を大幅に修正した。　9.アイゼンハワーは、軍人としてはヨーロッパ連合国軍総司令官として、ノルマンディー上陸作戦を指揮し、ヨーロッパを解放した。大戦後にアメリカ陸軍参謀総長、NATO軍最高司令官を歴任した、アメリカ合衆国陸軍元帥。共和党から大統領選挙に出馬した。　11.「ホワイトカラー」とは、白い襟（カラー）の服を着て働く事務労働者をいう。他方、肉体労働者は作業服の色から「ブルーカラー」と呼ばれる。
問③あパグウォッシュ会議は、すべての核兵器およびすべての戦争の廃絶を訴える科学者による国際会議である。会議はその後も継続し、各地で開かれた。1995年にはノーベル平和賞を受賞している。　ⓘ1955年のラッセル・アインシュタイン宣言での呼びかけを受け、11人の著名な科学者によって創設された。　問④「冷戦（Cold War）」という言葉自体は、アメリカの政治家バルークが演説で用いたものを、同じくアメリカの代表的な評論家リップマンが連載記事の題にして以来、常用語として定着した。「冷たい戦争」とも呼ばれる。実際に戦火を交えることを「熱い戦争（Hot War）」という。米ソ両国は表面上軍事力での直接対決は避けたが、朝鮮戦争、ベトナム戦争、ソ連・アフガン戦争のように両国が介入して東西各勢力を支援するいわゆる代理戦争が多数勃発した。　問⑤「赤狩り」は、共和党上院議員マッカーシーが、知識人や公務員の思想追及活動の先頭に立ったので、マッカーシズムとも呼ばれた。

2

解答　1.ヨーロッパ石炭鉄鋼共同体（ECSC）　2.ヨーロッパ経済共同体（EEC）　3.ヨーロッパ共同体（EC）
4.ヨーロッパ自由貿易連合（EFTA）　5.アデナウアー　6.ベトナム　7.アルジェリア　8.ド＝ゴール
9.北大西洋条約機構（NATO）　10.自由民主〈党〉　11.国際連合　12.日米安全保障〈条約〉　13.日韓基本〈条約〉
問①拡大EC　問②第五共和政　問③あ朝鮮戦争特需（特需）　ⓘ高度経済成長

3. ヨーロッパ共同体(EC)は、欧州石炭鉄鋼共同体(ECSC)・ヨーロッパ経済共同体(EEC)・ヨーロッパ原子力共同体(EURATOM)が、1993年のマーストリヒト条約により統合改称され発足した。　**4.** ヨーロッパ自由貿易連合(EFTA)は、イギリスが、ノルウェー・デンマーク・スウェーデン・スイス・オーストリア・ポルトガルの7カ国で発足させた。現在のEFTA加盟国は、アイスランド・スイス・ノルウェー・リヒテンシュタインの4カ国である。　**5.** アデナウアーは、ドイツの政治家。西ドイツの初代連邦首相を1949年から63年までつとめた。戦前はドイツ中央党に属し、戦後はドイツキリスト教民主同盟(CDU)の初代党首。欧州連合(EU)の父の1人としても知られる。　**7.** アルジェリアは、1830年にブルボン朝復古王政がアルジェを占領し、1847年にフランスは全アルジェリアを支配した。アルジェリア北岸にはアルジェ県・オラン県・コンスタンティーヌ県がおかれ、これら3県はフランス本土と同等の扱いを受けた。ヨーロッパからの入植者(コロン)でフランス市民権をもつピエ=ノワールと抑圧されていたベルベル人やアラブ系住民などの先住民(アンディジェーヌ)との対立があった。1954年にアルジェリア戦争(〜62年)と呼ばれる独立戦争が勃発した。これは民族紛争、親仏派と反仏派の先住民同士の、かつフランス軍部とパリ中央政府との内戦でもある。　**8.** ド=ゴールは、陸軍軍人、政治家。フランス解放後の臨時政府で最初の首相をつ

とめた。1959年1月に第五共和政で最初の大統領に就任した。任期中はアルジェリアの独立の承認・フランスの核武装・NATOの軍事機構からの離脱などをおこなった。第二次世界大戦中については、テーマ52 **1**≫11の解説(→ p.87)参照。　**10.** 1955年に左右に分裂していた日本社会党が統一を果たすと、これに触発された保守陣営の自由党と日本民主党の保守合同により自由民主党が誕生した。以後、55年体制と呼ばれる自由民主党と日本社会党の二大政党を中心とした政党政治運営の仕組みは38年間続いた。　**13.** 日韓基本条約によって、日本は韓国を朝鮮半島の唯一の合法政府と認め、韓国とのあいだに国交を樹立するとともに、韓国併合条約をはじめとする戦前の諸条約が無効であることを確認した。賠償金については、日本側が援助資金を提供することと引きかえに、韓国側は請求権を放棄した。

問① ECの拡大についてはテーマ59 **3**≫問①の解説(→ p.107)参照。　**問②**アルジェリア戦争が泥沼化し、アルジェリア問題といわれる独立容認派と植民地維持を主張する軍部の対立が激化し、第四共和政は内戦状態となった。1958年、事態を収拾するためにド=ゴールが政界に復帰し、首相に就任。彼は大統領権限を強化した第五共和政憲法を起草し、第五共和政が成立。翌年、ド=ゴールが、第五共和政初代大統領に就任。以降、現在に続くフランスの政治体制である。

3≫

1. ユーゴスラヴィア　**2.** フルシチョフ　**3.** ポズナニ　**4.** ゴムウカ　**5.** ナジ　**6.** 日ソ共同宣言
7. ベルリンの壁　**8.** 大陸間弾道ミサイル(ICBM)　**9.** スプートニク1号
問① スターリン批判　**問②**「雪どけ」　＊**問③**ハンガリー反ソ暴動(ハンガリー事件)
＊**問④** U-2撃墜事件(U2型機事件)　＊**問⑤**ガガーリン

2. フルシチョフは、1953年のスターリン死去後、共産党第一書記に就任し、58年には首相を兼任した。国内の対米強硬派をおさえ、アメリカ合衆国との「平和共存」路線を模索し、59年にはソ連首相としてはじめて渡米し、アイゼンハワー大統領と会談した。しかし、彼の外交活動は個人外交にとどまり、また世界が期待した東西冷戦の緊張緩和が実現されず、逆に米ソ対立は深刻さを増し、61年のベルリンの壁の建設、62年のキューバ危機へと向かうこととなった。64年、不在中に開催されたソ連共産党拡大幹部会は、フルシチョフ第一書記兼首相を解任する決議をおこない失脚した。　**4.** ゴムウカは、フルシチョフに対してイデオ

ロギーと安全保障でソ連と対立しないことを約束したので、その復帰は認められ、軍事介入は回避された。ゴムウカはスターリン主義と他国への従属に決別したが、ワルシャワ条約機構からの脱退は否定した。　**5.** ナジ首相は、政治上のソ連からの自立とワルシャワ条約機構からの離脱を主張して譲らなかったため、ソ連は軍を侵攻させて彼をとらえて処刑した。　**6.** 日ソ共同宣言は、日ソが平和条約を締結したのちに、ソ連が歯舞群島および色丹島を日本に引き渡すとした。しかし、平和条約は今日まで締結されず、北方領土問題も未解決のままである。　**7.**「ベルリンの壁」は、1961年8月13日に自国民の西ベルリンへの脱出を防止

するため、ドイツ民主共和国(東ドイツ)政府が東西ベルリンの周囲に建設した防壁で、東西冷戦の象徴。

8．大陸間弾道ミサイル(ICBM)は、有効射程が超長距離の弾道ミサイル。米ソ間では、戦略兵器制限条約(SALT)によって、有効射程が「アメリカ合衆国本土の北東国境とソ連本土の北西国境を結ぶ最短距離である5,500km以上」の弾道ミサイルと定義された。　**9．スプートニク1号**の成功は、アメリカに衝撃を与えた(スプートニク=ショック)。アメリカは自国を「宇宙開発のリーダーであり、それゆえミサイル開発のリーダーでもある」と自負していた。しかし、スプートニク1号成功のニュースと、それに対抗した人工衛星計画「ヴァンガード計画」の失敗は、アメリカの自信を打ち砕き、全米をパニックにおとしいれた。

問①スターリン批判は、フルシチョフによってスターリンの個人崇拝、反対派に対する粛清などを批判し、外交での「平和共存」への転換を打ち出したソ連の大きな転換点。　**問②**「雪どけ」は、1956年のスターリン批判後のソ連で、言論の自由の制限などが一時的に緩和された動き。また、東欧の共産圏にも拡大した。

問③ハンガリー反ソ暴動は、スターリン死後に始まった「平和共存」に暗雲をもたらし、米ソ関係は再び緊張し、両国は主導権を握ろうと核兵器開発競争を再開した。　**問⑤**ガガーリンは、世界初の有人宇宙飛行としてヴォストーク1号(ボストーク1号)に単身搭乗。彼の「地球は青かった」という言葉は有名。

55　第三世界の台頭とキューバ危機　　　　　　本文 p.171〜172

1

解答

1．コロンボ　2．アジア=アフリカ〈会議〉　3．周恩来　4．ネルー　5．バンドン　6．非同盟諸国首脳〈会議〉　7．第三世界　8．ナセル　9．アスワン=ハイダム　10．スエズ運河〈の国有化〉　11．モロッコ　12．エンクルマ(ンクルマ)　13．アフリカの年　14．アルジェリア　15．アフリカ統一機構(OAU)　16．コンゴ動乱　17．アパルトヘイト

問①領土保全と主権の尊重・不侵略・内政不干渉・平等と互恵・平和共存　**問②**エジプト革命
問③ⓐ第2次中東戦争(スエズ戦争)　ⓘエ

解説　**2・5．**この会議は開催地からバンドン会議とも呼ばれる。**3・4・問①**1954年におこなわれた周恩来とネルーの会談により平和五原則が発表され、これは第三世界の外交の基本方針となった。平和五原則は現在も中国外交の基本方針とされている。　**8．**ナセルは第1次中東戦争に軍人として参加したのち、エジプト革命の中心として活躍するとともに、アジア=アフリカ会議、アスワン=ハイダムの建設、スエズ運河国有化などを矢継ぎ早に推し進めた。第2次中東戦争の際には、戦いには敗れたものの、外交で勝利をおさめ、アラブの英雄となった。しかし、第3次中東戦争の敗北後は求心力が低下し、1970年に死去した。　**9・10．**アスワン=ハイダムはエジプト工業化に向けた電力確保のためにナセルが建設を画策した。元々はアメリカ合衆国をはじめ西側諸国の融資で建設をめざしていたが、ナセルがソ連寄りの外交を展開したことにより融資を受けられなくなり、スエズ運河国有化により建設資金を調達することとなった。　**13．**この年に独立したサハラ砂漠以南の17カ国のうち、13カ国はフランスから独立している。　**14．**アルジェリアについては、テーマ54 **2** 7の解説(→ p.96)参照。　**17．**アパルトヘイトは1948年からおこなわれた、有色人種に対する人種隔離政策。黒人運動組織のアフリカ民族会議(ANC)が中心となり反対運動を続け、91年にアパルトヘイト関連法案がすべて廃止された。アフリカ民族会議の中心人物は、政治家、弁護士であるマンデラである。若くして反アパルトヘイト運動に身を投じ、1964年に国家反逆罪で終身刑の判決を受けた。27年間におよぶ獄中生活ののち、デクラーク大統領により90年に釈放される。翌91年にアフリカ民族会議の議長に就任。その後についてはテーマ58 **3** 17・18の解説(→ p.104)参照。

問③ⓘ a. アメリカのトルーマン大統領は第1次中東戦争の際の大統領である。また、第2次中東戦争の際、アメリカのアイゼンハワー大統領は英仏に援軍を派遣しなかった。トルーマンについてはテーマ52 **3** 11の解説(→ p.88)参照。アイゼンハワーについては、テーマ54 **1** 9の解説(→ p.95)参照。　**b.** 石油戦略が発動されたのは第4次中東戦争の時である。

解答

1. インフラストラクチャー(基本的生活基盤)　2. 南北問題　3. 国連貿易開発会議(UNCTAD)
4. ペロン　5. グアテマラ　6. バティスタ　7. カストロ　8. アイゼンハワー　9. ケネディ
10. 部分的核実験禁止〈条約〉　11. 核拡散防止〈条約〉　12. 第1次戦略兵器制限交渉(SALT Ⅰ)
問①イ　問②モノカルチャー経済　問③ゲバラ　問④あキューバ危機　ⓘホットライン

解説

2・3. 先進国はアフリカ・アジアの発展途上国の国々に対して、かつてのような植民地支配をおこなうことは少なくなったものの、途上国の国々を経済的にコントロールしようとすることが多くなった。これは新植民地主義と呼ばれる。この問題に対して、1962年の国連総会において発展途上国の開発と経済発展に全世界が協力することが決議され、国連貿易開発会議(UNCTAD)が創設された。このように、1960年代からは先進国と途上国の国々との利害の対立が明確になっていき、南北問題と呼ばれるようになった。現在は、発展途上国においても、工業化に成功した国や資源のある国と、工業化が遅れ資源のない国とのあいだに格差が生じており、それは南南問題と呼ばれている。　4. ペロンは1955年におこったクーデタで失脚してウルグアイに亡命したが、73年に再び大統領に就任した。しかしその翌年に急死し、その跡を継いだ妻のイサベル＝ペロンは世界初の女性大統領として知られる。　7. 親米のバティスタ政権のもとで農民などは貧困にあえいでおり、カストロはそれを打倒した。1959年に政権を奪うと、キューバ革命を開始し、その過程でアメリカ合衆国の企業を国有化したためアメリカとの関係が悪化し、ソ連と接近した。

問①発展途上国のナショナリズムは強力であることが多く、そのため途上国間の連携がうまくいかないことも多かった。　問③ゲバラはカストロとともにキューバ革命を指導した医師である。ソ連との関係をめぐりカストロと決別したのちに、「ゲリラ戦争による世界革命」を夢見てアフリカ・南アメリカのゲリラ活動に明け暮れたが、ボリビアにて政府軍につかまり、銃殺された。ゲバラは反米思想をもつ若者や南米地域において革命をめざす者たちに今なお熱狂的に信奉されている。　問④キューバ危機に対し、アメリカ政府内では軍部を中心に、キューバに対して空爆を仕掛け、核戦争に突入することを辞さない考えの強硬派がおり、核戦争になる可能性が十分にあった。キューバ危機にあたるホワイトハウスの対応については、ケネディの弟であるロバート＝ケネディの著書、『13日間　キューバ危機回顧録』や、『映像の世紀　バタフライエフェクト　キューバ危機　世界が最も核戦争に近づいた日』、映画『13デイズ』などで取り扱われている。キューバ危機を乗り越えた米ソ両国は緊張緩和(デタント)へと向かうが、フルシチョフのアメリカに対する姿勢を弱腰だと批判する動きが強まり、フルシチョフ失脚の遠因となったほか、毛沢東がソ連に対する不信を深めたことにより中ソ対立が深まることとなった。テーマ56 3 ▶4の解説(→ p.99)参照。

56　冷戦体制の動揺

本文 p.173 〜 176

1

解答

1. ゴ＝ディン＝ジエム　2. 南ベトナム解放民族戦線　3. ケネディ　4. ジョンソン　5. ベトナム(パリ)和平〈協定〉　6. ニクソン　7. サイゴン　8. シハヌーク　9. 民主カンプチア(民主カンボジア)　10. ラオス愛国戦線
＊問①あトンキン湾事件　ⓘ北爆　＊問②イ　問③ベトナム社会主義共和国　問④赤色クメール

解説

1. テーマ53 4 ▶6の解説(→ p.91)参照。　2. ゴ＝ディン＝ジエム政権打倒と南北統一をめざして成立した組織。アメリカ合衆国側は「ベトコン」(ベトナムの共産主義者)と呼び、組織のイメージの矮小化をはかろうとした。　3. アメリカ合衆国第35代大統領。民主党。カトリック教徒として初の大統領就任を果たし、キューバ危機に対応したが、1963年、テキサス州のダラスで暗殺された。キューバ危機についてはテーマ55 2 ▶問4の解説参照。　4. アメリカ合衆国第36代大統領。ケネディの暗殺を受けて副大統領から就任した。　6. アメリカ合衆国第37代大統領。共和党。外交面では訪中を実現させた。　8. カンボジア首相で親米派のロン＝ノルがシハヌーク元首を追放するクーデタをおこした。失脚したシハヌークは中国に亡命

した。　9．ポル＝ポトは徹底した共産主義思想のもと、都市住民の農村への強制移住、通貨の廃止、反対派の大量虐殺などをおこなった。
問①あアメリカ駆逐艦が北ベトナムの魚雷攻撃を受けたとされる事件。のちにアメリカ側のでっちあげであったことが判明している。　問②a．正しい。ラッセ

ルについては、テーマ54 **1** ▶問③の解説（→ p.95）参照。　b．誤り。沖縄返還は実現したが、現在でも沖縄をはじめとして国内各地に米軍基地がおかれている。
問④クメール＝ルージュ（フランス語で「赤いクメール人」の意）とも呼ばれる。

2 ▶

解答　1．ニューフロンティア〈政策〉　2．公民権〈運動〉〈法〉　3．偉大な社会　4．ブレジネフ　5．ドプチェク　6．ド＝ゴール　7．ブラント　8．ヘルシンキ　9．欧州安全保障協力会議（CSCE）　10．ファン＝カルロス1世
問①キング牧師　問②ア　問③ウォーターゲート事件　問④「プラハの春」　問⑤東方外交
問⑥モザンビーク、ギニアビサウ、サントメ＝プリンシペのうちから1つ。

解説　5．ブレジネフは1964年に第一書記となり、非スターリン化をおさえ、共産党体制の強化につとめた。6．ドプチェクはチェコスロヴァキアの第一書記。非スターリン化、民主化を進めたが、ソ連の軍事介入を受けて解任された。
問①キング牧師は、南部キリスト教指導者会議を結成し、非暴力主義を掲げて黒人の公民権運動を指導した。1964年に当時の史上最年少（35歳）でノーベル平和賞を受賞。68年、テネシー州のメンフィスを訪問中に暗殺された。　問②a．正しい。アメリカ合衆国でのベビーブーム世代は、第二次世界大戦直後の1946年から60年代前半までに生まれた世代を指す。　b．正しい。1960年の日本の安保闘争や1968年のフランスの五月革命など、学生らの動きは「スチューデント＝パワー」と呼ばれた。問③ウォーターゲート事件とは、1972年の大統領選挙中に、当時野党であった民主党の本部があるウォーターゲート＝ビルに、ニクソン政権の関係者が盗聴器を仕掛けようとして侵入し逮捕された事件。問⑥ポルトガルでは、1930年代から長期にわたる独裁政権が続いたが、1974年に軍が中心となってクーデタをおこした。このクーデタは、シンボルとなった花の名をとり、「カーネーション革命」とも呼ばれる。こうしたポルトガル本国の動きを受け、73年には、ギニアビサウ、サントメ＝プリンシペが、75年には、アンゴラとモザンビークが独立した。しかし、その後の政情は不安定だった。

3 ▶

解答　1．スターリン　2．人民公社　3．インド　4．中ソ論争　5．劉少奇　6．プロレタリア文化大革命　7．紅衛兵　8．ニクソン　9．田中角栄　10．日中平和友好〈条約〉　11．台湾　12．周恩来　13．華国鋒　14．江青
問①「大躍進」　問②ダライ＝ラマ14世　問③中国への経済援助を停止し、技術者を引き揚げた。
＊問④「走資派」（「実権派」）　問⑤農業・工業・国防・科学技術

解説　4．フルシチョフのスターリン批判を契機におこった中国とソ連の対立は中ソ論争と呼ばれた。1963年には公開論争となり、中ソの対立は69年にはウスリー川の中州の珍宝島（ダマンスキー島）で、双方50人以上の死者を出す軍事衝突に発展した。　5．劉少奇は、大躍進や人民公社の欠点や誤りを素直に認め、重工業化のテンポを落とし、農業と軽工業生産の回復、農民の私有地を増やす経済の「調整」政策を進めた。　6・7・問④プロレタリア文化大革命とは、毛沢東が権力奪還のために発動し、中国全土を巻き込んだ政治・権力闘争および社会・文化闘争。毛沢東は劉少奇・鄧小平らを「走資派（資本主義の道を歩むもの）」「実権派」と呼んで批判し、彼らを失脚させた。また、毛沢東の思想を信奉する学生らが紅衛兵を組織し、彼らは毛沢東の支持のもと、「造反有理」（謀反には理由がある）をスローガンに、旧文化破壊の激しい街頭行動を展開した。1976年の毛沢東の死後、文化大革命を推進した「四人組」の逮捕・失脚をもって終息した。　11．テーマ53 **1** ▶問1の解説（→ p.89）参照。　12．テーマ53 **3** ▶問①いの解説（→ p.91）参照。
問①1958年毛沢東は「大躍進」構想を具体化し、「多く、早く、立派に、無駄なく社会主義を建設する総路線」

を打ち出した。しかし精神主義的な経済政策は、59年の大凶作やソ連人技術者の引き揚げなども加わって、国民経済を混乱させ、食料不足が全国に広がり、約2千万人もの餓死者を出して失敗した。　**問②**1950年より親政を始め、51年にチベットを中国領内へ併合する

17条協定に調印させられたが、59年にチベットの反乱が勃発してダライ＝ラマ14世がインドに亡命したことから、中国とインドの対立は決定的となり、62年10月に中印国境紛争がおこった。

4

解答　1．李承晩〈イ スンマン〉　2．朴正煕〈パクチョン ヒ〉　3．光州　4．国民〈党〉　5．スカルノ　6．スハルト　7．マルコス　8．中国〈系〉　9．リー＝クアンユー　10．カシミール〈地方〉　11．バングラデシュ　12．アジェンデ　13．ピノチェト
問①強権的支配のもとで、政治運動や社会運動を抑圧しながら工業化を進めていく体制。
問②「漢江〈ハンガン〉の奇跡」
問③親共産党系の青年将校がクーデタを計画したとの口実で、陸軍が共産党勢力を一掃した事件。
問④インドネシア・マレーシア・フィリピン・シンガポール・タイ

解説　2．朴正煕は1961年にクーデタで政権を握り、63年大統領に就任した。アメリカ・日本との関係を重視し、周囲の反対をおしきって日韓基本条約を締結した。79年、側近によって射殺された。娘の朴槿恵〈パク クネ〉が2013年に韓国初の女性大統領となった。テーマ59**1**12の解説（→ p.106）参照。　5．スカルノは、第二次世界大戦後は独立を認めないオランダと戦い、1949年に独立を勝ち取った。その後は、対外的には55年にアジア＝アフリカ会議を主催するなど非同盟諸国のリーダーとして活躍し、国内では軍と共産主義のバランスのうえに「指導された民主主義」をおこなった。6．スハルトは、陸軍出身の政治家で、九・三〇事件を機にスカルノを失脚させ、大統領に就任した。その後、1998年までの長期政権で開発独裁をおこなった。　7．マルコスは、1965年から86年まで大統領として親米路線をとり開発独裁をおこなった。長期政権のもとで政治的腐敗が進み、ハワイに亡命したのち、在任中の不正について起訴されたが、判決を待たずに病死した。9．リー＝クアンユーは、1959年の自治政府成立とともに首相となり、シンガポールを自由貿易港・工業都市国家として成長させ、観光開発にも力を入れた。10・11．インド北西部のカシミール藩王国は、住民の多くがイスラーム教徒、藩王がヒンドゥー教徒であったため、その帰属をめぐり、インド＝パキスタン（印

パ）戦争が勃発した。　12・13．チリでは左翼連合政権が世界史上初の合法的な自由選挙で圧勝して社会主義政権を樹立（1970）、アジェンデが大統領となり、「社会主義の実験場」として注目された。しかし、「共産主義国家は暴力によってしか誕生しない」と主張する、ときの米ニクソン政権は公然と敵視し、反共策謀を実行するアメリカの諜報機関CIA（アメリカ中央情報局）を介入させてチリ社会を混乱におとしいれた。1973年9月11日、反アジェンデ派のピノチェト将軍率いる勢力が大統領官邸を襲撃すると、アジェンデは最後のラジオ演説をおこなったのち、自殺した。なおラテンアメリカ世界では「9.11」といえば通常、アメリカの同時多発テロ（2001）ではなく、この事件を指すという。ピノチェトは政権を握ると自由主義政策をとって経済を立て直した一方で、左翼や反対派に対する徹底的な暴力と弾圧を強いたが、88年の国民投票で敗れて失脚した。
問①　思考・判断　開発独裁はそれぞれの国にどのようなよい影響を与えたか。一方で、どのような課題が残ったかについても考えてみよう。　**問④**その後ASEANには、ブルネイ（1984）、ベトナム（95）、ラオス（97）、ミャンマー（97）、カンボジア（99）が加盟して「ASEAN10」として現在に至る。

第19章　冷戦の終結と今日の世界

57　産業構造の変容　　　　　　　　　　　本文 p.177 ～ 179

1

解答　1．社会民主主義　2．自由民主〈党〉　3．国連人間環境会議　4．変動相場〈制〉
　5．先進国首脳会議（サミット）

解説 1. 古くはイギリス労働党やドイツ社会民主党などが主張し、冷戦期に北欧・西欧に登場した穏健な社会主義思想。正統マルクス主義の中心思想である暴力革命とプロレタリア独裁を否認し、資本主義の存続を前提に、議会制民主主義のもとで社会保障の充実と資本主義がもたらす格差と貧困の是正をはかり民主主義の充実をめざす政治理念。テーマ45 2 ≫9・10の解説（→p.73）参照。　3.「かけがえのない地球 Only One Earth」を合い言葉に世界の環境問題がはじめて国際的に議論され、「人間環境宣言」が採択された。この決議にもとづき1973年、国連は国連環境計画（UNEP）を設立した。　5. 第1次石油危機と引き続く不況に対する解決策を模索し、先進国同士の国際協調をはかるため、1975年フランス（ジスカールデスタン大統領）のランブイエで開催されたのが第1回サミットである。参加国はフランス・アメリカ合衆国・イギリス・西ドイツ・イタリア・日本の6カ国（翌年カナダが参加）。サミットはG7（Group of Seven）とも呼ばれる。当時は「先進国首脳会議」と呼ばれていたが、のち97年にロシアが参加すると「主要国首脳会議」と改められた。しかしロシアが2014年にウクライナの内乱に乗じて軍事介入し、クリミア半島を占領したため、以後ロシアの参加資格は停止されて現在に至っている。本来は石油危機とそれに続く不況など、国際的な経済的問題を協議する場であった。

問①『沈黙の春』が出版（1962）されると50万部ものベストセラーとなった。ＤＤＴなどの農薬の使用で野生生物が死滅し、春が訪れたにもかかわらず、鳥のさえずりも聞こえない不気味に静まりかえった朝を迎えるという衝撃的な内容である。　問③当時アメリカではスタグフレーション（不況下の物価高騰）と輸入超過によるドルの流出が大きな問題となっていた。それまでは金・ドル本位の固定相場制で金とドルの兌換を認めるものであったが、米ドルが海外に流出することでドルと兌換できるアメリカの金が海外に流出する事態がおこっていたため、ドルと金の兌換を停止した。このことは世界経済に深刻な影響を与えて、国際経済の仕組みであるブレトン＝ウッズ体制が終わりを迎えた大変革であった。ニクソンについてはテーマ56 1 ≫6の解説（→p.98）参照。　問④い1960年、国際石油資本が原油価格の引き下げをおこなったことに反発した産油国が産油国側の利益を守るために結成した。2022年現在、南米やアフリカの産油国も含めて13カ国で構成。う第3次中東戦争の際にアラブ産油国がイスラエルを支援する欧米各国への石油禁輸をはかったが、イランやベネズエラなどの非アラブ産油国が石油増産をおこなったため、アラブ産油国の団結をはかるために結成され、第4次中東戦争では石油戦略という統一行動を実施できた。石油輸出国機構に比べ政治的な色合いが強い。

2▷

解答 1. 男女雇用機会均等〈法〉　2. 開発〈独裁〉　3. ピノチェト　4. 新興工業経済地域（NIES）
5. 貿易摩擦　6. プラザ〈合意〉
問①外貨による機材の輸入に依存した結果、産業のハイテク化や省エネ化はおこなわれず、旧式の設備が維持され、環境汚染も拡大した。　問②ア　問③フォークランド戦争　問④南南問題
問⑤貿易赤字と財政赤字

解説 1. 国連で採択された女性差別撤廃条約（1979）の批准の必要から、国内法の整備をせまられた政府が制定した。この法で女性の雇用機会を拡大させた。これにともなって労働基準法が改正され、残業の上限や深夜労働禁止の撤廃など、女性労働についての保護規定が撤廃され、育児介護休業法も施行（1995）された。このことにより募集・採用・昇進・配置転換などに関して男女を差別することが違法となった。なおそれま

で女性に対して用いられていた「婦人警察官」「看護婦」「スチュワーデス」「保母」などの表記は、それぞれ「女性警察官」「看護師」「客室乗務員・キャビン＝アテンダント」「保育士」などと改められた。　2. テーマ56 4 問①の解説（→p.100）参照。　3. テーマ56 4 ≫12・13の解説（→p.100）参照。　4. とくに韓国・台湾・香港・シンガポールのアジアNIESは「四匹の竜」と呼ばれた。　5. 日本ではとくにアメリカ合衆国との貿易

摩擦が注目される。戦後は日本の繊維業界の輸出攻勢がみられ、1965年には貿易収支は逆転し、日本の輸出超過に対するアメリカの警戒感が顕著となった。また80年代には、安価で高性能な日本車の輸出にさらされたアメリカの「ビッグ3」（GM・フォード・クライスラー社）は、軒並み経営不振となり、レイオフ（一時解雇）などがあいついだ。いわゆる「ジャパン＝バッシング（Japan bushing＝日本たたき）」が盛んに喧伝された時期であった。逆にアメリカは牛肉やオレンジ・米など農産物の自由化を求めたために、日本政府は農業政策の転換をせまられた。86年からおこなわれたウルグアイ＝ラウンドでは、農産物についても高関税による全面的な禁輸措置は禁止され、いわゆる「ミニマム＝アクセス（最低輸入量）」の導入が決定された。　6．この合意はとくに、日本がアメリカに妥協して「円高ドル安」を進めたものであり、日本のバブル崩壊後の長期経済低迷の出発点となったという説もある。

問③アルゼンチン沖のフォークランド（マルビナス）諸島の領有権をめぐる争いから、1982年にイギリスとアルゼンチンのあいだにおこった軍事衝突。アルゼンチン軍の侵攻に対して英サッチャー政権は機動部隊を派遣して奪回した。この戦勝によってサッチャー政権は人気を回復する一方で、アルゼンチンの軍事政権は崩壊した。　問④テーマ55 **2** ▶2・3の解説（→ p.98）を参照。

3 ▶

解答 1．ナセル　2．アラファト　3．石油戦略　4．サダト　5．ホメイニ　6．第2次石油危機　7．サダム＝フセイン　8．イラン＝イラク〈戦争〉
問①「アラブの大義」　問②ⓐゴラン高原　ⓑヨルダン川西岸地区　ⓒガザ地区　ⓓシナイ半島
問③ⓓ　問④ウ

解説 中東戦争については、第1次中東戦争（パレスチナ戦争）はテーマ53 **4** ▶問⑥の解説（→ p.92）参照。第2次中東戦争（スエズ戦争）はテーマ55 **1** ▶問題文（→ p.171）参照。　1．テーマ55 **1** ▶8の解説（→ p.97）参照。　2．パレスチナ解放機構は1964年、アラブ連盟の支援のもとにイェルサレムに組織されるが、積極的活動が始まったのは69年にファタハ（パレスチナ民族解放運動）を組織したアラファトが議長に就任してからである。その後のパレスチナ解放運動では対イスラエル・ゲリラ戦を展開し、74年のアラブ首脳会議でパレスチナ人の唯一の代表と認められた。　3．**1** ▶問④ⓒの解説（→ p.101）参照。　7．テーマ58 **4** ▶5の解説（→ p.105）参照。
問②ⓐゴラン高原はシリア南西部にある高原地域。シリアの軍事要塞でもあったが、1967年にイスラエルが占領した。いわゆる神がユダヤ人に与えた「約束の地」には該当しないが、イスラエル北部の水源としても重要地点でありイスラエルは占拠を続けている。一方で、国連加盟国のほとんどはイスラエルへの帰属を認めていない。　ⓑヨルダン川西岸は1948年の第1次中東戦争の後半にヨルダンによって占領され、2年後には東イェルサレムとともに併合された。同地区は、第3次中東戦争でイスラエル軍に占領された。現在、イスラエル軍とパレスチナ自治政府によって統治され、ガザ地区とともにパレスチナ自治区を形成している。　ⓒガザ地区はパレスチナ南西部地中海岸の地域。1948年エジプト軍政下に入るが、67年にイスエルに占領される。現在はヨルダン川西岸地区と同様にパレスチナ自治区を形成している。2023年、イスラエルが北部に軍事進攻を開始した。　ⓓシナイ半島は紅海北端のスエズ湾とアカバ湾に挟まれた半島。アジアとアフリカ、地中海と紅海を結ぶ位置にあるため、帰属をめぐる係争の的となり、1967年にイスラエルが占領していたが、79年のエジプト＝イスラエル平和条約によりエジプトに返還された。　問③条約締結によりエジプトはアラブ諸国ではじめてイスラエル国家を承認した。エジプトの路線転換はアラブ諸国の反発を買い、サダト大統領は暗殺されたが、その後ヨルダンも国交正常化に踏みきっている（1994）。21世紀に入ってからはイスラエル同様にイランを敵視するペルシア湾岸諸国がイスラエルとの国交正常化交渉を進めており、「アラブの大義」は形骸化しつつある。　問④ a. 皇帝を指す「白」をつけた「上からの近代化」という意味で「白色革命White Revolution」と呼ぶ。皇帝が強権を発して、米ケネディ政権からの近代化要求の圧力を受けて西欧化・近代化を進めたが、封建的な性格が強く残存する社会の反発と、bにあげられている状況から、改革は失敗に終わった。

1

解答

1．原油　2．ハイレ＝セラシエ　3・4．モザンビーク、アンゴラ(順不同)　5．キューバ　6．南アフリカ〈共和国〉　7．ローデシア　8．カーター　9．イラン＝イスラーム〈共和国〉　10．レーガン　11．グレナダ

＊問①大ジンバブエの遺跡　問②＊あエ　＊いキャンプ＝デーヴィッド合意
問③あブレジネフ　＊いモスクワオリンピック　＊うロサンゼルスオリンピック
問④戦略防衛構想(SDI)　問⑤「新冷戦」(「第2次冷戦」)

解説　1．テーマ57 **1** 問④いう の解説(→ p.101)参照。　2．ハイレ＝セラシエは、エチオピア帝国最後の皇帝(在位1930〜74)。彼はジャマイカの汎アフリカ主義運動家のマーカス＝ガーヴィーの予言によって、ジャマイカを中心とする黒人社会ではアフリカ大陸を統一し、離散した黒人のアフリカ帰還を告げる救世主としてあがめられるようになった。ハイレ＝セラシエの前名のラス＝タファリ＝マコンネンから、崇拝者たちのことをラスタファリアンと呼び、これをラスタファリ運動という。　3・4．テーマ56 **2** 問⑥の解説(→ p.99)参照。　7．ローデシアは、ケープ植民地相のローズが、占領地にみずからの名を冠したことに由来。1965年にイギリスからの独立宣言をおこなっていたが、少数者である白人の政権が、黒人を隔離するアパルトヘイト政策をとっていたため、ジンバブエが成立するまで国際社会から独立を承認されずにいた。ローズについては、テーマ46 **1** 6の解説(→ p.75)参照。アパルトヘイトについては、テーマ55 **1** 17の解説(→ p.97)参照。　問②テーマ57 **3** 問③の解説

(→ p.102)参照。　問③アメリカ合衆国とパキスタンは、アフガニスタン政府とソ連軍に抵抗するイスラーム武装勢力(ムジャーヒディーン)を支援した。これがのちにアメリカの管理下を離脱して独自行動をとる、アラビア語で「学生・神学生」を意味する「ターリブ」のパシュトー語における複数形のターリバーンやそれと連帯する急進過激派アル＝カーイダの台頭につながる。い1980年。　う1984年、アメリカ合衆国によるグレナダ侵攻への抗議を表向きにボイコットした。1988年のソウルオリンピックでようやく両陣営の参加がかなった。　問④⑤レーガン大統領は、ソ連のミサイルがアメリカ本土に到達する前に宇宙空間で迎撃する、戦略防衛構想(SDI：Strategic Defense Initiative)を掲げた。この計画はソ連を硬化させ、「新冷戦」(「第2次冷戦」)をもたらした。この構想は、当時大ヒットしたルーカス監督のSF映画作品名からスター＝ウォーズ計画と呼ばれた。しかし、現実の科学技術を無視した荒唐無稽と思われるこの構想は反発を受け、冷戦の終結と相前後して中止された。

2

解答

1．ブレジネフ　2．ゴルバチョフ　3．チョルノービリ(チェルノブイリ)〈原子力発電所〉　4．グラスノスチ(情報公開)　5．複数候補〈制〉　6．大統領　7．新思考〈外交〉　8．レーガン　9．中距離核戦力(INF)全廃〈条約〉　10．アフガニスタン　11．ワレサ　12．連帯　13．ホネカー　14．ベルリンの壁　15．チャウシェスク

＊問①ア
問②あ「ペレストロイカ(建て直し)」　い社会主義経済の停滞を打破するための市場経済導入を柱とした経済改革　問③＊あ新ベオグラード宣言　＊いブレジネフ＝ドクトリン(制限主権論)
問④あ東欧革命　＊い「ビロード革命」

解説　2．ゴルバチョフは、1986年からペレストロイカ(建て直し)を推し進め、ソ連の民主化をめざした。市民と対話するというスタイルも、ソ連指導者としては斬新であった。　7．新思考外交は、冷戦体制にもとづいた外交政策を緊張緩和に転換することを意味する。　8．レーガンは、アメリカ合衆国第40代大統領

(共和党)。ハリウッド俳優から政治家に転身した。映画俳優組合(SAG)の委員長時代、「ハリウッドの赤狩り」(＝マッカーシズム)に協力した。ソ連を「悪の帝国」と呼ぶなど保守・反共主義者として知られた。マッカーシズムについてはテーマ54 **1** 問⑤の解説(→ p.95)参照。　11・12．ワレサは、電気工からグダ

ニスク造船所の自主管理労組「連帯」の指導者となる。1980年ストライキを指導し、ここからポーランド民主化運動が本格化し、89年に民主化を達成した。83年にノーベル平和賞受賞。90年に大統領に就任した。　**14.** テーマ54 **3** ▶7の解説(→ p.96)参照。

問① ブレジネフ書記長死後の権力闘争に勝利し、書記長に就任したのが、国家保安委員会(KGB)議長を長年つとめたアンドロポフであった。彼は、ブレジネフ時代(停滞の時代)の腐敗一掃・労働規律の強化など改革に乗り出したが、就任半年後に病に倒れ十分な成果をおさめられなかった。しかし、アンドロポフの構想の一部は、同郷の後輩でみずからが引き立てたゴルバチョフに引き継がれた。チェルネンコは保守派の支持で書記長就任後、ブレジネフ時代後期の政策への回帰を表明したが、同時にアンドロポフが後継指名していたゴルバチョフを第二書記に任命するなど、改革派への配慮もみせた。彼が約1年後に死去すると、ゴルバ

チョフが書記長に就任した。グロムイコは、冷戦時代の外務大臣を28年にわたってつとめた。外務大臣就任前、国際連合安全保障理事会のソ連常任代表をつとめた際に何度も拒否権を行使したため、「ミスター=ニェット(ニェットнетは、ロシア語の拒否を意味する)」と呼ばれた。　**問②あい** ペレストロイカ(建て直し)は、「上からの改革」として始まったが、すぐに複数候補者選挙制などの政治改革にまで広がり、さらにグラスノスチ(情報公開)や歴史の見直しなど全面的な改革を開始した。　**問④あ** 東欧革命(1989年革命、東欧民主化革命)は、ソ連の衛星国であった東ヨーロッパ(とくにワルシャワ条約機構)諸国で共産主義体制が連続的に打倒され、民主化が達成された革命。　**い** ビロード革命は、ルーマニア革命と比較して大きな流血事態がおこらなかったことから、軽く柔らかなビロード(ベルベット)の生地にたとえて呼ばれる。スロヴァキアでは、「静かな革命」と呼ぶ。

3 ▶

解答　1. 鄧小平　2. 人民公社　3. 請負〈制〉　4. 開放〈経済〉　5. 趙紫陽　6. 江沢民　7. モンゴル　8. 権威〈主義〉　9. 大統領　10. 盧泰愚(ノ テ ウ)　11. 北朝鮮　12. 戒厳〈令〉　13. 李登輝　14. 南アフリカ〈共和国〉　15. アパルトヘイト〈政策〉　16. アフリカ民族会議(ANC)　17. デクラーク　18. マンデラ
問① 社会主義市場経済化　**問②** 天安門事件

解説　1. 鄧小平は、客家(ハッカ)出身でたびたび失脚するも、その都度復権して「不倒翁」と呼ばれた。1978年、最高実力者となり、97年に死去するまで改革・開放路線を進め、この路線は後継者らによって継続された。　**5.** 趙紫陽は、鄧小平の改革開放路線を胡耀邦総書記とともに実務面で支えた。胡耀邦が民主化に理解を示したとして失脚後、総書記に就任した。しかし胡耀邦の死去を契機に民主化を求める天安門事件がおきると、民主化に理解を示したとして総書記を解任され、失脚した。　**6.** 江沢民は、趙紫陽総書記が天安門事件で失脚すると鄧小平の後継者として改革開放路線を継承し、香港・マカオの返還を実現させた。一方で、天安門事件鎮圧など、反民主化政策も推進した。　**13.** 李登輝は、台湾(中華民国)の政治家。蔣経国総統の死去にともない、副総統から昇格して、台湾生まれ(本省人)としてはじめて総統となった。また、初の民選総統として民主化・近代化を推進し、台湾独立を主張した。　**14.** 南アフリカは、自治領からイギリス連邦(コモンウェルス)を構成する南アフリカ連邦となったが、1961年に連邦から脱退して、南アフリカ共和国となった。**15・17・18.** マンデラは、デクラーク大統領とアパル

トヘイト撤廃に尽力し、1993年にデクラークとともにノーベル平和賞を受賞。翌94年、南アフリカ初の全人種が参加した普通選挙を経て大統領に就任し、白人のデクラークを副大統領として民族和解・協調政策を進め、経済政策として復興開発計画(RDP)を実施した。テーマ55 **1** ▶17の解説(→ p.97)参照。

問① 社会主義市場経済化は、政治上は共産党一党独裁下で社会主義体制を維持するが、市場経済(資本主義経済)を国内経済のみならず対外経済でも導入するものであった。具体的には農産物価格の自由化などの国内経済の自由化を推進し、外国資本・技術の導入を認めた。政策の拠点として「経済特区」を設けた。　**問②** 天安門事件は、第2次天安門事件(第1次は1976年におこった事件で、鄧小平が失脚)、六・四天安門事件(6月4日におこる)、中国版「血の日曜日事件」ともいう。中国共産党による徹底的な報道管制のため事件の検証は現在までおこなわれず、犠牲者の数は不明のままであるが、多数の民衆が殺害されたとの報告もある。民主化運動家は「反体制派」とされ逮捕されたため国外へ亡命したりした。また事件後に教育を受けた世代はこの事件の存在そのものを知らないという。

解答 1．ブッシュ　2．統一ドイツ　3．第1次戦略兵器削減〈条約〉　4．コメコン　5．サダム＝フセイン
6．クウェート　7．多国籍〈軍〉　8．湾岸〈戦争〉　9．共産〈党〉　10．バルト　11．エリツィン
12．市場〈経済〉　13．ウクライナ　14．独立国家共同体(CIS)
問①マルタ会談　問②不平等、経済格差

解説　1．ブッシュは、第41代大統領(共和党)。レー
ガン大統領の副大統領を経て大統領をつとめた。　3．
第1次戦略兵器削減条約(START Ⅰ)は、大陸間弾
道ミサイル(ICBM)など戦略核兵器の削減を規定した
もので、2001年に履行が完了した。　5．サダム＝フ
セインは、イラクの軍人、バース党の政治家、独裁者。
スンナ派のムスリム。ペルシア湾岸での盟主の地位を
めざし、イラン＝イラク戦争(1980〜88)をおこした。
戦後財政危機におちいったため、その打開のためクウ
ェートに侵攻・占領した。これに対して、アメリカ合
衆国はサウジアラビアなど親米湾岸諸国防衛のため安
保理決議を採択し、91年、アメリカ軍を中心とする多
国籍軍を結成して湾岸戦争が勃発した。　10．バルト
3国は、バルト海の東岸に位置し、南北に並ぶ3つの
国を指す。北から順に、エストニア(フィン人と同系
統)、ラトヴィア(バルト系民族)、リトアニア(バルト
系民族)。　11．エリツィンは、1985年ゴルバチョフの
推挙で党中央委員に抜擢されたが、ペレストロイカの
遅れを激しく非難して一時失脚した。89年連邦人民代
議員に当選し、翌年ロシア連邦共和国最高会議議長に
選ばれ、91年ロシア連邦共和国大統領に選出された。
同年8月のクーデタでは徹底抗戦を呼びかけ、クーデ
タを失敗に終わらせた。その後、ゴルバチョフにかわ

ってエリツィンの影響力が強まり、12月にはロシア・
ウクライナ・ベラルーシのソ連離脱と独立国家共同体
(CIS)の樹立を宣言した。　14．独立国家共同体(CIS)
には、ソ連を構成した15の共和国のうち、バルト3国
を除く12カ国が参加した(ジョージア〈グルジア〉は
1993年に参加したが、2009年には脱退した。またウク
ライナもロシアのクリミア侵略〈2014〉を受けて事実
上脱退状態である)。
問①マルタ会談は、マルタ島沖のソ連のクルーズ客船
マクシム＝ゴーリキー内でおこなわれた。米ソ両首脳
によってヤルタ会談に始まった米ソ冷戦の終結を宣言
した。これを標語的に「ヤルタからマルタへ(From
Yalta to Malta)」という。　問②シカゴ学派(経済学)
に代表される新自由主義的な経済政策は、均衡財政を
重視し、福祉・公共サービスなどセーフティネットの
縮小、労働者保護廃止、公共事業の民営化、グローバ
ル化を推進した。つまり規制緩和を進め市場原理によ
る競争促進、自己責任を重視した。具体的に政策とし
て実行したのは、アメリカのレーガン大統領のレーガ
ノミクスやイギリスのサッチャー首相のサッチャリズ
ム、日本の小泉純一郎政権の聖域なき構造改革が代表
的。

1 ▶

解答　1．チェチェン　2．ティトー　3．スロヴェニア　4．ボスニア＝ヘルツェゴヴィナ　5．コソヴォ〈地
方〉　6．香港　7．マカオ　8・9．チベット〈自治区〉、新疆ウイグル〈自治区〉(順不同)　10．金泳三(キムヨンサム)　11．金
大中(キムデジュン)　12．朴槿恵(パククネ)　13．文在寅(ムンジェイン)　14．六カ国〈協議〉　15．金正日(キムジョンイル)　16．金正恩(キムジョンウン)　17．民進〈党〉　18．陳水扁
19．蔡英文
問①1993年にチェコとスロヴァキアへ平和的に分離した。　問②ミロシェヴィッチ　問③一国二制度
問④太陽政策

解説　1．チェチェン紛争は、北コーカサスのイスラ
ーム系チェチェン共和国の、ロシア連邦からの独立を
めぐる紛争。分離独立を認めないロシア政府のエリツ
ィンが軍事介入した第1次チェチェン紛争(1994〜96)、
プーチン大統領による軍事的鎮圧がおこなわれた第2

次チェチェン紛争(1999〜2009)が生じた。　2〜4．
ティトーについてはテーマ53 2 ▶10の解説(→ p.90)
参照。強力な指導者ティトーの死去と冷戦終結を背景
に、ユーゴスラヴィアは内戦に突入した。1991年にク
ロアティア・スロヴェニア・マケドニアが、92年にボ

スニア＝ヘルツェゴヴィナが独立を宣言し、連邦維持を望む新ユーゴスラヴィア連邦とのあいだに紛争が生じたが、95年にアメリカ合衆国の仲介で停戦に合意した。　5．セルビア南部のコソヴォ自治州で、住民の9割近くを占めるアルバニア系住民の分離独立要求を、セルビア勢力が激しく弾圧した。コソヴォは2008年に独立を宣言し、日本を含む多くの国から承認を受けたが、その国際的地位は未確定である。　12・13．朴正熙大統領の娘の朴槿恵は、一連の不祥事によって、1987年の民主化以降、弾劾を受けて罷免された最初の大統領となった。後任には、盧泰愚大統領の側近であった文在寅大統領が就任した。　14．2003年に北朝鮮の核開発問題への対応を協議するために開始された協議。参加国は合衆国・中国・北朝鮮・日本・韓国・ロシア。　18．民進党から総裁に当選し、2002年にWTO

への加盟を実現したが、独立志向政策で中国との対立を深めた。　問①1993年、中央政府におけるチェコの権限が強いことに反発したスロヴァキアが分離独立した。武力紛争をともなわず「ビロード離婚」と呼ばれた。　問②1999年3月NATO軍は国連の決議がないまま空爆をおこない、セルビア大統領(在任1990〜97)・新ユーゴスラヴィア大統領(在任1997〜2000)ミロシェヴィッチは、2001年アルバニア系住民を虐殺したとして国際戦犯裁判にかけられたが、獄中で死亡した。　問③社会主義国である中国への返還後も、香港・マカオでは特別行政区として資本主義体制を併存させる一国二制度体制がとられた。　問④金大中大統領時代におこなわれた北朝鮮への対話を呼びかける政策。この政策により、初の南北首脳会談が実現した。

2

解答　1．ドイモイ　2．シハヌーク　3．アウン＝サン＝スー＝チー　4．ロヒンギャ　5．東ティモール
6．インド人民〈党〉　7．ソマリア〈内戦〉　8．ルワンダ〈内戦〉　9．ダルフール〈紛争〉　10．ナイジェリア
11．アラファト　12．ラビン　13．アフガニスタン　14．ターリバーン　15．クルド〈人〉　16．トルコ〈政府〉
17．北アイルランド〈紛争〉　18．アチェ〈州〉　19．シンハラ〈系〉　20．タミル〈系〉
問①エチオピア・アンゴラ・モザンビークなど　問②インティファーダ
問③パレスチナ暫定自治協定(オスロ合意)

解説　1．1986年、ソ連のペレストロイカの影響を受けて採用された、改革政策市場経済を取り込み、外資を受け入れる開放経済政策。ペレストロイカについてはテーマ58**2**問②の解説(→p.104)参照。　3．ビルマ独立の父アウン＝サン将軍の娘。1988年、軍事政権に対する民主化運動のリーダーとなった。89年以来、軍事政権による自宅軟禁と解除が繰り返されている。アウン＝サンについてはテーマ50**3**15の解説(→p.84)参照。　4．ロヒンギャは、バングラデシュと国境を接するミャンマー西部山岳地帯に居住するイスラーム系少数民族。政府の抑圧により、隣国バングラデシュなどへ難民として移住するなどの問題となっている。5．旧ポルトガル植民地である東ティモールは、1976年にインドネシアにより併合されたのち、独立を支援する勢力と反対勢力とが長期にわたり対立していたが、2002年に独立し、国連にも加盟した。　7．ソマリアは、エチオピアとの戦争が終結した1988年から内戦状態となり、2012年にソマリア連邦共和国政府が樹立されるも、政治的に不安定な状態は続いている。8．ルワンダは1962年にベルギーから独立しフツ族が政権を握っていたが、ベルギー統治下においては少数派のツチ族

が優遇され、多数派のフツ族を抑圧していたため部族問題が内在していた。90年から内戦が始まり、94年にはフツ族によるツチ族に対する大規模な虐殺がおこなわれた。内戦後はツチ族による政権が続いている。
9．スーダン南部のダルフール地方で、スーダン政府軍による非アラブ系住民に対する大規模な虐殺がおこなわれた。　12．テーマ57**3**問③の解説(→p.102)参照。　14．テーマ58**1**問③の解説(→p.103)参照。　15．クルド人の独立問題は、第一次世界大戦後にオスマン帝国が解体された際、クルド人居住区が各国に分断されたことに起因している。クルド人の独立や自治拡大を求める活動を、イラクやトルコは武力で激しく鎮圧している。　19・20．多数派のシンハラ人に対して、タミル人が反発した両者の対立は内戦に発展し、1983年に激化したのち紛争は長期化した。87年に内戦に介入したインドのラジブ＝ガンディー首相は、1991年タミル人によって暗殺された。2009年内戦の終結が宣言されたが、両者の対立は今日でも続いている。
問①アンゴラとモザンビークについてはテーマ56**2**問⑥の解説(→p.99)参照。　問②インティファーダは、強大な力をもつイスラエルの正規軍に対して、パレス

チナ人民衆がデモや投石で対抗する蜂起のこと。ガザ地区やヨルダン川西岸地区に広がった。　問③1993年、イスラエルとPLOが相互承認しパレスチナ暫定自治

協定(オスロ合意)が調印された。翌年自治が開始されたが、ラビン首相暗殺後は、イェルサレムの帰属や難民の帰還をめぐって対立が続いている。

3

解答　1．世界貿易機関(WTO)　2．単一欧州議定書　3．マーストリヒト〈条約〉　4．メキシコ　5．北米自由貿易協定(NAFTA)　6．アジア太平洋経済協力(APEC)会議　7．アフリカ連合(AU)　8．アジア通貨危機　9．同時多発テロ事件　10．ブッシュ(子)　11．アル゠カーイダ　12．ターリバーン　13．サダム゠フセイン　14．チュニジア
問①ⓐⓑ　ⓘⓕ　問②ロシア　問③「アラブの春」　問④「IS(イスラム国)」

解説　1．テーマ53 **1** 問③④の解説(→p.90)参照。
5．NAFTA3カ国は、アメリカ合衆国がトランプ政権下の2020年に、より保護主義色の強いアメリカ゠メキシコ゠カナダ協定(USMCA)を発効し、NAFTAの自由貿易主義を大きく後退させることとなった。
6．アジア太平洋地域では、アジアから南北アメリカ大陸にまたがる自由貿易圏創設をめざす環太平洋パートナーシップ(TPP)協定が、2016年に12カ国で調印されたが、17年にアメリカ合衆国が離脱して発効しなかった。その後、11カ国が交渉を進め、18年新たにCPTPPを発効した。7．2002年アフリカ統一機構が発展・改組した地域機構。モロッコを除くアフリカの独立国と西サハラの54の国と地域で構成される。　8．1997年、タイの通貨バーツの暴落をきっかけに、東南アジア諸国・韓国に広がった通貨危機。IMFによる各国への資金援助がおこなわれるとともに、各国への経済改革が要求された。混乱を背景にインドネシアやタイなどでは政権交代がおこなわれた。　11．ビン゠ラーディンを指導者とする武装組織。1980年代、ソ連とのアフガン戦争に参戦した義勇兵を主体に構成され、91年の湾岸戦争後はアメリカ軍の湾岸地域駐留に反発を強め、2001年同時多発テロを引きおこした。テーマ58 **1** 問③の解説(→p.103)参照。　13．テーマ58 **4** 5の解説(→p.105)参照。

問①　EC・EUへの加盟は、　ⓐ1967年フランス・西ドイツ・イタリア・ベルギー・オランダ・ルクセンブルクのEC原加盟国6カ国。　ⓑ1973年イギリス・デンマーク(両国ともEFTAより離脱)・アイルランド。ⓒ1981年ギリシア。ⓓ1986年スペイン・ポルトガル。ⓔ1995年オーストリア・スウェーデン・フィンランド。ⓕ2004年エストニア・ラトヴィア・リトアニア・ポーランド・チェコ・スロヴァキア・ハンガリー・スロヴェニア・マルタ・キプロス。　ⓖ2007年ブルガリア・ルーマニア。　ⓗ2013年クロアチア。である。2020年に加盟国よりはじめてイギリスが離脱した。　問②G7は、1997年からロシアが加わりG8となったが、2014年のクリミア侵攻を受けてロシアの参加資格は停止されている。G20は、G8とEUに、新興経済国11カ国(ブラジル・インド・中国・アルゼンチン・オーストラリア・韓国・トルコ・インドネシア・メキシコ・サウジアラビア・南アフリカ)を加えて発足した。G8についてはテーマ57 **1** 5の解説(→p.101)参照。問④「IS(イスラム国)」または「ISIL(イラク・レバントのイスラム国)」はシリアとイラクにまたがる地域で活動するイスラーム過激派組織。過激な聖戦(ジハード)の主張と暴力性によって世界に衝撃を与える一方、イスラームに対する誤解や偏見を増大させる一因ともなった。

4

解答　1．オバマ　2．トランプ　3．習近平　4．香港　5．プーチン　6．ウクライナ　7．ギリシア　8．ポピュリズム　9．平和維持活動(PKO)　10．非政府組織(NGO)
＊問①一帯一路構想　問②ブレグジット　問③中村哲

解説　4．香港では、2014年の雨傘運動、19年の逃亡案条例改定反対運動などの民主化運動が展開したが、20年の国家安全維持法の成立により、中国からの分離独立に展開する可能性のある運動をきびしく取り締ま

る方針が強化されている。　7．ギリシアは2009年の政権交代で、前政権による財政赤字の粉飾を公にしたことより国家財政危機におちいり、2011年には徹底した緊縮財政の実施を条件としてIMFによる支援を受

けた。　9．国連の平和維持活動(PKO)とは、国連加盟国から派遣された国連平和維持軍(PKF)などが紛争地域でおこなう停戦監視・兵力引き離し・選挙監視・人道支援などを指す。派遣軍の指揮権や中立性の確保などの問題も残されている。

問①中国が進める一帯一路構想とは、陸路の「シルクロード経済ベルト」(一帯)と海路の「21世紀海上シルクロード」(一路)を利用する、アジアとヨーロッパをつなぐ広域経済圏を形成しようという構想である。

問②イギリスは2016年の国民投票でEU離脱が決定された。決定後も国論を二分する論争がおこり交渉も難航したが、保守党のジョンソン首相の就任後の2020年に正式にEUを離脱した。　問③戦乱のアフガニスタンで医療活動にたずさわってきた中村哲は、用水路の建設により農業と暮らしの再生をはかり、多くの現地住民の生活と命を救っていた。

60　現代文明の諸相
本文 p.188～190

1

解答　1．アインシュタイン　2．原子爆弾　3．スリーマイル島〈原子力発電所〉　4．チョルノービリ(チェルノブイリ)〈原子力発電所〉　5．メルトダウン(炉心溶融)　6．ライト兄弟　7．スプートニク1号　8．アポロ11号　9．インターネット　10．情報技術(IT)〈革命〉　11．ペニシリン　12．DNA　13．iPS(人工多能性幹)〈細胞〉
問①あ「地球サミット」(環境と開発に関する国連会議)　い京都議定書　うイ
問②ナイロン、プラスチックなど　問③ICBM　＊問④ドリー

解説　1．アインシュタインは相対性理論の創始者として知られるユダヤ系ドイツ人の理論物理学者である。1921年にノーベル物理学賞を受賞した。ナチスが政権を握るとアメリカに帰化した。戦後は哲学者のラッセルとともに、核兵器廃絶の訴えを続け、アインシュタインの死後、55年にラッセル・アインシュタイン宣言として発表された。　7．テーマ54 3 9の解説(→p.97)参照。このスプートニク＝ショックに対してケネディは宇宙開発を進めることを大統領選で訴え、当選している。
問①あ「地球サミット」では、「持続可能な発展」という理念を取り入れた「リオ宣言」が採択されたほか、具体的な行動計画である「アジェンダ21」が策定された。
い発行は2005年。　う b.「すべての締約国に目標の提出が義務づけられている」の誤り。先進国のみに達成が義務づけられているのは京都議定書である。京都議定書には目標の達成が義務づけられているのに対し、パリ協定は目標の提出のみが定められている。　問③テーマ54 3 8の解説(→p.96)参照。　問④クローン羊のドリーは、スコットランドのロスリン研究所で生まれ育った世界初の哺乳類の体細胞クローンである。ドリーの成功ののち、ほかの哺乳類でも多くのクローンが作製されたが、いまだ人間のクローンは作製されておらず、『世界保健機構(WHO)による遺伝医療に関するガイドライン』では生命倫理上禁止されている。

2

解答　1．プラグマティズム　2．マルクス　3．精神分析〈学〉　4．立体派(キュビズム)　5．ダダイズム　6．シュルレアリスム　7．ジャズ　8．社会〈主義〉
＊問①ウ　＊問②「神は死んだ」　＊問③『プロテスタンティズムの倫理と資本主義の精神』　＊問④リビドー
問⑤A「アヴィニョンの娘たち」　B「記憶の固執」　Cウォーホル

解説　1．実用主義、道具主義、実際主義ともいう。理論や法則を、実際に利用法が認められた場合にのみ、真理とする考えのこと。1870年代のアメリカでパースにより提唱され、これをデューイが教育に応用した。作業や実践を多用した問題解決学習は、デューイの学習論をもとにつくりだされている。また、デューイは政治問題、社会問題に対しても積極的に行動し、サッコ・ヴァンゼッティ事件において両者の支援をおこなった。テーマ49 4 問⑦の解説(→p.82)参照。　5．ダダイズムは第一次世界大戦期におこった文化運動の1つで、既存の秩序・常識を否定している。マルセル＝デュシャンの作(とされている)、『泉』などが有名

108　第IV部

である。

問①ウ)は、2000年9月にニューヨークで開催された国連ミレニアム＝サミットで採択された国連ミレニアム開発目標(MDGs)である。　問③禁欲的なプロテスタントの思想を、なぜ商工業者が受け入れていったかなどを通し、資本主義の成立過程を精神的・社会的関係からとらえようとした。また、ヴェーバーはマルクス主義への批判者としても知られる。マルクス主義が、経済的土台が人間の思想を決定する立場にあるのに対し、ヴェーバーは人間の思想が経済体制をつくりあげたとする立場をとる。　4・問⑤Aピカソはキュビズムの創始者として知られる。キュビズムは色々な角度からみた光景を1枚の絵におさめる手法であり、ピカソの「アヴィニョンの娘たち」(1907)が始まりであるとされる。ピカソはほかにも多くの作品で知られるが、スペイン内戦(1936〜39)時、ヒトラーによるバスク地方のゲルニカという町に対する無差別爆撃への怒りから描いた「ゲルニカ」(1937)はとくに有名である。　6・問⑤Bシュルレアリスムとは、精神の無意識の部分を表現することで人間性の回復をめざす、フランスの作家ブルトンがおこした芸術運動。無意識を表現するため、その思想の根底にはフロイトの存在がある。代表者はスペインのダリ。『記憶の固執』のほかにも、「茹でた隠元豆のある柔らかい構造(内乱の予感)」(1936)などが知られる。ほかにも、同じくスペインのミロやフランスのタンギーなども有名である。問⑤Cウォーホルは同じ作品を大量に生産するとともに豊かな色彩でポップ＝アートを生み出した。「キャンベルのスープ缶」(1962)のほかにも、ドル紙幣やマリリン＝モンローなど、当時のアメリカにあふれていたシンボルをもとに作品を制作し、大量消費社会を通して現代社会を表現した。

3

解答　1.オイル＝ショック(石油危機)　2.ポスト＝モダニズム　3.ポスト＝コロニアリズム　4.文化多元〈主義〉　5.ポップ＝カルチャー　6.パンクハースト　7.第2インターナショナル　8.フェミニズム　9.女性差別撤廃〈条約〉　10.男女雇用機会均等〈法〉　11.ジェンダー
問①サフラジェット　＊問②ニュージーランド
問③＊あ(シモーヌ＝ド＝)ボーヴォワール　＊い「人は女に生まれるのではない、女になるのだ」
問④あLGBT　＊いレインボーフラッグ

解説　1.テーマ57　1　問④いうの解説(→ p.101)参照。　3.第二次世界大戦後、多くの植民地が独立したことにともない、植民地主義や帝国主義に関わる文化を批評する考えのこと。代表者は『オリエンタリズム』の著書で知られるエドワード＝サイード。　6・問①パンクハーストは、「女性は立法府への参画を拒否されていたのだから、立法府の決めた法を守る必要はない」という理屈で、男性の財産を奪っても許されるとし、器物破損、投石などの過激な行動をおこなった。彼女のように過激な女性活動家は、みずからをサフラジェットと呼んだ。これは、投票権を意味するsuffrageからきている。また、過激な手段を用いずに女性参政権を求める活動家たちはサフラジストと呼ばれる。
問②その他の主要国での女性参政権はテーマ48　2　問④の解説(→ p.79)参照。　問③ボーヴォワールはフランスの哲学者、作家、フェミニスト活動家である。『第二の性』など著書は多数あり、実存主義の哲学者サルトルとのパートナー関係でも知られる。　問④あ自分の性的趣向がわからない「クエスチョニング」を含めてLGBTQと称されることもある。

(本文 p.191〜193)

解答

1 問1．ウ　問2．ウ　問3．イ　問4．ア　問5．イ、ウ、エ　問6．カ
　　問7．史料2→史料3→史料1　問8．イ　問9．ア

2 問1．イ　問2．ウ　問3．エ　問4．カ　問5．ウ

ヒント

1 問2．**ウ**)イギリス・アイルランド・デンマークの加盟(1973)でEC加盟国が9カ国に拡大したことを指す。　問3．**ウ**)コール→アデナウアー、**エ**)アデナウアー→ブラント　問4．**イ**)ゴ＝ディン＝ジエム→バオ＝ダイ、**ウ**)モロッコ→アルジェリア、**エ**)はイギリス　問5．スターリンは1953年に死去した。**ア**)は1950年、**イ**)は1955年、**ウ**)は1963年、**エ**)は1979年。

2 地図1．ⓐエチオピア　ⓑモロッコ　ⓒナイジェリア　ⓓギニア　ⓔマダガスカル　ⓕ南アフリカ

Ⓐエジプト　Ⓑガーナ　Ⓒコンゴ民主共和国
地図2．ⓐゴラン高原　ⓑヨルダン川西岸地区　ⓒガザ地区　ⓓシナイ半島
問2．**ウ**)エンクルマ(ンクルマ)はガーナの独立指導者。1958年4月には、ガーナの首都アクラで第1回アフリカ独立諸国会議を開催し、解放闘争の支援、国連での共同戦線、非同盟路線などを呼びかけた。アフリカ統一機構(OAU)の結成にも尽力した。
問3．ⓐのロンドン会議→ベルリン会議。

(本文 p.194〜195)

解答

1 問1．[解答例]戦後、戦勝国による分割占領を受けたドイツでは、米・英・仏の通貨改革強行に対するソ連のベルリン封鎖を契機として1949年にその分立が決定した。50年代末に東ベルリンから西側への脱出者が急増すると、東ドイツはベルリンの壁を構築した。80年代にソ連のゴルバチョフが内政干渉を否定する新ベオグラード宣言を発すると、東ドイツではホネカーが退陣しベルリンの壁が崩壊した。米・英・仏・ソの承認を得た西ドイツのコールは、東ドイツを編入する形でドイツ統一を実現させた。ベトナムではホー＝チ＝ミンがインドシナ戦争でフランスを破り、ジュネーヴ休戦協定を結び、北緯17度を境として、南北でベトナムが分断した。フランスの撤退後、アメリカ軍が介入を強めると、南ベトナム解放民族戦線はこれに抵抗した。アメリカはベトナム戦争を本格化したが、パリ和平協定を結んで撤退したので、76年に北ベトナムが南北を統一した。(383字)

　　問2．国名：ユーゴスラヴィア　記号：イ　問3．国名：チュニジア　記号：ウ
　　問4．国名：アフガニスタン　　記号：エ　問5．国名：スリランカ　記号：イ
　　問6．国名：オーストラリア　　記号：ウ

2 問1．[解答例]ポーランドでは、1980年からワレサを指導者に自主管理労働組合「連帯」が組織された。89年におこなわれた選挙で勝利した「連帯」を中心に連立政権が発足し、自由化が進められた。同年には、ハンガリー・チェコスロヴァキア・ブルガリアでも民主化運動が高まり、各国で共産党の独裁体制は終焉を迎えた。東ドイツでも、改革に抵抗するホネカー書記長が失脚し、ベルリンの壁が解放された。チャウシェスク大統領の独裁が続いていたルーマニアでも、反体制側が勝利し、大統領は逮捕・処刑された。こうして東欧各国の社会主義体制は崩壊した。(249字)

　　問2．ア　問3．マルタ会談　問4．エストニア・ラトヴィア・リトアニア　問5．湾岸戦争
　　問6．ア　問7．ⓐ独立国家共同体(CIS)　ⓑジョージア(グルジア)　問8．プーチン

1 **問1.** 連合国(戦勝国)の分割占領から、東西ドイツの分立が決定したところまでが正しく述べられているか。また、ドイツ統一までの流れが正しく述べられているかが重要。さらにインドシナ戦争、ベトナム戦争を経たあと、南北ベトナムが統一されたところまでが正しく理解できているかを問う問題。

問3. **ア)**リビア最高指導者(在任1969～2011)。**イ)**エジプト大統領(在任1981～2011)。**エ)**シリア大統領(在任2000～　)。**オ)**イラク大統領(在任1979～2003)。

2 **問1.** 東欧諸国の自由化が各国でどのように進んだかを正しく理解していることが重要である。

問5. 一般に湾岸戦争から「国連軍」ではなく「多国籍軍」の名称が用いられるようになった。これは、国連の決議にもとづいた軍事的制裁活動であるが、国連憲章第7章の手続きを経た「国連軍」ではないこと、イラクという共通の敵に対する軍事行動なので、平和維持活動(PKO)でもないこと、などがその背景にあるためである。　**問7.** ⑥旧ソ連時代および独立国家共同体(CIS)加盟時は「グルジア」という国名表記であったが、日本では、ジョージア政府の要請を受け、2015年4月から「ジョージア」と表記を変更した。

(本文 p.50～51)

| 1 | 問1 | 問2　　　→　　　→ | | 問3 |
| 2 | 問1 | 問2 | 問3 | 問4 |

(本文 p.52～53)

〈A〉

問1ア)	文明	イ)	文明
ウ)	文明	エ)	文明
問2ア)		イ)	
ウ)		エ)	

〈B〉

| 問3あ | い | う | え | お |

問4

（原稿用紙　20／60／100／140／180／220／260／300）

| 問5あ | い |
| う | |

問6

（原稿用紙　20／60／100／120）

〈C〉 問7

（原稿用紙　20／60）

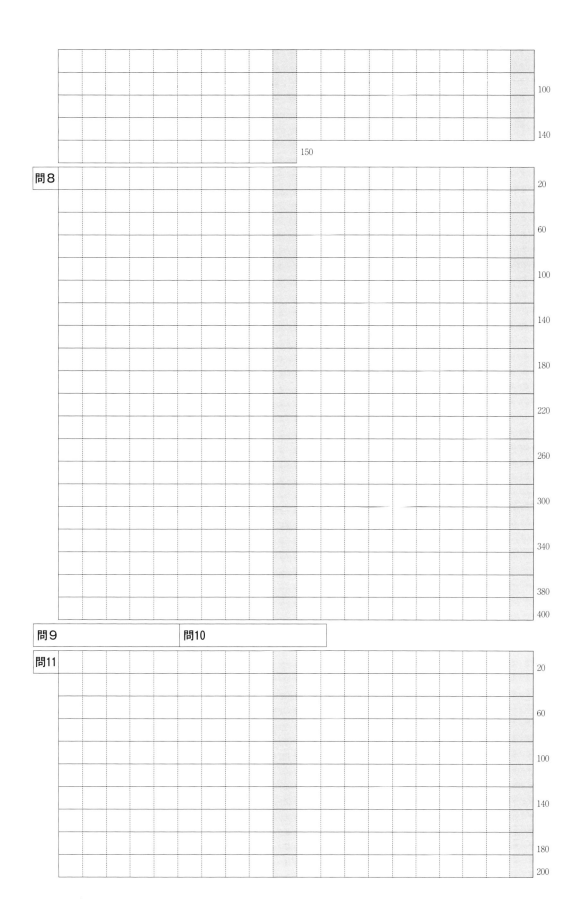

																		100
																		140
								150										

問8

																		20
																		60
																		100
																		140
																		180
																		220
																		260
																		300
																		340
																		380
																		400

問9 | **問10**

問11

																		20
																		60
																		100
																		140
																		180
																		200

1	問1		問2		問3	

2	問1	

問2あ		ⓘ		ⓤ		都市名	

問3あ		ⓘ		問4あ		ⓘ		問5	

問6あ	のサブシステム（経済圏）	ⓘ	のサブシステム（経済圏）
ⓤ	のサブシステム（経済圏）		

〈A〉 問1

問2

（20 / 60 / 100 字詰マス目）

問3		問4	→

〈B〉

問5あ		ⓘ		ⓤ	
ⓔア）		イ）		ウ）	
問6あ		ⓘ		ⓤ	

〈C〉 問7

（20 / 60 / 100 / 140 / 180 / 220 / 260 字詰マス目）

問8		問9	→	→

〈D〉 問10

												20
												60
												100

問11		問12	→	→	→	

（本文 p.130～131）

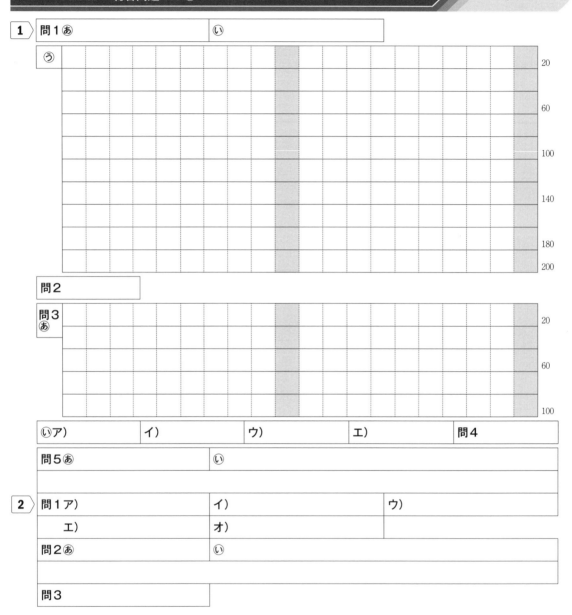

問4

										20
										60
										100
										140
										180
										200

3 問1ア) 　　イ) 　　ウ) 　　問2ア) 　　イ) 　　ウ) 　　エ)

1	問1		問2		問3	
2	問1	→ →	問2		問3	

第Ⅲ部　総合問題2－②　(本文 p.166～167)

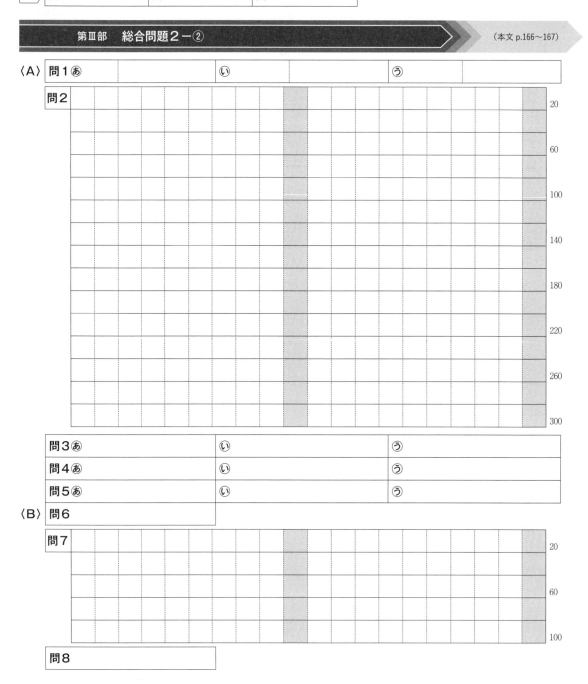

〈A〉 問1 ⑤　　　　　　　　　⑥　　　　　　　　　⑦

問2
（20／60／100／140／180／220／260／300）

問3⑤	⑥	⑦
問4⑤	⑥	⑦
問5⑤	⑥	⑦

〈B〉 問6

問7
（20／60／100）

問8

問9 （解答欄：20字×9行、180字まで）

20
60
100
140
180

問10 （解答欄：20字×11行、220字まで）

20
60
100
140
180
220

問11　　　→　　　→　　　→

問12 ㋐　　　　　　　　　　㋑

〈C〉 **問13** （解答欄：20字×7行、140字まで）

20
60
100
140

問14 ㋐　　　　　　㋑　　　　　　㋒

　　　 ㋓　　　　　　㋔

問15 ⓐ　　　　　　ⓑ　　　　　　ⓒ

1

問1	問2	問3	問4	問5
問6	問7	→	→	問8	問9

2

問10	問11	問12	問13	問14

1 問1

	20
	60
	100
	140
	180
	220
	260
	300
	340
	380
	400

問2　国名	記号	問3　国名	記号
問4　国名	記号	問5　国名	記号
問6　国名	記号		

2 問1

20
60
100
140
180
220
260

問2	問3	問4
問5	問6	問7⑥
⑪	問8	

世界史探究
世界史総合テスト　解答・解説

2024年1月　初版発行

編　者　世界史総合テスト編集委員会

発行者　野澤　武史

印刷所　信毎書籍印刷株式会社

製本所　有限会社　穴口製本所

発行所　株式会社　山川出版社
　　　　〒101-0047　東京都千代田区内神田1-13-13
　　　　　　電話　03-3293-8131(営業)　03-3293-8134(編集)
　　　　　　https://www.yamakawa.co.jp/

ISBN978-4-634-04133-2　　　　　　　　　　　　　　NYIZ0102